KB183398

검찰 | 법원 | 교정 | 경찰 시험대비 개정3판

박문각
공무원

기 본 서

합격까지 함께
형법총론 만점 기본서 ✦

도식화된 개념과 효율적인 이론 정리

최신 판례 및 개정법령 완벽 반영

기출 OX를 통한 반복 학습

최정훈 편저

영상강의 www.pmg.co.kr

최정훈
형법총론

박문각

이 책의 **머리말**✦

상상과 성취 사이의 공백은 열정입니다.

오랜 준비기간을 마치고 동트기를 기다리는 새벽에 몸 상태는 지쳐 있었지만 하나의 큰 작업을 마무리하였다는 뭉클거리는 환희를 느끼고서야 작업을 마무리하고 서문을 쓰게 되었습니다.

처음부터의 집필 의도는 하나입니다.
공무원 수험서의 틀에 맞추어 수험생들이 군더더기 없고, 효율적으로 대응할 수 있도록 교재를 집필하는 것에 중점을 두었습니다.
왜냐하면 공무원 시험에 있어서 형법은 분명 수험생들에게 부담이 되는 과목일 것이고, 그 양의 방대함과 이론 정리의 지난함 때문입니다.

본서만 보더라도 각종 국가고시, 공무원 시험에 충분히 대비할 수 있도록 하였고, 조문, 이론, 학설의 이해, 이에 따른 판례의 정확한 사실관계와 사례를 분석하고 어떤 범죄에 해당하는지 해결할 수 있도록 체계적으로 집필하였습니다.

「최정훈 형법총론 기본 이론서 개정3판」의 특징을 간략히 소개하면 다음과 같습니다.
첫째, 기본적인 이론과 판례 및 기출지문을 수록하여 기초부터 최종정리까지 한 권으로 시험에 철저히 대비할 수 있도록 하였습니다.
둘째, 최근 개정된 형법 및 시험 관련 법령을 반영하였고, 대표판례와 사례를 통하여 이론을 쉽게 정리할 수 있도록 하였습니다.
셋째, 수험생들이 쉽게 이해할 수 있도록 이론은 간결하게 서술하고, 이해하기 어려운 내용은 'SUMMARY' 박스나 '한눈에 쏙!' 부분에 강의판서 내용과 그림을 그대로 실었습니다.

더불어 공무원 시험 전문 박문각(www.pmg.co.kr)에서 학원강의나 인터넷 동영상강의를 함께 이용하여 꾸준히 수강한다면 학습효과를 극대화할 수 있을 것입니다.

본서가 나오기 까지 많은 도움이 있었습니다.
특히 처음부터 끝까지 본서의 교정과 검토를 맡아 주신 박문각 출판사 미리님, 또한 부족한 제 옆에서 묵묵히 도움을 주는 조교 최지안 님에게 진심으로 고마움을 전합니다.

「최정훈 형법총론 기본 이론서 개정3판」이 쉽지 않은 시험에 조그마한 도움과 위안이 될 수 있기를 바라며, 항상 꿈과 용기를 간직하고 나아가 앞날에 승전보가 전해지기를 간절히 기원합니다.

2025년 1월
최정훈

CONTENTS

이 책의 차례 ✦

제3편   형벌론

최정훈 형법총론

제 **01** 편

형법서론

CHAPTER 01 형법의 기본개념

제1절 형법의 의의 · 성격 · 기능

❶ 형법의 의의

1. 형법의 개념

형법이란 어떠한 행위가 범죄인지, 그리고 이에 대한 법률효과로 어떠한 형벌 또는 보안처분을 부과할 것인지를 규정한 법규범의 총체를 말한다.

SUMMARY

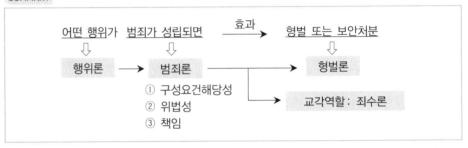

한눈에 쏙

범죄

CASE

Q. 甲은 군대에서 자신을 괴롭히는 상급병 乙을 살해하기 위하여 총으로 심장 부분을 정확히 조준하여 살해하였다. 甲을 살인죄로 처벌하려면 어떠한 범죄개념이 충족되어야 하는가?

> 제250조【살인 · 존속살해】① 사람을 살해한 자는 사형, 무기 또는 5년 이상의 징역에 처한다.

A. 어떠한 행위가 처벌되기 위해서는 현행법상 행위 ⇨ 구성요건해당성 ⇨ 위법성 ⇨ 책임이 충족되어야 한다.
위 사례에서 甲의 행위가 살인죄에 해당하기 위해서는 우선 구성요건해당성이 충족되는지를 검토하여야 한다. 甲은 총으로 심장 부분을 정확히 조준하였으므로 살인죄의 살인행위에 해당하며, 현행법상 형법 제250조 제1항의 '사람을 살해한 자'에 해당하므로 구성요건해당성은 충족된다.
그 다음 甲의 살인행위가 위법한지 검토하여야 한다. 그 행위가 법질서에 반하여 나쁘다고 평가되면 위법성이 성립되고, 괜찮다고 평가되면 위법성이 조각되어 범죄는 성립하지 않는다. 즉, 위법성조각사유(정당방위 · 긴급피난 · 자구행위 · 피해자승낙 · 정당행위)가 있는지 검토하여야 한다. 이 사례에서 甲의 행위는 어떤 위법성조각사유에도 해당하지 않으므로 위법성이 인정된다.

위법성조각사유에 해당하지 않는다면 마지막으로 책임이 충족되는지 검토하여야 한다. '행위자에 대한 비난가능성'이 있으면 책임이 성립되고, 비난가능성이 없다면 책임은 조각되어 범죄는 성립하지 않는다. 즉, 책임능력·위법성인식·면책사유가 있는지 검토하여야 한다. 이 사례에서 甲은 책임능력자이고, 사람을 살해하는 것은 위법함을 알면서 행위를 하였으므로 위법성인식이 존재하고 별다른 면책사유는 없으므로, 비난가능성이 인정되어 책임도 충족한다. 즉, 甲의 살인행위는 형법 제250조 제1항 살인죄의 구성요건에 해당하고, 위법하며 유책하므로 살인죄의 범죄개념표지를 모두 충족한다.

2. 형법의 범위

(1) **협의의 형법**(형식적 의미의 형법)

'형법'이라는 명칭이 붙여진 형법전(1953.9.18. 공포)을 말한다. 실질적 의미의 형법에 포함되지 않더라도 형식적 의미의 형법(형법전)에는 포함될 수 있다(**예** 친고죄에서의 고소, 양형의 조건, 형의 집행, 형의 실효 등).

(2) **광의의 형법**(실질적 의미의 형법)

'형법'이라는 명칭과 관계없이 범죄와 형사제재를 규정한 법률을 말한다. 광의의 형법에는 협의의 형법(**예** 형법전), 특별형법(**예** 폭력행위 등 처벌에 관한 법률), 각종 형사처벌규정(**예** 도로교통법, 식품위생법)이 포함된다.

☺ 실질적 의미의 형법은 대체로 형식적 의미의 형법을 포함하나, 형식적 의미의 형법에는 실질적 의미의 형법에 포함되지 않는 규정도 있다(**예** 친고죄에서의 고소, 형의 양정 등에 관한 규정 등은 형식적 의미의 형법에는 포함되나, 실질적 의미의 형법에는 포함되지 않는다).

Plus + **질서위반행위규제법**

질서위반행위규제법이란, 행정법규 위반(**예** 도로에 침을 뱉는 행위) 등 질서를 위반하는 행위에 대하여 질서벌의 일종인 범칙금 또는 과태료의 부과 등을 규율하는 법이다. 질서위반범과 질서벌을 대상으로 하는 점에서 실질적 의미의 형법과 구별되는 별도의 형사법체계로 구성되어 있다(김일수·서보학).

⇨ 형법을 위반하면 형벌이 부과되어 전과가 발생하지만, 20만원 이하의 벌금, 구류 또는 과료의 형으로 처벌하는 경미한 범죄는 경찰서장에게 처분권을 부여하여 금융기관에 범칙금을 납부하게 함으로써 형사사건이 종결되어, 전과가 발생하지 않는다(형법과 범칙금납부통고처분).

② 형법의 성격

1. 형법의 법체계적 지위

형법은 국가와 범죄자의 관계를 규정하는 공법(公法)이고, 재판에 적용되는 사법법(司法法)이며, 법적 안정성을 지도이념으로 하여 인간의 행위를 다스리는 실체법(實體法)이다. 또한 형벌권을 실현하는 절차를 규정한 형사소송법과 함께 형사법의 영역에 속한다.

2. 형법의 규범적 성격

(1) 가설적 규범

형법은 일정한 행위(圓 사람을 살해하면)를 조건으로 하여 이에 대한 법률효과(圓 사형, 무기 또는 5년 이상의 징역에 처한다)를 가설적 판단의 형식으로 규정한다.

　☺ 형법은 "사람을 살해하지 말라."라는 명령적 · 단언적 형식을 취하는 도덕규범이나 종교규범과 구별된다.

(2) 행위규범과 재판규범

형법은 일반국민에게 일정한 행위를 금지 또는 명령함으로써 행위의 준칙을 제시하는 행위규범임과 동시에, 법관의 사법활동(圓 자의적 판단이나 부당한 형벌부과)을 규제하는 재판규범이다.

(3) 평가규범과 의사결정규범

형법은 형법에 규정된 행위가 가치에 반하고 위법하다는 것을 평가하는 평가규범임과 동시에, 형법이 무가치하다고 평가한 불법을 결의해서는 안 된다는 의무를 일반국민에게 부과하는 의사결정규범이다.

　☺ • 평가규범 = 결과반가치론 = 객관적 위법성론
　　 • 의사결정규범 = 행위반가치론 = 주관적 위법성론

③ 형법의 기능

1. 규제적 기능

(1) 의의

형법의 행위규범 및 재판규범으로서의 기능을 말하며, 이는 일반국민과 법관을 규제하는 형법의 가장 근원적인 기능이다.

(2) 내용

① 행위규범으로서의 기능 : 형법은 범죄에 대한 국가형벌권의 행사를 명백히 함으로써 일반국민에게 형법의 준수를 명한다.

② 재판규범으로서의 기능 : 사법관계자에 대하여 형법을 범죄 인정과 형벌 적용의 지표로 삼도록 한다.

2. 보호적 기능

⑴ 의의

사회질서의 기본가치를 보호하는 기능을 말하며, 사회질서의 기본가치 보호에는 법익의 보호와 사회윤리적 행위가치의 보호가 있다.

⑵ 내용

① 법익의 보호기능 : 형법의 보호적 기능의 핵심적 기능이다. 즉, 형법은 일정한 행위를 범죄로 규정하고 이에 대하여 형벌을 부과할 것을 규정함으로써 범죄로부터 개인적·사회적·국가적 법익을 보호한다.

② 사회윤리적 행위가치의 보호기능 : 형법은 사회공동체의 일원으로서 개인이 실천하여야 할 행위가치를 보호한다.

⑶ 형법과 보충성의 원칙

형법은 형벌이라는 강력한 제재를 통하여 사회를 통제하는 수단이므로 개입이 필요불가결하다고 판단될 경우에만 최후의 수단으로서 시민의 자유에 개입할 수 있다. 이를 보충성의 원칙이라고 하는데, 이러한 관점에서 제기되는 문제로 형법의 탈윤리화(예 간통죄·혼인빙자간음죄의 폐지)와 비범죄화(예 피해자 없는 범죄, 경미한 범죄, 성풍속에 관한 범죄)가 있다.

☑ 보충성의 원칙

국가형벌권의 행사는 겸허하게 억제되어야 한다는 의미에서 형법의 겸억성이라고 부르기도 한다. 따라서 국가가 질서유지·법익보호의 목적을 달성하기 위하여서는 민법적·행정법적 제재수단을 우선 적용하고, 이에 의하여 목적을 달성할 수 없을 때에 마지막 수단으로서 형법적 제재수단을 적용한다.

SUMMARY 보충성의 원칙

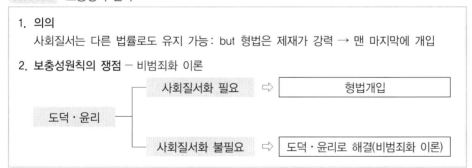

1. 의의
   사회질서는 다른 법률로도 유지 가능 : but 형법은 제재가 강력 → 맨 마지막에 개입

2. 보충성원칙의 쟁점 – 비범죄화 이론

   도덕·윤리 ┬ 사회질서화 필요 ⇨ [형법개입]
            └ 사회질서화 불필요 ⇨ [도덕·윤리로 해결(비범죄화 이론)]

3. 보장적 기능

(1) 의의

형법은 국가형벌권 발동의 한계를 분명히 함으로써 국가형벌권의 자의적 행사로부터 시민(일반시민·범죄인)의 자유와 권리를 보장한다(제도적 장치 ⇨ 죄형법정주의). 보장적 기능은 죄형법정주의의 근본원리이며, 현대 자유민주국가에서 가장 중요시하는 기능이다.

(2) 두 가지 측면에서의 효과

① 일반국민에 대한 효과 : 일반국민은 형법에 규정되어 있는 범죄행위 이외에 어떠한 행위를 하더라도 범죄자로 처벌받지 아니할 것을 보장한다. 형법질서에 반하지 않는 한 처벌되지 않는다는 측면에서 국민의 무한한 행동의 자유를 보장한다.

② 범죄인에 대한 효과 : 범죄인이라도 형법에 규정된 형벌의 범위 내에서만 처벌을 받고, 그 이외에 부당한 처벌은 받지 아니할 것을 보장한다.

(3) 보호적 기능과의 관계

형법은 범죄인에 대한 법익침해를 수단으로 하여 법익을 보호하므로 어느 한 기능을 강조하면 다른 한 기능을 소홀하게 되는 반비례관계이다.

☑ 보장적 기능과 보호적 기능의 관계
현실적으로 보호적 기능에 비하여 열등한 지위에 있는 보장적 기능을 보호적 기능의 수준으로 끌어올려 양자가 균형상태를 가질 수 있도록 하여야 한다(배종대·정웅석). 즉, 국가의 자의적인 형벌권 행사로부터 개인의 자유와 권리를 보장하려는 보장적 기능이 가장 중시되어야 한다.

제2절 죄형법정주의

❶ 의의 및 기능

1. 의의

(1) 개념

"법률이 없으면 범죄도 없고 형벌도 없다."라는 근대형법의 기본원리로서 어떠한 행위가 범죄를 구성하고, 이에 대하여 어떠한 처벌을 할 것인가 미리 성문의 법률에 규정되어 있어야 한다는 원칙을 의미한다.

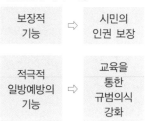

⑵ 법률의 규정

헌법 제12조 제1항(누구든지 법률과 적법한 절차에 의하지 아니하고는 처벌·보안처분 또는 강제노역을 받지 아니한다), 헌법 제13조 제1항(모든 국민은 행위시의 법률에 의하여 범죄를 구성하지 아니하는 행위로 소추되지 아니한다), 형법 제1조 제1항(범죄의 성립과 처벌은 행위시의 법률에 의한다)은 형법의 기본원리로서 죄형법정주의를 규정하고 있다.

2. 기능

⑴ 보장적 기능

죄형법정주의는 국가형벌권의 자의적 행사로부터 국민의 자유와 안전을 보장하는 보장적 기능을 한다.

⑵ 적극적 일반예방의 기능

오늘날 일반예방은 위하(겁을 주어 범죄예방)의 소극적 기능뿐만 아니라, 국민들이 규범에 맞는 행동을 하도록 교육하여 사회의 규범을 안정시키는 적극적 기능을 한다.

한눈에 쏙
죄형법정주의의 기능

| 보장적 기능 | ⇨ | 시민의 인권 보장 |
| 적극적 일방예방의 기능 | ⇨ | 교육을 통한 규범의식 강화 |

② 연혁과 사상적 기초

1. 연혁

죄형법정주의의 기원은 1215년 영국 대헌장이다. 최초의 헌법상 원칙으로 규정한 것은 1787년 미국 헌법이고, 최초의 형법상 원칙으로 규정한 것은 1810년 나폴레옹 형법이다.

2. 사상적 기초

SUMMARY

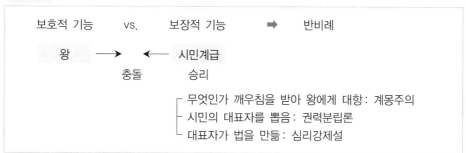

⑴ 계몽주의

죄형법정주의는 형법학의 산물이 아니라 자의적인 국가형벌권의 행사에 대한 반동으로, 시민의 자유와 권리를 수호하기 위한 정치적 요청에 따라 이루어진 근세 자연권적 인권사상 내지 계몽주의(17~18세기) 국법학의 산물이다.

(2) 몽테스키외(Montesquieu)의 권력분립론

권력남용을 방지하기 위하여 3권을 분립하고, 사법기관은 입법기관이 제정한 법률을 기계적으로 집행하여야 하기 때문에 범죄와 형벌의 관계가 미리 법률에 엄격히 규정되어야 한다는 이론이다.

(3) 포이어바흐(Feuerbach)의 심리강제설

범죄로 얻을 쾌락보다는 범죄로 인하여 부과되는 형벌의 고통이 더 크다는 것을 일반 국민이 알게 함으로써 심리적 강제에 의하여 범죄를 방지할 수 있으며, 이러한 심리적 강제는 형벌을 법률에 규정하여 집행함으로써 효과적으로 이루어질 수 있다는 이론이다.

- ☺ • 좋음 > 나쁨(고통) ⇨ 행위 ○
  좋음 < 나쁨(고통) ⇨ 행위 ×
- **법** : 좋음 < 나쁨(고통) ⇨ 행위 ×
  법을 공포하여 겁을 줌으로써 범죄예방 ⇨ 일반예방사상

❸ 죄형법정주의의 현대적 의의

1. 죄형법정주의의 위기

(1) 죄형법정주의의 문제점

① 권력분립론 : 개인의 자유보호에 중점을 둔 나머지, 사회이익을 소홀히 하고 범죄의 격증에 대비한 유효한 사회방위의 대책을 마련하지 못하는 문제점이 있다.

② 심리강제설 : 형벌의 본질을 일반예방에만 둔 과오를 범하였을 뿐만 아니라, 인간을 합리적 타산의 동물로만 보아 충동에 의하여 저지르는 범죄를 설명하지 못하는 문제점이 있다.

(2) 신파사상의 등장과 죄형법정주의의 부정

① 신파사상의 등장 : 보장적 기능만을 중요시하고 보호적 기능을 간과하여 19세기 말부터 급격한 산업의 발전과 도시화에 따라 실업자가 범람하고 범죄가 격증하게 되었다. 이에 대하여 합목적적 범죄대책을 주장하며 형벌의 개별화와 강력화에 의한 사회방위의 필요성을 강조하는 근대학파 내지 신파사상이 등장하면서 죄형법정주의도 폐지 내지 완화되어야 한다는 주장이 일어나게 되었다.

② 죄형법정주의의 부정 : 죄형법정주의도 폐지 내지 완화되어야 한다는 주장에 따라 소련은 형법 제16조에 "공산주의 혁명의 목적상 사회에 위험한 행위는 실정법을 떠나서 처단할 수 있다."라는 규정을 두게 되었다. 또한 1935년 독일도 형법 제2조에 "건전한 국민감정에 반하는 행위는 법률의 규정이 없어도 벌할 수 있다."라고 규정하여 죄형법정주의를 정면에서 부정하게 되었다.

시민계급의 Win
↓
보장적 기능만 중시
↓
보호적 기능 간과(서거)
↓
사회질서(보호주의)를 강조하는 나치즘·공산주의 등장(1935년 독일 형법 제2조는 "건전한 국민감정에 반하는 행위는 법률의 규정이 없어도 벌할 수 있다."라고 규정하여 죄형법정주의 부정)

2. 죄형법정주의의 부활

근대에 형식적 법치주의가 나치에 의하여 악용된 후 이에 대한 반성으로 법률 내용의 적정성(타당성)을 요구하게 됨으로써 제2차 세계대전 후에 실질적 법치주의로 나아가게 되었다. 그 결과 죄형법정주의에서도 형법 내용의 적정성(타당성), 즉 실질적 정의에 합치하는 법률을 요구하게 되었다.

3. 죄형법정주의의 가치

신파의 사회방위사상과 공산주의·전체주의사상의 결합되어 악용되면서 죄형법정주의를 폐지하는 데에 이르기는 하였으나, 죄형법정주의가 국가권력의 자의적인 형벌권으로부터 시민의 자유와 인권보장에 기여하여 온 역사적 의의를 경시할 수는 없다.

4. 죄형법정주의와 법치국가의 원리

(1) 현대적 의미의 죄형법정주의는 법치국가의 원리에 근거를 두고 있는데, 이러한 법치국가의 원리는 법적 안정성을 요구하는 형식적 법치국가의 원리와 함께 실질적 법치국가의 원리에 의하여 그 내용이 실질적 정의에 합치될 것을 요구하고 있다.

(2) 실질적 의미의 죄형법정주의는 "적정한 법률이 없으면 범죄도 없고 형벌도 없다."라는 원칙을 의미한다. 즉, 적정성의 원칙이 도출되었다.

SUMMARY

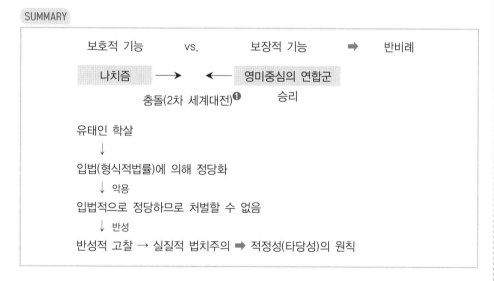

❹ 죄형법정주의의 내용

1. **법률주의**(관습형법금지의 원칙, 포괄위임금지의 원칙)

(1) **의의**

국회가 제정한 형식적 의미의 법률(실질적 의미의 형법)에 의해서만 범죄와 형벌을 정할 수 있다는 원칙이다.

❶ 제2차 세계대전 이전과 이후

이전 (형식적 법률)	이후 (실질적 법률)

• 법률주의
• 소급효금지의
  원칙
• 명확성의 원칙
• 유추해석금지
  의 원칙
	적정성의 원칙

한눈에 쏙

법률주의(관습형법금지의 원칙,
포괄위임금지의 원칙)

소급효금지의 원칙

명확성의 원칙

유추해석금지의 원칙

적정성의 원칙

(2) 관습형법금지의 원칙

관습에 의하여 가벌성을 인정하거나 형을 가중하는 관습형법은 금지된다. 다만, 행위자에게 유리한 관습법을 적용하거나 성문법의 내용을 관습법으로 보충하는 것은 관습으로 형벌을 부과하는 것은 아니기 때문에 허용된다.

☺ 구성요건의 축소, 위법성조각사유, 책임조각사유, 형의 감경 등은 행위자에게 유리하므로 허용되며, 수리방해죄에서 수리권의 근거, 부진정부작위범에서 보증인의 지위 등을 관습으로 해석하는 것도 허용된다.

CASE

> **Q.** 백령도에서는 해마다 처녀를 용왕에게 바치는 관습이 있다. 심청이가 장님인 아버지를 위하여 공양미 삼백석을 받고 인당수에 몸을 던져 생명을 잃은 경우 관습으로 정당화될 수 있는가?
>
> **A.** 죄형법정주의에 반하므로 정당화될 수 없다. 죄형법정주의란 범죄와 형벌은 미리 성문의 법으로 규정되어야 한다는 원칙을 의미한다. 범죄와 형벌은 국민의 대표기관인 국회에서 성문법으로 제정된 법률을 의미하므로 명령과 규칙에 의하여 범죄와 형벌을 규정할 수 없다. 범죄와 형벌은 성문법으로 규정되어야 하므로 관습법은 배척된다. 관습이란 한 지역의 오래된 전통을 말하며 이러한 전통이 전국적으로 확산되면 이를 관습법이라 한다. 위 사례는 좋게 말하여 처녀를 용왕에게 바친다는 표현이지, 법률적으로 해석하면 매해 살인죄가 벌어지는 것이다. 만약 살인죄가 벌어짐에도 관습으로 정당화된다면 형법의 기능을 잃게 될 것이다. 따라서 관습법을 근거로 성문법에 없는 새로운 구성요건을 인정하거나 성문법상의 구성요건을 가중하는 것은 허용되지 않는다. 다만, 성문의 법규정을 관습법에 의해서 폐지 또는 축소하거나, 형을 감경하는 것처럼 행위자에게 유리한 관습법의 적용은 허용된다.

(3) 포괄위임금지의 원칙

SUMMARY

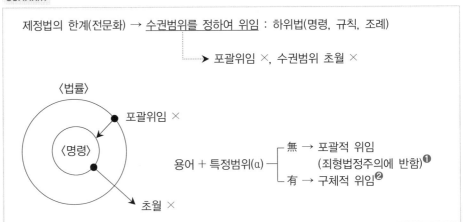

CASE

Q. 약사 甲은 "약국을 관리하는 약사는 보건복지부령으로 정하는 약국관리에 필요한 사항으로서 백색위생복을 입고 명찰을 달아야 함에도 불구하고 같은 일시, 같은 장소에서 백색위생복 및 명찰을 착용하지 아니하고 성명불상의 고객 등에게 의약품을 판매하였다."는 이유로 약사법 제77조 제1호, 제19조 제4항 위반으로 약식기소 되었다. 甲의 약사법 위반과 관련하여 해당 약사법 규정이 포괄위임금지의 원칙에 위배되는지 검토하라.

> **구 약사법**
> 제19조【약국의 관리의무】④ 약국을 관리하는 약사 또는 한약사는 보건복지부령으로 정하는 약국관리에 필요한 사항을 준수하여야 한다.

A. ❶ 이 사건 법률조항은 '약국관리에 필요한 사항'이라는 처벌법규의 구성요건 부분에 관한 기본사항에 대하여 보다 구체적인 기준이나 범위를 정함이 없이 그 내용을 모두 하위법령인 보건복지부령에 포괄적으로 위임함으로써, 약사로 하여금 광범위한 개념인 '약국관리'와 관련하여 준수하여야 할 사항의 내용이나 범위를 구체적으로 예측할 수 없게 하고, 나아가 헌법이 예방하고자 하는 행정부의 자의적인 행정입법을 초래할 여지가 있으므로, 헌법상 포괄위임입법금지 원칙 및 죄형법정주의의 명확성 원칙에 위반된다(헌결 2000.7.20, 99헌가15).

❷ 제11조 제2항이 과대광고 등의 범위 및 기타 필요한 사항을 보건복지부령에 위임하고 있는 것은 과대광고 등으로 인한 형사처벌에 관련된 법규의 내용을 빠짐없이 형식적 의미의 법률에 의하여 규정한다는 것은 사실상 불가능하다는 고려에서 비롯된 것이고, 또한 같은 법 시행규칙 제6조 제1항은 처벌대상인 행위가 어떠한 것인지 예측할 수 있도록 구체적으로 규정되어 있다고 할 것이므로 식품위생법 제11조 및 같은 법 시행규칙 제6조 제1항의 규정이 위임입법의 한계나 죄형법정주의에 위반된 것이라고 볼 수는 없다(대판 2002.11.26, 2002도2998). 14. 경찰, 19. 경찰간부

판례

총포·도검·화약류등단속법 제2조 제1항은 총포에 관하여 규정하면서 총에 대하여는 일정 종류의 총을 총포에 해당하는 것으로 규정하면서 그 외의 장약총이나 공기총도 금속성 탄알이나 가스 등을 쏠 수 있는 성능이 있는 것은 총포에 해당한다고 규정, 같은 법 시행령 제3조 제1항은 같은 법 제2조 제1항의 위임에 따라 총포의 범위를 구체적으로 정하면서도 제3호에서 모법의 위임 범위를 벗어나 총의 부품까지 총포에 속하는 것으로 규정함으로써, 같은 법 제12조 제1항 및 제70조 제1항과 결합하여 모법보다 형사처벌의 대상을 확장하고 있으므로, 이는 결국 위임입법의 한계를 벗어나고 죄형법정주의 원칙에 위배된 것으로 무효라고 하지 않을 수 없다(대판 1999.2.11, 98도2816).

판례

1. 범죄와 형벌을 법률에서 정하지 않고 명령이나 규칙으로 정하도록 포괄위임하는 것은 금지된다. 다만 특히 긴급한 필요가 있거나 미리 법률로써 자세히 정할 수 없는 부득이한 사정이 있는 경우에 한하여, 수권법률(위임법률)이 구성요건의 점에서는 처벌대상인 행위가 어떠한 것인지 이를 예측할 수 있을 정도로 **구체적으로 범위를 정하여 위임**하고, 형벌의 점에서는 **형벌의 종류 및 그 상한과 폭을 명확히 규정하는 것을 전제로 허용**된다(대판 2002.11.26, 2002도2998). 14. 경찰

2. 구체적 위임의 범위는 위임명령에 규정될 내용 및 범위의 기본사상이 구체적으로 규정되어 있어서 **누구라도 당해 법률이나 상위명령으로부터 위임명령에 규정될 내용의 대상을 예측할 수 있어야 한다**(대판 2019.7.25, 2018도7989). 21. 국가직 9급 ✘ <u>법률이나 상위명령으로부터 위임명령에 규정될 내용의 대강만을 예측할 수 있는 경우에는 죄형법정주의에 반한다.</u> ×

3. 일반적으로 법률의 위임에 의하여 효력을 갖는 법규명령의 경우 구법에 위임의 근거가 없어 무효였더라도 사후에 법 개정으로 위임의 근거가 부여되면 그때부터 유효한 법규명령이 된다(대판 2007.11.30, 2007도6556). 14. 경찰

4. 법률의 시행령이 형사처벌에 관한 사항을 규정하면서 **법률의 명시적인 위임범위를 벗어나 처벌의 대상을 확장하는 것**은 죄형법정주의의 원칙에도 어긋나는 것이므로, 그러한 시행령은 위임입법의 한계를 벗어난 것으로서 무효이다(대판 2017.2.16, 2015도16014. 전합). 18. 국가직 9급

판례비교 위임입법의 한계를 벗어났는지 여부

O 위임입법의 한계를 벗어난 경우	**X** 위임입법의 한계를 벗어나지 않은 경우
① 특정범죄 가중처벌 등에 관한 법률 제4조 제1항의 '**정부관리기업체**'라는 용어를 수뢰죄와 같은 이른바 신분범(身分犯)에 있어서 그 주체에 관한 구성요건에 규정한 경우(헌재 1995.9.28, 93헌바50)	① 석유제품에 다른 석유제품 또는 석유화학제품을 혼합하거나, 석유화학제품에 다른 석유화학제품을 혼합하는 방법으로 제조된 것으로서 대통령령이 정하는 제품(유사석유제품)의 생산 및 판매를 처벌하도록 한 경우(헌재 2001.12.20, 2001헌가6) 09. 경찰승진
② 구 근로기준법 제30조 단서에서 임금·퇴직금 청산기일의 연장합의의 한도에 관하여 **아무런 제한을 두고 있지 아니함에도 불구하고**, 같은 법 시행령 제12조에 의하여 같은 법 제30조 단서에 따른 **기일연장을 3월 이내로 제한한 경우**(대판 1998.10.15, 98도1759)	② 형법 제129조 내지 132조의 적용에 있어서 지방공기업법 제83조에서 **지방공사와 지방공단의 임원 및 직원을 공무원으로 본다고 규정한 경우**(대판 2001.1.19, 99도5753) 10. 사시
③ 부정선거 관련자 처벌법 제5조 제4항에 의하면 동조 제1항에 **예비·음모와 미수는 처벌한다고 규정하고 있으나, 동 예비·음모의 형에 관하여 아무런 규정이 없는 경우**(대판 1979.12.26, 78도957)	③ 공공기관의 운영에 관한 법률 제53조가 **공기업의 임직원으로서 공무원이 아닌 사람은 형법 제129조의 적용에서는 이를 공무원으로 본다고 규정하고 있을 뿐 구체적인 공기업의 지정에 관하여는 하위규범인 기획재정부장관의 고시에 의하도록 규정한 경우**(대판 2013.6.13., 2013도1685) ✘ <u>고시에 의하도록 규정한 것은 위임입법의 한계를 일탈한 것으로서 죄형법정주의에 반한다.</u> × 17. 국가직 7급
④ 복표발행·현상 기타 사행행위 단속법 제9조는 벌칙규정이면서도 **형벌만을 규정**하고, **범죄의 구성요건의 설정은 완전히 각령에 백지위임한 경우**(헌재 1991.7.8, 91헌가4)	④ 공직선거법에서 간판 등의 시설물설치를 금지하고, 설치가 허용되는 간판의 규격과 같은 세부적 사항은 선거관리위원회 규칙으로 정하도록 한 경우(대판 2005.1.13, 2004도7360)
⑤ 의료법 제41조가 "환자의 진료 등에 필요한 **당직의료인을 두어야 한다.**"라고 규정하고 있을 뿐인데도 시행령 조항은 **당직의료인의 수와 자격 등 배치기준을 규정**하고 이를 위반하면 의료법 제90조에 의한 처벌의 대상이 되도록 함으로써 형사처벌의 대상을 신설 또는 확장한 경우(대판 2017.2.16, 2015도16014)	⑤ 수질환경보전법 시행규칙에서 '**구리(동) 및 그 화합물**'을 규정하면서 그 **기준수치를 정하지 않은 경우**(대판 2005.1.28, 2002도6931) 09. 경찰승진

O	위임입법의 한계를 벗어난 경우	X	위임입법의 한계를 벗어나지 않은 경우
⑥ 영화진흥법이 제한상영가 상영등급분류의 구체적인 기준을 영상물등급위원회의 규정에 위임한 경우(헌재 2008.7.31, 2007헌가)		⑥ 특정범죄 가중처벌 등에 관한 법률에서 **농업협동조합중앙회**를 '**정부관리기업체**'의 하나로 규정한 경우(대판 2008.4.11, 2007도8373) 14. 경찰	

O 위임입법의 한계를 벗어난 경우

⑥ 영화진흥법이 제한상영가 상영등급분류의 구체적인 기준을 영상물등급위원회의 규정에 위임한 경우(헌재 2008.7.31, 2007헌가)

X 위임입법의 한계를 벗어나지 않은 경우

⑥ 특정범죄 가중처벌 등에 관한 법률에서 **농업협동조합중앙회**를 '**정부관리기업체**'의 하나로 규정한 경우(대판 2008.4.11, 2007도8373) 14. 경찰

⑦ 게임산업진흥에 관한 법률 제32조 제1항 제7호가 '환전, 환전알선, 재매입영업행위를 금지하는 **게임머니 및 이와 유사한 것**'을 대통령령이 정하도록 위임한 경우(대판 2009.4.23, 2008도11017) 10. 국가직 9급

⑧ **건설폐기물의 종류와 그 처리 등의 기준 및 방법**을 그 업무를 관장하는 환경부장관이 정하도록 한 경우(대판 2009.1.30, 2008도8607) 10. 국가직 9급

⑨ '어구의 선적·사용에 관한 제한 또는 금지'와 '어구의 제한 또는 금지'에 관하여 필요한 사항을 대통령령으로 정할 수 있도록 하고, 그 제한 또는 금지의 위반행위에 대하여 대통령령으로 300만원 이하의 벌금, 구류, 과료의 벌칙규정을 둘 수 있도록 규정한 경우(헌재 1994.6.30, 93헌가15·16·17)

⑩ 구 주식회사의 외부감사에 관한 법률 제20조 제1항 제8호가 규정하고 있는 구성요건 중 하나인 '**회계처리기준**'의 구체적 내용의 정립을 같은 법 제13조가 금융감독위원회에 위임한 경우(대판 2006.1.13, 2005도7474)

⑪ 구 도로교통법 제41조 제1항 및 제4항이 '운전이 금지되는 **술에 취한 상태의 기준**'을 대통령령에 위임한 경우(헌재 2005.9.29, 2003헌바94)

⑫ 청소년 보호법에서 직접 청소년유해매체물의 범위를 확정하지 아니하고 행정기관(청소년보호위원회 등)에 위임하여 그 **행정기관으로 하여금 청소년유해매체물을 확정**하도록 한 경우(헌재 2000.6.29, 99헌가16)

⑬ 구 새마을금고법 시행령 제24조 제3호에서 **여유자금의 운용방법**으로 '**연합회장이 정하는 유가증권의 매입**'을 규정한 경우(대판 2010.4.29, 2009도8537)

⑭ 유해화학물질관리법 제35조 제1항에서 금지하는 **환각물질**을 구체적으로 명확하게 규정하지 아니하고, 다만 그 성질을 '**흥분·환각 또는 마취의 작용**을 일으키는 유해화학물질로서 대통령령이 정하는 물질'로 그 한계를 설정한 경우(대판 2000.10.27, 2000도4187)

⑮ 사행성 간주 게임물에 대하여 **경품 제공**을 금지하고 있는 문화관광부의 **경품취급기준**에 대한 고시(대판 2008.12.11, 2006도7642)

⑯ **살처분 보상금**을 대통령령으로 정하도록 위임한 구 가축전염병예방법 제48조 제1항 제2호(헌재 2014.4.24, 2013헌바110)

2. 소급효금지의 원칙

(1) 의의 및 취지

① 의의 : 사후입법으로 범죄와 형벌을 행위자에게 불리하게 소급적용하는 소급입법은 물론, 법관이 법을 적용함에 있어서 법률시행 이전의 행위까지 행위자에게 불리하게 소급적용하는 것을 금지한다는 원칙이다.

② 취지 : 소급효금지원칙의 취지는 예측가능성·신뢰보호를 위한 것이며, 소급적용금지의 원칙은 법관의 자의로부터 개인의 자유와 안전을 보장하기 위한 것이다.

(2) 적용범위

① 불리한 소급효금지 : 소급효금지의 원칙은 행위자에게 불리하게 적용하는 소급효에 대하여 적용되는 것이므로, 형을 배제·완화하여 행위자에게 유리하게 적용하는 소급효는 인정된다(제1조 제1항·제3항).

판례비교 불리한 소급효 금지 여부

O 행위자에게 불리한 소급효 금지	**X** 행위자에게 유리한 소급효 인정
① 게임산업진흥에 관한 법률과 동법 시행령의 개정으로 게임머니의 환전, 환전 알선, 재매입영업행위를 처벌하게 되었던바, 그 시행일 이전에 행하여졌던 환전, 환전 알선, 재매입영업행위를 처벌하는 것은 형벌법규의 소급효금지의 원칙에 위배된다(대판 2009.1.15, 2004도7111). 18. 경찰간부 ② 가축분뇨 배출시설을 설치한 자가 설치 당시에 신고대상자가 아니었다면 그 후 법령의 개정에 따라 그 시설이 신고대상에 해당하게 되었더라도, 가축분뇨의 관리 및 이용에 관한 법률상 신고대상자인 '배출시설을 설치하고자 하는 자'에 해당한다고 볼 수 없다(대판 2011.7.14, 2009도7777). 15. 경찰 ③ 구성요건이 신설된 상습강제추행죄가 시행되기 이전의 범행은 상습강제추행죄로는 처벌할 수 없고 행위시법에 기초하여 강제추행죄로 처벌할 수 있을 뿐이며, 이 경우 그 소추요건도 상습강제추행죄에 관한 것이 아니라 강제추행죄에 관한 것이 구비되어야 한다(대판 2016.1.28, 2015도15669). 17. 경찰	[용어해설] ☑ **위헌결정의 효력**(헌법재판소법 제47조) • 위헌으로 결정된 법률 또는 법률의 조항은 그 결정이 있는 날부터 효력을 상실한다(제2항). • 제2항에도 불구하고 형벌에 관한 법률 또는 법률의 조항은 소급하여 그 효력을 상실한다. 다만, 해당 법률 또는 법률의 조항에 대하여 종전에 합헌으로 결정한 사건이 있는 경우에는 그 결정이 있는 날의 다음 날로 소급하여 효력을 상실한다(제3항). ① 헌법재판소의 위헌결정으로 인하여 형벌에 관한 법률 또는 법률조항이 소급하여 그 효력을 상실한 경우에 당해 법조를 적용하여 기소한 형사 사건은 범죄가 되지 않는다(대판 1999.12.24, 99도3003). 12. 사시·경찰승진 ② 원심판결 선고 후 헌법재판소가 위 법률조항에 대해 헌법불합치결정을 선고하면서 개정시한을 정하여 입법개선을 촉구하였는데도 위 시한까지 법률 개정이 이루어지지 않은 사안에서, 위 법률조항은 소급하여 효력을 상실하므로 이를 적용하여 공소가 제기된 위 피고사건에 대하여 무죄를 선고하여야 한다(대판 2011.6.23, 2008도7562 전원합의체). 20. 경찰승진 ③ 유치원 인근의 극장영업행위에 대하여 그 학교보건법 제6조 제1항 본문 제2호, 제19조를 적용하여 공소제기하였으나 당해 법률조항이 헌법불합치결정된 경우, 헌법불합치결정에 따라 개정된 학교보건법조항을 소급적용하여 피고인을 처벌하는 것은 헌법 제12조 제1항 및 제13조 제1항에 위배된다(대판 2009.1.15, 2004도7111).

O	행위자에게 불리한 소급효 금지	X	행위자에게 유리한 소급효 인정
			[용어해설] ☑ **취소** 일단 유효하게 성립한 법률행위의 효력을 취소사유에 의한 당사자 일방의 의사표시에 의하여 소멸시키는 것이고, 취소의 효과는 그 행위가 소급하여 처음부터 무효인 것으로 된다. ④ 운전면허취소처분을 받은 후에 자동차를 운전한 경우 **면허취소처분**이 행정쟁송절차에 의하여 **취소**되었다 하더라도 그 운전행위는 무면허운전이 아니다(대판 1999.2.5, 98도4239). <div align="right">12. 법원행시</div>⑤ 영업허가취소처분을 받고도 영업을 계속하였으나 그 후 **행정쟁송절차**에 의하여 **처분이 취소**된 경우 영업허가취소처분 이후의 영업행위는 무허가영업이 아니다(대판 1993.6.25, 93도277). [소급효가 인정된 경우] ⑥ 대법원 양형위원회가 설정한 '양형기준'이 발효하기 전에 공소가 제기된 범죄에 대하여 위 **'양형기준'**을 참고하여 형을 양정한 경우, 피고인에게 불리한 법률을 소급하여 적용한 위법이 있다고 할 수 없다(대판 2009.12.10, 2009도11448). <div align="right">14 · 22. 경찰, 16. 법원직, 18. 경찰간부, 21. 경찰승진</div>⑦ 도로교통법 제148조의2 제1항 제1호에서 정하고 있는 '도로교통법 제44조 제1항을 2회 이상 위반한' 것에 개정된 도로교통법이 시행된 2011.12.9. 이전에 구 도로교통법 제44조 제1항을 위반한 음주운전 전과까지 포함되는 것으로 해석하는 것이 형벌불소급의 원칙에 위배된다고 할 수 없다(대판 2012.11.29, 2012도10269). 18. 경찰간부, 21. 경찰

② 보안처분과 소급효금지의 원칙

CASE

Q. 1995.6.부터 1995.11.15.까지 사이의 국가보안법 위반, 공직선거 및 선거부정방지법 위반을 유죄로 인정하여 징역 1년 6개월에 집행유예 3년의 형을 선고하면서, 1995.12.29. 법률 제5057호로 개정·신설되어 1997.1.1.부터 시행된 개정 형법 제62조의2 제1항·제2항을 적용하여 보호관찰을 받을 것을 명할 수 있는가?

A. 개정 형법 제62조의2 제1항에 의하면 형이 집행을 유예하는 경우에는 보호관찰을 받을 것을 명할 수 있고, 같은 조 제2항에 의하면 제1항의 규정에 의한 보호관찰의 기간은 집행을 유예한 기간으로 하고, 다만 법원은 유예기간의 범위 내에서 보호관찰의 기간을 정할 수 있다고 규정되어 있는바, 위 조항에서 말하는 보호관찰은 형벌이 아니라 보안처분의 성격을 갖는 것으로서, 과거의 불법에 대한 책임에 기초하고 있는 제재가 아니라 장래의 위험성으로부터 행위자를 보호하고 사회를 방위하기 위한 합목적적인 조치이므로, 그에 관하여 반드시 행위 이전에 규정되어 있어야 하는 것은 아니며, 재판시의 규정에 의하여 보호관찰을 받을 것을 명할 수 있다고 보아야 할 것이고, 이와 같은 해석이 형벌불소급의 원칙 내지 죄형법정주의에 위배되는 것이라고 볼 수 없다(대판 1997.6.13, 97도703).

한눈에 쏙

소급적용 가능 여부

보호관찰	➡	가능
공개명령제도	➡	가능
사회봉사명령 100~200시간	➡	불가능
전자감시제도	➡	가능

판례비교

O 소급적용이 가능한 경우	**X** 소급적용이 불가능한 경우
① 보호관찰은 형벌이 아니라 보안처분의 성격을 가지는 것으로서, 과거의 불법에 대한 책임에 기초하고 있는 제재가 아니라 장래의 위험성으로부터 행위자를 보호하고 사회를 방위하기 위한 합목적적인 조치이므로 그에 관하여 반드시 행위 이전에 규정되어 있어야 하는 것은 아니며, 재판시의 규정에 의하여 보호관찰을 받을 것을 명할 수 있다고 보아야 할 것이고, 이와 같은 해석이 형벌불소급의 원칙 내지 죄형법정주의에 위배되는 것이라고 볼 수 없다(대판 1997.6.13, 97도703). ⚓ 실질적으로는 형벌과 마찬가지의 형사제재에 해당하므로 원칙적으로 형벌불소급의 원칙에 따라 행위시법을 적용함이 상당하다. ✕ 12. 경찰승진, 16. 법원직, 20. 경찰간부	① 가정폭력범죄의 처벌 등에 관한 특례법이 정한 보호처분 중의 하나인 **사회봉사명령**은 형벌 그 자체가 아니라 보안처분의 성격을 가지는 것이 사실이나, 한편으로 이는 가정폭력범죄행위에 대하여 형사처벌 대신 부과되는 것으로서 가정폭력범죄를 범한 자에게 의무적 노동을 부과하고 여가시간을 박탈하여 실질적으로는 신체적 자유를 제한하게 되므로 이에 대하여 원칙적으로 **형벌불소급의 원칙에 따라 행위시법을 적용함이 상당하다**. 가정폭력범죄의 처벌 등에 관한 특례법상 사회봉사명령을 부과하면서 행위시법상 사회봉사명령 부과시간의 상한인 **100시간을 초과하여 상한을 200시간으로 올린 신법을 적용한 것은 위법**하다(대결 2008.7.24, 2008어4). 10. 7급 검찰·경찰승진, 11. 법원직, 16. 경찰·법원직, 20. 경찰승진
② 아동·청소년의 성보호에 관한 법률에 정한 **공개명령제도**는 범죄행위를 한 자에 대한 응보 등을 목적으로 그 책임을 추궁하는 사후적 처분인 **형벌과 구별되어 그 본질을 달리하는 것**으로서 형벌에 관한 소급입법금지의 원칙이 그대로 적용되지 않으므로 공개명령제도가 시행된 2010.1.1. 이전에 범한 범죄에도 공개명령제도를 적용하도록 아동·청소년의 성보호에 관한 법률이 2010.7.23. 법률 제10391호로 개정되었더라도 그것이 **소급입법금지의 원칙에 반한다고 볼 수 없다**(대판 2011.3.24, 2010도14393). 12. 변호사, 17. 경찰	② 형벌불소급원칙에서 의미하는 '처벌'은 형법에 규정되어 있는 형식적 의미의 형벌 유형에 국한되지 않으며, 범죄행위에 따른 제재의 내용이나 실제적 효과가 형벌적 성격이 강하여 신체의 자유를 박탈하거나 이에 준하는 정도로 신체의 자유를 제한하는 경우에는 형벌불소급원칙이 적용되어야 한다. **노역장유치**는 그 실질이 신체의 자유를 박탈하는 것으로서 징역형과 유사한 형벌적 성격을 가지고 있으므로 **형벌불소급원칙의 적용대상이 된다**(헌재 2017.10.26, 2015헌바239). 20. 경찰간부
③ 특정 범죄자에 대한 위치추적 전자장치 부착 등에 관한 법률에 의한 **전자감시제도**는 성폭력범죄로부터 국민을 보호함을 목적으로 하는 일종의 보안처분이므로, 범죄행위를 한 자에 대한 응보를 주된 목적으로 그 책임을 추궁하는 사후적 처분인 형벌과 구별되어 그 본질을 달리하는 것으로서 형벌에 관한 소급입법금지의 원칙이 그대로 적용되지 않으므로 법률이 개정되어 부착명령기간을 연장하도록 규정하고 있더라도 그것이 소급입법금지의 원칙에 반한다고 볼 수 없다(대판 2010.12.23, 2010도11996). 12. 사시, 17. 국가직 7급	

③ 판례가 변경되는 경우

> **판례**
>
> 형사처벌의 근거가 되는 것은 법률이지 판례가 아니고, 형법 조항에 관한 판례의 변경은 그 법률 조항의 내용을 확인하는 것에 지나지 아니하여 이로써 그 법률 조항 자체가 변경된 것이라고 볼 수는 없으므로 행위 당시의 판례에 의하면 처벌대상이 되지 아니하는 것으로 해석되었던 행위를 판례의 변경에 따라 확인된 내용의 형법 조항에 근거하여 처벌한다고 하여 그것이 헌법상 평등의 원칙과 형벌불소급의 원칙에 반한다고 할 수는 없다(대판 1999.9.17, 97도3349).
>
> 08. 법원행시, 11·17. 경찰, 12. 국가직 7급·경찰승진·변호사, 16. 법원직, 20. 경찰승진

④ 소송법규정과 소급효금지의 원칙 : 실체법인 형법에 대하여는 소급효가 금지되고, 범죄와 형벌이 아닌 절차법인 소송법규정에는 원칙적으로 소급효가 허용된다. 다만, 공소시효가 연장되는 경우에는 행위자에게 형벌을 부과할 수 있게 되므로 형벌과 유사한 면이 있어 소급효를 금지할 것인지가 문제된다.

　㉠ 진정소급입법 : 구법의 공소시효가 만료된 후에 그 시효기간을 연장하는 신법을 만들어 행위 당시로 소급적용하는 경우를 말한다. 이미 구법에 의한 공소시효가 경과하여 행위자에게는 처벌되지 않는다는 신뢰가 형성되었으므로 시효기간을 연장한 신법을 소급적용하는 것은 금지된다. 다만, 처벌의 필요성이 크다는 공익이 중대한 경우라면 소급효가 예외적으로 허용될 수 있다(예 5.18 특별법).

　㉡ 부진정소급입법 : 구법의 공소시효가 경과하기 전에 그 시효기간을 연장하는 신법으로 개정하여 행위 당시로 소급적용하는 경우를 말한다. 아직 구법에 의한 공소시효가 경과하지 않았기 때문에 행위자에게 처벌되지 않는다는 신뢰가 형성되지 않았으므로 신법을 소급적용하는 것은 허용된다.

> **판례**
>
> 5·18민주화운동 등에 관한 특별법 사건
>
> [1] 형벌불소급의 원칙은 "행위의 가벌성" 즉 형사소추가 "언제부터 어떠한 조건하에서" 가능한가의 문제에 관한 것이고, "얼마동안" 가능한가의 문제에 관한 것은 아니므로, 과거에 이미 행한 범죄에 대하여 공소시효를 정지시키는 법률이라 하더라도 그 사유만으로 헌법 제12조 제1항 및 제13조 제1항에 규정한 죄형법정주의의 파생원칙인 형벌불소급의 원칙에 언제나 위배되는 것으로 단정할 수는 없다. 즉, 공소시효제도는 범죄구성요건 및 형벌에 속하는 것이 아니므로 죄형법정주의와는 직접 관련이 없고, 단지 소송요건에 관한 것에 불과하므로, 사후에 법률로써 공소시효를 연장 또는 정지하더라도 우리 헌법상의 죄형법정주의 및 형벌불소급의 원칙에 반하지 아니한다.
>
> [2] 공소시효가 아직 완성되지 않은 경우 위 법률조항은 단지 진행중인 공소시효를 연장하는 법률로서 이른바 부진정소급효를 갖게 되나, 공소시효제도에 근거한 개인의 신뢰와 공시시효의 연장을 통하여 달성하려는 공익을 비교형량하여 공익이 개인의 신뢰보호이익에 우선하는 경우에는 부진정소급효를 갖는 법률도 헌법상 정당화될 수 있다.
>
> 11. 7급 검찰, 12. 변호사

제1장 형법의 기본개념 **23**

한눈에 쏙

| 공소시효 완성 전 | ➡ | 소급적용 가능 |

| 공소시효 완성 후 | ➡ | 소급적용 불가능 |

⇩

단, 5.18 특별법 소급적용은 허용
(∵ 공익 > 사익)

[3] 다만, **진정소급입법이라 하더라도** 기존의 법을 변경하여야 할 공익적 필요는 심히 중대한 반면에 그 법적 지위에 대한 개인의 신뢰를 보호하여야 할 필요가 상대적으로 적어 개인의 신뢰이익을 관철하는 것이 객관적으로 정당화될 수 없는 경우에는 **예외적으로 허용될 수 있다.** 즉 매우 중대한 공익이 존재하는 예외적인 경우에만 그러한 진정소급입법은 정당화될 수 있다. 따라서 특별법이 공소시효가 완성된 뒤에 시행된 사후적 소급입법이라고 하더라도 죄형법정주의에 반하지 않음은 물론, 법치국가의 원리, 평등원칙, 적법절차의 원리에도 반하지 아니하고, 따라서 헌법에 위반되지 아니한다. 결국, **단순합헌결정에 의하여 진정소급효의 경우도 헌법상 정당화될 수 있다**(헌재 1996.2.16, 96헌가2). ✗ 공소시효가 이미 완성된 경우, 그 공소시효를 연장하는 법률은 진정소급입법으로서 예외 없이 소급효금지의 원칙이 적용된다. ✕

3. 명확성의 원칙

(1) 의의

입법자는 어떠한 행위가 범죄가 되고, 범죄를 저지르면 어떠한 형벌을 부과하는지를 성문의 법률로 규정함으로써 일반적인 상식을 갖춘 국민이라면 누구나 그 법률을 읽어보고 내용을 알 수 있도록 명확하게 규정하여야 한다는 원칙이다.

(2) 내용

① 구성요건의 명확성: 범죄를 구성하는 모든 요건을 단순한 서술적 개념으로 규정할 필요는 없고, 법관의 보충적 해석을 필요로 하는 개념을 사용하였더라도 통상의 해석방법에 의하여 건전한 상식을 가진 사람이 구체적으로 예측할 수 있도록 규정하면 된다(예 "반사회적 행위를 한 자는 5년 이하의 징역에 처한다."라는 규정은 명확성의 원칙에 반한다).

② 제재의 명확성

　㉠ 의의: 범죄가 성립하는 경우 이에 대하여 부과하는 형사제재의 종류·상한·폭을 형법에 명확히 규정하여야 한다(예 "살인한 자는 처벌한다."라는 규정은 어떤 종류의 형벌을 부과하는지 명확하지 않으므로 명확성의 원칙에 반한다).

　㉡ 부정기형의 선고: 부정기형이란 형벌의 기간을 정하지 않고 선고하는 경우를 말한다. 절대적 부정기형은 형의 장기와 단기가 전혀 정하여지지 않은 경우(예 ~한 자는 징역에 처한다)로서 허용되지 않으며, 상대적 부정기형은 장기 또는 단기가 정해진 경우(예 ~한 자는 단기 1년, 장기 5년의 징역에 처한다)로서 소년법 등에서 예외적으로 허용되고 있다.

한눈에 쏙

절대적 부정기형
⬇
허용되지 않음
(예 ~한 자는 징역에 처한다)

상대적 부정기형
⬇
소년법 등에서 예외적으로 허용
(예 ~한 자는 단기 1년, 장기 5년의 징역에 처한다)

판례

명확성의 판단기준

1. 명확성의 원칙은 법률이 처벌하고자 하는 행위가 무엇이며 그에 대한 형벌이 어떠한 것인지를 누구나 **예견**할 수 있고, 그에 따라 자신의 행위를 결정할 수 있도록 구성요건을 명확하게 규정하는 것을 의미한다. 그러나 처벌법규의 구성요건이 명확하여야 한다고 하여 모든 구성요건을 단순한 서술적 개념으로 규정하여야 하는 것은 아니고, 다소 광범위하여 **법관의 보충적인 해석을 필요로 하는** 개념을 사용하였다고 하더라도 통상의 해석방법에 의하여 건전한 상식과 통상적인 법감정을 가진 사람이라면 당해 처벌법규의 보호법익과 금지된 행위 및 처벌의 종류와 정도를 알 수 있도록 규정한 경우에는 헌법이 요구하는 처벌법규의 **명확성에 배치되는 것은 아니다**(대판 2006.5.11, 2006도920). 22. 국가직 9급

2. 헌법 제12조 제1항이 규정하고 있는 죄형법정주의 원칙은, 범죄와 형벌을 입법부가 제정한 형식적 의미의 법률로 규정하는 것을 그 핵심적 내용으로 하고, 사물의 변별능력을 제대로 갖춘 **일반인**(법관 ×)의 이해와 판단으로서 그의 구성요건요소에 해당하는 **행위유형을 정형화하거나 한정할 합리적 해석기준을 찾을 수 있어야** 죄형법정주의가 요구하는 형벌법규의 **명확성의 원칙에 반하지 않는다**고 할 것이다(대판 2003.11.14, 2003도3600).

3. 정당방위 규정은 법 각칙 전체의 구성요건 조항에 대한 소극적 한계를 정하고 있는 규정으로서, 한편으로는 위법성을 조각시켜 범죄의 성립을 부정하는 기능을 하지만, 다른 한편으로는 정당방위가 인정되지 않는 경우 위법한 행위로서 범죄의 성립을 인정하게 하는 기능을 하므로 적극적으로 범죄 성립을 정하는 구성요건 규정은 아니라 하더라도 죄형법정주의가 요구하는 **명확성 원칙이 적용된다**(헌재 2001.6.28, 99헌바31 전원재판부).

4. 법규범의 문언은 어느 정도 가치개념을 포함한 일반적, 규범적 개념을 사용하지 않을 수 없는 것이기 때문에 명확성의 원칙이란 기본적으로 최대한이 아닌 **최소한의 명확성**을 요구하는 것으로서, 그 문언이 법관의 보충적인 가치판단을 통해서 그 의미내용을 확인할 수 있고, 그러한 보충적 해석이 해석자의 개인적인 취향에 따라 좌우될 가능성이 없다면 명확성의 원칙에 반한다고 할 수 없다(대판 2008.10.23, 2008초기264). 22. 경찰 ✘ 최대한의 명확성을 요구한다. ×

판례비교 명확성의 원칙에 위배되는지 여부

O 명확성의 원칙에 위배되는 경우	**X** 명확성의 원칙에 위배되지 않는 경우
① 외국환관리규정상 '도박 기타 범죄 등 선량한 풍속 및 사회질서에 반하는 행위'라는 표현(대판 1998.6.18, 97도2231 전원합의체) 12. 경찰승진 **비교판례** "계간 기타 추행한 자는 1년 이하의 징역에 처한다."라고 규정한 군형법 제92조 중 '기타 추행'이라는 부분은 명확성의 원칙에 반하지 않는다(헌재 2002.6.27, 2001헌바70). ② 출판사 및 인쇄소의 등록에 관한 법률상 '저속'이라는 표현(헌재 1998.4.30, 95헌가16) ③ 미성년자보호법상 '잔인성', '범죄의 충동을 일으킬 수 있게'라는 표현, 아동복지법상 '아동의 덕성을 심히 해할 우려'라는 표현(헌재 2002.2.28, 99헌가8) 09. 경찰승진, 16. 경찰	① 형법 제243조, 제244조의 '음란'이라는 표현(대판 2001.1.19, 94도2413) 08. 경찰, 10. 법원행시 ☺ 음란표현은 헌법 제21조가 규정하는 언론·출판의 자유의 보호영역 내에 있다고 볼 것인바, 종전에 이와 견해를 달리하여 음란표현은 헌법 제21조가 규정하는 언론·출판의 자유의 보호영역에 해당하지 아니한다는 취지로 판시한 우리 재판소의 의견(헌재 1998.4.30, 95헌가16)을 변경한다. ② 청소년 보호법 제26조의2 제8호 소정의 '풍기를 문란하게 하는 영업행위를 하거나 그를 목적으로 장소를 제공하는 행위'를 처벌하는 경우(대판 2003.12.26, 2003도5980) 07. 사시, 12. 경찰 ③ 유해화학물질관리법 제35조 제1항에서 '흥분·환각 또는 마취의 작용을 일으키는 유해화학물질' 등을 '섭취 또는 흡입'하는 것을 금지하는 경우(대판 2000.10.27, 2000도4187) 18. 경찰승진

O 명확성의 원칙에 위배되는 경우	**X** 명확성의 원칙에 위배되지 않는 경우
④ "누구든지 가정의례에 있어서 경조기간 중 주류 및 음식물의 접대행위를 하여서는 아니 되며, 다만 **가정의례의 참뜻**에 비추어 합리적인 범위 안에서 대통령령이 정하는 행위는 그러하지 아니한다."라는 규정(헌재 2002.10.15, 98헌마168) ⑤ 국가보안법 제13조의 "그 죄에 대한 법정형의 **최고를 사형으로 한다**."라는 규정(헌재 2002.11.28, 2002헌가5) ⑥ 전기통신사업법 제53조의 '**공공의 안녕질서 또는 미풍양속을 해하는**'이라는 불온통신의 개념(헌재 2002.6.27, 99헌마480) 　　　　　　　　　　　　　　11. 사시, 16. 국가직 7급 ⑦ 구 대외무역법 제21조 제3항, 제4항 제2호의 위임에 의하여 산업자원부장관이 공고한 구 전략물자수출입공고에서 수출제한지역으로 규정한 '**국제평화**와 지역안전을 저해할 **우려** 있는 지역'이라는 표현(대판 2010.12.23, 2008도4233)	④ 정비사업 시행에 관한 서류와 관련 자료에 대한 열람·등사 요청에 즉시 응할 의무를 규정하고 이를 위반하는 행위를 처벌하는 경우(대판 2012.2.23, 2010도8981) 13. 경찰 ⑤ 앞지르기 금지장소로 규정된 도로교통법 제20조 제2호의 '**도로의 구부러진 곳**'이라는 표현(헌재 2000.2.24, 99헌가4) 08. 경찰 ⑥ 문화재보호법 제2조 제1항 제2호의 '유형의 문화적 소산으로서 역사상 또는 예술상 가치가 큰 것과 이에 준하는 고고자료'라는 표현(헌재 2000.6.29, 98헌바67) ⑦ 향토예비군설치법상 '소집통지서를 수령할 의무가 있는 자'라는 표현(헌재 2003.3.27, 2002헌바35) 12. 경찰 ⑧ 노동조합 및 노동관계조정법 제40조 제2항 및 제89조 제1호에서 단체교섭 또는 쟁의행위에 '**간여**'하는 것을 금지하는 규정을 위반하여 처벌한 경우(대판 2005.4.15, 2002도3453) ⑨ 공직선거법 제47조의2 제1항의 '**누구든지**' 및 '후보자로 추천하는 일과 관련하여'라는 표현(대판 2009.5.14, 2008도11040) ⑩ 대기환경보전법 제2조 제12호의 '**소량**'이라는 표현(대판 2005.1.28, 2004도5529) 13. 경찰 ⑪ 정치자금에 관한 법률 제2조 제1항의 '**이 법에 의하지 아니한 방법**'이라는 표현(대판 2006.12.22, 2006도5529) ⑫ 폭력행위 등 처벌에 관한 법률 제4조의 '**활동**'이라는 표현(대판 2008.5.29, 2008도1857) 09·15·17. 경찰, 10. 사시 ⑬ 지방교육자치에 관한 법률 제22조 제3항의 "교육감선거에 관하여 이 법에 정한 것을 제외하고는 그 성질에 반하지 않는 범위 안에서 공직선거법의 시·도지사선거에 관한 규정을 준용한다."라는 규정(대판 2009.10.29, 2009도5945) 13. 경찰 ⑭ 건설공사의 수주 및 시공과 관련하여 발주자·수급인·하수급인 또는 이해관계인이 부정한 청탁에 의한 금품을 수수하는 것을 금지하고 형사처벌하는 건설산업기본법 제38조의2의 '**이해관계인**'이라는 표현(대판 2009.9.24, 2007도6185) 　　　　　　　　　　　　　　11. 사시, 12. 경찰간부 ⑮ 구 정보통신망 이용촉진 및 정보보호 등에 관한 법률 제65조 제1항 제3호의 '**불안감**'이라는 표현(대판 2008.12.24, 2008도9581) ⑯ 형사소송법 제307조의 '**증거**' 및 제308조의 '**자유심증**'이라는 표현(대판 2006.5.26, 2006초기92) 12. 경찰 ⑰ 형법상 내란선동죄에서 '**선동**' 부분(대판 2015.1.22, 2014도10978 전원합의체) 21. 국가직 9급 ⑱ 형법 제125조의 구성요건 중 '**그 직무를 행함에 당하여**'라는 함은 '경찰 등이 그 직무를 행하는 기회'라는 뜻으로 해석되는바, 이런 해석이 다소 포괄적이라도 경찰 등의 직무와 폭행사이에 객관적 관련성을 요구하는 것으로 해석되므로 그 내용이 불명확하여 처벌범위를 자의적으로 확장시킨다고 볼 수도 없다(헌재 2015.3.26, 2013헌바140). 21. 국가직 7급

4. 유추해석금지의 원칙

(1) 의의

법규의 내용을 '가능한 문언의 의미' 한계 밖에 있는 다른 비슷한 사례에 적용하여서는 안 된다는 원칙으로서, 법관의 자의로부터 개인의 자유와 안전을 확보하기 위한 것이다.

(2) 적용범위

① 금지되는 유추해석

ㄱ 법률문언의 의미를 넘는 해석으로 행위자를 불리하게 하는 경우에는 확장해석과 유추해석이 모두 금지된다.

ㄴ 행위자에게 유리한 규정의 적용범위를 제한해석하는 것은 제한된 만큼 행위자에게 불리하게 적용되므로 금지된다. 즉, 유리한 규정의 제한적 유추해석은 금지된다(예 구성요건, 형벌과 보안처분, 불법과 책임요소, 객관적 처벌조건을 유추하는 것은 행위자에게 불리하므로 금지되고, 또한 형의 감면혜택을 주는 자수규정을 범행발각 전으로 제한하여 해석하는 것은 범행발각 후의 자수에 대하여 감면혜택을 줄 수 없게 되므로 금지된다).

② 허용되는 유추해석

ㄱ 행위자에게 유리한 유추해석은 허용되므로 형벌을 감경하거나 조각하는 사유에 대한 유추해석은 허용된다(예 위법성조각사유·책임조각사유·소추조건·처벌조각사유를 유추해석하는 것은 행위자에게 유리하므로 허용된다).

ㄴ 법률문언의 의미를 벗어나지 않는다면 국회에서 법률을 제정할 당시의 입법취지를 고려하여 입법목적에 합당하게 해석하는 목적론적 축소해석은 허용된다(예 강간죄의 폭행에 마취약 사용을 포함시키는 해석은 허용된다).

> **판례**
>
> 1. 형벌법규는 문언에 따라 엄격하게 해석·적용하여야 하고 피고인에게 **불리한** 방향으로 지나치게 확장해석하거나 유추해석 하여서는 아니 되지만, 형벌법규의 해석에서도 법률문언의 통상적인 의미를 벗어나지 않는 한 그 법률의 입법취지와 목적, 입법연혁 등을 고려한 **목적론적 해석**이 배제되는 것은 아니다(대판 2003.1.10, 2002도2363).
> 2. 형벌법규의 해석은 엄격하여야 하고 명문규정의 의미를 피고인에게 불리한 방향으로 지나치게 확장 해석하거나 유추해석하는 것은 죄형법정주의의 원칙에 어긋나는 것으로서 허용되지 않으며, 이러한 법해석의 원리는 그 형벌법규의 적용대상이 행정법규가 규정한 사항을 내용으로 하고 있는 경우에 그 **행정법규의 규정을 해석하는 데에도 마찬가지로 적용된**다(대판 2007.6.29, 2006도4582). 22. 경찰
> 3. 유추해석금지의 원칙은 모든 형벌법규의 구성요건과 가벌성에 관한 규정에 준용되는데, **위법성 및 책임의 조각사유나 소추조건, 또는 처벌조각사유인 형면제 사유에 관하여 그 범위를 제한적으로 유추적용**하게 되면 행위자의 가벌성의 범위는 확대되어 행위자에게 불리하게 되는바, 이는 가능한 문언의 의미를 넘어 범죄구성요건을 유추적용하는 것과 같은 결과가 초래되므로 죄형법정주의의 파생원칙인 유추해석금지의 원칙에 위반하여 허용될 수 없다(대판 1997.3.20, 96도1167). 09·17. 경찰, 20. 경찰승진
> 4. 형벌법규에 대한 **체계적·논리적 해석방법**은 그 규정의 본질적 내용에 가장 접근한 해석을 위한 것으로서 죄형법정주의의 원칙에 부합한다(대판 2018.10.25, 2016도11429). 20. 경찰간부

위법성 및 책임의 조각사유나 소추조건, 또는 처벌조각사유인 형면제 사유에 관하여 그 범위를 제한적으로 유추적용하는 것은 유추해석금지의 원칙에 반하지 않는다.
17. 경찰 (×)

CASE

Q. 초소 상황병 甲은 성명불상자가 "군단에서 온 백소령이다."라고 하는 말을 만연히 믿고, 성명불상자의 소속이나 직책을 확인하지 아니한 채 성명불상자가 상황실 총기대에 거치되어 있던 총기를 어깨에 메면서 "해안순찰을 가야 하는데 여기는 간첩도 오고 위험하니 탄약을 좀 달라."라고 하자 甲이 탄약고열쇠를 이용하여 보관하고 있던 탄약을 건네주었다. 이때 甲에게 군형법상 군용물분실죄에 관한 규정을 적용할 수 있는가?

A. 군형법 제74조 소정의 군용물분실죄라 함은 같은 조 소정의 군용에 공하는 물건을 보관할 책임이 있는 자가 선량한 보관자로서의 주의의무를 게을리하여 그의 '의사에 의하지 아니하고 물건의 소지를 상실'하는 소위 과실범을 말한다 할 것이므로, 군용물분실죄에서의 분실은 행위자의 의사에 의하지 아니하고 물건의 소지를 상실한 것을 의미한다고 할 것이며, 이 점에서 하자가 있기는 하지만 행위자의 의사에 기해 재산적 처분행위를 하여 재물의 점유를 상실함으로써 편취당한 것과는 구별된다고 할 것이고, 분실의 개념을 군용물의 소지 상실시 행위자의 의사가 개입되었는지의 여부에 관계없이 군용물의 보관책임이 있는 자가 결과적으로 군용물의 소지를 상실하는 모든 경우로 확장해석하거나 유추해석할 수는 없다(대판 1999.7.9, 98도1719).

CASE

Q. 甲이 乙 소유의 사과나무 밭에서 바람이 세게 불어 그냥 담뱃불을 붙이기가 어렵자 마른 풀을 모아 놓고 성냥불을 켜 담배불을 붙인 뒤, 그 불이 완전히 소화되었는지 여부를 확인하지 아니한 채 자리를 이탈한 과실로 남은 불씨가 주변에 있는 마른 풀과 잔디에 옮겨 붙고, 계속하여 피해자들 소유의 사과나무에 옮겨 붙어 사과나무 217주 등 시가 671만원 상당을 소훼하였다는 것을 공소사실로 형법 제170조 제2항, 제167조를 적용법조로 하여 공소를 제기하였다. 이때 甲의 죄책은 무엇인가?

A. 형법 제170조 제2항에서 말하는 '자기의 소유에 속하는 제166조 또는 제167조에 기재한 물건'이라 함은 '자기의 소유에 속하는 제166조에 기재한 물건 또는 자기의 소유에 속하든, 타인의 소유에 속하든 불문하고 제167조에 기재한 물건'을 의미하는 것이라고 해석하여야 하며, 제170조 제1항과 제2항의 관계로 보아서도 제166조에 기재한 물건(일반건조물 등) 중 타인의 소유에 속하는 것에 관하여는 제1항에서 규정하고 있기 때문에 제2항에서는 그중 자기의 소유에 속하는 것에 관하여 규정하고, 제167조에 기재한 물건에 관하여는 소유의 귀속을 불문하고 그 대상으로 삼아 규정하고 있는 것이라고 봄이 관련 조문을 전체적·종합적으로 해석하는 방법일 것이고, 이렇게 해석한다고 하더라도 그것이 법규정의 가능한 의미를 벗어나 법형성이나 법창조행위에 이른 것이라고는 할 수 없어 죄형법정주의의 원칙상 금지되는 유추해석이나 확장해석에 해당한다고 볼 수는 없을 것이다(대결 1994.12.20, 94모32).

☺ • 제170조 제1항 : 과실 + 타인소유 + 제166조(일반건조물)
• 제170조 제2항 : 과실 + 자기소유 + 제166조(일반건조물) 또는 제167조(일반물건)
⇨ 제170조 제1항과 제2항의 관계를 보면 제166조(일반건조물)는 같은 제170조의 자기소유(제2항)·타인소유(제1항)에 모두 처벌규정이 있기 때문에, 제167조(일반물건)도 제170조 제2항의 자기소유에 당연히 타인소유도 포함된다고 해석하는 것은 죄형법정주의에 반하지 않는다.

판례비교 유추해석금지의 원칙에 위배되는지 여부

O 유추해석금지의 원칙에 위배되는 경우	**X** 유추해석금지의 원칙에 위배되지 않는 경우
① 공직선거 및 선거부정방지법의 자수를 범행발각 전으로 한정하여 해석하는 경우(대판 1997.3.20, 96도1167) <div align=right>13·18. 경찰, 17. 경찰간부</div>	① 권한 없는 자의 명령행위가 '부정한 명령을 입력하는 행위'에 포함된다고 해석하는 경우(대판 2003.1.13, 2001도6213) <div align=right>06. 경찰, 16. 국가직 9급</div>
② 저작권법의 권리침해태양인 '복제·공연·방송·전시 등'에 '배포'행위가 포함된다고 해석하는 경우(대판 1999.3.26, 97도1796) 08. 경찰	② 국가보안법상 '지령을 받는다.'는 것에 '반국가단체 또는 그 구성원으로부터 다시 지령을 받는 것도 포함된다.'고 해석하는 경우(헌재 1998.8.27, 97헌바85) 06. 경찰
③ 자동차 안에서 잠을 자기 위하여 히터를 가동하려고 시동을 걸었는데 실수로 발진장치를 건드려 자동차가 움직이는 것을 자동차운전에 해당한다고 해석하는 경우(대판 2004.4.23, 2004도1109) 14. 경찰간부	③ 자신의 뇌물수수 혐의에 대한 결백을 주장하면서 제3자로부터 사건 관련자들이 주고받은 이메일 출력물을 교부받아 징계위원회에 제출하는 것이 누설행위에 해당한다고 해석하는 경우(대판 2008.4.24, 2006도8644) 12·15. 경찰
④ 초병이 하자 있는 의사에 의하여 총기를 편취당한 경우를 군용물분실죄의 분실에 해당한다고 해석하는 경우(대판 1999.7.9, 98도17119) 13. 경찰	④ 군형법상 초병의 수소이탈죄에 경계근무의 복장을 갖춘 자도 포함된다고 해석하는 경우(대판 2006.6.30, 2005도8933) <div align=right>09. 경찰승진</div>
비교판례 권총과 실탄을 총기 및 탄약관리규정에 따르지 않고 무기고에 보관하던 중에 절취당한 경우, 군용물분실죄가 성립한다(대판 1985.4.9, 85도92).	⑤ 집행유예선고와 동시에 보호관찰·사회봉사명령을 명하는 경우(대판 1998.4.24, 98도98) 06. 경찰
⑤ 계약 등에 의하여 공무와 관련된 업무를 일부 대행하는 자가 작성한 문서를 공문서에 포함하는 경우(대판 1996.3.26, 95도3073) 10. 법원행시, 12. 경찰승진	⑥ 음란한 부호 등이 전시된 웹페이지에 대한 링크행위를 음란한 부호 등의 공연전시에 해당한다고 해석하는 경우(대판 2003.7.8, 2001도1335)
⑥ 타인에 의하여 이미 생성된 주민등록번호를 단순히 사용한 것을 주민등록법에서 금지하는 '생성하여 사용'한 것에 포함하는 경우(대판 2004.2.27, 2003도6535) 07. 사시	**비교판례** 인터넷 이용자가 링크 부분을 클릭함으로써 링크된 웹페이지나 개개의 저작물에 직접 연결된다 하더라도 링크를 하는 행위는 저작권법이 규정하는 복제 및 전송에 해당하지 않는다(대판 2015.3.12, 2012도13748).
⑦ 상관면전모욕죄에서의 전화를 통하여 통화하는 것을 '면전에서의 대화'라고 해석하는 경우(대판 2002.12.27, 2002도2539) <div align=right>11. 사시, 12. 경찰간부, 14·15. 경찰, 16·18. 경찰승진</div>	⑦ 부작용이 있는 건강보조제를 비만치료의 효력이 있다고 판매하고 설사증세 등에 관하여 상담하는 것을 무면허의료행위에 포함하는 경우(대판 2001.12.28, 2001도6130) 06. 경찰
⑧ 공정증서원본에 정본도 포함된다고 해석하는 경우(대판 2002.3.26, 2001도6503) 10. 경찰승진	⑧ 관세법상의 공동연대추징을 외국환관리법 위반의 경우에도 적용할 수 있다고 해석하는 경우(대판 1998.5.21, 95도2002) <div align=right>08. 경찰</div>
⑨ 수축 중의 하나인 '양'의 개념에 '염소'가 포함된다고 해석하는 경우(대판 1977.9.28, 77도405) 09. 경찰	⑨ 정보통신망에 의하여 타인의 정보를 훼손하는 경우에서의 '타인'은 생존하는 개인뿐만 아니라 사망한 자도 포함된다고 해석하는 경우(대판 2007.6.14, 2007도2162) 14. 경찰간부, 15. 경찰, 16. 국가직 9급
⑩ 의료인이 진료기록부를 허위로 작성한 행위를 의료법 제21조 제1항 진료기록부에 의료행위에 관한 사항과 소견을 상세히 기록하지 않는 경우에 해당한다고 해석하여 의료법 제21조로 처벌한 경우(대판 2005.1.24, 2002도4758)	⑩ 노래방 기기에 녹음·녹화된 음악 저작물을 이용하는 것을 공연에 해당한다고 해석하는 경우(대판 2001.9.28, 2001도4100) <div align=right>11. 사시</div>
⑪ 강제통용력은 없지만 일반인의 관점에서 통용할 것이라고 오인할 가능성이 있는 외국지폐가 제207조 제3항 외국에서 강제통용하는 지폐에 해당한다고 해석하는 경우(대판 2004.5.14, 2003도3487) 12. 국가직 9급	⑪ 미성년자의제강간죄는 강간죄의 '예에 의한다.'는 것을 미수범에 대해서도 강간죄의 예에 의한다는 취지로 해석하는 경우(대판 2006.3.15, 2006도9453) 11. 사시
⑫ "지방세에 관한 범칙행위에 대하여는 조세범 처벌법령을 준용한다."라는 규정에서 조세범 처벌법령에 특정범죄 가중처벌 등에 관한 법률도 포함된다고 해석하는 경우(대판 2008.3.27, 2007도7561) 11. 사시, 12. 경찰승진, 17. 경찰간부	⑫ 쏘아올리는 꽃불류의 사용에서의 '사용'에 꽃불류의 설치행위도 포함된다고 해석하는 경우(대판 2010.5.13, 2009도13332) 12. 경찰
	⑬ 광고 내용인 화상채팅 서비스가 '불건전 전화 서비스 등'에 포함된다고 해석하는 경우(대판 2006.5.1, 2005도6525) 08. 경찰

O 유추해석금지의 원칙에 위배되는 경우	X 유추해석금지의 원칙에 위배되지 않는 경우
⑬ 외국인이 외국에 거주하다가 북한에 들어가는 것이 탈출에 해당한다고 해석하는 경우(대판 2008.4.17, 2004도4899) 10. 경찰승진 **비교판례** • 대한민국 국민이 외국에 거주하다가 북한에 들어간 경우 탈출에 해당한다(대판 2008.4.17, 2004도4899). • 외국인이 한국에서 기주히다가 북한에 들어간 경우 탈출에 해당한다(대판 2008.4.17, 2004도4899). ⑭ 의약품의 소매가격이란 **의약품 그 자체의 소매가격을 의미하는데**, 위조·변조의 대상이 된 제품의 소매가격을 의미하는 것으로 해석하는 경우(대판 2007.2.9, 2006도8797) 09. 경찰 ⑮ 의사능력 있는 청소년이 피고인 또는 피의자의 처벌을 희망하지 않는다는 의사표시 또는 처벌희망의 의사표시를 철회하는 데에 **법정대리인의 동의가 필요**하다고 해석하는 경우(대판 2009.11.19, 2009도6058) 13. 경찰 ⑯ 타인 명의로 허가받아 액화석유가스충전사업을 운영하는 자를 구 액화석유가스의 안전관리 및 사업법 위반죄의 주체로 해석하는 경우(대판 2008.5.8, 2008도533) 09. 경찰 ⑰ 사실상 전용영업장에 준하는 시설과 기준을 갖추지 아니한 채 허가를 받지 않고 한 카지노영업이 관광진흥법 위반죄에 해당한다고 해석하는 경우(대판 2009.12.10, 2009도11151) ⇨ 관광진흥법 위반죄 ×, 도박장소 등 개설죄 ○ 11. 경찰승진 ⑱ 통신비밀보호법상 '전기통신의 감청'의 의미에 전자우편이 송신되어 수신인이 이를 확인하는 등 **이미 수신이 완료된 전기통신에 관하여 남아 있는 기록이나 내용을 열어보는 등의 행위도 포함**된다고 해석하는 경우(대판 2012.11.29, 2010도9007) 17. 법원직 ⑲ 해산된 정비사업조합의 청산사무를 집행하는 기관인 '청산인'이 구 도시 및 주거환경정비법에 정한 '추진위원장 또는 조합임원'에 해당한다고 해석하는 경우(대판 2011.5.26, 2010도17145) ⑳ **어떤 단체가 특정 후보자를 지지·추천하는지 여부**가 공직선거법 제250조 제1항에 규정한 허위사실공표죄의 **'경력'에 관한 사실에 포함**된다고 해석하는 경우(대판 2011.3.10, 2010도16942) **비교판례** 공직선거법 제250조 제1항 허위사실공표죄의 '경력'에 후보자 등의 '체납실적'을 포함하는 것은 죄형법정주의에 반하지 않는다(대판 2015.5.29, 2015도1022). ㉑ 식품위생법상 준수사항 중 '주류만을 판매하는 행위'에 안주류와 함께 주로 주류를 판매하는 행위도 포함된다고 해석하는 경우(대판 2012.6.28, 2011도15097) 13·15. 경찰 ㉒ 구 전자금융거래법상 금지·처벌의 대상인 '접근매체의 양도'에 단순히 접근매체를 빌려 주거나 일시적으로 사용하게 하는 행위가 포함된다고 해석하는 경우(대판 2012.7.5, 2011도16167) 13. 경찰	⑭ 특정경제범죄 가중처벌 등에 관한 법률 제9조 제1항의 '저축을 하는 자'에 사법상 법률효과가 귀속되는 '저축의 주체'가 아니라고 하더라도, '저축과 관련된 행위를 한 자'도 포함된다고 해석하는 경우(대판 2006.3.9, 2003도6733) 11. 경찰승진, 12. 경찰 ⑮ 형법 제243조 음화반포죄의 '기타 물건'에 컴퓨터 프로그램은 포함되지 않는다고 해석하는 경우(대판 1999.2.24, 98도3140) 08. 법원행시 ⑯ 면허증을 자격 있는 약사에게 대여하는 것이 약사면허증 대여에 해당한다고 해석하는 경우(대판 2003.6.24, 2002도6829) 12·20. 경찰간부 ⑰ "약국 개설자가 아니면 의약품을 판매하거나 판매목적으로 취득할 수 없다."라고 규정한 구 약사법 제44조 제1항의 '판매'에 **무상으로 의약품을 양도하는 '수여'를 포함**하는 경우(대판 2011.10.13, 2011도6287) 12·15·17·18. 경찰, 17. 경찰승진 ⑱ 반의사불벌죄 규정인 구 청소년의 성보호에 관한 법률 제16조의 '처벌을 희망하지 않는다는 의사표시'와 관련하여 명문의 근거 없이 그 의사표시에 법정대리인의 동의가 필요하지 않다고 해석하는 경우(대판 2009.11.19, 2009도6058 전원합의체) 16. 사시 → 반의사불벌죄에서 처벌을 희망하지 않는다는 의사표시 또는 처벌희망 의사표시의 철회는 이른바 소극적 소송조건에 해당하고, 소송조건에는 죄형법정주의의 파생원칙인 유추해석금지의 원칙이 적용된다. ✄ 소송조건에는 유추해석금지의 원칙이 적용되지 않는다. × ⑲ 자가용 화물자동차의 임대행위가 화물자동차 운수사업법상 처벌의 대상이 되는 '자가용 화물자동차를 유상으로 화물운송용에 제공하거나 임대하는 행위'에 해당한다고 해석하는 경우(대판 2011.4.14, 2008도6693) ✄ 무상으로 화물운송용에 제공하는 행위도 임대하는 행위로 본다. × 12. 경찰 **비교판례** 구 사회복지사업법 제23조 제3항 제1호에서 보건복지부장관의 허가사항으로 규정한 '사회복지법인의 기본재산 임대행위'에 차임의 지급약정 없이 **무상**으로 기본재산을 사용·수익하게 하는 경우는 포함되지 않는다(대판 2015.10.15, 2015도9569). ⑳ 상관모욕죄의 '상관'에 대통령이 포함된다고 해석하는 경우(대판 2013.12.12, 2013도4555) 12. 경찰간부 ㉑ 가축분뇨 배출시설인 축사 내에서 사육되던 젖소들이 물을 마시러 식수대로 이동하던 중 젖소들의 발에서 지속적으로 떨어진 분뇨가 축사 인근 공터에 쌓여 있는 것을 처리시설에 유입하지 않고 그대로 방치한 행위가 가축분뇨를 처리시설에 유입하지 아니하고 가축분뇨가 발생하는 배출시설 안에서 배출시설 밖으로 내보내는 행위에 해당한다고 해석하는 경우(대판 2014.3.27, 2014도267) 15. 경찰

O 유추해석금지의 원칙에 위배되는 경우	X 유추해석금지의 원칙에 위배되지 않는 경우

O 유추해석금지의 원칙에 위배되는 경우

유사판례

채권자가 채무자 소유의 자동차를 **소유권 이전의 합의 없이** 단순히 채권의 담보로 인도받았거나, 채권의 변제에 충당하기 위하여 대신 처분할 수 있는 권한만 위임받은 경우, 자동차관리법 제12조 제3항의 '자동차를 **양수한 자**'에 포함된다고 할 수 없다(대판 2016.6.9, 2013도8503).

㉓ 성폭력범죄로 소년보호처분을 받은 전력 + 강간상해죄를 범한 자 ⇨ '성폭력범죄를 2회 이상 범한 경우'에 해당한다고 해석한 경우(대판 2012.3.22, 2011도15057 전원합의체)
13 · 16. 경찰, 19. 경찰간부

㉔ '담배의 제조'는 담배가공을 위한 일정한 작업의 수행을 전제하므로 그러한 작업을 수행하지 않는 자의 행위를 무허가 담배제조로 인한 담배사업법 제27조 제1항 제1호, 제11조 위반죄로 의률하는 것은 특별한 사정이 없는 한 문언의 가능한 의미를 벗어나 피고인에게 불리한 방향으로 해석한 것이어서 죄형법정주의의 내용인 확장해석금지 원칙에 어긋난다(대판 2023.1.12. 2019도16782).

㉕ 인터넷 웹사이트에 글을 게시하면서 신문기사가 저장된 **인터넷 주소를 링크**하거나 신문기사 전문을 복사하여 첨부한 경우를 공직선거법 제95조 제1항에 규정된 **신문 등을 배부**한 것으로 해석하는 경우(대판 2011.2.24, 2010도17081)

비교판례

음란한 부호 등이 전시된 웹페이지에 대한 **링크**행위를 음란한 부호 등의 공연**전시에 해당**한다고 해석하는 경우 유추해석금지의 원칙에 반하지 않는다(대판 2003.7.8, 2001도1335).

㉖ '블로그' 등 사적 인터넷 게시공간의 운영자가 게시공간에 게시된 타인의 글을 삭제할 권한이 있는데도 삭제하지 아니하고 그대로 두었다는 사정만으로 운영자가 타인의 글을 국가보안법 제7조 제5항에 따라 '소지'하였다고 해석하는 경우(대판 2012.1.27, 2010도8336) 14. 경찰간부, 15. 경찰, 16. 국가직 7급

㉗ 의사가 환자와 대면하지 아니하고 전화나 화상 등을 이용하여 환자의 용태를 스스로 듣고 판단하여 처방전 등을 발급한 행위가 구 의료법에서 정한 '**직접 진찰한 의사**'가 아닌 자가 처방전 등을 **발급한 경우**에 해당한다고 해석하는 경우(대판 2013.4.11, 2010도1388) ⇨ 전화 진찰은 '직접 진찰'에 해당한다.
✄ **직접 진찰한 의사**'가 아닌 자가 처방전 등을 발급한 경우에 해당한다. × 16. 경찰

㉘ 형사처벌되는 미등록주택건설사업의 기준이 **단독주택 20호, 공동주택 20세대**로 규정되어 있는데, 각 기준에는 미달하지만 단독주택과 공동주택을 '**합하여**' 20호(**또는 세대**) 이상이 되는 경우에도 위 규정을 적용하는 경우(대판 2007.10.12, 2007도6519)
09. 경찰승진

X 유추해석금지의 원칙에 위배되지 않는 경우

㉒ 외국환거래법 제30조가 규정하는 몰수 · 추징의 대상은 범인이 해당 행위로 인하여 취득한 외국환 기타 지급수단 등을 뜻하고, 이는 범인이 외국환거래법에서 규제하는 행위로 인하여 취득한 외국환 등이 있을 때 이를 몰수하거나 추징한다는 취지로서, 여기서 취득이란 해당 범죄행위로 인하여 결과적으로 이를 취득한 때를 말한다고 제한적으로 해석함이 타당하다(대판 2017.5.31, 2013도8389). 17. 경찰
✄ 취득이란 해당 범죄행위로 인하여 결과적으로 이를 취득한 때를 말한다고 제한적으로 해석할 필요는 없다. ×

㉓ 승용차가 폭력행위 등 처벌에 관한 법률상 '**위험한 물건**'에 해당한다고 해석하는 경우(대판 1997.5.30, 97도597) 15. 경찰

㉔ 구 성매매 알선 등 행위의 처벌에 관한 법률 제2조에서 정한 '성매매에 제공되는 사실을 알면서 건물을 제공하는 행위'에, 건물 임대 후에 성매매에 제공되는 사실을 알게 되었는데도 **건물 제공을 중단하지 아니하고 계속 임대하는 행위**도 포함된다고 해석하는 경우(대판 2011.8.25, 2010도6297)

㉕ 성폭력범죄의 처벌 등에 관한 특례법 제14조 제2항의 '반포'는 불특정 또는 다수인에게 무상으로 교부하는 것을 말하고, 계속적 · 반복적으로 전달하여 불특정 또는 다수인에게 반포하려는 의사를 가지고 있다면 특정한 1인 또는 소수의 사람에게 교부하는 것도 반포에 해당할 수 있다고 해석하는 경우(대판 2016.12.27, 2016도16676)

㉖ 사람을 협박할 목적으로 상대방에게 위해를 가할 것 같은 태도를 보이면서 상대방의 면전에서 **탄알이 장전되어 있지 아니한 총포를 공중으로 격발**한 경우, 구 총포 · 도검 · 화약류 단속법 제17조 제2항에서 금지하는 '사용'에 해당한다고 해석하는 경우(대판 2016.5.24, 2015도10254)

㉗ 이용자가 대가를 수수 · 요구 또는 약속하면서 제3자에게 예금통장에 부착된 마그네틱 띠에 포함된 전자정보를 이용하여 전자금융거래를 할 수 있도록 예금통장을 빌려주었다면 접근매체의 대여에 해당하지만, **예금통장에 기재된 계좌번호가 포함된 면을 촬영하도록 허락한 것**에 지나지 않는다면 접근매체의 대여에 해당한다고 볼 수 없다고 해석한 경우(대판 2017.8.18, 2016도8957)

㉘ 피고인이 피해자 휴대전화로 공포심이나 불안감을 유발하는 **문자메시지를 반복적으로 전송**한 경우, 비록 피해자의 수신차단으로 위 문자메시지들이 피해자 휴대전화의 스팸보관함에 저장되어 있었다고 하더라도, 피해자가 위 문자메시지들을 바로 확인하여 인식할 수 있는 상태에 있었으므로, 정보통신망법 제74조 제1항 제3호, 제44조의7 제1항 제3호에 규정된 '도달'에 해당한다고 해석한 경우(대판 2018.11.15, 2028도14610)

O 유추해석금지의 원칙에 위배되는 경우	X 유추해석금지의 원칙에 위배되지 않는 경우
㉙ 문화재청장 등이, 가지정문화재의 소유자 등이 국가지정문화재의 관리·보호상 필요한 조치에 위반한 행위가 문화재청장 등이 국가지정문화재의 소유자 등에 대하여 하는 국가지정문화재의 관리·보호상 필요한 조치에 위반한 행위에 해당한다고 해석하는 경우(대판 2005.2.18, 2003도4158) 09. 경찰승진	㉙ 도로교통법 제148조의2 제1항 조항 중 '제44조 제1항을 2회 이상 위반한 사람'은 문언 그대로 2회 이상 음주운전 금지규정을 위반하여 음주운전을 하였던 사실이 인정되는 사람으로 해석해야 하고, 그에 대한 형의 선고나 유죄의 확정판결 등이 있어야만 하는 것은 아니라고 해석한 경우(대판 2018.11.15, 2018도11378)
㉚ 인터넷 화상채팅을 통하여 실시간으로 전송받는 피해자의 유방·음부 등 신체 부위 영상을 휴대전화의 카메라로 촬영한 것이 성폭력범죄의 처벌 등에 관한 특례법상 다른 사람의 신체를 촬영한 행위에 해당한다고 해석하는 경우(대판 2013.6.27, 2013도4279) 15. 경찰	㉚ 피고인이 자동차 운전면허를 받지 않고 아파트 단지 안에 있는 지하주차장 약 50m 구간에서 승용차를 운전하여 도로교통법 위반(무면허운전)으로 기소된 사안에서, 위 주차장이 제2조 제1호에서 정한 '도로가 아닌 곳'에서 피고인이 자동차를 운전한 행위는 도로교통법에서 금지하는 무면허 운전에 해당하지 않는다고 해석한 경우(대판 2017.12.28, 2017도17762)
㉛ '기업구매전용카드'를 이용하여 물품판매 등의 방법으로 자금을 융통한 경우가 여신전문금융업법상 '신용카드'의 이용에 해당한다고 해석하는 경우(대판 2013.7.25, 2011도14687) 19. 경찰간부	㉛ 형법 제232조의2(사전자기록위작·변작)에서 정한 '위작'에 권한 있는 사람이 그 권한을 남용하여 허위의 정보를 입력함으로써 전자기록을 생성하는 행위까지도 포함하여 해석하는 경우(대판 2020.8.27, 2019도11294 전원합의체) 22. 경찰승진
㉜ 국내 특정 지역의 수삼과 다른 지역의 수삼으로 만든 홍삼을 주원료로 하여 특정 지역에서 제조한 홍삼절편의 제품명이나 제조·판매자명에 특정 지역의 명칭을 사용한 경우를 곧바로 '원산지를 혼동하게 할 우려가 있는 표시를 하는 행위'라고 해석하는 경우(대판 2015.4.9, 2014도14191) 15. 경찰, 17. 경찰승진	㉜ 자신의 내면에 형성된 양심을 이유로 집총과 군사훈련을 수반하는 병역의무를 이행하지 않는 사람에게 형사처벌 등 제재를 해서는 안 된다. 따라서 진정한 양심에 따른 병역거부라면, 이는 병역법 제88조 제1항의 '정당한 사유'에 해당한다고 해석하는 경우(대판 2018.11.1, 2016도10912 전원합의체) → 구성요건해당성 배제사유이지 위법성 조각·책임조각사유는 아니다. 20. 경찰간부
㉝ 甲은 성적 수치심 등을 일으키는 내용의 편지를 자신이 직접 乙의 주거지 출입문에 끼워 넣음으로써 乙에게 도달하게 한 것을 '전화, 우편, 컴퓨터 그 밖의 통신매체를 통하여' 편지를 乙에게 도달하게 한 것이라고 해석하는 경우(대판 2016.3.10, 2015도17847) 18. 국가직 9급	㉝ 외국환거래법 제30조가 규정하는 몰수·추징의 대상은 범인이 해당 행위로 인하여 취득한 외국환 기타 지급수단 등을 뜻하고, 이는 범인이 외국환거래법에서 규제하는 행위로 인하여 취득한 외국환 등이 있을 때 이를 몰수하거나 추징한다는 취지로서, 여기서 취득이란 해당 범죄행위로 인하여 결과적으로 이를 취득한 때를 말한다고 제한적으로 해석함이 타당하다(대판 2017.5.31, 2013도8389). → 제한적으로 해석할 필요는 없다. (×) 17. 경찰
㉞ 식품 판매자가 식품을 판매하면서 특정 구매자에게 해당 식품이 질병의 치료에 효능이 있다고 설명하고 상담한 행위가 구 식품위생법 제13조 제1항에서 금지하는 '식품에 관하여 의약품과 혼동할 우려가 있는 광고'라 볼 수 있다고 해석하는 경우(대판 2014.4.30, 2013도15002) 15. 경찰 비교판례 부작용이 있는 건강보조제를 비만치료의 효력이 있는 것처럼 판매하고 설사증세 등에 관하여 상담하는 경우 무면허의료행위에 해당한다(대판 2001.12.28, 2001도6130). 06. 경찰	㉞ 운전면허 취소처분을 받은 사람이 운전면허 취소처분이 취소되기 전에 자동차를 운전한 행위는 도로교통법에 규정된 무면허운전의 죄에 해당하지 아니한다 해석한 경우(대판 2021.9.16, 2019도11826)
㉟ 승객이 탑승한 후 항공기의 모든 문이 닫힌 때부터 내리기 위하여 문을 열 때까지 항공기가 지상에서 이동하는 경로가 '항로'에 포함된다고 해석하는 경우(대판 2017.12.21, 2015도8335) 18. 경찰	㉟ 법정·국회회의장모욕죄에 관한 형법 제138조에서의 '법원의 재판'에 헌법재판소의 심판이 포함된다고 보는 해석론은 문언이 가지는 가능한 의미의 범위 안에서 그 입법 취지와 목적 등을 고려하여 문언의 논리적 의미를 분명히 밝히는 체계적 해석에 해당할 뿐 피고인에게 불리한 확장해석이나 유추해석이 아니다(대판 2021.8.26. 2020도12017).
㊱ '자동차관리법 제58조 제3항을 위반하여 자동차 이력 및 판매자정보를 허위로 제공한 자'를 처벌하는 같은 법 제80조 제7호의2의 '허위 제공'의 의미에 '단순 누락'의 경우를 포함하여 해석하는 경우(대판 2017.11.14, 2017도13421)	

O	유추해석금지의 원칙에 위배되는 경우	X	유추해석금지의 원칙에 위배되지 않는 경우

㊲ 일단 도축을 위하여 횡성군 지역으로 이동시켰으나 이동 당일에 도축하지 않은 채 횡성군 지역 내 축산농가에서 1~2개월 이상 사료를 먹이며 머물게 하다가 도축한 경우, 2개월 미만인 경우에는 모두 일률적으로 도축의 준비행위 또는 단순한 보관행위에 불과하므로 원산지 표시규정 위반행위에 해당한다고 해석한 경우(대판 2012.10.25, 2012도3575)

㊳ 신체이상 등의 사유로 인하여 호흡조사에 의한 측정에 응할 수 없는 운전자가 혈액채취에 의한 측정을 거부하거나 이를 불능하게 한 경우를 음주측정 불응으로 해석하는 경우(대판 2010.7.15, 2010도2935) 11. 경찰승진

㊴ 저작물을 '복제하여 배포하는 행위'가 있어야 저작물의 발행에 해당하고 저작물을 복제한 것만으로 저작물의 발행에 해당한다고 해석하는 경우(대판 2018.1.24, 2017도18230)

㊵ 형법 제258조의2 특수상해죄의 신설로 형법 제262조, 제261조의 특수폭행치상죄에 대하여 그 문언상 특수상해죄의 예에 의하여 처벌하는 것이 가능하게 되었다는 이유만으로 형법 제258조의 제1항(중상해)의 예에 따라 처벌할 수 있다고 해석하는 경우(대판 2018.7.24, 2018도3443) 22. 경찰

㊶ 한국환경공단법 등이 한국환경공단 임직원을 형법 제129조(수뢰·사전수뢰) 내지 제132조(알선수뢰)의 적용에 있어 공무원으로 본다고 규정하고 있으므로 그들 또는 그들이 직무를 행하는 한국환경공단을 형법 제227조의2(공전자기록위작·변작)에 정한 공무원 또는 공무소에 해당한다고 해석한 경우(대판 2020.3.12, 2016도19170) 19·22. 경찰승진, 21. 국가직 7급

㊷ 알 수 없는 경위로 가상자산을 이체받은 자가 가상자산을 사용·처분한 경우 이를 형사처벌하는 명문의 규정이 없더라도 착오송금 시 횡령죄 성립을 긍정한 판례를 유추하여 신의칙을 근거로 배임죄로 처벌하는 경우(대판 2021.12.16, 2020도9789) 22. 경찰

㊸ 예금통장에 기재된 계좌번호가 포함된 면을 촬영하도록 허락한 것을 접근매체의 대여에 해당한다 해석한 경우(대판 2017.8.18, 2016도8957)

㊹ 양벌규정에 의하여 처벌되는 개인정보처리자로는 같은 법 제74조 제2항에서 '법인 또는 개인'만을 규정하고 있을 뿐인데, 여기에 양벌규정 명문이 없는 '법인격 없는 공공기관'도 포함된다고 해석한 경우(대판 2021.10.28, 2020도1942)

㊺ 유기징역형에 대한 법률상 감경을 하면서 형법 제55조 제1항 제3호에서 정한 것과 같이 장기와 단기를 모두 2분의 1로 감경하는 것이 아닌 장기 또는 단기 중 어느 하나만을 2분의 1로 감경하는 방식이나 2분의 1보다 넓은 범위의 감경을 하는 방식 등은 죄형법정주의 원칙상 허용될 수 없다(대판 2021.1.21, 2018도5475).

㊻ 대통령기록물법 제30조 제2항 제1호, 제14조에 의해 유출이 금지되는 대통령기록물에 원본 문서나 전자파일 이외에 그 사본이나 추가 출력물까지 포함된다고 해석(대판 2021.1.14, 2016도7104)

5. 적정성의 원칙

(1) 범죄와 형벌을 규정하는 법률의 내용은 기본적 인권을 실질적으로 보장할 수 있도록 적정하여야 한다는 원칙으로 범죄와 형벌 사이에는 적정한 균형이 유지되어야 하고 잔혹한 형벌은 금지된다는 원칙이다. 범죄와 형벌 사이의 균형이 유지되지 않은 경우에는 죄형법정주의에 반한다.

(2) 실질적 의미의 죄형법정주의 또는 현대적 의미의 죄형법정주의라고도 한다.

판례비교 적정성의 원칙에 위배되는지 여부

O 적정성의 원칙에 위배되는 경우	**X** 적정성의 원칙에 위배되지 않는 경우
① 사고피해자를 유기하고 도주한 차량운전자에 대한 법정형이 살인죄보다 중한 경우(헌재 1992.4.28, 90헌바24)	① 특정 강력범죄로 형을 선고받고 그 집행이 종료되거나 면제받은 후 3년 이내에 다시 특정 강력범죄를 범한 경우를 장기뿐만 아니라 단기의 2배까지 가중하여 처벌하도록 규정하는 경우(대판 2006.5.26, 2006도1640)
② 폭력행위 등 처벌에 관한 법률상 야간흉기휴대협박죄를 5년 이상의 유기징역으로 규정하는 경우(헌재 2004.12.16, 2003헌가12)	② 군용물절도죄(총포·탄약·폭발물)의 법정형이 살인죄의 법정형 하한보다 중한 경우(헌재 1995.10.26, 97헌바45)
비교판례 폭력행위 등 처벌에 관한 법률상 야간흉기휴대상해죄를 5년 이상의 유기징역으로 규정하는 것은 적정성의 원칙에 반하지 않는다(헌재 2006.4.27, 2005헌바36).	③ 주택재건축조합의 임원을 뇌물죄의 공무원으로 의제한 경우(대판 2007.4.27, 2007도694) 09. 경찰
③ 소환불능에 대하여 전 재산을 몰수하는 경우(헌재 1996.1.25, 95헌가5)	④ 특정범죄 가중처벌 등에 관한 법률상 교통사고로 치상 후에 도주한 차량운전자에 대한 법정형이 상해죄나 중상해죄보다 중한 경우(헌재 1998.3.26, 97헌바83)
④ 결혼청첩장에 의한 하객초청, 경조사에서의 음식대접, 화환의 진열행위를 범죄로 규정하는 경우(헌재 1998.10.15, 98헌마168)	⑤ 준강도가 범한 강도상해죄의 법정형이 살인죄보다 중한 경우(헌재 1997.8.21, 96헌바9)
⑤ 군형법에서 상관살해죄에 대하여 사형으로만 규정하는 경우(헌재 2007.11.29, 2006헌가13)	⑥ 청소년의 성보호에 관한 법률에서 위계 또는 위력을 사용하여 여자 청소년을 간음한 자의 법정형이 여자 청소년을 강간한 자에 대한 법정형과 동일한 경우(대판 2007.8.23, 2007도4818)
⑥ 반복적 음주운전에 대한 강한 처벌이 국민일반의 법감정에 부합할 수는 있으나, 결국에는 중벌에 대한 면역성과 무감각이 생기게 되어 법의 권위를 실추시키고 법질서의 안정을 해할 수 있으므로 재범 음주운전을 예방하기 위한 조치로서 형벌 강화는 최후의 수단이 되어야 한다. 심판대상조항은 음주치료나 음주운전 방지장치 도입과 같은 비형벌적 수단에 대한 충분한 고려 없이 과거 위반 전력 등과 관련하여 아무런 제한도 두지 않고 죄질이 비교적 가벼운 유형의 재범 음주운전 행위에 대해서까지 일률적으로 가중처벌하도록 하고 있으므로 형벌 본래의 기능에 필요한 정도를 현저히 일탈하는 과도한 법정형을 정한 것이다. 그러므로 심판대상조항은 책임과 형벌 간의 비례원칙에 위반된다(헌재 2021.11.25. 2019헌바446, 2020헌가17, 2021헌바77).	⑦ 성폭력범죄의 처벌 및 피해자보호 등에 관한 법률에서 특수강도죄를 범한 자가 강간죄를 범한 경우와 강제추행죄를 범한 경우를 구별하지 않고 법정형을 동일하게 규정하는 경우(대판 2007.2.8, 2006도7882)
	⑧ 군사기밀 보호법 제11조가 군사기밀 탐지·수집행위의 법정형을 10년 이하의 징역으로 규정하고 있는 것과 달리 국가보안법 제4조 제1항 제2호 나목의 법정형이 사형·무기 또는 7년 이상의 징역으로 규정된 경우(대판 2013.7.26, 2013도2511) 16. 경찰, 19. 경찰간부
	⑨ 특수공무집행방해치상죄와 폭력행위 등 처벌에 관한 법률 제3조 제1항의 법정형을 3년 이상의 유기징역으로 규정하는 경우(대판 2008.6.26, 2007도6188)

제3절 형법이론

❶ 형법이론의 의의

형법의 기본관념에 대한 지도이념이 되는 법철학적 이론을 형법이론이라고 하는데, 형법이론에는 범죄이론과 형벌이론이 있다. 범죄이론은 객관주의와 주관주의의 대립으로 표현되고, 형벌이론에는 응보형주의와 목적형주의가 있으며, 목적형주의는 다시 일반예방주의와 특별예방주의로 나누어진다.

❷ 형벌이론

1. 응보형주의

(1) 의의

인간의 자기결정능력을 신뢰하고 국가의 사명을 개인적 자유의 보호에 제한하는 이상주의적·개인주의적·자유주의적 사상의 산물로, 형벌의 본질은 범죄에 대한 정당한 응보에 있다고 하는 사상이다.

(2) 공헌

응보형주의는 형벌이 책임과 일치할 것을 요구함으로써 형벌권의 행사를 책임주의에 의하여 제한하고자 하는 사상이다. 이것은 응보형주의가 형법학에 기여한 영원한 공헌이라고 할 수 있다.

2. 목적형주의

(1) 의의

형벌은 그 자체가 목적인 것이 아니라 범죄를 방지하기 위한 예방의 수단에 지나지 않는다는 견해로서 이는 다시 일반예방주의와 특별예방주의로 나누어진다.

(2) 일반예방주의

① 의의: 형벌을 사회에 대한 위하적 작용으로 이해하여 형벌의 목적은 일반인, 즉 잠재적 범죄인의 위하에 의한 범죄예방에 있다고 하는 이론이다.

② 내용
  ㉠ 소극적 일반예방: 범죄를 결심한 행위자가 그 행위로 인하여 받게 될 형벌을 생각(위하적 작용)하여 범죄를 단념하게 되는 효과를 말한다.
  ㉡ 적극적 일반예방: 형벌을 통하여 적극적으로 일반인의 규범의식을 강화하고 법규범에 대한 자발적인 복종을 가능하게 함으로써 규범의 안정화를 가져오는 효과를 말한다.

(3) 특별예방주의

① 의의: 행위자가 반사회적 성향으로 범죄를 행한 후에 형벌을 통한 교육으로 행위자를 개선하여 형벌 후의 재범 발생을 예방하고자 하는 이론이다.

② 특별예방주의의 표현: 집행유예, 선고유예, 가석방, 단기 자유형의 제한, 상습범의 특별취급, 상대적 부정기형제도 등이 있다.

❸ 범죄이론

살인죄	=	살인의사	+	칼로 찌름 · 사망
		↓		↓
범 죄	=	법적대적 의사	+	행위 · 결과
		〈주관주의〉		〈객관주의〉

범죄가 성립하기 위해서는 주관주의와 객관주의 모두가 필요하며, 어디에 중점을 둘 것인가에 따라 견해가 대립한다.❶

1. 객관주의

(1) 의의

형법적 평가의 중점을 범죄의 외부에 나타난 부분, 즉 외부적인 행위와 결과에 두고 형벌의 종류와 경중도 이에 상응하여야 한다는 이론으로서 범죄주의 · 사실주의라고도 한다.

❶ 객관주의와 주관주의의 대립
1. 의의: 주관적 측면과 객관적 측면이 동시에 존재하는 경우에만 견해가 대립하고, 한 측면만 존재하는 경우에는 견해가 대립하지 않는다.
2. 구체적 예시
  • 순수주관적인 것 ⇨ 고의·과실·목적
  • 순수객관적인 것 ⇨ 인과관계·위법성

(2) 배경

객관주의는 인간의 자유의사(의사비결정론)를 전제로 하는 자유주의 · 개인주의 · 계몽주의에서 출발하였다.

(3) 공헌

자유의사는 각자에게 평등하므로 형벌은 범죄사실의 양에 따라 결정되어야 하고, 형법적 평가를 외부적 범죄사실에 두고 국가의 형벌권을 제한함으로써 개인의 자유와 권리를 보장할 수 있다.

(4) 학파

응보형주의 · 일반예방주의 · 고전학파(구파)의 형법이론을 형성하였다.

2. 주관주의

(1) 의의

범죄에서 주관적 요소를 중요시하여 행위자의 반사회적 성격, 범죄적 위험성을 형벌적 평가의 대상으로 하고 형벌의 종류와 경중도 이에 상응하여야 한다는 이론이다.

(2) 배경

인간의 자유의사를 부정하는 의사결정론을 전제로 하는 실증주의에서 출발하였다.

(3) 공헌

범죄를 주관적인 측면에서 파악하여 형벌의 개별화를 통한 범죄인의 개선 · 교화 및 재사회화를 촉진하여 범죄를 예방할 수 있다.

(4) 학파

특별예방주의 · 근대학파(신파)의 형법이론을 형성하였다.

④ 형법학파의 대립

1. 고전학파(구파)

(1) 형벌이론의 응보형주의 · 일반예방이론이 범죄이론인 객관주의와 결합하여 자유주의적 법치국가의 이념 아래 형성된 형법사상을 의미한다.

(2) 계몽철학의 개인주의 및 자유주의를 사상적 배경으로 하였다.

2. 근대학파(신파)

(1) 형벌이론의 특별예방주의가 범죄이론인 주관주의와 결합하여 형성된 형법사상을 의미한다.

(2) 형법학을 자연과학적 방법론에 의하여 실증적으로 연구하고자 하는 이론이다.

SUMMARY 객관주의와 주관주의의 구별

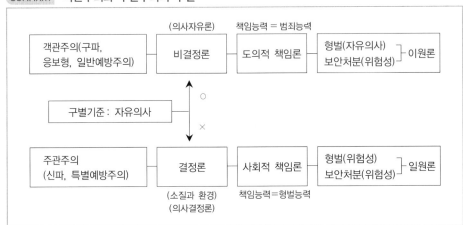

📋 객관주의와 주관주의의 형법해석상 차이점

구분		객관주의	주관주의
과실의 판단기준		주관설(∵ 도의적 책임론)	객관설(∵ 사회적 책임론)
착오론	구성요건적 착오	구체적 부합설, 법정적 부합설	추상적 부합설
책임론	책임의 근거	도의적 책임론	사회적 책임론
	책임능력의 본질	범죄능력	형벌(적응)능력
	책임판단의 대상	행위능력	행위자책임
	위법성인식	필요(인식가능성으로 충분)	① 자연범 : 불요 ② 법정범 : 필요
	기대가능성	주관설(∵ 행위자표준설)	객관설(∵ 평균인표준설)
미수론	미수의 처벌	예외적 처벌(감경)	원칙적 처벌(기수형과 동일)
	실행의 착수시기	객관설	주관설
	불능범·불능미수	객관설	순주관설
공범론	공동정범의 본질	범죄공동설	행위공동설
	공범의 종속성	공범종속성설	공범독립성설
	미수의 교사	인정	부정
	승계적 공동정범	부정	인정
죄수결정의 기준		행위표준설, 법익표준설, 구성요건표준설	의사표준설
형벌론		응보형주의, 일반예방주의	목적형주의, 특별예방주의
형벌과 보안처분		양자는 본질이 다름(이원론)	양자는 본질이 같음(일원론)

CHAPTER 02 형법의 적용범위

제1절 시간적 적용범위

① 서론

형법의 시간적 적용범위와 관련하여 ① 행위시에 처벌법규가 없었으나 후에 범죄로 규정된 경우(소급효의 문제), ② 행위시에 있던 처벌법규가 후에 폐지된 경우(추급효의 문제), ③ 행위시와 재판시의 처벌법규의 형이 변경된 경우 등이 문제된다.

② 원칙 - 행위시법주의

> 제1조【범죄의 성립과 처벌】① 범죄의 성립과 처벌은 행위 시의 법률에 따른다.

범죄의 성립과 처벌은 행위시의 법률에 의하여야 한다. 따라서 행위시에는 처벌법규가 없었으나 사후입법에 의하여 처벌하는 것은 죄형법정주의의 내용인 소급효금지의 원칙에 위배되므로 허용되지 않는다.

판례

1. 범죄의 성립과 처벌은 행위시의 법률에 의한다고 할 때의 '**행위시**'라 함은 **범죄행위의 종료시를** 의미한다(대판 1994.5.10, 94도563). 16. 경찰승진
2. 구 형법(2005.7.29.개정되기 전의 것) 시행중 범한 범죄에 대하여 형을 선고함에 있어, 종전의 형법을 적용하면 형의 집행을 종료한 후 이미 5년이 경과되어 **집행유예 결격사유에 해당하지 아니하지만,** 현행 형법을 적용하면 형의 집행을 종료한 후 3년까지의 기간 중에 범한 죄이어서 집행유예 결격사유에 해당하는 경우 피고인에게는 종전의 형법을 적용하는 것이 유리하므로 그 법률을 적용하여야 한다(대판 2008.3.27, 2007도7874). 19. 국가직 9급
3. 헌법재판소의 위헌결정으로 인하여 형벌에 관한 법률 또는 법률 조항이 소급하여 그 효력을 상실한 경우에는 당해 법조를 적용하여 기소한 피고사건은 범죄로 되지 아니하는 때에 해당하므로 결국 이 부분 공소사실은 **무죄라** 할 것이다(대판 1999.12.24, 99도3003). ⇨ 면소판결 ×
4. 죄가 되지 아니하던 행위를 구성요건 신설로 포괄일죄의 처벌대상으로 삼는 경우, 신설된 포괄일죄 처벌법규가 시행되기 이전의 행위에 대하여 신설된 법규를 적용하여 처벌할 수 없으므로 구성요건이 신설된 상습강제추행죄가 시행되기 이전의 범행을 상습강제추행죄로 처벌할 수 없다(대판 2016.1.28, 2015도15669).

한눈에 쏙

형법의 시간적 적용범위

원칙	행위시법주의
예외	경한 법 소급의 원칙	⇨ 범죄 후 재판 확정 전에 법률의 변경
		⇨ 재판 확정 후에 법률의 변경

❸ 예외 - 경한 법 소급의 원칙

1. 범죄 후 재판확정 전에 법률이 변경된 경우(제1조 제2항)

> 제1조【범죄의 성립과 처벌】② 범죄 후 법률이 변경되어 그 행위가 범죄를 구성하지 아니하게 되거나 형이 구법보다 가벼워진 경우에는 신법에 따른다.

SUMMARY

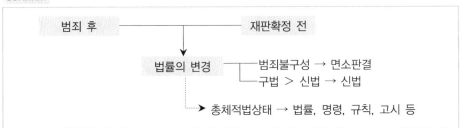

(1) 의의

신법의 형이 구법보다 경하거나 처벌규정이 없어진 때에는 행위자에게 유리한 신법을 소급적용하여야 한다.

(2) 적용요건과 효과

① 범죄 후 법률이 변경된 경우 : '범죄 후'란 실행행위가 종료된 이후를 의미하며, 결과발생은 포함하지 않는다. 한편 '법률의 변경'이란 가벌성의 존부와 정도를 규율하는 총체적 법상태(법률, 명령, 규칙, 조례, 고시, 백지형법의 보충규범 변경도 포함)의 변경을 의미한다.

> **판례**
>
> 법률의 변경에 해당하지 않는 경우
> 1. 누설한 군사기밀사항이 누설행위 이후 평문으로 저하되었거나 군사기밀이 해제된 경우, 이를 법률의 변경으로 볼 수 없으므로 재판시법의 적용 여부가 문제될 여지는 없다(대판 2000.1.28, 99도4022). 11. 경찰승진
> 2. 무단 반출한 물품에 대한 세율이 범행 당시에는 100%였으나 그 후 관세법의 개정으로 40%로 변경되었다고 하더라도 조세채권의 성립요건이 충족된 후에 조세법이 개정되더라도 그 구 조세법의 규정에 의하여 발생한 조세채권의 내용에는 아무 영향이 없고, **세율의 변경**은 형의 변경이라고 할 수도 없으므로 포탈세액을 종전의 세율에 따라 산정한 것은 적법하다(대판 1984.12.26, 83도1988). 11. 경찰승진
> 3. 외국환관리규정의 개정으로 인하여 **해외여행 기본경비**가 증액되었다고 하여도 이는 범죄 후 법률의 변경에 의하여 범죄를 구성하지 않게 되거나 형이 가볍게 된 경우에 해당하는 것이 아니므로 형법 제1조 제2항이 적용될 여지는 없다(대판 1996.2.23, 95도2858).
> 4. 종전 법률이 처벌하던 행위를 법률의 개정으로 처벌대상에서 제외하였으나, 개정법률이 시행되기 전에 다시 법률이 개정되어 다시 그 행위를 처벌대상에 포함시킨 경우에도 범죄 후 법령이 변경된 경우에 해당한다고 볼 수 없다(대판 1994.1.14, 93도2579).

② 범죄를 구성하지 않는 경우 : 형사소송법 제326조 제4호는 범죄 후에 법령개폐로 형이 폐지되었을 때에는 면소판결을 하도록 규정하고 있다.

③ 신법의 형이 구법보다 경한 경우

㉠ 신법의 형이 구법의 형보다 경한 경우에는 신법, 즉 재판시법이 적용된다. 다만, 법률의 변경이 있더라도 형의 경중에 변화가 없을 때에는 구법이 적용된다.

㉡ 범죄 후 여러 차례 법률이 변경되어 행위시법과 재판시법 사이에 중간시법이 있는 경우에는 그중 가장 형이 경한 법률이 적용된다.

  ☺ 행위시법은 3년 이상의 징역, 중간시법은 5년 이하의 징역, 재판시법은 7년 이하의 징역으로 변경된 경우에는 중간시법이 적용된다.

㉢ 형의 경중은 형법 제50조에 의하여 결정되는데 여기서 형은 법정형을 의미하며 법정형인 한 주형뿐만 아니라 부가형도 포함되고, 형의 경중을 비교할 때 법정형 가운데 병과형 또는 선택형이 있는 때에는 가장 중한 형을 기준으로 경중을 정하여야 한다. 또한 신·구 형법의 형의 경중을 비교함에 있어서 형을 가중·감경할 때에는 형을 가중 또는 감경한 후에 비교하여야 한다.

구법	신법	적용되는 법
3년 이하	5년 이하 또는 1천만원 이하	구법
5년 이하	5년 이하 또는 1천만원 이하	신법

판례

형의 경중의 비교방법

1. 형의 경중의 비교는 원칙적으로 법정형을 표준으로 하고, 병과형 또는 선택형이 있을 때에는 그중 가장 중한 형을 기준으로 하여 다른 형과 경중을 정하는 것이 원칙이다(대판 1992.11.13, 92도2194). 19. 국가직 9급

2. 상고심 계속 중 법률 제5127호(1995.12.30. 공포)로 개정되었고 개정된 법 제250조 제1항에 의하면 개정 전의 '3년 이하의 징역 또는 200만원 이상 1천만원 이하의 벌금'이 '3년 이하의 징역 또는 1천만원 이하의 벌금'으로 되어 형법 제1조 제2항에 따라 개정된 법률에 의하여 처벌하여야 할 것이다(대판 1996.2.13, 95도2843).

3. 1995.12.29. 법률 제5057호로 개정되어 1996.7.1.부터 시행되는 형법 제231조, 제234조에 의하면 구 형법의 같은 조항의 법정형이 '5년 이하의 징역'이었던 것이 '5년 이하의 징역 또는 1천만원 이하의 벌금'이 되어 **벌금형이 추가**된 경우 신법이 경하다(대판 1996.7.26, 96도1158). 19. 경찰승진

4. 행위시법인 구 변호사법 제54조에 규정된 형은 '**징역 3년**'이고 재판시법인 현행변호사법 제78조에 규정된 형은 '**5년 이하의 징역 또는 1천만원 이하의 벌금**'으로서 신법에서는 벌금형의 선택이 가능하다 하더라도 법정형의 경중은 병과형 또는 선택형 중 가장 중한 형을 기준으로 하여 다른 형과 경중을 정하는 것이므로 행위시법인 구법의 형이 더 경하다(대판 1983.11.8, 83도2499).

5. 구 군형법 제79조는 "1년 이하의 징역이나 금고에 처한다."라고 규정하였으나, 원심판결선고 후 시행된 군형법 제79조는 "1년 이하의 징역이나 금고 또는 300만원 이하의 벌금에 처한다."라고 규정하여 **벌금형이 법정형으로** 추가되었다면, 이는 형법 제1조 제2항의 '범죄 후 법률의 변경에 의하여 형이 구법보다 경한 때'에 해당한다(대판 2010.3.11, 2009도12930).
17. 경찰

6. 구 정보통신망 이용촉진 및 정보보호 등에 관한 법률의 양벌규정이 개정되어 법인에 대한 **면책규정이 추가된 것**은 형법 제1조 제2항에서 정한 '범죄 후 법률의 변경에 의하여 그 행위가 범죄를 구성하지 아니하거나 형이 구법보다 경한 경우'에 해당한다(대판 2012.5.9, 2011도11264).

7. 야간주거침입절도죄 등으로 세 번 이상의 징역형을 받고 다시 그 누범기간에 절도, 야간건조물침입절도, 특수절도 등의 죄를 범하였는데, 그 후 특정범죄 가중처벌 등에 관한 법률이 개정되어 법정형이 '**무기 또는 3년 이상의 징역**'에서 '**2년 이상 20년 이하의 징역**'으로 변경된 경우 신법을 적용한다(대판 2016.2.18, 2015도17848).

8. 이른바 반의사불벌죄에 있어서 처벌불원의 의사표시의 부존재는 소극적 소송조건으로서 직권조사사항이라 할 것이고, 2005.3.31. 법률 제7465호로 개정되어 2005.7.1.부터 시행된 근로기준법 제112조 제2항에 의하면, 종전에는 피해자의 의사에 상관없이 처벌할 수 있었던 근로기준법 제112조 제1항, 제36조 위반죄가 **반의사불벌죄로 개정**되었고, 부칙에는 그 적용과 관련한 경과규정이 없지만 개정 법률이 피고인에게 더 유리할 것이므로 형법 제1조 제2항에 의하여 피고인에 대하여는 개정법률이 적용되어야 할 것이다(대판 2005.10.28, 2005도4462). 19. 국가직 9급

ⓔ 제1조 제2항과 공소시효기간: 범죄 후 법률의 개정에 의하여 법정형이 가벼워진 경우에는 형법 제1조 제2항에 의하여 당해 범죄사실에 적용될 가벼운 법정형(신법의 법정형)이 공소시효기간의 기준이 된다(판례).

ⓜ 종전보다 가벼운 형으로 형벌법규를 개정하면서 그 부칙에 개정된 법의 시행 전의 범죄에 대하여 종전의 형벌법규를 적용하도록 규정한다 하여도 형벌불소급의 원칙이나 신법우선주의에 반한다고 할 수 없다(판례).

☑ **부칙의 예**
형법은 이 법 시행 전에 행하여진 종전의 형법규정 위반의 죄에 대하여도 적용한다. 다만, 종전의 규정이 행위자에게 유리한 경우에는 그러하지 아니한다(형법 부칙 제2조).

판례

부칙규정이 있는 경우

1. 형법 부칙 제4조 제1항은 "1개의 죄가 본법시행 **전후에 걸쳐서 행하여진 때**에는 본법 시행 전에 범한 것으로 간주한다"고 규정하고 있으나 위 부칙은 형법시행에 즈음하여 구형법과 의 관계에서 그 적용범위를 규정한 경과법으로서 **형법 제8조에서 규정하는 총칙규정이 아 닐 뿐 아니라 범죄의 성립과 처벌은 행위시의 법률에 의한다고 규정한 형법 제1조 제1항의 해석으로서도 행위종료시의 법률의 적용을 배제한 점에서 타당한 것이 아니므로 신·구형 법과의 관계가 아닌 다른 법과의 관계에서는 위 부칙을 적용 내지 유추적용할 것이 아니 다.** 따라서 상습으로 사기의 범죄행위를 되풀이 한 경우에 특정경제범죄가중처벌등에 관 한 법률시행 이후의 범행으로 인하여 취득한 재물의 가액이 위 법률 제3조 제1항 제3호의 구성요건을 충족하는 때는 그중 법정형이 중한 위 특정경제범죄가중처벌등에 관한 법률위 반의 죄에 나머지 행위를 포괄시켜 특정경제범죄가중처벌등에 관한 법률위반의 죄로 처단 하여야 한다(대판 1986.7.22, 86도1012 전원합의체).
   ↘ 형법 부칙 제4조 제1항은 범죄의 실행행위가 신·구 양법에 걸쳐서 행하여진 범죄의 행위시를 정 한 것으로 형법의 적용범위, 범죄와 형벌 등에 관한 것이어서 비록 그것이 부칙에 규정되어 있다고 하여 형법만의 경과규정에 불과한 것이 아니라 형법 총칙 규정 내지는 그 보완규정이라고 풀이할 것 이어서 이는 형법과 다른 법률과의 사이 또는 다른 법률의 개정과정에서 그 양법에 걸쳐서 행하여진 범죄에 대하여 그 행위시를 정함에 있어 다 같이 적용되는 조문이다. ✕ 19. 법원행시

2. 형법 제1조 제2항 및 제8조에 의하면 범죄 후 법률의 변경에 의하여 형이 구법보다 경한 때에는 신법에 의한다고 규정하고 있으나 신법에 경과규정을 두어 이러한 신법의 적용을 배제하는 것도 허용되는 것으로서, 형을 종전보다 가볍게 형벌법규를 개정하면서 그 부칙으로 개정된 법의 시행 전의 범죄에 대하여 종전의 형벌법규를 적용하도록 규정한다 하여 **헌법상의 형벌 불소급의 원칙이나 신법우선주의에 반한다고 할 수 없다**(대판 1999.7.9, 99도1695). 20. 경찰승진

   ⓗ **포괄일죄의 경우** : 포괄일죄로 되는 개개의 범죄행위가 법 개정 전후에 걸쳐서
     행하여진 경우에는 신·구법의 법정형에 대한 경중을 비교하여 볼 필요 없이 범죄
     실행 종료시의 법, 즉 신법을 적용하여 포괄일죄로 처단하여야 할 것이다(판례).

판례

포괄일죄의 경우

1. 피고인이 선거법을 수차례 위반하여 **포괄일죄**로 기소되었는데 피고인의 개개의 위반행위 도중에 선거법이 변경되어 벌금형의 상한이 150만원에서 300만원으로 변경되었다면, 신 법·구법의 경중을 따질 필요도 없이 당연히 **신법**을 적용한다(대판 1998.2.24, 97도183).
   ↘ 신·구법의 법정형에 대한 경중을 비교하여 법정형이 가벼운 법을 적용하여 포괄일죄로 처단하여 야 한다. ✕
   ↘ 구법을 적용해야 한다. ✕ 10·12. 경찰승진, 12. 경찰

2. **포괄일죄**인 뇌물수수의 범행이 특정범죄 가중처벌 등에 관한 법률 제2조 제2항의 시행 전 후에 걸쳐 행하여진 경우, 위 조항에 규정된 벌금형 산정기준이 되는 수뢰액의 범위는 위 규정의 시행 이후에 수수한 금액으로 한정된다(대판 2011.6.10, 2011도4260). 12. 법원행시

3. 일반적으로 **계속범**의 경우 실행행위가 종료되는 시점에서의 법률이 적용되어야 할 것이나, 법률이 개정되면서 그 부칙에 "개정된 법 시행 전의 행위에 대한 벌칙의 적용에 있어서는 종전의 규정에 의한다."라는 경과규정을 두고 있는 경우 **개정된 법이 시행되기 전의 행위에 대해서는 개정 전의 법을, 그 이후의 행위에 대해서는 개정된 법을 각각 적용하여야 한다** (대판 2001.9.25, 2001도3990). 11. 국가직 9급, 18. 법원직
   ☺ 계속범은 포괄일죄이므로 원칙적으로 신법이 적용되어야 한다. 이는 포괄일죄의 취급에 관하 여 예외적인 판례로, 비판이 제기되고 있다.

2. 재판확정 후에 법률이 변경된 경우(제1조 제3항)

> 제1조【범죄의 성립과 처벌】③ 재판이 확정 후 법률이 변경되어 그 행위가 범죄를 구성하지 아니하게 된 경우에는 형의 집행을 면제한다.

SUMMARY

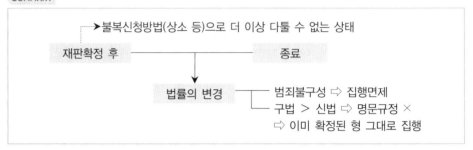

(1) 의의

재판확정 후 법률이 변경되어 범죄를 구성하지 않는 경우에는 형의 집행을 면제한다. 여기서 '재판확정 후'란 통상의 불복신청방법(團 상소 등)으로 재판을 더 이상 다툴 수 없게 된 상태에 이른 후를 의미한다.

(2) 적용요건과 효과

① 범죄를 구성하지 않는 경우 : 법률의 변경에 의하여 범죄를 구성하지 않는 경우에는 재판이 확정되지 않은 자와의 공평을 위하여 형의 집행을 면제한다.

② 신법의 형이 구법보다 경한 경우 : 재판확정 후 법률의 변경에 의하여 구법보다 신법에 정한 형이 더 경한 경우, 이에 대하여 형법은 아무런 예외규정을 두고 있지 않으므로 원칙적으로 제1조 제1항을 적용하여야 한다. 따라서 행위시의 법률에 의하여 확정된 형이 그대로 집행된다.

❺ 백지형법

일정한 형벌만을 규정하고 구성요건의 전부 또는 일부를 다른 법률이나 명령·행정처분·고시 등에 의하여 보충하는 것을 필요로 하는 형법법규를 백지형법이라 한다. 백지형법은 대부분 한시법이나, 백지형법 모두가 한시법인 것은 아니다.

☑ 백지형법의 예
외국간의 교전에 있어서 중립에 관한 명령(보충규범 - 대통령령에 위임)에 위반한 자는 3년 이하의 금고 또는 500만원 이하의 벌금에 처한다(제112조 중립명령위반죄).

제2절 장소적 적용범위

❶ 서론

형법의 장소적 적용범위란 어떠한 장소에서 발생한 범죄에 대하여 우리 형법이 적용되는가에 관한 문제를 말한다.

❷ 입법주의

1. 속지주의

(1) 의의

자국의 영역 안에서 발생한 모든 범죄에 대하여 범죄인의 국적을 불문하고 자국 형법을 적용한다는 원칙을 말한다(예 미국인이 대한민국 내에서 일본인을 살해한 경우 대한민국 형법이 적용된다).

(2) 문제점

자국의 영역 외에서 발생한 범죄에 대하여 자국 형법을 적용할 수 없다는 문제점이 있다.

2. 속인주의

(1) 의의

자국민의 범죄에 대하여 범죄지를 불문하고 자국 형법을 적용한다는 원칙을 말한다(예 대한민국 국민이 미국에서 미국인을 살해한 경우 대한민국 형법이 적용된다).

(2) 문제점

외국에서 외국인에 의하여 자국 또는 자국민의 법익을 침해하는 범죄를 처벌할 수 없다는 문제점이 있고, 외국에서 자국민이 범한 범죄에 대하여 외국의 속지주의와 충돌이 발생할 우려가 있다.

3. 보호주의

(1) 의의

자국 또는 자국민의 법익을 침해하는 범죄에 대하여 누구에 의하여 어느 곳에서 발생하였는가에 관계없이 자국 형법을 적용하는 원칙을 말한다(예 미국인이 미국에서 대한민국 국민을 살해한 경우 대한민국 형법이 적용된다).

(2) 문제점

속지주의와 마찰이 발생할 수 있고, 범죄인 인도에 관한 국제조약이 선행되지 않는 한 실효성이 없다는 문제점이 있다.

4. 세계주의

(1) 의의

누가, 어디서, 누구에게 범한 범죄인가를 불문하고 문명국가에서 인정되는 공통된 법익을 침해하는 범죄에 대하여 자국의 형법을 적용하는 원칙을 말한다(🛑 국제테러, 해적행위, 인신매매).

(2) 문제점

각국의 태도 또는 형벌이 다르기 때문에 국가간의 조약이나 협약이 전제되어야 실효성을 확보할 수 있다는 문제점이 있다.

❸ 형법의 태도

우리 형법은 속지주의를 원칙으로 하고 속인주의·보호주의·세계주의를 가미하고 있다.

1. 속지주의

(1) 속지주의

> 제2조【국내범】본법은 대한민국 영역 내에서 죄를 범한 내국인과 외국인에게 적용한다.

① 형법은 대한민국 영역 내에서 죄를 범한 내국인과 외국인에게 적용되는데, 여기서 대한민국 영역이란 한반도와 그 부속도서를 말하며 영토·영해·영공을 포함한다. 북한도 대한민국의 영역에 포함된다(판례).

② '죄를 범한'의 의미는 행위 또는 결과 중 어느 것이라도 대한민국의 영역 내에서 발생하면 족하고(🛑 한국에서 기망을 하고 미국에서 재물을 교부받은 경우 대한민국 형법이 적용된다), 예비·음모지 또는 공모지가 대한민국의 영역이면 충분하다.

(2) 기국주의

> 제4조【국외에 있는 내국선박 등에서 외국인이 범한 죄】본법은 대한민국 영역 외에 있는 대한민국의 선박 또는 항공기 내에서 죄를 범한 외국인에게 적용한다.

형법은 대한민국 영역 외(🛑 외국 또는 무국적지 ⇨ 공해상)에 있는 대한민국의 선박 또는 항공기 내에서 죄를 범한 외국인에게도 적용되는데, 이러한 기국주의도 속지주의의 일종으로 볼 수 있으며 대한민국의 국적기 또는 선적지를 기준으로 한다(🛑 공해상에서 우리나라 선적지 선박 안에서 미국인이 영국인을 살해한 경우 대한민국 형법이 적용된다).

한눈에 쏙

형법의 장소적 적용범위

속지주의	영역 내 +	내국인 외국인
기국주의	영역 외 +	외국인
속인주의	영역 외 +	내국인
보호주의	영역 외 +	외국인

> **SUMMARY** 속지주의와 기국주의의 비교
>
> - §2 : <u>대한민국영역 내</u> + <u>죄를 범한</u> + 내 · 외국인
>   - ┌ 영토, 영해, 영공   ┌ 행위지 또는 결과지 둘 중 하나
>   - └ 북한 포함   └ 예비 · 음모 처벌규정 有 → 예비 · 음모지, 공모지
> - §4 [기국주의] : 대한민국영역 외 + <u>대한민국의 선박 · 항공기</u> + 외국인(내국인 ×)
>   - 형식적인 선적지 · 등록지(**예** 그리스선적 → §4 ×)

판례

속지주의가 적용되는 경우

1. 외국인이 대한민국 공무원에게 알선한다는 명목으로 **금품을 수수하는 행위가 대한민국 영역 내에서 이루어진 경우** 형법 제2조에 의하여 대한민국의 형벌법규인 구 변호사법이 적용되어야 한다(대판 2000.4.21, 99도3403). 09. 국가직 9급, 17. 법원직
2. 미국인이 **서울의 한 호텔에서 한국인과 공모만** 하고 홍콩에서 중국인으로부터 히로뽕을 매수한 경우에도 형법 제2조를 적용하는 데에 있어서 공모공동정범의 경우에는 '공모지'도 '범죄지'로 보아야 하므로 미국인에게 대한민국의 마약류관리에 관한 법률이 적용된다(대판 1998.11.27, 98도2734). 01. 사시
3. 캐나다 국적을 가진 피고인이 북한의 지령을 받기 위하여 캐나다 토론토를 출발하여 일본과 중국을 순차 경유하여 북한 평양에 들어간 행위는 제3국과 대한민국 영역 내에 걸쳐서 이루어진 것이고, 피고인이 북한의 지령을 받고 국내에 잠입하여 활동하던 중 그 목적수행을 위하여 **서울 김포공항에서 대한항공편으로 중국 북경으로 출국한 후 중국 북경에서 북한 평양으로 들어간** 행위는 대한민국 영역 내와 대한민국 영역 외에 있는 대한민국의 항공기 내 및 대한민국의 통치권이 미치지 아니하는 제3국에 걸쳐서 이루어진 것이라고 할 것인바, 이와 같은 경우에는 비록 피고인이 캐나다 국적을 가진 외국인이라고 하더라도 형법 제2조, 제4조에 의하여 대한민국의 형벌법규가 적용되어야 할 것이고, 형법 제5조, 제6조에 정한 외국인의 국외범 문제로 다룰 것은 아니다(대판 1997.11.20, 97도2021 전원합의체).

2. 속인주의

> **제3조【내국인의 국외범】** 본법은 대한민국 영역 외에서 죄를 범한 내국인에게 적용한다.

형법은 대한민국 영역 외에서 죄를 범한 내국인에게 적용되는데, 여기서 내국인은 대한민국의 국적을 가진 자를 말하며, 범행 당시에 대한민국 국민일 것을 요한다. 또한, 북한 주민도 내국인의 범주에 속한다(판례).

판 례

속인주의가 적용되는 경우

1. 필리핀국에서 카지노의 외국인 출입이 허용되어 있다고 하여도 형법 제3조에 따라 **필리핀국에서 도박을 한 내국인**에게 우리나라 형법이 당연히 적용된다(대판 2001.9.25, 99도3337).
   12. 법원행시, 17. 법원직

2. 도박죄를 처벌하지 않는 미국의 네바다주에 있는 호텔 카지노에서 도박을 한 피고인(한국인)에게 우리나라 형법이 적용된다(대판 2004.4.23, 2002도2518).

3. 대한민국 내에 있는 미국문화원이 치외법권지역이고 그곳을 미국 영토의 연장으로 본다 하더라도 그곳에서 죄를 범한 대한민국 국민에 대하여 우리 법원에 먼저 공소가 제기되고 미국이 자국의 재판권을 주장하지 않고 있는 이상, 속인주의를 함께 채택하고 있는 우리나라의 재판권은 동인들에게도 당연히 미친다 할 것이며 미국문화원 측이 동인들에 대한 처벌을 바라지 않았다고 하여 그 재판권이 배제되는 것도 아니다(대판 1986.6.24, 86도403).

3. 보호주의

(I) **국가보호주의**(제5조의 보호주의)

> 제5조【외국인의 국외범】 본법은 대한민국 영역 외에서 다음에 기재한 죄를 범한 외국인에게 적용한다.
> 1. 내란의 죄
> 2. 외환의 죄
> 3. 국기에 관한 죄
> 4. 통화에 관한 죄
> 5. 유가증권, 우표와 인지에 관한 죄
> 6. 문서에 관한 죄 중 제225조 내지 제230조(사문서 위조 ×)
> 7. 인장에 관한 죄 중 제238조(사인장 위조 ×)

① 형법은 내란의 죄, 외환의 죄, 국기(국교 ×)에 관한 죄, 통화에 관한 죄, 유가증권에 관한 죄, 우표와 인지에 관한 죄, 문서에 관한 죄, 인장에 관한 죄를 범한 외국인에게 적용된다.

② 문서와 인장에 관한 죄 중 문서와 인장은 공문서·공인장(사문서·사인장 위조 ×)을 의미하는 것임에 주의하여야 한다(⑩ 조선족 甲이 중국에서 대한민국 A주식회사의 인장을 위조한 경우 우리나라 형법이 적용되지 않는다).

☑ 두문자
보호주의 (외국인의 국외범)

• 내 외 국 기 통 유 문 인
 → 공문서, 공인장임을 주의
• 대한민국영역 외 + 피해자가 한국인 → 보호주의로 형법적용한다.

(2) 국민보호주의 · 상호주의(제6조의 보호주의)

> 제6조【대한민국과 대한민국 국민에 대한 국외범】본법은 대한민국 영역 외에서 대한민국 또는 대한민국 국민에 대하여 전조에 기재한 이외의 죄를 범한 외국인에게 적용한다. 단, 행위지의 법률에 의하여 범죄를 구성하지 아니하거나 소추 또는 형의 집행을 면제할 경우에는 예외로 한다.

① 국민보호주의(본문) : 형법은 대한민국 영역 외에서 대한민국 또는 대한민국 국민에 대하여 제5조에 기재한 이외의 죄를 범한 외국인에게 적용된다(예 조선족 甲이 공해상에서 파나마 선적 페스카마호에서 한국인 선장 乙을 살해한 경우 보호주의에 따라 우리나라 형법이 적용된다).

② 상호주의(단서) : ①의 경우 행위지의 법률에 의하여 범죄를 구성하지 않거나 소추 또는 형의 집행을 면제할 경우에는 형법이 적용되지 않는다. 예를 들어 한국인 乙男과 일본 국적 甲女가 결혼을 한 후에 일본에 거주하다가 일본으로 여행을 온 乙男의 부(父)인 丙을 살해한 경우 乙男은 속인주의가 적용되어 존속살해죄로 처벌하지만, 일본에는 존속살해죄의 처벌규정이 없어 甲女에게 우리 형법규정을 적용할 수는 없다.

판례

보호주의가 적용되는 경우

1. 형법 제239조 제1항의 사인위조죄는 형법 제6조에 해당하지 아니하므로 중국 국적자가 중국에서 **대한민국 국적 주식회사의 인장을** 위조한 경우에는 외국인의 국외범으로서 그에 대하여 재판권이 없다(대판 2002.11.26, 2002도4929). 09. 법원직
2. 중국 국적의 조선인 선원이 공해상에서 **한국인 선장과 선원들을 살해하고** 사체를 유기한 경우 피해자인 선장과 선원들이 대한민국 국민이므로 제6조의 보호주의에 따라 우리 형법에 따른 처벌이 가능하다(대판 1997.7.25, 97도1142). ⇨ 페스카마호사건
3. 외국인이 한국으로 입국하기 위하여 **중국 북경시에 소재한 대한민국 영사관 내에서 그곳에 비치된 여권발급신청서를** 위조한 경우 대한민국에 재판관할권이 없다(대판 2006.9.22, 2006도5010). 07. 법원행시, 12. 사시
4. 대한민국의 국민인 甲이 **뉴질랜드의 시민권을 취득하여** 우리나라 국적을 상실한 상태에서, 뉴질랜드에서 **한국인 乙에게 사기죄를** 범한 경우 형법 제6조 본문에 의하여 우리 형법이 적용된다(대판 2008.7.24, 2008도4085).
5. **독일인이(송두율 교수) 독일 내에서** 북한의 지령을 받아 **베를린 주재 북한 이익대표부를 방문하고** 그곳에서 북한 공작원을 만났다면 구성요건상 범죄지는 모두 독일이므로 이는 외국인의 국외범에 해당하여 형법 제5조와 제6조에서 정한 요건에 해당하지 않는 이상 위 각 조항을 적용하여 처벌할 수 없다(대판 2008.4.17, 2004도4899). 16. 국가직 9급
6. 캐나다 시민권자인 피고인이 캐나다에서 위조사문서를 행사하였다는 내용으로 기소된 사안에서 형법 제234조의 위조사문서행사죄는 형법 제5조 제1호 내지 제7호에 열거된 죄에 해당하지 않고, 위조사문서행사를 형법 제6조의 대한민국 또는 대한민국 국민의 법익을 직접적으로 침해하는 행위라고 볼 수도 없으므로 피고인의 행위에 대하여는 우리나라에 재판권이 없다(대판 2011.8.25, 2011도6507).
7. 내국 법인의 대표자인 외국인이 내국 법인이 외국에 설립한 특수목적법인에 위탁해 둔 자금을 정해진 목적과 용도 외에 임의로 사용하여 횡령한 경우, 형법 제6조 보호주의에 따라 우리 법원에 재판권이 있다(대판 2017.3.22, 2016도17465).

기출 OX
중국 국적자가 중국에서 대한민국 국적 주식회사의 인장을 위조한 경우에는 대한민국 형법이 적용된다.
09. 법원직 (×)

기출 OX
외국인이 한국으로 입국하기 위하여 중국 북경시에 소재한 대한민국 영사관 내에서 그곳에 비치된 여권발급신청서를 위조한 경우 대한민국에 재판관할권이 있다. 12. 사시
(×)

한눈에 쏙

세계주의

약취·유인, 인신매매
↓
세계주의

기출 OX

외국인이 외국에서 형법상 약취·유인죄나 인신매매죄 또는 그 미수범과 예비·음모죄를 범한 경우에는 우리나라 형법이 적용된다.

17. 경찰승진 (×)

4. 세계주의

> 제296조의2【세계주의】제287조부터 제292조까지 및 제294조는 대한민국 영역 밖에서 죄를 범한 외국인에게도 적용한다.

① 미성년자약취·유인죄(제287조), ② 추행·간음·결혼·영리목적 약취·유인죄(제288조 제1항), ③ 노동력착취·성매매와 성적 착취·장기적출목적 약취·유인죄(제288조 제2항), ④ 국외이송목적 약취·유인죄(제288조 제3항), ⑤ 인신매매죄(제289조 제1항), ⑥ 추행·간음·결혼·영리목적 매매죄(제289조 제2항), ⑦ 노동력착취·성매매와 성적 착취·장기적출목적 매매죄(제289조 제3항), ⑧ 국외이송목적 매매죄(제289조 제4항), ⑨ 약취·유인·매매·이송 등 상해·치상죄(제290조 제1항·제2항), ⑩ 약취·유인·매매·이송 등 살인·치사죄(제291조 제1항·제2항), ⑪ 약취·유인·매매·이송된 사람 수수·은닉죄(제292조 제1항), ⑫ 제287조부터 제289조 목적의 사람 모집·운송·전달죄(제292조 제2항)는 대한민국 영역 밖에서 죄를 범한 외국인에게도 적용된다.

▷ 외국인이 외국에서 형법상 약취·유인죄나 인신매매죄 또는 그 미수범죄는 세계주의가 적용되어 우리나라 형법이 적용된다. 그러나 예비·음모죄를 범한 경우에는 우리나라 형법이 적용되지 않는다.

5. 외국에서 집행된 형의 산입

> 제7조【외국에서 집행된 형의 산입】죄를 지어 외국에서 형의 전부 또는 일부가 집행된 사람에 대해서는 그 집행된 형의 전부 또는 일부를 선고하는 형에 산입한다.

기출 OX

범죄에 의하여 외국에서 형의 전부 또는 일부의 집행을 받은 자에 대하여는 형을 감경 또는 면제할 수 있다.

18. 경찰승진 (×)

판례

외국에서의 미결구금에 대한 형법 제7조의 적용 여부

형법 제7조는 "죄를 지어 외국에서 형의 전부 또는 일부가 집행된 사람에 대해서는 그 집행된 형의 전부 또는 일부를 선고하는 형에 산입한다."라고 규정하고 있다. 여기서 '외국에서 형의 전부 또는 일부가 집행된 사람'이란 문언과 취지에 비추어 '외국 법원의 유죄판결에 의하여 자유형이나 벌금형 등 형의 전부 또는 일부가 실제로 집행된 사람'을 말한다고 해석하여야 한다.

따라서 형사사건으로 외국 법원에 기소되었다가 **무죄판결을 받은 사람**은, 설령 그가 무죄판결을 받기까지 상당 기간 미결구금되었더라도 이를 유죄판결에 의하여 형이 실제로 집행된 것으로 볼 수는 없으므로, '외국에서 형의 전부 또는 일부가 집행된 사람'에 해당한다고 볼 수 없고, 그 미결구금 기간은 **형법 제7조에 의한 산입의 대상이 될 수 없다**(대판 2017.8.24, 2017도5977 전원합의체).

제3절 인적 적용범위

❶ 원칙

형법은 원칙적으로 형법의 시간적 · 장소적 적용범위 내에 있는 모든 사람에게 적용된다.

❷ 예외

1. 국내법상 예외

(1) 대통령은 내란 또는 외환의 죄를 범한 경우를 제외하고는 재직 중 형법상의 소추를 받지 않고, 퇴직 후에는 대통령에 대한 형사소추가 가능하다.

(2) 국회의원은 국회에서 직무상 행한 발언과 표결에 관하여 국회 외에서 책임을 지지 않으며, 국회의원의 신분이 상실된 후에도 면책특권이 인정된다.

2. 국제법상 예외

(1) 치외법권을 가진 자, 즉 국외의 원수, 외교관, 그 가족에 대하여 형법이 적용되지 않는다.

(2) 대한민국과 협정이 체결되어 있는 외국의 군대(예 SOFA ; 공무집행 중의 미군범죄)에 대하여는 형법이 적용되지 않는다.

> **판례**
>
> 한반도의 **평시상태에서 미합중국 군 당국은 미합중국 군대의 군속에 대하여 형사재판권을 가지지 않으므로**, 미합중국 군대의 군속이 범한 범죄에 대하여 대한민국의 형사재판권과 미합중국 군 당국의 형사재판권이 경합하는 문제는 발생할 여지가 없고, 대한민국은 대한민국과 아메리카합중국 간의 상호방위조약 제4조에 의한 시설과 구역 및 대한민국에서의 합중국 군대의 지위에 관한 협정(1967. 2. 9. 조약 제232호로 발효되고, 2001. 3. 29. 조약 제553호로 최종 개정된 것) 제22조 제1항 (나)에 따라 미합중국 군대의 군속이 대한민국 영역 안에서 저지른 범죄로서 대한민국 법령에 의하여 처벌할 수 있는 범죄에 대한 형사재판권을 바로 행사할 수 있다(대판 2006.5.11, 2005도798). 16. 국가직 9급

최정훈 형법총론

제 **02** 편

범죄론

CHAPTER
01 범죄의 기본개념

제1절 **범죄의 의의 및 종류**

❶ 범죄의 의의

1. 절대적 범죄개념과 상대적 범죄개념

(1) 절대적 범죄개념

일정한 국가의 법질서와 무관하게 시간과 공간을 초월하여 절대적으로 통용되는 자연적 범죄개념이다.

> ☑ **절대적 범죄개념에 대한 평가**
> 범죄의 절대적 기준은 존재하지 않는다는 점에서 타당하지 않다.

(2) 상대적 범죄개념

일정한 국가의 법질서를 통하여 규정된 범죄형식을 기준으로 하는 범죄개념이다.

2. 형식적 범죄개념과 실질적 범죄개념

(1) 형식적 범죄개념

범죄를 형식적으로 파악하여 형벌법규에 의하여 형벌이 과해지는 행위, 즉 구성요건에 해당하는 위법·유책한 행위라고 본다.

(2) 실질적 범죄개념

범죄를 사회에 유해하거나 법익을 침해하는 반사회적 행위라고 본다. 이는 어떤 행위를 범죄로 할 것인가에 대한 입법의 기준과 한계를 제시한다는 점에서 범죄의 형사정책적 의의라고도 한다.

> ☑ **실질적 범죄개념에 대한 평가**
> 실질적 범죄개념도 해당 국가 헌법의 구속을 받으며, 시간과 장소에 따라 변천할 수 있다. 또한, 반사회적 행위가 모두 범죄인 것은 아니다.

3. 범죄의 본질

형법은 법익침해라는 결과만을 금지하는 것이 아니라 법익을 침해하는 행위 자체도 금지하고 있으므로 법익침해설과 의무위반설을 결합하여 범죄의 본질을 파악하여야 한다(통설).

❷ 범죄의 성립요건 · 처벌조건 · 소추조건

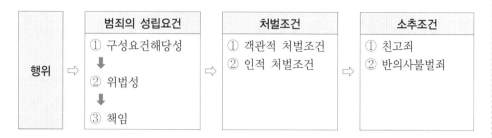

행위 ⇨	범죄의 성립요건	처벌조건	소추조건
	① 구성요건해당성 ⬇ ② 위법성 ⬇ ③ 책임	① 객관적 처벌조건 ② 인적 처벌조건	① 친고죄 ② 반의사불벌죄

1. 행위

인간의 행태가 가벌적인 것에 해당하기 위해서는 먼저 '행위'라는 범주에 속하여야 한다. '행위'란 인격의 외부적 표현으로서 의사에 의하여 지배되거나 적어도 지배될 수 있는 행태를 말한다.

> **CASE**
>
> Q. 甲은 수업시간에 늦어 학원으로 뛰어가던 乙과 부딪쳐 넘어지면서 앞에 있던 丙을 밀쳐서 丙에게 전치 4주의 상해를 입혔다. 이때 甲을 폭행치상죄로 처벌할 수 있는가?
>
> A. 甲을 폭행치상죄로 처벌할 수 없다.
> 형법상 행위란 인간의 자유로운 의사에 의하여 지배하거나 적어도 지배될 수 있는 행태를 말한다. 사례의 경우 甲이 丙을 밀치게 된 것은 乙에 의하여 야기된 저항할 수 없는 폭력에 의한 행위로, 이는 甲에 의한 자유로운 의사에 의하여 지배되거나 적어도 지배될 수 없는 경우이므로 형법상 의미 있는 행위가 아니다.

2. 범죄의 성립요건

(I) 구성요건해당성

① 의의: 구체적인 사실이 범죄의 구성요건에 해당하는 성질을 말한다.

② 반사회적 · 반도덕적 행위이더라도 구성요건에 해당하지 않으면 범죄가 되지 아니한다.

> **CASE**
>
> Q. 甲은 담배를 피우면 길거리에 침을 뱉는 습관이 있는데, 형법을 공부하는 수험생이 이를 보고 甲에게 형법상 어떠한 죄가 성립하는지 검토하려고 한다. 甲에게 형법을 적용할 수 있는가?
>
> A. 甲에게 형법을 적용할 수 없다.
> 범죄가 성립하려면 범죄성립 1단계인 구성요건해당성이 성립하는지 검토하여야 한다. 구성요건해당성이란 구체적인 사실이 범죄의 구성요건에 해당하는 성질을 말한다. 이 사례의 경우 길거리에 침을 뱉는 행위는 반사회적이고 반도덕적이라 할 수 있어도 형법상 처벌규정(구성요건해당성)이 없어 범죄가 되지 않는다. 따라서 甲에게 형법은 적용되지 않고 경범죄처벌법이 적용된다.

(2) 위법성

① 의의 : 구성요건에 해당하는 행위가 법률상 허용되지 않는 성질을 말한다. 즉, '너의 행위는 법률상 나쁘다.'고 평가되면 위법성이 성립되고, '너의 행위는 법률상 괜찮다.'고 평가되면 위법성이 조각된다.

② 구성요건에 해당하는 행위는 원칙적으로 위법하다. 그러나 예외적으로 정당방위 · 긴급피난 · 정당행위 등 정당화사유가 존재하는 경우에는 구성요건에 해당하는 행위라도 허용규범에 의하여 정당화되고 위법성은 조각된다(예 자기의 물건을 절취하는 절도범을 폭행하는 것은 폭행죄의 구성요건에 해당하지만, 정당방위로서 위법성이 조각되어 범죄가 성립하지 않는다).

> **CASE**
>
> **Q.** 甲은 자기에게 총을 조준하고 있는 乙을 발견하고 자신의 생명을 지키기 위하여 乙에게 총을 발사하여 살해한 경우, 甲을 살인죄로 처벌할 수 있는가?
>
> **A.** 甲을 살인죄로 처벌할 수 없다.
> 甲의 행위는 범죄성립의 1단계인 "사람을 살해한 자는 사형, 무기, 5년 이상의 징역에 처한다."라는 형법 제250조 제1항의 구성요건에 해당한다. 살인죄의 구성요건해당성은 인정되지만 범죄성립 2단계인 위법성이 성립하는가 검토하여야 한다. 이 사례의 경우 정당방위로 위법성이 조각되는지를 검토하여야 한다. 현행형법상 정당방위(제20조)는 자기 또는 타인의 법익에 현재의 부당한 침해가 있고 상당성이 있으면 벌하지 않는데, 위법성조각사유를 검토함에 있어서도 객관적 정당화사유(예컨대 정당방위상황)와 주관적 정당화요소(예컨대 정당방위의사), 상당성 등을 순서대로 검토하여야 한다.
> 이 사례의 경우 甲은 자기의 법익이 존재하고 乙이 자기에게 총을 조준하고 있는 객관적 정당화상황이 있는 현재의 부당한 침해가 있고, 乙을 살해하려는 의도가 아니라 자신의 생명을 지키기 위한 주관적 정당화요소인 방어의사가 있다. 또한 총을 겨누고 있는 상황에서 총으로 대응하는 것은 상당성을 갖추었다고 볼 수 있으므로 甲의 행위는 정당방위에 해당하여 처벌할 수 없다.

(3) 책임

① 의의 : 구성요건에 해당하는 위법한 행위를 한 행위자에 대한 비난가능성을 말한다.

② 12세 소년 또는 정신병자(심신상실자)가 절도를 한 경우에는 구성요건해당성 · 위법성은 인정되나, 비난가능성이 없어 책임이 조각되므로 범죄가 성립되지 않는다.

> **CASE**
>
> **Q.** 초등학교 2학년인 甲(9세)이 초콜릿이 먹고 싶어서 편의점에서 계산을 하지 않고 초콜릿을 가지고 나온 경우, 甲을 절도죄로 처벌할 수 있는가?
>
> **A.** 甲을 절도죄로 처벌할 수 없다.
> 甲의 행위는 범죄성립 1단계인 절도죄의 구성요건에 해당하고, 2단계인 위법성조각사유에 해당하지 않아 위법성도 성립한다. 다만, 범죄성립 3단계인 책임이 성립하는지 검토하여야 한다. 책임이란 구성요건에 해당하는 위법한 행위를 한 행위자에 대한 비난가능성을 말하는데, 만약 행위자를 비난할 수 없다면 책임이 조각되어 범죄는 성립하지 않는다. 이 사례의 경우 초등학생(9세)이 절도를 하였으므로 비난가능성이 없어 책임이 조각되므로 甲을 처벌할 수 없다.

3. 범죄의 처벌조건

(1) 의의

범죄가 성립한 경우에 처벌권이 발생하기 위하여 필요한 조건을 말한다(**예** 자기 아버지의 물건을 훔친 아들에게 절도죄의 성립은 인정되나 처벌조건이 흠결되어 불가벌이다). 유죄로 인정되더라도 처벌조건을 갖추지 못하면 법원은 형면제판결을 하게 된다.

(2) 객관적 처벌조건

범죄의 성부와 관계없이 성립한 범죄에 대한 형벌권의 발생을 좌우하는 외부적·객관적 사유를 말한다(**예** 사전수뢰죄상의 '공무원 또는 중재인이 된 때', 사기파산죄상의 '파산선고가 확정된 때').

(3) 인적 처벌조각사유

이미 성립한 범죄에 대하여 행위자의 특수한 신분관계로 인하여 형벌권이 발생하지 않는 경우를 말한다(**예** 중지미수에서 자의로 중지한 자, 친족상도례에서 친족의 신분).

4. 범죄의 소추조건

(1) 의의

범죄가 성립하고 국가형벌권이 발생한 경우라도 그 범죄를 소추하기 위하여 소송법상 필요한 조건을 말한다. 소추조건을 갖추지 못하면 법원은 공소기각판결을 하게 된다.

(2) 종류

① 친고죄(정지조건부 범죄): 소를 제기하기 위하여 피해자 기타 고소권자의 고소가 필요한 범죄를 말한다.

② 반의사불벌죄(해제조건부 범죄): 피해자의 의사와 관계없이 공소제기를 할 수 있으나, 피해자가 처벌을 희망하지 않는다는 의사를 명백히 할 때에는 처벌할 수 없다.

SUMMARY 친고죄와 반의사불벌죄에 해당하는 범죄

친고죄	모욕죄, 사자명예훼손죄, 업무상비밀누설죄, 상대적 친고죄(제328조 제2항, 제344조, 제361조, 제365조 제1항), 비밀침해죄
반의사불벌죄	외국국기·국장모독죄, 출판물명예훼손죄, 명예훼손죄, 과실치상죄, 존속·외국원수·외교사절에 대한 폭행죄·협박죄

☺ • 형법상 성범죄는 친고죄가 아닌 것으로 개정되었다.
 • 살아 있는 사람에 대한 명예훼손죄는 반의사불벌죄이나, 사자명예훼손죄는 친고죄이다.
 • 과실치상죄는 반의사불벌죄이나, 과실치사죄·업무상과실치상죄·중과실치상죄는 반의사불벌죄가 아니다.
 • 모욕죄는 친고죄이나, 외국원수·외국사절에 대한 모욕죄는 반의사불벌죄이다.
 • 상해죄는 친고죄도 반의사불벌죄도 아니나, 과실치상죄는 반의사불벌죄이다.
 • 특수폭행죄, 특수협박죄, 학대·존속학대죄는 친고죄가 아니다.

☑ 두문자
• 친고죄
친모 사 업비는 상대적 비밀이다.
• 반의사불벌죄
반 외모 판명되어 **과실상 폭행·협박**하다.

판례

1. 반의사불벌죄에 있어서 피해자가 나이 어린 미성년자인 경우, 그 법정대리인이 피고인 등에 대하여 밝힌 처벌불원의 의사표시에 피해자 본인의 의사가 포함되어 있는지는 대상 사건의 유형 및 내용, 피해자의 나이, 합의의 실질적인 주체 및 내용, 합의 전후의 상황, 법정대리인 및 피해자의 태도 등을 종합적으로 고려하여 판단하여야 할 것이다(대판 2010.5.13, 2009도5658).

2. 피해자인 청소년에게 의사능력이 있는 이상, 단독으로 피고인 또는 피의자의 처벌을 희망하지 않는다는 의사표시 또는 처벌희망의 의사표시를 철회할 수 있고, 거기에 법정대리인의 동의가 있어야 하는 것으로 볼 것은 아니다(대판 2009.11.19, 2009도6058).

5. 범죄의 성립요건·처벌조건·소추조건의 구별실익

구분	성립요건	처벌조건	소추조건
고의의 인식대상	객관적 구성요건요소는 고의의 인식대상	객관적 구성요건요소가 아니므로 고의의 인식대상이 아님	
착오	객관적 구성요건요소에 흠이 생기면 구성요건착오, 책임의 위법성 인식이 없으면 금지착오 성립	처벌조건에 대한 인식은 고의의 내용이 아니므로 착오는 범죄의 성립에 영향이 없음	
정당방위	① 위법성 조각 : 정당방위 불가 ② 책임 조각 : 정당방위 가능	처벌조건·소추조건 모두 범죄가 성립한 이후의 문제이므로 정당방위 가능	
간접정범·공범	범죄가 성립하지 않으면 벌하지 아니하므로 이를 이용시 간접정범 성립	처벌조건·소추조건이 결여되더라도 정범의 범죄는 성립된 것이므로 이를 이용시 공범 성립	
재판의 종류	① 범죄 성립 : 유죄판결 ② 범죄 불성립 : 무죄판결	결여시 형면제판결	결여시 공소기각판결

❸ 범죄의 종류

1. 일반범·신분범·자수범

(1) 일반범

'~한 자'라고 규정되어 있어 누구나 정범이 될 수 있는 범죄를 말한다.

(2) 신분범

행위자에게 일정한 신분이 있어야만 범죄가 성립되거나 형이 가감되는 범죄를 말한다.

📑 **진정신분범과 부진정신분범의 비교**

구분	진정신분범	부진정신분범
의의	일정한 신분이 있는 자에 의해서만 성립되는 범죄	신분이 없는 자에 의해서도 범죄가 성립될 수 있지만, 신분이 있는 자가 죄를 범한 때에는 형이 가중되거나 감경되는 범죄
해당 범죄	진행 수직 배위 유도 허위진단하여 업무상비밀누설하다. 진 : 진정신분범 행 : 횡령죄 수 : 수뢰죄 직 : 직무유기죄 배 : 배임죄 위 : 위증죄 유 : 유기죄 도 : 도주죄 허위진단 : 허위진단서 작성죄, 허위공문서작성죄 vs. 공문서위조죄 → 신분이 없어도 성립가능 업무상비밀누설죄	부상도 업무의 아존이다. 상도 : 상습도박죄 업무 : 업무- (업무상 과실치사죄, 업무상 횡령죄, 업무상 배임죄. 단, 업무상비밀누설죄는 부진정신분범이 아니라 진정신분범이다). 존 : 존속살해죄, 존속상해죄, 　　　존속폭행죄, 존속유기죄

☑ **신분범관련 주의사항**
1. '업무상'이란 말이 있으면 일반적으로 부진정신분범이나, 업무상 비밀누설죄·업무상 과실장물죄는 진정신분범이다.
2. 강도살인(다수설), 공무집행방해죄, 도박죄(상습도박죄는 부진정신분범), 명예훼손죄, 비밀침해죄 등은 신분범이 아니다.

(3) 자수범

① 행위자 자신이 직접 범죄를 저질렀을 때에 범죄가 성립하고, 타인을 이용해서는 저지를 수 없는 범죄를 말한다(예 위증죄, 부정수표 단속법상 허위신고죄).

② 자수범은 직접 정범의 형태로만 성립할 수 있으므로 직접 실행행위를 하지 않는 간접정범·공동정범은 성립할 수 없다.

2. 침해범 · 위험범

(1) 침해범

법익의 현실적 침해를 요하는 범죄를 말한다(예 살인죄, 상해죄 등).

(2) 위험범

보호법익에 대한 위법상태의 야기만으로 기수가 되는 범죄를 말한다. 위험범에는 위험이 현실적으로 발생할 것을 요하는 구체적 위험범과 추상적(일반적) 위험만으로 기수가 되는 추상적 위험범이 있다.

기출 OX
구체적 위험범은 법익침해의 현실적 위험이 야기된 경우에 구성요건이 충족되는 범죄를 말한다. 18. 경찰승진
(○)

기출 OX

01 추상적 위험범에서 위험은 객관적 구성요건요소이며, 위험이 발생했을 때 비로소 객관적 구성요건이 충족된다. (×)

02 추상적 위험범은 위험의 인식이 고의의 내용으로 요구되지는 않고, 법익에 대한 현실적 위험성을 입증할 필요가 없다. (○)

03 구체적 위험범에서의 위험은 구성요건표지이며 객관적 구성요건은 그 위험이 발생하였을 때 비로소 충족된다. (○)

04 구체적 위험범은 고의의 인식 대상이다. (○)

05 형법상 구체적 위험범은 고의범뿐만 아니라 과실범의 형태로서도 존재한다. (○) → 자기소유물건실화죄, 일반건조물과실일수죄

06 중상해죄, 중유기죄, 중손괴죄, 중감금죄는 구성요건의 충족을 위해 구체적 위험의 발생을 요구하는 범죄이다. (×)

07 경매방해죄는 결과의 불공정이 현실적으로 나타나는 것을 요하는 것이 아니고, 또 그 행위에는 법률적으로 경매결과에 영향을 미칠 수 있는 행위뿐 아니라 사실상 경매에 참가하려는 자의 의사결정에 영향을 미칠 수 있는 행위도 포함한다. (○)

08 범인도피죄는 위험범으로서 현실적으로 형사사법의 작용을 방해하는 결과가 초래되어야만 하는 것은 아니다. (○)

09 입찰방해죄는 위계 또는 위력 기타의 방법으로 입찰의 공정을 해하는 경우에 성립하는 것으로서, 입찰의 공정을 해할 행위를 하면 족한 것이지 현실적으로 입찰의 공정을 해하는 결과가 발생할 필요가 없으므로, 적법한 입찰의 절차가 존재하지 않더라도 입찰방해죄는 성립한다. (×)

10 일반교통방해죄는 이른바 추상적 위험범으로서 교통이 불가능하거나 또는 현저히 곤란한 상태가 발생하면 바로 기수가 되고 교통방해의 결과가 현실적으로 발생하여야 하는 것은 아니다. (○)

기출 OX

거동범의 예로는 폭행죄, 주거침입죄가 있다. 18. 경찰승진 (○)

추상적 위험범과 구체적 위험범의 비교

구분	추상적 위험범	구체적 위험범
의의	일반적인 위험성만 있으면 가벌성이 인정되는 범죄	현실적인 위험의 발생을 구성요건에 명시하고 있는 범죄
위험의 발생	구성요건표지가 아님	구성요건표지(예 ~위험을 발생시킨)
위험의 인식	고의의 인식 내용이 아님	고의의 인식 내용
범죄의 성질	형식범	실질범
해당 범죄	추위에 떨던 무명의 유비가 강위에서 현주 공방 통하고 타건물 문에서 교통사고 내고 업무방해했다. 추위 : 추상적 위험범 무 : 무고죄 명 : 명예훼손죄 유 : 유가증권위조죄 비 : 비밀침해죄 강 : 강제집행면탈죄 위 : 위증죄 현주 : 현주건조물방화죄 공방 : 공용건조물방화죄 통 : 통화위조죄 타건물 : 타인소유 일반건조물방화죄 문 : 문서위조죄 교통사고 : 교통방해죄 업무방해 : 업무방해죄	구내 가전 과실일수 중 폭파하여 자기소유 일물이다. 구 : 구체적 위험범 내 : 내란죄 가전 : 가스·전기 등 방류죄, 가스·전기 등 공급방해죄 과실일수 : 과실일수죄 중 : **중체포·감금죄를 제외**한 중~(중상해죄, 중유기죄, 중권리행사방해죄, 중손괴죄) 폭파 : 폭발성물건파열죄 자기소유 : 자기소유일반건조물방화죄, 자기소유일반건조물일수죄 일물 : 일반물건방화죄

☑ 추상적 위험범의 특징

1. 추상적 위험범에서의 위험발생은 구성요건요소가 아니므로, 추상적 위험범에서는 위험에 대한 인식은 필요가 없다(위험의 인식이 고의의 내용이 아니다).
2. 당해 행위가 경험법칙상 법익침해의 일반적 위험성만 있으면 성립하고 구체적 사건에서 위험의 발생을 입증할 필요가 없다. 따라서 가벌성(처벌)의 영역이 확대될 수 있으므로, 형벌상의 책임원칙에 반한다는 비판을 받고 있다. 그러나 추상적 위험범은 법익침해의 전단계에서 처벌가능성이 있으므로, 범죄예방의 효율적 수단으로 작용할 수 있다.

3. **결과범**(실질범)·**거동범**(형식범)

(1) **결과범**(실질범)

결과의 발생을 요하는 범죄를 말한다(예 살인죄, 상해죄 등). 결과적 가중범도 결과범의 특수한 형태에 속한다.

(2) **거동범**(형식범)

결과의 발생을 요하지 않고 법에 규정된 범죄를 말한다(예 주거침입죄, 무고죄, 위증죄, 폭행죄 등).

(3) 결과범과 거동범의 구별실익

인과관계는 결과범에서만 문제가 되고 형식범(거동범)은 미수를 인정할 수 없다. 다만, 주거침입죄는 형식범이지만 미수의 처벌규정이 있다.

4. 즉시범 · 상태범 · 계속범

(1) 즉시범

시간적 계속을 필요로 하지 않고 행위객체를 침해 또는 위태시킴으로써 범죄의 기수와 동시에 완수가 되는 범죄를 말한다(예 살인죄, 상해죄 등).

> **판례**
>
> 1. 구 폭처법 제4조 소정의 단체 등의 조직죄는 같은 법에 규정된 범죄를 목적으로 한 단체 또는 집단을 구성함으로써 즉시 성립하고 그와 동시에 완성되는 **즉시범이다**(대판 1995.1.20, 94도2752).
> 2. 구 정당법 제53조, 제22조 제1항에서 규정하는 **공무원이나 사립학교 교원이 정당의 당원이 된 죄** 및 구 지방공무원법 제82조, 제57조 제1항에서 규정하는 공무원이 정당이나 그 밖의 정치단체에 가입한 죄는 공무원 등이 정당 등에 가입함으로써 즉시 성립하고 그와 동시에 완성되는 **즉시범이다**(대판 2014.5.16, 2012도12867 등).
> 3. 군형법 제79조에 **규정된 무단이탈죄는 즉시범으로서** 허가 없이 근무장소 또는 지정장소를 일시 이탈함과 동시에 완성되고 그 후의 사정인 이탈 기간의 장단 등은 무단이탈죄의 성립에 아무런 영향이 없다(대판 1983.11.8, 83도2450).

(2) 상태범

실행행위에 따라 구성요건결과가 발생하여 범죄가 기수에 이르고 종료되었지만, 기수 이후에도 실행행위로 야기된 위법상태가 계속되는 범죄를 말한다(예 절도죄, 강도죄, 사기죄, 공갈죄, 횡령죄, 배임죄 등).

> **판례**
>
> 1. **내란죄**는 국토를 참절하거나 국헌을 문란할 목적으로 폭동한 행위로서, 다수인이 결합하여 위와 같은 목적으로 한 지방의 평온을 해할 정도의 폭행 · 협박행위를 하면 기수가 되고, 그 목적의 달성 여부는 이와 무관한 것으로 해석되므로, 다수인이 한 지방의 평온을 해할 정도의 폭동을 하였을 때 이미 내란의 구성요건은 완전히 충족된다고 할 것이어서 계속범이 아니라 **상태범에** 해당한다(대판 1997.4.17, 96도3376 전원합의체).
> 2. **학대죄**는 자기의 보호 또는 감독을 받는 사람에게 육체적으로 고통을 주거나 정신적으로 차별대우를 하는 행위가 있음과 동시에 범죄가 완성되는 **상태범 또는 즉시범**이라 할 것이다(대판 1986.7.8, 84도2922).
> 3. 당국의 허가없이 도로를 점용하는 행위는 소위 **상태범**이므로 설사 위와 같은 도로의 점용 동기가 당국의 부당한 철거대집행에 인한 것이라 하더라도 이로써 그 도로의 계속적인 점용이 정당화될 수 없다(대판 1986.10.14, 86도435).

(3) 계속범

구성요건적 행위 내지 법익침해상태가 기수에 이르고 기수 이후에도 위법상태가 계속되고 종료되지 않는 범죄를 말한다(**예** 체포·감금죄, 다중불해산죄, 주거침입죄, 퇴거불응죄, 약취·유인죄, 직무유기죄).

> **판례**
>
> 1. 구 농지법 제2조 제9호에서 말하는 '농지의 전용'이 이루어지는 태양은, **첫째로** 농지에 대하여 절토, 성토 또는 정지를 하거나 또는 농지로서의 사용에 장해가 되는 유형물을 설치하는 등으로 농지의 형질을 외형상으로뿐만 아니라 사실상 변경시켜 **원상회복이 어려운 상태로 만드는 경우가 있고**(즉시범), **둘째로** 농지에 대하여 외부적 형상의 변경을 수반하지 않거나 또는 외부적 형상의 변경을 수반하더라도 사회통념상 **원상회복이 어려운 정도에 이르지 않은 상태에서 그 농지를 다른 목적에 사용하는 경우**(계속범) 등이 있을 수 있다. 전자의 경우는 즉시범이라고 보아야 할 것이나 후자의 경우와 같이 당해 토지를 농업생산 등 외의 다른 목적으로 사용하는 행위를 여전히 농지전용으로 볼 수 있는 때에는 그 토지를 다른 용도로 사용하는 한 가벌적인 위법행위가 계속 반복되고 있는 계속범이라고 보아야 할 것이다(대판 2009.4.16, 2007도6703 전원합의체).
>
> 2. **일반교통방해죄**에서 교통방해 행위는 **계속범**의 성질을 가지는 것이어서 교통방해의 상태가 계속되는 한 가벌적인 위법상태는 계속 존재한다. 따라서 신고 범위를 현저히 벗어나거나 집회 및 시위에 관한 법률 제12조에 따른 조건을 중대하게 위반함으로써 교통방해를 유발한 집회에 참가한 경우, 참가 당시 이미 다른 참가자들에 의해 교통의 흐름이 차단된 상태였더라도 교통방해를 유발한 다른 참가자들과 암묵적·순차적으로 공모하여 교통방해의 위법상태를 지속시켰다고 평가할 수 있다면 일반교통방해죄가 성립한다(대판 2018.1.24, 2017도11408).
>
> 3. **체포죄**는 **계속범**으로서 체포의 행위에 확실히 사람의 신체의 자유를 구속한다고 인정할 수 있을 정도의 시간적 계속이 있어야 하나, 체포의 고의로써 타인의 신체적 활동의 자유를 현실적으로 침해하는 행위를 개시한 때 체포죄의 실행에 착수하였다고 볼 것이다(대판 2018.2.28, 2017도21249).
>
> 4. **범인도피죄**는 범인을 도피하게 함으로써 기수에 이르지만, **범인도피행위가 계속되는 동안에는** 범죄행위도 계속되고 행위가 끝날 때 비로소 범죄행위가 종료된다. 따라서 공범자의 범인도피행위 도중에 그 범행을 인식하면서 그와 공동의 범의를 가지고 기왕의 범인도피상태를 이용하여 스스로 범인도피행위를 계속한 경우에는 범인도피죄의 공동정범이 성립하고, 이는 공범자의 범행을 방조한 종범의 경우도 마찬가지이다(대판 2012.8.30, 2012도6027). ⇨ 계속범이다.
>
> 5. **직무유기죄**는 그 작위의무를 수행하지 아니함으로써 구성요건에 해당하는 사실이 있었고 그 후에도 계속하여 그 작위의무를 수행하지 아니하는 위법한 부작위상태가 계속되는 한 가벌적 위법상태는 계속 존재하고 있다고 할 것이므로 이를 즉시범이라고 **할 수 없다**(대판 1997.8.29, 97도675). ⇨ 직무유기죄는 즉시범이 아니라 **계속범이다.**
>
> 6. 부설주차장을 주차장 외의 용도로 사용하여 **주차장법을 위반한 죄는 계속범**이므로, 종전의 용도 외 사용행위에 대하여 처벌받은 일이 있다고 하더라도, 그 후에도 계속하여 용도 외로 사용하고 있는 이상 종전 재판 후의 사용에 대하여 다시 처벌할 수 있다(대판 2006.1.26, 2005도7283).
>
> 7. 허가받지 아니한 업체와 건설폐기물의 처리를 위한 도급계약을 체결한 자가 무허가 건설폐기물 처리업체에 위탁하여 건설폐기물을 처리하는 행위를 처벌하는 법률이 신설된 후에도 그 도급계약에 따른 건설폐기물의 처리행위를 계속하였다면, 처벌규정 신설 후에 이루어진 무허가 처리업체에 의한 건설 폐기물의 위탁처리에 대하여 위 법률 조항이 적용된다. 이는 위탁처리를 위한 도급계약의 성립과 함께 범죄가 기수에 이르러 범죄행위가 종료되는 이른바 즉시범이 아니고 그 도급계약에 따른 건설폐기물의 처리행위를 계속함으로써 위법상태가 지속되는 동안 범죄행위도 종료되지 않고 계속되는 **계속범**의 성격을 갖기 **때문이다**(대판 2009.1.30, 2008도8607).

(4) 계속범과 상태범의 구별실익

구분	계속범	상태범
공소시효	공소시효는 범죄가 종료된 때로부터 진행되므로 계속범에 있어서 위법상태가 종료된 때가 시효의 기산점이 됨	범죄행위가 기수가 됨과 동시에 범죄가 종료되므로 즉시 공소시효가 진행됨
공범의 성립시기	범죄가 기수로 된 이후에도 행위가 계속되는 동안 공범 성립 가능	범죄가 기수로 된 이후에는 공범 성립 불가능
정당방위의 가능시기	범죄의 종료시까지	범죄의 기수시까지

> **판례**
>
> 1. 허위의 채무를 부담하는 내용의 채무변제계약 공정증서를 작성한 후 이에 기하여 **채권압류 및 추심명령을 받은 때**에, 강제집행면탈죄가 성립함과 동시에 그 범죄행위가 종료되어 공소시효가 진행한다(대판 2009.5.28, 2009도875).
>
> 2. 포괄일죄의 공소시효는 **최종의 범죄행위가 종료한 때**로부터 진행한다(대판 2002.10.11, 2002도2939).
>
> 3. 구 병역법 제89조의2 제1호에 정한 공익근무요원의 복무이탈죄는 정당한 사유 없이 계속적 혹은 간헐적으로 행해진 통산 8일 이상의 복무이탈행위 전체가 하나의 범죄를 구성하는 것이고, 그 공소시효는 위 전체의 복무·이탈행위 중 **최종의 복무이탈행위가 마쳐진 때부터** 진행한다(대판 2007.3.29, 2005도7032).
>
> 4. [계속범의 공소시효 기산점] 공익법인이 주무관청의 승인 없이 기본재산인 건물 중 일부를 예식장업자에게 임대한 경우, **임대행위를 계속하는 한 공소시효는 진행하지 않는다**(대판 2006.9.22, 2004도4751).
>
> 5. 공소시효는 범죄행위가 종료한 때로부터 진행하는 것으로서, 법원을 기망하여 유리한 판결을 얻어내고 이에 터잡아 상대방으로부터 재물이나 재산상 이익을 취득하려고 소송을 제기하였다가 법원으로부터 패소의 종국판결을 선고받고 그 판결이 확정되는 등 법원으로부터 유리한 판결을 받지 못하고 소송이 종료됨으로써 미수에 그친 경우에, 그러한 소송사기미수죄에 있어서 범죄행위의 종료시기는 **위와 같이 소송이 종료된 때**라고 할 것이다(대판 2000.2.11, 99도4459).

5. 목적범 · 경향범 · 표현범

(1) 목적범

주관적 구성요건요소로서 고의 이외에 일정한 목적을 필요로 하는 범죄를 말한다. 목적범에 있어서 현실적인 목적달성 여부는 범죄의 성립에 아무런 영향이 없다.

- ☑ **단절된 결과범과 단축된(불완전한) 행위범**
  - **단절된 결과범** : 목적이 행위자의 행위 자체에 의하여 직접 실현되고 목적 실현을 위한 다른 별개의 행위를 필요로 하지 않는 범죄를 말한다(예 내란죄, 출판물 등에 의한 명예훼손죄, 준강도죄).
  - **단축된(불완전한) 행위범** : 목적이 행위자의 행위만으로는 실현될 수 없고 행위자 또는 제3자의 별도의 행위를 통하여 실현될 수 있는 범죄를 말한다(예 무고죄, 음행매개죄, 영리목적 약취·유인죄, 각종 위조죄 등)

📑 **진정목적범과 부진정목적범의 비교**

구분	진정목적범	부진정목적범
의의	목적의 존재가 범죄의 성립요건이며, 목적이 없으면 범죄가 성립하지 않는 범죄	목적이 없어도 범죄는 성립하나, 목적이 존재하면 형이 가중·감경되는 범죄
해당 범죄	강제집행면탈죄, 통화·유가증권·문서 등의 각종 위조·변조죄, 영리목적 약취·유인죄, 각종 예비·음모죄	모해증거인멸죄, 결혼·국외이송목적 약취·유인죄

목모아준 4살 유음용 무예에 출명 내통하여 문닫고 도박개장하던 다중의 범죄조직을 허공에 매달아 국기 국장 법정 회의장 모욕하여 소인말소되다.

목 : 목적범
모 : 모해위증죄(모해할 목적)
아 : 아편판매목적소지죄(판매 목적)
준 : 준강도죄(체포면탈 재물탈환 항거 죄적인멸 목적)
4살 : 내란목적살인죄
유 : 유가증권위조죄(행사할 목적)
음 : 음행매개죄(영리 목적)
영 : 영리목적약취죄(영리 목적)
무 : 무고죄(타인을 형사 처분 또는 징계처분 받게 할 목적)
예 : 예비죄(...의 죄를 범할 목적)
출명 : 출판물명예훼손죄(비방 목적)
내 : 내란죄
통 : 통화위조죄(행사할 목적)
문 : 문서위조죄(행사할 목적) / 허위진단서작성죄, 공정증서원본불실기재, 사문서부정행사죄, 위조등문서행사죄 ✕
도박개장 : 도박개장죄(영리 목적)
다중 : 다중불해산죄(다중이 집합하여 폭행 협박 손괴를 할 목적) / 소요죄 ✕
범죄조직 : 범죄단체조직죄(범죄를 목적으로)
허공 : 허위공문서작성죄
국기 국장 : 국기·국장 모독죄(비방 목적)
법정 국회의장 : 법정·국회의장모욕죄(모욕할 목적)
소인말소 : 소인말소죄(행사 목적)

판례

형법 제152조 제1항과 제2항은 위증을 한 범인이 형사사건의 피고인 등을 '**모해할 목적**'을 가지고 있었는가 아니면 그러한 목적이 없었는가 하는 범인의 특수한 상태의 차이에 따라 범인에게 과할 형의 경중을 구별하고 있으므로, 이는 바로 **형법 제33조 단서 소정의 "신분관계로 인하여 형의 경중이 있는 경우"에 해당**한다고 봄이 상당하다(대판 1994.12.23, 93도1002).

(2) 경향범

행위자의 주관적 경향이 구성요건요소로 되어 있거나 범죄유형을 함께 규정하고 있어, 이러한 행위자의 내적 경향의 표출에 의하여 구성요건이 충족되는 범죄를 말한다(예 공연음란죄, 학대죄, 가혹행위죄, 영업·상습성을 지닌 범죄 등).

(3) **표현범**

행위자의 내면적인 지식상태와 모순되는 표현으로서 행위가 행하여졌을 때 범죄로 되는 경우를 말한다(예 위증죄, 무고죄, 허위감정·통역·번역죄, 불고지죄 등).

제2절 행위론

❶ 서론

1. 행위론의 의의

(1) 범죄는 구성요건에 해당하는 위법하고 책임 있는 행위로 정의되므로 범죄가 되기 위해서는 먼저 행위의 존재를 전제로 하여야 한다.

(2) 행위론이란 범죄에 대한 체계적 상위개념으로서 범죄의 모든 발생형태, 즉 작위범과 부작위범, 고의범과 과실범에 보편타당하게 적용될 수 있는 행위개념이 가능한가의 문제에 대한 이론이다.

2. 행위개념의 기능

(1) **한계기능**

형법적으로 의미 있는 행위와 무의미한 비행위를 구별하여 구성요건의 판단에 앞서 애당초 형법적 판단의 대상이 될 수 없는 행태를 형법적 고찰대상에서 배제하는 기능이다(예 짐승이 저지른 일, 무의식상태에서의 동작 등은 정신작용의 통제나 조정하에 놓여 있지 아니하므로 형법적 고찰의 대상에서 애당초 제외되어야 한다).

(2) **분류기능**

형법상 의미를 가질 수 있는 모든 종류의 인간의 행위, 즉 고의행위와 과실행위, 작위와 부작위를 하나의 통일개념으로 파악할 수 있는 분류기능을 한다.

(3) **결합기능**

행위개념은 구성요건해당성·위법성·책임이라는 형법적 판단을 체계적으로 결합시켜 형법체계의 중추를 형성하는 결합기능을 한다.

① 체계적 중립성의 요구 : 행위개념은 구성요건해당성·위법성·책임에 대하여 중립적이어야 한다. 중립성의 요청으로 행위개념은 불법과 책임에 앞질러 들어가서도 안 되고, 불법과 책임이 행위개념 속으로 앞질러 들어오는 것을 허용하여서도 안 된다.

② 실체개념성의 요구(정의기능) : 행위개념은 미리 구성요건에 앞질러 들어가거나 불법유형으로서 불법의 내용과 중첩이 되어서는 안 되지만, 행위개념은 그 이후의 평가단계의 기술어를 묶을 수 있을 정도의 충분한 실체를 가지고 있어야 한다.

❷ 행위론의 내용

1. 인과적 행위론

(1) 의의

① 행위를 '유의적 거동에 의한 외계의 변화', '의사에 의한 신체적 동작 또는 태도'라고 정의한다. 이에 의하면 행위는 유의성과 거동성으로 구성되어 있으며, 의사의 내용은 책임론에서 문제될 뿐이다.

② 여기서의 의사는 행위를 발생시키는 인과적 요소에 지나지 않고 일정한 목적을 향하여 조정하는 기능은 인정되지 않는다. 즉, 의사의 내용(고의·과실)은 무시하고 책임에서만 판단한다. 따라서 객관적인 것은 불법으로, 주관적인 것은 책임으로 본다.

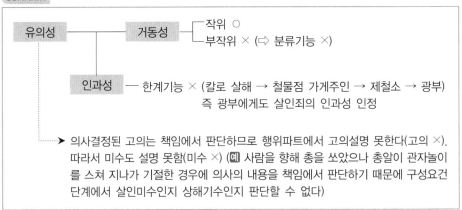

SUMMARY

유의성 ── 거동성 ┬ 작위 ○
                  └ 부작위 × (⇨ 분류기능 ×)

인과성 ── 한계기능 × (칼로 살해 → 철물점 가게주인 → 제철소 → 광부)
          즉 광부에게도 살인죄의 인과성 인정

➤ 의사결정된 고의는 책임에서 판단하므로 행위파트에서 고의설명 못한다(고의 ×). 따라서 미수도 설명 못함(미수 ×) (▣ 사람을 향해 총을 쏘았으나 총알이 관자놀이를 스쳐 지나가 기절한 경우에 의사의 내용을 책임에서 판단하기 때문에 구성요건단계에서 살인미수인지 상해기수인지 판단할 수 없다)

(2) 평가

① '유의성'의 관점에서 의사의 내용을 행위개념에서 제외하여 고의의 본질을 파악하지 못한다. 특히, 미수행위의 개념설정이 곤란하다(▣ 사람을 향하여 총을 쏘았으나 총알이 관자놀이를 스쳐 지나가 기절한 경우, 의사의 내용을 책임에서 판단하기 때문에 구성요건단계에서 살인미수인지 상해기수인지 판단할 수 없다).

② 행위의 요소로 거동성을 요구하기 때문에 행위개념에 부작위를 포함할 수 없게 된다.

③ 인과과정은 무한하기 때문에 행위의 범위를 지나치게 확대시킬 우려가 있고(▣ 살인자의 출산까지 행위에 포함), 사회적 관계에서 지니는 행위의 의미와 중요성을 간과하였다.

2. 목적적 행위론

(1) 의의

행위를 목적성 내지 목적활동성의 작용으로 이해한다. 이에 의하면 고의범에 있어서 고의는 법적 구성요건의 실현의사를 의미하므로 목적성(목표설정, 수단선택, 부수적 효과 고려)과 고의는 동일시된다. 여기서 고의는 주관적 구성요건요소 내지 주관적 불법요소가 된다.

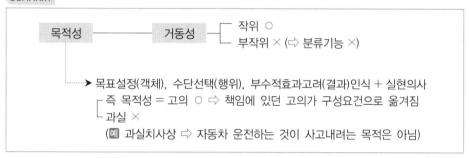

(2) 평가

① 목적적 행위론은 목적성과 고의를 동일시함으로써 존재론적 행위개념을 규명하려고 한 본래의 의도에 반한다. 무엇이 목적인가는 법질서의 목표설정에 의하여 결정되지 않을 수 없기 때문이다. 즉, 법률의 규정(구성요건)이 바뀌면 목표설정도 바뀌는 결과, 형법에서 자연주의를 제거하고 존재론적 행위개념을 얻고자 하는 본래의 의도를 달성할 수 없게 된다.

② 행위의 목적성의 요소가 없는 과실행위를 설명하기가 곤란하다.

③ 부작위는 기대되는 행위를 하지 않는 소극적 행위이므로 실현의사가 없는 부작위를 설명하기가 곤란하다.

3. 사회적 행위론

(1) 의의

행위의 본질을 존재론이 아닌 사회적 의미성·중요성에서 찾으려고 하는 행위론이며, 행위개념을 규범적으로 파악한다. 즉, 인간의 의사에 의하여 지배(고의·작위)되거나 지배 가능한(과실) 외부적 행태(부작위)를 말한다.

(2) 평가

① 사회적 행위론은 사회적 중요성이라는 평가를 통하여 고의·과실, 작위·부작위, 미수 등을 무리 없이 형법상 행위로 파악하며, 이는 오늘날 우리나라의 다수설이다.

② 행위개념에 대한 이론적 통일성이 이루어져 있지 않다. 또한 사회성이라는 매우 포괄적인 개념을 사용하므로 한계기능을 다하지 못한다.

4. 인과적 행위론, 목적적 행위론, 사회적 행위론의 비교

구분	인과적 행위론	목적적 행위론	사회적 행위론
작위	○	○	○
부작위	×	×	○
고의행위	×(미수 ×)	○	○
과실행위	○	×	○
한계기능	△(견해 대립)	△	×

CHAPTER 02 구성요건론

제1절 구성요건의 일반이론

❶ 구성요건의 의의와 구별개념

1. 의의

형법상 금지 또는 요구되는 행위를 추상적·일반적으로 기술하여 놓은 것을 말한다. 모든 형법규정은 입법자가 공동생활을 위하여 중요하다고 판단하여 그 침해에 대한 형벌을 과하기로 한 법규범(금지 또는 요구규범)이 기초가 되고 있다.

2. 구별개념

(1) 구성요건과 구성요건해당성의 구별

① 구성요건은 조문이나 죄명 자체를 의미함에 반하여, 구성요건해당성은 어떠한 행위(범죄구성사실)가 법적 구성요건에 일치하는 것을 의미한다. 따라서 범죄의 성립요건은 구성요건(조문) 자체가 아니라 구성요건해당성임에 주의하여야 한다.

② 미수범이 처벌되는 죄(예 살인죄)는 미수도 구성요건해당성이 있다.

(2) 구성요건의 충족

① 구체적인 개개의 행위가 구성요건이 내포하고 있는 모든 요소를 충족하는 것을 말하며, 구성요건을 완전히 충족하면 기수, 충족하지 못하면 미수가 된다.

② 따라서 구성요건이 충족되면 해당 범죄는 기수가 되었음을 의미한다.

❷ 구성요건이론의 발전

1. 벨링(Beling)의 구성요건이론

벨링(Beling)은 최초로 구성요건의 이론을 체계적으로 정리하고 구성요건을 위법성·책임판단에 앞서는 독립된 범죄요소로 파악하여 3단계 범죄론체계의 기초를 확립하였으며, 이는 고전적 범죄체계와 연결된다. 구성요건은 가치중립적인 객관적 요소로 구성되고 주관적 요소는 책임의 요소로 파악하였다.

2. 규범적 구성요건요소의 발견

구성요건의 몰가치성(가치중립성)에 대하여 구성요건 중 기술 자체만으로는 의미의 내용을 확정하기 어렵고, 법관에 의한 구체적 가치판단에 의하여 의미의 내용을 이해할 수 있는 구성요건표지라고 보았다(M.E. Mayer). 이는 신고전적 범죄체계와 연결된다.

3. 주관적 구성요건요소의 발견

주관적 불법요소를 일반화하여 목적범이나 미수범에만 예외적으로 존재하는 것이 아니라 어떠한 구성요건에서도 주관적 불법요소는 존재한다고 보았다(예 고의, 과실, 불법영득의사 등). 주관적 요소인 고의·과실을 책임요소로 본 고전학파와 다르게 구성요건요소로 보았으며, 근대학파의 목적적 범죄체계와 연결된다.

❸ 구성요건의 유형

총체적 구성요건	소추조건을 제외한 범죄의 성립요건과 처벌조건(초법규적 사유 포함)을 포괄하는 개념이다.
보장 구성요건	① 죄형법정주의의 보장적 기능을 강조한다. ② 법으로 규율되는 가벌성의 전제조건을 의미하므로 구성요건·위법성·책임표지 이외에 처벌조건을 포함하는 개념이다(단, 초법규적 사유는 법적으로 규율되지 아니하므로 제외함).
범죄 구성요건	① 형법각칙의 가벌성을 이루는 모든 전제조건의 총화를 의미한다. ② 불법구성요건과 책임구성요건 및 객관적 처벌조건을 포함하지만, 위법성조각사유·책임조각사유는 포함되지 않는다.
불법 구성요건	범행의 고유한 불법 내용을 기술하여 형법상 금지된 형태의 전형적인 불법 내용을 근거하는 모든 표지를 말하고, 3단계 범죄구조를 취할 경우의 구성요건을 의미한다.
책임 구성요건	불법과 관계없이 특별한 책임표지만 기술하고, 이러한 요소가 아닌 책임능력, 위법성인식, 책임조각사유 등의 일반적 책임요소는 제외된다.
총체적 불법 구성요건	① 구성요건과 위법성조각사유를 합한 포괄적인 구성요건개념이다. ② 2단계 범죄체계로서 소극적 구성요건표지이론과 연결된다.
폐쇄적 구성요건	① 범죄형태에 관한 개별표지를 남김 없이 기술하여 금지의 실질적 내용이 폐쇄·완결되어 있는 구성요건을 의미한다. ② 구성요건에 해당하면 거의 대부분 위법성을 인정하게 되어 폐쇄적 구성요건은 위법성을 징표하므로 위법성평가에서는 위법성조각사유만 소극적으로 판단한다.
개방적 구성요건	① 구성요건의 일부만 기술하고 나머지 부분에 대해서는 법관이 보충하여야 할 관점만을 제시하여 법관에게 보충을 일임하고 있는 구성요건을 의미한다. ② 개방적 구성요건은 위법성을 징표하지 않으므로 위법성평가에서는 위법성을 적극적으로 판단한다.

❹ 구성요건과 위법성

1. 원칙

구성요건해당성은 불법요소이지만 그것이 유일한 불법요소인 것은 아니며 위법성과 함께 불법을 형성한다. 위법성은 구성요건해당성 또는 불법구성요건의 실현과 위법성조각사유의 부존재라는 두 가지 요건에 의하여 이루어진다고 할 수 있다.

2. 구성요건의 독자성 인정문제

(1) 인식근거설

구성요건과 위법성은 연기(구성요건)와 불(위법성)의 관계로 비유하는데, 구성요건해당성이 존재하면 위법성은 추정된다(3단계 범죄체계). 단, 위법성조각사유에 의하여 추정은 깨어진다.

(2) 존재근거설

구성요건해당성이 인정되면 위법성이 존재한다고 보는 견해이다. 구성요건해당성이 인정되면 위법성이 부정되는 경우는 없다고 본다. 따라서 구성요건에 해당하는 행위는 예외적으로 위법성조각사유가 존재하지 않는 한 원칙적으로 불법이다.

(3) 소극적 구성요건표지이론

① 의의 : 구성요건과 위법성을 합하여 총체적 불법구성요건을 구성한다고 하는 입장이다. 형법 각 본조의 구성요건을 적극적 구성요건표지로, 위법성조각사유를 소극적 구성요건표지로 이해하여 위법성에 조각사유가 존재하면 처음부터 구성요건해당성이 없다고 하는 견해이다. 이 견해에 따르면 구성요건에 해당하면 반드시 위법성은 그 안에 존재하고, 구성요건은 위법성의 존재근거가 된다. 구성요건해당성과 위법성은 전체구성요건으로 결합되어 하나의 판단과정으로 흡수되고, 범죄론은 전체구성요건과 책임이라는 2단계의 구조를 가진다.

② 공헌 : 사실의 착오와 법률의 착오의 중간에 위치하는 위법성조각사유의 전제사실에 대한 착오를 사실의 착오로 취급할 수 있는 명쾌한 이론적 근거를 마련하였다.

③ 비판 : 위법성조각사유의 독자성을 간과하고 있고, 구성요건에 해당하지 않는 행위(예 파리를 죽이는 행위)와 구성요건에 해당하지만 위법성이 조각되는 행위(예 정당방위로 사람을 살해)의 차이를 무시한다는 비판을 받는다. 따라서 구성요건의 범죄경고기능이 약화된다.

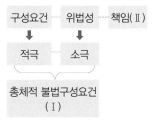

한눈에 쏙

소극적 구성요건표지이론

구성요건	위법성	책임(Ⅱ)
↓	↓	
적극 ┄┄	소극	

총체적 불법구성요건
(Ⅰ)

기출 OX

01 소극적 구성요건표지이론에 의하면 구성요건해당성은 위법성의 존재근거이다. 11. 경찰 (○)

02 소극적 구성요건표지이론에 의하면 위법성조각사유의 전제된 사실의 착오를 금지의 착오로 본다. 07. 사시 (×)

03 소극적 구성요건표지이론은 2단계 범죄체계, 총체적 불법구성요건을 내용으로 한다. 02. 행시 (○)

❺ 구성요건의 요소

1. 기술적 구성요건요소와 규범적 구성요건요소

(1) 기술적 구성요건요소

가치판단의 필요 없이 사실세계에 속하는 사항을 사실적·대상적으로 기술함으로써 개별적인 경우 사실확정에 의하여 의미를 인식할 수 있는 구성요건요소를 말한다(예 살인죄에 있어서 '사람'을 '살해'한 자, 절도죄에 있어서 '재물').

(2) 규범적 구성요건요소

구성요건의 기술 그 자체만으로는 내용을 확정하기 어려워 가치판단에 의하지 않으면 그 의미를 확정할 수 없는 구성요건요소를 말한다(예 절도죄에 있어서 재물의 타인성, 불법영득의 의사, 문서, 공무원 등).

법률적 평가를 요하는 것	사회적·경제적 평가를 요하는 것
① 존속살해죄 : 직계존속	① 공연음란죄 : 음란
② 절도죄 : 재물의 타인성	② 명예훼손죄 : 명예
③ 수뢰죄 : 공무원 또는 중재인	③ 모욕죄 : 모욕
④ 유가증권위조죄 : 유가증권	④ 강제추행죄 : 추행
	⑤ 업무방해죄 : 업무
	⑥ 신용훼손죄 : 신용

(3) 구별실익

① 고의와 관련 : 기술적 구성요소에 대한 고의는 육감적 인식으로 충분하나, 규범적 구성요건요소에 대한 고의는 평가를 전제한 인식이어야 한다.

② 착오와 관련 : 기술적 구성요건요소에 대한 착오는 구성요건적 착오에 해당하나, 규범적 구성요건요소에 대한 착오는 구성요건적 착오 이외에 금지착오에 해당하는 경우도 있다.

2. 객관적 구성요건요소와 주관적 구성요건요소

(1) 객관적 구성요건요소

행위의 외부적 현상을 기술한 요소를 말한다. 행위의 주체, 행위의 객체, 행위의 태양 및 결과의 발생, 인과관계 등이 이에 속한다.

(2) 주관적 구성요건요소

행위자의 내심적·주관적 상황에 현상을 기술한 요소를 말한다. 고의범에서의 고의, 목적범에서의 목적이나 경향범에서의 내적 경향은 불법요소로서의 요소가 된다. 횡령죄의 불법은 불법영득의 의사가 필요하고, 사기죄의 불법도 불법이득의 의사가 필요하다.

제2절 결과반가치와 행위반가치

❶ 서론

1. 의의

행위가 초래한 외부적 사태인 결과, 즉 법익의 침해 또는 그 위험에 대한 부정적 가치판단에 불법의 실체가 있다는 견해를 결과반가치론이라 하고, 객관적·주관적 요소에 의하여 특징이 정해지는 행위의 부정적 가치판단에 불법의 실체가 있다는 견해를 행위반가치론이라 한다.

2. 체계적 지위

결과반가치와 행위반가치를 불법의 본질에 관한 문제로 이해한다(다수설).

SUMMARY

불법 = 법적대적 의사   + 행위   ·   결과
        행위반가치(의사결정규범)   결과반가치(평가규범)
        (예 고의행위)

❷ 결과반가치론과 행위반가치론

1. 결과반가치론

(1) **의의**

범죄의 객관적 측면은 구성요건해당성과 위법성의 요소에 속하고 주관적 측면은 책임요소에 속한다고 해석한 고전적 범죄개념에 의하면, 불법은 법익침해 또는 위험이라는 결과반가치에 그 본질이 있다고 한다.

(2) **비판**

① 형법이 평가규범임과 동시에 의사결정규범이라는 점을 무시하고 있다.

② 결과발생만을 불법으로 인정하여 고의·과실 없는 행위도 불법이라고 할 수 있게 됨으로써 불법개념을 무제한으로 확대하는 결과를 초래한다.

③ 살인죄와 상해치사죄 및 과실치사죄와 같이 동일한 결과가 발생하는 경우에 처벌을 다르게 하는 이유를 설명하지 못한다.

❶ 일원적 불법론
결과반가치·행위반가치 중 하나를 선택한다.

❷ 주관적 불법론
의사가 있는 것을 선택한다.

2. 행위반가치론

(1) 인적 불법론

불법의 실질은 야기된 결과(결과반가치)에만 있는 것이 아니라 이를 야기한 인간의 행위(행위반가치)에 있으므로 불법은 행위자와 관련된 인적 불법이어야 한다는 견해이다. 따라서 행위반가치가 제1차적 구성요소이고, 결과반가치는 불법을 구성하는 것이 아니라 불법을 제한하는 데에 불과한 부차적 요소가 된다.

(2) 일원적·주관적·인적 불법론

오직 행위반가치만을 형법적 불법과 구성요건해당성의 근거로 하고, 결과반가치를 불법의 영역에서 몰아내어 불법과 무관한 객관적 처벌조건으로 파악하는 견해이다.

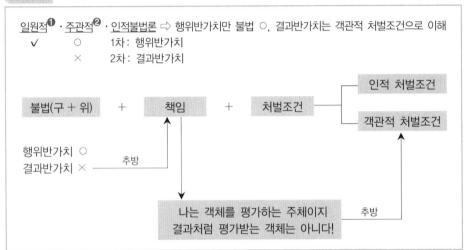

SUMMARY

일원적❶·주관적❷·인적불법론 ⇨ 행위반가치만 불법 ○, 결과반가치는 객관적 처벌조건으로 이해
✓ ○ 1차 : 행위반가치
✕ 2차 : 결과반가치

불법(구 + 위) + 책임 + 처벌조건 — 인적 처벌조건 / 객관적 처벌조건

행위반가치 ○
결과반가치 ✕ — 추방

나는 객체를 평가하는 주체이지 결과처럼 평가받는 객체는 아니다! — 추방

❸ 이원적 불법론
결과반가치·행위반가치 둘 다 선택한다(동일 서열).

❹ 인적 불법론
• 1차적으로 행위반가치를 선택한다.
• 2차적으로 결과반가치를 선택한다.

(3) 이원적❸·인적❹ 불법론

불법은 결과반가치로서 법익의 침해 또는 위험과 행위의 주관적·객관적 측면을 포섭하는 행위반가치를 고려하여 판단하여야 하며, 결과반가치와 행위반가치는 동일한 서열에서 병존하는 불가피한 불법요소라고 이해하는 견해이다(우리나라의 통설).

❸ 결과반가치와 행위반가치의 내용

1. 결과반가치의 내용

(1) 법익침해

현실적으로 발생한 법익침해의 결과를 말하며 기수와 미수의 구별척도가 된다.

(2) 법익침해의 위험성

현실적인 법익침해의 결과에까지 이르지는 않았지만, 종료미수 혹은 장애미수와 같이 결과발생이 가능함에도 실제로 결과가 발생하지 않는 경우이다.

2. 행위반가치의 내용

(1) 주관적 요소

주관적 행위요소로는 고의·과실이 있으며, 주관적 행위자요소로는 목적·경향 등 특별한 주관적 불법요소가 있다.

(2) 객관적 요소

객관적 행위요소로는 실행행위의 종류·방법, 범행수단, 행위의 태양 등이 있으며, 객관적 행위자요소로는 신분범의 신분, 부진정부작위범의 보증인 등이 있다.

3. 결과반가치와 행위반가치의 비교

구분	결과반가치(구파)	행위반가치(신파)
형법의 성격	평가규범	의사결정규범
형법의 기능	법익보호	사회윤리적 행위가치보호
범죄의 본질	법익침해	규범(의무) 위반
위법성의 실체	법익침해 또는 그 위험	행위의 반사회성
고의·과실	책임요소	주관적 불법요소
과실범의 불법	고의범과 차이가 없음	고의범과 불법의 경중에서 차이가 있음
미수범의 처벌	기수보다 필요적 감경	기수와 동일하게 처벌
실행의 착수시기	객관설	주관설
불능범과 불능미수	객관설	주관설 ⇨ 불능범 부정

제3절 | 행위의 주체

❶ 서론

행위의 주체는 원칙적으로 자연인에 제한된다. 문제는 자연인 이외에 법인도 행위의 주체가 될 수 있는가에 있는데, 이는 법인의 범죄능력에 관한 문제로 다루어지고 있다.

법인의 범죄능력 인정 여부

대륙법계: 부정 ⎤
                  ⎬ 조화 ×
법인실재설: 인정 ⎦

        +

영미법계: 인정 ⎤
                  ⎬ 조화 ×
법인의제설: 부정 ⎦

        ↓

논리필연적 관계는 아님

❷ 법인의 범죄능력

1. 법인의 처벌과 법인의 범죄능력

(1) 비교법적 고찰

① 범죄의 주체를 윤리적 인격자로 파악하는 대륙법계에서는 법인의 범죄능력을 부정함에 반하여, 실용주의적 형법관에 바탕을 두고 있는 영미법계에서는 법인 단속의 사회적 필요성을 중시하여 법인의 범죄능력을 인정하고 있다.

② 우리나라는 법인 또는 법인격 없는 사단의 범죄능력을 부정하는 것이 전통적인 견해이다.

(2) 법인의 본질과 범죄능력

사법상 법인의 본질에 관한 법인의제설에 의하면 법인의 범죄능력은 부정되지만, 법인실재설에 의하면 이를 인정하는 것이 논리적이라고 할 수 있다. 그러나 법인의 범죄능력에 관한 문제는 어디까지나 논리적·형사정책적 고려의 결과에 지나지 않으므로 사법상 법률효과의 귀속과 형법상 범죄능력이 논리적으로 필연적인 관계에 있는 것은 아니다. 판례도 법인이 민법상 거래의 주체는 될 수 있지만 형법상 범죄의 주체는 될 수 없다고 판시하면서 양자를 별개로 취급하고 있다.

2. 법인의 범죄능력 인정 여부

(1) 부정설(통설·판례)

① 법인은 의사와 신체가 없으므로 행위의 주체가 될 수 없다.

② 법인에 대한 사형과 자유형은 불가능하다.

③ 법인을 처벌할 때에는 개인책임과 자기책임의 원칙에 반한다.

④ 법인은 윤리적 자기결정을 할 수 없으므로 법인에 대한 사회윤리적 비난은 불가능하다.

> **판례**
>
> 1. 배임죄에 있어서 **법인은 범죄능력이 없는 것**이며 법인이 처리할 의무를 지는 타인의 사무에 관하여 법인이 배임죄의 주체가 될 수 없고 자연인인 대표기관이 배임죄의 주체가 된다(대판 1994.2.8, 93도1483). 15. 경찰
> 2. '**법인격 없는 사단**'과 같은 단체는 법인과 마찬가지로 사법상의 권리·의무의 주체가 될 수 있음은 별론으로 하더라도 법률에 명문의 규정이 없는 한 그 **범죄능력은 없다**(대판 1997.1.24, 96도524). 10. 국가직 9급, 12. 국가직 7급, 15. 경찰

(2) 긍정설

① 법인은 그 기관(대표이사)을 통하여 의사를 형성하고 이에 따라 행위할 수 있으므로 법인도 의사능력과 행위능력이 있다.

② 법인도 부작위에 의한 범죄의 주체가 될 수 있다.

③ 벌금형은 법인에 대해서도 매우 효과적이다.

④ 공공정책의 입장에서도 법인의 형사책임을 인정하는 것이 필요하다.

⑤ 법인의 반사회적 활동으로부터 사회를 보호하여야 한다.

❸ 범인의 처벌

1. 범죄능력과 형사책임

각종 행정형법은 대부분 양벌규정의 형식으로 행위자 이외에 법인을 처벌하는 규정을 두고 있다. 법인의 범죄능력을 인정하는 견해에 의하면 당연한 것이지만, 법인의 범죄능력을 부정하는 경우에는 법인의 형사책임을 인정할 것인가가 문제된다.

2. 법인처벌의 형식

SUMMARY

법인의 범죄능력 × → 형벌능력 ○

입법형식 → 양벌규정형식
- 형법 ×
- 각종 행정형법 ○

처벌의 근거
- 과실책임설(헌재의 입장, 대법원의 판례)
- 지휘·감독 관계 有
  - 주의의무를 다함 → 법인 처벌 ×
  - 주의의무를 다하지 않음 → 법인 처벌 ○

(1) 양벌규정의 유형

양벌규정의 유형으로는 ① 법인의 공범책임을 근거로 처벌하는 경우, ② 법인의 과실책임을 근거로 처벌하는 취지가 명시된 경우, ③ 아무 조건 없이 또는 면책사유가 규정되어 있지 않은 전형적인 양벌규정인 경우 등이 있다.

판례 ───────────────────────────────────────

양벌규정의 적용대상

1. 법인이 설립되기 이전의 행위에 대하여는 법인에게 어떠한 선임감독상의 과실이 있다고 할 수 없으므로, **특별한 근거규정이 없는 한 법인이 설립되기 이전에 자연인이 한 행위에 대하여 양벌규정을 적용하여 법인을 처벌할 수는 없다고 봄이 타당하다**(대판 2018.8.1, 2015도10388). 18. 경찰, 19. 국가직 9급

2. 헌법 제117조, 지방자치법 제3조 제1항, 제9조, 제93조, 도로법 제54조, 제83조, 제86조의 각 규정을 종합하여 보면, 국가가 본래 그의 사무의 일부를 지방자치단체의 장에게 위임하여 그 사무를 처리하게 하는 **기관위임사무**의 경우에는 지방자치단체는 국가기관의 일부로 볼 수 있는 것이지만, 지방자치단체가 그 고유의 **자치사무**를 처리하는 경우에는 지방자치단체는 국가기관의 일부가 아니라 **국가기관과는 별도의 독립한 공법인**이므로, 지방자치단체 소속 공무원이 지방자치단체 고유의 자치사무를 수행하던 중 도로법 제81조 내지 제85조의 규정에 의한 위반행위를 한 경우에는 지방자치단체는 도로법 제86조의 양벌규정에 따라 처벌대상이 되는 법인에 해당한다. 지방자치단체 소속 공무원이 압축트럭 청소차를 운전하여 고속도로를 운행하던 중 제한축중을 초과 적재 운행함으로써 도로관리청의 차량운행제한을 위반한 사안에서, 해당 지방자치단체가 도로법 제86조의 양벌규정에 따른 처벌대상이 된다(대판 2005.11.10, 2004도2657).

3. 조세범처벌법 제6조는 조세에 관한 범칙행위에 대하여는 원칙적으로 국세청장 등의 고발을 기다려 논하도록 규정하고 있는바, 같은 법에 의하여 하는 고발에 있어서는 이른바 고소·고발 불가분의 원칙이 적용되지 아니하므로, **고발의 구비 여부는 양벌규정에 의하여 처벌받는 자연인인 행위자와 법인에 대하여 개별적으로 논하여야 한다**(대판 2004.9.24, 2004도4066).

4. 저작권법 제103조의 양벌규정은 직접 위법행위를 한 자 이외에 아무런 조건이나 면책 조항 없이 그 업무의 주체 등을 당연하게 처벌하도록 되어 있는 규정으로서 당해 위법행위와 별개의 범죄를 규정한 것이라고는 할 수 없으므로 **친고죄의 경우에 있어서도 행위자의 범죄에 대한 고소가 있으면 족하고 나아가 양벌규정에 의하여 처벌받는 자에 대하여 별도의 고소를 요한다고 할 수 없다**(대판 1996.3.12, 94도2423).

5. 법인이 아닌 약국에서의 영업으로 인한 사법상의 권리의무는 그 약국을 개설한 약사에게 귀속되므로 대외적으로 그 약국의 영업주는 그 약국을 개설한 약사라고 할 것이지만, 그 약국을 실질적으로 경영하는 약사가 다른 약사를 고용하여 그 고용된 약사를 명의상의 개설약사로 등록하게 해두고 실질적인 영업약사가 약사 아닌 종업원을 직접 고용하여 영업하던 중 그 종업원이 약사법위반 행위를 하였다면 약사법 제78조의 양벌규정상의 형사책임은 그 실질적 경영자가 지게된다(대판 2000.10.27, 2000도3570). 17. 경찰승진

6. **합병으로 인하여 소멸한 법인이 그 종업원 등의 위법행위에 대하여 양벌규정에 따라 부담하던 형사책임은 그 성질상 이전을 허용하지 않는 것으로서 합병으로 인하여 존속하는 법인에 승계되지 않는다**(대판 2007.8.23, 2005도4471).
09. 경찰승진, 12. 국가직 7급, 16·18. 경찰, 19. 법원행시·국가직 9급, 20. 경찰승진

───

(2) 법인처벌의 근거

① 학설

　ⓐ 무과실책임설 : 종업원의 위반사실에 대한 책임이 법인에 전가된다는 전가책임 또는 대위책임으로, 책임주체와 형벌주체의 동일성을 요구하는 형법의 일반원칙 또는 책임주의의 원칙에 대한 예외로서 행정 단속의 목적을 위하여 정책상 무과실책임을 인정한다는 견해이다.

　ⓑ 과실책임설 : 법인의 처벌규정을 종업원의 선임·감독에 대한 법인의 과실책임을 인정하는 것으로 해석하는 견해이다(헌법재판소의 입장).

② 대법원과 헌법재판소의 입장 : 대법원은 과실책임설·무과실책임설의 입장을 모두 취하고 있어 일관된 입장이 아니나, 헌법재판소는 과실책임설의 입장을 분명히 취하고 있다.

판례

1. 헌법재판소는 법인이 종업원 등의 위반행위와 관련하여 **선임·감독상의 주의의무를 다하여 아무런 잘못이 없는 경우까지도** 법인에 형벌을 부과할 수밖에 없게 규정된 건설산업기본법 제98조 제2항, 도로법 제86조, 사행행위 등 규제 및 처벌특례법 제31조, 의료기사 등에 관한 법률 제32조, 의료법 제91조 제1항, 청소년 보호법 제54조에 대하여 책임주의에 반하여 헌법에 위반된다는 결정을 하였다(헌재 2009.7.30, 2008헌가16).

2. 보건범죄 단속에 관한 특별조치법 제6조의 양벌규정은 종업원의 범죄행위에 대하여 **아무런 책임 없는 영업주에 대해서까지 처벌할 수 있는 가능성을 열어놓고 있을 뿐만 아니라** 책임의 정도에 비하여 지나치게 무거운 법정형을 규정함으로써 형벌에 대한 책임원칙에 반하므로 결국 법치국가의 원리와 헌법 제10조의 취지에 반하여 헌법을 위반한 것이 된다(헌재 2007.11.29, 2005헌가10).

3. 형벌의 자기책임원칙에 비추어 보면, 종업원의 위반행위가 발생한 그 업무와 관련하여 법인이 상당한 주의 또는 관리감독의무를 게을리한 때에 한하여 양벌규정을 적용한다(대판 2011.7.14, 2009도5516). 16. 사시, 17. 경찰승진

4. 미성년자보호법상 객관적 외형상으로 영업주의 업무에 관한 행위이고 종업원이 그 영업주의 업무를 수행함에 있어서 위법행위를 한 것이라면 그 위법행위의 동기가 종업원 기타 제3자의 이익을 위한 것에 불과하고 영업주의 영업에 이로운 행위가 아니라 하여도 영업주는 그 감독해태에 대한 책임을 면할 수 없다(대판 1987.11.10, 87도1213). 06. 사시

5. 양벌규정에 의한 영업주의 처벌은 금지위반행위자인 **종업원의 처벌에 종속하는 것이 아니라 독립하여** 그 자신의 종업원에 대한 선임감독상의 과실로 인하여 처벌되는 것이므로 종업원의 범죄성립이나 처벌이 **영업주의 전제조건이 될 필요는 없다**(대판 2006.2.24., 2005도7673).
　✓ 양벌규정에 의해서 법인 또는 영업주를 처벌하는 경우 그 처벌은 직접 법률을 위반한 행위자에 대한 처벌에 종속하므로 행위자에 대한 처벌은 법인 또는 개인에 대한 처벌의 전제조건이 된다. ✕
　13. 변호사, 18. 경찰, 20. 경찰승진

6. 회사 대표자의 위반행위에 대하여 징역형의 형량을 작량감경하고 병과하는 벌금형에 대하여 선고유예를 한 이상 양벌규정에 따라 그 회사를 처단함에 있어서도 같은 조치를 취하여야 한다는 논지는 독자적인 견해에 지나지 아니하여 받아들일 수 없다(대판 1995.12.12., 95도1893). ✓ 같은 조치를 취하여야 한다. ✕ 13. 변호사, 20. 경찰승진

❹ 행위의 객체와 보호의 객체

1. 행위의 객체

(1) 의의

행위의 객체란 구성요건적 행위실현의 구체적인 대상을 의미하며, 흔히 공격객체라고도 부른다(예 살인죄에서 '사람', 상해죄에서 사람의 '신체', 절도죄에서 타인의 '재물').

(2) 성질

① 행위의 객체는 대부분 외부적으로 감지할 수 있는 물적 대상으로 기술되기 때문에 객관적 구성요건요소가 된다. 따라서 고의의 인식대상이 된다.

② 보호법익이 없는 범죄는 성립할 수 없으나, 행위의 객체가 없는 범죄는 성립할 수 있다(예 단순도주죄).

2. 보호의 객체

(1) 의의

보호의 객체란 구성요건에 의하여 보호되는 가치적·관념적 대상, 즉 법익(예 살인죄에서 '사람의 생명')을 의미하는 것으로 행위의 객체와 구별되어야 한다.

(2) 성질

① 행위의 객체가 없는 범죄는 성립할 수 있지만, 보호법익이 없는 범죄는 성립할 수 없다.

② 보호의 객체는 기술된 구성요건요소가 아니므로 고의의 인식대상은 아니나, 범죄의 본질규명 및 구성요건해석의 기준이 된다.

③ 보호법익이 2개인 경우도 있다. 예를 들어 미성년자 약취·유인죄는 미성년자의 장소선택의 자유와 부모의 보호감독권을 보호법익으로 한다.

제4절 부작위범

제18조【부작위범】위험의 발생을 방지할 의무가 있거나 자기의 행위로 인하여 위험발생의 원인을 야기한 자가 그 위험발생을 방지하지 아니한 때에는 그 발생된 결과에 의하여 처벌한다.

❶ 부작위범의 본질

1. 부작위범의 의의

부작위란 규범적으로 요구되는 일정한 행위를 하지 않는 소극적 행위를 말한다. 법규범에는 금지규범과 명령규범이 있는데, 금지규범은 작위를 금지함에 반하여 부작위는 명령규범에 위반하는 것으로, 범죄는 대개 적극적 행위(작위)에 의하여 실행되지만 결과발생을 방지하지 않은 부작위에 의해서도 실현될 수 있다(⑩ 살인을 금지하고 있는 형법규정을 위반하면 작위에 의한 살인죄에 해당하고, 형법에 의한 경찰관의 해산명령을 위반하면 부작위에 의한 다중불해산죄에 해당한다).

SUMMARY

CASE

Q. [사례 1] 파티에 초대받아 적법하게 주거에 들어온 甲이 파티가 끝났음에도 새벽까지 나갈 생각을 하지 않자, 주거권자가 "내 집에서 나가라."라고 요구하였음에도 불구하고 나가지 않은 경우 甲은 퇴거불응죄가 성립한다. 이는 작위범인가, 아니면 부작위범인가?

[사례 2] 의사 甲은 환자의 소생이 불가능하다고 판단하여 환자에게 부착된 인공심폐기를 제거하였고 이로 인하여 환자는 사망하였다. 의사 甲은 작위로 살인죄를 실현시킨 것인가, 아니면 부작위인가?

[사례 3] 甲이 조카인 피해자(10세)를 살해할 것을 마음먹고 저수지로 가서 미끄러지기 쉬운 제방 쪽으로 유인하여 함께 걷다가 피해자가 물에 빠지자 그를 구호하지 아니하여 피해자가 사망하게 하였다. 甲은 작위로 살인죄를 실현시킨 것인가, 아니면 부작위인가?

A. 형법상 '행위'는 더 정확하게 표현하자면 '행태'라는 표현이 옳다. '행태'는 '행위'와 '태도'의 줄임말이다. 작위와 부작위를 쉽게 설명하자면, '행위(동작)'로 범죄를 이끌어내면 '작위범' 이라고 표현하고, '태도'로 범죄를 이끌어내면 '부작위범'이라고 표현할 수 있다. 부작위란 규범적으로 요구되는 일정한 행위를 하지 않는 소극적 행위를 말한다. 이를 풀어 해석하면 부작위란 규범(형법규범에는 금지규범과 명령규범이 있다)적으로 요구되는 일정한 행위를 하지 않는 소극적 행위(태도)를 말한다. 즉, '명령규범'을 거부하는 '태도'로 성립하는 것이 '진정부작위범'이며, '금지규범'을 '부작위(태도)'로 실현하는 것이 '부진정부작위범'이다.

[사례 1]의 경우 "내 집에서 나가라."라고 요구(명령)를 받았음에도 나가지 않은 퇴거불응죄는 명령규범을 '거부'하는 태도로 실현하는 진정부작위범이다.

[사례 2]의 경우 환자에게 부착된 인공심폐기를 '제거'하는 '동작'으로 금지규범인 살인죄를 실현하는 작위범이다.

[사례 3]의 경우 살인의 고의를 가지고 조카가 물에 빠졌음에도 구하지 않고 가만히 지켜보는 태도로 금지규범인 살인죄를 실현하는 부진정부작위범이다.

부작위의 행위성

인과적 행위론, 목적적 행위론	→	부작위 설명 ×

사회적 행위론	→	부작위 설명 ○

2. 부작위의 행위성

인과적 행위론이나 목적적 행위론에 의할 때에는 부작위의 행위성을 설명하기 어려우나, 사회적 행위론에 의할 때 부작위는 법적 행위의 기대라는 규범적 가치판단요소에 의하여 사회적 중요성을 가지는 인간의 형태로 작위와 함께 행위의 기본형태를 이룬다.

3. 작위와 부작위의 구별

작위와 부작위의 구별이 명백하지 않을 때에는 먼저 작위가 구성요건에 해당하고 위법·유책한지를 검토하여 작위만을 형법적 평가의 대상으로 하고, 그렇지 않은 경우에 한하여 부작위를 평가의 대상으로 하여야 한다. 즉, 부작위는 작위에 대하여 보충관계에 있다(통설).

☺ 작위 vs 부작위 ⇨ 작위범 성립

　예 범인도피죄(작위범) vs 직무유기죄(부작위범) ⇨ 범인도피죄만 성립

판례

어떠한 범죄가 적극적 작위에 의하여 이루어질 수 있음은 물론 결과의 발생을 방지하지 아니하는 소극적 부작위에 의하여도 실현될 수 있는 경우에, 행위자가 자신의 **신체적 활동이나 물리적·화학적 작용을 통하여 적극적으로 타인의 법익 상황을 악화시킴으로써 결국 그 타인의 법익을 침해하기에 이르렀다면, 이는 작위에 의한 범죄로 봄이 원칙이고**, 작위에 의하여 악화된 법익 상황을 다시 되돌이키지 아니한 점에 주목하여 이를 부작위범으로 볼 것은 아니며, 나아가 악화되기 이전의 법익 상황이, 그 행위자가 과거에 행한 또 다른 작위의 결과에 의하여 유지되고 있었다 하여 이와 달리 볼 이유가 없다(대판 2004.6.24, 2002도995).

12. 변호사, 17. 경찰

판례

1. 피고인이 검사로부터 범인을 검거하라는 지시를 받고서도 그 직무상의 의무에 따른 적절한 조치를 취하지 아니하고 오히려 범인에게 전화로 도피하라고 권유한 경우, **작위범인 범인도피죄만이 성립하고 부작위범인 직무유기죄는 따로 성립하지 아니한다**(대판 1996.5.10, 96도51).
2. 경찰서 방범과장이 부하 직원에게 압수한 변조기판을 돌려주라고 지시하여 오락실업주에게 이를 돌려준 경우, **작위범인 증거인멸죄만이 성립하고 부작위범인 직무유기죄는 따로 성립하지 아니한다**(대판 2006.10.19, 2005도3909). 10. 국가직 9급·7급
3. 공무원인 피고인이 출원인이 어업허가를 받을 수 없는 자라는 사실을 알면서도 그 직무상의 의무에 따른 적절한 조치를 취하지 않고 오히려 부하 직원으로 하여금 어업허가 처리기안문을 작성하게 한 다음, 피고인 스스로 중간결재를 하는 등 위계로써 농수산국장의 최종 결재를 받았다면 **작위범인 위계에 의한 공무집행방해죄만이 성립하고 부작위범인 직무유기죄는 따로 성립하지 아니한다**(대판 1997.2.28, 96도2825). 13·17.경찰
4. 공무원이 어떠한 위법사실을 발견하고도 직무상 의무에 따른 적절한 조치를 취하지 아니하고 위법사실을 적극적으로 **은폐**할 목적으로 허위공문서를 작성 및 행사한 경우에는 직무위배의 위법상태는 허위공문서 작성 당시부터 그 속에 포함되는 것으로 작위범인 허위공문서작성 및 동행사죄만이 성립하고 부작위범인 직무유기죄는 따로 성립하지 아니한다(대판 1999.12.24, 99도2240). 08. 사시, 13·15. 경찰

01 자가호흡을 할 수 없는 의식불명상태인 환자의 보호자가 치료위탁계약을 해지하고 환자를 퇴원시켜 달라고 요구하여 이에 응하기 위하여 담당의사가 인공호흡장치를 제거한 결과 환자가 호흡곤란으로 사망하게 된 경우, 당해 의사의 행위는 치료행위의 중단이라는 부작위로 평가됨이 타당하다. 12. 행시
(×)

02 행위자가 자신의 신체적 활동이나 물리적·화학적 작용을 통하여 적극적으로 타인의 법익 상황을 악화시켜 그 타인의 법익을 침해한 경우에는 작위범이 아니라 부작위범에 해당한다. 13. 경찰간부 (×)

5. 공무원인 피고인이 복명서 및 심사의견서를 허위작성한 것이 농지일시전용허가를 신청하자 이를 **허가하여 주기 위하여** 한 것이라면 직접적으로 농지불법전용의 사실을 은폐하기 위하여 한 것은 아니므로 허위공문서작성 및 동행사죄와 직무유기죄는 실체적 경합범의 관계에 있다(대판 1993.12.24, 92도3334). 18. 법원직

6. 경찰관인 피고인이 도박 범행을 적발하고도 형사입건하는 등 필요한 조치를 취하지 아니하고, 도박사실을 발견하지 못한 것처럼 근무일지를 허위로 작성한 경우, **작위범인 허위공문서작성죄 및 동행사죄만이 성립하고 부작위범인 직무유기죄는 따로 성립하지 아니한다**(대판 1999.12.24, 99도2240).

7. 하나의 행위가 직무유기죄와 허위공문서작성죄 및 동행사죄의 구성요건을 동시에 충족할 경우, 공소제기권자는 **재량에 의하여** 작위범인 허위공문서작성 및 동행사죄로 공소제기를 하지 않고 **부작위범인 직무유기죄로만 공소를 제기할 수 있다**(대판 2008.2.14, 2005도4202).

8. 의사 甲은 치료를 중단할 경우 사망한다는 사실을 알면서 회복가능성이 있는 환자 丙을 그의 처 乙의 요구에 따라 퇴원을 지시하여 퇴원 후 甲의 지시를 받은 인턴이 호흡보조장치를 제거하자 丙이 사망한 경우, 乙은 **부작위**에 의한 살인죄, 甲은 살인죄의 **작위**에 의한 방조범이 성립한다(대판 2004.6.24, 2002도995). 12. 사시, 13. 경찰승진

9. 노동쟁의로서의 파업은 근로자들이 **집단적으로 근로의 제공을 거부하여** 사용자의 정상적인 업무운영을 저해하고 손해를 발생하게 한 행위로서 **작위에 의한 위력**에 해당하므로, 파업이 노동관계 법령에 따른 정당한 쟁의행위에 해당하여 위법성이 조각되는 경우가 아닌 한 업무방해죄를 구성한다(대판 2011.3.17, 2007도 전원합의체). 14. 국가직 9급, 17. 경찰

    ✗ 부작위에 의한 위력에 해당하므로 ✕

❷ 부작위범의 종류

1. 구별기준

(1) 형식설(통설·판례)

부작위에 의해서만 실현될 수 있도록 법률에 명문으로 규정된 범죄가 진정부작위범이고, 법률상 규정형식은 작위범이지만 부작위에 의해서도 실현할 수 있는 범죄는 부진정부작위범이다.

(2) 실질설

범죄의 내용과 성질을 검토하여 양자를 실질적 관점에서 구별해야 한다는 견해로, 요구된 행위를 단순히 부작위함으로써 성립하는 범죄(거동범)를 진정부작위범이라 하고, 부작위 이외에 구성요건적 결과의 발생이 있어야 성립하는 범죄(결과범)를 부진정부작위범이라고 한다.

(3) 구별실익

실질설은 거동범에 대하여는 부진정부작위범이 성립할 여지가 없는 반면에, 형식설은 결과범은 물론 거동범에 대하도 부진정부작위범이 성립할 수 있다고 본다.

2. 진정부작위범과 부진정부작위범

(1) 진정부작위범

① 행위에 대한 명령을 부작위(불이행 또는 거부)로 위반하는 범죄를 말한다. 다시 말해 법적으로 명령한 활동을 단순히 이행하지 아니하거나 거부함으로써 성립하는 범죄를 말한다(에 다중불해산죄, 전시군수계약불이행죄, 전시공수계약불이행죄, 집합명령위반죄, 퇴거불응죄).

② 부작위에 의한 부작위범이라고도 한다.

> **판례**
>
> 1. 일정한 기간 내에 잘못된 상태를 바로잡으라는 **행정청의 지시를 이행하지 않았다는 것**을 구성건으로 하는 범죄는 이른바 **진정부작위범**으로서 그 의무이행기간의 경과에 의하여 범행이 기수에 이른다(대판 1994.4.26, 93도1731). 11. 국가직 9급, 15. 경찰, 16. 경찰승진
>
> 2. 공중위생관리법은 '제3조 제1항 전단의 규정에 의한 신고를 하지 아니한 자'를 처벌한다고 규정하고 있는바, 그 규정형식 및 취지에 비추어 **신고의무 위반**으로 인한 공중위생관리법 위반죄는 구성요건이 부작위에 의해서만 실현될 수 있는 **진정부작위범**에 해당한다(대판 2008.3.27, 2008도89).

(2) 부진정부작위범

① 형법규정상 작위에 의하여 성립되는 범죄를 부작위로 범하는 것을 말한다. 대부분의 작위범이 부작위에 의하여 행하여질 수 있다.

② 부작위에 의한 작위범이라고도 한다.

> **판례**
>
> 게임산업진흥에 관한 법률 제45조 제2호는 '제26조 제1항·제2항·제3항 본문의 규정을 위반하여 허가를 받지 아니하거나 등록을 하지 아니하고 영업을 한 자'를 처벌한다고 규정하고 있다. 위 규정형식 및 취지에 비추어 볼 때, 게임산업진흥에 관한 법률 제45조 제2호 위반은 청소년게임제공업 등을 영위하고자 하는 자가 등록의무를 이행하지 아니하였다는 것만으로 구성요건이 실현되는 것은 아니고, 나아가 영업을 하였다는 요건까지 충족되어야 비로소 구성요건이 실현되는 것이므로 이를 진정부작위범으로 볼 것은 아니다(대판 2011.11.10, 2010도11631).

③ 부작위범의 성립요건

1. 모든 부작위범에 공통된 요건

(1) 일반적 행위가능성(前 구성요건적 행위)

일반적인 인간으로서 행위할 가능성이 있어야 한다. 이는 행위의 개념에 해당하기 때문에 구성요건판단 이전의 문제이다. 이 일반적 행위가능성(시간적·장소적으로 파악)이 있는 때에 비로소 부작위범의 구성요건해당성에 대한 검토가 따르게 된다(⑩ 서울에 있는 아버지가 강릉 경포대에 빠진 아들을 구조하지 못한 것은 일반적 행위가능성이 없다).

(2) 객관적 구성요건

① 구성요건적 상황 : 진정부작위범의 구성요건적 상황은 형법각칙에 상세히 규정되어 있으며(⑩ 퇴거불응죄에서 타인의 주거에서 퇴거요구를 받는 경우가 구성요건적 상황이다), 부진정부작위범의 구성요건적 상황은 구성요건적 결과발생의 위험이라고 할 수 있다(⑩ 수영을 못하는 아들이 저수지에 빠져있는 경우).

② 요구된 행위의 부작위 : 요구(명령)규범에 의하여 요구되는 행위를 하지 않는 때에만 부작위범이 성립할 수 있으므로 행위자가 작위의무를 다하였음에도 효과가 없었을 때에는 과실범은 별론으로 하고 고의에 의한 부작위범은 성립할 수 없다(⑩ 아들이 빠졌는데도 구하지 않고 지켜만 보는 행위).

③ 개별적 행위가능성(행위능력) : 구체적인 행위자가 명령행위를 객관적으로 할 수 있었다는 개별적 행위능력(신체적·기능적으로 파악)이 있을 때에만 부작위범이 성립한다(⑩ 반신불수인 아버지가 물에 빠져있는 아들을 구하지 못하는 것은 개별적 행위능력이 없는 것이다).

☑ **일반적 행위능력 vs 개별적 행위능력**
- 일반적 행위능력(前 구성요건적 행위)과 개별적 행위능력은 구별되어야 한다. 개별적 행위능력과 달리 일반적 행위능력은 부작위에 있어서 행위의 개념에 해당하기 때문에 구성요건판단 이전의 문제라 할 수 있다.
- 예를 들어 서울에 있는 아버지가 낙동강에 빠진 아들을 구조하지 않는 것은 일반적 행위능력(시간적·장소적 관계)이 없기 때문에 아예 처음부터 부작위에 해당하지 않는다. 또한 반신불수인 아버지가 물에 빠져있는 아들을 구하지 못하는 것은 개별적 행위능력(신체적·기능적 관계)이 없는 것이다.

(3) 주관적 구성요건

주관적 구성요건으로서 고의 또는 과실이 필요하다.

> **판례**
>
> **부진정부작위범의 고의는** 반드시 구성요건적 결과발생에 대한 목적이나 계획적인 범행 의도가 있어야 하는 것은 아니고 법익침해의 결과발생을 방지할 법적 작위의무를 가지고 있는 사람이 의무를 이행함으로써 결과발생을 쉽게 방지할 수 있었음을 예견하고도 결과발생을 용인하고 이를 방관한 채 의무를 이행하지 아니한다는 인식을 하면 족하며, 이러한 작위의무자의 예견 또는 인식 등은 확정적인 경우는 물론 불확정적인 경우이더라도 **미필적 고의로 인정될 수 있다.** 이때 작위의무자에게 이러한 고의가 있었는지는 작위의무자의 진술에만 의존할 것이 아니라, 작위의무의 발생근거, 법익침해의 태양과 위험성, 작위의무자의 법익침해에 대한 사태지배의 정도, **요구되는 작위의무의 내용과 이행의 용이성**, 부작위에 이르게 된 동기와 경위, 부작위의 형태와 결과발생 사이의 상관관계 등을 종합적으로 고려하여 작위의무자의 심리상태를 추인하여야 한다(대판 2015.11.12, 2015도6809 전원합의체). 18. 경찰, 19. 법원행시

(4) 위법성

부작위범에 있어서도 구성요건해당성이 위법성을 징표한다는 점은 작위범의 경우와 같으나, 부작위범의 경우에는 위법성조각사유와 관련하여 의무의 충돌이 문제된다.

(5) 책임

부작위범의 책임비난도 작위범의 경우와 같이 책임능력과 위법성의 인식 및 책임조각사유의 부존재를 필요로 한다.

2. 부진정부작위범에 특유한 요건

(1) 부작위의 동가치성

① 금지규범을 전제로 하여 작위를 금지하는 작위범의 구성요건을 부작위에 의하여 실현하기 위해서는 부작위범의 일반적 구성요건 외에 부작위가 작위와 같이 평가될 수 있을 것을 요하는데 이를 '부작위의 동가치성'이라고 한다.

② 부작위의 동가치성이 인정되기 위해서는 '보증인적 지위'와 '행위정형의 동가치성'이 요구된다(통설·판례).

판례

1. 피고인이 조카인 피해자(10세)를 살해할 것을 마음먹고 저수지로 가서 미끄러지기 쉬운 제방쪽으로 유인하여 함께 걷다가 피해자가 물에 빠지자 그를 구호하지 아니하여 피해자를 익사하게 한 것이라면 피해자의 숙부로서 익사의 위험에 대처할 보호능력이 없는 나이 어린 피해자를 익사의 위험이 있는 저수지로 데리고 갔던 피고인으로서는 피해자가 물에 빠져 익사할 위험을 방지하고 피해자가 물에 빠지는 경우 그를 구호하여 주어야 할 법적인 작위의무가 있다고 보아야 할 것이고, 피해자가 물에 빠진 후에 피고인이 살해의 범의를 가지고 구호하지 아니한 채, 그가 익사하는 것을 용인하고 방관한 행위는 피고인이 그를 직접 물에 빠뜨려 익사시키는 행위와 다름없다고 형법상 평가될 만한 살인의 실행행위라고 보는 것이 상당하다(대판 1992.2.11, 91도2951). 05. 법원행시, 06. 경찰승진

2. 업무방해죄와 같이 작위를 내용으로 하는 범죄를 부작위에 의하여 범하는 부진정부작위범이 성립하기 위해서는 부작위를 실행행위로서의 작위와 동일시할 수 있어야 한다. 피고인이 甲과 토지 지상에 창고를 신축하는 데 필요한 형틀공사계약을 체결한 후 그 공사를 완료하였는데, 甲이 공사대금을 주지 않는다는 이유로 위 토지에 쌓아 둔 건축자재를 치우지 않고 공사현장을 막는 방법으로 위력으로써 甲의 창고 신축공사업무를 방해한 경우, 피고인이 일부러 건축자재를 甲의 토지 위에 쌓아 두어 공사현장을 막은 것이 아니라 당초 자신의 공사를 위하여 쌓아 두었던 건축자재를 공사 완료 후 치우지 않은 것에 불과하므로, 비록 공사대금을 받을 목적으로 건축자재를 치우지 않았더라도, 피고인이 자신의 공사를 위하여 쌓아 두었던 건축자재를 공사 완료 후에 단순히 치우지 않은 행위가 위력으로써 甲의 추가 공사업무를 방해하는 업무방해죄의 실행행위로서 甲의 업무에 대하여 하는 적극적인 방해행위와 동등한 형법적 가치를 가진다고 볼 수 없는데도, 이와 달리 보아 공소사실을 유죄로 인정한 원심판결에 부작위에 의한 업무방해죄의 성립에 관한 법리오해의 잘못이 있다(대판 2017.12.22, 2017도13211). 21. 경찰, 22. 경찰간부

(2) 보증인지위

① 의의 : 일정한 법익과 특수하고도 밀접한 관계를 맺고 있어서 그 법익이 침해되지 않도록 보장하여 주어야 할 지위를 말한다. 형법 제18조는 보증인을 '위험의 발생을 방지할 의무가 있는 자'라고 표현하고 있다. 보증인지위가 없으면 부작위에 의한 범죄가 성립하지 않는다.

② 보증인의무와의 관계 : 보증인으로부터 발생하는 결과발생방지의무를 보증인의무라고 한다.

  ㉠ 위법성요소설

    ⓐ 의의 : 부진정부작위범의 구성요건은 무엇을 할 것인가를 규정하고 있지 않기 때문에 위법성을 징표하지 못하며, 작위의무 있는 자가 그 의무에 위반하여 부작위를 한 때에 비로소 위법하다고 하여 보증인지위를 위법성의 요소로 파악하였다.

    ⓑ 내용 : 보증인지위·보증인의무 모두 위법성인식요소로 본다. 따라서 보증인지위의 착오, 보증인의무의 착오를 모두 금지착오로 취급한다.

    ⓒ 평가 : 부작위범의 본질이 명령규범의 위반에 있음에도 불구하고, 명령규범에 위반하지 않은 사람도 부작위로 인하여 구성요건적 결과가 방지되지 않으면 구성요건에 해당하는 것(위법성인식이 있는 자는 모두 보증인지위 ○)이 되므로 부진정부작위범의 구성요건해당성을 부당하게 확대한다는 비판이 있다.

ⓒ 구성요건요소설

ⓐ 의의: 보증인의 부작위만이 작위와 같은 것으로 평가될 수 있으므로 보증인지위와 그것의 기초가 되는 보증인의무는 구성요건요소가 된다는 견해이다.

ⓑ 내용: 보증인지위와 보증인의무의 착오를 모두 구성요건착오로 취급한다.

ⓒ 평가: 구성요건단계에서 보증인지위와 보증인의무까지 모두 따지기 때문에 구성요건해당성의 범위가 축소된다. 또한 형법상의 다른 법적 의무는 위법성의 요소로 보면서 부진정부작위범의 작위의무만을 구성요건요소로 보는 것은 체계적으로 부당하다는 비판이 있다.

ⓒ 이분설

ⓐ 의의: 보증인지위와 보증인의무를 구별하여 보증인지위는 부진정부작위범의 구성요건요소이지만, 보증인의무는 위법성의 요소가 된다는 견해이다(통설).

ⓑ 내용: 보증인지위에 관한 착오는 구성요건착오로, 보증인의무에 관한 착오는 금지의 착오로 다룬다.

CASE

Q1. 甲이, 자기 아들 乙이 익사하는 것을 보고 乙이 아닌 다른 아이인 줄 알고 구할 의무가 없다고 생각하여 구조하지 않고 사망하게 한 경우 甲의 죄책은 무엇인가?

Q2. 甲이, 乙이 연탄가스로 혼수상태에 빠진 것을 보고도 자신은 양부이니 乙을 구할 의무가 없다고 생각하여 구조하지 않고 사망하게 한 경우 甲의 죄책은 무엇인가?

A1. 이분설에 따를 경우, 甲은 자기 자식을 다른 아이인 줄 알았기에 객체를 인식하지 못한 구성요건착오에 해당한다. 따라서 고의가 조각되어 과실치사죄가 성립한다.

A2. 이분설에 따를 경우, 甲은 자기의 양자를 확실히 인식하였으므로 구성요건착오가 될 수는 없지만 구할 의무가 없다고 생각, 즉 위법성인식이 없었으므로 금지착오에 해당한다. 따라서 甲은 정당한 이유가 없으므로 살인죄가 성립한다.

(3) 보증인지위의 발생근거

① 형식설(다수설·판례): 법령, 계약(법률행위), 조리(신의칙), 선행행위

발생근거	구체적 내용
법령	㉠ 법률·명령·규칙 등이 포함되며, 공법·사법 불문 ㉡ 민법: 친권자의 보호의무, 친족간의 부양의무, 부부간의 부양의무 ㉢ 경찰관 직무집행법: 경찰관의 보호조치의무
계약 (법률행위)	㉠ 민법상 그 계약의 유효·무효 불문 ㉡ 고용계약에 의한 보호의무, 간호사의 환자간호의무, 의무 없이 환자를 인수한 자의 보호의무
조리 (신의칙)	㉠ 조리·신의칙·사회상규에 의한 작위의무 ㉡ 고용자에 대한 고용주의 보호의무, 관리자의 위험발생금지의무, 목적물의 하자에 대한 신의칙상의 고지의무

선행행위	㉠ 자기의 행위로 인하여 위험발생의 원인을 야기한 자는 그 위험이 구성요건적 결과로 발전하지 않도록 하여야 할 작위의무 부담 ㉡ 선행행위는 객관적으로 의무에 위반하였거나 위법한 것인데, **법령상 명문규정이 있는 경우**(㈒ 도로교통법 제54조의 사고운전자의 구호조치의무)에는 적법한 선행행위에 의해서도 작위의무 발생 ㉢ 자동차사고 가해자는 피해자를 구조하여야 할 보증인, 과실로 불을 낸 사람은 소화조치를 취하여야 할 보증인, 미성년자를 감금한 자는 탈진상태의 피해자를 구조하여야 할 보증인

판례

작위의무의 발생근거

작위의무가 법적인 의무인 한 성문법이든지 불문법이든지 상관이 없고 또 공법이든지 사법이든지를 불문하므로 **법령·법률행위·선행행위**로 인한 경우는 물론이고 기타 **신의성실의 원칙이나 사회상규 혹은 조리상** 작위의무가 기대되는 경우에도 법적인 작위의무는 있다(대판 1996.9.6, 95도2551).

❥ 작위의무는 법적인 의무이어야 하므로 사회상규 또는 조리상 작위의무가 기대되는 경우는 이에 포함되지 않는다. ✕

❥ 부진정부작위범에서 사회상규 혹은 조리상 작위의무가 기대되는 경우 법적인 작위의무는 없다. ✕

❥ 작위의무는 법령, 법률행위, 선행행위로 인한 것임이 원칙이고 신의성실의 원칙에 기하여 인정될 수 없다. ✕ 08. 사시, 10. 경찰승진, 10·15·18. 경찰, 12. 국가직 9급, 16. 국가직 7급, 17. 법원직

법령에 의한 작위의무

1. 법원의 입찰사건에 관한 제반업무를 주된 업무로 하는 공무원이 자신이 맡고 있는 입찰사건의 입찰보증금이 계속적으로 횡령되고 있는 사실을 알았다면, 담당 공무원으로서는 이를 제지하고 즉시 상관에게 보고하는 등의 방법으로 그러한 사무원의 **횡령행위를 방지하여야 할 법적인 작위의무를 지는 것이 당연**하고, 자신의 작위의무를 이행함으로써 결과발생을 쉽게 방지할 수 있는 공무원이 그 사무원의 새로운 횡령 범행을 방조·용인한 것을 작위에 의한 법익침해와 동등한 형법적 가치가 있는 것이 아니라고 볼 수는 없으므로 그 담당 공무원을 업무상횡령의 종범으로 처벌한다(대판 1996.9.6, 95도2551).
09. 법원행시, 10. 사시, 15. 국가직 9급

2. 국민의 생명과 신체의 안전을 보호하기 위한 응급의 조치를 강구하여야 할 직무를 가진 **경찰관**이 술에 만취된 피해자가 향토예비군 4명에게 떼메어 운반되어져서 나무의자 위에 눕혀 놓았을 때 숨을 가쁘게 쿨쿨 내품고 자신의 수족과 의사도 자제할 수 없는 **상태에 있음에도 불구하고 근 3시간 동안이나 아무런 구호조치를 취하지 아니한 경우** 유기죄에 대한 범의를 인정할 수 있다(대판 1972.6.27, 72도863).

3. 선박침몰 등과 같은 급박한 상황이 발생한 경우에 선박의 운항을 지배하고 있는 **선장 甲**이 자신에게 요구되는 개별적·구체적인 구호의무를 이행함으로써 사망의 결과를 쉽게 방지할 수 있음에도 이를 방관하여 승객이 사망한 경우, 甲은 부작위에 의한 살인죄가 성립한다(대판 2015.11.12, 2015도6809).

4. 항해 중이던 선박의 선장 甲, 항해사 乙·丙이 배가 기울어져 멈춘 후 침몰하고 있는 상황에서 피해자인 승객 등이 안내방송 등을 믿고 대피하지 않은 채 선내에 대기하고 있음에도 아무런 구호조치를 취하지 않고 퇴선함으로써 배에 남아 있던 피해자들을 익사하게 하고, 나머지 피해자들의 사망을 용인하였으나 구조되었다고 하여 살인 및 살인미수로 기소된 경우, 항해사 乙·丙의 부작위에 의한 살인의 실행행위와 동일하게 평가하기 어렵고, 또한 살인의 미필적 고의로 甲의 부작위에 의한 살인행위에 공모 가담하였다고 단정하기 어렵다(대판 2015.11.12, 2015도6809). 22. 경찰간부

계약에 의한 작위의무

1. 백화점 직원은 자신이 관리하는 특정 매장의 점포에 가짜 상표가 새겨진 상품이 진열·판매되고 있는 사실을 발견하였다면 즉시 그 시정을 요구하고 바이어 등 상급자에게 보고하여 이를 시정하도록 할 근로계약상·조리상의 의무가 있다고 할 것임에도 불구하고 **가짜 상표가 새겨진 상품들을 고객들에게 계속 판매하도록 방치한 것**은 작위에 의하여 점주의 상표법 위반 및 부정경쟁방지법 위반행위의 실행을 용이하게 하는 경우와 동등한 형법적 가치가 있는 것으로 볼 수 있으므로 부작위에 의하여 점주의 상표법 위반 및 부정경쟁방지법 위반행위를 방조하였다고 인정할 수 있다(대판 1997.3.14, 96도1639).

2. 대표이사로서 위 압류시설이 위치한 골프장의 개장 및 운영 전반에 걸친 포괄적 권한과 의무를 지닌 피고인으로서는 위와 같은 회사의 대외적 의무사항이 준수될 수 있도록 적절한 조치를 취할 위임계약 혹은 조리상의 작위의무가 존재한다고 보아야 할 것인데, 이러한 작위의무의 내용 중에 불특정의 고객 등 제3자에 의한 위 봉인의 훼손행위를 방지할 일반적 안전조치를 취할 의무까지 있다고 할 수는 없겠지만, 적어도 위 **압류, 봉인에 의하여 사용이 금지된 골프장 시설물**에 대하여 위 시설물의 사용 및 그 당연한 귀결로서 봉인의 훼손을 초래하게 될 골프장의 개장 및 그에 따른 압류시설 작동을 제한하거나 그 사용 및 훼손을 방지할 수 있는 적절한 조치를 취할 의무는 존재한다고 보아야 할 것이고, 그럼에도 피고인이 그러한 **조치 없이 위 개장 및 압류시설 작동을 의도적으로 묵인 내지 방치함**으로써 예견된 결과를 유발한 경우에는 부작위에 의한 공무상표시무효죄의 성립을 인정할 수 있다고 보아야 할 것이다(대판 2005.7.22, 2005도3034). 19. 국가직 7급

조리에 의한 작위의무(부작위에 의한 사기죄가 성립하는 경우)

1. 임대인이 임대차계약을 체결하면서 임차인에게 임대목적물이 **경매진행 중인 사실을 알리지 아니한 경우**, 임차인이 등기부를 확인 또는 열람하는 것이 가능하더라도 사기죄가 성립한다(대판 1998.12.8, 98도3263). 18. 변호사

2. **특정 시술을 받으면 아들을 낳을 수 있을 것이라는 착오에 빠져있는 피해자들에게 그 시술의 효과와 원리에 관하여 사실대로 고지하지 아니한 채 아들을 낳을 수 있는 시술인 것처럼 가장하여** 일련의 시술과 처방을 행한 의사에 대하여 사기죄가 성립한다(대판 2000.1.28, 99도2884). 12. 경찰, 20. 경찰승진

3. 매도인이 매수인에게 **소송계속의 사실을 숨기고 매도**하여 대금을 교부받은 경우에는 사기죄를 구성한다(대판 1986.9.9, 86도956).

4. 피고인은 토지에 대하여 도시계획이 입안되어 있어 장차 **협의매수되거나 수용될 것이라는 사정**을 알고 있고, 이러한 사정을 모르고 토지를 매수하려는 매수인에게 이와 같은 사정을 고지할 신의칙상 의무가 있으므로, 이러한 사정을 **고지하지 아니한 피고인의 행위**는 부작위에 의한 사기죄를 구성한다(대판 1993.7.13, 93도14). 08. 사시, 16. 경찰·국가직 9급, 18. 변호사

5. 매수인이 매도인에게 매매잔금을 지급함에 있어서 착오에 **빠져 지급하여야 할 금액을 초과하는 돈을 교부하는 경우**, 매도인이 사실대로 고지하였다면 매수인이 그와 같이 초과하여 교부하지 아니하였을 것임은 경험칙상 명백하므로 매도인이 매매잔금을 **교부받기 전 또는 교부받던 중에 그 사실을 알게 되었을 경우**에는 특별한 사정이 없는 한 매도인으로서는 매수인에게 사실대로 고지하여 매수인의 그 착오를 제거하여야 할 신의칙상 의무를 지게 되고, 그 의무를 이행하지 아니하고 매수인이 건네주는 돈을 그대로 수령한 경우에는 **사기죄에 해당**한다(대판 2004.5.27, 2003도4531).

   ☺ 잔금을 교부받은 후에야 비로소 그 사실을 안 경우에는 점유이탈물횡령죄가 성립한다. 16. 경찰

6. 자신의 토지에 채무담보를 위한 가등기와 근저당권설정등기가 되어 있는 사실을 숨기고 매수인에게 매도한 경우 매수인이 이를 알지 못한 탓으로 그 토지를 매수하였다면 이는 사기죄에 해당한다(대판 1981.8.20, 81도1638).

기출 OX
매수인이 매도인에게 매매잔금을 지급함에 있어 착오에 빠져 지급해야 할 금액을 초과하는 돈을 교부하는 경우, 매도인이 매매잔금을 받은 후 비로소 그 사실을 알게 되었음에도 불구하고 그 사실을 매수인에게 알리고 초과금액을 되돌려 주지 않은 경우에는 부작위에 의한 사기죄가 성립한다. 16. 경찰　　　　(×)

7. 특정 질병을 앓고 있는 사람이 보험회사가 정한 약관에 그 질병에 대한 고지의무를 규정하고 있음을 알면서도 이를 고지하지 **아니한 채** 그 사실을 모르는 보험회사와 그 질병을 담보하는 보험계약을 체결한 다음, 바로 그 질병의 발병을 사유로 하여 보험금을 청구하였다면 특별한 사정이 없는 한 사기죄에 있어서의 기망행위 내지 편취의 범의를 인정할 수 있고, 보험회사가 그 사실을 알지 못한 데에 과실이 있다거나 고지의무 위반을 이유로 보험계약을 해제할 수 있다고 하여 사기죄의 성립에 영향이 생기는 것은 아니다(대판 2007.4.12, 2007도967). 18. 변호사

8. 법무사가 아닌 사람이 법무사로 소개되거나 호칭되는 데도 자신이 법무사가 아니라는 사실을 밝히지 않은 채 법무사 행세를 계속하면서 근저당권설정계약서를 작성한 사안에서 부작위에 의한 법무사법 제3조 제2항 위반죄를 인정할 수 있다(대판 2008.2.28, 2007도9354).

조리에 의한 작위의무(부작위에 의한 사기죄가 성립하지 않는 경우)

1. 중고자동차매매에 있어서 매도인의 할부금융회사 또는 보증보험에 대한 할부금채무가 매수인에게 당연히 승계되는 것이 아니므로 그 할부금채무의 존재를 매수인에게 고지하지 아니한 것은 부작위에 의한 기망에 해당하지 아니한다(대판 1998.4.14, 98도231). 12. 경찰

2. 토지의 매도인이 제1매수인에게 계약금과 중도금을 받은 상황에서 **제2매수인에게 이중매매임을 고지하지 않고** 계약을 체결한 후에 계약금을 받은 경우 매도인은 신의칙상 고지의무가 인정되지 않아 제2매수인에 대하여 사기죄가 성립하지 아니한다(대판 1998.12.8, 98도3263).

3. 자신의 채권을 제3자에게 양도한 자가 채권양도의 통지를 받지 못한 채무자로부터 채무금의 변제를 수령한 경우 채권자가 **채권양도의 양도사실을 밝히지 아니하고** 직접 외상대금을 수령하였다고 하더라도 기망수단을 써서 채무자를 착오에 **빠뜨려** 그 대금을 편취한 것이라 할 수 없다(대판 1984.5.9, 83도2270).

4. 피고인이 부동산에 대하여 甲과 신탁금지약정을 체결한 사실을 乙은행에 알리지 아니한 채 부동산을 담보신탁하고 乙은행에서 대출을 받아 대출금을 편취한 경우 신탁금지약정사실을 고지하지 아니하였다고 하여 乙은행을 기망하였다고 평가할 수 없다(대판 2012.4.13, 2011도2989).

5. 토지의 소유자 겸 명의수탁자인 피고인이 나머지 공유자들로부터 그들 소유지분에 관하여 매도가격 및 처분기한을 특정하여 **처분권한을 위임**받고 그 처분에 따른 양도소득세 등 일체의 경비를 피고인이 부담하기로 약정한 후 피고인이 토지를 매도위임가격보다 훨씬 고가로 매도하였다 하더라도 그와 같은 사실을 위임인에게 고지할 법률상 의무가 없다(대판 1999.5.25, 98도2792).

6. 부동산의 명의수탁자가 부동산을 제3자에게 매도하고 매매를 원인으로 한 소유권이전등기까지 마쳐 준 경우, 그 처분시에 **명의수탁자의 소유라는 말**을 하였다고 하더라도 역시 사기죄가 성립하지 않으며, 이는 자동차의 명의수탁자가 처분한 경우에도 마찬가지이다(대판 2007.1.11, 2006도4498).

7. 부동산중개업자인 피고인이 아파트 입주권을 매도하면서 그 입주권을 2억 5,000만원에 확보하여 2억 9,500만원에 전매한다는 사실을 매수인에게 고지하지 않은 경우, 피고인이 매수인을 기망하여 차액 4,500만원을 편취하였다고 보기 어려워 사기죄가 성립하지 않는다(대판 2011.1.27, 2010도5123).

> 비교판례
>
> 피고인이 피해자에게서 매수한 재개발아파트 수분양권을 이미 매도하였는데도 마치 자신이 피해자의 **입주권**을 정당하게 보유하고 있는 것처럼 피해자의 **딸과 사위에게 거짓말**하여 피해자 명의의 인감증명서를 교부받은 경우 재물의 편취에 의한 사기죄가 성립한다(대판 2011.11.10, 2011도9919).

☑ 두문자
부작위에 의한 사기죄가 성립하지 않는 경우
• 중고차 할부금사건
• 이중매매를 고지하지 않은 사건
• 양도사실을 고지하지 않은 사건
• 신탁금지를 고지하지 않은 사건
• 처분권한을 위임받은 사건
• 명의수탁자라는 사실을 고지하지 않은 사건
• 입주권을 고지하지 않은 사건
• 권리금 초과를 고지하지 않은 사건

8. 부동산중개업자인 甲은 독서실을 중개함에 있어 양도인으로부터 권리금으로 3,000만원을 받을 수 있도록 해달라는 요구를 받았음에도 그 양수인에게 양도인이 4,000만원을 요구한 다고 속이고 피해자로부터 4,000만원을 교부받아 1,000만원을 편취한 경우, 그와 같은 사정을 고지하지 아니한 것이 사기죄의 구성요건인 기망에 해당한다고 할 것이지만, 매매로 인한 법률관계에 아무런 영향도 미칠 수 없는 것이어서 매수인의 권리의 실현에 장애가 되지 아니하는 사유까지 매도인이 매수인에게 고지할 의무가 있다고는 볼 수 없어 사기죄는 성립하지 않는다(대판 2015.5.28, 2014도8540).

선행행위에 의한 작위의무

1. 피고인이 조카인 피해자(10세)를 살해할 것으로 마음먹고 저수지로 가서 미끄러지기 쉬운 **제방쪽으로 유인하여 함께 걷다가 피해자가 물에 빠지자 그를 구호하지 아니하여 피해자를 익사하게 한 경우, 살인의 실행행위라고 보는 것이 상당하다**(대판 1992.2.11, 91도2951).
05. 법원행시, 06. 경찰승진

2. 피고인이 **미성년자를 유인하여 그 감금상태가 계속된 어느 시점에서** 피고인에게 살해의 범의가 생겨 피감금자에 대한 위험발생을 방지함이 없이 포박감금상태에 있던 피감금자를 그대로 방치함으로써 사망하게 하였다면 피고인의 부작위는 살인죄의 구성요건적 행위를 충족하는 것이라고 평가하기에 충분하므로 부작위에 의한 살인죄를 구성한다(대판 1982.11.23, 82도2024).

3. **도로교통법** 제50조 제1항, 제2항이 규정한 교통사고발생시의 구호조치의무 및 신고의무는 차의 교통으로 인하여 사람을 사상하거나 물건을 손괴한 때에 운전자 등으로 하여금 교통사고로 인한 사상자를 구호하는 등 필요한 조치를 신속히 취하게 하고, 또 속히 경찰관에게 교통사고의 발생을 알려서 피해자의 구호, 교통질서의 회복 등에 관하여 적절한 조치를 취하게 하기 위한 방법으로 부과된 것이므로 교통사고의 결과가 피해자의 구호 및 교통질서의 회복을 위한 조치가 필요한 상황인 이상 그 의무는 교통사고를 발생시킨 당해 차량의 운전자에게 그 사고발생에 있어서 **고의·과실 혹은 유책·위법의 유무에 관계없이 부과된 의무**라고 해석함이 상당할 것이므로, 당해 사고에 있어 귀책사유가 없는 경우에도 위 의무가 없다 할 수 없고, 또 위 의무는 신고의무에만 한정되는 것이 아니므로 타인에게 신고를 부탁하고 현장을 이탈하였다고 하여 위 의무를 다한 것이라고 말할 수는 없다(대판 2002.5.24., 2000도1731). ✗ 위법한 선행행위의 경우에만 작위의무를 인정한 것이라고 할 수 있다. ✗
11·15·16. 경찰승진, 15. 경찰, 16. 국가직 7급

4. 피고인이 폭약을 호송하던 중 화차 내에서 금지된 촛불을 켜 놓은 채 잠을 자다가 폭약상자에 불이 붙는 순간 잠에서 깨어나 이를 발견하였다면 불이 붙은 상자를 뒤집어 쉽게 진화할 수 있고 또는 그 상자를 화차 밖으로 던지는 방법 등으로 대형폭발사고만은 방지할 수 있었는데도 불구하고 피고인이 화약호송책무자로서, 더구나 위험발생의 원인을 야기한 자로서의 진화 및 위험발생원인제거에 관한 의무에 위반하여 이를 그대로 방치하면 화차 안의 모든 화약류가 한꺼번에 폭발하리라는 정을 예견하면서도 화차 밖으로 도주한 경우 부작위에 의한 폭발물파열죄가 성립한다(대판 1978.9.26, 78도1996). 05. 경찰승진

5. 모텔 방에 투숙하여 담배를 피운 후 재떨이에 담배를 끄게 되었으나 **담뱃불이 완전히 꺼졌는지 여부를 확인하지 않은 채 불이 붙기 쉬운 휴지를 재떨이에 버리고 잠을 잔 과실로 담뱃불이 휴지와 침대시트에 옮겨 붙게 함으로써 화재가 발생한 경우, 화재가 중대한 과실이 있는 선행행위로 발생한 이상 화재를 소화할 법률상 의무는 있다 할 것이나, 화재발생사실을 안 상태에서 모텔을 빠져나오면서도 모텔 주인이나 다른 투숙객들에게 이를 알리지 아니하였다는 사정만으로는 화재를 용이하게 소화할 수 있었다고 보기 어렵다는 이유로 부작위에 의한 현주건조물방화치사상죄는 성립하지 않는다**(대판 2010.1.14, 2009도12109). 12. 경찰

② 실질설: 보호의무와 안전의무가 있다.

발생근거	구체적 내용
보호의무	㉠ 의의: 보증인이 위험으로부터 법익을 보호하여야 할 의무 ㉡ 가족적 보호관계: 가족 상호간 생명과 신체의 위험을 방지할 의무 ㉢ 긴밀한 공동관계: 탐험이나 등산대원 상호간 보호의무 ㉣ 보호기능의 인수: 수영을 배우려는 아이의 수영지도를 맡은 때
안전의무	㉠ 의의: 위험원으로부터 결과가 발생하지 않도록 할 의무 ㉡ 선행행위: 사고운전자의 피해자 구호의무 ㉢ 위험원의 감독: 위험한 물건 또는 맹견 주인의 피해발생방지의무 ㉣ 타인의 행위에 대한 책임: 교사의 학생 지도·감독의무, 상관의 부하 직원 감독의무

⑷ 행위정형의 동가치성

① 부진정부작위범이 성립하기 위해서는 부작위가 작위에 의한 구성요건의 실현과 같이 평가되어야 한다. 이를 행위정형의 동가치성이라 한다.

② 결과가 발생하면 처벌되는 범죄(例 순수 결과야기범)에서는 결과만 발생하면 부작위가 작위와 동가치인지를 별도로 평가할 필요 없이 당연히 동가치로 평가되므로 행위정형의 동가치성의 기준은 적용되지 않는다(例 살인죄·상해죄·방화죄·손괴죄 등은 결과가 발생하면 그 범죄를 작위로 하였든지 부작위로 하였든지 동가치성을 따지지 않고 언제나 해당 범죄의 구성요건해당성이 인정된다).

③ 행태의존적 범죄는 행위정형의 동가치성을 요구한다. 즉, 결과가 발생하였더라도 부작위가 작위와 동가치로 평가되는 경우에만 범죄에 해당하고, 동가치로 평가되지 않으면 범죄에 해당하지 않는다(例 사기죄에서의 '기망', 공갈죄에서의 '폭행·협박', 공연음란죄에서의 '음란행위' 등이 여기에 해당한다).

❹ 부작위범의 처벌

진정부작위범은 형법각칙에 처벌규정이 있으나, 부진정부작위범은 형법에 별도의 처벌규정이 없어 작위범과 동일한 법정형으로 처벌된다.

❺ 관련 문제

1. 부작위범과 미수

⑴ 진정부작위범

진정부작위범은 결과의 발생을 요하지 않는 거동범이므로 미수는 인정할 수 없는 것이 타당하다. 단, 형법상 퇴거불응죄, 집합명령위반죄의 미수범처벌규정이 있다.

⑵ 부진정부작위범

부진정부작위범은 결과범의 성격을 가지고 있으므로 미수를 인정할 수 있다.

한눈에 쏙

부작위범과 미수

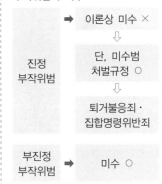

2. 부작위범과 공범

(1) 부작위범에 대한 공범

① 부작위범에 대한 교사와 방조 : 보증인지위와 관계없이 부작위범에 대한 교사·방조가 가능하다.

② 부작위범을 도구로 이용한 간접정범 : 간접정범이 가능하다(예 보증인을 협박·기망하여 부작위로 나아가게 한 경우).

③ 부작위범 사이의 공동정범 : 보증인 상호간에 공동실행의사와 의무 위반의 공통성이 인정되면 가능하다(예 부부가 함께 살인의 고의로 아이에게 젖을 주지 않아 아사시킨 경우). 작위범과 부작위범 사이의 공동정범도 가능하다.

> **판례**
>
> 신고의무 위반으로 인한 공중위생관리법 위반죄는 구성요건이 부작위에 의해서만 실현될 수 있는 진정부작위범에 해당한다고 할 것이고, 한편 **부작위범 사이의 공동정범은 다수의 부작위범에게 공통된 의무가 부여되어 있고 그 의무를 공통으로 이행할 수 있을 때에만 성립**한다고 할 것이다. 그리고 공중위생영업의 신고의무는 '공중위생영업을 하고자 하는 자'에게 부여되어 있고, 여기서 '영업을 하는 자'라 함은 영업으로 인한 권리의무의 귀속주체가 되는 자를 의미하므로 **영업자의 직원이나 보조자의 경우에는 영업을 하는 자에 포함되지 않는다(공통의 의무 부여 ×)**고 해석함이 상당하다(대판 2008.3.27, 2008도89). 10. 경찰승진, 19. 국가직 7급·법원행시, 20. 경찰간부

(2) **부작위에 의한 공범**

① 부작위에 의한 교사 : 교사는 적극적으로 범죄의 결의가 없는 자에게 범죄의 결의를 일으켜야 하고, 부작위로는 범죄를 결의시킬 수 없기 때문에 불가능하다.

② 부작위에 의한 방조 : 방조범에게 보증인지위가 있는 한 가능하다[통설·판례(예 창고경비원이 절도범의 절취행위를 보고도 못 본 채 눈감아 준 경우)].

> **판례**
>
> 1. 종범은 정범의 실행행위 중에 이를 방조하는 경우뿐만 아니라, 실행 착수 전에 장래의 실행행위를 예상하고 이를 용이하게 하는 행위를 하여 방조한 경우에도 성립한다(대판 2004.6.24, 2002도995).
> 2. 은행지점장이 부하 직원의 배임행위를 알면서 방치한 경우 부작위에 의한 업무상배임죄의 방조범이 성립한다(대판 1984.11.27, 84도1906). 12. 경찰, 16. 경찰승진
> 3. 입찰업무담당 공무원이 입찰보증금의 횡령사실을 알면서 방치한 경우 부작위에 의한 업무상횡령죄의 방조범이 성립한다(대판 1996.9.6, 95도2551).
> 4. 백화점의 상품관리담당 직원이 가짜 상표상품이 판매됨을 알면서 방치한 경우 부작위에 의한 상표법 위반죄의 방조범이 성립한다(대판 1997.3.14, 96도1639).
> 5. 아파트 지하실의 소유자가 임차인의 지하실 용도변경허가를 묵시적으로 승인·방치한 경우 부작위에 의한 건축법 위반죄의 방조범이 성립한다(대판 1985.11.26, 85도1906).
> 6. 인터넷 포털사이트 내 오락채널 총괄팀장이 콘텐츠제공업체들의 음란만화 게재를 알면서 방치한 경우 부작위에 의한 구 전기통신기본법 제48조의2 위반죄의 방조범이 성립한다(대판 2006.4.28, 2003도4128). 11. 경찰, 16. 국가직 9급

3. 과실에 의한 부작위범

진정부작위범·부진정부작위범을 불문하고 과실범처벌규정이 있는 경우에는 과실에 의한 부작위범이 성립할 수 있다(예 모친이 잊어버리고 유아에게 젖을 주지 않아서 유아가 사망한 경우). 그러나 형법상 과실의 진정부작위범을 처벌하는 규정은 없다.

제5절 | 인과관계와 객관적 귀속

제17조 【인과관계】 어떤 행위라도 죄의 요소되는 위험발생에 연결되지 아니한 때에는 그 결과로 인하여 벌하지 아니한다.

❶ 서설

1. 의의

인과관계란 발생된 결과를 행위자의 행위에 의한 것으로 귀속시키는 데에 필요한 행위와 결과 사이의 연관관계를 말하는 것으로, 구성요건의 내용으로서 결과의 발생을 필요로 하는 결과범에서만 문제된다.

2. 기능

(1) 인과관계가 인정되면 기수범이 되고, 인과관계가 부정되면 미수범이 된다. 형법 제17조가 "그 결과로 인하여 벌하지 아니한다."라고 표현한 것은 무죄라는 의미가 아니라 미수로 처벌한다는 의미이다.

(2) 결과범에서는 일정한 결과발생이 있더라도 행위와 결과 사이의 인과관계가 인정되지 않으면 기수가 될 수 없다. 따라서 인과관계가 부정되면 고의범은 미수범처벌규정이 있는 경우에 한하여 미수범이 성립하고, 과실범은 미수범처벌규정이 없으므로 범죄가 성립하지 않는다.

❷ 인과관계에 관한 학설

1. 조건설(등가설)

(1) 의의

행위와 결과 사이에서 그 행위가 없었다면 결과가 발생하지 않았을 것이라고 볼 수 있는 경우에 인과관계를 인정하는 견해이다[예 甲男이 乙女를 강간하자 乙女가 수치심으로 자살한 경우 인과관계가 인정되어 강간치사죄가 성립한다(판례의 태도는 아니다)].

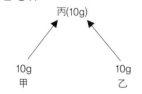

❶ 이중적 인과관계(치사량이 10g 인 경우)

丙(10g)

10g
甲

10g
乙

10g의 독약을 甲과 乙이 각자 독립하여 丙에게 준 경우 乙의 행위가 없더라도 결과가 발생한다면 인과관계가 부정된다.

(2) 비판

① 가설적 제거절차에 따를 때에 때로는 인과관계의 범위가 지나치게 확대된다(**예** 살인자의 출산행위까지 인과관계를 인정하게 된다).

② 가설적 인과관계와 이중적·택일적 인과관계의 경우에는 인과관계가 불합리하게 부정된다.❶

2. 원인설

(1) 의의

결과의 발생에 대하여 중요한 영향을 준 조건과 단순한 조건을 구별하여 전자를 원인이라 하고, 원인이 될 조건에 대하여 결과에 대한 인과관계를 인정하는 견해이다(**예** 중태에 빠진 환자를 살해한 경우 필연조건설에 의하면 인과관계가 없게 되고, 10g의 치사량이 든 독약을 甲이 3g, 乙이 4g, 丙이 3g을 각자 독립하여 甲·乙·丙 순서로 丁에게 주어 丁을 살해한 때에는 최종조건설에 의하면 丙이, 최유력조건설에 의하면 乙만이 살인기수의 책임을 진다).

(2) 비판

이론상 원인과 조건을 명백히 구별할 수 없다는 문제점이 있다. 원인과 조건의 구별기준으로 형법에서 아무런 가치가 없는 자연과학적 사고를 무비판적으로 도입하였다.

3. 인과관계중단설

(1) 의의

인과관계가 진행되는 중에 타인의 고의적인 행위나 또는 예상하지 못했던 우연한 사정이 개입되는 경우에는 먼저 행하였던 행위와 결과 사이의 인과관계가 중단된다는 견해이다.

(2) 비판

인과관계가 진행되는 도중 예기치 못한 우연한 자연현상이 개입하여 결과가 발생한 경우에는 인과관계가 중단된다.

4. 상당인과관계설

(1) 의의

① 사회생활상의 경험에 비추어 행위로부터 결과가 발생하는 것이 상당하다고 인정될 때에 인과관계를 인정하는 견해이다. 상당인과관계설은 원래 결과적 가중범에 있어서 중한 결과에 대한 형의 가중을 책임주의와 일치하게 하기 위하여 고안된 이론으로 현재 판례의 태도이다.

② 결과발생에는 경험칙상 전형적이고 상당한 조건만이 원인이 되며, 이는 그 행위에 의한 결과발생의 개연성을 의미한다. 이러한 일반적 상당성을 기준으로 함으로써 비유형적이며 우연한 사정을 배제시키게 된다.

기출 OX
상당인과관계설에 의할 경우에는 결과의 행위에 대한 귀속과 관련하여 객관적 귀속에 대한 평가가 필요없지만, 합법칙적 조건설에 의할 경우에는 객관적 귀속에 대한 별도의 평가가 필요하다. 07. 사시　　(○)

PART
02

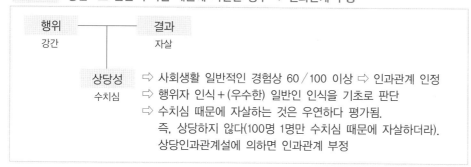

SUMMARY **강간으로 인한 수치심 때문에 자살한 경우 ⇨ 인과관계 부정**

행위 ──── 결과
강간　　　　자살

상당성 ⇨ 사회생활 일반적인 경험상 60 / 100 이상 ⇨ 인과관계 인정
수치심 ⇨ 행위자 인식 + (우수한) 일반인 인식을 기초로 판단
⇨ 수치심 때문에 자살하는 것은 우연하다 평가됨.
　　즉, 상당하지 않다(100명 1명만 수치심 때문에 자살하더라).
　　상당인과관계설에 의하면 인과관계 부정

(2) 판단기준

① 주관적 상당인과관계설
　⑦ 의의 : 행위 당시에 행위자가 인식하였거나 인식할 수 있었던 사정을 기초로 하여 상당성을 판단하여야 한다는 견해이다.
　ⓒ 비판 : 행위자가 인식하지 못하였고 인식할 수도 없었던 사정을 통찰력이 있는 사람(가장 우수한 자)이라면 인식할 수 있었다 하더라도 모두 제외되므로 인과관계의 범위가 부당하게 좁아질 염려가 있다.

CASE　주관적 상당인과관계설

Q. 대학생 甲은 길을 지나가다 혈색이 아주 좋고 건강해 보이는 행인 乙의 발을 잘못하여 밟았다. 이 일로 말다툼이 벌어져 실랑이를 하다가 甲이 乙을 떠밀었는데, 그로 인하여 넘어진 乙의 안색이 갑자기 검붉게 변하더니 그대로 쓰러져 사망하고 말았다. 사건 당시에 乙은 심한 고혈압 증세가 있었고 떠밀리는 순간 흥분으로 인하여 혈압이 급격히 올라가 사망한 것으로 밝혀졌다. 인과관계에 관한 주관적 상당인과관계설에 의할 경우 甲의 죄책은? 03. 행시

A. 甲이 乙을 떠밀었으므로 이는 폭행죄에 해당한다. 다만, 乙의 사망에 대하여 甲이 책임을 지는가의 문제가 발생하는데, 사례에서 乙은 '혈색이 좋고 건강해 보인다.'라는 것으로 보아 甲의 입장(주관적 상당인과관계설 입장)에서 볼 때 심한 고혈압 증세를 인식할 수 없었으므로 이에 대한 상당성을 인정할 수 없다. 따라서 甲은 폭행죄의 죄책만 진다.

② 객관적 상당인과관계설
　㉠ 의의 : 사후적으로 법관의 입장(행위자·일반인의 인식가능성은 고려 ×)에서 행위 당시에 행위자가 인식한 사정은 물론 객관적으로 존재하였던 일체의 사정과 행위 후(특히 우수한 일반인이 판단)에 생긴 사정까지도 그것이 예견 가능하였던 이상, 모두 포함하여 이를 기초로 상당성의 판단을 내려야 한다는 견해이다.
　㉡ 비판 : 행위 당시에 통찰력이 있는 사람도 예측할 수 없었으며 행위자도 역시 인식하지 못하였던 일체의 사정을 기초로 한다는 점에서 인과관계의 범위를 지나치게 확대시키는 단점이 있다.
③ 절충적 상당인과관계설 : 행위자뿐만 아니라 일반인, 특히 그중에서도 가장 우수한 자(예 피해자의 상황을 잘 아는 사람 ⇨ 피해자의 가족·친구)가 인식할 수 있었던 사정을 기초로 하여 상당인과관계를 판단하여야 한다는 견해이다.

5. 합법칙적 조건설

(1) 의의

행위가 시간적으로 뒤따르는 외계의 변화에 연결되고 행위와 합법칙적으로 결합되어 구성요건적 결과로 실현되었을 때에 인과관계가 인정된다는 견해이다.

(2) 합법칙적 조건설의 접근법

조건설을 전제로 하면서 모든 유형에서 인과관계를 인정하게 되어 이중적 인과과정이나 비유형적 인과과정에서도 인과관계를 인정하는 점이 불합리하다(p.102 인과관계의 유형 참조). 이 이론을 취하는 자는 이 문제를 객관적 귀속이론을 통해서 해결하고 있다.

❸ 객관적 귀속이론

1. 의의

인과관계가 인정된 후, 발생된 결과를 행위자의 행위에 객관적으로 귀속시킬 수 있는가를 확정하는 이론을 말한다.

☑ **인과관계와 객관적 귀속이론의 관계**
- 인과관계와 달리 객관적 귀속이론은 그 결과가 정당한 처벌이라는 관점에서 행위자에게 객관적으로 귀속될 수 있느냐라는 규범적·법적 문제로 파악하여 결과귀속의 범위를 구성요건단계에서 제한하려는 이론이다.
- 인과관계를 먼저 검토하고 난 뒤에 객관적 귀속을 검토하여 결과의 객관적 구성요건해당성을 최종적으로 판단하여야 한다(통설). 인과관계가 인정되더라도 객관적 귀속이 인정되지 않으면 구성요건이 충족되지 않는다.

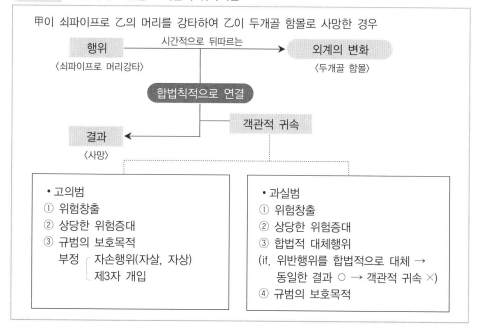

SUMMARY **합법칙적 조건설 + 객관적 귀속이론**

甲이 쇠파이프로 乙의 머리를 강타하여 乙이 두개골 함몰로 사망한 경우

행위 ──── 시간적으로 뒤따르는 ────▶ 외계의 변화
〈쇠파이프로 머리강타〉   〈두개골 함몰〉

합법칙적으로 연결

결과 ◀──── 객관적 귀속
〈사망〉

• 고의범
① 위험창출
② 상당한 위험증대
③ 규범의 보호목적
   부정 ┌ 자손행위(자살, 자상)
        └ 제3자 개입

• 과실범
① 위험창출
② 상당한 위험증대
③ 합법적 대체행위
(if. 위반행위를 합법적으로 대체 →
   동일한 결과 ○ → 객관적 귀속 ×)
④ 규범의 보호목적

2. 객관적 귀속의 판단기준

(1) 회피가능성의 이론

① 의의 : 자연현상을 목적적으로 지배하는 점에 인간행태의 본질이 있으므로 결과에 대한 객관적 지배가능성이 있을 때에 그 결과를 행위자에게 객관적으로 귀속시킬 수 있다는 이론이다.

② 구체적 판단기준 : 결과와 시간적으로 멀리 떨어진 조건(**예** 후에 살인자가 된 아이의 출생행위)이나 지나치게 비유형적인 인과과정(**예** 피해자에게 경상을 입혔으나 병원에 가는 도중에 교통사고가 발생하여 사망한 경우), 제3자의 자유로운 고의행위의 개입 등은 회피가능성 내지 지배가능성이 부정된다.

(2) 위험실현의 이론

① 의의 : 인간의 행위에 의하여 야기된 결과는 그 행위가 법적으로 허용되지 않는 위험을 창출하고 그 위험이 구성요건적 결과로 실현된 경우에만 행위자에게 객관적으로 귀속될 수 있다는 이론이다.

② 구체적 판단기준
   ㉠ 위험의 창출 또는 증가 : 행위자는 행위의 객체에 대하여 허용되지 않는 위험을 창출하거나 증가시켜야 한다. 따라서 위험감소의 경우(**예** 피해자의 머리 위로 벽돌이 떨어지는 순간 그를 밀쳐 어깨에만 부상을 입힌 경우)나 허용된 위험(**예** 운전자가 교통규칙을 잘 지켰으나 갑자기 보행자가 뛰어나와 충돌하여 사망한 경우)의 경우에는 객관적 귀속이 인정되지 않는다.

ⓛ 허용되지 않는 위험의 실현

ⓐ 행위자가 위험을 창설한 경우에도 결과가 그 위험의 실현으로 발생한 것이 아니라 우연에 의하여 발생한 때에는 행위자에게 귀속시킬 수 없다(예 살인행위가 미수에 그쳤으나 병원으로 호송 중에 교통사고로 사망한 경우). 다만, 이로 인하여 인과진행의 위험이 현저히 증가한 때에는 결과가 귀속될 수 있다.

ⓑ 과실범의 결과귀속 : 과실범에 있어서 주의의무의 위반으로 인하여 발생한 결과는 주의의무를 다한 것이라고 해도 동일한 결과가 발생하였을 것으로 인정된다면 객관적 귀속이 인정되지 않는다(적법한 대체적 행위). 결과적 가중범에 있어서의 중한 결과가 기본범죄에 의한 범행의 직접적 결과인 때에만 객관적 귀속이 인정된다.

CASE 합법적 대체행위

Q. 甲이 도로의 중앙선 위에 트럭의 왼쪽 바깥바퀴를 걸친 상태로 운행하던 중에 乙이 승용차를 운전하여 甲의 차선으로 달려오다가 급히 자기 차선으로 달려가면서 甲의 트럭과 교행할 무렵, 다시 甲의 차선으로 들어와 乙 차량의 왼쪽 앞부분으로 트럭의 왼쪽 뒷바퀴 부분을 스치듯이 충돌하였다. 그리고 甲의 트럭을 바짝 뒤따라가던 丙의 차량을 들이받는 사고가 발생하였다.

A. ① 왼쪽 뒷바퀴가 중앙선 살짝 넘어감
② 왼쪽 뒷바퀴가 중앙선을 침범하지 않았다 가정
(합법적 대체행위)
→ 동일한 결과 발생 → 객관적 귀속 ×
甲 : 과실범으로 처벌 ×

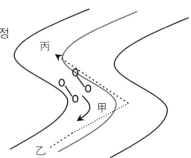

피고인이 트럭을 도로의 중앙선 위에 왼쪽 바깥바퀴를 걸친 상태로 운행하던 중에 피해자가 승용차를 운전하여 피고인이 진행하던 차선으로 달려오다가 급히 자기 차선으로 들어가면서 피고인이 운전하던 트럭과 교행할 무렵 다시 피고인의 차선으로 들어와 그 차량의 왼쪽 앞부분으로 트럭의 왼쪽 뒷바퀴 부분을 스치듯이 충돌하고 이어서 트럭을 바짝 뒤따라가던 차량을 들이받았다면, 설사 피고인이 중앙선 위를 달리지 아니하고 정상차선으로 달렸다 하더라도 사고는 피할 수 없다 할 것이므로 피고인이 트럭의 왼쪽 바퀴를 중앙선 위에 올려놓은 상태에서 운전한 것만으로는 해당 사고의 직접적인 원인이 되었다고 할 수 없다(대판 1991.2.26, 90도2856).

판례

합법적 대체행위

1. [1] 전신마취에 의한 개복수술은 간부전을 일으키고 간성혼수에 빠지게 하기도 하는데, 특히 급만성간염이나 간경변 등 간기능에 이상이 있는 경우에는 90% 이상이 간기능을 중악화하고 심한 경우에는 사망에 이르게 하는 것으로 알려져 있어 개복수술 전에 간의 이상 유무를 검사하는 것은 필수적이고, 피해자의 수술시에 사용된 마취제 할로테인은 드물게는 간에 해독을 끼치고 특히 이미 간장애가 있는 경우에는 간장애를 격화시킬 위험이 있으므로 이러한 환자에 대하여는 그 사용을 주의 또는 회피하여야 한다고 의료계에 주지되어 있으며 이 사건 사고 당시 의료계에서는 개복수술환자의 경우 긴급한 상황이 아닌 때에는 혈청의 생화학적 반응에 의한 간기능검사를 하는 것이 보편적이었다면, 응급환자가 아닌 난소종양환자의 경우에 있어서 수술주관의사 또는 마취담당 의사인 피고인들로서는 난소종양절제수술에 앞서 혈청의 생화학적 반응에 의한 검사 등으로 종합적인 간기능검사를 철저히 하여 피해자가 간손상상태에 있는지의 여부를 확인한 후에 마취 및 수술을 시행하였어야 할 터인데 피고인들은 시진·문진 등의 검사결과와 정확성이 떨어지는 소변에 의한 간검사결과만을 믿고 피해자의 간상태를 정확히 파악하지 아니한 채 할로테인으로 전신마취를 실시한 다음 이 사건 개복수술을 감행한 결과, 수술 후 22일 만에 환자가 급성전격성간염으로 인하여 사망한 경우에는 피고인들에게 업무상 과실이 있다고 할 것이다.

   [2] 위 [1]의 경우 혈청에 의한 간기능검사를 시행하지 않거나 이를 확인하지 않은 피고인들의 과실과 피해자의 사망간에 인과관계가 있다고 하려면, 피고인들이 수술 전에 피해자에 대한 간기능검사를 하였더라면 피해자가 사망하지 않았을 것임이 입증되어야 할 것인데도(수술 전에 피해자에 대하여 혈청에 의한 간기능검사를 하였더라면 피해자의 간기능에 이상이 있었다는 검사결과가 나왔으리라는 점이 증명되어야 할 것이다) 원심은 피해자가 수술 당시에 이미 간손상이 있었다는 사실을 증거 없이 인정함으로써 채증법칙의 위반 및 인과관계에 관한 법리오해의 위법을 저지른 것이다(대판 1990.12.11, 90도694). 16. 국가직 9급

2. 피고인이 시내버스를 운전하여 비탈길을 내려가던 중에 브레이크 롯트핀이 빠져 페달브레이크가 작동하지 않아 당황하여 사이드 브레이크를 조작한다는 생각을 미처 하지 못하고 횡단보도에서 사고가 발생한 경우, 사이드 브레이크를 조작하지 아니하였다고 하여 운전수에게 과실이 있다고 할 수 없다(대판 1977.3.8, 76도4174).

ⓒ 규범의 보호범위
   ⓐ 행위자가 보호법익에 허용된 위험의 범위를 벗어나 위험을 창출·실현하여 결과가 발생한 때에도 구체적으로 구성요건의 범위나 규범의 보호목적에 포함되지 않는 때에는 결과가 객관적으로 귀속될 수 없다.
   ⓑ 고의적인 자손행위에 관여한 경우(**예** 甲이 교통사고로 乙에게 상처를 입혔지만 乙이 종교적 이유로 수혈을 거부하여 사망한 경우, 甲이 방화한 집에 乙이 가재도구를 꺼내려고 들어갔다가 불길에 휩싸여 사망한 경우)나 타인의 책임영역에 속하는 행위(**예** 살인미수로 인하여 부상을 당한 자가 병원으로 옮겨져 치료를 받던 중에 의사의 과실로 인하여 폐혈증으로 사망한 경우)에 대해서는 객관적 귀속이 인정되지 않는다.

☑ **규범의 보호목적 – 자손행위**
- **문제**: 강간을 당한 피해자가 집에 돌아와 수치심과 장래에 대한 절망감에 빠져 음독자살한 경우 피해자의 사망결과를 강간행위에 객관적으로 귀속시킬 수 있는가?
- **해설**: 자유롭고 책임 있는 피해자의 고의적인 자손행위가 개입되어 구성요건적 결과로 실현된 위험은 피해자의 위험영역에 속하는 것이다. 따라서 고의적으로 자손행위에 관여한 것까지 처벌하는 것은 살인죄 규범의 보호목적이 아니다.

❹ 인과관계의 유형

기본적 인과관계	① 의의: 행위가 다른 원인의 개입 없이 직접 구성요건적 결과를 야기한 경우를 말한다. ② 예: 甲이 고의의 의사를 가지고 乙을 칼로 찔러 살해한 경우, 乙의 사망이 甲의 행위로 인한 것이고 다른 장애요인이 없는 경우를 말한다.
이중적 인과관계	① 의의: 단독으로 동일한 결과를 야기하기에 충분한 수개의 조건들이 결합하여 일정한 결과를 발생시킨 경우를 말한다. ② 예: 甲과 乙이 각각 치사량의 독약을 丙에게 먹여 丙이 사망한 경우에 甲·乙은 각각 살인기수가 된다. 다수설에 의하면 인과관계와 객관적 귀속이 모두 인정되기 때문이다.
누적적 인과관계	① 의의: 각기 독자적으로 동일한 결과에 이를 수 없는 여러 조건들이 공동으로 작용하여 일정한 결과에 이른 경우를 말한다. ② 예: 甲과 乙이 단독으로 치사량에 못 미치는 독약을 각각 丙에게 먹인바 전체량이 치사량에 달하여 丙이 사망한 경우 甲·乙은 각각 살인미수가 된다. 다수설에 의하면 인과관계는 인정되나 객관적 귀속이 부정되기 때문이다.
추월적 인과관계	① 의의: 범죄를 위한 제1행위와 제2행위가 있었으나, 제1행위보다 제2행위가 먼저 결과를 발생시킨 경우를 말한다. ② 예: 甲이 丙에게 치사량의 독약을 먹였으나 약효가 나타나기 전에 乙이 丙을 사살한 경우 甲의 행위와 사망결과 사이의 관계가 추월적 인과관계이며, 甲은 살인기수가 된다. 다수설에 의하면 인과관계와 객관적 귀속이 모두 인정되기 때문이다.
경합적 인과관계	① 의의: 범죄를 위한 제1행위와 제2행위가 있었는데 제2행위에 의한 결과가 발생할 시점과 동시에 제1행위가 결과를 발생시킨 경우이다. ② 예: 甲이 사무실 안에 있는 丙을 불러내어 사살하였으나 그렇지 않아도 丙은 乙이 설치한 시한폭탄이 터져 같은 시각에 사망하였을 것임이 틀림없는 경우를 말한다. 이때 甲의 행위와 사망결과 사이의 관계가 경합적 인과관계이며 甲은 살인기수가 된다. 다수설에 의하면 인과관계와 객관적 귀속이 모두 인정되기 때문이다.
단절된 인과관계	① 의의: 추월적 인과관계에서 범죄결과를 발생시킨 제2행위에 의하여 결과발생이 단절된 제1행위의 인과관계를 말한다. ② 예: 甲이 丙에게 독약을 먹였으나 약효가 나타나기 전에 乙이 丙을 사살한 경우에 甲의 행위와 丙의 사망간의 인과관계를 말하며, 乙은 살인미수가 된다. 다수설에 의하면 인과관계가 부정되기 때문에 객관적 귀속은 판단할 필요가 없다.

가설적 인과관계	① 의의: 발생한 결과에 대한 원인행위가 없더라도 가설적 원인에 의하여 같은 결과가 발생하였을 고도의 개연성이 있는 경우에 가설적 원인과 결과발생간의 인과관계를 말한다. ② 예: 甲이 비행기에 탑승하는 乙을 사살하였는데, 甲의 행위가 아니었더라도 비행기가 이륙한 후에 추락하여 탑승자 전원이 사망하여 乙도 사망하였을 것이 분명한 경우, 비행기의 추락은 실제 결과에 원인이 된 행위가 아니므로 인과관계가 부정된다.
비유형적 인과과정	① 의의: 애당초 구성요건결과가 다른 원인이 개입되어 발생하거나 피해자의 과실, 피해자의 특이체질 또는 상태 때문에 발생한 경우를 말한다. ② 예: 甲이 乙을 살해하려고 권총을 쏘았으나 乙이 가벼운 상처만 입었는데, 乙이 혈우병 환자였기 때문에 사망한 경우 甲은 살인미수가 된다. 다수설에 의하면 인과관계는 인정되나 객관적 귀속이 부정되기 때문이다.

판례

1. 의사가 설명의무를 위반한 채 의료행위를 하여 피해자에게 상해가 발생하였다고 하더라도, 업무상 과실로 인한 형사책임을 지기 위해서는 피해자의 **상해와 의사의 설명의무 위반** 내지 승낙취득과정의 잘못 사이에 상당인과관계가 존재하여야 하고, 이는 한의사의 경우에도 마찬가지이다(대판 2011.4.14, 2010도10104). ⇨ 의사의 설명의무 위반과 환자의 사상의 결과 사이가 아니라, 의료행위와 사상의 결과 사이에 상당인과관계가 존재하여야 한다. (×)
   18. 국가직 7급, 21. 국가직 9급 · 경찰

2. 부작위는 작위에 의한 살인행위와 동등한 형법적 가치를 가지고, 작위의무를 이행하였다면 결과가 발생하지 않았을 것이라는 관계가 인정될 경우에는 작위를 하지 않은 부작위와 사망의 결과 사이에 인과관계가 있다(대판 2015.11.12, 2015도6809 전원합의체). 18. 국가직 7급

3. 형법 제333조의 강도죄는 사람의 반항을 억압함에 충분한 폭행 또는 협박을 사용하여 타인의 재물을 강취하거나 재산상의 이익을 취득함으로써 성립하는 범죄이므로, 피고인이 타인에 대하여 반항을 억압함에 충분한 정도의 폭행 또는 협박을 가한 사실이 있다 해도 **그 타인이 재물 취거의 사실을 알지 못하는 사이에** 그 틈을 이용하여 피고인이 우발적으로 타인의 재물을 취거한 경우에는 위 폭행이나 협박이 재물 탈취의 방법으로 사용된 것이 아님은 물론, 그 폭행 또는 협박으로 조성된 피해자의 반항억압의 상태를 이용하여 재물을 취득하는 경우에도 해당하지 아니하여 양자 사이에 인과관계가 존재하지 아니한다 할 것이므로, 위 폭행 또는 협박에 의한 반항억압의 상태가 처음부터 재물 탈취의 계획하에 이루어졌다거나 양자가 시간적으로 극히 밀접되어 있는 등 전체적 · 실질적으로 단일한 재물 탈취의 범의의 실현행위로 평가할 수 있는 경우에 해당하지 아니하는 한 강도죄의 성립을 인정하여서는 안 될 것이다(대판 2009.1.30, 2008도10308). 19. 법원행시, 22. 경찰간부

4. 사기죄는 타인을 기망하여 착오에 빠뜨리고 그로 인하여 피기망자(기망행위의 상대방)가 처분행위를 하도록 유발하여 재물 또는 재산상의 이익을 얻음으로써 성립하는 범죄이다. 따라서 사기죄가 성립하려면 행위자의 기망행위, 피기망자의 착오와 그에 따른 처분행위, 그리고 행위자 등의 재물이나 재산상 이익의 취득이 있고, 그 사이에 순차적인 인과관계가 존재하여야 한다. 그리고 사기죄의 피해자가 법인이나 단체인 경우에 기망행위로 인한 착오, 인과관계 등이 있었는지는 법인이나 단체의 대표 등 최종 의사결정권자 또는 내부적인 권한 위임 등에 따라 실질적으로 법인의 의사를 결정하고 처분을 할 권한을 가지고 있는 사람을 기준으로 판단하여야 한다. 따라서 피해자 법인이나 단체의 대표자 또는 실질적으로

의사결정을 하는 최종결재권자 등이 기망행위자와 동일인이거나 기망행위자와 공모하는 등 기망행위임을 알고 있었던 경우에는 기망행위로 인한 착오가 있다고 볼 수 없고, 재물 교부 등의 처분행위가 있었더라도 기망행위와 인과관계가 있다고 보기 어렵다. 이러한 경우에는 사안에 따라 업무상횡령죄 또는 업무상배임죄 등이 성립하는 것은 별론으로 하고 사기죄가 성립한다고 볼 수 없다. 반면에 피해자 법인이나 단체의 업무를 처리하는 실무자인 일반 직원이나 구성원 등이 기망행위임을 알고 있었더라도, 피해자 법인이나 단체의 대표자 또는 실질적으로 의사결정을 하는 최종결재권자 등이 기망행위임을 알지 못한 채 착오에 **빠져 처분행위에 이른 경우라면, 피해자 법인에 대한 사기죄의 성립에 영향이 없다**(대판 2017.9.26, 2017도8449). 18. 변호사·국가직 7급, 21. 국가직 9급

5. 강간죄가 성립하려면 가해자의 폭행·협박은 피해자의 항거를 불가능하게 하거나 현저히 곤란하게 할 정도의 것이어야 한다. 폭행·협박이 피해자의 항거를 불가능하게 하거나 현저히 곤란하게 할 정도의 것이었는지 여부는 폭행·협박의 내용과 정도는 물론, 유형력을 행사하게 된 경위, 피해자와의 관계, 성교 당시와 그 후의 정황 등 모든 사정을 종합하여 판단하여야 한다. 또한 강간죄에서의 폭행·협박과 간음 사이에는 인과관계가 있어야 하나, 폭행·협박이 반드시 간음행위보다 선행되어야 하는 것은 아니다(대판 2017.10.12, 2016도16948 전원합의체).

6. 피해자의 사망이라는 결과를 발생하게 한 유일한 원인이거나 직접적인 원인이어야만 되는 것은 아니므로, 살인의 실행행위와 피해자의 사망과의 사이에 다른 사실이 개재되어 그 사실이 치사의 직접적인 원인이 되었다고 하더라도, 그와 같은 사실이 통상 예견할 수 있는 것에 지나지 않는다면 살인의 실행행위와 피해자의 사망과의 사이에 인과관계가 있는 것으로 보아야 할 것이다. 피해자는 외상으로 인하여 급성신부전증이 발생하였고 또 소변량도 심하게 감소된 상태였으므로 음식과 수분의 섭취를 더욱 철저히 억제하여야 하는데, 이와 같은 사실을 모르고 콜라와 김밥 등을 함부로 먹은 탓으로 체내에 수분저류가 발생하여 위와 같은 합병증이 유발됨으로써 사망하게 된 사실 등을 인정할 수 있는바, 사실관계가 이와 같다면, 위 피고인들의 이 사건 범행이 위 피해자를 사망하게 한 직접적인 원인이 된 것은 아니지만, 그 범행으로 인하여 위 피해자에게 급성신부전증이 발생하였고 또 그 합병증으로 위 피해자의 직접사인이 된 패혈증 등이 유발된 이상, 비록 그 직접사인의 유발에 위 피해자 자신의 과실이 개재되었다고 하더라도 이와 같은 사실은 통상 예견할 수 있는 것으로 인정되므로, 위 피고인들의 이 사건 범행과 위 피해자의 사망과의 사이에는 인과관계가 있다고 보지 않을 수 없다(대판 1994.3.22, 93도3612).

7. 농배양을 하지 않은 의사의 과실과 피해자의 사망 사이에 인과관계를 인정하려면, 농배양을 하였더라면 피고인이 투약해 온 항생제와 다른 어떤 항상제를 사용하게 되었을 것이라거나 어떤 다른 조치를 취할 수 있었을 것이고, 따라서 피해자가 사망하지 않았을 것이라는 점이 인정되어야 한다(대판 1996.11.8, 95도2710). 21. 경찰

8. 피고인들은 시진·문진 등의 검사결과와 정확성이 떨어지는 소변에 의한 간 검사결만을 믿고 피해자의 간 상태를 정확히 파악하지 아니한 채 할로테인으로 전신마취를 실시한 다음 개복수술을 강행한 결과 환자가 급성전격성간염으로 사망한 경우, 혈청에 의한 간기능검사를 시행하지 않거나 이를 확인하지 않은 피고인들 과실과 피해자의 사망간에 인과관계가 있다고 인정하려면, 피고인들이 수술 전 피해자에 대한 간기능검사를 하였더라면 피해자가 사망하지 않았을 것임이 입증되어야 한다(대판 1990.12.11, 90도694).

9. 부작위는 작위에 의한 살인행위와 동등한 형법적 가치를 가지고, 작위의무를 이행하였다면 결과가 발생하지 않았을 것이라는 관계가 인정될 경우에는 작위를 하지 않은 부작위와 사망의 결과 사이에 인과관계가 있다(대판 2015.11.12, 2015도6809 전원합의체).

18. 국가직 7급, 18. 변호사, 21. 국가직 9급, 22. 경찰간부

10. 아동·청소년의 성보호에 관한 법률 제7조 제5항의 미성년자에 대한 위계간음죄에 있어 위계와 간음행위 사이의 인과관계를 판단함에 있어서는 구체적인 범행 상황에 놓인 피해자의 입장과 관점이 충분히 고려되어야 하고, 일반적·평균적 판단능력을 갖춘 성인 또는 충분한 보호와 교육을 받은 또래의 시각에서 인과관계를 쉽사리 부정하여서는 안 된다 (대판 2020.8.27, 2015도9436 전원합의체).

→ 일반적·평균적 판단능력을 갖춘 성인 또는 충분한 보호와 교육을 받은 또래의 시각에서 인과관계를 판단하며, 구체적인 범행상황에 놓인 피해자의 입장과 관점을 고려할 사항은 아니다. (✕) 21. 경찰승진

11. 선행 교통사고와 후행 교통사고 중 어느 쪽이 원인이 되어 피해자가 사망에 이르게 되었는지 밝혀지지 않은 경우 후행 교통사고를 일으킨 사람의 과실과 피해자의 사망 사이에 인과관계가 인정되기 위해서는 후행 교통사고를 일으킨 사람이 주의의무를 게을리 하지 않았다면 피해자가 사망에 이르지 않았을 것이라는 사실이 증명되어야 한다(대판 2007.10.26, 2005도8822). 14. 경찰승진, 21. 국가직 9급

판례비교 인과관계의 인정 여부

O 인과관계 인정	**X** 인과관계 부정
① 피고인이 제왕절개수술 후, 대량출혈이 있었던 피해자를 전원 조치하였으나 전원받는 병원 의료진의 조치가 다소 미흡하여 도착 후 약 1시간 20분이 지나 수혈이 시작된 경우, 피고인의 **전원지체 등의 과실**로 신속한 수혈 등의 조치가 지연된 이상 피해자의 사망과 피고인의 과실 사이에 인과관계가 인정된다 (대판 2010.4.29, 2009도7070). 13. 경찰, 16. 국가직 7급	① 강간을 당한 피해자가 강간을 당함으로 인하여 생긴 **수치심과 장래에 대한 절망감** 등으로 자살한 경우(대판 1982.11.23, 82도1446) 10. 국가직 9급
② 머리를 경찰봉으로 때린 피고인의 구타행위와 피해자가 사망할 때까지의 사이에 약 **20시간이 경과**하였는데 다른 사망원인을 발견할 수 없는 경우(대판 1984.12.11, 84도2347)	② **외견상 건강하지만** 관상동맥경화와 협착증세가 있는 사람과 시비하다가 그를 떠밀어 엉덩방아를 찧게 하여 심장마비로 사망하게 한 경우(대판 1985.4.23, 85도303)
③ 甲의 강타로 인하여 **임신 7개월의 乙이 넘어졌고 낙태로 유발된 심근경색증**으로 사망한 경우(대판 1978.11.18, 78도1691) 16. 경찰승진	③ 고등학교 교사 甲은 제자 乙의 허약함은 알고 있었으나 **두뇌에 특별이상이 있음을** 미처 알지 못하고 비정상적으로 얇은 두개골과 뇌수종을 지닌 제자 乙의 뺨을 때려 乙이 급성 뇌압상승으로 뒤로 넘어져 사망한 경우(대판 1978.11.28, 78도1961) 07. 국가직 9급, 09. 경찰
④ 폭행에 의하여 그 두부(頭部)에 비록 외적인 타박상은 입지 않았다고 하더라도 **평소 고혈압증세**의 피해자가 땅에 넘어져 뇌출혈로 인하여 사망한 경우(대판 1967.2.28, 67도45)	④ 초지조성공사를 도급받은 수급인 甲이 산불작업의 하도급을 乙에게 준 이후에 계속하여 그 **작업을 감독하지 아니하였는데** 乙이 산림실화를 낸 경우 甲에게 산림실화의 죄책을 물을 수 없다(대판 1987.4.28, 87도297). 08. 경찰승진, 15·17. 경찰, 16. 국가직 7급
⑤ 피해자를 술에 취하도록 유도하고 수차례 강간하여 의식불명 상태에 빠진 피해자를 비닐창고로 옮겨 놓아 피해자가 **저체온증**으로 사망한 경우(대판 2008.2.29, 2007도1012)	⑤ 치사량의 청산가리를 음독한 친구 乙이 화장실에 쓰러져 있는 것을 甲이 발견하였을 때에 乙은 이미 안색이 변하고 의식을 **잃은 상태였는데,** 甲이 乙을 내버려 둔 채 자기 집으로 돌아가 버린 경우(대판 1967.10.31, 67도1151) 15. 경찰간부
⑥ 甲이 주먹으로 乙의 복부를 1회 강타하여 乙이 **장파열로 인한 복막염**으로 사망한 경우(대판 1984.6.26, 84도831) 17. 경찰	⑥ 甲이 트럭을 도로의 중앙선 위에 왼쪽 **바깥바퀴를 걸친 상태로** 운행하던 중, 乙의 승용차가 트럭이 진행하던 차선으로 달려오다가 급히 자기 차선으로 돌아가면서 트럭과 교행할 무렵, 다시 트럭이 진행하는 차선으로 들어와 승용차의 왼쪽 앞부분으로 **트럭의 왼쪽 뒷바퀴 부분을 스치듯이 충돌**하고 이어서 트럭을 **바짝 뒤따라 가던 차량을 들이받는** 사고가 발생하였다면, 甲이 트럭의 왼쪽 바퀴를 중앙선 위에 올려놓은 상태에서 운전한 것과 사고발생 사이에는 인과관계가 부정된다(대판 1991.2.26, 90도2856).
⑦ 피해자(심근경색증·만취상태)를 2회에 걸쳐 **두 손으로 힘껏** 밀어 땅바닥에 넘어뜨려 그 충격으로 인한 쇼크성 심장마비로 피해자가 사망한 경우(대판 1986.9.9, 85도2433) 19. 법원행시	

O 인과관계 인정	**X** 인과관계 부정
⑧ 피해자가 피고인의 범행으로 자상을 입어 자상이 급성신부전증으로 발전하였고 급성신부전증을 치료할 때에는 음식과 수분의 섭취를 억제하여야 하는데도 이와 같은 사실을 모르고 **콜라와 김밥 등을 함부로 먹은 탓으로 체내에 수분저류가 발생하여 합병증이 유발됨으로써** 사망하게 된 경우(대판 1994.3.22, 93도3612) 12. 경찰간부	⑦ 임대인이 외부 굴뚝보수공사를 한 후에 임차인이 **약 1개월 동안 아무런 이상 없이** 방실을 점유·사용해 오다가 사고 당일에 부엌에서 출입문과 환기창을 모두 닫아 놓고 연탄아궁이에 연탄불을 피워놓은 채 목욕을 하다가 그 연탄아궁이에서 새어 나온 연탄가스에 중독되어 사망한 경우(대판 1985.3.26, 84도3085) 05. 법원행시, 07. 경찰승진
⑨ 피해자의 손과 발을 17시간 묶어 두고 좁은 차량 속에서 움직이지 못하도록 감금하여 묶인 부위에 혈전이 형성되고 그 혈전이 **폐동맥을 막아 피해자가 사망한** 경우(대판 2002.10.11, 2002도4315) 07. 사시	⑧ 운전사가 시동을 **끄고** 시동열쇠는 그대로 꽂아둔 채로 하차한 후, **조수**가 이를 운전하다가 사고를 낸 경우에 시동열쇠를 그대로 꽂아둔 행위와 상해의 결과발생 사이에는 특별한 사정이 없는 한 인과관계가 없다(대판 1991.2.12, 90도2547). 09. 경찰승진
⑩ 임차인이 가스설비의 휴즈콕크를 아무런 조치 없이 제거하고 이사를 간 후, 주밸브가 열려져 가스가 유입되어 폭발사고가 발생한 경우(대판 2001.6.1, 99도5086) 12. 국가직 9급, 15. 경찰, 16. 경찰승진	**비교판례** 운전자가 시동을 끄고 1단 기어가 들어가 있는 상태에서 열쇠를 꽂아 둔 채로 하차하자 **11세 어린이**가 시동열쇠를 돌리며 가속페달을 밟아 사고가 난 경우에는 인과관계가 인정된다(대판 1986.7.8, 86도1048). 13. 경찰승진
⑪ 甲은 화장실을 지키고, 피고인 乙이 당구큐대로 화장실 문을 내려쳐 부수자 위협을 느낀 피해자가 화장실 창문 밖으로 **숨으려다가** 실족하여 떨어져 사망한 경우(대판 1990.10.16, 90도1786) 16. 경찰승진, 17. 경찰	⑨ 탄광덕대인 피고인이 화약류취급책임자 면허가 없는 甲에게 화약고열쇠를 맡겼던바, 甲이 경찰관의 화약고 검열에 대비하여 임의로 화약고에서 뇌관·폭약 등을 꺼내어 이를 **노무자 숙소 아궁이에 감추었고** 이 사실을 모르는 자가 아궁이에 불을 때다가 폭발물에 인화되어 폭발위력으로 사람을 사상에 이르게 한 경우(대판 1981.9.8, 81도53)
⑫ 상해행위를 피하려고 도로를 건너 **도주하다가** 그 도로를 주행하던 차량에 치어 사망한 경우(대판 1996.5.10, 96도529) 15. 경찰, 19. 법원행시	⑩ 선단 책임선의 선장은 종선의 선장에게 조업상의 지시만 할 수 있을 뿐, **선박의 안전관리는 각 선박의 선장이 책임지도록 되어 있는 상황**에서 책임선의 선장인 피고인이 풍랑 중에 종선에 대하여 조업지시를 하였는데 풍랑으로 종선이 매몰된 경우(대판 1989.9.12, 89도1084) 18. 경찰간부·경찰
⑬ 甲이 승용차로 乙을 가로막아 강제로 차에 태운 후, 乙의 하차요구를 무시한 채 달리다가 **탈출하려던** 乙이 길바닥에 떨어져 상해를 입은 경우(대판 2000.5.26, 2000도440) 15. 경찰	⑪ 파도수영장에서 물놀이하던 초등학교 6학년생이 수영장 안에 엎어져 있는 것을 수영장 안전요원인 피고인이 발견하여 인공호흡을 실시하다가 구급차가 오자 인공호흡을 중단하고 의료기관에 후송하였으나 후송 도중에 사망한 사고에 있어서 그 **사망원인이 구체적으로 밝혀지지 않은 경우**(대판 2002.4.9, 2001도6601) 13. 경찰승진
⑭ 동거녀를 술집에 나갈 수 없게 안방에 감금하고 가혹한 행위를 하자 그녀가 이를 **피하기 위하여** 창문을 통하여 뛰어내려 사망한 경우(대판 1991.10.25, 91도2085) 16. 국가직 9급	⑫ 요추척추후궁절제수술 도중에 수술용 메스가 부러지자 담당의가 부러진 **메스조각**(3mm × 5mm)을 **찾아 제거하기 위한 최선의 노력을 다하였으나** 찾지 못하여 부러진 메스조각을 그대로 둔 채 수술 부위를 봉합한 경우(대판 1999.12.10, 99도3711) 08. 경찰승진
⑮ 甲이 乙을 취직시켜 주겠다는 구실로 유인하여 호텔 객실에 감금한 후에 강간하려 하자 乙이 완강히 반항하였고, 甲이 대실시간 연장을 위하여 전화하는 사이에 乙이 객실 창문을 통하여 **탈출하려다가** 지상에 추락하여 사망한 경우(대판 1995.5.12, 95도425) 06. 법원행시, 15. 법원직	⑬ 얼굴에 가까이에 대고 삿대질을 하자 피해자가 이를 피하기 위하여 두어 걸음 뒷걸음치다가 회전 중이던 십자형 스빙기계 철받침대에 걸려 넘어지면서 머리를 바닥에 부딪쳐 두개골절로 사망한 경우(대판 1990.9.25, 90도1596) 12. 국가직 9급
⑯ **연탄가스 중독환자** 乙이 퇴원 당시 의사 甲에게 자신의 병명을 문의하였는데도 甲이 아무런 요양방법을 지도하여 주지 아니하여 乙이 퇴원 즉시 사고가 난 자기집 안방에서 다시 잠을 자던 중 연탄가스에 중독된 경우(대판 1991.2.12, 90도2547) 09. 경찰승진, 18. 경찰간부	
⑰ **화약류 취급면허가 없는 자**를 그 취급책임자로 선임하여 발파작업에 종사하게 한 경우(대판 1966.6.28, 66도758) 08. 경찰승진	

O	인과관계 인정	X	인과관계 부정

O 인과관계 인정

⑱ 자동차의 운전자가 그 운전상의 주의의무를 게을리 하여 **열차건널목**을 그대로 건너는 바람에 그 자동차가 열차 좌측 모서리와 충돌하여 20m쯤 열차 진행방향으로 끌려가면서 튕겨나갔고, 피해자는 타고 가던 자전거에서 내려 자동차 왼쪽에서 열차가 지나가기를 기다리고 있다가 **충돌사고로 놀라 넘어져 상처를 입은 경우** 비록 **자동차와 피해자가 직접 충돌하지는 아니하였더라도 자동차 운전자의 과실과 피해자가 입은 상처 사이에 인과관계가 인정**된다(대판 1989.9.12, 89도866).

⑲ 피고인이 운행하던 자동차로 도로를 횡단하던 피해자를 충격하여 피해자가 반대차선의 1차선상에 넘어져서 반대차선을 운행하던 자동차에 **역과**되어 사망한 경우(대판 1988.1.8, 88도928) 06. 사시, 16. 국가직 7급

⑳ 선행차량에 **역과**된 채 진행 도로상에 누워있는 피해자를 뒤늦게 발견하고 이를 그대로 역과한 경우(대판 2001.12.11, 2001도5005) 06. 법원행시, 07. 경찰, 12. 국가직 9급

㉑ 야간에 2차선의 굽은 도로상에 **미등과 차폭등을 켜지 않은 채 화물차를 주차시켜 놓음으로써** 오토바이가 추돌하여 오토바이운전자가 사망한 경우(대판 1996.12.20, 96도2030) 08. 경찰승진

㉒ 甲이 乙의 **뺨을 1회 때리고 오른손으로 목을 쳐** 乙로 하여금 뒤로 넘어지면서 머리를 땅바닥에 부딪치게 하여 상해를 가하고 그로 인하여 乙이 사망한 경우(대판 2012.3.15, 2011도17648)

㉓ 속칭 '**생일빵**'을 한다는 명목하에 피해자를 가격하여 사망하게 한 경우 폭행과 사망간의 **인과관계는 인정되지만**, 폭행 당시에 피해자의 사망을 **예견할 수 없었다**는 이유로 폭행치사의 공소사실에 대하여 무죄를 선고한 원심판단을 수긍한다(대판 2010.5.27, 2010도2680).

㉔ 피고인이 고속도로 2차로를 따라 자동차를 운전하다가 1차로를 진행하던 甲의 **차량 앞에 급하게 끼어든 후 곧바로 정차**하여 甲의 차량 및 이를 뒤따르던 차량 두 대는 급정차하였으나, 그 뒤를 따라오던 乙의 차량이 앞의 차량들을 연쇄적으로 추돌하게 하여 乙을 사망에 이르게 하고 나머지 차량 운전자 등 피해자들에게 상해를 입힌 경우(대판 2014.7.24, 2014도6206) 15. 경찰, 17. 경찰승진

㉕ 피고인이 결혼을 전제로 교제하던 여성 甲의 임신사실을 알고 수회에 걸쳐 **낙태를 권유하였다가 거부당하**자, 甲에게 출산여부는 알아서 하되 더 이상 결혼을 진행하지 않겠다고 통보하고 이후에도 아이에 대한 친권을 행사할 의사가 없다고 하면서 낙태할 병원을 물색해 주기도 하였는데, 그 후 甲이 **피고인에게 알리지 아니한 채 자신이 알아본 병원에서 낙태시술을 받은 경우**(대판 2013.9.12, 2012도2744) 15. 경찰, 17. 경찰승진

㉖ 자동차를 운전하다가 횡단보도를 걷던 보행자 갑을 들이받아 그 충격으로 횡단보도 밖에서 갑과 동행하던 피해자 을이 밀려 넘겨져 상해를 입은 경우, 피고인의 운전과 을의 상해사이(대판 2011.4.28, 2009도12671) 21. 경찰승진

X 인과관계 부정

⑭ 한의사인 피고인이 피해자에게 문진하여 과거 봉침을 맞고도 별다른 이상반응이 없었다는 답변을 듣고 부작용에 대한 충분한 사전설명 없이 환부인 목 부위에 **봉침시술**을 하였는데, 피해자가 시술 직후 쇼크반응을 나타내는 등 상해를 입은 경우(대판 2011.4.14, 2010도10104) 12. 경찰간부, 13. 경찰, 17. 경찰승진

⑮ 전매사실을 숨기고 지주명의로 위장하여 대지에 관한 매매계약을 체결하였으나 그 이행에 아무런 **영향이 없었다면** 피고인들의 위와 같은 방법에 의한 전매사실을 알았다하여 그들과 그 매매계약을 체결하지 아니하였으리라고는 인정되지 아니하니 피고인들의 위 기망행위와 위 법인의 처분행위 사이에 인과관계가 없다(대판 1985.5.14, 84도2751). 16. 국가직 7급, 18. 경찰

⑯ **전문적으로 대출을 취급**하면서 차용인에 대한 체계적인 신용조사를 행하는 금융기관이 금원을 대출한 경우에는, 비록 대출신청 당시 차용인에게 변제기 안에 대출금을 변제할 능력이 없었고, 자체 신용조사결과에는 관계없이 "변제기 안에 대출금을 변제하겠다."는 취지의 차용인 말만을 그대로 믿고 대출하였다고 하더라도, 차용인의 이러한 기망행위와 금융기관의 대출행위 사이에 인과관계를 인정할 수는 없다(대판 2000.6.27, 2000도1155). 18. 변호사·경찰

⑰ 피고인이 좌회전 금지구역에서 좌회전하는데 50m 후방에서 따라오던 후행 차량이 중앙선을 넘어 피고인 운전차량의 좌측으로 돌진하여 사고가 발생한 경우, 피고인이 좌회전 금지구역에서 좌회전한 행위와 사고발생한 경우(대판 1996.5.28, 95도1200) 15. 법원직

⑱ 의사 甲이 고령의 간경변증 환자 A에게 수술과정에서 출혈 등으로 신부전이 발생하여 생명이 위험할 수 있다는 점에 대하여 설명하지 아니하고 수술하던 도중 출혈 등으로 A가 사망한 경우, A가 당해 수술의 위험성을 충분히 인식하고 있어 甲이 설명의무를 다하였더라도 A가 수술을 거부하지 않았을 것으로 인정된다면 甲의 설명의무 위반과 A의 사망한 경우(대판 2015.6.24, 2014도11315) 17. 변호사

제6절 구성요건적 고의

> 제13조【고의】죄의 성립요소인 사실을 인식하지 못한 행위는 벌하지 아니한다. 다만, 법률에 특별한 규정이 있는 경우에는 예외로 한다.

① 서설

1. 고의의 의의

구성요건적 고의란 법적 구성요건의 객관적 요소에 대한 인식과 구성요건실현을 위한 의사 내지 의욕을 말한다. 따라서 구성요건적 고의는 객관적 구성요건요소에 해당하는 사실의 인식(지적 요소)과 구성요건을 실현한다는 의사(의지적 요소)로 구성된다. 그러나 조문에는 의지적 요소가 기술되어 있지 않다.

SUMMARY

머릿속 → 내가 乙을 칼로찔러 죽여야지! + 칼을 듦
        (주체) (객체) (행위) (결과)   실현의사

고의   객관적 구성요건요소 인식   + 실현의사
        = 사실인식   = 의적요소
        = 지적요소

2. 고의의 체계적 지위

(1) 책임요소설

인과적 행위론에 의하면 고의는 모든 주관적 범죄요소와 함께 책임요소 내지 책임형식에 지나지 않는다.

(2) 구성요건요소설

목적적 행위론에 의하면 고의는 객관적 구성요건을 실현하기 위한 목적성으로서 행위의 중추를 형성하고 인적 행위불법의 핵심이 된다.

(3) 고의의 이중기능

사회적 행위론에 의하면 고의는 불법구성요건으로서 객관적 행위상황에 대한 지적·의지적 실현으로서 구성요건의 고의가 되며, 책임조건으로서는 고의에 의하여 법질서에 반하여 잘못 결정하였다는 이중의 의미를 가진다.

❷ 고의의 본질

1. 인식설

(1) 의의

고의는 구성요건에 해당하는 객관적 사실에 대한 인식만 있으면 성립하고, 구성요건적 결과발생을 희망·의욕할 필요는 없다는 견해이다. 즉, 고의의 지적 요소를 강조하는 견해이다.

(2) 평가

인식 있는 과실이 고의에 포함되어 고의의 범위가 부당하게 확대되는 문제점이 있다.

2. 의사설

(1) 의의

고의는 구성요건에 해당하는 객관적 사실에 대한 인식만으로는 부족하고, 구성요건적 결과발생을 희망·의욕하는 의지적 요소가 있어야 한다는 견해이다. 즉, 고의의 의지적 요소를 강조하는 견해이다.

(2) 평가

의욕하지 않으면 고의가 없게 되어 고의의 범위가 축소되고, 미필적 고의를 설명하지 못하는 문제점이 있다.

3. 절충설

고의를 지적 요소와 의지적 요소의 통합이라고 이해하는 견해로서 통설과 판례의 입장이다. 이에 의하면 고의는 '객관적 구성요건요소를 인식하고 구성요건을 실현할 의사'로 정의될 수 있다.

❸ 고의의 내용

고의는 범죄사실의 인식과 의사를 말하므로 고의가 성립하기 위해서는 지적 요소로서의 '인식'과 의지적 요소로서의 '의사'가 있어야 한다.

1. 지적 요소(사실인식)

(1) 의의

지적 요소인 객관적 구성요건요소에 대한 인식이란 구성요건요소인 행위주체·객체·결과·인과관계 등을 오관의 작동으로 감지하는 것을 말한다. 즉, 고의의 인식대상은 모든 객관적 구성요건요소이다. 한편, 고의의 지적 요소가 결여되면 구성요건적 착오의 문제가 발생한다.

CASE

Q. 甲은 乙이 경영하는 평원 닭집 앞 평상에서 고양이 한 마리를 런닝셔츠 속에 넣어 가다가 주인인 乙에게 발견되어 이를 돌려주었다. 그러나 甲은 그 고양이가 자신의 친구인 丙으로부터 빌렸다가 잃어버린 고양이인 줄 잘못 알고 있었다. 이때 甲의 죄책은?

A. 절도죄에 있어서 재물의 타인성을 오신하여 그 재물이 자기에게 취득(빌린 것)할 것이 허용된 동일한 물건으로 오인하고 가져 온 경우에는 범죄사실에 대한 인식이 있다고 할 수 없으므로 범의가 조각되어 절도죄가 성립하지 아니한다(대판 1983.9.13, 83도1762).

(2) 사실의 인식

SUMMARY

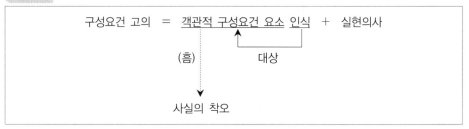

구성요건 고의 = 객관적 구성요건 요소 인식 + 실현의사
(흠)   대상
사실의 착오

① 고의의 인식대상에 해당하는 경우
  ㉠ 행위의 주체(예 신분범의 신분, 수뢰죄의 공무원)
  ㉡ 행위의 객체(예 살인죄의 사람, 절도죄의 타인의 재물)
  ㉢ 행위의 상황(예 진화방해죄의 화재, 야간주거침입절도죄의 야간, 소요죄의 다중의 집합)
  ㉣ 행위의 방법(예 사기죄의 기망, 공갈죄의 공갈)
  ㉤ 행위의 결과(예 살인죄의 사망, 상해죄의 상해)
  ㉥ 가중적·감경적 구성요건요소(예 존속살해죄의 직계존속)
  ㉦ 인과관계
  ㉧ 구체적 위험범에서의 위험발생(예 자기소유일반건조물방화죄)
  ㉨ 결과적 가중범의 기본범죄(예 상해치사죄의 상해)

② 고의의 인식대상에 해당하지 않는 경우
  ㉠ 추상적 위험범의 위험(예 현주건조물방화죄)
  ㉡ 상습도박죄의 상습성(상습성은 행위자가 갖추고 있으면 충분하기 때문에 별도로 인식할 필요 없음)
  ㉢ 소추조건(예 친고죄의 고소, 반의사불벌죄의 피해자의사)
  ㉣ 주관적 구성요건요소(예 고의, 과실, 목적), 초과주관적 구성요건요소(예 목적, 불법영득의사)
  ㉤ 처벌조건(예 사전수뢰죄의 공무원 또는 중재인이 된 사실, 친족상도례의 친족인 신분)

기출 OX

01 사전수뢰죄에 있어서 '공무원이 된 때'는 고의의 인식대상이다.
12. 국가직 9급 (×)

02 상습도박죄에서의 '상습성'은 고의의 인식대상이다. 12. 경찰간부
(×)

03 친족상도례가 적용되기 위하여는 친족관계가 객관적으로 존재해야 하고, 행위자가 이를 인식해야 한다. 12. 경찰간부
(×)

04 결과적 가중범에서 발생한 '중한 결과', 추상적 위험범의 '행위객체에 대한 위험', '주관적 위법성요소'는 고의의 인식대상이 아니다.
12. 경찰간부 (○)

ⓑ 진정결과적 가중범의 중한 결과(결과에 대한 인식은 필요하지 않고 예견가능성
만 있으면 됨)
ⓢ 책임요소[예 책임능력, 위법성인식(책임설), 기대가능성]
ⓞ 형벌법규 자체

(3) 의미의 인식

규범적 구성요건요소에 있어서 고의는 사실을 인식하는 것으로 족하지 아니하고 규범
적 구성요건요소에 포섭되어 있는 사실의 본질적 의미의 내용을 인식하여야 한다
(예 유가증권위조죄의 유가증권, 위증죄의 허위).

2. 의지적 요소(실현의사)

(1) 의의

고의가 성립하기 위해서는 행위자가 인식한 내용을 실현하려는 의사, 즉 구성요건의
실현의사가 있어야 한다. 이를 결여한 경우에는 인식 있는 과실이 문제된다.

> **CASE**
>
> Q. 甲은 자신이 음주 후 행패를 부린 사실을 乙이 부(父) 丙에게 고자질한 것에 분개하여 乙에
> 게 이를 따지려고 식도를 가지고 나가려 할 때 그 식도를 뺏으려 하던 모(母) 丁에게 식도를
> 휘둘러 상해를 가하고, 이어 乙의 집으로 가서 식도를 꺼내들고 휘두르며 죽여버린다고 찌
> 를 듯이 협박을 하고 여러 사람에게 상해를 가하는 등 무차별 횡포를 하고 있을 때 부(父)
> 丙이 나타나 왜 이러느냐고 甲의 뺨을 때리고 욕을 하면서 꾸중을 하자 甲이 부(父) 丙을
> 식도로 찔러 사망하게 하였다. 이때 甲의 죄책은?
>
> A. 제분에 이기지 못하여 식도를 휘두르는 피고인을 말리거나 그 식도를 뺏으려고 한 그 밖의
> 피해자들을 닥치는 대로 찌르는 무차별 횡포를 부리던 중에 그의 부(父)까지 찌르게 된 결과
> 를 빚은 경우, 피고인이 칼에 찔려 쓰러진 부(父)를 부축해 데리고 나가지 못하도록 한 일이
> 있다고 하여 그의 부(父)를 살해할 의사로 식도로 찔러 살해하였다는 사실을 인정하기는 어
> 렵다(대판 1977.1.11, 76도3871).

(2) 인식과 의사의 상호관계

고의의 의지적 요소에 해당하는 구성요건실현의 의사는 고의의 지적 요소인 인식에 의
존한다. 즉, 고의의 지적 요소는 의지적 요소의 전제가 된다.

4 고의의 종류

1. 확정적 고의(직접적 고의)

객관적 구성요건을 현실적으로 인식하고 이를 실현하려는 의사를 내용으로 하는 고의를 말한다(예 甲을 살해할 의사로 총을 발사하여 죽인 경우).

2. 미필적 고의(불확정적 고의)

(1) 의의

객관적 구성요건의 가능성을 인식하고 그러한 결과가 발생하더라도 상관없다는 의사를 내용으로 하는 고의를 말한다(예 ~하여도 어쩔 수 없다).

(2) 미필적 고의와 인식 있는 과실의 비교

① 인식 있는 과실의 의의: 구성요건적 결과실현의 가능성인식이 미필적 고의와 같으나 결과발생을 묵인하고 구성요건실현의 위험을 감수(또는 용인)하겠다는 의사가 아니라, 결과발생이 없을 것이라고 신뢰한 경우를 말한다(예 설마 ~할 리 없다).

② 구별실익: 형법은 원칙적으로 고의범을 처벌하고 과실범은 예외적으로 처벌하므로 형사책임의 한계를 명백히 하기 위하여 양자의 구별이 필요하다.

③ 차이점: 지적 요소에 있어서 미필적 고의와 인식 있는 과실 사이에는 아무런 차이가 없다. 미필적 고의를 인식 있는 과실과 구별하기 위해서는 이러한 지적 요소 이외에 다른 요소가 필요한데, 이는 의지적 요소에서 찾아야 한다. 다수설과 판례는 의사설 중 용인설을 취하고 있다.

Plus +

> 1. 인식 있는 과실
>   • 문제: 甲은 창 밑의 길가에 乙이 있는 것을 알기 때문에 물건을 던지면 乙이 맞아 죽을지 모른다고 생각했으나 맞지 않게 던질 생각으로 던졌으나, 乙이 물건에 맞아 죽었다. 이때 甲의 형사책임은?
>   • 해설: 인식 있는 과실치사죄가 성립한다.
> 2. 미필적 고의
>   • 문제: 甲은 乙을 살해할 의사로 음료수에 치사량의 독약을 혼입하면서 만일 乙이 아닌 乙의 가족이 마시게 되더라도 할 수 없다고 생각했는데, 乙의 장남(丙)이 이를 마시고 사망하였다. 이때 甲의 죄책은? (다툼이 있으면 판례에 의함)
>   • 해설: 미필적 고의에 의한 살인기수죄가 성립한다. 행위자(甲)가 결과발생(乙·丙 사망)의 가능성을 인식하면서도 이를 용인(마음으로 끌어들임)한 경우(乙의 가족이 마시게 되더라도 할 수 없다는 생각)에는 미필적 고의로 보아 살인기수죄가 성립한다.

기출 OX
고의범에서 고의는 미필적 인식으로 족하나, 목적범에서 목적은 확정적 인식을 요한다. (×)

SUMMARY

1. 甲이 乙을 인식하고 '맞아도 되고 맞지 않아도 된다.'고 생각하면서 돌을 던진 경우
   ⇨ 미필적 고의

2. 甲이 乙을 인식하고 '절대 맞지 않겠지.'라고 생각하면서 돌을 던진 경우 ⇨ 인식 있는 과실

                   사실인식 + 실현의사

• 확정적 고의	1	1
• 미필적 고의	1	1/2
• 인식 있는 과실	1	0

→ 미필적 고의와 인식 있는 과실은 사실인식의 차이가 없고 실현의사에 구별실익이 있다.
⇨ 통설은 의사설 중 용인설

3. **용인설**(판례)
   결과발생의 가능성을 인식하고 결과발생을 내심으로 용인·승인하면 미필적 고의이고, 결과가 발생하지 않을 것을 희망한 때에는 인식 있는 과실이라는 견해로 우리나라 통설·판례의 입장이다.

CASE   미필적 고의

Q. 甲은 자기반 중학생 乙을 자기의 아파트로 유인하여 양 손목과 발목을 노끈으로 묶고 입에는 반창고를 두 겹으로 붙인 다음, 양 손목을 묶은 노끈은 창틀에 박힌 시멘트 못에, 양 발목을 묶은 노끈은 방문손잡이에 각각 잡아매고 얼굴에는 모포를 씌워 놓았다. 이틀 후 乙이 탈진상태에 있어 박카스를 먹여보려 해도 입에서 흘려버릴 뿐 마시지 못하기에 얼굴에 모포를 다시 덮어씌워놓고 그대로 위 아파트에서 나와버렸는데, 그때 甲은 피해자를 그대로 두면 죽을 것 같은 생각이 들었지만 병원에 옮기고 자수할 용기가 생기지 않아 그대로 나와 학교에 갔다가 돌아와 보니 이미 乙은 죽어 있었다. 甲의 죄책은 무엇인가?

A. 피고인이 미성년자를 유인하여 포박·감금한 후 단지 그 상태를 유지하였을 뿐인데도 피감금자가 사망에 이르게 된 것이라면 피고인의 죄책은 감금치사죄에 해당한다 하겠으나, 나아가서 그 감금상태가 계속된 어느 시점에서 피고인에게 살해의 범의가 생겨 피감금자에 대한 위험발생을 방지함이 없이 포박·감금상태에 있던 피감금자를 그대로 방치함으로써 사망하게 하였다면, 피고인의 부작위는 살인죄의 구성요건적 행위를 충족하는 것이라고 평가하기에 충분하므로 부작위에 의한 살인죄를 구성한다.
피해자를 아파트로 유인하여 양 손목과 발목을 노끈으로 묶고 입에 반창고를 두 겹으로 붙인 다음, 양 손목을 묶은 노끈은 창틀에 박힌 시멘트 못에, 양 발목을 묶은 노끈은 방문손잡이에 각각 잡아매고 얼굴에 모포를 씌워 감금한 후, 수차 아파트를 출입하다가 마지막 들어갔을 때 피해자가 이미 탈진상태에 이르러 박카스를 마시지 못하고 그냥 흘려버릴 정도였고 피고인이 피해자의 얼굴에 모포를 덮어씌워 놓고 그냥 나오면서 피해자를 그대로 두면 죽을 것 같다는 생각이 들었다면, 피고인이 위와 같은 결과발생의 가능성을 인정하고 있으면서도 피해자를 병원에 옮기지 않고 사경에 이른 피해자를 그대로 방치한 소위는 피해자가 사망하는 결과에 이르더라도 용인할 수밖에 없다는 내심의 의사, 즉 살인의 미필적 고의가 있다고 할 것이다(대판 1982.11.23, 82도2024).

> **판례**

미필적 고의

고의의 일종인 미필적 고의는 중대한 과실과는 달리 범죄사실의 발생 가능성에 대한 인식이 있고 나아가 범죄사실이 발생할 위험을 용인하는 내심의 의사가 있어야 한다. 행위자가 범죄사실이 발생할 가능성을 용인하고 있었는지는 행위자의 진술에 의존하지 않고 외부에 나타난 행위의 형태와 행위의 상황 등 구체적인 사정을 기초로 일반인이라면 범죄사실이 발생할 가능성을 어떻게 평가할 것인지를 고려하면서 **행위자의 입장[→ 일반인 입장에서 … (×)]**에서 그 심리상태를 추인하여야 한다(대판 2017.1.12, 2016도15470). 16. 경찰, 18. 변호사, 19. 경찰간부

> **판례**

미필적 고의 관련판례

1. 기업의 경영자에게 **배임의 고의**가 있었는지 여부를 판단함에 있어서는 경영상 판단에 이르게 된 경위와 동기, 판단대상인 사업의 내용, 기업이 처한 경제적 상황, 손실발생의 개연성과 이익획득의 개연성 등 제반사정에 비추어 자기 또는 제3자가 재산상 이익을 취득한다는 인식과 본인에게 손해를 가한다는 인식하의 의도적 행위임이 인정되는 경우에 한하여 배임죄의 고의를 인정하는 엄격한 해석기준이 유지되어야 할 것이지만, **미필적 인식**이 있었다면 고의의 성립을 인정할 수 있다(대판 2004.7.22, 2002도4229).
2. 진실하다는 확신 없이 범죄사실을 신고한 경우 **무고죄의 미필적 고의**가 인정된다(대판 2000.7.4, 2000도1908).
3. **장물알선죄**에 있어서 장물의 인식은 장물일지 모른다는 의심을 가지는 정도의 **미필적 고의**로 족하다(대판 2006.10.13, 2004도6084). 11. 경찰승진
4. 甲이 경영하던 기업이 과다한 금융채무부담, 덤핑판매로 인한 재무구조악화 등으로 특별한 금융혜택을 받지 않는 한 도산이 불가피한 상황에 이르렀는데 甲이 특별한 금융혜택을 받을 수 없음에도 이러한 상황을 숨기고 대금지급이 불가능하게 될 가능성을 충분히 인식하면서 乙로부터 생산자재용 물품을 납품받았다면 **편취의 미필적 고의**가 인정된다(대판 1983.5.10, 83도340). 11. 국가직 9급
5. 형법 제307조 제2항의 허위사실 적시에 의한 명예훼손죄에서 적시된 사실이 **허위인지, 행위자가 그 허위성을 인식하였는지 판단하는 기준과** 위의 죄는 미필적 고의에 의하여 성립하는지 여부 및 형법 제308조의 **사자명예훼손죄**의 판단에서도 같은 법리가 적용된다(대판 2014.3.13, 2013도12430). 16. 경찰
6. **허위진단서작성죄**는 원래 허위의 증명을 금지하려는 것이므로, 진단서의 내용이 실질상 진실에 반하는 기재여야 할 뿐 아니라 그 내용이 **허위라는 의사의 주관적 인식이 필요하며, 그러한 인식은 미필적 인식으로도 충분**하나, 이에 대하여는 검사가 증명책임을 진다(대판 2017.11.9, 2014도15129).
7. **살인죄의 범의**는 자기의 행위로 인하여 피해자가 사망할 수도 있다는 것을 인식·예견하는 것으로 족하지 피해자의 사망을 희망하거나 목적으로 할 필요는 없고, 또 확정적인 고의가 아닌 **미필적 고의**로도 족하다(대판 1994.3.22, 93도3612).
   ✘ 인식·예견하는 것으로는 부족하고, 피해자의 사망을 희망하거나 목적하여야 한다. ✕
8. 업무방해죄에서 **업무방해의 범의**는 반드시 업무방해의 목적이나 계획적인 업무방해의 의도가 있어야 인정되는 것은 아니고, 자기의 행위로 인하여 타인의 업무가 방해될 것이라는 결과를 발생시킬 만한 가능성 또는 위험이 있음을 인식하거나 예견하면 족한 것이며, 그 인식이나 예견은 확정적인 것은 물론 불확정적인 것이라도 이른바 **미필적 고의로 인정되는 것이다**(대판 2013.1.31, 2012도3475). 17. 경찰

한눈에 쏙

■ **미필적 고의**
├ 배·무·장·사
└ 허위사실

• 배임죄 → 미필적 인식이 있었다면 고의성립(2002도4229)
• 무고죄 → 미필적 인식이 있었다면 고의성립(2000도1908)
• 장물죄 → 미필적 인식이 있었다면 고의성립(2004도6084)
• 사기죄 → 미필적 인식이 있었다면 고의성립(83도340)
• 허위사실
 (사자) 명예훼손죄 − 허위사실 → 미필적 인식이 있었다면 고의성립(2013도12430)

9. 부진정 부작위범의 고의는 반드시 구성요건적 결과발생에 대한 목적이나 계획적인 범행 의도가 있어야 하는 것은 아니고 법익침해의 결과발생을 방지할 법적 작위의무를 가지고 있는 자가 그 의무를 이행함으로써 그 결과발생을 쉽게 방지할 수 있었음을 예견하고도 결 과발생을 용인하고 이를 방관한 채 그 의무를 이행하지 아니한다는 인식을 하면 족하며, 이러한 작위의무자의 예견 또는 인식 등은 불확정적인 경우이더라도 미필적 고의로 인정 될 수 있다(대판 2015.11.12, 2015도6809 전원합의체). 17 · 18. 변호사, 19. 법원행시

3. 택일적 고의

(1) 의의

행위자가 특정한 행위로 두 개 또는 그 이상의 구성요건 중 어느 하나를 실현하기를 원하지만 어느 구성요건이 실현되는지를 알지 못하는 경우의 고의를 말한다(예 경찰과 경찰견의 추적을 받던 범인이 추적을 벗어나기 위하여 경찰이든지 경찰견이든지 어느 하나만 맞추면 된다고 생각하고 총을 쏘는 경우).

(2) 효과

① 어느 하나에 대한 결과발생이 있는 경우: 발생된 사실의 기수와 나머지 미수의 상 상적 경합이 성립한다(예 甲 · 乙 두 사람 중 어느 누가 맞아도 좋다고 생각하고 총 을 발사하였는데 甲이 맞아 죽은 경우 ⇨ 甲에 대한 살인기수와 乙에 대한 살인미 수의 상상적 경합).

② 모두에 대한 결과발생이 없는 경우: 객체 수만큼 미수의 상상적 경합이 성립한다 (예 甲 · 乙 두 사람 중 어느 누가 맞아도 좋다고 생각하고 총을 발사하였으나 빗나 간 경우 ⇨ 甲에 대한 살인미수와 乙에 대한 살인미수의 상상적 경합).

4. 사전고의와 사후고의

(1) 사전고의

행위자가 행위 이전에 실현의사를 가지고 있었으나 행위시에는 인식하지 못한 경우를 말하며, 사전고의는 고의가 성립하지 않는다[예 이등병 甲은 평소 심한 기합을 준 병장 乙을 살해할 계획을 가지고 사격술훈련의 기회를 이용하려고 했는데, 사격선으로 들어 가기 전에 총기작동 여부를 확인하던 중 오발로 乙을 살해하였다. 甲은 사격선에서 실 수로 방아쇠를 당기기 전에는 살인의 고의가 있었지만 乙에게 명중되는 시점에는 고의 가 존재하지 않았다. 즉, 사전고의는 고의가 성립하지 않는다. 다만, 오발(실수)로 방아 쇠를 당긴 것에 과실이 있을 뿐이므로 과실치사죄가 성립한다].

(2) 사후고의

구성요건적 결과가 발생한 이후에 사실에 대한 인식을 가지게 된 것은 의미가 없음을 말하며, 사후고의는 고의가 성립하지 않는다(예 빌려온 도자기를 실수로 깨뜨렸는데 도자기 주인이 욕을 하자 잘 깼다고 생각한 경우, 행위시에 고의가 없으므로 재물손괴죄가 성립되지 않고 과실손괴죄의 처벌규정은 없으므로 무죄가 된다).

(3) 형법상 취급

구성요건적 고의는 행위시, 즉 구성요건을 실행할 때에 있을 것을 요한다. 따라서 사전고의나 사후고의는 고의가 성립하지 않는다.

> **판례**
>
> 고의 관련판례
> 1. 살인예비죄가 성립하기 위해서는 살인죄를 범할 목적 외에도 살인의 준비에 관한 고의가 있어야 한다(대판 2009.10.29, 2009도7150). 17. 국가직 7급
> 2. 상해죄의 성립에는 상해의 원인인 폭행에 관한 인식이 있으면 충분하고 상해를 가할 의사의 존재는 필요로 하지 않는다(대판 1983.3.22, 83도231). 17. 국가직 7급
> 3. 성폭력범죄의 처벌 등에 관한 특례법에서 성적수치심 또는 혐오감의 유발 여부는 일반적이고 평균적인 사람들을 기준으로 하여 판단함이 타당하고, 특히 성적 수치심의 경우 피해자와 같은 성별과 연령대의 일반적이고 평균적인 사람들을 기준으로 하여 그 유발 여부를 판단하여야 한다(대판 2017.6.8, 2016도21389). 22. 국가직 9급
> 4. 공무집행방해죄에 있어서의 범의는 상대방이 직무를 집행하는 공무원이라는 사실, 그리고 이에 대하여 폭행 또는 협박을 한다는 사실을 인식하는 것을 그 내용으로 하며, 그 직무집행을 방해할 의사를 필요로 하지 아니한다(대판 1995.1.24, 94도1949).
>
> 06. 사시, 12. 경찰승진, 15. 경찰
>
> 비교판례
> **위계에 의한 공무집행방해는 직무집행을 방해할 의사를 필요로 한다**(대판 1970.1.27, 69도2260).

판례비교 고의의 인정 여부

O 고의 인정	X 고의 부정
① 피고인이 살인의 범의를 자백하지 아니하고 상해 또는 폭행의 범의만이 있을 뿐이라고 다투고 있는 경우, 피고인에게 범행 당시 살인의 범의가 있었는지 여부는 피고인이 범행에 이르게 된 경위, 범행의 동기, 준비된 흉기의 유무·종류·용법, 공격의 부위와 반복성, 사망의 결과발생가능성 정도, 범행 후에 있어서 결과회피 행동의 유무 등 범행 전후의 객관적인 사정을 종합하여 판단할 수밖에 없다(대판 2000.8.18, 2000도2231). ② 의무경찰이 학생들의 가두캠페인 행사관계로 직진하여 오는 택시운전자에게 좌회전 지시를 하였음에도 택시운전자가 계속 직진하여 와서 택시를 세우고 항의하므로 그 의무경찰이 택시의 약 30cm 전방에 서서 이유를 설명하고 있는데 그 운전자가 신경질적으로 갑자기 좌회전하는 바람에 **택시 우측 앞범퍼 부분으로 의무경찰의 무릎을 들이받은 경우 공무집행방해죄의 미필적 고의가 인정된다**(대판 1995.1.24, 94도1949). 16. 경찰승진	① 제 분을 이기지 못하여 식도를 휘두르는 피고인을 말리거나 그 식도를 빼앗으려고 한 그 밖의 피해자들을 닥치는 대로 찌르는 **무차별 횡포를 부리던 중에 그의 부(父)까지 찌르게 된 경우**, 존속살해의 고의는 부정되고 보통살인죄로 처벌된다(대판 1977.1.11, 76도3871). ② 현역병증서가 명령수령인에게 전달되었으나 병역의무자가 주거지를 떠나 그 소재를 알리지 않았기 때문에 실제로 전달된 사실을 몰랐다면 소정기일에 입영하지 아니한 것에 고의가 있었다고 할 수 없다(대판 1965.10.21, 65도564 전원합의체). ③ **대구지하철 화재사고현장을 수습하기 위한 청소작업을 지시한 대구지하철공사 사장에게 그러한 청소작업으로 인하여 증거인멸의 고의가 있었다고 단정하기 어렵다**(대판 2004.4.14, 2004도73).

O 고의 인정	**X** 고의 부정
③ 甲이 乙의 얼굴에 모포를 씌워 감금하는 등의 행위로 乙이 이미 탈진상태에 이르러 박카스를 마시지 못하고 그냥 흘려버렸고 乙을 그대로 두면 죽을 것 같다는 생각이 들었음에도 甲이 乙의 얼굴에 모포를 덮어씌워 놓고 그대로 방치한 경우(살인 고의)(대판 1982.11.23, 82도2024) 11. 국가직 9급	④ 무면허운전에 대하여 관할 경찰당국이 운전면허취소통지에 갈음하여 적법한 공고를 거쳤다고 하더라도 공고만으로 운전면허가 취소된 사실을 알 수 없어 계속 운전을 한 경우 무면허운전에 대한 고의는 부정된다(대판 1993.3.23, 92도3045).
④ 건장한 체격의 군인이 왜소한 체격의 피해자를 폭행하고 특히 급소인 목을 설골이 부러질 정도로 세게 졸라 사망하게 한 경우(대판 2001.3.9, 2000도5590) 11. 국가직 9급	⑤ 자신의 종교적 신념(여호와의 증인)이나 후유증발생의 염려만을 이유로 환자에 대하여 의사가 하고자 하는 **수혈**을 거부하여 결과적으로 그 환자로 하여금 의학상 필요한 치료도 제대로 받지 못한 채 사망에 이르게 한 경우, 살인의 고의는 부정되고 유기치사죄가 인정된다(대판 1980.9.24, 79도1387).
⑤ 인체의 급소를 잘 알고 있는 무술교관 출신의 피고인이 무술의 방법으로 피해자의 울대를 가격하여 사망하게 한 경우(살인고의)(대판 2000.8.18, 2000도2231) 10. 경찰승진	⑥ 새로 목사로 부임한 피고인이 전임목사에 관한 사회 내의 불미스러운 소문의 진위를 확인하기 위하여 이를 교회집사들에게 **물어본 경우** 피고인에게 명예훼손의 고의 또는 미필적 고의가 있다고 할 수 없다(대판 1985.5.28, 85도588).
⑥ 피고인이 9세의 여자 어린이에 불과하여 항거를 쉽게 제압할 수 있는 피해자의 목을 감아서 졸라 실신시킨 후에 그곳을 떠나버린 이상 적어도 그 범행 당시에는 피고인에게 살인의 범의가 인정된다(대판 1994.12.22, 94도2511).	07. 경찰승진, 11. 국가직 7급, 12. 국가직 9급, 15 · 17. 경찰
	⑦ 퇴사한 전직 동료의 **편의를 위하여 회사 컴퓨터에 저장된 개인 파일 등을 복사해 준 경우** 배임죄의 고의가 있었다고 단정하기 어렵다(대판 2009.5.28, 2008도12065).
⑦ 제1종 운전면허 소지자인 피고인이 **정기적성검사기간** 내에 적성검사를 받지 아니하였다고 하여 구 도로교통법 위반으로 기소된 사안에서 피고인이 적성검사기간 도래 여부에 관한 확인을 **게을리하여** 기간이 도래하였음을 알지 못하였더라도 적성검사기간 내에 적성검사를 받지 않은 데에 대한 미필적 고의는 있었다고 봄이 타당하다(대판 2014.4.10, 2012도8374).	⑧ 법률에 의하여 선서한 증인이 **자신의 기억에 합치되는 진술을** 하였으나 후에 그 진술 내용이 객관적 사실에 반한다는 점이 밝혀진 경우에는 위증죄의 고의가 부정된다(대판 1998.9.8, 98도1949).
비교판례	⑩ 어로저지선을 넘어 어로작업을 하는 경우 납북될 염려가 있고, 납북되면 그들이 활동을 찬양할 것을 예견하였더라도 **납북되어도 좋다고 생각하면서 들어간 것이 아니라면** 범행에 대한 미필적 고의가 있다고 할 수 없다(대판 1975.1.28, 73도2207).
운전면허증 앞면에 **적성검사기간**이 기재되어 있고, 뒷면 하단에 **경고 문구**가 있다는 점만으로 피고인이 정기적성검사 미필로 면허가 취소된 사실을 미필적으로나마 인식하였다고 추단하기 어렵다(대판 2004.12.10, 2004도6480). 06. 사시, 07. 법원행시	11. 경찰승진
유사판례	⑪ 심야시간에 20대 후반의 남자가 인터넷 채팅을 통하여 만난 가출 청소년들과 함께 찜질방에 입장하면서 청소년들의 **오빠**로 행세하자 그를 청소년의 보호자로 오인하여 청소년들을 입장시킨 경우 종업원에게는 그에 관한 미필적 인식이 부정된다(대판 2009.3.26, 2008도12065).
면허증에 그 유효기간과 **적성검사**를 받지 아니하면 면허가 취소된다는 사실이 기재되어 있고, 이미 적성검사 미필로 면허가 **취소된 전력**이 있는데도 면허증에 기재된 유효기간이 5년 이상 지나도록 적성검사를 받지 아니한 채 자동차를 운전하였다면 비록 적성검사 미필로 인한 운전면허취소사실이 통지되지 아니하고 공고되었다고 하더라도 면허취소사실을 알고 있었다고 보아야 하므로 무면허운전죄가 성립한다(대판 2002.10.22, 2002도4203). 12. 경찰승진	⑫ 술을 내어 놓을 당시에는 성년자들만이 자리에 앉아서 그들끼리만 술을 마시다가 나중에 청소년이 들어와서 합석하게 된 경우, 합석한 청소년이 상 위에 남아 있던 소주를 일부 마셨다고 하더라도 음식점운영자가 청소년에게 술을 판매하는 행위를 하였다고는 할 수 없다(대판 2009.4.9, 2008도11282).
⑧ 태풍에 대비한 선박의 안전을 위하여 **선박의 닻줄**을 5샤클에서 7샤클로 **늘여 놓은 경우** 손괴죄의 고의가 인정된다(대판 1987.1.30, 85도221). ⇨ 위법성 조각	⑬ 공무원이 여러 차례의 출장반복의 번거로움을 회피하고 민원사무를 신속히 처리한다는 방침에 따라 사전에 출장조사한 다음 출장조사내용이 변동없다는 확신하에 출장복명서를 작성하고 다만 그 출장일자를 작성일자로 기재한 것이라면 허위공문서작성의 범의가 있었다고 볼 수 없다(대판 2001.1.5, 99도4101).
⑨ 피고인이 술이 취한 채 탈취한 **버스를 운전하여** 시위대 진압을 위하여 차도를 차단하고 있는 **충남경찰국 기동대원을 향하여 시속 50km의 속력으로** 돌진하여 기동대원들을 사망하게 한 경우 미필적인 살인의 고의가 인정된다(대판 1988.6.14, 87도2195).	

O 고의 인정	**X** 고의 부정
⑩ 피고인이 피해자와 말다툼을 하던 중에 피해자가 피고인에게 모욕을 주자 이에 격분하여 그 주변 길바닥에 있던 **가로 15cm, 세로 16cm, 길이 153cm, 무게 7kg의 각목으로 피해자의 머리를 1회 때려** 그 자리에서 뇌출혈로 사망하게 한 경우 살인죄의 미필적 고의가 인정된다(대판 1998.6.9, 98도980).	⑭ 방송국 프로듀서 등 피고인들이 특정 프로그램 방송보도를 통하여 미국산 쇠고기는 광우병 위험성이 매우 높은 위험한 식품이라는 취지의 허위사실을 유포한 경우, 미국산 쇠고기 **수입·판매업자들의 업무방해의 고의를 인정할 수 없다**(대판 2011.9.2, 2010도17237).
⑪ 피고인이 정교관계를 가졌던 피해자로부터 금품요구와 협박을 받아 오다가 피해자를 타이르던 중 반항하는 피해자를 순간적으로 **살해하기로 결의하고 양손으로 피해자의 목을 졸라** 질식하여 사망하게 한 사실이 인정된다면 피고인에게 살인의 확정적 범의가 있었음이 분명하고 과실이나 결과적 가중범의 범의를 논할 여지는 없다(대판 1983.9.13, 83도1817).	⑮ 아동·청소년의 성을 사는 행위를 알선하는 행위를 업으로 하여 아동·청소년의 성보호에 관한 법률 제15조 제1항 제2호의 위반죄가 성립하기 위해서는 알선행위를 업으로 하는 사람이 아동·청소년을 알선의 대상으로 삼아 그 성을 사는 행위를 알선한다는 것을 인식하여야 하지만, 이에 더하여 알선행위로 **아동·청소년의 성을 사는 행위를 한 사람이 행위의 상대방이 아동·청소년임을 인식하여야 한다고 볼 수는 없다**(대판 2016.2.28, 2015도15664).
유사판례 피해자를 강간한 후, 피해자가 울면서 자신의 장래를 책임지라고 이를 추궁하자 피고인이 피해자를 타이르던 중에 피해자가 계속 반항하므로 **순간적으로 그녀를 살해할 것을 결의하고** 양손으로 피해자의 목을 졸라 그 자리에서 질식·사망하게 한 것이라면 피고인에게는 당시 살인의 확정적 범의가 있었음이 분명하여 **결과적 가중범의 범의를 논할 여지가 없다**(대판 1986.11.11, 86도1989).	⑯ 항해 중이던 선박의 선장 甲, 항해사 乙·丙이 배가 좌현으로 기울어져 멈춘 후 침몰하고 있는 상황에서 피해자인 승객 등이 안내 방송 등을 믿고 대피하지 않은 채 **선내에 대기하고 있음에도 아무런 구호조치를 취하지 않고 퇴선함으로써** 배에 남아있던 피해자들을 익사하게 하고, 나머지 피해자들의 사망을 용인하였으나 해경 등에 의하여 구조된 경우(대판 2015.11.12, 2015도6809 전원합의체)
⑫ 공직선거 및 선거부정방지법 제250조 제2항의 허위사실공표죄에서 어떠한 소문을 듣고 그 진실성에 **강한 의문을 품고서도 감히 공표한 경우**라도 고의는 인정된다(대결 2002.4.10, 2001모193).	㉰ • 甲 : 부작위에 의한 살인죄·살인미수죄 • 乙·丙 : 살인의 고의 부정
⑬ 업주 및 종사자가 연령확인의무에 위배하여 **연령확인을 위한 아무런 조치를 취하지 아니함**으로써 청소년이 당해 업소에 출입한 것이라면, 특별한 사정이 없는 한 업주 및 종사자에게 최소한 법률조항 위반으로 인한 청소년 보호법 위반죄의 미필적 고의가 인정된다(대판 2007.11.16, 2007도7770).	
⑭ "사고장소에서 무엇인가 **딱딱한 물체를 충돌한 느낌을 받았다.**"라는 피고인의 제1심 법정에서의 신빙성 있는 진술에 비추어 피고인에게는 미필적으로나마 사고의 발생사실을 알고 도주할 의사가 있었음을 인정할 수 있다(대판 2002.3.28, 99도5023).	
⑮ 여관업을 하는 자로서 청소년으로 의심이 가는 경우에도 단지 **구두로만 연령을 확인**하여 이성혼숙을 허용한 경우 고의가 인정된다(대판 2001.8.21, 2001도3295). 07. 법원직, 12. 국가직 9급	
⑯ 피고인이 죄를 범한 사실이 없는 피해자에 대하여 형사처벌을 받게 할 목적으로 수사기관에 허위신고를 하였으나 **실제로는 허위가 아닌 진실로 밝혀졌다면** 무고죄의 고의는 인정되지만, 객관적 진실로 판명되어 무고죄가 성립하지 않는다(대판 1996.3.26, 95도2988).	
⑰ 강도가 베개로 피해자의 **머리 부분을 약 3분간 누르던 중** 피해자가 저항을 멈추고 사지가 늘어졌음에도 계속하여 누른 경우 강도살인의 고의가 인정된다(대판 2002.2.8, 2001도6425). 11·16. 경찰승진, 16. 경찰	

O	고의 인정	**X**	고의 부정

⑱ 다수인이 현존하는 건물에 **방화**를 한다면 인명피해가 있을지도 모른다는 것은 당연히 예견되는 것이어서 인명피해에 대한 미필적 고의가 인정된다(대판 1983.3.8, 82도3248).

⑲ 갑이 을 등 3명과 싸우다가 힘이 달리자 식칼을 가지고 이들 3명을 상대로 휘두르다가 이를 말리면서 식칼을 뺏으려던 피해자 병에게 상해를 입혔다면 갑에게 상해의 범의가 인정되며 상해를 입은 사람이 목적한 사람이 아닌 다른 사람이라 하여 과실상해죄에 해당한다고 할 수 없다(대판 1987.10.26, 87도1745).

⑳ **예리한 식도로 피해자의 하복부를 찔러 직경 5cm, 길이 15cm 이상의 자상을 입힌 결과 사망**하였다면 일반적으로 내장파열 및 다량의 출혈과 자창의 감염으로 사망의 결과를 발생하게 하리라는 점을 경험상 예견할 수 있는 것이므로 피고인에게 살인의 결과에 대한 확정적 고의는 없다 치더라도 미필적 인식은 있었다고 볼 것이다(대판 1982.12.28, 82도2525). 18. 변호사

㉑ 유흥업소 업주가 고용대상자가 **성인**이라는 말만 믿고, 타인의 **건강진단결과서**만 확인한 채 청소년을 청소년유해업소에 고용한 경우 청소년 고용에 관한 미필적 고의가 있다(대판 2002.6.28, 2002도2425). 15. 경찰

㉒ 야간에 신체의 일부가 집 안으로 들어간다는 인식하에 타인의 집의 창문을 열고 집 안으로 얼굴을 들이미는 행위를 하였다면 주거침입죄의 범의는 인정된다(대판 1995.9.15, 94도2561). 16. 경찰

제7절 구성요건적 착오(사실의 착오)

> 제15조 【사실의 착오】 ① 특별히 무거운 죄가 되는 사실을 인식하지 못한 행위는 무거운 죄로 벌하지 아니한다.

❶ 서설

1. 의의

(1) 개념

구성요건적 착오란 행위자가 주관적으로 인식한 범죄사실과 현실적으로 발생한 범죄사실이 불일치하는 경우를 말하며, 사실의 착오라고도 한다(예 상해의 고의로 재물손괴의 결과가 발생한 경우).

(2) 착오의 대상

① 구성요건적 착오는 구성요건고의의 인식대상이 되는 객관적 구성요건표지 중 어느 하나에 대한 인식이 결여된 경우를 말한다(예 주체·객체·행위방법·행위상황·인과관계 등의 결여).

```
고의 = 객관적 구성요건요소 인식 + 실현의사
              ↓(흠)
           사실의 착오
```

② 객관적 구성요건표지 이외의 사정에 대한 착오는 구성요건적 착오가 아니다(예 범행동기, 위법성, 책임능력, 가벌성, 처벌조건, 소추조건).

2. 구성요건적 착오와 구별되는 경우

(1) 구성요건적 착오와 금지착오의 구별

구성요건적 착오는 구성요건의 객관적 표지에 관하여 착오한 경우이고, 금지착오는 구성요건사실에 대한 인식은 있었으나 그 사실의 위법성을 인식하지 못한 경우이다.

(2) 구성요건적 착오와의 구별유형

① 인식사실은 범죄사실이 아니나 발생사실은 범죄사실인 경우 : 고의가 없으므로 착오의 문제는 발생하지 않고, 다만 발생한 결과에 대한 과실범의 문제가 발생한다(예 나무를 향하여 총을 발사하였으나 사람이 맞은 경우).

② 인식사실은 범죄사실이나 발생사실은 범죄사실이 아닌 경우 : 고의는 존재하나 결과가 발생하지 않았으므로 미수범 또는 불능범의 문제가 발생한다(예 사람을 향하여 총을 발사하였으나 나무에 맞은 경우).

③ 인식사실·발생사실이 모두 범죄사실이나 양자가 불일치하는 경우: 죄가 되는 경우와 죄가 되지 않는 경우 사이에는 착오의 문제가 발생하지 않는다. 따라서 이 경우에만 본래 의미의 구성요건적 착오가 문제된다(예 타인의 개를 향하여 총을 발사하였으나 주인이 맞은 경우).

SUMMARY

인식	≠	발생		
범죄 ○		범죄 ×	➡	미수범 또는 불능범의 문제
범죄 ×		범죄 ○	➡	과실범의 문제
범죄 ○		범죄 ○	➡	사실의 착오 문제

❷ 구성요건적 착오의 유형

1. 구체적 사실의 착오와 추상적 사실의 착오

(1) 구체적 사실의 착오(동가치 착오)

인식사실과 발생사실이 동일한 구성요건에 해당하나 그 양자의 구체적 사실의 내용이 일치하지 않는 경우를 말한다. 예컨대 전방에 있는 사람이 甲이라고 생각하고 사살하였는데, 피해자는 乙인 경우와 같이 인식한 객체와 결과가 발생한 객체가 동일한 구성요건(동가치)인 경우를 말한다.

(2) 추상적 사실의 착오(이가치 착오)

인식사실과 발생사실이 서로 다른 구성요건에 해당하는 경우를 말한다. 예컨대 개라고 생각하고 사살하였는데, 개가 아니라 사람이 사망한 경우와 같이 인식한 객체와 결과가 발생한 객체가 서로 다른 구성요건(이가치)인 경우를 말한다.

2. 객체의 착오와 방법의 착오

(1) 객체의 착오

甲이라고 생각하고 사살하였으나 피해자는 乙인 경우와 같이 행위자가 구성요건요소인 행위객체의 특성, 특히 동일성에 관하여 착오한 경우를 말한다. 이는 고의의 '인식' 측면에서의 착오이다.

(2) 방법의 착오

乙과 함께 걸어가고 있는 甲을 향하여 총을 쏘았으나 총알이 빗나가서 乙에게 명중한 경우와 같이 인식은 하였으나 행위의 잘못된 진행으로 행위자가 의도한 행위객체가 아닌 다른 행위객체에서 결과가 발생한 경우를 말한다.

❸ 구성요건적 착오의 해결

1. 의의

사실의 착오는 현실적으로 발생한 사실에 대한 인식이 없는 경우이므로 원칙적으로 고의를 조각한다. 그러나 인식사실과 발생사실이 완전히 일치하는 것은 도리어 예외적인 현상이므로 구성요건적 착오이론은 인식사실의 고의와 발생사실이 어느 정도 부합하면 발생사실에 대한 고의기수의 책임을 인정할 것인가에 대한 문제로 귀결된다. 즉, 인식사실의 고의를 발생사실에 대한 고의로 전용 내지 유용할 수 있는지의 문제이다.

(1) 동가치 착오

인식사실의 고의와 발생사실이 어느 정도 부합하므로 인식사실의 고의를 발생사실에 대한 고의로 전용할 수 있다. 결과적으로 발생사실의 고의기수 책임을 진다.

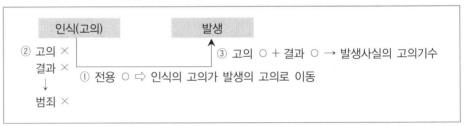

(2) 이가치 착오

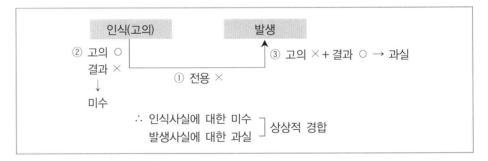

2. 형법의 태도

형법 제15조 제1항은 "특별히 중한 죄가 되는 사실을 인식하지 못한 행위는 중한 죄로 벌하지 아니한다."라고 규정하고 있다.

📖 가중적·감경적 구성요건의 착오 구별

가중적 구성요건의 착오	① 제15조 제1항이 직접 적용됨 ② 직계존속임을 인식하지 못하고 살해 한 경우 보통살인죄 성립
감경적 구성요건의 착오	① 해석상 제15조 제1항을 적용함 ② 피해자의 촉탁·승낙이 있는 것으로 오인하고 살해한 경우 촉탁·승낙살인죄 성립

> **판례**
>
> 1. 제 분에 이기지 못하여 식도를 휘두르는 피고인을 말리거나 그 식도를 빼앗으려고 한 그 밖의 피해자들을 닥치는 대로 찌르는 무차별 횡포를 부리던 중에 그의 부(父)까지 찌르게 된 경우, 피고인이 칼에 찔려 쓰러진 부(父)를 부축하여 데리고 나가지 못하도록 한 일이 있다고 하여 그의 부(父)인 존속을 살해한 사실로 인정하기는 어렵다(대판 1960.10.31, 4993형상492).
> 2. 적시된 사실이 허위의 사실이라고 하더라도 행위자에게 허위성에 대한 인식이 없는 경우에는 제307조 제2항의 명예훼손죄가 아니라 제307조 제1항의 명예훼손죄가 성립될 수 있다. 제307조 제1항의 법정형이 2년 이하의 징역 등으로 되어 있는 반면, 제307조 제2항의 법정형은 5년 이하의 징역 등으로 되어 있는 것은 적시된 사실이 객관적으로 허위일 뿐 아니라 행위자가 그 사실의 허위성에 대한 주관적 인식을 하면서 명예훼손행위를 하였다는 점에서 가벌성이 높다고 본 것이다(대판 2017.4.26, 2016도18024).

3. 학설과 판례

(1) 법정적 부합설(죄질부합설 · 판례)

① 의의 : 행위자의 인식과 발생한 사실이 법정적 사실의 범위, 즉 동일한 구성요건 또는 죄질에 속하면 고의가 성립한다는 견해이다.

② 적용 : 이 설에 따르면 구체적 사실의 착오(동가치 착오)에 관하여는 객체의 착오와 방법의 착오를 불문하고 고의의 전용이 인정되어 발생사실에 대한 고의기수의 책임을 진다.

```
사 中 [동] 中 객
사 中 [동] 中 방   ⇨ 발생사실의 고의기수

사 中 [이] 中 객   ⇨ 인식 - 미수
사 中 [이] 中 방      발생 - 과실   } 상상적 경합
```

구분	구체적 사실의 착오(동가치 착오)	추상적 사실의 착오(이가치 착오)
객체의 착오 · 방법의 착오	발생사실에 대한 고의기수	인식사실에 대한 미수와 발생사실에 대한 과실의 상상적 경합

③ 구체적 사례

구분	사례
동가치 착오 중 객체의 착오	甲이 乙인 것으로 알고 총을 발사하였는데 실제로 죽은 사람은 丙인 경우 ⇨ 丙에 대한 살인기수
동가치 착오 중 방법의 착오	甲이 乙을 향하여 총을 발사하였으나 빗맞아 옆의 丙이 사망한 경우 ⇨ 丙에 대한 살인기수
이가치 착오 중 객체의 착오	甲이 乙인 것으로 알고 총을 발사하였는데 실제로 죽은 것은 개였던 경우 ⇨ 乙에 대한 살인미수와 개에 대한 과실손괴죄의 상상적 경합(단, 과실손괴죄는 처벌규정이 없으므로 乙에 대한 살인미수만 성립)
이가치 착오 중 방법의 착오	甲이 개를 향하여 발사하였으나 빗맞아 乙이 사망한 경우 ⇨ 개에 대한 손괴미수죄와 乙에 대한 과실치사죄의 상상적 경합

판례

1. 甲이 乙 등 3명과 싸우다가 힘이 달리자 식칼을 가지고 이들 3명을 상대로 휘두르다가 이를 말리면서 식칼을 뺏으려던 피해자 丙에게 상해를 입혔다면 甲에게 상해의 범의가 인정되며 상해를 입은 사람이 목적한 사람이 아닌 다른 사람이라 하여 과실상해죄에 해당한다고 할 수 없다(대판 1987.10.26, 87도1745). 05. 사시, 08. 경찰승진, 17. 경찰간부, 18. 법원직

2. 甲은 그의 조카 乙를 업고 있는 형수 丙을 살해하려고 몽둥이로 후려쳤다. 甲은 피를 흘리고 쓰러진 형수를 살해하려고 다시 한번 가격을 하였으나 형수의 등에 업힌 **조카 乙의 머리에 맞아 조카가 현장에서 사망**한 경우 조카에 대한 살인기수범이 성립한다(대판 1984.1.24, 83도2813). 05. 법원행시

(2) 구체적 부합설

① 의의 : 행위자의 인식과 발생한 사실이 구체적으로 부합하는 경우에 한하여 발생한 사실에 대한 고의를 인정하고, 그렇지 않는 경우에는 고의가 조각된다는 견해이다.

② 적용 : 구체적 사실의 착오 중 객체의 착오의 경우에만 고의가 전용되어 발생사실에 대한 고의기수의 책임을 진다. 그러나 고의기수의 책임을 인정하는 범위가 지나치게 협소하다는 비판을 받는다.

```
사    中    동    中    객    ⇨ 발생사실의 고의기수

사    中    동    中    방
                              인식 － 미수
사    中    이    中    객              상상적 경합
                              발생 － 과실
사    中    이    中    방
```

구분	구체적 사실의 착오(동가치 착오)	추상적 사실의 착오(이가치 착오)
객체의 착오	발생사실에 대한 고의기수	인식사실에 대한 미수와 발생사실에 대한 과실의 상상적 경합
방법의 착오	인식사실에 대한 미수와 발생사실에 대한 과실의 상상적 경합	

③ 구체적 사례

구분	사례
동가치 착오 중 객체의 착오	甲이 乙인 것으로 알고 총을 발사하였는데 실제로 죽은 사람은 丙인 경우 ⇨ 丙에 대한 살인기수
동가치 착오 중 방법의 착오	甲이 乙을 향하여 총을 발사하였으나 빗맞아 옆의 丙이 사망한 경우 ⇨ 乙에 대한 살인미수와 丙에 대한 과실치사죄의 상상적 경합
이가치 착오 중 객체의 착오	甲이 乙인 것으로 알고 총을 발사하였는데 실제로 죽은 것은 개였던 경우 ⇨ 乙에 대한 살인미수와 개에 대한 과실손괴죄의 상상적 경합(단, 과실손괴죄는 처벌규정이 없으므로 乙에 대한 살인미수만 성립)
이가치 착오 중 방법의 착오	甲이 개를 향하여 발사하였으나 빗맞아 乙이 사망한 경우 ⇨ 개에 대한 손괴미수죄와 乙에 대한 과실치사죄의 상상적 경합

(3) 추상적 부합설

① 의의: 행위자가 인식한 범죄사실과 현실적으로 발생한 범죄사실이 구성요건이나 죄질을 달리하는 경우에도 가벌적 사실이라는 점에서 추상적으로 중첩하면 경한 죄의 고의기수를 인정하는 견해이다.

② 적용: 인식사실과 발생사실 중 경한 범죄의 고의기수범이 성립한다.

```
동가치 → 발생사실의 고의 기수
이가치 ┌ 인식 – 고의 인정
       └ 경한 것 – 고의 기수 인정
```

구체적 사실의 착오 (동가치 착오)	발생사실에 대한 고의기수
추상적 사실의 착오 (이가치 착오)	㉠ 경한 죄의 인식, 중한 죄의 발생 ⇨ 경한 죄 기수와 중한 죄 과실의 상상적 경합 ㉡ 중한 죄의 인식, 경한 죄의 발생 ⇨ 중한 죄 미수와 경한 죄 기수의 상상적 경합

③ 평가: 발생하지 않은 사실에 대하여 기수를 인정하거나 인식하지 못한 사실에 대하여 고의를 인정하게 되어 범죄의 정형성을 무시한다는 비판을 받는다.

④ 구체적 사례

구분	사례
경한 죄의 인식, 중한 죄의 발생	甲이 개를 향하여 발사하였으나 빗맞아 乙이 사망한 경우 ⇨ 개에 대한 손괴기수죄와 乙에 대한 과실치사죄의 상상적 경합
중한 죄의 인식, 경한 죄의 발생	甲이 乙을 향하여 발사하였으나 빗맞아 개가 죽은 경우 ⇨ 乙에 대한 살인미수죄와 개에 대한 손괴기수죄의 상상적 경합

SUMMARY 구성요건적 착오에 관한 학설 비교

구분		구체적 부합설	법정적 부합설	추상적 부합설
구체적 사실의 착오	객체의 착오			발생사실에 대한 고의기수
	방법의 착오			
추상적 사실의 착오	객체의 착오	인식사실에 대한 미수와 발생사실에 대한 과실의 상상적 경합		• 경한 죄의 인식, 중한 죄의 발생 ⇨ 경한 죄 기수와 중한 죄 과실의 상상적 경합 • 중한 죄의 인식, 경한 죄의 발생 ⇨ 중한 죄 미수와 경한 죄 기수의 상상적 경합
	방법의 착오			

4. 예상 외의 사실이 병발한 경우

甲이 乙을 살해하려고 총을 쏘았는데 乙과 그 뒤의 丙이 모두 총에 맞은 경우를 말한다.

① 乙도 사망하고 丙도 사망한 경우 : 구체적 부합설, 법정적 부합설 모두 乙에 대한 살인기수와 丙에 대한 과실치사죄의 상상적 경합이 성립한다.

② 乙은 사망하고 丙은 상처를 입은 경우 : 구체적 부합설, 법정적 부합설 모두 乙에 대한 살인기수와 丙에 대한 과실치상죄의 상상적 경합이 성립한다.

③ 乙은 상처만 입고 丙이 사망한 경우 : 구체적 부합설에 의하면 乙에 대한 살인미수와 丙에 대한 과실치사죄의 상상적 경합이 성립한다(법정적 부합설에 의하면 견해가 대립함).

❹ 인과과정의 착오

1. 개괄적 고의

CASE

Q. 甲은 乙을 살해하고자 乙의 머리와 가슴을 돌로 수차례 가격하였는데, 실신한 乙을 사망한 것으로 오인하고 증거를 인멸할 목적으로 乙을 땅에 파묻었다. 그 후 밝혀진 바에 의하면 乙은 땅에 파묻힌 까닭에 질식사한 것이었는데, 판례의 태도에 의할 때 甲의 형사책임은?

A.
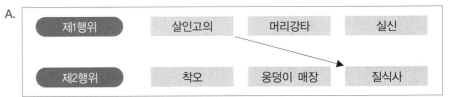

피고인을 살해할 의도로 행한 구타행위에 의하여 피해자가 직접 사망한 것이 아니라 죄적을 인멸할 목적으로 행한 매장행위에 의하여 사망하게 되었다고 하더라도 전 과정을 개괄적으로 보면 피해자의 살해라는 처음에 예견된 사실이 결국은 실현된 것으로서 피고인은 살인죄의 죄책을 면할 수 없다(대판 1988.6.28, 88도650).

2. 개괄적 과실

CASE

Q. 甲은 함께 호텔에 투숙한 피해자에게 상해를 가하고 피해자가 정신을 잃고 빈사상태에 빠지자 피해자가 사망한 것으로 오인하고, 자살한 것처럼 위장하기 위하여 베란다 아래로 피해자를 떨어뜨려 두개골 골절로 사망하게 하였다. 판례의 태도에 의할 때 甲의 형사책임은?

A.
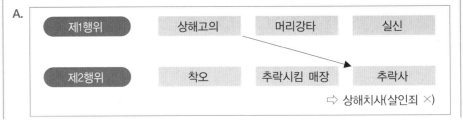

피고인은 함께 호텔에 투숙한 피해자에게 상해를 가하고 이로써 피해자가 정신을 잃고 빈사 상태에 빠지자 피해자가 사망한 것으로 오인하고, 자살한 것처럼 위장하기 위하여 베란다 아래로 피해자를 떨어뜨려 두개골 골절로 사망하게 하였다. 피고인에게 상해의 고의가 있었고 상해행위와 사망 사이에 상당인과관계 및 사망에 대한 예견가능성이 인정되므로 피고인의 행위는 포괄하여 단일의 상해치사죄가 성립한다(대판 1994.11.4, 94도2361). 05. 사시

제8절 과실범

제14조 【과실】 정상적으로 기울여야 할 주의(注意)를 게을리하여 죄의 성립요소인 사실을 인식하지 못한 행위는 법률에 특별한 규정이 있는 경우에만 처벌한다.

① 서설

1. 과실의 의의 및 본질

(1) 의의

과실이란 정상의 주의를 태만함으로 인하여 죄의 성립요소인 사실을 인식하지 못한 것을 말한다. 다시 말하면 주의의무를 위반함으로써 의사에 반하여 구성요건을 실현하는 것을 과실이라고 할 수 있다.

(2) 본질

과실의 본질은 주의의무 위반(부주의), 즉 구성요건적 결과발생을 예견하고 그에 따라 결과발생을 회피할 수 있었는데 그렇게 하지 않았다는 점에 대한 법적 평가이다.

2. 과실범의 처벌

과실범은 법률에 특별한 규정이 있는 경우에 한하여 처벌한다.

> **판례**
>
> 행정상의 단속을 주안으로 하는 법규라 하더라도 '명문규정이 있거나 해석상 과실범도 벌할 뜻이 명확한 경우'를 제외하고는 형법의 원칙에 따라 '고의'가 있어야 벌할 수 있다(대판 2010. 2.11, 2009도9807). 15. 경찰, 17. 변호사, 20. 경찰간부

한눈에 쏙

과실범

객관적 주의의무 위반
(결과예견가능성 + 결과회피의무)

+

결과발생(과실미수 ×)

과실범의 처벌 여부

단순과실범	업무상과실범	중과실범
실화죄	업무상실화죄	중실화죄
과실폭발성물건파열죄	업무상과실폭발성물건파열죄	중과실폭발성물건파열죄
과실가스·전기 등 공급방해죄	업무상과실가스·전기 등 공급방해죄	중과실가스·전기 등 공급방해죄
과실일수죄	×	×
과실교통방해죄	업무상과실교통방해죄	중과실교통방해죄
과실치상죄	업무상과실치상죄	중과실치상죄
과실치사죄	업무상과실치사죄	중과실치사죄
×	업무상과실장물죄	중과실장물죄

☑ 과실범의 처벌

- **일수죄** : 단순과실 ○, 업무상 과실 ×, 중과실 ×
- **장물죄** : 단순과실 ×, 업무상 과실 ○, 중과실 ○
- **업무상·중과실장물죄** : 가중적 구성요건 ×
- **폭발물사용죄** : 과실 ×
- **폭발성물건파열죄** : 과실 ○
- **연소죄·진화방해죄** : 과실 ×
- **장물죄를 제외한 재산범의 과실범은 처벌규정이 없다.**

3. 과실의 종류

(1) 인식 있는 과실과 인식 없는 과실

① 인식 있는 과실 : 구성요건이 실현될 수 있음은 인식하였으나 주의의무에 위반하여 그것이 실현되지 않을 것으로 신뢰한 것을 말한다(예 사냥꾼이 노루를 향하여 총을 발사하면서 '설마 옆의 사람이 맞지 않겠지.'라고 생각하고 총을 발사하였으나 사람이 맞아 사망한 경우).

② 인식 없는 과실 : 과실의 전형적인 형태로 행위자가 주의의무의 위반으로 인하여 구성요건의 실현가능성을 인식하지 못한 경우를 말한다(예 사냥꾼이 노루를 향하여 총을 발사하였으나 옆에 있던 사람이 맞아 사망한 경우).

③ 구별실익 : 인식 있는 과실과 인식 없는 과실은 형법상 같은 과실로 평가되며 그 불법이나 책임 내용에 있어서의 차이는 없고, 미필적 고의와의 한계를 명백히 할 수 있는 구별실익이 있다.

(2) 업무상 과실과 중과실

① 업무상 과실: 보통 과실에 대하여 주의의무가 가중되는 것이 아니라, 주의의무는 동일하지만 예견의무가 다르기 때문에 책임이 가중되어 처벌하는 것을 말한다(통설). 여기서의 업무란 사람이 사회생활에서 가지는 지위로서 계속적으로 종사하는 사무를 말한다.

　　㉠ 자동차운전자가 운전에 필요한 주의의무를 다하지 못하여 사람이 다친 경우, 처음 개업한 의사가 환자에게 상해를 가한 경우 ⇨ 업무상과실치상죄 ○

　　㉡ 호기심에 오토바이를 운전하다가 사람에게 상해를 가한 경우 ⇨ 업무상과실치상죄 ×, 과실치상죄 ○

판례

[1] 업무상과실치상죄의 '업무'란 사람의 사회생활면에서 하나의 지위로서 계속적으로 종사하는 사무를 말한다. 여기에는 수행하는 직무 자체가 위험성을 갖기 때문에 안전배려를 의무의 내용으로 하는 경우는 물론 사람의 생명·신체의 위험을 방지하는 것을 의무의 내용으로 하는 업무도 포함된다. 그러나 건물 소유자가 안전배려나 안전관리 사무에 계속적으로 종사하거나 그러한 계속적 사무를 담당하는 지위를 가지지 않은 채 단지 건물을 비정기적으로 수리하거나 건물의 일부분을 임대하였다는 사정만으로는 건물 소유자의 위와 같은 행위가 업무상과실상죄의 '업무'에 해당한다고 보기 어렵다.

[2] 3층 건물의 소유자로서 건물 각 층을 임대한 피고인이, 건물 2층으로 올라가는 계단참의 전면 벽이 아크릴 소재의 창문 형태로 되어 있고 별도의 고정장치가 없는데도 안전바를 설치하는 등 낙하사고 방지를 위한 관리의무를 소홀히 함으로써, 건물 2층에서 나오던 갑이 신발을 신으려고 아크릴 벽면에 기대는 과정에서 벽면이 떨어지고 개방된 결과 약 4m 아래 1층으로 추락하여 상해를 입었다고 하여 업무상과실치상으로 기소된 사안에서, 피고인이 건물에 대한 수선 등의 관리를 비정기적으로 하였으나 그 이상의 안전배려나 안전관리 사무에 계속적으로 종사하였다고 인정하기 어렵다고 보아 업무상과실치상의 공소사실을 이유에서 무죄로 판단하고 축소사실인 과실치상 부분을 유죄로 인정한 원심판결이 정당하다(대판 2017.12.5, 2016도16738).

② 중과실: 주의의무를 현저히 태만한 경우로서, 극히 근소한 주의만 하였더라도 결과발생을 예견할 수 있었음에도 불구하고 부주의로 이를 예견하지 못한 경우를 말한다. 중과실의 여부는 사회통념에 따라 결정된다(예 휘발유를 주입하는 곳에서 성냥을 켜는 경우).

한눈에 쏙

단순과실
↓　　　가중　　　↓
업무상 과실　　　중과실
↓　　　　　　　　↓
예견가능성이　　　주의의무 위반
큼　　　　　　　정도가 중함
↓　　　　　　　　↓
책임 가중　　　불법 가중

PART 02

판례비교 중과실의 인정 여부

O 중과실 인정	X 중과실 부정
① 피고인이 성냥불로 담배를 붙인 다음 그 **성냥불이 꺼진 것을 확인하지 아니한 채 휴지가 들어 있는 플라스틱 휴지통에 던진 경우**(대판 1993.7.27, 93도135) 04. 입시, 17. 국가직 7급 ② **모텔방**에 투숙하여 담배를 피운 후 **담뱃불이 완전히 꺼졌는지 여부를 확인하지 않은 채** 불이 붙기 쉬운 휴지를 재떨이에 버리고 잠을 잔 과실로 담뱃불이 휴지와 침대시트에 옮겨 붙게 함으로써 화재가 발생한 경우(대판 2010.1.14, 2009도12109) ⇨ **부작위에 의한 현주건조물방화치사상죄 ×, 중과실치사상죄 ○** ③ 84세 여자 노인과 11세의 여자 아이를 상대로 안수기도를 함에 있어서 그들을 바닥에 눕혀 놓고 기도를 한 후 "마귀야, 물러가라."라는 등 큰 소리를 치면서 두 손으로 그들의 배와 가슴 부분을 세게 누르는 등의 행위를 하여 그들을 사망하게 한 경우(대판 1997.4.22, 97도538) 17. 국가직 7급 ④ **주차장 출입구 문주**(문짝을 끼워 달 수 있도록 문의 양쪽에 세운 기둥)에 금이 가 있어 도괴될 위험성이 있었고 동 주차장에는 어린이들이 근방에서 노는 경우가 많은데도 별다른 조치를 취하지 않은 결과, 문주가 도괴되어 피해자가 상처를 입은 경우(대판 1982.11.23, 82도2346) ⑤ 점포 주인인 피고인이 농약을 평소 신문지에 포장하여 판매하여 온 중조(소화기의 일종)와 같은 모양으로 포장하여 점포선반에 방치하고 가족에게 알리지 아니하여 가족이 이를 중조로 알고 피해자에게 판매하여 피해자가 이를 먹고 사망한 경우(대판 1961.11.16, 4294형상312)	① 경찰관인 피고인들은 동료 경찰관 甲 및 피해자 乙과 함께 술을 많이 마셔 취하여 있던 중 갑자기 甲이 총을 꺼내 乙과 같이 총을 번갈아 자기의 머리에 대고 쏘는 소위 '러시안 룰렛' 게임을 하다가 乙이 자신이 쏜 총에 맞아 사망한 경우(대판 1992.3.10, 91도3172) ⇨ 과실치사죄도 부정 ② 임대한 방들이 하나의 연통으로 연결되어 밖으로 가스를 배출하도록 되어있고, 또한 피해자가 쓰던 방문에 약간의 틈이 있어 이를 통하여 들어온 가스에 중독되어 사망한 경우(대판 1986.6.24, 85도2070) ③ **연탄아궁이로부터 80cm 떨어진 곳에 쌓아둔 스폰지요·솜** 등을 연탄아궁이 쪽으로 **쉽게 넘어지기 어려운 상태로 쌓아둔 채 방치**하여 화재가 발생한 경우(대판 1989.1.17, 88도643) 11. 경찰간부, 17. 국가직 7급 ④ 호텔오락실의 경영자가 **무자격 전기기술자**로 하여금 형광등 설치공사를 하게 하였는데 합선으로 인하여 화재가 발생한 경우(대판 1989.10.23, 89도204) ⇨ 단순과실만 인정 07. 경찰승진 ⑤ 창고관리인이 창고 안의 **촛불**을 끄지 않고 문을 닫아서 화재가 발생하였는데, 창고 안에는 헌가마니 쓰레기만 있었을 뿐 인화물질은 없었던 경우(대판 1960.3.9, 4292형상761) ⇨ 단순과실만 인정

② 과실범의 구성요건

1. 객관적 주의의무 위반

(1) 주의의무의 의의

과실범의 주의의무란 결과예견가능성과 결과회피의무를 말한다. 즉, 구체적인 행위로부터 발생할 수 있는 법익에 대한 위험을 인식(예견)하고 구성요건적 결과의 발생을 방지하기 위하여 방어조치를 취하는 것을 말한다.

(2) 주의의무의 표준

① 객관설(통설): 일반인의 주의능력을 표준으로 하여 주의의무 위반의 유무를 판단하여야 한다는 견해이다. 이에 의하면 행위자가 평균인의 판단을 초과하는 특수지식을 가지고 있었던 것은 고려되어야 한다.

② **주관설**: 행위자 본인의 주의능력을 표준으로 하여 주의의무 위반의 유무를 판단하여야 한다는 견해이다. 이 견해에서 객관적 주의의무 위반은 과실범에 있어서 객관적 귀속의 척도에 불과하다.

> **판례**
>
> 의료사고에 있어서 의사의 과실을 인정하기 위해서는 의사가 결과발생을 예견할 수 있었음에도 불구하고 그 결과발생을 예견하지 못하였고, 그 결과발생을 회피할 수 있었음에도 불구하고 그 결과발생을 회피하지 못한 과실이 검토되어야 하고, 그 과실의 유무를 판단함에는 같은 **업무와 직무에 종사하는 일반적 보통인의 주의 정도를 표준으로 하여야 하며**, 이에는 사고 당시의 일반적인 의학의 수준과 의료환경 및 조건, 의료행위의 특수성 등이 고려되어야 한다. 이러한 법리는 한의사의 경우에도 마찬가지이다(대판 1999.12.10, 99도3711). ✗ 이러한 법리는 한의사의 경우에는 적용되지 않는다. ✗ 03. 사시, 15. 국가직 9급, 15·17. 경찰

(3) 주의의무의 발생근거

주의의무는 구체적 사정에 따라 법령·판례·조리·관습 등에 의하여 발생한다.

> **판례**
>
> 1. 소유자가 건물을 임대한 경우, 그 건물의 전기배선이 벽 내부에 매립·설치되어 건물 구조의 일부를 이루고 있다면 그에 관한 관리책임은 통상적으로 건물을 직접 사용하는 임차인이 아닌 소유자에게 있어, **특별한 사정이 없는 한 소유자가 전기배선의 하자로 인한 화재를 예방할 주의의무를 부담한다**(대판 2009도5.28, 2009도1040). 17·18. 변호사
> 2. 도급계약의 경우 원칙적으로 도급인에게는 수급인의 업무와 관련하여 사고방지에 필요한 안전조치를 취할 주의의무가 없으나, 법령에 의하여 도급인에게 수급인의 업무에 관하여 구체적인 관리·감독의무 등이 부여되어 있거나 도급인이 공사의 시공이나 개별 작업에 관하여 구체적으로 지시·감독하였다는 등의 특별한 사정이 있는 경우에는 도급인에게도 수급인의 업무와 관련하여 사고방지에 필요한 안전조치를 취할 주의의무가 있다(대판 2016.3.24, 2015도8621). 17·18. 변호사
> 3. 금은방 운영자가 반지를 매수함에 있어 장물인 정을 알 수 있었거나 **장물인지의 여부를 의심할 만한 특별한 사정이 있었다면** 매도인의 신원확인 외에 반지의 출처 및 소지경위 등에 대하여도 확인할 업무상 주의의무가 있다(대판 2003.4.25, 2003도348). 18. 변호사
>
> **비교판례**
>
> 전당포 경영자가 전당물을 입질받음에 있어 **소유관계를 묻고 주민등록증을 제시받아 전당물대장에 주소, 성명, 직업, 주민등록번호, 연령 등을 기재하였다면 특별한 사정이 없는 한 전당포 경영자로서의 주의의무를 다한 것**이고 더 나아가 입질물품이 실제로 상대방의 소유인지의 여부 또는 전당물의 출처, 전당잡히려는 동기 등을 확인하여야 할 주의의무까지는 없다(대판 1987.2.24, 86도2077).
> 4. 갑이 사업당시 공사현장감독자이기는 하였으나 해당 공사의 발주자에 의하여 현장감독에 임명된 것은 아니고 구 건설업법상 요구되는 현장건설기술자의 자격도 없다는 등의 사유는 업무상 과실책임을 물음에 아무런 영향을 미칠 수 없다(대판 1983.6.14, 82도2713). 22. 경찰승진

5. 의사가 설명의무를 위반한 채 의료행위를 하여 피해자에게 상해가 발생하였다고 하더라도, 업무상 과실로 인한 형사책임을 지기 위해서는 피해자의 상해와 의사의 설명의무 위반 내지 승낙취득과정의 잘못 사이에 상당인과관계가 존재하여야 하고, 이는 한의사의 경우에도 마찬가지이다(대판 2011.4.14, 2010도10104). → 의사의 설명의무 위반과 환자의 사상의 결과 사이가 아니라, 의료행위와 사상의 결과 사이에 상당인과관계가 존재하여야 한다. (×)

18. 국가직 7급, 21. 국가직 9급·경찰, 22. 경찰승진

6. 법인 대표자의 법규위반행위에 대한 법인의 책임은 법인 자신의 법규위반행위로 평가될 수 있는 행위에 대한 법인의 직접책임으로서, 대표자의 고의에 의한 위반행위에 대하여는 법인 자신의 고의에 의한 책임을, 대표자의 과실에 의한 위반행위에 대하여는 법인 자신의 과실에 의한 책임을 지는 것이다(대판 2010.9.30, 2009도3876). 22. 경찰승진

2. 결과의 발생

과실범은 결과범이므로 구성요건적 결과가 발생하여야 한다. 따라서 단순히 주의의무 위반에 그치고 결과가 발생하지 않는 과실미수의 개념은 인정되지 않는다.

☺ • 과실미수는 처벌규정이 있다. (×)
　• 과실범은 모두 결과범이다. (○)
　• 과실범은 모두 침해범이다. (×) ⇨ 실화죄·과실일수죄는 위험범이다.

3. 인과관계 및 객관적 귀속

결과발생과 주의의무의 위반 사이에는 인과관계가 있어야 한다. 즉, 과실범의 결과는 주의의무의 위반으로 인하여 발생하여야 하고, 결과는 객관적으로 예견가능하여야 한다. 따라서 객관적으로 예견할 수 없었던 결과는 행위자에게 귀속시킬 수 없다.

판례비교 과실의 인정 여부

O　과실 인정	X　과실 부정
① 태풍경보가 내려져 파도가 높은 날 이끼가 낀 바위에서 전역병을 헹가래쳐 바다에 빠뜨리려다가 헹가래를 치던 한 병사가 바다에 빠져 익사한 경우(대판 1990.11.23, 90도2106)	① 교사가 징계의 목적으로 회초리로 학생들의 손바닥을 때리기 위하여 회초리를 들어올리는 순간 이를 구경하기 위하여 옆으로 고개를 돌려 일어나는 다른 학생의 눈을 찔러 그로 하여금 우안실명의 상해를 입게 한 경우(대판 1985.7.9, 84도822)
② 피고인이 중앙선에 서서 도로횡단을 중단한 피해자의 팔을 갑자기 잡아끌고 피해자로 하여금 도로를 횡단하게 하고, 무단횡단을 하는 도중에 지나가는 차량에 충격당하여 피해자가 사망한 경우(대판 2002.8.23, 2002도2800)	② 담임교사가 학교방침에 따라 학생들에게 교실청소를 시켜왔고 유리창을 청소할 때에는 교실 안쪽에서 닦을 수 있는 유리창만을 닦도록 지시하였는데도 유독 피해자만이 수업시간이 끝나자 마자 베란다로 넘어 갔다가 밑으로 떨어져 사망한 경우(대판 1989.3.28, 89도108)
③ 앞차를 뒤따라 진행하는 차량의 운전자가 앞차에 의하여 전방의 시야가 가리는 관계상 앞차의 어떠한 돌발적인 운전 또는 사고에 의하여도 자기 차량에 연쇄적인 사고가 일어나지 않도록 앞차와의 충분한 안전거리를 유지하고 진로 전방좌우를 잘 살펴 진로의 안전을 확인하면서 진행할 주의의무를 위반한 경우(대판 2001.12.11, 2001도5005) 12. 법원직	③ 요추 척추후궁절제수술 도중에 수술용 메스가 부러지자 담당 의사가 부러진 메스조각(3×5mm)을 찾아 제거하기 위한 최선의 노력을 다하였으나 찾지 못하여 부러진 메스조각을 그대로 둔 채 수술 부위를 봉합한 경우(대판 1999.12.10, 99도3711) 11. 경찰승진
④ 운전자가 음주운전 단속 중인 경찰관의 정지신호를 무시하고 상당한 속도로 계속 진행함으로써 정차시키기 위하여 차체를 치는 경찰관으로 하여금 상해를 입게 한 경우(대판 1994.10.14, 94도2165) 11. 경찰승진	④ 제왕절개분만을 함에 있어서 산모에게 수혈을 할 필요가 있을 것이라고 예상할 수 있었다는 사정이 보이지 않는 경우(대판 1997.4.8, 96도3082)

O 과실 인정	X 과실 부정
⑤ 알코올중독자의 수용시설을 운영 또는 관리하던 피고인들이 피해자가 금단증상을 보이자 피해자를 독방에 가둔 다음 그대로 방치한 결과 피해자가 자살한 경우(대판 2005.3.24, 2004도2800)	**비교판례** • 산부인과 의사가 산모의 **태반조기박리**에 대한 대응조치로서 **응급제왕절개수술**을 시행하기로 결정하였다면 이러한 경우에는 적어도 제왕절개수술 시행결정과 아울러 산모에게 수혈을 할 필요가 있을 것이라고 예상되는 특별한 사정이 있어 미리 혈액을 준비하여야 할 업무상 주의의무가 있다고 보아야 한다(대판 2000.1.14, 99도3621). 09. 경찰승진
⑥ 액화석유가스 판매사업자인 피고인이 수요자의 소비설비의 철거를 요청받고도 이에 응하지 아니하고 직접 철거하라고 이야기하여 이사를 가는 자로 하여금 별다른 안전조치도 취하지 아니한 채 휴즈콕크(속칭 중간밸브)까지 떼어가게 하여 그 부분으로 새어 나온 가스로 인하여 폭발사고가 발생한 경우(대판 2006.5.12, 2006도819)	• 피고인이 **제왕절개수술 후 대량출혈**이 있었던 피해자를 전원조치하였으나 전원받는 병원 의료진의 조치가 다소 미흡하여 도착 후 약 1시간 20분이 지나 수혈이 시작된 사안에서 피고인의 전원지체 등의 과실로 신속한 수혈 등의 조치가 지연된 이상, 피해자의 사망과 피고인의 과실 사이에 인과관계가 인정된다(대판 2010.4.29, 2009도7070). 16. 국가직 7급
⑦ 함께 술을 마신 후에 만취한 피해자를 **촛불**이 켜져 있는 방안에 혼자 놓고 촛불을 끄지 않고 나오는 바람에 화재가 발생하여 피해자가 사망한 경우(대판 1994.8.26, 94도1291) ⇨ 과실치사죄와 실화죄의 상상적 경합	⑤ 버스정류장에서 버스를 타려고 뛰어가던 **행인끼리 충돌**하여 넘어지면서 순간적으로 막 출발하려는 **버스의 앞바퀴와 뒷바퀴 사이**로 머리가 들어가 사고가 발생한 경우(대판 1986.8.19, 86도1123)
⑧ 건축자재인 철판 수백 장의 운반을 의뢰한 자가 절단면이 **날카롭고 무거운 철판**을 묶기에 매우 부적합한 폴리에스터 끈을 사용하여 철판을 차에서 내리는 과정에서 철판이 쏟아져 내려 화물차운전자가 사망한 경우 그 운반의뢰인에게 과실이 인정된다(대판 2009.7.23, 2009도3219).	⑥ 의사에게는 환자의 상황, 당시의 의료수준, 자신의 지식·경험 등에 따라 적절하다고 판단되는 진료방법을 선택할 폭넓은 재량권이 있으므로, 의사가 특정 진료방법을 선택하여 진료를 하였다면 해당 **진료방법 선택과정에 합리성이 결여되어 있다고 볼 만한 사정이 없는 이상 진료의 결과만을 근거로 하여 그 중 어느 진료방법만이 적절하고 다른 진료방법을 선택한 것은 과실에 해당한다고 말할 수 없다**(대판 2015.6.24, 2014도11315).
⑨ 택시운전자인 피고인이 심야에 밀집된 주택 사이의 좁은 골목길이자 직각으로 구부러져 가파른 비탈길의 내리막에 누워 있던 피해자의 몸통 부위를 자동차 바퀴로 **역과**하여 사망에 이르게 하고 도주한 경우(대판 2011.5.26, 2010도17506) 17. 경찰승진	⑦ 트럭운전사가 이미 동일한 표지가 있는 다른 육교를 무사히 통과하였지만 유독 문제의 육교에서만 그러한 **표지와 실제 높이가 다른 육교**를 통과하다가 육교가 붕괴되어 보행인이 사망한 경우(대판 1997.1.24, 95도2125)
⑩ 골프경기를 하던 중 골프공을 쳐서 아무도 예상하지 못한 자신의 등 뒤편으로 보내어 등 뒤에 있던 **경기보조원(캐디)**에게 상해를 입힌 경우(대판 2008.10.23, 2008도6940) 09. 법원행시, 12. 경찰간부, 16. 경찰승진	⑧ 임차한 주택의 방문과 벽 사이의 0.4cm의 **문틈**으로 연탄가스가 스며들어 임차인이 중독사한 경우에 그 임대인에게 중과실치사의 죄책을 물을 수 없다(대판 1986.6.24, 85도2070). **비교판례**
⑪ 골프장의 경기보조원인 피고인이 골프 카트에 피해자 등 승객들을 태우고 각도 70°가 넘는 우로 굽은 길에서 속도를 충분히 줄이지 않고 급하게 우회전하여 피해자가 골프 카트에서 떨어져 상해를 입은 경우(대판 2010.7.22, 2010도1911) 11. 국가직 9급	임차인이 방바닥에 균열이 생겨 **대규모 수선**을 요하는 공사를 **수차례 요구**하였으나 임대인이 이를 차일피일 미루다가 임차인이 연탄가스로 중독사한 경우 임대인에게 과실치사죄가 성립한다(대판 1993.9.10, 93도196).
⑫ 자전거 전용통로에 도시가스배관, 철도횡단흉관 압입공사를 하기 위하여 **웅덩이**를 파두어 야간에 그곳을 지나던 통행인이 웅덩이에 떨어져 상해를 입은 경우(대판 1986.8.16, 86도915)	⑨ 탄광덕대인 피고인이 화약류취급책임자 면허가 없는 甲에게 화약고열쇠를 맡기었던바 甲이 경찰관의 화약고 검열에 대비하여 임의로 화약고에서 뇌관·폭약 등을 꺼내어 이를 노무자 숙소 아궁이에 감추었고, 이 사실을 모르는 자가 아궁이에 불을 때다 위 폭발물에 인화되어 폭발위력으로 사람을 사상에 이르게 한 경우(대판 1981.9.8, 81도53)
⑬ 피고인이 자동차를 운전하다가 횡단보도를 걷던 보행자 甲을 들이받아 그 충격으로 횡단보도 밖에서 **甲과 동행하던 피해자 乙**이 밀려 넘어져 상해를 입은 경우(대판 2011.4.28, 2009도12671)	
⑭ 환자의 주치의 겸 정형외과 전공의인 피고인이 같은 과 수련의의 처방에 대한 감독의무를 소홀히 한 나머지, 환자가 **수련의의 잘못된 처방**으로 인하여 상해를 입게 된 경우 전공의에게 과실이 인정된다(대판 2007.2.22, 2005도9229). 16. 국가직 9급	

O 과실 인정	**X** 과실 부정
⑮ 의사들의 주의의무 위반과 처방체계상의 문제점으로 인하여 수술 후 회복과정에 있는 환자에게 인공호흡 준비를 갖추지 않은 상태에서는 사용할 수 없는 **약제가 잘못 처방**되었고, 종**합병원의 간호사**로서 환자에 대한 투약과정 및 그 이후의 경과관찰 등의 직무수행을 위하여 처방약제의 기본적인 약효나 부작용 및 주사투약에 따르는 주의사항 등을 미리 확인·숙지하였다면 과실로 처방된 것임을 알 수 있었음에도 그대로 주사하여 환자가 의식불명상태에 이르게 된 경우(대판 2009.12.24, 2005도8980) 16. 국가직 7급 ⑯ 화약류를 취급하는 데에 필요한 소정의 **면허를 받지 못한 자를 화약류취급책임자로 선임**하여 발파작업에 종사하게 함으로써 그 발파작업 중 그 책임자의 과실로 인하여 사상사고가 발생한 경우(대판 1966.6.28, 66도758) [비교판례] 화약류관리보관책임자가 광산보안법 제10조 제1항 단서, 동법 시행규칙 제72조 소정의 화약류취급에 관한 보안교육을 이수하여 **화약류취급자격**이 있는 광부에게 굴진 막장에서의 발파 및 천공작업을 지시하면서 동 발파작업에 입회 감독하지 아니하였다 하여도 화약류관리보관책임자로서의 안전상의 감독업무를 게을리하였다고 할 수 없다(대판 1990.9.25, 90도1482). ⑰ 마취전문 간호사가 의사의 구체적 지시 없이 독자적으로 마취약제와 사용량을 결정하여 피해자에게 척수마취시술을 한 경우(대판 2010.3.25, 2008도590) ⑱ 산후조리원에 입소한 신생아가 출생 후 10일 이상이 경과하도록 계속하여 수유량 및 체중이 지나치게 감소하고 잦은 설사 등의 이상증세를 보임에도 불구하고, 산후조리원의 신생아 집단관리를 맡은 책임자가 의사나 한의사 등의 진찰을 받도록 하지 않아 신생아가 탈수 내지 괴사성 장염으로 사망한 경우(대판 2007.11.16, 2005도1796) ⑲ 화물차를 주차하고 적재함에 적재된 **토마토 상자**를 운반하던 중 적재된 상자 일부가 떨어지면서 지나가던 피해자에게 상해를 입힌 경우, 교통사고처리 특례법에서 정한 '교통사고'에 해당하지 않아 업무상과실치상죄가 성립한다(대판 2009.7.9, 2009도2390). ⇨ 일반적인 과실은 인정, 교통사고 특례법상 업무상과실치상죄 부정 12. 경찰	⑩ 주택수리공사에 관하여 전문적인 지식이 없는 도급인이 주택수리공사 **전문업자에게 주택수리를 의뢰**하면서 공사에 관한 관리감독업무 또는 공사의 시공에 있어서 분야별 공사업자나 인부들에 대한 구체적인 작업지시 및 감독업무를 주택수리업자에게 일임한 경우 그 도급인에게 업무상 주의의무가 있다고 할 수 없다(대판 2002.4.12, 2000도3295). ⑪ 건설회사가 건설공사 중 타워크레인의 설치작업을 **전문업자에게 도급**주어 타워크레인 설치작업을 하던 중에 사고가 발생한 경우, 그 건설회사의 현장대리인에게 업무상 과실치사상의 죄책을 물을 수 없다(대판 2005.9.9, 2005도3108). 15. 경찰 ⑫ 시계점을 경영하면서 중고시계의 매매도 하고 있는 甲이 후에 장물로 판정된 시계를 매입함에 있어서 매도인에게 그 시계의 구입장소·구입시기·매각이유 등을 묻고 비치된 장부에 **매입가격 및 주민등록증에 의하여 확인**된 매도인의 인적사항 일체를 사실대로 기재한 경우, 그 이상 매도인의 설명의 진부에 대하여서까지 확인하여야 할 주의의무는 없다(대판 1984.2.14, 83도2982). 09. 경찰승진 [비교판례] 금은방 운영자가 반지를 매수함에 있어 장물인 정을 알 수 있었거나 장물인지의 여부를 의심할 만한 특별한 사정이 있었다면 매도인의 신원확인 외에 반지의 출처 및 소지경위 등에 대하여도 확인할 업무상 주의의무가 있다(대판 2003.4.25, 2003도348). ⑬ 화물차운전자가 고속도로 3차로를 진행하던 중 갓길에 잠시 정차하였다가 다시 도로로 진입하게 되면서, **고속도로의 갓길에서 주행 차로로 차의 진로를 변경하는 상황**에서 운전자에게 요구되는 업무상의 주의의무를 게을리한 채 그대로 진로를 변경한 과실로 마침 후방에서 3차로를 따라 진행하던 피해자 승용차의 앞부분을 **화물차의 뒷부분**으로 들이받아 그 충격으로 피해자가 사망한 경우(대판 2010.1.14, 2009도9812) ⑭ 정신병동에 입원 중인 환자가 **완전감금병동의 화장실 창문**을 열고 탈출하려다가 떨어져 사망한 경우(대판 1992.4.28, 91도1346) ⑮ 술을 마시고 **찜질방**에 들어온 甲이 찜질방 **직원 몰래** 후문으로 나가 술을 더 마신 다음, 후문으로 다시 들어와 발한실에서 잠을 자다가 사망한 경우 그 직원 및 영업주에게 주의의무의 위반이 있다고 볼 수 없다(대판 2010.2.11, 2009도9807). 16. 경찰승진 ⑯ 분전반이나 건물의 3층과 4층에 이르는 전선이 화재원인이고 10여 년간 건물 2층을 임차해 오면서 당해 건물의 안전에 이상이 있음을 알고 있었다는 이유만으로 임차인의 업무상 주의의무가 있다고 볼 수 없다(대판 2009.5.28, 2009도1040).

O 과실 인정	**X** 과실 부정
	⑰ 택시운전사인 피고인이 1차로상으로 갑자기 부딪칠 정도로 근접하여 운전하자 피해자가 피고인 운전차량과의 충돌을 피하기 위하여 왼쪽으로 급히 핸들을 돌리다가 중앙분리대를 들이받아 그 충격으로 승용차에 타고 있던 다른 피해자가 두부손상 등으로 사망한 경우(대판 1998.4.10, 98도297) ⑱ 한의사인 피고인이 피해자에게 문진하여 과거 **봉침**을 맞고도 별다른 이상반응이 없었다는 답변을 듣고 알레르기 반응검사를 생략한 채 환부에 봉침시술을 하였는데, 피해자가 시술 직후 쇼크반응을 나타내는 등 상해를 입은 경우(대판 2011.4.14, 2010도10104) 12. 경찰간부, 13. 경찰 ⑲ 병원 인턴인 피고인이 응급실로 이송되어 온 익수환자 甲을 담당 의사 乙의 지시에 따라 구급차에 태워 다른 병원으로 이송하던 중 **산소통의 산소잔량을 체크**하지 않은 과실로 산소 공급이 중단된 결과, 甲을 폐부종 등으로 사망에 이르게 한 경우(대판 2011.9.8, 2009도13959) 12. 경찰간부, 16. 국가직 7급 ⑳ 소아외과 의사가 5세의 급성 림프구성 백혈병환자의 항암치료를 위하여 **쇄골하 정맥**에 중심도관을 삽입하는 수술을 하는 과정에서 환자의 우측 쇄골하 부위를 주사바늘로 10여 차례 찔러 환자가 우측 쇄골하 혈관 및 흉막 관통상에 기인한 외상성 혈흉으로 인한 순환혈액량 감소성 쇼크로 사망한 경우(대판 2008.8.11, 2008도3090) 12. 경찰간부 ㉑ 지하철 공사구간현장 안전업무담당자인 피고인이 공사현장에 인접한 기존의 횡단보도 표시선 안쪽으로 돌출된 **강철빔 주위에 라바콘 3개를 설치하고 신호수 1명을 배치**하였는데, 피해자가 횡단보도를 건너면서 강철빔에 부딪혀 상해를 입은 경우(대판 2014.4.10, 2012도11361) ㉒ 의사가 특정 진료방법을 선택하여 진료를 하였다면 해당 진료방법 선택과정에 합리성이 결여되어 있다고 볼 만한 사정이 없는 이상, 진료의 결과만을 근거로 하여 그 진료방법을 선택한 것이 과실에 해당한다고 말할 수 없다(대판 2015.6.24, 2014도11315). 18. 변호사

❸ 객관적 주의의무의 제한원리

1. 허용된 위험

현대사회에서 인간의 일상생활을 자유롭고 원활하게 하기 위하여 또는 개인의 결정과 활동의 자유를 보장하기 위하여 사회적 유용성과 필요성의 관점에서 일정한 정도의 법익위태화를 사회가 인정하는 것을 말한다(자동차·항공기 운행, 공장운영 등과 같은 기계작업이나 기업활동은 최상의 주의의무를 이행할지라도 회피하기 어려운 위험을 내포하고 있다). 즉, 엄격한 규칙을 정하여 두고 그 규칙을 모두 준수하였는데도 불구하고 사고가 발생한 경우에는 객관적 귀속이 부정되어 과실범의 구성요건해당성이 배제된다(통설).

2. 신뢰의 원칙

SUMMARY

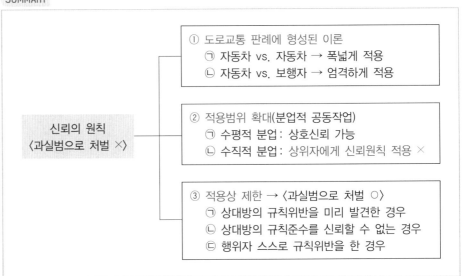

(1) **의의**

특히 도로교통에서 교통규칙에 맞추어 행동하는 사람은 다른 교통관여자도 교통규칙을 지키리라는 것을 신뢰하였으면 충분하며, 특별한 사정이 없는 한 미리 그 타인의 교통규칙 위반행동을 예견하고 주의할 필요가 없다는 원칙을 말한다.

(2) **연혁**

판례는 도로교통과 관련하여 신뢰의 원칙을 적용하다가 분업적 공동작업(수평적 분업관계)이 필요한 모든 경우로 그 적용범위를 확대하고 있다.

(3) 법률상 취급

신뢰의 원칙은 과실범의 객관적 주의의무의 제한을 통하여 과실범의 성립범위를 축소시켜 과실범의 구성요건해당성을 배제하는 원칙으로 작용한다.

(4) 적용범위

① 도로교통과 신뢰의 원칙

　㉠ 적용범위: 판례는 도로교통에 있어서 자동차와 자동차간의 충돌사고에서는 폭넓게 신뢰의 원칙을 적용하고 있으나, 자동차와 보행자간의 충돌사고에서는 비교적 엄격하게 신뢰의 원칙을 적용하고 있다.

　㉡ 적용상 제한: 상대방의 규칙 위반을 미리 인식한 경우, 상대방의 준칙 준수를 신뢰할 수 없는 경우(예 유아, 노인, 정신이상자), 스스로 주의의무를 위반하여 행위한 자의 경우에는 신뢰의 원칙이 적용되지 않는다.

판례비교 과실의 인정 여부 - 도로교통상 신뢰의 원칙 적용 여부

O 과실 인정 - 도로교통상 신뢰의 원칙 적용 ×	**X** 과실 부정 - 도로교통상 신뢰의 원칙 적용 ○
① **고속도로상**을 운행하는 자동차운전자라도 도로를 횡단하려는 피해자를 그 차의 **제동거리 밖에서 발견**하였다면 피해자가 반대차선의 교행차량 때문에 도로를 완전히 횡단하지 못하고 그 진행차선 쪽에서 멈추거나 다시 되돌아 나가는 경우를 예견하여야 하는 것이다(대판 1981.3.24, 80도3305).	① **육교 밑의 편도 4차선의 넓은 길 가운데 2차선 지점**인 경우라면 이러한 교통상황 아래에서의 자동차운전자는 무단 횡단자가 없을 것으로 믿고 운전하여 가면 되는 것이고 그 자동차의 앞을 횡단하려고 하는 사람이 있을 것까지 예상하여 그 안전까지를 확인하여 가면서 운전하여야 할 의무는 없다(대판 1985.9.10, 84도1572). 11. 경찰승진
② **반대방향에서 오는 차량이 이미 중앙선을 침범하여 비정상적인 운행을 하고 있음을 목격한 경우**에는 피해하는 등 적절한 조치를 취함으로써 사고발생을 미연에 방지할 업무상 주의의무가 있다 (대판 1986.2.25, 85도2651). 03. 경찰, 07. 국가직 7급	② **차량의 운전자**로서는 횡단보도의 신호가 적색인 상태에서 반대차선상에 정지하여 있는 차량의 뒤로 보행자가 건너오지 않을 것이라고 신뢰하는 것이 당연하고 그렇지 아니할 사태까지 예상하여 그에 대한 주의의무를 다하여야 한다고는 할 수 없다(대판 1993.2.23, 92도2077). 12. 법원직, 16. 경찰승진
③ **버스운전자는 40m 전방 우측로변에 어린아이**가 같은 방향으로 걸어가고 있음을 목격한 경우에 버스 앞으로 느닷없이 뛰어나올 수 있음을 예견하고 이에 대비할 주의의무가 있다(대판 1970.8.18, 70도1336). 08. 경찰승진	③ **고속국도에서는 보행으로 통행·횡단하거나 출입하는 것이 금지**되어 있으므로 고속국도를 주행하는 차량의 운전자는 **도로 양측에 휴게소가 있는 경우에도 동 도로상에 보행자가 있음을 예상하여 감속 등 조치를 할 주의의무는 없다**(대판 1977.6.28, 77도403). 11. 경찰승진, 17. 경찰
④ **제한시속 100km로 자동차를 운행할 수 있도록 허용된 고속도로에서의 운전**이라 하여도 주위가 어두운 **야밤에 가시거리 60m의 전조등을 단 차를 조정운전하는 특수상황** 아래에서는 운전자가 제한시속 100km를 다 내어 운행하는 것은 60m 앞에 장애물이 있음을 발견하고 급정차조치를 하여도 충돌을 면할 수 없는 과속도가 되므로, 이러한 경우에는 운전자가 사고방지의무를 다하지 못한 업무상 과실책임을 면하지 못한다(대판 1975.9.23, 74도231).	④ **자동차전용도로**를 운행 중인 자동차운전자들에게 반대차선에서 진행차량 사이를 횡단하는 보행자들이 있을 것까지 예상하여 전방주시를 할 의무는 없다(대판 1989.2.28, 88도1689). 12. 법원직
	⑤ **고속도로상에서 도로를 횡단하는 이 사건 피해자(5세)**를 피고인이 운전하는 화물자동차로 충격하여 사망하게 한 경우 특별한 사정이 없는 한 고속도로를 운전하는 자동차운전자에게 도로상에 장애물이 나타날 것을 예견하여 제한속도 이하로 감속시행할 주의의무가 있다고 할 수 없다(대판 1981.12.8, 81도1808). 09. 국가직 9급

O 과실 인정 – 도로교통상 신뢰의 원칙 적용 ×	X 과실 부정 – 도로교통상 신뢰의 원칙 적용 ○
⑤ 피고인이 선행차에 역과되어 도로에 쓰러진 피해자를 뒤늦게 발견하고 그대로 **역과**하여 사망하게 한 경우, 사고 당시 비가 내리는 야간이어서 시계가 불량하고 사고지점은 고개를 지나 내리막이 시작되는 곳이었다면 피고인에게 과실이 인정된다(대판 2001.12.11, 2001도5005). 비교판례 승용차운전자에게 **반대방향 차선도로변**으로 오토바이를 운행하여 오던 피해자가 갑자기 도로변의 돌에 부딪쳐 넘어지면서 그 충격으로 **자기의 운행차선 1~2m까지 튀어 들어와 넘어져 이를 자동차 앞부분으로 피해자를 역과**하여 사망하게 한 경우, 피고인에게는 반대방향 차선도로변으로 오토바이를 운행하여 오던 피해자가 갑자기 도로변의 돌에 부딪쳐 넘어지면서 그 충격으로 피고인 운행차선까지 튀어 들어올 것을 미리 예견하여 운전하여야 할 업무상 주의의무를 인정할 수 없다(대판 1984.7.10, 84도813). ⑥ 반대편에서 중앙선을 넘어서 오는 승용차가 자기 차선으로 되돌아 갈 것이라고 믿고 **경적을 울리거나 스스로 감속함이 없**이 거리가 근접할 때까지 위 승용차가 자기 차선으로 되돌아가지 않자 비로소 급정거하였으나 사고가 난 경우에는 과실이 인정된다(대판 1984.3.13, 83도1859). 17. 경찰간부	⑥ 운전자에게 야간에 무등화인 자전거를 타고 차도를 무단 횡단하는 경우까지를 예상하여 제한속력을 감속하고 잘 보이지 않는 반대차선상의 동태까지 살피면서 서행운행할 주의의무가 있다고 할 수 없다(대판 1984.9.25, 84도1695). ⑦ **중앙선이 표시되어 있지 아니한 비포장도로**라고 하더라도 승용차가 넉넉히 서로 마주보고 진행할 수 있는 정도의 너비가 되는 도로를 정상적으로 진행하고 있는 자동차운전자로서는 특별한 사정이 없는 한 마주 오는 차도 교통법규를 지켜 도로의 중앙으로부터 우측 부분을 통행할 것으로 신뢰하는 것이 보통이다(대판 1992.7.28, 92도1137). ⑧ 자전거를 타고 오던 자가 **도로를 횡단하려다가 넘어지리라고** 예상할 주의의무는 없다(대판 1983.2.8, 82도2617). ⑨ 교통정리가 행하여지고 있지 아니하는 교차로의 넓은 도로를 운행하여 통행의 우선순위를 가진 **차량**의 운수자는 이와 교차하는 좁은 도로의 차량이 교통법규에 따라 적절한 행동을 취하리라고 신뢰하고 운전한다 할 것이므로 그와 같은 기대 신뢰하에 상당한 주의를 한 이상, 상대방 차량 측의 부주의로 야기된 충돌사고로 그 차에 탄 피해자가 상해를 입은 경우에도 업무상과실치상죄로 처벌할 수 없다(대판 1977.3.8, 77도409). 17. 경찰간부 ⑩ 신호등에 의하여 교통정리가 행하여지고 있는 ㅏ자형 삼거리의 교차로를 녹색등화에 따라 직진하는 차량의 운전자는 특별한 사정이 없는 한 대향차선 위의 다른 차량이 신호를 위반하고 직진하는 자기차량의 앞을 가로질러 좌회전할 경우까지 예상하여 그에 따른 사고발생을 미리 방지하기 위한 특별한 조치까지 강구하여야 할 업무상의 주의의무는 없다(대판 1993.1.15, 92도2579). 06. 법원행시, 12. 법원직, 16. 국가직 7급, 18. 경찰승진 ⑪ 우선통행권이 인정되는 트럭은 특별한 사정이 없는 한 통행의 우선순위를 무시하고 과속으로 교차로에 진입하여 오는 차량을 예상하여 사고발생을 미리 막을 주의의무가 없다(대판 1984.4.24, 84도185). 17. 경찰간부 ⑫ 무모하게 트럭과 버스 사이에 끼어들어 이 사이를 빠져 나가려는 오토바이를 선행 차량이 속도를 낮추어 오토바이가 사고가 발생하지 않고 선행하도록 하여 줄 업무상 주의의무는 없다(대판 1984.5.29, 84도483). 17. 경찰간부

② **적용범위의 확대** : 신뢰의 원칙은 교통사고뿐만 아니라 분업적 공동작업(수평적 분업관계)이 필요한 모든 경우까지 그 적용범위가 확대되고 있다. 다만, 신뢰의 원칙은 신뢰를 기초로 할 수 있는 분업관계가 확립되어 있을 것을 요하므로 의사와 보조자의 관계(수직적 분업관계)와 같이 지휘·감독관계에 있을 때에는 신뢰의 원칙이 제한된다.

기출 OX

신뢰의 원칙은 의료행위 등과 같이 위험을 수반하는 공동작업에 종사하는 자에게도 적용되고 있다. 따라서 의사와 보조자의 관계에서와 같이 다른 사람에 대한 지휘·감독의 무가 있는 자에게도 적용된다.
02. 사시 (×)

[판례비교] 과실의 인정 여부 – 신뢰의 원칙 적용 여부

O 과실 인정 – 신뢰의 원칙 적용 ×	**X** 과실 부정 – 신뢰의 원칙 적용 ○
① 의사는 만연히 간호사를 신뢰하여 간호사에게 당해 의료행위를 일임함으로써 간호사의 과오로 환자에게 위해가 발생하였다면 의사는 그에 대한 과실책임을 면할 수 없다(대판 1998.2.27, 97도2812). 17. 경찰간부	① 내과의사가 신경과 전문의에 대한 협의진료결과 피해자의 증세와 관련하여 신경과 영역에서 **이상이 없다는 회신**을 받았고, 그 회신 전후의 진료경과에 비추어 그 회신 내용에 의문을 품을 만한 사정이 있다고 보이지 않자 그 회신을 신뢰하여 뇌혈관계통 질환의 가능성을 염두에 두지 않고 내과 영역의 진료행위를 계속하다가 피해자의 증세가 호전되기에 이르자 퇴원하도록 조치한 경우, 피해자의 지주막하출혈을 발견하지 못한 데 대하여 내과의사의 업무상 과실을 인정할 수 없다(대판 2003.1.10, 2001도3292).
② 의사들의 주의의무 위반과 처방체계상의 문제점으로 인하여 수술 후 회복과정에 있는 환자에게 인공호흡 준비를 갖추지 않은 상태에서는 사용할 수 없는 **약제가 잘못 처방**되었고, **종합병원의 간호사로서** 환자에 대한 투약과정 및 그 이후의 경과관찰 등의 직무수행을 위하여 처방약제의 기본적인 약효나 부작용 및 주사투약에 따르는 주의사항 등을 미리 확인·숙지하였다면 과실로 처방된 것임을 알 수 있었음에도 그대로 주사하여 환자가 의식불명상태에 이르게 된 사안에서 간호사에게 업무상과실치상의 형사책임이 인정된다(대판 2009.12.24, 2005도8980). 16. 국가직 7급	② 피해자를 감시하도록 업무를 **인계받지 않은 간호사**가 자기 환자의 회복처치에 전념하고 있었다면 회복실에 다른 간호사가 남아있지 않은 경우에도 다른 환자의 이상증세가 인식될 수 있는 상황에서라야 이에 대한 조치를 할 의무가 있다고 보일 뿐 회복실 내의 모든 환자에 대하여 적극적·계속적으로 주시·점검을 할 의무가 있다고 할 수 없다(대판 1994.4.26, 92도3283). 11·18. 경찰승진
③ 정신과 주치의사 甲의 클로로포르마진의 과다투여로 인하여 환자에게 기립성저혈압이 발생하게 되었고 환자의 혈압상승을 위하여 포도당액을 주사하게 된 경우, 그 과정에서 환자의 전해질이상 유무를 확인하고 투여하여야 함에도 의사에게 요구되는 이러한 일련의 조치를 취하지 아니한 과실이 있다면, 그러한 과실로 환자가 전해질이상·빈혈·저알부민증 등으로 인한 쇼크로 사망하였음을 인정할 수 있고, 그 치료과정에서 **야간당직의사의 과실이 일부 개입하였다고 하더라도 그의 주치의사 및 환자와의 관계에 비추어 볼 때 환자의 주치의사는 업무상과실치사죄의 책임을 면할 수는 없다**(대판 1994.12.9, 93도2524).	③ 약사인 피고인이 제약회사에서 공급받은 약품을 사용하여 약을 조제한 후 피해자에게 주었는데 피해자가 그 약을 먹고 사망한 경우, 피고인이 사용한 약품은 극약으로 **제약회사의 직원이 잘못 판매한** 것이므로 그 약의 표시를 신뢰하고 이를 사용한 경우에는 과실이 없다(대판 1976.2.10, 74도2046). 17. 국가직 9급
④ 혈액봉지가 바뀔 위험이 있는 상황에서 피고인이 그에 대한 아무런 조치도 취함이 없이 간호사에게 **혈액봉지의 교체**를 일임한 것이 관행에 따른 것이라는 이유만으로 정당화될 수는 없다(대판 1998.2.27, 97도2812). 09. 국가직 9급, 16. 경찰승진	
⑤ 산부인과 의사인 피고인이 피해자에 대한 임신중절수술을 시행하기 위하여 마취주사를 시주함에 있어 피고인이 직접 주사하지 아니하고, 만연히 간호조무사에 불과한 공소외인으로 하여금 직접 방법에 의하여 에폰톨 500mg이 함유된 마취주사를 피해자의 우측 팔에 놓게 하여 피해자에게 상해를 입혔으므로 이에는 의사로서의 주의의무를 다하지 아니한 과실이 있다(대판 1990.5.22, 90도579).	

O 과실 인정 - 신뢰의 원칙 적용 ×	**X** 과실 부정 - 신뢰의 원칙 적용 ○
비교판례 간호사가 의사의 처방에 의한 **정맥주사**를 의사의 입회 없이 간호실습생에게 실시하도록 하여 발생한 의료사고에 대한 의사의 과실은 인정할 수 없다(대판 2003.8.19, 2001도3667). ⑥ 환자의 주치의 겸 정형외과 전공의인 의사는 같은 과 수련의가 당해 환자에 대하여 한 처방이 적절한 것인지의 여부를 확인하고 감독하여야 할 업무상 주의의무가 있다(대판 2007.2.22, 2005도9229).16. 사시	

④ 과실범의 위법성과 책임

1. 과실범의 위법성

구성요건에 해당하는 과실행위 역시 정당방위(**예** 강도에 대하여 단지 경고사격을 하려고 하였으나 부주의로 총상을 입힌 경우), 긴급피난(**예** 생명이 위독한 중환자를 급히 병원으로 이송할 때 과실교통방해죄를 저지른 경우), 피해자의 승낙(**예** 운전자의 음주운전사실을 알고 동승하였는데 사고가 발생한 경우) 등에 의하여 위법성이 조각될 수 있다.

2. 과실범의 책임

고의범과 같이 과실범에 있어서도 책임능력·위법성인식·기대가능성 등이 요구된다. 그 밖에 과실범에 특유한 책임요소로 주관적 주의의무 위반과 행위자의 예견가능성이 있다.

⑤ 관련 문제

1. 과실범의 미수

과실범은 고의범과 달리 결과발생을 인식·인용하여 실행에 옮기는 과정이 없기 때문에 과실미수가 성립할 수 없고 형법상 과실미수를 처벌하는 규정도 없다.

2. 과실범의 공범

① 과실범의 공동정범 : 공동정범의 인정 여부에 관하여 다수설은 부정하나, 판례는 인정하고 있다(행위공동설의 입장).

과실범의 공범 성립 여부

과실범의 공동정범

1. 성수대교 교량붕괴사고에 있어서 D건설 책임자 甲과 현장감독자 乙, 감독공무원 丙 및 완
공된 교량의 관리를 담당하는 공무원 丁의 과실이 서로 합쳐져 교량이 붕괴된 사실이 인정
된 경우 甲·乙·丙·丁 모두에게 업무상과실치사상죄, 업무상과실일반교통방해죄 및 업
무상과실자동차추락죄의 등의 공동정범이 인정된다(대판 1997.11.28, 97도1740).

2. 삼풍백화점이 붕괴한 원인으로 설계사 甲, 현장소장 乙, 삼풍건설 직원 丙 등의 과실이 서
로 합쳐져 부실공사를 초래한 경우 甲·乙·丙 모두에게 업무상과실치사상죄의 공동정범
이 인정된다(대판 1996.8.23, 96도1231).

② 과실범에 대한 교사·방조 : 간접정법이 성립한다(제34조 제1항).

③ 과실범에 의한 교사·방조 : 교사범과 방조범이 성립하기 위해서는 교사의 고의와
방조의 고의를 요하므로 과실에 의한 교사·방조는 부정된다.

3. 과실범의 부작위범

진정부작위범은 거동범이므로 과실에 의한 부작위범은 인정하기 힘들지만, 부진정부
작위범이 결과범일 경우에는 과실에 의한 부작위가 가능하다. 이러한 과실의 부작위범
을 망각범이라고 하며 이는 처벌대상이 된다. 예컨대 의사가 부주의로 환자를 진료하
지 않아서 환자가 사망한 경우에는 부작위에 의한 과실치사죄가 성립한다.

제9절 결과적 가중범

> 제15조 【사실의 착오】 ② 결과 때문에 형이 무거워지는 죄의 경우에 그 결과의 발생을 예견할 수 없었을 때에는 무거운 죄로 벌하지 아니한다.

❶ 서설

1. 의의

고의에 기한 기본범죄에 의하여 행위자가 예견하지 않았던 중한 결과가 발생하는 때에 그 형이 가중되는 범죄를 말한다(**예** 상해의 고의를 가지고 칼로 찔렀으나 과다출혈로 사망한 경우 → 상해치사죄). 기본범죄는 고의범에 제한되며, 중한 결과는 상해(중상해) 또는 사망에 제한된다.❶

2. 책임주의와의 관계

(1) 문제점

결과적 가중범은 때때로 지나치게 무거운 처벌을 초래하기 때문에 이러한 가중처벌에는 합리성을 갖추지 못한 형벌가중이 책임주의에 반하는 문제점이 있다.

(2) 가중처벌의 근거

① 결과적 가중범을 책임주의와 일치시키기 위하여 형법 제15조 제2항에서 결과에 대한 예견가능성(과실)을 요한다고 하여 결과적 가중범을 고의와 과실의 결합형식으로 파악하고 있다(**예** 상해의 고의로 피해자의 사망결과가 야기된 경우에 행위자가 피해자의 사망을 예견할 수 있었다면 상해치사죄로 가중처벌되나, 행위자가 피해자의 사망결과를 예견할 수 없었다면 상해치사죄로 가중처벌할 수 없고 단순상해죄로만 처벌하게 된다).

② 따라서 상해의사를 가지고 칼로 찔렀으나 과다출혈로 사망한 경우에 착오이론은 적용되지 않고 결과적 가중범이 성립하게 된다.

❷ 결과적 가중범의 종류

1. 진정결과적 가중범(고의 + 과실)

고의에 의한 기본범죄에 기하여 과실로 중한 결과를 발생하게 한 경우로 대부분의 결과적 가중범이 이에 해당한다(**예** 상해치사죄, 폭행치사죄 등).

2. 부진정결과적 가중범(고의 + 고의 or 과실)

(1) 개념

고의에 의한 기본범죄에 기하여 중한 결과를 과실뿐만 아니라 고의로 발생하게 한 경우를 말한다(예 현주건조물방화치사상죄, 현주건조물일수치사상죄, 중상해죄, 중손괴죄, 중권리행사방해죄, 교통방해치상죄, 특수공무집행방해치상죄 등).

(2) 인정 여부

① 긍정설(통설·판례) : 중한 결과에 대하여 고의가 있음에도 불구하고 과실이 있는 경우보다 가볍게 처벌하는 형의 불균형을 시정하기 위하여 부진정결과적 가중범을 인정하여야 한다는 견해이다.

② 부정설 : 처음부터 중한 결과에 대하여 고의가 있으면 고의범이 성립할 뿐이므로 부진정결과적 가중범을 인정할 수 없다는 견해이다.

CASE 선생님! 질문있어요

Q. 부진정결과적 가중범을 인정하는 이유가 무엇인가요?

A. 고의에 의한 기본범죄에 기하여 중한 결과가 과실로만 이루어지는 것을 진정결과적 가중범이라 하며, 중한 결과가 과실뿐만 아니라 고의로 이루어지는 것을 부진정결과적 가중범이라 합니다. 부진정결과적 가중범의 예로 특수공무집행방해치상죄, 중상해죄, 중권리행사방해죄, 중손괴죄, 현주건조물방화치사상죄, 현주건조물일수치사상죄, 교통방해치상죄 등이 있습니다.
이와 같은 범죄유형을 진정결과적 가중범으로 해석한다면 형의 불균형이 초래되기 때문에 부진정결과적 가중범을 인정하고 있습니다. 다시 말해 甲이 乙을 살해할 생각으로 사람이 현존하는 건물에 불을 놓아 살해한 경우, 현주건조물방화치사죄를 진정결과적 가중범으로 해석한다면 현주건조물방화죄와 살인죄를 한 개의 행위(불을 놓은 행위)로 실현하였으므로 상상적 경합이 성립하고 중한 죄인 살인죄로 처벌됩니다. 그렇다면 고의로 불을 놓아 고의로 사람을 살해한 행위는 법정형의 하한선이 5년인 살인죄에 해당하고, 고의로 불을 놓았지만 불로 인한 과실로 사람을 죽게 한 경우에는 법정형의 하한선이 7년인 현주건조물방화치사죄에 해당합니다. 이는 불법의 정도와 내용으로 보아 현저한 불균형이 아닐 수 없습니다. 이러한 처벌의 불균형을 해소하기 위해서는 이와 같은 행위에도 현주건조물방화치사죄의 구성요건해당성이 인정되어야 합니다. 바로 여기에 부진정결과적 가중범을 인정할 필요성이 있는 것입니다.

기출 OX

특수공무집행방해치상죄는 부진정결과적 가중범이다. 16. 경찰 (○)

기출 OX

진정결과적 가중범만 인정하면 과실로 중한 결과를 발생시킨 경우가 고의로 중한 결과를 발생시킨 경우보다 형벌이 높아 처벌의 불균형이 발생할 수 있기 때문에 부진정결과적 가중범을 인정해야 할 이유가 있다. 03. 사시 (○)

기출 OX

01 실화치사죄는 결과적 가중범이다. 03. 경찰승진 (×)

02 절도치사상죄·사기치사상죄를 신설한다면 직접성의 원칙에 반한다. 03. 사시 (○)

03 자기소유의 헛간을 태우려고 불을 붙였으나 때마침 강풍이 불어 옆집으로 불이 번진 경우 결과적 가중범에 해당한다. 05. 경찰 (○)

구분	진정결과적 가중범	부진정결과적 가중범
개인적 법익	① 상해치사죄, 폭행치사죄 ② 유기치사상죄, 인질치사상죄 ③ 체포·감금치사상죄 ④ 강간·강제추행치사상죄 ⑤ 강도치사상죄, 해상강도치사상죄 ⑥ 손괴치사상죄	① 중상해죄 ② 중유기죄 ③ 중손괴죄 ④ 중권리행사방해죄
사회적 법익	① 연소죄, 폭발성물건파열치사상죄 ② 가스·전기등방류치사상죄 ③ 가스·전기등공급방해치사상죄 ④ 교통방해치사죄 ⑤ 음용수혼독치사죄	① 현주건조물방화치사상죄 ② 현주건조물일수치사상죄 ③ 교통방해치상죄
국가적 법익	특수공무방해치사죄	특수공무방해치상죄 19. 변호사

- ☺ • **과실치사상죄, 실화치사죄, 중체포·감금죄** : 결과적 가중범 ×
  - **강간치사상죄** : 진정결과적 가중범 ○, 부진정결과적 가중범 ×(∵ 치사상이 고의이면 강간상해·강간살인의 결합범)
  - **강도죄와 손괴죄를 제외한 재산범죄** : 결과적 가중범 처벌규정 ×
  - **연소죄** : 진정결과적 가중범(예 자기소유의 헛간에 불을 붙였으나 강풍이 불어 옆집으로 번진 경우)

❸ 결과적 가중범의 구성요건

☑ 두문자
특수공무집행방해치상죄
현주건조물방화치사상죄
중체포·감금죄를 제외한 가중범죄 교통방해치상죄

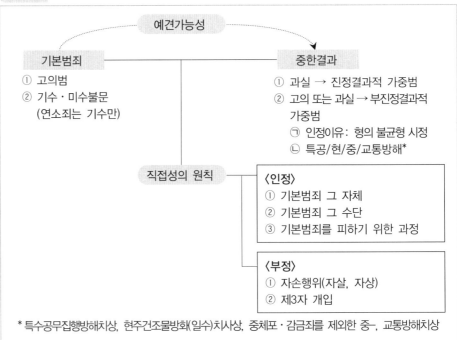

SUMMARY

예견가능성

기본범죄
① 고의범
② 기수·미수불문
   (연소죄는 기수만)

중한결과
① 과실 → 진정결과적 가중범
② 고의 또는 과실 → 부진정결과적 가중범
   ㉠ 인정이유 : 형의 불균형 시정
   ㉡ 특공/현/중/교통방해*

직접성의 원칙

〈인정〉
① 기본범죄 그 자체
② 기본범죄 그 수단
③ 기본범죄를 피하기 위한 과정

〈부정〉
① 자손행위(자살, 자상)
② 제3자 개입

* 특수공무집행방해치상, 현주건조물방화(일수)치사상, 중체포·감금죄를 제외한 중—, 교통방해치상

1. 고의의 기본범죄

기본범죄는 고의범에 한한다. 기본범죄행위가 미수에 그친 경우라도 특별히 결과적 가중범의 미수처벌규정을 두지 않았다면 결과적 가중범의 기수가 성립하는 데에 지장이 없다(예 강간이 미수에 그친 경우라도 그 수단이 된 폭행에 의하여 피해자가 상해를 입었다면 강간치상죄가 성립한다).

2. 중한 결과의 발생

중한 결과는 기본범죄에 내포된 전형적인 위험의 실현이므로 결과적 가중범의 본질적인 불법 내용을 구성한다. 이 중한 결과는 대부분 침해범이지만, 구체적 위험범인 경우도 있다(예 중손괴죄·중상해죄·중권리행사방해죄·중유기죄 등은 부진정결과적 가중범이면서 구체적 위험범이다).

3. 인과관계 및 객관적 귀속

(1) 인과관계

① 결과적 가중범도 결과범이므로 결과귀속을 위하여 인과관계가 전제되어야 한다.

② 인과관계의 판단은 고의범과 마찬가지로 합법칙적 조건설에 의하여 판단하여야 한다. 다만, 판례는 상당인과관계설에 의하여 판단하고 있다.

(2) 객관적 귀속

① 결과적 가중범은 기본범죄에 내포된 전형적인 위험이 실현되어 중한 결과가 발생하여야 하는데, 이를 직접성의 원칙이라 한다.

② 중한 결과가 제3자의 행위나 피해자의 행위(자손행위)로 발생한 경우에는 객관적 귀속이 부정된다. 따라서 상해를 입은 피해자에게 제3자가 다시 가혹행위를 가하여 사망하게 한 경우 또는 강간을 당한 피해자가 자살한 경우에는 결과적 가중범이 성립하지 않는다.

4. 중한 결과에 대한 예견가능성

형법은 중한 결과에 대한 예견가능성을 요구하고 있다(제15조 제2항). 진정결과적 가중범은 중한 결과에 대한 예견가능성이 필요하고, 부진정결과적 가중범은 중한 결과에 대한 과실 또는 고의가 필요하다.

> **판례**
>
> 형법 제15조 제2항이 규정하고 있는 이른바 결과적 가중범은 행위자가 행위시에 그 결과의 발생을 예견할 수 없을 때에는 비록 그 행위와 결과 사이에 인과관계가 있다고 하더라도 중한 죄로 벌할 수 없다(대판 1988.4.12, 88도178). 16. 경찰

기출 OX

01 형법전에 규정되어 있는 결과적 가중범의 기본범죄는 고의·작위범에 한한다. 03. 사시 (×)

02 결과적 가중범에 있어서 기본범죄는 고의·과실, 기수·미수를 불문한다. 20. 경찰승진 (×)

기출 OX

01 결과적 가중범은 책임의 원칙과의 조화를 위해 중한 결과에 대해 적어도 예견가능성을 요구하고 있으나, 형법은 중한 결과에 대한 예견가능성을 명시적으로 요구하고 있지는 않다. 16. 경찰 (×)

02 피고인들이 공동하여 피해자를 폭행하여 당구장 3층에 있는 화장실에 숨어 있던 피해자를 다시 폭행하려고 피고인 甲은 화장실을 지키고, 피고인 乙은 당구치는 기구로 문을 내려쳐 부수자 위협을 느낀 피해자가 화장실 창문 밖으로 숨으려다가 실족하여 떨어짐으로써 사망한 경우에는 피고인들의 위 폭행행위와 피해자의 사망 사이에는 인과관계가 있다. 17. 경찰 (○)

판례비교 결과적 가중범의 성립 여부

O 결과적 가중범 성립	**X** 결과적 가중범 불성립
① 피고인들이 공동으로 피해자를 폭행하여 당구장 3층 화장실에 숨어 있던 피해자를 다시 폭행하기 위하여 피고인 甲은 화장실을 지키고, 피고인 乙은 당구치는 기구로 문을 내려쳐 부수자 위협을 느낀 피해자가 화장실 창문 밖으로 숨으려다가 실족하여 떨어짐으로써 사망한 경우 폭행치사죄가 성립한다(대판 1990. 10.16, 90도1786). 08. 사시, 15 · 17. 경찰, 16. 경찰승진	① 강간을 당한 피해자가 집에 들어가 음독자살하기에 이르른 원인이 강간을 당함으로 인하여 생긴 수치심과 장래에 대한 절망감 등에 있었다고 하더라도 그 자살행위가 바로 강간행위로 인하여 생긴 당연의 결과라고 볼 수는 없으므로 강간행위와 피해자의 자살행위 사이에 인과관계를 인정할 수는 없다(대판 1982.11.23, 82도1446). 11. 경찰간부
② 피고인이 자신이 경영하는 속셈학원의 강사로 피해자를 채용하고 학습교재를 설명하겠다는 구실로 유인하여 호텔 객실에 감금한 후에 강간하려고 하자, 피해자가 완강히 반항하던 중 피고인이 대실시간 연장을 위하여 전화하는 사이에 객실 창문을 통하여 **탈출하려다가** 지상에 추락하여 사망한 경우 감금죄와 강간치사죄의 실체적 경합범이 성립한다(대판 1995.5.12, 95도425).	② 甲이 **방화한** 집으로 乙이 **가재도구를** 꺼내려고 들어갔다가 불길에 휩싸여 乙이 사망한 경우에는 자손행위(자살행위)에 해당하므로 甲에게 사망에 대한 책임을 지울 수는 없다(대판 1966.6.28, 66도1).
③ 강도의 의사를 가지고 **과도로** 택시운전수를 위협하자 이에 놀라 운전수가 급우회전하다가 그 충격으로 과도에 찔려 상처를 입은 경우 강도치상죄가 성립한다(대판 1985.1.15, 84도2397). 04. 경찰간부, 05. 사시, 16. 경찰승진	③ **외관상 건강하여** 병약한 흔적이 없는 피해자와 시비하다가 피해자를 떠밀어 땅에 엉덩방아를 찧고 주저앉게 하였는데 심장마비로 사망하였다면 피고인에게 사망의 결과에 대한 예견가능성이 있었다고 보기 어려워 결과적 가중범인 폭행치사죄로 의율할 수는 없다(대판 1985.4.3, 85도3030). 02. 법원행시
④ 피고인이 이 사건 범행일시경 계속 교제하기를 원하는 자신의 제의를 피해자가 거절한다는 이유로 폭행을 가하여 이에 견디지 못한 피해자가 다시 도로를 건너 도망가자 피고인은 계속하여 쫓아가 주먹으로 피해자의 얼굴 등을 구타하는 등 폭행을 가하였고, 피해자가 이를 피하려고 다시 도로를 건너 **도주하다가** 차량에 치어 사망한 경우 상해치사죄가 성립한다(대판 1996.5.10, 96도529).	④ 공장에서 동료 사이에 말다툼을 하던 중 피고인이 **삿대질하는** 것을 피하고자 피해자 자신이 두어 걸음 뒷걸음치다가 회전 중이던 십자형 스빙기계 철받침대에 걸려 넘어진 정도라면, 당시 바닥에 위와 같은 장애물이 있어서 **뒷걸음치면 장애물에 걸려 넘어질 수 있다는 것까지는 예견할 수 있었다고 하더라도** 그 정도로 넘어지면서 **머리를 바닥에 부딪쳐 두개골절로 사망한다는 것은** 이례적인 일이어서 통상적으로 일반인이 예견하기 어려운 결과라고 하지 않을 수 없으므로 피고인에게 폭행치사죄의 책임을 물을 수 없다(대판 1990.9.25, 90도1596). 12. 국가직 9급, 16. 경찰승진
⑤ 승용차로 피해자를 가로막아 승차하게 한 후 피해자의 하차 요구를 무시한 채 당초 목적지가 아닌 다른 장소를 향하여 시속 약 60km 내지 70km의 속도로 진행하여 피해자를 차량에서 내리지 못하게 한 행위는 감금죄에 해당하고, 피해자가 그와 같은 감금상태를 **벗어날 목적으로** 차량을 빠져 나오려다가 길바닥에 떨어져 상해를 입고 그 결과 사망한 경우 감금치사죄가 성립한다(대판 2000.2.11, 99도5286). 13. 경찰	⑤ 피해자가 피고인과 만나 함께 놀다가 큰 저항 없이 여관방에 함께 들어갔으며, 피고인이 강간을 시도하면서 한 폭행 또는 협박의 정도가 강간의 수단으로는 비교적 경미하였고, 피고인이 소변을 보기 위하여 **화장실에 가 있는 동안** 피해자가 여관방 창문을 통하여 아래로 뛰어내린 경우 이로 인하여 상해를 입기까지 되리라고는 예견할 수 없다고 봄이 경험칙상 부합한다(대판 1993.4.27, 92도3229).
⑥ 피해자의 머리를 한번 받고 경찰봉으로 때린 구타행위와 피해자가 외상성 뇌경막하 출혈로 사망할 때까지 **약 20여 시간이 경과하였다** 하더라도 그 사이 피해자는 머리가 아프다고 누워 있었고 그 밖에 달리 사망의 중간요인을 발견할 자료가 없다면 구타와 피해자의 사망 사이의 인과관계가 인정되어 폭행치사죄가 성립한다(대판 1984.12.11, 84도2347).	⑥ 피고인이 밤 늦도록 술을 마시며 **성교까지 한** 접대부인 피해자와 술값이 부족하여 친구집에 가서 돈을 빌리려고 봉고차를 타고 가다가 발로 피해자의 치마를 걷어 올리고 구두발로 허벅지를 문지르자 피해자가 욕설을 하면서 봉고차에서 뛰어내려 사망에 이르게 될 것이라고는 예견할 수 없다(대판 1988.4.12, 88도178). ⇨ 강제추행죄 성립

O	결과적 가중범 성립	X	결과적 가중범 불성립
⑦	피고인이 1981.4.8. 피해자의 **뺨**을 2회 때리고 두 손으로 어깨를 잡아 땅바닥에 넘어뜨리고 **머리를 시멘트 벽에 부딪치게 하여서** 피해자가 그 다음 날부터 머리에 통증이 있었고 4.16. 의사 3인에게 차례로 진료를 받을 때에 혈압이 매우 높았고 몹시 머리가 아프다고 호소하였으며 그 후 병세가 계속 악화되어 결국 같은 해 4.30. 뇌손상으로 사망한 경우 폭행치사죄가 성립한다(대판 1983.1.18, 82도697).	⑦	피고인과 피해자가 여관에 투숙하여 별다른 저항이나 마찰 없이 성행위를 한 후, 피고인이 잠시 **방 밖으로** 나간 사이에 피해자가 방문을 안에서 잠그고 구내전화를 통하여 여관종업원에게 구조요청까지 하고, 그 후 겁을 먹고 강간을 모면하기 위하여 3층에서 창문을 넘어 탈출하다가 상해를 입을 것이라고 예견할 수 없다고 볼 것이므로 이를 강간치상죄로 처단할 수 없다(대판 1985.10.8, 85도1537).
⑧	피해자를 술에 취하도록 유도하고 수차례 강간하여 의식불명 상태에 빠진 피해자를 비닐창고로 옮겨 놓아 피해자가 **저체온증으로** 사망한 경우 강간치사죄가 성립한다(대판 2008.2.29, 2007도10120).	⑧	피고인이 피해자와 시비를 하다가 피해자의 왼쪽 **어깨쭉지를** 잡고 잠깐 걸어가다가 놓아주었는데 피해자가 쓰러져 상해를 입을 것이라고 예견할 수는 없다고 할 것이어서 폭행치상죄로 처벌할 수는 없다(대판 1982.1.12, 81도1811).
⑨	피고인이 고속도로 2차로를 따라 자동차를 운전하다가 1차로를 진행하던 甲의 차량 앞에 급하게 끼어든 후 곧바로 정차하여 甲의 차량 및 이를 뒤따르던 차량 두 대는 급정차하였으나, 그 뒤를 따라오던 乙의 차량이 앞의 차량들을 연쇄적으로 추돌하게 하여 乙을 사망에 이르게 하고 나머지 차량운전자 등 피해자들에게 상해를 입힌 경우 피고인에게 일반교통방해치사상죄를 인정할 수 있다(대판 2014.7.24, 2014도6206).	⑨	속칭 '생일**빵**'을 한다는 명목하에 피해자를 가격하여 사망에 이르게 한 경우 폭행과 사망간의 인과관계는 인정되지만, 폭행 당시 피해자의 사망을 예견할 수 없기 때문에 폭행치사죄는 성립하지 않는다(대판 2010.5.27, 2010도2680).
		⑩	피고인이 피해자를 폭행하여 **비골 골절** 등의 상해를 가한 다음 **강제추행**한 사안에서, 피고인의 위 폭행을 강제추행의 수단으로서의 폭행으로 볼 수 없어 위 상해와 강제추행 사이에 인과관계가 없어 결과적 가중범인 강제추행치상죄는 성립하지 않는다(대판 2009.7.23, 2009도1934). ⇨ 상해죄와 강제추행죄의 실체적 경합 20. 경찰간부

❹ 관련 문제

1. 결과적 가중범의 미수

중한 결과가 발생하지 않은 경우를 의미하는 것이 아니라, 기본범죄가 미수에 그쳤으나 중한 결과가 발생한 경우를 말한다. 결과적 가중범은 고의범과 과실범의 결합형태이므로 과실범의 미수가 인정되지 않기 때문에 결과적 가중범의 미수가 인정될 수 없고 기본범죄만이 성립한다. 그러나 현행형법은 결과적 가중범의 미수에 관한 처벌규정을 두고 있다.

☑ **결과적 가중범의 미수처벌규정**
- **형법** : 현주건조물일수치사상죄, 인질치사상죄, 강도치사상죄, 해상강도치사상죄
- **성폭력범죄의 처벌 등에 관한 특례법** : 특수강도강간치사상죄, 특수강간치사상죄

기출 OX

01 형법은 인질치사상, 강도치사상, 특수강간치사상 등의 미수범처벌규정을 두고 있다. 04. 행시 (×)

02 강간이 미수에 그쳤으나 그 과정에서 상해의 결과가 발생하였다면 강간치상죄가 성립한다. 16. 경찰승진 (○)

CASE

Q. 甲은 乙을 주점 홀바닥에 넘어뜨린 다음 반항하는 乙의 가슴을 왼손으로 누르고, 오른손으로 치마를 걷어 올리고 팬티를 내린 다음, 자신의 혁대를 풀고 乙의 몸 위로 올라가 강간하려 하였다가 乙이 甲의 따귀를 때리면서 완강하게 반항하여 그 뜻을 이루지 못하고 미수에 그쳤으나 그로 인하여 乙에게 상해를 입혔다. 이때 甲의 죄책은?

A. 강간이 미수에 그친 경우라도 그 수단이 된 폭행에 의하여 피해자가 상해를 입었으면 강간치상죄가 성립하는 것이며, 미수에 그친 것이 피고인이 자의로 실행에 착수한 행위를 중지한 경우이든 실행에 착수하여 행위를 종료하지 못한 경우이든 가리지 않는다(대판 1988. 11.8, 88도1628). 07 · 12. 국가직 9급, 16. 경찰승진

판례

1. 성폭력범죄의 처벌 및 피해자보호 등에 관한 법률 제9조 제1항에 의하면 같은 법 제6조 제1항에서 규정하는 특수강간의 죄를 범한 자뿐만 아니라, 특수강간이 **미수에 그쳤다고 하더라도** 그로 인하여 피해자가 상해를 입었다면 특수강간치상죄가 성립하는 것이다(대판 2008.4.24, 2007도10058).

2. 위험한 물건인 전자충격기를 사용하여 **강간을 시도하다가 미수에 그치고**, 피해자에게 약 2주간의 치료를 요하는 안면부 좌상 등의 상해를 입힌 경우 성폭력범죄의 처벌 및 피해자보호 등에 관한 법률에 의한 특수강간치상죄가 성립한다(대판 2008.4.24, 2007도10058).

2. 결과적 가중범의 공범

(1) 결과적 가중범의 공동정범

결과적 가중범의 공동정범 인정 여부에 대하여 학설은 대립하나, 대법원 판례는 결과적 가중범을 인정하고 있다. 판례에 의하면 기본행위를 공동으로 할 의사가 있으면 결과적 가중범의 공동정범이 성립하고 결과를 공동으로 할 의사는 필요하지 않다. 단, 중한 결과에 대한 예견가능성이 있어야 한다.

CASE

Q. 甲은 친구 乙로부터 乙의 여동생을 강간한 丙을 혼내주러 가자는 연락을 받고 乙과 함께 丙을 만났다. 甲이 주변에 있던 각목으로 丙의 머리 부분을 4회 때리고, 乙이 부엌칼을 丙의 목에 들이대면서 주먹과 발로 무수히 때려 이를 견디지 못한 丙이 도망가자, 甲은 乙의 뒤를 따라 丙을 추격하던 중 乙이 떨어뜨린 위 부엌칼을 소지하게 되었다. 甲은 격분한 나머지 乙에 의하여 붙잡힌 丙의 좌측 흉부를 부엌칼로 1회 찔러 좌측흉부 자창상 등을 가하고, 이로 인하여 丙이 실혈로 사망하였다. 이때 甲과 乙의 죄책은?

A. 결과적 가중범인 상해치사죄의 공동정범은 폭행 기타의 신체침해행위를 공동으로 할 의사가 있으면 성립되고 결과를 공동으로 할 의사는 필요 없으며, 여러 사람이 상해의 범의로 범행 중 한 사람이 중한 상해를 가하여 피해자가 사망에 이르게 된 경우 나머지 사람들은 사망의 결과를 예견할 수 없는 때가 아닌 한 상해치사의 죄책을 면할 수 없다. 따라서 甲과 乙의 죄책은 상해치사의 공동정범이다(대판 2000.5.12, 2000도745).
08 · 16. 법원직, 16 · 17. 경찰, 18. 경찰승진

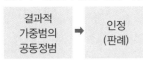
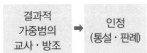

판례

1. 강도합동범 중 1인이 피고인과 공모한 대로 **과도**를 들고 강도를 하기 위하여 피해자의 거소를 들어가 피해자들을 과도로 찔러 상해를 가하였다면 **대문 밖에서 망을 본 공범**인 피고인이 구체적으로 상해를 가할 것까지 공모하지 않았다 하더라도 피고인은 상해의 결과에 대하여도 공범으로서의 책임을 면할 수 없다(대판 1998.4.14, 98도356).

2. 부진정결과적 가중범인 특수공무방해치사상죄에 있어서 공무집행을 방해하는 집단행위의 과정에서 일부 집단원이 고의로 방화행위를 하여 사상의 결과를 초래한 경우에 다른 집단원이 그 방화행위로 인한 사상의 결과를 **예견할 수 있는 상황**이었다면 특수공무방해치사상의 죄책을 면할 수 없으나, 그 방화행위 자체에 공모가담한 바 없는 이상 방화치사상죄로 의율할 수는 없다(대판 1990.6.26, 90도765).

3. **패싸움 중 한사람이 칼로 찔러 상대방을 죽게 한 경우**에 다른 공범자에게 그 결과인식이 없다 하여 상해치사죄의 책임이 없다고 할 수 없다(대판 1978.1.17, 77도2193).

4. 피고인들이 **등산용 칼**을 이용하여 노상강도를 하기로 공모한 사건에서 범행 당시 차 안에서 망을 보고 있던 피고인 甲이나 등산용 칼을 휴대하고 있던 피고인 乙과 함께 차에서 내려 피해자로부터 금품을 강취하려 했던 피고인 丙으로서는 그때 우연히 현장을 목격하게 된 다른 피해자를 피고인 乙이 소지 중인 등산용 칼로 살해하여 강도살인행위에 이를 것을 전혀 예상하지 못하였다고 할 수 없으므로 피고인들 모두는 강도치사죄로 의율처단함이 옳다(대판 1990.11.27, 90도2262).

   비교판례

   피고인들이 사전에 금품강취 범행을 모의하고 전원이 범행현장에 임하여 각자 범죄의 실행을 분담하였으며 그 과정에 피고인 甲을 제외한 나머지 3명이 모두 과도 또는 쇠파이프 등을 휴대하였고 **쇠파이프**를 휴대한 피고인 乙이 피해자를 감시하였던 상황에 비추어 피고인 乙이 피해자를 강타·살해하리라는 점에 관하여 나머지 피고인들도 예기할 수 없었다고는 보여지지 아니하므로 피고인들을 모두 강도살인죄의 정범으로 처단함은 정당하다(대판 1984.2.28, 83도3162).

(2) 결과적 가중범의 교사 · 방조

기본범죄에 대한 교사 · 방조자에게 중한 결과에 대한 예견가능성이 있는 경우에는 공범으로 처벌할 수 있다(통설 · 판례).

기출 OX

결과적 가중범에 대해서는 교사범이 성립할 수 있다. 16. 경찰승진
(○)

판례

1. 교사자가 피교사자에 대하여 "정신차릴 정도로 때려주라."라고 상해를 교사하였는데 피교사자가 이를 넘어 살인을 실행한 경우 일반적으로 교사자는 상해죄에 대한 교사범이 되는 것이고, 다만 이 경우 교사자에게 피해자의 사망이라는 결과에 대하여 과실 내지 예견가능성이 있는 때에는 상해치사죄의 교사범으로서의 죄책을 지울 수 있다고 하겠다(대판 1997. 6.24, 97도1075). 10. 국가직 7급, 15. 법원직, 18. 경찰승진

   ☺ 사안의 경우에는 사망에 대한 예견가능성이 없어 상해죄의 교사범이 성립한다.

2. 군대의 하급자인 丙이 상급자인 乙에게 무례한 행동을 하자 甲은 **교육을 시킨다는 가벼운 생각**으로 각목을 乙에게 주었으나 乙이 丙을 치사하게 한 경우 甲은 丙의 사망을 예견할 수 없었으므로 특수폭행죄의 방조범만 성립한다(대판 1998.9.4, 98도2061).

   ☺ 乙은 특수폭행치사죄, 甲은 특수폭행죄의 방조범이 성립한다.

❺ 결과적 가중범의 죄수

판례는 사람을 살해할 고의를 가지고 현주건조물에 방화를 하여 사람이 사망한 경우에 살인 등의 형이 현주건조물방화치사죄의 형보다 무거운 때(예 강도살인죄, 존속살해죄)에는 상상적 경합을 인정하고, 가벼운 때(예 보통살인죄)에는 현주건조물방화치사죄만을 인정하고 있다.

> **판례**
>
> 1. 기본범죄를 통하여 고의로 중한 결과를 발생하게 한 경우를 가중처벌하는 부진정결과적 가중범에서 고의로 중한 결과를 발생하게 한 행위가 별도의 구성요건에 해당하고 그 고의범에 대하여 **결과적 가중범에 정한 형보다 더 무겁게 처벌하는 규정이 있는 경우**에는 그 고의범과 결과적 가중범이 **상상적 경합관계**에 있지만, 위와 같이 고의범에 대하여 **더 무겁게 처벌하는 규정이 없는 경우**에는 결과적 가중범이 고의범에 대하여 특별관계에 있으므로 결과적 가중범만 성립하고 이와 법조경합의 관계에 있는 고의범에 대하여는 별도로 죄를 구성하지 않는다(대판 2008.11.27, 2008도7311). 16. 법원직, 17. 경찰 · 국가직 7급, 18. 경찰승진
>
>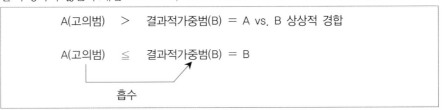
>
> 2. 살인의 고의로 **현주건조물에 방화하여 직계존속을 살인한 경우**에는 존속살해죄와 현주건조물방화치사죄의 상상적 경합이 성립한다(대판 1996.4.26, 96도458). 12. 경찰간부
>
> **비교판례**
>
> 살인의 고의로 **현주건조물에 방화하여 보통살인죄를 범한 경우**에는 현주건조물방화치사죄만 인정된다(대판 1983.1.18, 82도2341).
>
> 3. 직무를 집행하는 공무원에 대하여 위험한 물건을 휴대하여 고의로 상해를 가한 경우 특수공무집행방해치상죄만 성립할 뿐, 별도로 폭력행위 등 처벌에 관한 법률 위반(집단 · 흉기 등 상해)죄를 구성하지 않는다(대판 2008.11.27, 2008도7311). 12. 경찰

CHAPTER
03 위법성론

제1절 위법성의 일반이론

❶ 서설

1. 위법성의 의의

위법성이란 구성요건에 해당하는 인간의 행위가 법질서 전체의 입장에서 볼 때에 모순·충돌하는 것을 말한다. 구성요건해당성을 전제로 하여 위법성조각사유의 존부확인을 통하여 불법행위를 최종적으로 평가하는 단계이다.

2. 위법성과 불법

(1) 위법성은 구성요건에 해당하는 행위가 법질서 전체의 명령 또는 금지규범에 위반하는지를 평가하는 개념의 표지인 반면, 불법은 구성요건에 해당하는 위법한 행위에 대한 부정적인 평가 그 자체를 나타내는 개념의 표지이다.

(2) 위법성은 법질서 전체의 입장에서 내린 일반적인 부정적 가치판단인 반면, 불법은 형법규범에 대한 위반을 전제한 보다 구체화된 부정적 가치판단이다. 즉, 위법성은 순수한 관계개념임에 반하여 불법은 위법한 행위 그 자체이므로 불법은 양과 질을 가지지만, 위법성은 언제나 단일하며 동일하다(예 살인·상해치사·폭행치사·과실치사 등은 위법하다는 점에서는 단일하고 동일하나, 불법의 측면에서는 살인의 불법의 양이 가장 크고 과실치사가 가장 적다고 할 수 있다. 또한 과실절도나 과실손괴는 형사상 처벌되지 않으므로 형법적으로는 불법이 아니나, 민법적으로는 불법이므로 불법이 질적으로 다르다는 평가가 가능하다).

3. 구성요건해당성 및 책임과의 관계

(1) 위법성과 구성요건해당성

① 구성요건에 해당하는 행위는 개별적인 경우에 구성요건의 기초가 되는 금지 또는 요구규범과 허용규범의 충돌에 의하여 위법성이 조각될 수 있다.

② 구성요건에 해당하지 않는 행위와 구성요건에 해당하지만 위법성이 없는 행위는 구별되어야 한다.

③ 구성요건해당성은 행위의 원칙적인 금지의 실현 여부를 적극적으로 판단하고, 위법성은 구성요건해당성의 예외적 허용 여부를 소극적으로 판단한다.

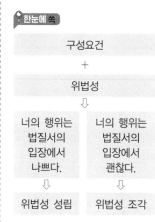

한눈에 쏙

구성요건
+
위법성
⇩

너의 행위는 법질서의 입장에서 나쁘다.	너의 행위는 법질서의 입장에서 괜찮다.
⇩	⇩
위법성 성립	위법성 조각

☑ 징표(추정) → 징표고리 절단 (위법성조각사유)
• 정당방위
• 긴급피난
• 자구행위
• 피해자 승낙
• 정당행위

(2) 위법성과 책임

① 위법성은 일반적인 당위규범(의무규범)에 대한 위반이고, 책임은 당위규범에 대한 개인적인 비난가능성이다. 위법성은 행위자보다는 행위에 대한 무가치판단에, 책임은 행위보다 행위자에 대한 비난에 비중을 둔다.

② 위법성과 책임을 구별하는 실익
　㉠ 정당방위의 성립 여부 : 위법성이 조각되는 행위는 객관적으로 정당화되기 때문에 정당방위가 있을 수 없으나, 책임은 주관적 가치판단이고 행위에는 영향을 미치지 못하므로 정당방위가 가능하다.
　㉡ 공범의 성립 여부 : 위법성은 객관적 가치판단이기 때문에 행위의 공범에게도 위법한 것이 되고 위법하지 않은 행위에 대해서는 공범이 성립할 여지가 없다. 그러나 책임은 주관적 가치판단이기 때문에 책임의 유무는 공범관계에 영향을 미치지 않는다.

② 위법성의 본질

1. 형식적 위법성론

법규범의 형식은 명령과 금지로 되어 있으므로 위법성의 본질은 법규범에 규정된 작위 또는 부작위의무의 침해에 있다고 보는 견해이다.

2. 실질적 위법성론

위법성을 규범에 대한 형식적 위반으로 이해하지 않고 권리침해·법익침해 또는 사회질서 위반 등과 같은 실질적 내용으로 파악하는 견해이다.

③ 위법성의 평가방법

SUMMARY
1. **객관적 위법성론**(평가규범) - 통설
　• 평가방법이 일반적·보편적이면 위법성 성립
　• 책임무능력자의 행위 → 일반적·보편적 → 위법성 ○ → 정당방위 ○
2. **주관적 위법성론**(의사결정규범)
　• 의사결정능력이 있는 자만 위법행위를 할 수 있음
　• 책임무능력자 → 의사결정능력 × → 위법성 조각 → 정당방위 ×

1. 객관적 위법성론

(1) 의의

위법성이란 객관적인 평가규범에 대한 위반을 의미한다는 견해이다(통설·판례).

(2) 내용

법규범은 간접적인 의미에서만 의사결정규범이며 위법성에 관해서는 평가규범일 뿐이고, 위법성은 객관적인 평가규범에 대한 위반이라고 한다. 비록 책임무능력자의 행위일지라도 객관적인 법질서에 위반하는 행위이면 위법성이 인정된다. 따라서 책임무능력자에 대한 정당방위가 가능하다.

2. 주관적 위법성론

(1) 의의

위법성은 객관적 평가규범에 대한 위반이 아니라, 개인의 의사에 직접 영향을 미치기 위한 명령의 형태로 나타나는 의사결정규범에 대한 위반을 의미한다.

(2) 내용

책임능력이 있는 자만이 규범의 수명자가 되고 이러한 자에 의하여 규범명령의 위반이 위법하게 되며, 책임무능력자는 위반할 수도 위법할 수도 없다. 따라서 책임무능력자에 대하여 정당방위는 할 수 없고 긴급피난만 가능하다.

❹ 위법성조각사유

1. 서론

(1) 의의

구성요건에 해당하는 행위의 위법성을 배제하는 특별한 사유(정당화사유)를 말한다.

(2) 구성요소

① 객관적 정당화상황 : 위법성조각사유의 객관적 전제사실로서 구성요건에 해당하는 행위의 결과반가치를 상쇄시킨다(예 정당방위에 있어서 '현재의 부당한 침해').

② 주관적 정당화요소 : 정당화상황을 인식하고 이에 기하여 행위한다는 의사로서 구성요건에 해당하는 행위의 행위반가치를 상쇄시킨다(예 정당방위의 '방위의사').

SUMMARY

■ 위법성 조각 = 주관적 정당화 요소 ○ + 객관적 정당화 상황 ○
   ⇩   ⇩   ⇩
   ~~불법~~ = ~~행위반가치~~(예 고의행위) + ~~결과반가치~~

[해설] 주관적 정당화 요소는 행위반가치의 고의를 없애(상쇄)는 역할을 하고 객관적 정당화 상황은 결과반가치의 결과를 없애주는 역할을 하므로 궁극적으로 불법은 성립하지 않는다.

(3) 종류

① 형법상의 위법성조각사유

    ㉠ 총칙규정 : 정당행위(제20조), 정당방위(제21조), 긴급피난(제22조), 자구행위(제23조), 피해자의 승낙(제24조)

    ㉡ 각칙규정 : 명예훼손죄의 위법성조각사유(제310조), 도박죄의 일시 오락의 정도(제246조 단서)

② 기타 : 인공임신중절수술 허용규정(모자보건법 제14조), 현행범인의 체포(형사소송법 제212조)

2. 위법성조각사유의 경합

(1) 원칙적으로 위법성조각사유는 병렬적으로 적용된다. 다만, 정당방위나 긴급피난규정은 정당행위규정(제20조)에 대하여 특별규정과 일반규정의 관계에 있으므로 우선적으로 적용된다(**예** 정당방위 vs 정당행위 ⇨ 정당방위).

(2) 제20조 후단의 '기타 사회상규에 위배되지 아니하는 행위'라는 규정은 가장 포괄적이며 일반적인 것으로 위법성의 조각 여부를 판단하는 최후의 경계선이다.

3. 효과

(1) 가벌성이 탈락하여 적법한 행위가 되므로 행위자는 형벌 및 보안처분을 받지 않는다.

(2) 위법성조각사유가 존재하는 행위의 상대방은 정당방위를 할 수 없다.

(3) 위법성이 조각되는 정범의 행위에 관하여 공범의 행위도 가벌성이 탈락된다(제한적 종속형식).

❺ 주관적 정당화요소

1. 의의

정당화상황을 인식하고서 이에 기하여 행위한다는 의사를 말하는 것으로 구조적으로 주관적 불법요소, 특히 고의와 대칭되는 개념으로서 구성요건에 해당하는 행위의 행위반가치를 상쇄하는 기능을 수행하고 있다.

2. 주관적 정당화요소의 요부

(1) 불요설

① 객관적으로 정당화사유만 존재하면 주관적 정당화요소는 불필요하다는 견해이다.

② 정당방위의 방위행위는 객관적으로 방위에 필요한 행위를 의미하고 방위의사를 요하는 것은 아니며, 결과반가치론에 의하여도 같은 결과가 된다.

(2) 필요설(통설)

① 객관적 정당화상황 이외에 주관적 정당화요소가 필요하다는 견해이다.

② 객관적 정당화상황과 주관적 정당화요소가 존재하면 위법성은 조각된다.

③ 위법성조각사유에 관하여 방위하기 위한 행위(정당방위), 피난하기 위한 행위(긴급피난), 피하기 위한 행위(자구행위), 승낙에 의한 행위(피해자 승낙)라고 규정한 것은 주관적 정당화요소의 명문을 요구한 것이다.

④ 행위반가치를 조각하기 위해서는 고의에 반대되는 주관적 요소가 필요하다고 할 것이므로 주관적 정당화요소가 필요함이 타당하다.

3. 주관적 정당화요소를 결한 경우의 효과

(1) 문제점

주관적 정당화요소가 필요하다는 견해에 의할 때에도, 객관적인 정당화상황이 존재함에도 불구하고 주관적 정당화요소가 없는 경우의 효과에 관한 견해가 대립되고 있다 (예 甲이 손괴의 의사로 乙의 집 유리창을 깼으나 연탄가스로 사망 직전에 놓인 乙을 구한 경우).

(2) 학설

① 기수범설

㉠ 불법은 행위반가치로만 구성된다고 보는 일원적·주관적·인적불법론을 전제로 주관적 정당화요소가 없는 경우 행위반가치는 상쇄되지 않아 기수범이 성립한다고 본다.

㉡ 이 견해는 객관적 정당화 상황이 존재하는 경우와 존재하지 않는 경우를 동일하게 취급함으로써 사태를 주관적으로만 평가하는 문제점이 있다.

㉢ 이 견해에 의하면 사례의 경우 주관적 정당화요소가 없으므로 행위반가치는 상쇄되지 않아 손괴기수의 책임을 진다.

② 무죄설(위법성 조각설)

㉠ 불법을 결과반가치만으로 구성하는 결과반가치 일원론의 입장을 전제로 객관적 정당화 상황의 존재로 결과반가치가 상쇄되어 위법성이 조각되어 무죄가 성립한다고 본다.

㉡ 이 견해는 결과반가치가 탈락되더라도 주관적 정당화요소가 결여되어 행위반가치는 여전히 남게 됨에도 불구하고 이를 적법하다고 보는 것은 부당하다는 문제가 있다.

㉢ 이 견해에 의하면 사례의 경우 객관적 정당화 상황이 있으므로 결과반가치가 상쇄되어 위법성이 조각된다.

③ 불능미수범설(다수설)

㉠ 이원적·인적불법론의 입장에서 불법은 행위반가치와 결과반가치 모두 필요하다는 견해에서 출발한다.

㉡ 객관적 정당화상황은 존재하므로 결과반가치(결과)를 없애주는 역할을 하고, 주관적 정당화요소가 결여되어 있으므로 행위반가치(예 고의행위)는 존재한다(즉, 고의 ○ + 결과 × = 미수). 따라서 이러한 경우에는 행위반가치는 존재하고 결과반가치는 부정되므로 불능미수의 규정이 유추적용되거나, 불능미수에 해당한다는 견해이다.

CASE 주관적 정당화 요소를 결한 경우의 효과

Q. 甲은 층간소음문제로 다툼이 있던 다세대주택 위층에 보복의 목적으로 돌을 던져 유리창을 깨뜨렸다. 그런데 위층에 살던 A는 빚 독촉에 시달려 고민 중 자살하기 위해 창문을 닫은 채 연탄불을 피워 연탄가스에 질식 중이었다. 甲이 유리창을 깨뜨린 결과 A의 목숨은 구조되었다. 16. 변호사

A. ① 범죄성립에 있어서 행위불법만을 고려하는 것은 주관적 정당화 요소만 있으면 위법성이 조각되는 것인데 본 사안의 경우 주관적 정당화요소가 없으므로 위법성은 조각되지 않는다.

② 범죄성립에 있어서 결과불법만을 고려하는 것은 객관적 정당화 상황만 있으면 위법성이 조각되는 것인데 본 사안의 경우 객관적 정당화 상황이 있으므로 위법성이 조각되어 무죄가 된다.

③ 행위불법과 결과불법이 모두 상쇄되어야 위법성이 조각된다는 입장은 주관적 정당화 요소와 객관적 정당화 상황이 모두 갖추어져야 위법성이 조각된다는 입장이다. 본 사안의 경우 주관적 정당화 요소가 없으므로 위법성이 조각되지 않는다.

④ 주관적 정당화사정이 있는 경우와 없는 경우를 똑같이 취급한다는 비판이 제기되는 것은 주관적 정당화 요소 불요설이다. 즉 불요설에 의하면 주관적 정당화 요소가 없이 객관적 정당화 상황만 있으면 위법성이 조각된다. 본 사안의 경우 객관적 정당화 상황은 있으나 주관적 정당화 요소가 없으므로 주관설에 의하면 위법성이 조각되어 무죄가 된다.

⑤ 미수범 처벌규정이 없는 경우에는 처벌의 흠결이 발생할 수 있다는 비판이 제기되는 것은 불능미수범설의 비판점이다. 불능미수범설에 의하면 본 사안의 경우 객관적 정당화 상황은 존재하므로 결과반가치를 상쇄하고, 주관적 정당화 요소는 존재하지 아니하므로 행위반가치를 상쇄시키지 못한다. 즉 행위반가치(고의)는 존재하지만 결과반가치(결과)는 상쇄되므로 미수로 해결하는 견해이다.

⑥ 객관적 정당화사정이 행위자에게 유리하게 작용하지 못한다는 비판이 제기되는 것은 기수범설의 비판점이다. 기수범설에 의하면 유리창이 깨진 결과가 있으므로 기수범으로 처벌한다.

제2절 정당방위

제21조【정당방위】① 현재의 부당한 침해로부터 자기 또는 타인의 법익(法益)을 방위하기 위하여 한 행위는 상당한 이유가 있는 경우에는 벌하지 아니한다.

❶ 서설

1. 의의

정당방위란 자기 또는 타인의 법익에 대한 현재의 부당한 침해를 방위하기 위한 상당한 이유가 있는 행위를 말한다.

2. 근거

(1) 자기보호의 원리

정당방위는 타인의 권리라는 측면에서는 타인의 위법한 침해로부터 스스로 방위하는 것을 허용한다는 것을 의미한다. 정당방위는 위법한 침해로부터 개인의 법익을 보호하기 위하여 허용될 뿐이며, 원칙적으로 국가적·사회적 법익을 보호하기 위한 정당방위가 허용되지 않는다.

(2) 법수호의 원리

정당방위는 사회권적 측면에서 법질서를 파괴하는 불법한 행위로부터 법질서를 보호하는 권리로서 불법에 대하여는 법이 길을 비켜줄 필요가 없다는 원리이다. 따라서 자신을 위한 정당방위뿐만 아니라 제3자를 위한 정당방위도 허용된다.

3. 법적 성질

정당방위는 위법성조각사유 중 하나이며, 현재의 부당한 침해를 방위하기 위한 사전적 긴급행위이므로 부정(不正) 대 정(正)의 관계이다.

❷ 정당방위의 성립요건

정당방위는 ① 자기 또는 타인의 법익에 대한 현재의 부당한 침해가 있을 것, ② 방위하기 위한 행위일 것, ③ 상당한 이유가 있을 것이라는 세 가지 요건이 있어야 성립한다.

1. 자기 또는 타인의 법익

(1) 자기 또는 타인

정당방위는 방위자 자신을 위한 경우뿐만 아니라 타인의 법익을 보호하기 위한 경우(긴급구조)도 인정된다. 이때의 타인에는 자연인, 법인, 법인격 없는 단체를 모두 포함한다. 국가도 사법상 권리귀속의 주체인 국고(國庫)로서 법익의 주체가 될 경우(**에** 국가소유 건물에 대한 방화, 공용서류에 대한 손괴·절도 등)에는 그 법익도 정당방위의 보호대상이 된다.

> **판례**
>
> 차량통행문제를 둘러싸고 피고인의 부(父)와 다툼이 있던 피해자가 그 소유의 차량에 올라타 문 안으로 운전해 들어가려고 하자 피고인의 부(父)가 양팔을 벌리고 이를 제지하였으나 피해자가 이에 불응하고 그대로 그 차를 피고인의 부(父) 앞쪽으로 약 3m 가량 전진시키자 자의 운전석 부근 옆에 서 있던 피고인이 부(父)가 차에 다치겠으므로 이에 당황하여 차를 정지시키기 위하여 운전석 옆 창문을 통하여 피해자의 머리털을 잡아당겨 그의 흉부가 차의 창문틀에 부딪혀 약간의 상처를 입게 한 행위는 부(父)의 생명·신체에 대한 현재의 부당한 침해를 방위하기 위한 행위로서 정당방위에 해당한다(대판 1986.10.14, 86도1091). 08·16. 경찰승진, 12. 경찰

(2) 법익

① 개인적 법익 : 정당방위에 의하여 보호되는 법익은 법에 의하여 보호되는 모든 개인적 법익으로서 형법상의 법익(**에** 생명, 신체, 명예, 재산, 자유, 비밀 등)은 물론 가족관계, 애정관계, 헌법상의 권리 등과 같은 형법 이외의 법률에 의하여 보호되는 법익도 포함된다.

> **판례**
>
> 1. 타인이 보는 자리에서 자식으로부터 인륜상 용납할 수 없는 폭언과 함께 폭행을 가하려는 피해자를 1회 구타한 행위는 피고인의 신체에 대한 법익뿐만 아니라 **아버지로서의 신분과 법익에 대한 현재의 부당한 침해를 방위하기 위한 행위**로서 정황에 비추어 볼 때 피고인으로서는 피해자에게 일격을 가하지 아니할 수 없는 상당한 이유가 있는 행위로서 정당방위에 해당한다(대판 1974.5.14, 73도2401). ⇨ 아버지로서의 신분에 대해서도 정당방위가 가능하다. 이는 형법상 구성요건에 해당하지 않는 법익에 대한 것에도 정당방위가 가능하다는 의미이다.
> 2. 국유토지에 보리를 파종하였는데 후에 이를 입찰에 의해 매수한 자가 쟁기질을 하며 보리를 깔아뭉개고 경작을 하려 하자 이를 막은 경우, 국유토지가 공개입찰에 의하여 매매되고 그 인도집행이 완료되었다 하더라도 그 토지의 종전 경작자인 피고인이 파종한 보리가 30센치 이상 성장하였다면 그 보리는 피고인의 소유로서 그가 수확할 권한이 있으므로 토지매수자가 토지를 경작하기 위하여 소를 이용하여 쟁기질을 하고 성장한 보리를 깔아뭉개는 행위는 피고인의 재산에 대한 현재의 부당한 침해라 할 것이므로 이를 막기 위하여 그 경작을 못 하도록 소 앞을 가로막고 쟁기를 잡아당기는 등의 피고인의 행위는 **정당방위에 해당된다**(대판 1977.5.24, 76도3460). ⇨ 재산권 방어를 위한 정당방위가 성립한다.

② 국가적·사회적 법익 : 국가적 법익이나 사회적 법익은 정치적 남용의 위험성 때문에 원칙적으로 정당방위에 의하여 보호될 수 없다(**에** 간첩행위·음란영화 등을 막기 위하여 폭행하는 경우 정당방위 불성립). 단, 국가의 존재에 관한 명백하고 중대한 위험에 직면하여 국가가 스스로 보호조치를 취할 수 없는 경우에는 예외적으로 국가적 법익도 정당방위에 의하여 방어할 수 있다[1](**에** 국가 소유의 재물을 절도·손괴·방화하는 자를 저지하려고 폭행하는 경우 정당방위 성립).

CASE 국가적·사회적 법익을 위한 정당방위

Q. 甲은 새벽 3시경 D구청에 석유를 뿌리고 불을 붙인 乙을 붙잡아 지나가던 행인 丙에게 인계를 하고, 잠겨 있는 문을 부수고 건물에 들어가 진화를 하였다. 甲의 행위는 정당방위나 긴급피난에 해당하는가?

A. 국가의 존재에 관한 명백하고 중대한 위험에 직면하여 국가가 스스로 보호조치를 취할 수 없는 경우(**예** 공무소에 대한 방화)에는 예외적으로 국가적 법익도 정당방위에 의하여 방어할 수 있다. 즉, 乙을 붙잡아 두는 것은 정당방위에 해당될 수 있고, 현행범체포(형사소송법 제212조)는 정당행위로 위법성이 조각될 수 있다. 또한 문을 부수고 건물에 들어가 진화를 한 경우 우월성(법익균형성)의 원칙이 인정되므로 긴급피난에 해당된다.

판례

서면화된 인사발령 없이 국군보안사령부 서빙고분실로 배치되어 이른바 '혁노맹'사건 수사에 협력하게 된 사정만으로 군무이탈행위에 군무기피목적이 없었다고 할 수 없고, 국군보안사령부의 민간인에 대한 정치사찰을 폭로한다는 명목으로 **군무를 이탈한 행위**는 정당방위나 정당행위에 해당하지 아니한다(대판 1993.6.8, 93도766). 11. 경찰승진

2. 현재의 부당한 침해(정당방위 상황)

(1) 침해

침해란 법익에 대한 사람의 공격을 말하는 것으로 작위·부작위, 고의·과실을 불문한다.

① **침해의 행위성**: 침해는 반드시 '인간의 행위'로서 행해질 것을 요한다. 따라서 자연재해나 물건에 의한 침해, 동물에 의한 침해, 무의식적 행동으로 인한 침해는 인간의 행위로 평가될 수 없으므로 정당방위는 있을 수 없고 긴급피난이 가능하다. 그러므로 동물에 의한 공격은 정당방위가 될 수 없고 긴급피난의 문제가 되지만, 동물에 의한 침해가 사람에 의하여 사주된 때에는 사육주의 고의·과실이 있는 침해에 해당되어 정당방위가 가능하다. 또한 법인 자체도 침해자가 될 수 없다.

② **부작위에 의한 침해**: 부작위에 의한 침해도 가능하다. 다만, 이때 침해자는 보증인적 지위가 인정되어야 한다.

> **예** 퇴거요구에 불응하는 자를 강제로 축출하는 경우 정당방위 성립

> **예** 아내가 아이에게 젖을 주지 않아 아사 직전에 있는 아이를 살리기 위하여 남편이 아내를 붙잡고 강제로 젖을 먹인 경우 아내에게 보증인적 지위가 인정되므로 정당방위 성립

> **예** 임대차계약기간의 만료 후 가옥을 명도하지 않은 임차인을 임대인이 강제로 축출한 경우 이는 단순한 계약상의 채무불이행에 불과하여 보증인적 지위가 인정되지 않아 정당방위 불성립

---

1) 신동운, 255면; 이재상, 220면; 임웅, 206면; 정웅석, 209면. 부정하는 견해로는 김일수·서보학, 332면; 배종대, 280면; 손동권, 152면; 오영근, 367면, 정성근·박광민, 229면. 부정하는 견해는 이러한 예외적인 경우 정당방위가 아니라 현행범체포 등의 정당행위를 인정한다.

③ 과실에 의한 침해 : 과실에 의한 공격도 침해에 해당한다(예 과실손괴행위에 대해서도 정당방위 가능).

(2) 침해의 현재성

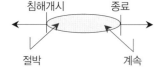

① 현재성의 의의 : 법익에 대한 침해가 급박한 상태(예 장전된 총을 집어 들 때)에 있거나, 바로 발생하였거나, 아직 계속되고 있는 것(예 감금행위가 계속되고 있는 경우)을 말한다. 과거의 침해나 장래에 예상되는 침해에 대해서는 정당방위를 할 수 없다(예 어제 자신을 폭행한 자를 오늘 길에서 만나 폭행한 경우 정당방위 불성립).

판례

침해행위를 벗어난 후의 행위로 정당방위를 부정한 사례

1. 피해자의 침해행위에 대하여 자기의 권리를 방위하기 위한 부득이한 행위가 아니고, 그 침해행위에서 **벗어난 후 분을 풀려는** 목적에서 나온 공격행위는 정당방위에 해당한다고 할 수 없다. 따라서 임차인이 임대차기간이 만료된 방을 비워주지 못하겠다고 억지를 쓰며 폭언을 하자 임대인의 며느리가 홧김에 그 방의 창문을 쇠스랑으로 부쉈던바, 임차인이 배척(속칭 빠루)을 들고 휘둘러 구경꾼인 마을주민에게 상해를 가한 경우 정당방위라고 할 수 없다(대판 1996.4.9, 96도241). 12·15. 경찰, 15. 국가직 9급

2. 정당방위의 요건 중 '침해의 현재성'의 의미 및 일련의 연속되는 행위로 인해 침해상황이 중단되지 아니하거나 일시 중단되더라도 추가 침해가 곧바로 발생할 객관적인 사유가 있는 경우, 그중 일부 행위가 범죄의 기수에 이르렀더라도 침해의 현재성이 인정된다(대판 2023.4.27. 2020도6874).

② 현재성의 판단시점 : 방위행위시가 아니라 효과발생시(침해행위시)를 기준으로 판단하므로 장래의 침해가능성을 예견하고 미리 방지하기 위하여 방어조치를 취한 경우라면 상당성이 인정되는 범위에서 현재성이 있다(예 도둑의 침입을 막기 위하여 담 밑에 도랑을 파 두었는데, 절도범이 침입하다가 그 도랑에 빠져 다리가 부러진 경우 정당방위 성립).

③ 예방적 정당방위(지속적 위험) : 종전의 침해행위가 반복하여 계속될 염려가 있는 경우(예 계속 되어 온 성폭행)에도 현재성을 인정할 수 있는지가 문제되는데, 통설은 이를 부정하나 판례는 인정한다.

판례

지속적 위험과 정당방위

피고인 甲女는 약 12살 때부터 의붓아버지인 피해자의 강간행위에 의하여 정조를 유린 당한 후 계속적으로 이 사건 범행 무렵까지 피해자와의 성관계를 강요받아 왔고, 그 밖에 피해자로부터 행동의 자유를 간섭받아 왔으며, 그러한 침해행위가 그 후에도 반복하여 계속될 염려가 있었다면, 피고인들의 이 사건 범행 당시 피고인 甲女의 신체나 자유 등에 대한 **현재의 부당한 침해상태**가 있었다고 볼 여지가 없는 것은 아니나, 피고인들의 이 사건 살인행위가 형법 제21조 소정의 정당방위나 과잉방위에 해당한다고 하기는 어렵다(대판 1992.12.22, 92도2540). ☺ 본 판례는 "현재의 부당한 침해상태가 있었다고 볼 여지가 없는 것은 아니다."라고 판시함으로써 지속적 위험을 인정하여 공격의 현재성과 방위의사는 인정하였지만, 상당성이 결여되어 정당방위가 되지 않는다고 하였다.

(3) 부당한 침해

① **부당의 의의** : 부당한 침해란 위법한 침해를 의미하는 것으로, 여기서 위법이란 형법상의 불법뿐만 아니라 법질서 전체에 반하는 일반적인 위법개념을 의미하므로 형법상 구성요건해당성이 없는 경우라도 법질서에 반하는 행위에 대해서는 정당방위가 가능하다(例 무과실에 의한 침해행위나 처벌규정이 없는 과실에 의한 행위에 대해서도 정당방위는 가능하다).

② **적법한 침해** : 부당한 침해가 아닌 적법한 침해에 대해서는 정당방위를 할 수 없다. 이때에는 긴급피난만이 가능할 뿐이다. 따라서 정당방위, 긴급피난, 자구행위, 정당행위에 대한 정당방위는 허용되지 않는다.

☺ 정당한 침해(정당방위·긴급피난 등)에 대한 정당방위 ×(긴급피난 ○)

③ **공격의 유책성 필요 여부** : 공격이 유책할 필요는 없고, 책임무능력자(명정자, 정신병자 또는 유아의 침해)에 대하여도 정당방위가 가능하다.

판례비교 부당한 침해의 인정 여부

O 부당한 침해 인정 – 정당방위 인정	**X** 부당한 침해 부정 – 정당방위 부정
① 경찰관의 행위가 적법한 공무집행을 벗어나 불법하게 체포한 것으로 볼 수밖에 없다면, 그 체포를 면하려고 반항하는 과정에서 경찰관에게 상해를 가한 것은 불법체포로 인한 신체에 대한 현재의 부당한 침해에서 벗어나기 위한 행위로서 정당방위에 해당한다(대판 2000.7.4, 99도4341). 05. 사시, 08. 법원직, 12. 경찰, 15. 국가직 9급 ② 피고인이 경찰관의 불심검문을 받아 운전면허증을 교부한 후 경찰관에게 큰 소리로 욕설을 하였는데, 경찰관이 피고인을 **모욕죄의 현행범으로 체포**하려고 하자 피고인이 반항하면서 경찰관에게 상해를 가한 경우 정당방위에 해당한다(대판 2011.5.26, 2011도3682). 13·18. 국가직 9급, 16. 경찰 ③ 검사가 참고인 조사를 받는 줄 알고 검찰청에 자진출석한 변호사 사무실 사무장을 **합리적 근거 없이 긴급체포**하자 그 변호사가 이를 제지하는 과정에서 검사에게 상해를 가한 것은 정당방위에 해당할 수 있다(대판 2006.9.8, 2006도148). 08. 법원직, 12·16. 경찰승진, 15. 국가직 9급, 18. 경찰 ④ 甲이 점유하던 공사현장에 실력을 행사하여 들어와 현수막 및 간판을 설치하고 **담장에 글씨를 쓰는** 乙에 대하여 甲이 그 현수막을 찢고 간판 및 담장에 쓰인 글씨를 지운 경우, 甲의 행위는 정당방위에 해당한다(대판 1989.3.14, 87도3674). 06. 법원행시 ⑤ 甲은 국유토지에 보리를 파종하였는데 그 토지는 공개입찰에 의하여 인도집행이 乙에게 완료되었다. 그 후 乙이 토지를 경작하려고 甲이 경작한 성장한 보리를 갈아 뭉개자 甲이 소 앞을 가로막고 **쟁기를 잡아당긴 행위**는 정당방위에 해당한다(대판 1977.5.24, 76도3460). 12. 경찰	① 공직선거 후보자 합동연설회장에서 후보자 갑이 적시한 연설 내용이 다른 후보자 을에 대한 명예훼손 또는 후보자비방의 요건에 해당되나 그 위법성이 조각되는 경우, 甲의 연설 도중에 乙이 마이크를 빼앗고 욕설을 하는 등 물리적으로 甲의 연설을 방해한 행위는 甲의 '위법하지 않은 정당한 침해'에 대하여 이루어진 것일 뿐만 아니라 '상당성'을 결여하여 정당방위의 요건을 갖추지 못하였다고 할 것이다(대판 2003.11.13, 2003도3606). ② 피고인이 피해자가 노상에서 자신에게 "종놈의 새끼, 개새끼 같은 놈"이라는 욕설을 하자 분을 참지 못하고 들고 있던 삽으로 피해자의 흉부를 구타하여 상해를 입힌 사안에서 "욕설을 하는 것만으로는 현재의 급박·부당한 침해라 할 수 없으니 그 욕설을 한 자에 대하여 삽으로 흉부를 1회 구타하여 상해를 입힌 본건에 있어서 이를 정당방위로는 할 수 없는 것이다."라고 판시하였다(대판 1957.5.10, 4290형상73). ③ 쟁투하다가 **패주하는 피해자가 소지하였던 식도를 탈취하여 급박한 상태를 면하였음에도 불구하고**, 다만 반항한다고 하여 그를 자살(刺殺)한 행위는 형법 제21조 소정의 정당방위·과잉방위 또는 불안상태의 행위라 할 수 없다(대판 1959.7.24, 4291형상556). ④ 채권자가 가옥명도 강제집행에 의하여 **적법하게 점유를 이전받아 점유하고 있는** 방실에 채무자가 무단으로 침입한 경우, 주거침입죄가 성립하고 적법한 강제집행에 대한 정당방위나 자구행위는 인정될 수 없다(대판 1962.8.23, 62도93).

O	부당한 침해 인정 – 정당방위 인정	X	부당한 침해 부정 – 정당방위 부정
⑥ 경찰관들이 체포영장을 소지하고 메트암페타민(일명 필로폰) 투약 등 혐의로 피고인을 체포하려고 하자, 피고인이 이에 거세게 저항하는 과정에서 경찰관들에게 상해를 가하였고, 경찰관들이 체포를 위한 실력행사에 나아가기 전에 체포영장을 제시하고 미란다 원칙을 고지할 여유가 있었음에도 **애초부터 미란다 원칙을 체포 후에 고지할 생각으로 먼저 체포행위에 나선 행위는 적법한 공무집행으로 보기 어려워 피고인은 정당방위에 해당한다**(대판 2017.9.21, 2017도10866).		⑤ 피고인이 자신의 차를 가로막고 서 있는 피해자를 향하여 차를 조금씩 전진시키고 피해자가 뒤로 물러나면 다시 차를 전진시키는 방식의 운행을 반복하였는데, 이는 그 자체로 피해자에 대한 유형력의 행사에 해당하고 정당방위에 해당하지 않는다(대판 2016.10.27, 2016도9302).	

(4) 싸움의 경우

① 원칙 : 싸움에서 상호간의 공격과 방어는 모두 위법한 침해로서 부정(不正) 대 정(正)의 관계가 아니며 방위의사 또한 없으므로 정당방위·과잉방위는 원칙적으로 성립하지 않는다.

ⓛ 예외 : 당연히 예상되는 정도를 초과한 공격이나 싸움이 중지된 후의 재차 공격에 대한 반격, 외관상 서로 격투를 하는 것처럼 보이는 경우라고 할지라도 실제로는 한쪽 당사자가 일방적으로 불법한 공격을 가하고 상대방은 불법한 공격으로부터 자신을 보호하고 이를 벗어나기 위한 저항수단으로 유형력을 행사한 경우처럼 전혀 싸울 의사 없이 소극적 방어에 그친 경우에는 정당방위가 인정될 수 있다.

[판례비교] 싸움에서의 정당방위 인정 여부

O	정당방위 인정	X	정당방위 부정
① **싸움이 중지된 후, 다시 피해자들이 새로이 도발한 별개의 가해행위를 방어하기 위하여** 단도로 상대방의 복부에 자상을 입힌 경우(대판 1957.3.8, 4290형상18)		① **싸움의 경우, 가해행위는 방어행위인 동시에 공격행위의 성격을 가지므로 정당방위 또는 과잉방위행위라고 볼 수 없다**(대판 1993.8.24, 92도1329). 15. 경찰	
② **싸움을 함에 있어서 격투에서 당연히 예상할 수 있는 정도를 초과하여 살인의 흉기 등을 사용하여 온 경우에는** 이를 '부당한 침해'라고 아니할 수 없으므로 이에 대하여는 정당방위를 허용하여야 한다고 해석하여야 할 것이다(대판 1968.5.7, 68도370). 12. 경찰		② **동생이 술에 만취하여 누나를 폭행하자 그 남편이 동생과 싸우는 과정에서** 동생이 매형을 넘어뜨려 목을 누르자 호흡이 곤란해진 매형이 과도로 동생의 허벅지를 찔러 상해를 입힌 경우(대판 2000.3.28, 2000도228).	

O 정당방위 인정	**X** 정당방위 부정
③ 외관상 서로 격투를 하는 것처럼 보이는 경우라고 할지라도 실제로는 한쪽 당사자가 일방적으로 불법한 공격을 가하고 상대방은 이러한 불법한 공격으로부터 자신을 보호하고 이를 벗어나기 위한 **저항수단**으로 유형력을 행사한 경우라면 그 행위가 적극적인 반격이 아니라 소극적인 방어의 한도를 벗어나지 않는 한 사회통념상 허용될 만한 상당성이 있는 행위로서 위법성이 조각된다고 보아야 할 것이다(대판 1999.10.12, 99도3377). 10. 사시 ④ 甲과 자신의 남편과의 관계를 의심하게 된 상대방이 자신의 아들 등과 함께 甲의 아파트에 찾아가 현관문을 발로 차는 등 소란을 피우다가, 출입문을 열어주자 곧바로 甲을 밀치고 신발을 신은 채로 거실로 들어가 **상대방 일행이 서로 합세하여** 甲을 **구타**하기 시작하였고 甲은 이를 벗어나기 위하여 손을 휘저으며 발버둥치는 과정에서 상대방 등에게 상해를 가하게 된 경우(대판 2010.2.11, 2009도12958) 11. 사시	

3. 방위하기 위한 행위(방위의사가 있을 것)

(1) 방위의사

방위의사란 정당방위의 상황에 대한 인식과 방어행위를 실현한다는 의사를 말하는데, 이는 정당방위의 주관적 정당화요소에 해당한다. 방위의사는 방어행위가 증오·분노·복수와 같은 다른 동기가 함께 작용한 때에도 정당방위가 성립한다. 다만, 긴급구조의 경우에 피침해자인 타인의 의사는 고려할 필요가 없다.

(2) 방위행위

방위행위란 현재의 부당한 침해를 배제하기 위한 반격행위를 말한다. 방위행위는 순수한 방어적 방위인 보호방위와 반대공격에 따른 공격행위에 의한 방위인 공격방위 모두 가능하다. 방위행위의 상대방은 침해자이며, 침해와 무관한 제3자는 포함되지 않는다. 만약 제3자를 공격하면 긴급피난이 가능하다(통설).

4. 상당한 이유가 있을 것

(1) 방위의 필요성

방위의 필요성이란 방위행위가 즉시 침해를 배제할 수 있는 적절하고도 필요한 행위여야 한다는 원칙을 말한다.

(2) 내용

① 적합성의 원칙 : 방위행위는 위험을 즉시 그리고 효과적으로 제거하는 데에 적합한 수단이어야 한다.

② 상대적 최소침해의 원칙 : 침해를 방어하기 위한 수단 가운데 공격자에게 피해가 적은 방법을 선택할 것을 요한다(**예** 신발을 절취하는 것을 보고 절도범을 사살하는 것은 상당하다고 할 수 없다). 그러나 선택의 여지가 없을 때에는 보다 큰 피해를 준 방어행위도 상당성이 있다고 하지 않을 수 없다.

③ 보충성의 원칙 : 방위를 요하지 않으므로 최후의 수단이 아닌 다른방법이 있더라도 정당방위는 가능하다.

④ 법익균형성의 원칙 : 방위를 요하지 않으므로 보호대상의 법익이 방어대상의 법익보다 우월할 필요가 없다. 즉, 낮은 순위의 법익을 보호하기 위하여 높은 순위의 법익을 침해하는 경우에도 정당방위가 성립한다.

☑ **보충성의 원칙과 법익균형성의 원칙**
- 정당방위는 부정(不正) 대 정(正)의 관계이므로 '법은 불법에 양보할 필요가 없다.'는 사상을 기초로 보충성의 원칙과 법익균형성의 원칙은 지킬 필요가 없다.
- 보충성의 원칙은 최후의 수단으로 선택할 것을 요하는 것을 말한다.
- 법익균형성의 원칙은 높은 법익을 보호하기 위하여 낮은 법익을 침해하는 것도 가능하다는 원칙을 말한다. 형법상 법익의 순위는 생명 > 신체 > 재산의 순서로 평가된다.

> **판례**

상당성의 요건
1. 정당방위가 성립하려면 침해행위에 의하여 침해되는 법익의 종류·정도, 침해의 방법, 침해행위의 완급과 방위행위에 의하여 침해될 법익의 종류·정도 등 일체의 구체적 사정들을 참작하여 방위행위가 **사회적으로 상당**한 것이어야 한다(대판 1971.4.30, 71도527).
2. 정당방위의 성립요건으로서의 방어행위에는 순수한 **수비적 방어**뿐만 아니라 적극적 반격을 포함하는 **반격방어**의 형태도 포함되나, 방어행위는 자기 또는 타인의 법익침해를 방위하기 위한 행위로서 상당한 이유가 있어야 한다(대판 1992.12.22, 92도2540).
17. 경찰승진, 18. 경찰

판례비교 상당한 이유

O 정당방위 인정	X 정당방위 부정
① 甲과 乙이 공동으로 인적이 드문 심야에 혼자 귀가 중인 丙女의 뒤에서 느닷없이 달려들어 양팔을 붙잡고 어두운 골목길로 끌고 들어가 담벽에 쓰러뜨린 후, 甲이 음부를 만지며 반항하는 丙女의 옆구리를 무릎으로 차고 억지로 키스를 함으로 丙女가 정조와 신체를 지키려는 일념에서 엉겁결에 甲의 **혀를 깨물어 설절단상**을 입혔다면 丙女의 범행은 자기의 신체에 대한 현재의 부당한 침해에서 벗어나려고 한 행위로서 위법성이 결여된 행위이다(대판 1989.8.8, 89도358). 00. 사시, 07·12. 경찰, 11. 법원행시	① 공직선거 후보자 합동연설회장에서 후보자 甲의 연설 도중에 乙이 마이크를 빼앗고 욕설을 하는 등 물리적으로 甲의 **연설을 방해**한 행위는 甲의 '위법하지 않은 정당한 침해'에 대하여 이루어진 것일 뿐만 아니라 '상당성'을 결여하여 정당방위의 요건을 갖추지 못하였다(대판 2003.11.13, 2003도3606). 12. 경찰승진, 15. 국가직 9급
② 절도범으로 오인받은 자가 야간에 군중들로부터 **무차별 구타**를 당하자 이를 방위하기 위하여 소지하고 있던 **손톱깎이 칼**을 휘둘러 상해를 입힌 경우(대판 1970.9.17, 70도1473) 16. 경찰승진	② 여대생인 피고인이 12살 때부터 **의붓아버지**에게 계속적인 성관계를 강요받아 오던 중 남자친구와 공모하여 밤에 의붓아버지의 집에 들어가서 술에 취해 잠들어 있는 의붓아버지의 심장을 찔러 살해한 경우(대판 1992.12.22, 92도2540)
③ 타인이 보는 자리에서 자식으로부터 인륜상 용납할 수 없는 폭언과 함께 폭행을 가하려는 피해자를 1회 구타한 행위는 피고인의 신체에 대한 법익뿐만 아니라 아버지로서의 신분에 대한, 법익에 대한 현재의 부당한 침해를 방위하기 위한 행위로서 정황에 비추어 볼 때 피고인으로서는 피해자에게 일격을 가하지 아니할 수 없는 상당한 이유가 있는 행위로서 정당방위에 해당한다(대판 1974.5.14, 73도2401).	③ 甲은 그 소유의 밤나무 단지에서 피해자 乙이 **밤 18개**를 푸대에 주워 담는 것을 보고 푸대를 빼앗으려다 반항하는 乙의 **뺨**과 팔목을 때려 상처를 입힌 경우(대판 1984.9.25, 84도1611) 05. 사시, 09. 국가직 9급
④ 피해자가 피고인 운전의 차량 앞에 뛰어들어 함부로 타려고 하고 이에 항의하는 피고인의 바지춤을 잡아 당겨 찢고 피고인을 끌고 가려다가 넘어지자, 피고인이 피해자의 **양 손목을 경찰관이 도착할 때까지 약 3분간 잡아 누른 경우**(대판 1999.6.11, 99도943) 07. 사시	④ 전투경찰대원이 상관의 다소 심한 기합에 격분하여 **상관을 사살**한 경우(대판 1984.6.12, 84도683)
⑤ 피고인 경영의 주점에서 甲 등 3인이 통금시간이 지나도록 외상술을 마시면서 접대부와 동침시켜 줄 것을 요구하고 이를 거절한 데에 불만을 품고 내실까지 들어와 피고인의 처가 있는 데서 소변까지 하여 피고인이 항의하자 甲이 그 일행과 함께 피고인을 **집단구타**하므로 피고인이 甲을 **업어치기식**으로 넘어뜨려 그에게 전치 12일의 상해를 입힌 경우에는 피고인의 甲에 대한 폭행행위는 정당방위로 죄가 되지 아니한다(대판 1981.8.25, 80도800).	⑤ 피고인이 피해자를 살해하려고 먼저 가격한 이상, 피해자의 반격이 있었더라도 **피해자를 살해한 소위가 상당성을 일탈하여** 정당방위에 해당한다고 볼 수 없다(대판 1983.9.13, 83도1467).
	⑥ 乙이 칼을 들고 甲을 찌르자 그 **칼을 빼앗아** 그 칼로 반격을 가한 결과, 乙에게 상해를 입게 하였다 하더라도 그와 같은 사실만으로는 甲에 대한 현재의 부당한 침해를 방위하기 위한 행위로서 상당한 이유가 있는 경우에 해당한다고 할 수 없다(대판 1984.1.24, 83도1873).
	⑦ 타인의 집 대문 앞에 은식하고 있다가 경찰관의 명령에 순순히 손을 들고 나오면서 그대로 도주하는 범인을 경찰관이 뒤따라 추격하면서 등 부위에 권총을 발사하여 사망하게 한 경우(대판 1991.5.28, 91다10084) 11. 경찰승진

O	정당방위 인정	X	정당방위 부정
⑥ 경찰관 甲과 乙은 "丙이 주점에서 술을 마시던 중 맥주병을 깨뜨려 丁의 목을 찔렀고, 자신의 집인 꽃집으로 도주하여 칼로 아들을 위협하고 있다."라는 신고를 받고 출동하였는데, 丙과의 몸싸움 도중에 甲이 공포탄 1발을 발사하여 경고를 하였음에도 불구하고 丙이 乙의 몸 위에 올라탄 채 계속하여 乙을 폭행하자 甲은 丙이 언제 칼을 꺼내어 공격할지 알 수 없다고 생각하여 乙을 구출하기 위하여 丙을 향하여 **권총을 발사**하였는데 丙이 사망한 경우(대판 2004.3.25, 2003도3842) 비교판례 순경 甲과 의경 乙은 "丙이 병원 유리창을 깨뜨리면서 형을 살려내라며 난동을 부린다."라는 신고를 받고 출동하였는데 丙의 기세에 눌려 막다른 곳까지 밀렸다. 이에 순경 甲이 당황하여 칼빈 소총으로 丙의 **가슴에 발사**하여 丙이 사망하였는데, 하체 부위를 향하여 발사함으로써 위해를 최소한도로 줄일 여지가 있는데도 왼쪽 가슴을 관통하여 사망하게 한 경우에는 정당방위에 해당하지 않는다(대판 1991.9.10, 91다19913).		

5. 사회윤리적 제한

(1) 책임 없는 자의 침해에 대한 방위

정당방위는 책임 있는 자에 의한 침해를 요건으로 하는 것은 아니나, 책임무능력자(예 정신병자, 명정자, 어린아이)의 경우에는 법수호의 이익이 약화되어 침해된 법익을 피할 수 없는 때가 아니면 정당방위가 허용되지 않는다.

(2) 보증관계에 있는 자의 침해에 대한 방위

부부나 부자관계와 같은 긴밀한 인적 관계에 있는 사람 사이에서 정당방위의 성립이 제한된다(예 술에 취한 남편의 구타를 막기 위하여 처가 우산으로 남편을 찔러 죽인 경우 정당방위 불성립). 이러한 관계에 있는 경우에는 보다 경미하고 안전한 방법이 사용되어야 한다. 다만, 침해행위로 인하여 생명의 위협을 느낄 경우에는 최후의 수단으로서 공격자의 생명을 향한 방어행위가 가능하다.

판례
이혼소송 중인 남편이 찾아와 **가위로 폭행**하고 변태적 성행위를 강요하는 데에 격분하여 처 甲이 칼로 **남편의 복부를 찔러** 사망에 이르게 한 경우 그 행위는 방위행위로서의 한도를 넘어선 것으로 사회통념상 용인될 수 없어 정당방위나 과잉방위에 해당하지 않는다(대판 2001.5.15, 2001도1085). ⇨ 상해치사죄 성립 12. 사시, 12·18. 경찰승진, 16. 경찰

(3) 극히 경미한 침해에 대한 방위

정당방위는 원칙적으로 법익의 균형성은 문제되지 않지만 법익 사이에 현저한 불균형이 있는 예외적인 경우에는 정당방위가 제한된다(예 음료수 절도범에게 치명적인 사격을 가하는 경우).

> **판례**
>
> 甲은 그 소유의 밤나무 단지에서 피해자 乙이 밤 18개를 푸대에 주워 담는 것을 보고 푸대를 빼앗으려 반항하는 乙의 뺨과 팔목을 때려 상처를 입힌 경우, 피고인의 행위가 비록 피해자의 절취행위를 방지하기 위한 것이었다고 하여도 긴박성과 상당성을 결여하여 정당방위라고 볼 수 없다(대판 1984.9.25, 84도1611). 05. 사시, 09. 국가직 9급

(4) 도발된 침해(자초침해)에 대한 방위

상대방으로 하여금 부당한 침해를 하도록 야기한 자가 그 침해에 대해서 정당방위를 할 수 있느냐가 문제되는 바, 통설은 이를 목적에 의한 도발과 책임 있는 도발로 나누어 설명하고 있다.

목적에 의한 도발	정당방위상황을 이용하여 공격자를 가해할 목적으로 공격을 유발시킨 경우에 그 공격에 대해서는 **정당방위 불성립**(통설·판례)(예 상대방을 살해할 목적으로 상대방으로 하여금 자기를 공격하게 한 후, 방위행위를 이용하여 상대방을 살해한 경우)
책임 있는 도발 (과실에 의한 도발)	과실로 정당방위상황을 불러일으킨 자는 가능한 한 공격자로부터 피해야 하며 공격을 피할 수 없거나 다른 방법에 의하여 방위할 수 없는 경우에만 정당방위가 제한적으로 **허용**(예 정사현장을 목격한 남편이 칼로 찌르려 하자 정부가 다급한 나머지 그를 타살한 경우)

❸ 정당방위의 효과

1. 위법성 조각

정당방위의 요건을 구비한 경우에는 방위행위가 범죄의 구성요건에 해당하더라도 위법성이 조각되어 범죄가 성립하지 않는다.

2. 정당방위에 대한 정당방위

정당방위는 위법하지 않으므로 정당방위에 대한 정당방위는 허용되지 않고 긴급피난만 가능하며, 부정(不正) 대 정(正)의 관계이므로 긴급피난과 달리 민사상의 손해배상 책임이 없다.

한눈에 쏙

정당방위에 대한 정당방위 ✕

정당방위에 대한 긴급피난 ○

긴급피난에 대한 정당방위 ✕

긴급피난에 대한 긴급피난 ○

과잉방위에 대한 정당방위 ○

❹ 과잉방위와 오상방위

> 제21조【정당방위】② 방위행위가 그 정도를 초과한 경우에는 정황(情況)에 따라 그 형을 감
> 경하거나 면제할 수 있다.
> ③ 제2항의 경우에 야간이나 그 밖의 불안한 상태에서 공포를 느끼거나 경악(驚愕)하거나
> 흥분하거나 당황하였기 때문에 그 행위를 하였을 때에는 벌하지 아니한다.

1. 과잉방위

(1) 의의

방위행위가 상당성의 정도를 넘은 때에 이를 과잉방위라고 한다. 즉, 방위행위의 상당
성이 없는 경우를 말한다.

(2) 효과

① 과잉방위는 위법성이 조각되지 않고 책임을 감소·소멸할 뿐이라고 하여야 한다.
따라서 과잉방위에 대해서는 정당방위가 가능하다.

② 행위자가 그 과잉행위에 대하여 과실이 가볍거나 또는 과실 없는 때에는 형을 감경
또는 면제할 수 있다(제21조 제2항).

③ 과잉방위의 경우에도 그 행위가 야간 기타 불안스러운 상황하에서 공포·경악·당
황으로 인한 경우에는 벌하지 아니하는데, 이러한 상황에서는 적법행위의 기대가능
성이 없어 책임이 조각되기 때문이다(제21조 제3항).

판례비교 상당성 초과에 관한 과잉방위의 인정 여부

O 과잉방위 인정	**X** 정당방위 또는 과잉방위 부정
① **이유 없이 집단구타**를 당하게 된 피고인이 더 이상 도피하기 어려운 상황에서 이를 방어하기 위하여 **곡괭이 자루**를 마구 휘두른 결과, 그중 1명을 사망하게 하고 다른 사람에게 상해를 입힌 것은 명백히 반격적 행위의 정도가 지나친 것으로 과잉방위에 해당한다(대판 1985.9.10, 85도1370). **비교판례** 절도범으로 오인받은 자가 야간에 군중들로부터 **무차별 구타**를 당하자 이를 방위하기 위하여 소지하고 있던 **손톱깎이 칼**을 휘둘러 상해를 입힌 행위는 정당방위에 해당한다(대판 1970.9.17, 70도1473). 15. 법원직	① 甲이 乙을 7군데나 식칼로 찔러 사망하게 한 행위가 피해자의 **구타**행위로 말미암아 유발된 범행이었다 하더라도 그와 같은 사정만으로는 위 소위가 정당방위 또는 과잉방위에 해당된다고 볼 수 없다(대판 1983.9.27, 83도1906). ② 이혼소송 중인 남편이 찾아와 **가위로 폭행**하고 변태적 성행위를 강요하는 데에 격분하여 처 甲이 **칼로 남편의 복부를 찔러 사망**에 이르게 한 경우 정당방위나 과잉방위에 해당하지 않는다(대판 2001.5.15, 2001도1085). ⇨ 상해치사죄 성립 12. 사시, 12·18. 경찰승진, 16. 경찰 ③ 의붓아버지의 강간행위에 의하여 정조를 유린당한 후, 계속적으로 성관계를 강요받아 온 피고인이 상피고인과 사전에 공모하여 범행을 준비하고 의붓아버지가 제대로 반항할 수 없는 상태에서 **식칼로 심장을 찔러** 살해한 경우 정당방위나 과잉방위에 해당한다고 하기는 어렵다(대판 1992.12.22, 92도2540).

O 과잉방위 인정	**X** 정당방위 또는 과잉방위 부정
② 甲은 평소 흉포한 성격인데다가 술까지 몹시 취한 자신의 오빠인 乙이 심하게 행패를 부리던 끝에 어머니를 죽여버리겠다면서 식칼을 들고 달려들어 찌를 듯이 면전에 칼을 들이대다가 동생으로부터 제지를 받자, 다시 동생의 목을 손으로 졸라 숨쉬기를 어렵게 한 위급한 상황에서 甲이 순간적으로 동생을 구하기 위하여 乙에게 달려들어 그의 목을 조르면서 뒤로 넘어뜨리고 계속 복을 졸라 乙이 사망한 경우에는 불가벌적 과잉방위이다. → 생명·신체에 대한 현재의 부당한 침해를 방위하기 위한 상당한 행위가 있고, 이어서 정당방위의 요건인 **상당성을 결여한 행위가 연속적으로 이루어진 경우** 극히 **짧은 시간 내에 계속하여 행하여진** 가해자의 이와 같은 일련의 행위는 이를 전체로서 하나의 행위라고 보아 「형법」제21조제2항의 과잉방위가 성립한다고 볼 여지가 있다(대판 1986.11.11, 86도1862). 18. 경찰 ③ 甲은 야간에 조카를 성추행하려던 乙을 타이르자 乙이 도리어 甲을 폭행하고 甲의 부인을 돌로 내려치려는 순간에 乙의 **복부를 발로 차서** 乙이 **사망**한 경우 불가벌적 과잉방위에 해당한다(대판 1974.2.26, 73도2380). ④ 甲은 야간에 乙 등 남자 6명들로부터 별다른 이유 없이 폭행을 당하고 자신의 처까지 위협을 당하던 중에 그들의 공격으로부터 벗어나기 위하여 맥주병을 들고 나와서 위협을 하던 중 甲을 뒤에서 끌어안은 乙과 함께 넘어져 뒹구는 과정에서 맥주병이 깨져서 乙이 상해를 입은 경우 불가벌적 과잉방위에 해당한다(대판 2005.7.8, 2005도2807). ⑤ 甲이 乙로부터 **뺨을 맞는 등 폭행을 당하여** 서로 멱살을 잡고 다투자 주위 사람들이 싸움을 제지하였으나 피해자에게 대항하기 위하여 **깨어진 병**으로 피해자를 찌를 듯이 겨누어 협박한 경우, 甲의 행위는 정당방위나 야간의 공포나 당황으로 인한 과잉방위에 해당하지 아니한다(대판 1991.5.28, 91도80). ☺ 甲의 행위는 제21조 제1항의 정당방위나 제21조 제3항의 불가벌적 과잉방위에 해당하지 않지만, 제21조 제2항의 과잉방위에 해당한다.	④ 甲은 乙이 자신을 **구타**하자 길이 26cm**의 과도로** 乙의 복부를 3~4회나 찔러 상해를 입힌 경우 정당방위나 과잉방위에 해당하지 아니한다(대판 1989.12.12, 89도2049). ⑤ 몸무게가 85kg 이상이나 되는 피해자가 62kg의 피고인을 침대 위에 넘어뜨리고 피고인의 가슴 위에 올라타 목 부분을 누르자 호흡이 곤란하게 된 피고인이 안간힘을 쓰면서 허둥대다가 그곳 침대 위에 놓여있던 **과도로 피해자에게 상해**를 입혔다면 이와 같은 **싸움의 경우**, 가해행위는 방어행위인 동시에 공격행위의 성격을 가지므로 정당방위 또는 과잉방위행위라고 볼 수 없다(대판 2000.3.28, 2000도228). ❌ 甲의 행위는 자신의 신체에 대한 현재의 부당한 침해를 방위하기 위한 행위가 그 정도를 초과한 경우인 과잉방위행위에 해당한다. ✕ 06. 경찰승진

2. 오상방위

(1) 의의

객관적으로 정당방위의 요건이 구비되지 않았음에도 불구하고 이것이 있는 것으로 오신하고 방위에 나간 경우를 오상방위라고 한다(**예** 밤에 찾아 온 우편배달부를 도둑으로 오인하고 야구방망이로 쳐서 상해를 입힌 경우). 자세한 내용은 위법성조각사유의 전제된 사실의 착오에서 설명한다.

(2) 효과

오상방위도 정당방위가 아니므로 위법성은 조각되지 않는다. 다만, 법효과제한적 책임설(다수설)에 따르면 고의는 인정되나 책임고의가 조각되어 과실범이 된다.

3. 오상과잉방위

(1) 의의

방위자가 현재의 부당한 침해가 없음에도 불구하고 있다고 오신하고(오상방위) 상당성을 초과하는 방위행위(과잉방위)를 한 경우를 말한다.

(2) 과잉방위규정(제21조 제2항·제3항)의 적용문제

과잉방위규정은 오상방위·오상과잉방위에는 적용될 수 없다. 과잉방위규정을 오상방위·오상과잉방위에 적용한다면 공격자로 오인당한 무고한 제3자의 희생만 강요하는 결과가 되기 때문이다.

📑 과잉방위·오상방위·오상과잉방위의 범위 비교

구분	과잉방위	오상방위	오상과잉방위
정당방위상태	존재	부존재	부존재
상당성	결여	인정	결여
법적 효과	책임 감소·소멸	고의 또는 책임 조각	고의 또는 책임 조각
과잉방위규정 적용 여부	적용 ○	적용 ×	적용 ×

제3절 긴급피난

제22조【긴급피난】① 자기 또는 타인의 법익에 대한 현재의 위난을 피하기 위한 행위는 상당한 이유가 있는 때에는 벌하지 아니한다.

❶ 서설

1. 의의

(1) 긴급피난이란 자기 또는 타인의 법익에 대한 현재의 위난을 피하기 위한 상당한 이유 있는 행위를 말한다(例 브레이크 고장으로 인하여 인도로 돌진하는 자동차를 피하려고 상점의 유리창을 부수고 들어간 경우).

(2) 긴급피난은 위난원인의 위법·적법을 불문하고, 피난행위도 위난을 야기시킨 자뿐만 아니라 이와 무관한 제3자에게도 가능하기 때문에 정(正) 대 정(正)의 관계로 표현된다.

2. 위법성 조각의 근거

법익균형의 원칙에서 유래하는 것으로 법익의 위계질서도 이익균형의 일부분에 지나지 않는다는 고려에서 모든 이익을 교량할 것을 요구하는 원칙(이익교량의 원칙)과 정당한 목적을 위한 상당한 수단은 위법하지 않다는 것으로 긴급피난이 피난을 위한 상당한 수단인 때에는 위법성을 조각하게 된다는 원칙(목적설)이 위법성 조각의 근거이다.

3. 긴급피난의 본질

(1) 위법성조각설

긴급피난은 피난행위로 인하여 보호받는 이익과 침해된 이익을 교량하여 보호받는 이익의 우월성이 인정되는 경우이므로 위법성이 조각된다는 견해이다(통설). 이 견해에 의하면 긴급피난에 대한 정당방위는 불가능하고 긴급피난만이 가능하다.

(2) 책임조각설

긴급피난에 해당하는 행위는 적법한 제3자의 법익을 침해하는 것이기 때문에 위법하지만 자기유지의 본능으로서 적법행위에 대한 기대가능성이 없어 책임이 조각된다는 견해이다. 이 견해에 의하면 긴급피난에 대한 정당방위가 가능하다.

(3) 이분설

우월적 이익의 원칙이 적용되는 경우(例 생명 대 재산)의 긴급피난은 위법성조각사유에 해당하고, 법익 동가치인 경우(例 생명 대 생명)의 긴급피난은 책임조각사유에 해당한다는 견해이다.

❷ 긴급피난의 성립요건

1. 자기 또는 타인의 법익에 대한 현재의 위난이 있을 것

(1) 자기 또는 타인의 법익

① 자기뿐만 아니라 타인을 위한 긴급피난도 가능하다.

② 보전될 법익에는 아무런 제한이 없다. 개인적 법익에 한하지 않고 사회적 법익과 국가적 법익(**예** 국가기밀을 가지고 국경을 넘는 간첩을 사인이 체포하는 경우)에 대한 긴급피난도 가능하다는 것이 통설이다.

(2) 현재의 위난

① 의의

　㉠ 침해가 즉시 또는 곧 발생할 것으로 예견되는 경우를 말한다.

　㉡ 현재의 위난에는 이미 침해가 발생한 경우뿐만 아니라 예방적 긴급피난 상황이나 계속된 위난도 포함되므로 긴급피난의 현재성은 정당방위 침해의 현재성보다 인정범위가 넓다(다수설). 이러한 현재의 위난이 있느냐는 긴급피난자의 주관에 의하여 결정되는 것이 아니라 객관적·개별적인 판단에 의한다.

② 위난의 원인

　㉠ 위난의 원인은 불문한다. 현재의 위난만 있으면 충분하고 부당한 침해가 있을 것을 요하지 않는다.

　㉡ 위법한 행위뿐만 아니라 적법한 행위에 대해서도 긴급피난이 가능하고, 현재의 위난이 위법하면 정당방위와 긴급피난을 하는 것이 가능하다.

　㉢ 위난의 원인이 사람의 행위이든지 동물·자연사실이든지를 불문한다(**예** 미친개의 공격을 피하기 위하여 타인의 주거에 허락 없이 들어간 경우).

③ 자초위난

　㉠ 책임 있는 자초위난: 위난이 책임 있는 사유로 발생하는 때에도 상당성이 인정되면 긴급피난이 가능하다(**예** 부주의로 맹견의 꼬리를 밟아 덤벼드는 개를 사살한 경우).

　㉡ 목적에 의한 자초위난: 처음부터 피난행위를 목적으로 하거나 고의로 위난을 자초한 경우에는 긴급피난이 허용되지 않는다(**예** 처음부터 개를 죽일 목적으로 개꼬리를 밟아 덤벼드는 개를 사살한 경우).

> **판례**
>
> 甲이 잠을 자고 있는 乙女를 간음하기 위하여 몸에 손을 대는 순간 乙이 놀라 소리치자 乙의 입을 왼손으로 막고 오른손으로는 하의를 벗기며 강간하려 하였고 乙이 甲의 손가락을 깨물며 반항하자 甲이 깨물린 손가락을 비틀어 빼는 과정에서 乙에게 치아결손의 상해를 입힌 경우, **강간 범행의 와중에 피해자가 피고인의 손가락을 깨물며 반항하자 물린 손가락을 비틀며 잡아 뽑다가 피해자에게 치아결손의 상해를 입힌 행위가 법에 의하여 용인되는 피난행위라 할 수 없다(대판 1995.1.12, 94도2781). 13·18. 국가직 9급, 15. 법원직

2. 위난을 피하기 위한 행위가 있을 것

(1) 피난의사

피난행위란 현재의 위난을 모면하기 위한 일체의 행위를 말한다. 따라서 행위자는 현재의 위난을 인식하고 높은 가치의 이익을 보호하기 위하여 행위하여야 한다. 피난의사는 긴급피난에 있어서 주관적 정당화요소가 된다.

(2) 피난행위

피난행위에는 위난의 원인에 대하여 직접 반격을 가하거나 또는 위난을 유발한 당사자의 법익을 침해하여 법익을 보존하는 경우인 방어적 긴급피난과, 위난과 관계없는 제3자의 법익을 희생시키고 법익을 보존하는 경우인 공격적 긴급피난이 있으며, 피난행위의 상대방은 위난과 관계없는 제3자도 가능하다.

3. 상당한 이유가 있을 것

(1) 의의

긴급피난은 정(正) 대 정(正)의 관계이므로 정당방위에 비하여 상당성의 판단이 엄격하다. 또한 긴급피난은 현재의 위난을 위난과 무관한 제3자에게 전가하는 특징이 있으므로 제3자의 입장이 충분히 고려되어야 한다. 따라서 보충성의 원칙과 균형성의 원칙이 엄격히 요구된다.

(2) 보충성의 원칙

① 의의 : 피난행위가 위난에 빠져 있는 법익을 보호하기 위한 유일한 수단(최후의 수단)이어야 한다는 원칙이다.

② 상대적 최소피난의 원칙 : 회피할 여유가 있는 경우에는 긴급피난은 허용되지 않으며, 피난방법은 침해의 정도가 가장 경미한 것을 선택하여야 한다.

(3) 균형성의 원칙

① 의의 : 보호되는 이익이 침해되는 이익보다 본질적으로 우월하여야 한다는 원칙이다. 제3자에 대한 긴급피난이 가능하기 때문에 제3자가 자신에 대한 침해를 감수할 수 있어야 하기 때문이다. 단, 기대가능성의 유무에 따라 책임에 영향을 준다.

② 법익의 가치

㉠ 생명은 교량할 수 있는 법익이 아니므로 긴급피난에 의한 살인은 위법성이 조각되지 않는다(예 표류 중인 선박에서 선원들이 아사를 면하기 위하여 다른 선원을 살해한 경우).

㉡ 현재의 위난을 피하기 위하여 사람을 살인한 때에는 기대가능성의 유무에 따라 책임에 영향을 미친다(예 표류 중인 선박에서 선원들이 아사를 면하기 위하여 다른 선원을 살해한 후에 구출되었을 경우, 살아 있는 선원들에게는 적법한 행위를 기대할 수 없으므로 책임이 면책될 수 있다).

한눈에 쏙

1. 보충성의 원칙, 균형성의 원칙

엄격 요구

2. 보충성의 원칙

최후의 수단

3. 균형성의 원칙

보호법익 > 침해법익

⇩

생명 > 신체 > 자유 > 재산 ⋯

⇩

재산 vs 재산 ➡ 위험성의 크기

침해법익이 생명 ➡ 긴급피난 ✕

기출 OX

긴급피난의 경우에는 위난과 무관한 제3자에게 위험을 전가하는 방식으로 이루어지는 이익 내지 가치의 재분배가 법질서에 의하여 허용된다고 하더라도, 피난행위의 상당성을 판단함에 있어서는 이러한 제3자의 입장을 고려하여야 하므로 보충성 및 우월적 이익의 원칙을 요구하게 된다. 16. 사시 　　　(○)

③ 위난의 정도: 법익의 가치뿐만 아니라 그 침해의 정도도 고려되어야 하며(예 생명 > 신체 > 자유 > 재산 …), 특히 죄질을 같이하는 법익 사이에서는 그 법익에 대한 위험의 정도가 결정적인 판단기준이 된다.

⑷ 적합성의 원리

① 의의: 피난행위는 위법성을 피하기 위한 적합한 수단이어야 한다는 원칙이다.

② 사회윤리적 적합성: 피난행위는 사회윤리적으로 적합한 행위이어야 한다(예 수혈 없이는 살 수 없는 사람을 구하기 위하여 강제 체혈을 하는 것은 허용되지 않는다).

③ 법적 절차: 법적 절차가 있는 경우 법적 절차를 따르지 않은 피난행위는 허용되지 않는다(예 부당하게 기소된 피고인이 무죄판결을 받기 위하여 위증을 교사하거나, 석방되기 위하여 도주하는 것은 긴급피난이 되지 않는다).

❸ 긴급피난의 효과

1. 위법성 조각

구성요건에 해당하여도 위법성을 조각하여 범죄가 성립하지 않는다.

2. 긴급피난에 대한 긴급피난

긴급피난은 적법한 행위이므로 이에 대한 정당방위는 할 수 없고 긴급피난만 가능하다.

3. 민사상 손해배상

긴급피난행위는 위난의 원인과 관계없는 제3자에 대하여도 행하여질 수 있으므로 제3자에 대한 민사상 손해배상책임이 인정되는 경우도 있다(예 달려드는 개를 피하기 위하여 상점으로 뛰어 들어가다 유리창을 깬 경우 유리창에 대한 배상책임).

판례비교 긴급피난의 인정 여부

O 긴급피난 인정	X 긴급피난 부정
① 선박이 태풍을 만나 선박과 선원들의 안전을 위하여 **닻줄을** **50m** 더 늘려 내림으로써 피조개양식장에 손해를 끼친 경우, 이는 사회통념상 가장 적절하고 필요불가결하다고 인정되는 조치를 취한 것이며 긴급피난으로서 위법성이 조각되어 재물손괴죄가 성립하지 아니한다(대판 1987.1.20, 85도221). 03. 법원행시, 16. 경찰승진, 17. 경찰간부	① 피고인의 **모(母)가** 갑자기 기절을 하여 이를 치료하기 위하여 **군무를 이탈한 경우**(대판 1969.6.10, 69도690) 03. 행시, 17. 경찰간부
② 임신의 지속이 **모체건강에 대한** 우려가 현저하고 불구아를 출산할 가능성이 있다는 판단하에 의사가 부득이 **낙태수술을 한** 경우 정당행위 내지 긴급피난에 해당한다(대판 1976.7.13, 75도1205). 06. 법원행시, 10. 국가직 9급, 12 · 16. 경찰승진, 17. 경찰간부	② 甲이 乙에게 잠시 빌려준 약속어음을 乙이 丙에게 배서하자 丙이 소지 중인 약속어음을 甲이 찢어버린 경우(대판 1975.5.27, 74도3559) ⇨ 손괴죄 성립
	③ 당초 집회예정이던 甲대학교 측의 집회저지 요청으로 경찰이 甲대학 출입을 제한하자 소정의 신고 없이 乙대학으로 옮겨 집회를 개최한 경우(대판 1990.8.14, 90도870) 03. 행시, 10. 국가직 9급, 11. 사시, 16. 경찰승진

O	긴급피난 인정	X	긴급피난 부정

③ 피고인 등이 제방을 잘라서 수문을 유실시킨 행위는 피고인 등의 재산에 대한 현재의 위난을 피하기 위하여 부득이 행하여진 것으로 인정할 수 있고, 제방 및 수문의 시가는 25만원임에 비하여 해수로 인하여 피해 당하는 피고인 등과 그 밖의 그곳 주민들의 경작지를 합하면 **약 20여 만평 정도**이므로 그 행위로 인하여 생긴 피해는 예상되었던 피고인 등과 그 밖의 주민들의 현저한 재산상의 손해에 극히 적은 것을 인정할 수 있어 피고인 등과 주민들의 재산에 대한 현재의 위난을 피하기 위하여 행하여진 상당한 이유가 있는 행위이다(대판 1968.8.11, 65도3832).

④ 차량충돌 사고장소가 편도 1차선의 아스팔트 포장도로이고, 피고인이 차량을 제한속도(시속 60km)의 범위 안에서 운행하였으며(시속 40 내지 50km), 비가 내려 노면이 미끄러운 상태였고, 피고인이 우회전을 하다가 전방에 정차하고 있는 **버스를 발견하고 급제동조치를 취하였으나 빗길 때문에 미끄러져 미치지 못하고 중앙선을 침범**하기에 이른 것이라면, 피고인이 버스를 피하기 위하여 다른 적절한 조치를 취할 방도가 없는 상황에서 부득이 중앙선을 침범하게 된 것이어서 교통사고처리 특례법 제3조 제2항 단서 제2호에 해당되지 않는다(대판 1990.5.8, 90도606).

④ 피고인 스스로 야기한 **강간 범행** 와중에 피해자가 피고인의 손가락을 깨물며 반항하자 물린 손가락을 비틀어 잡아 뽑다가 피해자에게 치아결손의 상해를 입힌 경우(대판 1995.1.12, 94도2781) ⇨ 자초위난·강간치상죄 성립 13. 국가직 9급

⑤ 경찰관이 신호 위반을 이유로 한 정지명령에 불응하고 도주한 차량에 탑승한 동승자를 추적하던 중, 수차례 경고하고 공포탄을 발사하였음에도 계속 도주하자 실탄을 발사하여 **사망하게 한 경우**(대판 1990.8.14, 90도870)

⑥ 피고인이 상관인 피해자로부터 **뺨을 한 대 얻어맞고 홧김에 그 뒤통수를 대검 뒷자루로 한번 치자** 그도 야전삽으로 대항하던 중, 대검으로 다시 쇄골 부분을 찔러 **사망**하게 한 경우(대판 1970.8.18, 70도1364)

⑦ 아파트 입주자대표회의 회장이 다수 입주민들의 민원에 따라 위성방송 수신을 방해하는 케이블 TV방송의 시험방송 송출을 중단시키기 위하여 **케이블 TV방송의 방송안테나를 절단**하도록 지시한 행위를 긴급피난 내지는 정당행위에 해당한다고 볼 수 없다(대판 2006.4.13, 2005도9396).
10. 국가직 9급, 16. 국가직 7급, 17. 경찰간부

⑧ 특정 후보자에 대한 **낙선운동**을 함으로써 공직선거 및 선거부정방지법에 의한 선거운동 제한규정을 위반한 피고인들의 같은 법 위반의 각 행위는 위법한 행위로서 허용될 수 없는 것이고, 피고인들의 각 행위가 시민불복종운동으로서 헌법상의 기본권 행사범위 내에 속하는 정당행위이거나 형법상 사회상규에 위반되지 아니하는 정당행위 또는 긴급피난의 요건을 갖춘 행위로 볼 수는 없다(대판 2004.4.27, 2002도315).

⑨ 甲정당 당직자인 피고인들 등이 국회 외교통상 상임위원회 회의장 앞 복도에서 출입이 봉쇄된 회의장 출입구를 뚫을 목적으로 회의장 출입문 및 그 안쪽에 쌓여있던 **집기를 손상하거**나, 국회 심의를 방해할 목적으로 **회의장 내에 물을 분사**한 사안에서 피고인들의 공용물건손상 및 국회회의장 소동행위를 위법성이 조각되는 정당행위나 긴급피난의 요건을 갖춘 행위로 평가하기 어렵다(대판 2013.6.13, 2010도13609). 16. 경찰, 17. 경찰승진

⑩ 피고인이 피해견으로부터 직접적인 공격은 받지 아니하여 피고인으로서는 진돗개의 목줄을 풀어 다른 곳으로 피하거나 주위에 있는 몽둥이나 **기계톱** 등을 휘둘러 피해견을 쫓아버릴 수도 있었음에도 불구하고 그 자체로 매우 위험한 물건인 기계톱의 엑셀을 잡아당겨 작동시킨 후 이를 이용하여 피해견의 척추를 포함한 등 부분에서부터 배 부분까지 절단함으로써 내장이 밖으로 다 튀어나올 정도로 죽인 경우(대판 2016.1.28, 2014도2477) ⇨ 재물손괴죄와 동물보호법 위반죄의 상상적 경합

❹ 긴급피난의 특칙

> 제22조【긴급피난】② 위난을 피하지 못할 책임이 있는 자에 대하여는 전항의 규정을 적용하지 아니한다.

1. 원칙

위난을 피하지 못할 책임이 있는 자란 법령·계약·업무에 의하여 직무상 당연히 일정한 위난을 감수할 의무가 있는 자(데 군인, 경찰관, 소방관, 의사 등)로서 이들은 원칙적으로 긴급피난이 허용되지 않는다.

2. 예외

(1) 이러한 자들도 일반인과 같은 조건에서 긴급피난을 하는 것을 금할 뿐이지 긴급피난을 절대적으로 금지하는 것은 아니다.

(2) 타인의 위난을 구하기 위한 긴급피난은 할 수 있으며, 감수하여야 할 의무의 범위를 넘는 자기의 위난(데 생명, 신체)에 대한 긴급피난도 가능하다(데 소방관이 진화작업 중에 불덩이가 천장에서 떨어지는 것을 보고 그 집에 있는 고가의 그림액자로 머리를 보호하려다 그림액자를 손괴한 경우).

❺ 과잉피난과 오상피난

> 제21조【정당방위】② 방위행위가 그 정도를 초과한 때에는 정황에 의하여 그 형을 감경 또는 면제할 수 있다.
> ③ 전항의 경우에 그 행위가 야간 기타 불안스러운 상태하에서 공포, 경악, 흥분 또는 당황으로 인한 때에는 벌하지 아니한다.
> 제22조【긴급피난】③ 전조 제2항과 제3항의 규정은 본조에 준용한다.

기출 OX
피난행위가 그 정도를 초과하더라도 야간 기타 불안스러운 상태하에서 공포·경악·흥분·당황으로 인한 경우에는 벌하지 아니한다.
18. 경찰승진 (○)

1. 과잉피난

(1) 피난행위가 상당성을 결한 경우를 과잉피난이라고 하며, 이는 위법성을 조각하지 않는다.

(2) 제21조 제2항이 준용되는 과잉피난은, 위법성은 인정되나 책임이 감소·소멸되어(다수설) 그 형을 감면할 수 있다. 책임이 감소되면 유죄가 되고, 책임이 소멸되면 무죄가 된다.

(3) 제21조 제3항이 준용되는 과잉피난은, 위법성은 인정되나 책임이 조각되어 무죄가 된다.

2. 오상피난

객관적으로 긴급피난요건의 사실이 존재하지 아니하는데도 불구하고 그것이 존재한다고 오신하고 피난행위를 한 경우를 오상피난이라고 한다. 법효과제한적 책임설(다수설)에 의하면 책임고의가 조각되어 과실범으로 처벌된다.

⑥ 의무의 충돌

1. 의의

둘 이상의 의무가 서로 충돌하여 행위자가 하나의 의무만을 이행할 수 있는 긴급상태에서 다른 의무를 이행할 수 없게 되어 구성요건을 실현하는 경우를 말한다(예 아버지가 물에 빠진 두 명의 아들 중에서 한 아이를 구하다가 다른 아이를 익사하게 한 경우, 또는 불이 난 집에 갇혀 있는 동생과 아버지 중에서 동생을 구하다가 아버지를 구하지 못하여 사망하게 한 경우).

2. 법적 성질

의무의 충돌은 긴급상황에서의 문제이며 이익의 충돌과 구조적으로 유사하기 때문에 긴급피난의 특수한 경우에 속한다는 견해가 다수설이다.

3. 성립범위

작위의무와 작위의무의 충돌	전형적인 의무의 충돌이다.
작위의무와 부작위의무의 충돌	의사가 위급환자의 생명을 구하기 위하여 규정속도를 위반하여 차를 운행한 경우처럼 환자의 생명을 구해야 할 작위의무와 규정속도를 위반해서는 안 되는 부작위의무가 충돌하는 경우이다. 이를 긴급피난으로 보는 견해와 의무의 충돌로 보는 견해가 대립한다.
부작위의무와 부작위의무의 충돌	행위자가 둘 이상의 부작위의무를 동시에 이행할 수 있으므로 의무의 충돌이 아니다.

4. 성립요건

(1) 의무의 충돌이 있을 것

① 둘 이상의 법적 의무가 충돌(작위의무 vs 작위의무)되어야 하며, 도덕적·종교적 의무로는 충분하지 않다.

② 충돌이란 하나의 의무를 이행함(⇨ 이행강제가 따름)으로써 다른 의무의 이행이 필연적으로 불가능한 것을 말한다(갈등구조).

③ 순차적으로 수행이 가능하면 의무의 충돌이 아니다.

(2) 상당한 이유가 있을 것

① 높은 가치와 낮은 가치의 의무의 충돌: 높은 가치의 의무를 이행하고 낮은 가치의 의무를 태만히 한 때에는 위법성이 조각된다(예 의사가 두 환자를 동시에 돌볼 수 없는 경우에 중환자를 돌보기 위하여 경환자를 방치한 경우).

② 같은 가치의 의무의 충돌: 법은 불가능한 것을 강요할 수 없고 어느 의무를 이행하는가는 행위자가 선택할 수 있을 뿐이므로 위법성이 조각된다(예 물에 빠진 두 아이 중 한 아이만 구한 경우).

5. 효과

의무의 충돌요건을 구비한 경우에는 부작위가 비록 범죄의 구성요건에는 해당할지라도 위법성이 조각되어 범죄가 성립하지 않는다.

📋 **긴급피난과 의무의 충돌 비교**

구분	긴급피난	의무의 충돌
근본적 차이	법익간의 충돌, 법익형량	의무간의 충돌, 의무형량
위난·손해의 감수	가능	불가능
현재의 위난 요부	필요	불요
위난의 원인	불문	법적 의무의 충돌
제3자의 개입가능성	가능 (타자가 대신 긴급피난 가능)	불가능
행위의 태양	작위	부작위
상대적 최소피난의 원칙	적용 (피난자에게 선택가능성 존재)	부적용 (의무자가 손해를 적게 할 여지가 없음)
적합성의 원칙	적용	부적용
행위의 강제	없음	있음
이익·의무의 형량	우월적 이익의 원칙	동가치도 위법성 조각 (행위강제가 존재하기 때문)
법익·의무의 주체	자기 또는 타인의 법익	자기의 의무만 가능

제4절 자구행위

제23조【자구행위】① 법률에서 정한 절차에 따라서는 청구권을 보전(保全)할 수 없는 경우에 그 청구권의 실행이 불가능해지거나 현저히 곤란해지는 상황을 피하기 위하여 한 행위는 상당한 이유가 있는 때에는 벌하지 아니한다.

❶ 서설

1. 의의

자구행위란 권리자가 그 권리를 침해당한 때에 공권력의 발동에 의하지 않고 자력에 의하여 그 권리를 구제·보전하는 행위를 말한다(예 채무를 변제하지 않고 외국으로 도주하는 채무자를 채권자가 체포하는 경우, 수일 전에 도난당한 자가 우연히 절도범을 만나서 도품을 강제로 탈환하는 경우).

2. 법적 성질

자구행위는 불법한 침해에 대한 자기보전행위이므로 부정(不正) 대 정(正)의 관계이며, 침해된 청구권을 구조하기 위한 사후적 긴급행위로서 법익균형성을 요하지 않지만 긴급상태에서 사인이 국가권력을 대행한다는 점에서 보충성을 요한다.

❷ 자구행위의 성립요건

1. 법정절차에 의하여 청구권을 보전하는 것이 불가능할 것

(1) 청구권

① 청구권의 범위

ㄱ 청구권이란 특정인에게 일정한 행위를 요구할 수 있는 사법상의 권리를 말하며, 재산권(예 채권적·물권적 청구권, 지적재산권)과 친족·상속권도 포함된다.

ㄴ 다만, 자구행위에 의하여 보호되는 청구권은 보전할 수 있는 권리일 것을 요한다. 따라서 원상회복이 불가능한 권리는 포함되지 않는다(예 생명, 신체, 자유, 정조, 명예 등).

> **판례**
>
> 피해자가 다른 친구들 앞에서 피고인의 전과사실을 폭로함으로써 명예를 훼손하였기 때문에 동인에게 유리컵을 깨어 뺨을 찔러 **안면부 창상**을 입혔다면 그 소행은 자구행위에 해당한다고 할 수 없다(대판 1969.12.30, 69도2138).

② 자기의 청구권

　　㉠ 청구권은 자기의 것이어야 하며, 타인의 청구권을 위한 구제행위일 것을 요하지 않는다(**예** 길에서 우연히 만난 아내의 채무자를 붙잡아 데려온 경우 자구행위 불성립).

　　㉡ 청구권자로부터 자구행위의 실행을 위임받은 자는 자구행위를 할 수 있다고 보아야 한다(**예** 여관주인이 사환을 시켜 숙박비를 내지 않고 도주하는 투숙객을 붙잡아 돈을 받는 경우 자구행위 성립).

(2) 청구권에 대한 불법한 침해가 있을 것

① 불법한 침해

　　㉠ 침해는 불법한 침해를 의미하므로 적법한 침해는 자구행위가 될 수 없다.

　　㉡ 자구행위는 과거의 침해에 대해서만 할 수 있다(현재의 침해에 대해서는 정당방위 성립).

② 정당방위와의 한계

　　㉠ 절도범을 현장에서부터 추적하여 재물을 탈환하는 경우, 범죄가 형식적으로 기수에 달한 때에도 법익침해가 현장에서 계속되는 상태에 있으면 현재의 침해라고 할 수 있으므로 정당방위에 해당한다(다수설).

　　㉡ 상당한 시일이 경과한 후에 그 재물을 탈환하는 경우에는 과거의 침해이므로 폭행·협박에는 자구행위가 성립한다.

　　㉢ 절도범을 추적하자 절도범이 절취재물을 버리고 도망하였으나, 쫓아가 체포한 경우에는 현행범 체포행위로서 정당행위가 된다.

(3) 법정절차에 의한 청구권보전의 불가능

① 자구행위의 보충성: 자구행위는 청구권의 보전이 불가능한 긴급상황에서만 허용된다.

② 법정절차: 청구권의 법정절차는 통상 민사소송법상의 가압류·가처분 등의 보전절차를 의미하고, 경찰 기타 기관에 의한 구제절차도 포함된다.

③ 청구권보전의 불가능

　　㉠ 법정절차에 의하여 청구권을 보전할 수 있는 상황에서 침해가 증대되어도 자구행위는 인정되지 않는다(**예** 가옥명도청구, 토지반환청구 또는 점유사용권을 회복하기 위한 자구행위는 성립하지 않는다).

　　㉡ 법정절차에 의하여 청구권을 보전하는 것이 불가능한 경우와 장소 또는 시간관계로 공적 구제를 강구할 여유가 없고 후일에 공적 수단에 의하더라도 실효를 거두지 못할 상황이 있는 경우에 한하여 자구행위를 할 수 있다(**예** 채무자가 외국으로 도주하려고 비행기에 탑승하려는 경우 자구행위를 할 수 있다).

판례

법정절차에 의해 청구권의 불가능

1. 채권자가 **가옥명도 강제집행**에 의하여 적법하게 점유를 이전받아 점유하고 있는 방실에 채무자가 무단히 침입한 때에는 주거침입죄가 성립하고 적법한 강제집행에 대한 정당방위나 자구행위는 인정될 수 없다(대판 1962.8.23, 62도93). 09. 국가직 9급

2. 소유권의 귀속에 관한 분쟁이 있어서 **민사소송이 계속 중인 건조물**에 관하여 현실적으로 관리인이 있음에도 건조물의 자물쇠를 쇠톱으로 절단하고 침입한 소위는 법정절차에 의하여 그 권리를 보전하기가 곤란하고 그 권리의 실행불능이나 현저한 실행곤란을 피하기 위하여 상당한 이유가 있는 행위라고 할 수 없다(대판 1985.7.9, 85도707). 07. 법원직, 09. 경찰, 12. 사시

3. 주민들이 농기계 등으로 그 주변의 농경지나 임야에 통행하기 위하여 이용하는 자신 소유의 **도로에 깊이 1m 정도의 구덩이를 판 행위**는 일반교통방해죄에 해당하고 자구행위나 정당행위에 해당하지 않는다(대판 2007.3.15, 2006도9418). 18. 국가직 9급

4. **절의 출입구와 마당**으로 약 10년 전부터 사용하고 또 그곳을 통하여서만 출입할 수 있는 대지를 전 주지의 가족으로부터 매수하여 등기를 마쳤다는 구실로 불법침입하여 담장을 쌓기 위한 호를 파 놓았기 때문에 그 절의 주지가 신도들과 더불어 그 호를 메워버린 소위는 자구행위로서의 요건을 갖추었다고 볼 수 없다(대판 1970.7.21, 70도996). 07. 경찰승진

5. 인근 상가의 통행로로 이용되고 있는 토지의 사실상 지배권자가 토지에 철주와 철망을 설치하고 포장된 아스팔트를 걷어냄으로써 통행로로 이용하지 못하게 한 경우 일반교통방해죄를 구성하고 자구행위에 해당하지 않는다(대판 2007.12.28, 2007도7717). 14. 변호사, 17. 국가직 7급

2. 청구권의 실행불능 또는 현저한 실행곤란을 피하기 위한 행위가 있을 것

(1) 청구권의 실행불능 또는 현저한 실행곤란

① 청구권의 실행이 불가능하거나 실행이 현저히 곤란한 사정이 있어야 한다.

② 청구권에 대하여 충분한 물적 담보나 인적 담보가 확보되는 때에는 자구행위가 허용되지 않는다(예 보증인이 있는 채권이나 저당권이 설정되어 있는 채권).

③ 실행이 가능하다고 하더라도 실행이 현저히 곤란한 경우에는 자구행위를 할 수 있다.

(2) 자구의사

행위자는 청구권의 실행불능 또는 현저한 실행곤란을 피하기 위한 의사로 행동할 것을 요하므로 입증의 곤란을 피하기 위한 자구행위는 인정되지 않는다. 자구의사는 자구행위의 주관적 정당화요소가 된다.

3. 상당한 이유가 있을 것

① 자구행위는 최소침해의 원칙, 적합성의 원칙, 보충성의 원칙을 준수하여야 하지만, 채권자가 자신의 재산을 보호하기 위해서 채무자의 신체를 침해하여도 위법성은 조각되므로 법익균형의 원칙은 준수하지 않아도 된다.

② 자구행위는 청구권의 보전수단이지 실행수단이 아니다(실행 ×, 추심 ×, 이행 ×). 따라서 청구권보전의 범위를 벗어나 재산을 임의로 처분하거나 이행을 받아 스스로 변제충당하는 행위는 자구행위가 될 수 없다(판례). 단, 자기의 소유물에 대한 탈환은 자구행위에 의하여 허용된다.

> **판례**
>
> 1. [사실관계] 甲은 乙에게 금 16만원 상당의 석고상을 납품하고 수차례 대금지급을 요청하였는데도 받지 못하고 있던 중 급기야 乙이 화랑을 폐쇄하고 도주하자 대금청구권의 담보로 보관할 목적으로 야간에 폐쇄된 화랑의 베니어판 문을 미리 준비한 드라이버로 뜯어내고 석고상을 몰래 가지고 나왔다.
>   [판례요지] 甲이 자신의 채권을 민사소송절차에 의해서 실현할 수 있음에도 불구하고 스스로 乙의 물건을 취거한 경우에는 자구행위의 보충성에 반한다. 따라서 甲의 **강제적 채권추심 내지 이를 목적으로 하는 물품의 취거행위는 자구행위라 볼 수 없고**, 야간에 문호를 손괴하고 건조물에 침입하여 타인의 재물을 절취하였으므로 특수절도죄(제331조 제1항)가 성립한다(대판 1984.12.26, 84도2582).
> 2. 채무자가 유일한 재산인 가옥을 매각하고 그 대금을 받은 즉시 멀리 떠나려는 긴급한 순간에 있어서 각 채권자가 할 수 없이 **강제적인 채권추심**을 하였더라도 반드시 자구행위의 요건을 갖추었다고 단정할 수 없다(대판 1966.7.26, 66도469).

❸ 과잉자구행위와 오상자구행위

1. 과잉자구행위

> 제23조【자구행위】② 제1항의 행위가 그 정도를 초과한 경우에는 정황에 따라 그 형을 감경하거나 면제할 수 있다.

(1) 과잉자구행위란 자구행위가 그 정도를 초과한 때를 말하며, 이는 위법성이 조각되지 않는다.

(2) 과잉자구행위의 경우에는 위법한 행위에 대한 책임은 감경될 수 있으므로 형법은 형을 감경 또는 면제할 수 있다고 규정하고 있다(제23조 제2항).

(3) 정당방위·긴급피난과 달리 자구행위에는 형법 제21조 제3항이 준용되지 않는다.
   ☑ **형법 제21조 제3항**
   형법 제21조 제2항의 경우에 그 행위가 야간 기타 불안스러운 상태하에서 공포, 경악, 흥분 또는 당황으로 인한 때에는 벌하지 아니한다.

2. 오상자구행위

(1) 자구행위의 요건이 존재하지 않는데도 존재한다고 오상하고 자구행위를 하는 것을 말하며, 이는 위법성이 조각되지 않는다.

(2) 법효과제한적 책임설(다수설)에 의하면 책임고의가 조각되어 과실범으로 처벌된다.

📑 **정당방위 · 긴급피난 · 자구행위의 구별**

구분	정당방위	긴급피난	자구행위
본질적 차이	부정[不正(현재)] 대 정(正)	정[正(현재)] 대 정(正)	부정[不正(과거)] 대 정(正)
법익범위	국가적 · 사회적 법익 제외	국가적 · 사회적 법익 포함	자기의 청구권
시기	사전적 긴급행위	사전적 긴급행위	사후적 긴급행위
균형성	×	○	×
보충성	×	○	○
적합성	○	○	○
과잉방위	제21조 제2항 · 제3항	제21조 제2항 · 제3항 준용	제21조 제3항 불준용

제5절 피해자의 승낙

제24조【피해자의 승낙】처분할 수 있는 자의 승낙에 의하여 그 법익을 훼손한 행위는 법률에 특별한 규정이 없는 한 벌하지 아니한다.

❶ 서설

1. 의의

피해자의 승낙이란 피해자가 가해자에 대하여 자기의 법익을 침해하는 것을 허락하는 것을 말한다.

2. 양해와 승낙의 구별

(1) **양해의 의의**

① 개념: 범죄에 있어서 그 법익침해에 대한 피해자의 동의가 있으면 구성요건해당성이 배제된다. 즉 피해자의 의사에 반하는데 불법의 본질이 있는 범죄에 대해 피해자의 동의가 있으면 처음부터 구성요건해당성조차 없는 경우를 의미한다.

기출 OX

형법 제24조에 따르면 처분할 수 있는 자의 승낙에 의하여 그 법익을 훼손한 행위는 법률에 특별한 규정이 있는 경우에 한하여 벌하지 아니한다. 17. 경찰승진   (×)

② 인정범위 : 구성요건이 피해자의 의사에 반하는 때에만 실현될 수 있도록 규정되어 있는 범죄로, 각칙상 개인의 자유, 재산, 사생활의 평온을 해하는 죄가 여기에 해당한다(예 주거침입죄, 비밀침해죄, 절도죄, 횡령죄, 강간죄, 강제추행죄 등).

(2) 양해의 유효요건

① 양해의 시기 : 양해는 적어도 행위시에 있어야 한다. 따라서 사후양해는 인정되지 아니하며, 이 경우 인식한 고의범이 성립한다.

② 양해의 표시 및 행위자의 인식 : 양해는 반드시 명백한 의사가 적극적으로 표시될 것을 요하지 않고 묵시의 동의로도 가능하다. 그리고 행위자는 행위시에 양해가 있다는 사실을 인식하고 행위를 하여야 한다.

(3) 양해의 효과

① 구성요건해당성 조각 : 양해의 요건을 구비한 경우 그 행위는 구성요건해당성이 조각된다.

② 양해에 관한 착오 : 행위자가 양해 있음을 모르고 행위한 경우에는 객체의 흠결로 불능미수가 문제되고(예 소유자의 동의가 있다는 사실을 알지 못하고 물건을 훔쳐온 경우 ⇨ 절도죄의 불능미수), 양해가 있는 것으로 오인한 경우에는 구성요건적 착오로 고의가 조각되어 과실범의 성부만 가능하다(예 소유자의 동의가 있는 것으로 오인하고 물건을 가져온 경우 ⇨ 절도죄의 고의조각).

③ 양해의 의사표시에 행위자의 기망·강박 등이 개입한 경우
　　㉠ 양해가 자연적 의사능력으로 충분한 경우 : 착오에 의한 양해도 유효하다. 따라서 자연적 의사능력으로 충분한 절도의 경우에는 기망·강박에 의한 양해도 유효하여 구성요건해당성이 배제된다.

> **판례**
>
> 절도죄와 착오에 의한 양해(= 유효)
>
> **1.** [사실관계] 甲은 乙에게 밍크 45마리의 권리가 자기에게 있다고 주장하면서 밍크를 가져갔고, 乙은 甲의 행위를 묵시적으로 동의하였다. 그 후 甲이 권리가 있다고 주장하는 근거는 허위임이 밝혀졌다. 이때 甲에게 절도죄가 성립하는가?
> [판례요지] 피고인이 피해자에게 밍크 45마리에 관하여 자기에게 그 권리가 있다고 주장하면서 이를 가져간 데 대하여, 피해자의 묵시적인 동의가 있었다면 피고인의 주장이 후에 허위임이 밝혀졌더라도 피고인의 행위는 절도죄의 절취행위에 해당하지 않는다(대판 1990. 8.10, 90도211). 10. 법원행시
>
> **2.** 동거 중인 피해자의 돈 6만원을 지갑에서 꺼내가는 것을 피해자가 현장에서 목격하고서도 만류하지 아니하였다면 피해자가 이를 허용하는 묵시적 의사가 있었다고 봄이 상당하여 이는 **절도죄**를 구성하지 않는다(대판 1985.11.26, 85도1487). 07. 경찰, 16. 국가직 9급

판례

공갈죄와 착오에 의한 양해(= 유효)

예금주인 현금카드 소유자를 협박하여 그 카드를 갈취하였고, 하자 있는 의사표시이기는 하지만 피해자의 승낙에 의하여 현금카드를 사용할 권한을 부여받아 이를 이용하여 현금을 인출한 이상, 피해자가 그 승낙의 의사표시를 취소하기까지는 현금카드를 적법, 유효하게 사용할 수 있고, 은행의 경우에도 피해자의 지급정지 신청이 없는 한 피해자의 의사에 따라 그의 계산으로 적법하게 예금을 지급할 수밖에 없는 것이므로, 피고인이 피해자로부터 현금카드를 사용한 예금인출의 승낙을 받고 현금카드를 교부받은 행위와 이를 사용하여 현금자동지급기에서 예금을 여러 번 인출한 행위들은 모두 피해자의 예금을 갈취하고자 하는 피고인의 단일하고 계속된 범의 아래에서 이루어진 일련의 행위로서 포괄하여 하나의 공갈죄를 구성한다고 볼 것이지, 현금지급기에서 피해자의 예금을 취득한 행위를 현금지급기 관리자의 의사에 반하여 그가 점유하고 있는 현금을 절취한 것이라 하여 이를 현금카드 갈취행위와 분리하여 따로 절도죄로 처단할 수는 없다(대판 1996.9.20, 95도1728).

ⓛ 양해가 자연적 의사능력 외에 판단능력까지 필요한 경우: 착오에 의한 양해는 무효이다. 따라서 성적 자유에 관한 죄(강간죄, 강제추행죄), 횡령죄, 주거침입죄는 기망·강박에 의한 양해의 효력이 무효이므로 구성요건해당성은 갖추어진다.

판례

피고인이 피해자가 사용 중인 공중화장실의 용변칸에 노크하여 남편으로 오인한 피해자가 용변칸 문을 열자 강간할 의도로 용변칸에 들어간 것이라면 피해자가 명시적 또는 묵시적으로 이를 승낙하였다고 볼 수 없어 주거침입죄에 해당한다(대판 2003.5.30, 2003도1256).

09. 국가직 9급·법원직, 16. 경찰

❷ 피해자 승낙의 성립요건

SUMMARY

甲 ──① 진정한 의사표시 전달──→ 乙(피해자)
　　　　　(사기·강박 ×)
　　　② 자유로운 승낙능력 有 + 승낙에 의한 법익침해 有
　　　　　㉠ 승낙주체: 법익을 처분할 수 있는 자(피해자)
　　　　　　　단, 법정대리인 예외적 승낙 주체가 될 수 있다.
　　　　　ⓛ 개인적 법익에 한함 → 단, 생명은 제외
　　　　　　　ⓐ 방화(사회적 법익), 위증·무고(국가적 법익)
　　　　　　　　→ 피해자 승낙 ×
　　　　　　　ⓑ 병역법상의 상해, 보험사기의 상해는 제외
　　　　　㉢ 승낙능력 有
　　　　　　　간음에 있어서 13세
　　　　　　　아동혹사죄에 있어서 16세 ⎫
　　　　　　　미성년자약취·유인죄　　　 ⎬ + 승낙 有 → 범죄 성립
　　　　　　　피구금간음죄　　　　　　 ⎭
　　　　　㉣ 승낙시기: 법익침해 이전 → 언제든지 철회 가능

1. 법익을 처분할 수 있는 자의 유효한 승낙이 있을 것

(1) 승낙의 주체

승낙을 하는 사람은 법익의 주체인 피해자가 되는 것이 원칙이다. 다만, 예외적으로 법익의 주체는 아니나 처분권이 인정되는 자도 승낙자가 될 수 있다(예 어린이의 부모는 어린아이의 소유물에 대한 처분권이 있다).

(2) 처분할 수 있는 법익에 대한 승낙

① 승낙으로 처분할 수 있는 법익은 개인적 법익에 국한된다. 따라서 국가적·사회적 법익은 개인이 처분할 수 없기 때문에 승낙의 대상이 아니다(예 피무고인의 무고사실에 대하여 승낙한 경우에도 무고죄 성립).

② 개인적 법익이라도 생명은 승낙의 대상이 되지 않는다[예 승낙을 받고 살인을 한 경우에는 승낙살인죄 성립(제252조)]. 또한 신체에 대한 처분가능성도 사회상규나 윤리에 의하여 제한된다(예 병역을 피하기 위한 상해는 상해죄 성립).

> **판례**
>
> 1. 피할 만한 여유도 없는 좁은 장소와 상급자인 피고인이 하급자인 피해자로부터 아프게 반격을 받을 정도의 상황에서 신체가 보다 더 건강한 피고인이 피해자에게 약 1분 이상 가슴과 배를 때렸다면 **사망의 결과에 대한 예견가능성을 부정할 수도 없을 것**이며, 위와 같은 상황에서 이루어진 폭행이 장난권투로서 피해자의 승낙에 의한 사회상규에 어긋나지 않는 것이라고도 볼 수 없다(대판 1989.11.28, 89도201).
> 2. 무고죄는 국가의 형사사법권 또는 징계권의 적정한 행사를 주된 보호법익으로 하고, 다만 개인의 부당하게 처벌 또는 징계받지 아니할 이익을 부수적으로 보호하는 죄이므로 설사 무고에 있어서 피무고자의 승낙이 있었다고 하더라도 무고죄의 성립에는 영향을 미치지 못한다 할 것이다(대판 2005.9.30, 2005도2712). 11 · 16. 국가직 7급
>   ▨ 무고죄는 부수적으로 부당하게 처벌 또는 징계받지 아니할 개인의 이익을 보호하는 죄이므로 피무고인이 무고사실에 대하여 승낙한 경우 무고인을 처벌할 수 없다. ×
> 3. 공문서의 작성권자가 직접 이에 서명하지 않고 피고인에게 지시하여 그의 서명을 흉내내어 대신 서명케 한 경우 피고인의 행위는 작성권자의 지시 또는 승낙에 의한 것으로서 공문서위조죄의 **구성요건해당성이 조각**된다(대판 1983.5.24, 82도1426). 10. 국가직 7급

(3) 유효한 승낙

① 승낙능력

    ㉠ 피해자는 법익의 의미와 그 침해의 결과를 인식하고 이성적으로 판단할 수 있는 자연적 통찰능력과 판단능력이 있으면 충분하다. 따라서 정신병자나 만취자의 승낙은 유효한 승낙이 아니다.

    ㉡ 피해자의 자연적 판단능력에 의하여 구체적 상황을 판단하기 어려운 때에는 설명의무가 요구된다. 따라서 설명의무를 다하지 않고 받은 피해자의 동의는 유효한 승낙이 될 수 없다.

판례

산부인과 전문의 수련과정 2년차인 의사가 자신의 시진·촉진결과 등을 과신한 나머지 피해자의 병증이 자궁 외 임신인지, 자궁근종인지를 판별하기 위한 초음파검사 등 정밀한 진단방법을 실시하지 아니한 채 피해자의 병명을 자궁근종으로 오진하고 이에 근거하여 의학에 대한 전문지식이 없는 피해자에게 자궁적출수술의 불가피성만을 강조하였을 뿐 위와 같은 진단상의 과오가 없었으면 당연히 설명받았을 자궁 외 임신에 관한 내용을 설명받지 못한 피해자로부터 수술승낙을 받았다면 이 승낙은 부정확 또는 불충분한 설명을 근거로 이루어진 것으로서 수술의 위법성을 조각할 유효한 승낙이라고 볼 수 없다(대판 1993.7.27, 92도2345).

04. 사시, 08. 국가직 7급, 10. 법원행시

ⓒ 형법은 일정한 경우에 합법적으로 승낙할 수 있는 연령을 규정하고 있는데 간음죄에 있어서는 13세, 아동혹사죄에 있어서는 16세, 약취유인죄에 있어서는 미성년 등의 승낙이 있더라도 승낙능력이 없어 각 범죄가 성립한다.

② **자유의사에 의한 승낙**: 승낙은 자유의사에 의하여 이루어져야 하므로 사기·강박·착오 등에 의한 승낙은 그 유효성이 부정된다.

판례

피고인이 보관 중인 약속어음을 불법영득의사로서 현금으로 할인한 경우, 설사 피고인이 그 정을 모르는 피해자를 속여 현금할인에 관하여 승낙을 받았더라도 횡령죄의 성립에 하등의 영향이 없다(대판 1983.11.8, 83도2346).

③ **승낙의 표시**: 승낙은 적극적으로 표시될 필요는 없지만 어떤 방법이든지 외부에서 인식할 수 있도록 표시되면 충분하다.

판례

피고인이 계원들로 하여금 공소외 甲 대신 피고인을 계주로 믿게 하여 계금을 지급하고 불입금을 지급받아 위계를 사용하여 공소외 甲의 계운영업무를 방해하였다고 하여도 피고인에 대하여 다액의 채무를 부담하고 있던 공소외 甲으로서는 채권확보를 위한 피고인의 요구를 거절할 수 없었기 때문에 피고인이 계주의 업무를 대행하는 데에 대하여 이를 승인 내지 묵인한 사실이 인정된다면 피고인의 소위는 이른바 공소외 甲의 승낙이 있었던 것으로서 위법성이 조각되어 업무방해죄가 성립되지 않는다(대판 1983.2.8, 82도2486). 05. 경찰

④ **승낙의 시기**: 법익침해 이전에 표시되어야 하며 법익침해시까지 계속되어야 한다. 따라서 사후승낙은 위법성을 조각하지 않는다(例 헌혈자의 승낙을 사전에 받지 않고 채혈을 한 후에 승낙을 받은 경우에는 상해죄 성립). 다만, 승낙은 언제나 자유롭게 철회할 수 있다.

2. 승낙에 의한 법익침해행위가 있을 것

(1) 법익침해행위

① 행위자의 법익침해행위는 구성요건에 해당하는 행위이어야 한다. 승낙과 법익침해 행위 사이에는 인과관계가 있어야 한다.

② 법익침해행위는 고의행위가 일반적이지만 과실행위에 의한 경우에도 가능하다(**예** 운전자가 술에 취한 것을 알면서도 사고가 나도 좋으니 태워달라고 사정하여 동승한 자는 운전과실에 의한 상해를 승낙한 것으로 위법성이 조각된다).

(2) 주관적 정당화요소

피해자의 승낙이 있었는데도 행위자가 이를 알지 못하고 행위하면 위법성이 조각되지 않는다. 행위자가 승낙이 있는 것으로 오인한 때에는 위법성조각사유의 전제사실에 관한 착오가 문제된다.

(3) 상당성

승낙에 의한 행위가 법질서 전체의 정신 내지 사회윤리에 비추어 용인될 수 있는 것이어야 한다. 즉, 그 승낙이 윤리적·도덕적으로 사회상규에 반해서는 안 된다(**예** 병역을 피하기 위한 자해행위는 위법성이 조각되지 않는다).

3. 피해자 동의의 형법상 취급

유형	형법규정
구성요건해당성을 조각하는 경우(양해)	강간죄, 강제추행죄, 절도죄, 횡령죄, 손괴죄, 주거침입죄, 비밀침해죄, 업무상비밀누설죄, 사문서위조죄
위법성이 조각되는 경우(승낙)	① 피해자의 승낙에 의한 행위(제24조) ② 폭행죄, 상해죄
범죄의 성립에 영향이 없는 경우	① 13세 미만자에 대한 간음·추행죄(제305조) ② 피구금간음죄(제303조) ③ 무고죄, 위증죄, 방화죄
형의 감경사유가 되어 다른 구성요건에 해당하는 경우	① 보통살인죄에 대한 촉탁·승낙살인죄(제252조 제1항) ② 타인소유일반건조물방화죄에 대한 자기소유일반건조물방화죄(제166조 제2항) ③ 타인소유일반물건방화죄에 대한 자기소유일반물건방화죄(제167조 제2항)

❸ 효과

피해자 승낙의 요건을 갖춘 행위는 범죄의 구성요건에 해당하더라도 위법성이 조각되어 범죄가 성립하지 않는다.

판례

피해자의 승낙이 아닌 경우

1. 잡귀를 방출하기 위한 폭행에 대하여 피해자가 승낙하여 폭행한 결과, 피해자가 **사망한** 경우(대판 1985.12.10, 85도1892)

2. 장난권투 중 피할 만한 여유도 없는 좁은 장소와 상급자인 피고인이 하급자인 피해자로부터 아프게 반격을 받을 정도의 상황에서 신체가 보다 더 건강한 피고인이 피해자에게 약 1분 이상 가슴과 배를 때려 **사망한** 경우(대판 1989.11.28, 89도201)

3. **당연히 설명받았을 자궁 외 임신에 관한 내용을 설명받지 못한 피해자로부터 수술승낙을** 받은 경우(대판 1993.7.27, 92도2345) 04. 사시, 08. 국가직 7급, 10. 법원행시

4. 피고인이 보관 중인 약속어음을 불법영득의사로서 현금으로 할인한 경우, 설사 피고인이 그 정을 모르는 피해자를 **속여** 현금할인에 관하여 승낙을 받았더라도 횡령죄는 성립한다(대판 1983.11.8, 83도2346).

5. 10세 소녀의 동의를 얻고 성관계를 가져 처녀막 파열의 상해를 입힌 경우(대판 2000.4.25, 2000도223)

6. 피해자인 미성년자에게 **기망·유혹** 같은 달콤한 말을 수단으로 유인하여 이에 피해자가 하자 있는 의사로 승낙한 경우(대판 1976.9.14, 76도2072) 16. 국가직 7급

7. 甲이 스스로 가출하였다고는 하나 그것이 乙의 독자적인 교리설교에 의하여 하자 있는 의사로써 이루어진 것이고, 甲을 보호감독권자로부터 乙의 지배하에 옮긴 이상 미성년자약취유인죄가 성립한다(대판 1982.4.27, 82도186).

8. 피고인이 17세의 **청소년**에게 술을 판매함에 있어서 그의 민법상 법정대리인인 어머니의 동의를 받은 경우(대판 1999.7.13, 99도2151)

9. 피해자와 공모하여 교통사고를 가장하여 **보험금을 편취**할 목적으로 그 피해자의 승낙을 받고 그에 따라 피해자에게 상해를 가한 경우(대판 2008.12.11, 2008도9606)
09. 경찰, 11. 사시, 11·16. 국가직 7급, 11·18. 국가직 9급

10. 피고인이 피해자가 사용 중인 **공중화장실 용변칸**에 **노크**하여 남편으로 오인한 피해자가 용변칸 문을 열자 **강간할 의도로** 용변칸에 들어간 경우(대판 2003.5.30, 2003도1256)
09. 국가직 9급·법원직, 16. 국가직 7급

11. 단란주점에 18세 미만의 **청소년**을 출입시킨 후, 보호자의 양해하에 미성년자에게 주류를 제공한 경우(대판 2000.6.9, 2000도764)

기출 OX

甲이 피해자 A와 공모하여 교통사고를 가장하여 보험금을 편취할 목적으로 피해자 A에게 상해를 가한 행위는 A의 승낙에 의하여 위법성이 조각된다. 18. 국가직 9급 (×)

❹ 추정적 승낙

1. 의의

피해자의 승낙이 없거나 피해자 또는 대리인이 부재중이거나 의식이 없어 필요한 때에 승낙을 받을 수는 없지만, 모든 사정을 객관적으로 판단할 때에 승낙을 확실히 기대할 수 있는 경우를 말한다(예 집을 비우고 여행 중인 이웃집의 불을 끄기 위하여 그 집에 침입하는 경우).

2. 법적 성질

긴급피난과 피해자 승낙의 중간에 위치하는 독자적 구조를 가진 위법성조각사유이다.

3. 효과

피해자의 현실적 승낙이 있는 경우와 동일하게 위법성이 조각되어 벌하지 않는다.

한눈에 쏙

1. 긴급피난과 추정적 승낙의 비교

긴급피난	추정적 승낙
두 법익의 충돌 (귀속주체가 다름)	귀속주체가 같음

2. 피해자 승낙과 추정적 승낙의 비교

피해자 승낙	추정적 승낙
법익침해 이전에 승낙	법익침해 이후에 승낙

판례비교 추정적 승낙의 인정 여부

O 추정적 승낙 인정	**X** 추정적 승낙 부정
① 피고인이 종친회의 결의서를 작성할 당시, 피고인들의 동생들이 그 결의서의 작성을 승낙하였고 나머지 종친회원들이 그 작성을 명시적·구체적으로 위임하거나 승낙한 사실이 없더라도 그들이 피고인의 아들들이나 그 형제들의 아들일 뿐만 아니라 그들이 피고인의 행위를 나중에 추인한 것으로 볼 수 있다면 추정적 승낙을 인정할 여지가 있다(대판 1993.3.9, 92도3101). 09. 국가직 9급 ② 사문서의 위·변조죄는 작성권한 없는 자가 타인 명의를 모용하여 문서를 작성하는 것을 말하는 것이므로 사문서를 작성·수정함에 있어서 그 명의자의 명시적이거나 묵시적인 승낙이 있었다면 사문서의 위·변조죄에 해당하지 않고, 한편 행위 당시 명의자의 현실적인 승낙은 없었지만 행위 당시의 모든 객관적 사정을 종합하여 명의자가 행위 당시 그 사실을 알았다면 당연히 승낙하였을 것이라고 추정되는 경우 역시 사문서의 위·변조죄가 성립하지 않는다(대판 2003.5.30, 2002도235). 10·15·16. 국가직 9급	① 건물의 소유자라고 주장하는 피고인과 그것을 점유·관리하고 있는 피해자 사이에 건물의 소유권에 대한 **분쟁이 계속되고 있는 상황**이라면 피고인이 그 건물에 침입하는 것에 대한 피해자의 추정적 승낙이 있었다거나 피고인의 이 사건 범행이 사회상규에 위배되지 않는다고 볼 수 없다(대판 1989.9.12, 89도889). 10. 법원행시·국가직 7급 ② 해고된 근로자가 회사와 복직협의를 위한 회사출입을 허용해 왔는바, 노조에 의하여 **회사가 점거된 상태**에서 노조사무실에 들어간 경우 관리자인 회사 측의 의사 내지 추정적 의사에 반하는 것이라 할 것이다(대판 1994.2.8, 93도120). 05. 경찰, 07. 사시 ③ 甲이 자신의 아버지 A에게서 A 소유 부동산의 매매에 관한 권한 일체를 위임받아 이를 매도하였는데, 그 후 A가 갑자기 사망하자 부동산 소유권 이전에 사용할 목적으로 A가 甲에게 인감증명서 발급을 위임한다는 취지의 인감증명 위임장을 작성 후 주민센터 담당직원에게 제출한 경우 사망한 명의자 A의 승낙이 추정된다고 할 수 없다(대판 2011.9.29.2.8, 2011도6223). 18. 국가직 ✗ 사망한 명의자 A의 승낙이 추정되므로 위법성이 조각된다. ✗

제6절 정당행위

> 제20조【정당행위】법령에 의한 행위 또는 업무로 인한 행위 기타 사회상규에 위배되지 아니하는 행위는 벌하지 아니한다.

❶ 서설

1. 의의

형법 제20조는 "법령에 의한 행위 또는 업무로 인한 행위 기타 사회상규에 위배되지 아니하는 행위는 벌하지 아니한다."라고 규정하여 모든 위법성조각사유에 우선하는 가장 기본적인 일반적 위법성조각사유 내지 위법성조각사유의 근본원리로서 사회상규에 위배되지 않는 행위를 제시하고 있다.

2. 법적 성질

(1) 형법 제20조는 사회상규에 위배되지 아니하는 행위는 벌하지 아니한다고 하여 초법규적 위법성조각사유를 일반적 위법성조각사유로서 형법에 규정한 점에 그 의의가 있다.

(2) 정당행위는 다른 위법성조각사유에 대하여 일반규정의 성격을 가지고 있으므로 정당행위규정은 다른 위법성조각사유에 해당하지 않는 경우에 비로소 적용된다.

❷ 법령에 의한 행위

1. 공무원의 직무집행행위

(1) 법령에 의한 직무집행행위

① 공무원이 법령에 의하여 정해진 직무를 수행하는 행위는 정당행위로서 위법성이 조각된다(❻ 집행관의 민사상 강제집행, 검사 또는 사법경찰관의 긴급체포, 압수·수색·검증 등의 강제처분, 세법상의 강제처분 등).

② 공무원의 직무집행행위가 위법성을 조각하기 위해서는 법령에 규정된 요건이 충족되어야 하고, 그 행위가 공무원의 직무범위에 속하며 정규의 절차에 따라 행하여져야 한다.

> **판례**
>
> 법정절차 위반으로 정당행위가 부정된 사례
>
> 법정의 절차없이 피해자를 경찰서보호실에 감금한 행위는 수사목적달성을 위하여 적절한 행위라고 믿고 한 정당행위라 할 수 없고 직무상의 권능을 행사함에 있어서 법정의 조건을 구비하지 아니하고 이를 행사한 것은 곧 직권을 남용하여 불법감금한 것에 해당한다(대판 1997.3.9, 70도2406).

> **판례**
>
> **공무원의 직무범위 정규절차를 위반하여 정당행위가 부정된 사례**
>
> 피고인이 ○○경찰서 수사과 소속 외근형사로서 조직폭력배 특별단속 전담업무를 맡아 오면서 무기를 휴대할 필요를 느껴 왔고, 그 무렵 마침 위 경찰서 구내 방송에서 경찰청장이 권요하는 분사기를 구입하라고 하여 다른 동료들과 함께 이를 구입하여 소지한 경우, 경찰공무원법의 규정 취지는 경찰공무원이 직무수행을 위하여 필요하다고 인정되는 경우에 한하여 무기를 휴대할 수 있다는 것뿐이지, 경찰관이라 하여 허가 없이 개인적으로 총포 등을 구입하여 소지하는 것을 허용하는 것은 아니다(대판 1996.7.30, 95도2408).

③ 공무집행행위로 인한 개인의 법익침해가 필요성과 상당성에 의하여 제한되어야 한다.

(2) 상관의 명령에 의한 행위

① 상관의 명령에 의한 행위는 위법성이 조각된다. 다만, 위법성이 조각되기 위해서는 명령 자체가 적법한 것이어야 한다.

② 상관의 위법한 명령에 의한 부하의 행위는 위법성을 조각하지 아니하고, 절대적 구속력을 가진 명령의 경우에는 책임이 조각될 뿐이라는 것이 통설·판례의 입장이다.

🗐 상관의 명령에 의한 행위의 형법상 취급

구분		형법상 취급
적법한 명령		정당행위로서 위법성 조각
위법한 명령	절대적 구속력 ○	위법하나 적법한 행위를 기대할 수 없으므로 부하는 책임 조각
	절대적 구속력 ×	부하는 위법성뿐만 아니라 책임도 조각되지 않음

판례비교 공무원의 직무집행행위에서의 정당행위 인정 여부

O 정당행위 인정	**X** 정당행위 부정
중대장의 지시에 따라 관사를 지키고 있던 당번병인 피고인이 중대장의 처가 마중을 나오라는 지시를 정당한 명령으로 오인하고 관사를 이탈한 행위는 중대장의 직접적인 허가를 받지 아니하였다 하더라도 **당번병**으로서의 그 임무범위 내에 속하는 일로 오인하고 한 행위로서 그 오인에 정당한 이유가 있어 위법성이 없다고 볼 것이다(대판 1986.10.28, 86도1406).	① 12.12 사건의 와중에 상관의 지시를 받아 육군참모총장을 연행한 경우, 상관의 적법한 직무상 명령에 따른 행위는 정당행위로서 형법 제20조에 의하여 그 위법성이 조각된다고 할 것이나, 상관의 위법한 명령에 따라 범죄행위를 한 경우에는 상관의 명령에 따랐다고 하여 부하가 한 범죄행위의 위법성이 조각될 수는 없다(대판 1997.4.17, 96도3376).
	② 직장의 상사가 범법행위를 하는데 가담한 부하에게 직무상 지위복종관계에 있다하여 범법행위에 가담하지 않을 기대가능성이 없다고 할 수 없다(대판 1986.5.27, 86도614).
	③ 설령 대공수사단 직원은 상관의 명령에 절대 복종하여야 한다는 것이 불문율로 되어 있다고 할지라도 국민의 기본권인 신체의 자유를 침해하는 고문행위 등이 금지되어 있는 우리의 국법질서에 비추어 볼 때 그와 같은 불문율이 있다는 것만으로는 고문치사와 같이 중대하고도 명백한 위법명령에 따른 행위가 정당한 행위에 해당하거나 강요된 행위로서 적법행위에 대한 기대가능성이 없는 경우에 해당하게 되는 것이라고는 볼 수 없다(대판 1988.2.23, 87도2358).

O	정당행위 인정	X	정당행위 부정
		④ 대통령선거를 앞두고 특정 후보에 대하여 반대하는 여론을 조성할 목적으로 확인되지도 않은 허위의 사실을 담은 책자를 발간·배포하거나 기사를 게재하도록 하라는 것과 같이 명백히 위법 내지 **불법한 명령**인 때에 이는 벌써 직무상의 지시명령이라 할 수 없으므로 이에 따라야 할 의무가 없다. 국가안전기획부가 엄격한 상명하복의 관계에 있더라도 적법행위에 대한 기대가능성이 없다고 볼 수 없다(대판 1999.4.23, 99도636).	

2. 징계행위

(1) 의의

징계권자의 징계행위는 정당행위로서 위법성이 조각된다. 이는 사회상규상 위배되지 않는 범위에서 허용된다.

(2) 징계권자

공무원의 직무상 허용되는 경우
① 학교장의 징계행위(초중등교육법 제18조, 고등교육법 제13조)
② 소년원장 또는 소년감별소장의 징계행위(소년원법 제15조)

(3) 요건

징계권자의 징계행위가 위법성을 조각하기 위해서는 ① 주관적으로는 교육의 목적 또는 훈육의 목적으로 행해질 것과 ② 객관적으로는 충분한 징계사유가 존재하여야 하고 ③ 교육목적 달성을 위한 필요·적절한 정도에 그칠 것이 요구된다.

(4) 체벌의 허용 여부

① 친권자의 체벌 : 인격의 건전한 육성을 위하여 필요한 범위 안에서 상당한 방법으로 행사되어야만 위법성 조각을 인정한다(통설·판례).

> **판례**
>
> 친권자의 징계행위가 상당성을 결여한 경우
>
> 1. 4세인 아들이 대소변을 가리지 못한다고 **닭장에 가두고 전신을 구타**한 것은 친권자의 징계권 행사에 해당한다고 볼 수 없다(대판 1969.2.4, 68도1793). → 학대죄 성립
> 2. 친권자가 스스로의 감정을 이기지 못하고 **야구방망이로 때릴 듯이** 피해자에게 "**죽여 버린다.**"라고 말하여 협박하는 것은 그 자체로 피해자의 인격 성장에 장해를 가져올 우려가 커서 이를 교양권의 행사라고 보기도 어려우므로 협박죄가 성립한다(대판 2002.2.8, 2001도6468).

② 타인의 자녀에 대한 징계권 : 친권자의 징계권은 일신전속적 권한으로 원칙적으로 허용되지 않는다. 다만 사회상규에 위배되지 않는 행위로 위법성이 조각될 수는 있다.

[판례]

타인의 자녀에 대한 징계권

피고인 연소자 갑이 동네어른들이 모여 있는 추석주연의 좌석에 뛰어들어 함부로 음식물을 취하고 자리를 어지럽게 할 뿐 아니라 또 60세가 넘은 어른에게 담배를 청하는 등 불손한 행동을 하므로 피고인은 수차 말려노 듣지 않고 甲은 급기야 피고인의 농생에게 유도를 하자고 마당으로 끌고가서 넘어뜨리고 그 배위에 올라타고 목을 조르고 있기에 피고인은 이를 제지하기 위하여 방빗자루로 갑의 엉덩이를 2회 때린 경우 피고인의 소위는 연소한 甲의 불손한 행위에 대하여 그 신원을 파악하고 훈계하는 한편 甲의 행패행위를 제지하기 위한 것으로 甲의 행위에 의하여 침해 당한 피고인의 법익에 비하여 甲이 피고인의 폭행행위로 입은 신체상 침해된 법익을 교량할 때 피고인의 행위는 그 목적이나 수단이 상당하며 이는 사회상규에 위배되지 아니하여 위법성이 없다고 단정하여 피고인들에게 무죄를 선고하였다(대판 1978.12.13, 78도2617).

③ 학교장의 체벌 : 초·중등교육법 시행령 제31조가 징계권의 범위를 "학교내의 봉사, 사회봉사, 특별교육이수, 출석정지, 퇴학처분"으로 명시하고 있으므로 체벌을 허용할 수 없다는 부정설이 있지만, 판례는 긍정설의 입장이다.

[판례]

학교장과 교사의 체벌행위에 대한 헌법재판소의 태도

초·중등교육법 제20조 제3항, 제18조 제1항, 동법시행령 제31조 제7항 등의 규정들의 취지에 의하면 비록 체벌이 교육적으로 효과가 있는지에 관하여는 별론으로 하더라도 교사가 학교장이 정하는 학칙에 따라 불가피한 경우 체벌을 가하는 것이 금지되어 있지는 않다고 보여진다. 그러나 어떤 경우에 어떤 방법으로 체벌을 가할 수 있는 지에 관한 기준은 명확하지 않지만 대법원은 징계행위는 그 방법 및 정도가 교사의 징계권행사의 허용한도를 넘어선 것이라면 정당한 행위로 볼 수 없다라고 판시(대판 1990.10.30, 90도1456)함으로써 그 기준을 일응 제시하고 있다(헌재 2000.1.27, 99헌마481).

[판례]

징계권 범위내의 학교장의 체벌사례

중학교 교장직무대리자가 훈계의 목적으로 교칙을 위반한 학생의 뺨을 몇 차례 때린 정도는 감호교육상의 견지에서 볼 때 징계의 방법으로서 사회관념상 비난의 대상이 될 만큼 사회상규를 벗어난 것으로는 볼 수 없어 처벌의 대상이 되지 아니한다(대판 1976.4.2, 75도115).

④ 교사의 체벌 : 초·중등 교육법 제18조는 학교의 장의 처벌은 명시하고 있으나 교사의 체벌은 명시하고 있지 않다. 따라서 교사의 체벌은 법령에 의한 행위에 해당되지 않는다. 다만 사회상규에 위배되지 않는 행위에 해당하는 경우 위법성이 조각될 수는 있다.

판례

교사의 체벌권이 징계권의 범위를 넘어선 경우

1. 교사가 초등학교 5학년생을 징계하기 위하여 양손으로 교탁을 잡게 하고 길이 50cm, 직경 3cm 가량 되는 나무지휘봉으로 엉덩이를 두 번 때리고, 학생이 아파서 무릎을 굽히며 허리를 옆으로 틀자 다시 허리 부분을 때려 6주간의 **치료를 받아야 할 상해를** 입힌 경우, 징계행위는 그 방법 및 정도가 교사의 징계권 행사의 허용한도를 넘어선 것으로서 정당한 행위로 볼 수 없다(대판 1990.10.30, 90도1456).

2. 교사가 피해자인 학생이 욕설을 하였는지를 확인도 하지 못할 정도로 침착성과 냉정성을 잃은 상태에서 **욕설을 하지도 아니한 학생을 오인하여 구타**하였다면 그 교사가 비록 교육상 학생을 훈계하기 위하여 한 것이라고 하더라도 이는 징계권의 범위를 일탈한 위법한 폭력행위이다(대판 1980.9.9, 80도762). 01. 사시, 10. 국가직 9급

3. 여자중학교 체육교사가 욕설을 하면서 싸우는 여학생들을 발견하고 스스로의 감정을 자제하지 못한 나머지, 낯모르는 많은 학생들이 있는 교실 밖에서 그 여학생들을 손이나 주먹으로 머리 부분을 때리고 **모욕감을 느낄 지나친 욕설을** 하였다면 이는 정당행위로서 위법성이 조각되지 않는다(대판 2004.6.16, 2001도5280). 07. 법원행시, 11. 국가직 9급

⑤ 군(軍) 상관의 체벌 : 군인은 어떠한 경우에도 구타·폭언 및 가혹행위 등 사적 제재를 행하여서는 아니 되며, 사적 제재를 일으킬 수 있는 행위를 하여서도 아니 된다(군인복무규율 제15조). 다만, 사회상규에 합치하는 경미한 폭행 정도는 위법성이 조각될 수 있다.

판례

군 상관의 체벌행위

1. 군대내의 질서를 지키려는 목적에서 지휘관이 부하에게 가한 경미한 폭행은 지키려는 법익이 피해법익에 비하여 월등이 크다고 할 것이므로 그 위법성을 결여한다(대판 1978.4.11, 77도3149). ⇨ 상관의 폭행이 법령에 의한 행위로 위법성이 조각된다는 의미가 아니라, 폭행이 경미하여 사회상규에 위배되지 않는 행위로 위법성이 조각된다는 의미이다.

2. 상관인 피고인이 군내부에서 부하인 방위병들의 훈련중에 그들에게 군인정신을 환기시키기 위하여 한 일이라 하더라도 **감금과 구타행위는 징계권 내지 훈계권의 범위를 넘어선 것으로 위법하다**(대판 1984.6.12, 84도799).

3. 상사 계급의 피고인이 그의 잦은 폭력으로 신체에 위해를 느끼고 겁을 먹은 상태에 있던 부대원들에게 청소불량 등을 이유로 40분 내지 50분간 **머리박아(속칭 '원산폭격')를** 시키거나 양손을 깍지 낀 상태에서 약 2시간 동안 팔굽혀펴기를 50~60회 정도 하게 한 행위는 형법 제324조에서 정한 강요죄에 해당한다(대판 2006.4.27, 2003도4151). 09. 국가직 9급

3. 현행범인의 체포행위

현행범인은 누구든지 영장 없이 체포할 수 있으므로(형사소송법 제212조) 사인의 현행 범 체포행위는 법령에 의한 행위로서 위법성이 조각된다. 그러나 현행범인의 체포로 인하여 위법성이 조각되는 것은 직접 체포에 필요한 행위에 제한된다. 따라서 현행범 인에 대한 살인 또는 상해행위, 현행범인을 체포하기 위하여 타인의 주거에 침입, 무기 사용 등은 위법성이 조각되지 않는다.

> **판례**
>
> 사인의 현행범인 체포과정에서의 상해
>
> [1] 적정한 한계를 벗어나는 현행범인 체포행위는 그 부분에 관한 한 법령에 의한 행위로 될 수 없다고 할 것이나, 적정한 한계를 벗어나는 행위인가 여부는 결국 정당행위의 일반적 요건을 갖추었는지 여부에 따라 결정되어야 할 것이지 그 행위가 소극적인 방어행위인가 적극적인 공격행위인가에 따라 결정되어야 하는 것은 아니다.
>
> [2] 피고인의 차를 손괴하고 도망하려는 피해자를 도망하지 못하게 **멱살을 잡고 흔든 행위는 그와 같은 적정한 한계를 벗어나는 행위라고 볼 수 없을 뿐만 아니라** 설사 소론이 주장하 는 바와 같이 피고인이 도망하려는 피해자를 체포함에 있어서 멱살을 잡고 흔들어 피해자 가 결과적으로 상처를 입게 된 사실이 인정된다고 하더라도 사회통념상 허용될 수 없는 행위라고 보기는 어렵다(대판 1999.1.26, 98도3029).

> **판례**
>
> 사인의 현행범인 체포과정에서의 주거침입
>
> 사인(私人)이 현행범을 추적하여 그 범인의 부(父)의 집에 들어가서 현행범인의 아버지에게 시비 끝에 상해를 입힌 경우에는 주거침입죄가 성립한다(대판 1965.12.21, 65도899).

4. 근로자의 노동쟁의행위

(1) 의의

노동조합 및 노동관계조정법 제37조에 의하여 행해지는 근로자의 쟁의행위는 법령에 의한 행위로서 업무방해죄의 구성요건에 해당하더라도 위법성이 조각된다.

(2) 요건

근로자의 쟁의행위가 형법상 정당행위가 되기 위하여는 첫째, 그 주체가 단체교섭의 주체로 될 수 있는 자이어야 하고 둘째, 그 목적이 근로조건의 향상을 위한 노사간의 자치적 교섭을 조성하는 데에 있어야 하며 셋째, 사용자가 근로자의 근로조건 개선에 관한 구체적인 요구에 대하여 단체교섭을 거부하였을 때 개시하되 특별한 사정이 없는 한 조합원의 찬성결정 및 노동쟁의 발생신고 등 절차를 거쳐야 하는 한편 넷째, 그 수 단과 방법이 사용자의 재산권과 조화를 이루어야 함은 물론 폭력의 행사에 해당되지 아니하여야 한다는 여러 조건을 모두 구비하여야 한다.

① 주체 : 정당행위가 되기 위하여는 반드시 그 쟁의행위의 주체가 단체교섭이나 단체 협약을 체결할 능력이 있는 노동조합일 것이 요구되고, 일부 조합원의 집단이 노동 조합의 승인 없이 또는 그 지시에 반하여 쟁의행위를 하는 경우에는 형사상 책임이 면제될 수 없다. 직접 근로관계가 없는 사업장의 행사에 참석하여 "지하철 노동자 와 철도 노동자는 총궐기하지, 열심히 투쟁하여 임금을 쟁취하자"는 취지로 연설한 경우 정당행위가 되지 않는다.

② 목적 : 쟁의행위는 근로조건의 개선과 노사간의 자치적 교섭을 조성하는데 있어야 한다.

판례

목적의 정당성 판단기준

[1] 정리해고나 부서·조직의 통폐합 등 구조조정의 실시 여부는 경영주체에 의한 고도의 경 영상 결단에 속하는 사항으로서 이는 원칙적으로 단체교섭의 대상이 될 수 없고, 그것이 긴박한 경영상의 필요나 합리적인 이유 없이 불순한 의도로 추진되는 등의 특별한 사정이 없는 한, 노동조합이 실질적으로 그 실시 자체를 반대하기 위하여 쟁의행위에 나아간다면, 비록 그 실시로 인하여 근로자들의 지위나 근로조건의 변경이 필연적으로 수반된다 하더 라도 그 쟁의행위는 목적의 정당성을 인정할 수 없다.

[2] 쟁의행위에서 추구되는 목적이 여러 가지이고 그 중 일부가 정당하지 못한 경우에는 주된 목적 내지 진정한 목적의 당부에 의하여 그 쟁의목적의 당부를 판단하여야 할 것이고, 부당 한 요구사항을 뺐더라면 쟁의행위를 하지 않았을 것이라고 인정되는 경우에는 그 쟁의행 위 전체가 정당성을 갖지 못한다고 보아야 한다(대판 2003.12.26, 2001도3380).

08. 법원행시, 17. 법원직

판례

목적의 정당성이 부정된 경우 – 정당행위 부정

1. 버스노동조합 지부의 적법한 대표자를 배제하고 사용자에 대하여 아무런 통지를 하지 않 은 채 일부 근로자들이 비상대책위원회를 구성하고 회사 대표자의 형사처벌 및 퇴진, **버스 의 완전공영제**를 요구하며 실시한 파업행위(대판 2008.1.18, 2007도1557) 10. 국가직 9급

2. 한국조폐공사 노동조합의 쟁의행위의 주된 목적이 정부의 공기업 **구조조정**의 일환으로 추 진되는 조폐창 통폐합의 저지에 있는 경우(대판 2003.12.11, 2001도3429) 10. 사시

3. 쟁의행위의 목적이 경영권의 본질에 속하는 **공장이전** 자체의 반대에 있는 경우(대판 2003. 11.13, 2003도687)

4. 쟁의행위의 목적이 구속된 근로자에 대한 **항소심구형량**이 1심보다 무거워진 것에 대한 항 의와 석방촉구에 있는 경우(대판 1991.1.29, 90도2852)

5. **구조조정이나 합병** 등 기업의 경쟁력을 강화하기 위한 경영주체의 경영상 조치를 반대하 기 위하여 벌이는 쟁의행위(대판 2003.11.13, 2003도687)

6. 쟁의행위의 주된 목적이 회사의 긴박한 경영상의 필요에 의하여 실시되는 **정리해고** 자체를 전혀 수용할 수 없다는 노동조합 측의 입장을 관철하기 위한 쟁의행위(대판 2011.1.27, 2010도11030)

7. 한국철도공사의 **신규사업 외주화 계획**의 철회를 목적으로 하는 전국철도노동조합원들의 쟁의행위(대판 2007.5.10, 2006도9478)

8. 대한항공 운항승무원 노동조합이 **외국인 조종사의 채용 및 관리**에 관한 주장을 관철하기 위하여 한 쟁의행위에 대한 목적의 정당성을 인정할 수 없다(대판 2008.9.11, 2004도746).

③ 절차 : 사용자가 근로자의 근로조건 개선에 관한 구체적인 요구에 대하여 단체교섭을 거부하였을 때 개시하되 특별한 사정이 없는 한 조합원의 찬성결정 및 노동쟁의 발생신고 등 절차를 거쳐야 한다.

> **판례**
>
> **절차를 준수하지 않을 경우 쟁의행위의 정당성 상실**
>
> 절차에 관하여 쟁의행위를 함에 있어 조합원의 직접·비밀·무기명투표에 의한 찬성결정이라는 절차를 거쳐야 한다는 노동조합및노동관계조정법 제41조 제1항의 규정은 노동조합의 자주적이고 민주적인 운영을 도모함과 아울러 쟁의행위에 참가한 근로자들이 사후에 그 쟁의행위의 정당성 유무와 관련하여 어떠한 불이익을 당하지 않도록 그 개시에 관한 조합의사의 결정에 보다 신중을 기하기 위하여 마련된 규정이므로 위의 절차를 위반한 쟁의행위는 그 **절차를 따를 수 없는 객관적인 사정이 인정되지 아니하는 한 정당성이 상실된다**(대판 2001.10.25, 99도4837 전원합의체).

> **판례**
>
> **쟁의행위와 무관한 지부나 분회의 찬반투표를 실기하지 않은 경우**
>
> 지역별·산업별·업종별 노동조합의 경우에는 총파업이 아닌 이상 쟁의행위를 예정하고 있는 당해 지부나 분회소속 조합원의 과반수의 찬성이 있으면 쟁의행위는 절차적으로 적법하다고 보아야 할 것이고, **쟁의행위와 무관한 지부나 분회의 조합원을 포함한 전체 조합원의 과반수 이상의 찬성을 요하는 것은 아니다**(대판 2004.9.24, 2004도4641).

> **판례**
>
> **절차의 정당성이 인정되어 정당행위에 해당하는 경우**
>
> 1. 노동조합이 노동위원회에 노동쟁의 조정신청을 하여 조정절차가 마쳐지거나 조정이 종료되지 아니한 채 **조정기간이 끝나면** 노동조합은 쟁의행위를 할 수 있다(대판 2001.6.26, 2000도2871). 09. 경찰, 10. 경찰승진
> 2. 쟁의행위에 대한 찬반투표 실시를 위하여 전체 조합원이 참석할 수 있도록 근무시간 중에 노동조합 임시총회를 개최하고 3시간에 걸친 투표 후, 1시간의 여흥시간을 가졌더라도 그 임시총회 개최행위는 전체적으로 노동조합의 정당한 행위에 해당한다(대판 1994.2.22, 93도613). 16. 경찰·경찰승진

> **판례**
>
> **절차의 정당성이 부정되어 정당행위에 해당하는 않는 경우**
>
> 1. 노동조합 지부의 간부들이 조합원 **찬반투표를 거치지 않고 쟁의행위를 하기로 한 본부의 결정에 참여함이 없이 본부의 쟁의행위 개시결정과 그 지시에 따라 쟁의행위를 수행한 경우**(대판 2001.10.25, 99도4837) 11. 경찰승진·법원행시, 15. 경찰
> 2. 9시 이전에 출근하여 업무준비를 한 후 9시부터 근무하도록 되어 있는 직원들에 대하여 집단으로 9시 **정각에 출근하도록 시킨 경우**(대판 1996.5.10, 96도419)
> 3. 연장근로가 당사자의 합의에 의하여 이루어지는 것이라고 하더라도 근로자들을 선동하여 근로자들이 통상적으로 해오던 **연장근로를 집단적으로 거부하도록 함으로써 회사업무의 정상운영을 방해한 경우**(대판 1996.2.27, 95도2970)

④ 수단과 방법 : 쟁의행위는 사용자의 재산권과 조화를 이루어야 함은 물론 폭력의 행사에 해당되지 아니하여야 한다. 따라서 폭력·파괴행위 및 안전시설의 정상적인 유지를 방해하는 행위는 할 수 없다.

판례

직장폐쇄의 정당성 요건

[1] 사용자의 직장폐쇄는 노사간의 교섭태도, 경과, 근로자측 쟁의행위의 태양, 그로 인하여 사용자측이 받는 타격의 정도 등에 관한 구체적 사정에 비추어 형평상 근로자측의 쟁의행위에 대한 대항·방위 수단으로서 상당성이 인정되는 경우에 한하여 정당한 쟁의행위로 평가받을 수 있는 것이고, 사용자의 직장폐쇄가 정당한 쟁의행위로 인정되지 아니하는 때에는 적법한 쟁의행위로서 사업장을 점거 중인 근로자들이 직장폐쇄를 단행한 사용자로부터 퇴거 요구를 받고 이에 불응한 채 직장점거를 계속하더라도 퇴거불응죄가 성립하지 아니한다.

[2] 사용자측의 노사간 교섭에 소극적인 태도, 노동조합의 파업이 노사간 교섭력의 균형과 사용자측 업무수행에 미치는 영향 등에 비추어 노동조합이 파업을 시작한 지 불과 4시간 만에 사용자가 바로 직장폐쇄 조치를 취한 것은 정당한 쟁의행위로 인정되지 아니하므로, 사용자측 시설을 정당하게 점거한 조합원들이 사용자로부터 퇴거요구를 받고 이에 불응하였더라도 퇴거불응죄가 성립하지 아니한다(대판 2007.12.28, 2007도5204). 15. 법원직

판례

직장점거의 정당성 요건

[1] 직장 또는 사업장시설의 점거는 적극적인 쟁의행위의 한 형태로서 그 점거의 범위가 직장 또는 사업장시설의 일부분이고 사용자측의 출입이나 관리지배를 배제하지 않는 병존적인 점거에 지나지 않을 때에는 정당한 쟁의행위로 볼 수 있으나, 이와 달리 직장 또는 사업장 시설을 전면적, 배타적으로 점거하여 조합원 이외의 자의 출입을 저지하거나 사용자측의 관리지배를 배제하여 업무의 중단 또는 혼란을 야기케 하는 것과 같은 행위는 이미 정당성의 한계를 벗어난 것이라고 볼 수밖에 없다.

[2] 노동조합의 조합원들이 쟁의행위로 사용자인 서울특별시건축사회의 사무실 일부를 점거한 사안에서, 점거한 곳의 범위와 평소의 사용형태, 사용자측에서 이를 사용하지 못하게 됨으로써 입은 피해의 내용과 정도 등에 비추어 이는 폭력의 행사에 해당하지 않는 사업장시설의 부분적·병존적인 점거로서 사용자의 재산권과 조화를 이루고 있고, 사용자의 업무가 실제로 방해되었거나 업무방해의 결과를 초래할 위험성이 발생하였다고 보기 어려우므로, 위 점거행위는 노동관계 법령에 따른 정당한 행위로서 위법성이 조각되어 업무방해죄의 책임을 물을 수 없다(대판 2007.12.28, 2007도5204).

판례

수단과 방법의 정당성이 인정되어 정당행위에 해당하는 경우

1. 건설업체 노조원들이 '임·단협 성실교섭 촉구 결의대회'를 개최하면서 차도의 통행방법으로 신고하지 아니한 **삼보일배** 행진을 하여 차량의 통행을 방해한 경우(대판 2009.7.23, 2009도840) 11. 경찰·국가직 9급

2. 시위행위가 병원의 업무개시 전이거나 점심시간을 이용하여 현관로비에서 이루어졌고 쟁의행위의 방법이 폭력행위를 수반하지 아니한 경우(대판 1992.12.8, 92도1645)

수단과 방법의 정당성이 부정되어 정당행위에 해당하지 않는 경우

1. 근로자들이 사용자인 (주)코스콤 이외에도 (주)한국증권선물거래소가 병존적으로 관리·사용하는 빌딩 로비에 쟁의행위를 이유로 침입하여 그중 일부를 점거하며 10여 일간 숙식하면서 선전전·강연·토론 등의 방법으로 농성한 경우 위 행위가 제3자인 (주)한국증권선물거래소에 대하여서까지 형법 제20조의 정당행위로서 위법성이 조각된다고 볼 수는 없다(대판 2010.3.11, 2009도5008). 10. 법원행시, 12. 경찰간부

2. 전국민주노동조합총연맹 준비위원회가 주관한 도로행진시위가 사전에 구 집회 및 시위에 관한 법률에 따라 옥외집회신고를 마쳤어도, 신고의 범위와 위 법률 제12조에 따른 제한을 현저히 일탈하여 주요도로 전차선을 점거하여 행진 등을 함으로써 교통소통에 현저한 장해를 일으켰다면 일반교통방해죄를 구성한다(대판 2008.11.13, 2006도755).

❸ 업무로 인한 행위

1. 의사의 치료행위

(1) 의의

치료행위란 주관적으로 치료의 목적을 가지고 객관적으로 의술의 법칙에 맞추어 행하여지는 신체침해행위를 말한다.

(2) 위법성 조각

의사의 치료행위는 상해죄의 구성요건에 해당하지만 업무로 인한 행위로서 위법성을 조각한다(다수설·판례).

판례비교 의료행위에서의 정당행위 인정 여부

O 적법한 의료행위 – 정당행위 인정	X 위법한 의료행위 – 정당행위 부정
① 피고인이 **태반의 일부를 떼어낸 행위**는 그 의도·수단·절단 부위 및 그 정도 등에 비추어 볼 때 의사로서의 정상적인 진찰행위의 일환이라고 볼 수 있으므로 형법 제20조 소정의 정당행위에 해당한다(대판 1976.6.8, 76도144).	① 자격기본법에 의한 **민간자격관리자로부터 대체의학자격증을 수여받은** 자가 사업자등록을 한 후에 침술원을 개설하였다고 하더라도 **국가의 공인을 받지 못한 민간자격을 취득하여 의료행위를 한 경우**에는 무면허의료행위에 해당된다(대판 2003.5.13, 2003도939). 18. 경찰승진
② 환자가 스스로 수지침 한 봉지를 사 가지고 피고인을 찾아와서 수지침시술을 부탁하므로 피고인이 **아무런 대가를 받지 아니하고** 시술행위를 한 경우, **수지침시술행위**가 광범위하고 보편화된 민간요법이고 그 시술로 인한 위험성이 적으므로 사회상규에 위배되지 아니하는 행위에 해당한다(대판 2000.4.25, 98도2389). 02. 사시, 17. 법원직	② 외국에서 침구사자격을 취득하였으나 국내에서 침술행위를 할 수 있는 면허나 자격을 취득하지 못한 자가 단순한 수지침 정도의 수준을 넘어 **체침**을 시술한 경우 사회상규에 위배되지 아니하는 무면허의료행위로 인정될 수 없다(대판 2002.12.26, 2002도5077).
③ 치과의사가 환자의 안면부인 눈가와 미간에 **보톡스**를 시술한 피고인의 행위는 면허된 것 이외의 의료행위라고 볼 수 없고, 시술이 미용목적이라 하여 달리 볼 것은 아니다(대판 2016.7.21, 2013도850).	③ 의사가 모발이식시술을 하면서 이에 관하여 어느 정도 지식을 가지고 있는 간호조무사로 하여금 **모발이식시술행위** 중 일정 부분을 직접 하도록 맡겨둔 채 별반 관여하지 않은 것은 정당행위에 해당하지 않는다(대판 2007.6.28, 2005도8317). 10·16. 경찰승진

O 적법한 의료행위 - 정당행위 인정	X 위법한 의료행위 - 정당행위 부정
④ 한의사가 진단용 의료기기를 사용하는 것이 한의사의 '면허된 것 이외의 의료행위'에 해당하는지에 관한 새로운 판단 기준에 따르면, 한의사가 초음파 진단기기를 사용하여 환자의 신체 내부를 촬영하여 화면에 나타난 모습을 보고 이를 한의학적 진단의 보조수단으로 사용하는 것은 한의사의 '면허된 것 이외의 의료행위'에 해당하지 않는다(대판 2022.12.22. 2016도21314 전합).	④ 찜질방 내에서 사람들에게 아픈 부위에 부항을 뜨는 방법으로 치료를 하여 주고 **치료비 명목으로 돈을 받은 경우**, 사람의 생명·신체나 공중위생상 위해를 발생시킬 우려가 있는 것이므로 이는 단순한 미용술이 아니라 의료행위에 해당한다(대판 2003.9.5, 2003도2903). 16. 국가직 7급
	⑤ 기도원운영자가 정신분열증환자의 치료목적으로 **안수기도를** 하다가 환자에게 **상해를** 입힌 경우 '사회상규상 용인되는 정당행위'에 해당하지 않는다(대판 2008.8.21, 2008도2695). 11. 국가직 7급·사시
	⑥ **한의사 면허나 자격 없이 소위 '통합의학'에 기초하여 환자를 진찰 및 처방하는 행위**(대판 2009.10.15, 2006도6870) 18. 국가직 9급
	⑦ 한의사인 피고인이 자신이 운영하는 한의원에서 진단용 방사선 발생장치인 X-선 골밀도측정기를 이용하여 환자들에게 성장판검사를 한 경우(대판 2011.5.26, 2009도6980)
	⑧ 의사가 한방의료행위에 속하는 침술행위를 한 경우(대판 2014.9.4, 2013도7572)
	⑨ 조산사가 산모의 분만과정 중 별다른 응급상황이 없음에도 독자적 판단으로 포도당 또는 옥시토신을 투여한 행위에 대하여, 조산원에서 산모의 분만을 돕거나 분만 후의 처치를 위하여 옥시토신과 포도당이 일반적으로 사용되고 있고, 위 약물들을 산모의 건강을 위해 투여하였다고 하더라도, 지도의사로부터 지시를 받지 못할 정도의 긴급상황을 인정할 수 없는 이상 정당한 응급의료행위라거나 사회상규에 반하지 않는 행위라고 볼 수 없다는 이유로 의료법 위반죄를 인정한 사례(대판 2007.9.6, 2005도9670).

2. 안락사

(1) 의의

안락사란 사기에 임박한 회복 불능의 환자로 하여금 인간다운 죽음을 맞이하도록 하는 의료적 조치가 생명의 단축을 가져오는 것을 말한다.

(2) 종류

① 적극적 안락사: 적극적으로 생명을 단절하는 안락사(예 청산가리 주사)

② 소극적 안락사: 치료를 중단하여 생명을 단절하는 안락사(예 생명유지장치의 제거)

③ 간접적 안락사: 고통 완화조치가 생명을 단축하는 안락사(예 진통목적의 몰핀주사)

(3) 허용 여부

적극적 안락사는 절대적으로 금지되나, 소극적·간접적 안락사는 동기와 목적·내용이 법질서에 반하지 않는 한 사회상규에 위배되지 않는 행위로서 위법성이 조각된다(다수설).

⑷ 위법성의 조각요건

① 환자가 불치의 병으로 사기에 임박하였을 것

② 환자의 육체적 고통(정신적 고통은 포함되지 않음)이 볼 수 없을 정도로 극심할 것

③ 환자의 고통을 완화하기 위한 목적으로 행할 것

④ 환자의 의식이 명료한 때에는 본인의 진지한 승낙이 있을 것

⑤ 원칙적으로 의사에 의하여 시행되고 그 방법이 윤리적으로 타당하다고 인정될 수 있을 것

> **판례**

간접적 안락사 허용여부

의사가 사기가 임박하여 육체적 고통을 호소하는 말기암환자의 진지한 승낙을 받고 사회상규에 합당한 방법으로 간접적 안락사를 한 경우, 비록 **연명치료 중단에 관한 결정 및 그 실행이** 환자의 생명단축을 초래한다 하더라도 이를 생명에 대한 임의적 처분으로서 자살이라고 평가할 수 없고, 오히려 인위적인 신체침해행위에서 벗어나서 자신의 생명을 자연적인 상태에 맡기고자 하는 것으로서 인간의 존엄과 가치에 부합한다(헌재 2009.11.26, 2008헌마385).

> **판례**

연명치료 중단의 허용기준

[1] 환자가 회복불가능한 사망의 단계에 이르렀을 경우에 대비하여 미리 의료인에게 자신의 연명치료 거부 내지 중단에 관한 의사를 밝힌 경우(이하 '사전의료지시'라 한다)에는, 비록 진료 중단 시점에서 자기결정권을 행사한 것은 아니지만 사전의료지시를 한 후 환자의 의사가 바뀌었다고 볼 만한 특별한 사정이 없는 한 사전의료지시에 의하여 자기결정권을 행사한 것으로 인정할 수 있다. 다만, 이러한 사전의료지시는 진정한 자기결정권 행사로 볼 수 있을 정도의 요건을 갖추어야 하므로 의사결정능력이 있는 환자가 의료인으로부터 직접 충분한 의학적 정보를 제공받은 후 그 의학적 정보를 바탕으로 자신의 고유한 가치관에 따라 진지하게 구체적인 진료행위에 관한 의사를 결정하여야 하며, 이와 같은 의사결정 과정이 환자 자신이 직접 의료인을 상대방으로 하여 작성한 서면이나 의료인이 환자를 진료하는 과정에서 위와 같은 의사결정 내용을 기재한 진료기록 등에 의하여 진료 중단 시점에서 명확하게 입증될 수 있어야 비로소 사전의료지시로서의 효력을 인정할 수 있다.

[2] 한편, 환자의 사전의료지시가 없는 상태에서 회복불가능한 사망의 단계에 진입한 경우에는 환자에게 의식의 회복가능성이 없으므로 더 이상 환자 자신이 자기결정권을 행사하여 진료행위의 내용 변경이나 중단을 요구하는 의사를 표시할 것을 기대할 수 없다. 그러나 환자의 평소 가치관이나 신념 등에 비추어 연명치료를 중단하는 것이 객관적으로 환자의 최선의 이익에 부합한다고 인정되어 환자에게 자기결정권을 행사할 수 있는 기회가 주어지더라도 연명치료의 중단을 선택하였을 것이라고 볼 수 있는 경우에는, 그 연명치료 중단에 관한 환자의 의사를 추정할 수 있다고 인정하는 것이 합리적이고 사회상규에 부합된다. 이러한 환자의 의사 추정은 객관적으로 이루어져야 한다(대판 2009.5.21, 2009다17417 전원합의체).

3. 변호사 또는 성직자의 업무행위

변호사가 법정에서의 변론상 명예훼손죄와 업무상비밀누설죄의 구성요건에 해당하는 행위를 하였더라도 업무로 인한 정당한 행위로서 위법성이 조각된다. 성직자가 고해성사로 범인 또는 비밀을 알고 이를 고발하지 않거나 묵비하는 것은 정당행위로서 위법성이 조각된다.

> **판례**
>
> 사제가 죄지은 자를 능동적으로 고발하지 않는 것에 그치지 아니하고 은신처 마련, 도피자금 제공 등 범인을 적극적으로 은닉 · 도피하게 하는 행위는 사제의 정당한 직무에 속하는 것이라고 할 수 없다(대판 1983.3.8, 82도3248). 07. 경찰승진, 08. 경찰

4. 기자의 업무행위

> **판례**
>
> 신문기자인 피고인이 고소인에게 2회에 걸쳐 증여세 포탈에 대한 **취재를 요구하면서 이에 응하지 않으면 자신이 취재한 내용대로 보도하겠다**고 말하여 협박하였다는 취지로 기소된 경우 업무로 인한 행위로 위법성이 조각된다(대판 2011.7.14, 2011도639). 12. 사시 · 경찰간부, 16 · 17. 경찰승진, 17. 법원직, 18. 경찰
> ✓ 사회상규에 반하는 행위로 위법성이 조각되지 않는다. ✕
> ✓ 甲의 행위는 정당행위에 해당하지 아니한다. ✕

❹ 사회상규에 위배되지 않는 행위

1. 사회상규의 의미

국가질서의 존엄성을 기초로 한 국민일반의 건전한 도의감 또는 법질서 전체의 정신이나 배후에 있는 사회윤리 내지 사회통념상 용인되는 것을 말한다.

☑ **사회적 상당성과 사회상규**
- 사회적 상당성은 구성요건조각사유이며, 사회상규는 위법성조각사유의 일반원리이다.
- 사회적 상당성은 사회생활에 있어서 정상적인 행위행태이며, 사회상규는 일반적인 행위행태와 일치하지 않고, 구성요건이지만 사회윤리적 질서에 위배되지 않는 것이다.

2. 사회상규의 판단기준

① 행위의 동기와 목적의 정당성, ② 행위의 수단이나 방법의 상당성, ③ 보호이익과 침해이익의 법익균형성, ④ 긴급성, ⑤ 다른 수단이나 방법이 없다는 보충성을 갖추었는지를 합목적적 · 합리적으로 판단하여 결정하여야 한다.

> **판례**
>
> '목적의 정당성'과 '수단의 상당성' 요건은 행위의 측면에서 사회상규의 판단기준이 된다. 사회상규에 위배되지 아니하는 행위로 평가되려면 행위의 동기와 목적을 고려하여 그것이 법질서의 정신이나 사회윤리에 비추어 용인될 수 있어야 한다. 수단의 상당성 · 적합성도 고려되어야 한다. 또한 보호이익과 침해이익 사이의 법익균형은 결과의 측면에서 사회상규에 위배되는지를 판단하기 위한 기준이다. 이에 비하여 행위의 긴급성과 보충성은 수단의 상당성을 판단할 때 고려요소의 하나로 참작하여야 하고 이를 넘어 독립적인 요건으로 요구할 것은 아니다. 또한 그 내용 역시 다른 실효성 있는 적법한 수단이 없는 경우를 의미하고 '일체의 법률적인 적법한 수단이 존재하지 않을 것'을 의미하는 것은 아니다(대판 2023.5.18. 2017도2760).

3. 사회상규에 위배되지 않는 행위

(1) 소극적 저항행위

상대방의 불법한 공격으로부터 자신을 보호하고 이를 벗어나기 위한 저항수단으로 유형력을 행사한 경우에 그 행위가 소극적인 방어의 한도를 벗어나지 않는다면 그 행위에 이르게 된 경위와 그 목적, 수단 및 행위자의 의사 등 제반사정에 비추어 사회통념상 허용될만한 상당성이 있는 행위로서 위법성이 조각된다.

> **판례**
>
> 소극적 저항행위와 적극적 반격행위의 구별
>
> 피고인의 법정이나 경찰에서의 진술과 같이 피해자가 주전자로 피고인의 얼굴을 때린 다음 또 다시 때리려고 하여 이를 피하고자 피해자를 밀어 넘어뜨린 것이라면 이러한 행위는 피해자의 불법적인 공격으로부터 벗어나기 위한 부득이한 저항의 수단으로서 소극적인 방어행위에 지나지 않는다고 볼 여지가 있을 것이나, 이와 달리 피고인의 검찰에서의 진술이나 목격자 공소외인의 법정 및 수사기관에서의 진술과 같이 술에 취한 피해자가 피고인을 때렸다가 피고인의 반항하는 기세에 겁을 먹고 주춤주춤 피하는 것을 피고인이 밀어서 넘어뜨렸다면 이러한 피고인의 행위는 피해자의 공격으로부터 벗어나기 위한 부득이한 소극적 저항의 수단이라기보다는 보복을 위한 적극적 반격행위라고 보지 않을 수 없다(대판 1985.3.12, 84도2929).

SUMMARY 소극적 저항행위에 해당하는지 여부

1. ~밀치면서, ~뿌리치면서, ~잡아 틀면서 → 소극적 저항행위 ○ → 위법성 조각
2. ~밀치면서, ~뿌리치면서, ~당기면서 + 자초된 행위 → 소극적 저항행위 × → 위법성 인정

판례비교 소극적 저항행위의 인정 여부

O 소극적 저항행위 인정 - 정당행위 인정	**X** 소극적 저항행위 부정 - 정당행위 부정
① 피해자(남, 57세)가 술에 만취하여 아무런 연고도 없는 가정주부인 피고인의 집에 들어가 유리창을 깨고 아무데나 소변을 보는 등 행패를 부리고 나가자 피고인이 유리창 값을 받으러 피해자를 뒤따라가며 그 어깨를 붙잡았으나 상스러운 욕설을 계속하므로 더 이상 참지 못하고 잡고 있던 손으로 피해자의 **어깨 부분을 밀치자** 술에 취하여 비틀거리던 피해자가 몸을 제대로 가누지 못하고 앞으로 넘어져 시멘트 바닥에 이마를 부딪쳐 1차성 쇼크로 사망한 경우(대판 1992.3.10, 92도37) ② 피고인이 피해자로부터 며칠간에 걸쳐 집요한 괴롭힘을 당하여 온 데다가 피해자가 피고인이 교수로 재직하고 있는 대학교의 강의실 출입구에서 피고인의 진로를 막아서면서 피고인을 물리적으로 저지하려 하자 극도로 흥분된 상태에서 그 행패에서 벗어나기 위하여 피해자의 팔을 뿌리쳐서 피해자가 상해를 입게 된 경우(대판 1995.8.22, 95도936) 06. 법원행시 ③ 여자화장실 내에서 가방을 빼앗으려고 다가오는 남자의 **어깨를 밀친 경우**(대판 1992.3.27, 91도2831) 18. 국가직 9급	택시운전사인 피고인이 고객인 가정주부들에게 입에 담지 못할 **욕설을 퍼부은 데서 발단이 되어** 가정주부인 피해자 등으로부터 핸드백과 하이힐 등으로 얻어 맞게 되자 그 때문에 입은 상처를 고발하기 위하여 파출소로 끌고 감을 빙자하여 피해자의 **손목을 잡아 틀어** 상해를 가한 경우(대판 1991.12.27, 91도1169)

O 소극적 저항행위 인정 – 정당행위 인정	**X** 소극적 저항행위 부정 – 정당행위 부정
④ 피해자가 갑자기 달려나와 정당한 이유 없이 피고인의 멱살을 잡고 파출소로 가자면서 계속하여 끌어당기므로 피고인이 그와 같은 피해자의 행위를 제지하기 위하여 그의 양팔 부분의 **옷자락을 잡고 밀친 경우**(대판 1990.1.23, 89도1328)	
⑤ 피해자가 피고인의 집 안방에 피고인이 있는 것을 목격하고는 채권 금 140만원을 돌려달라고 고함치고 욕설하면서 안방을 뛰어들어와 피고인이 가만히 있는데도 피고인의 러닝셔츠를 잡아당기며 찢기까지 함에 이르러 피고인이 피해자를 **방 밖으로 밀어낸 경우**(대판 1985.11.12, 85도1978)	
⑥ 피해자가 양손으로 피고인의 넥타이를 잡고 늘어져 후경부피하출혈상을 입을 정도로 목이 졸리게 된 피고인이 피해자를 떼어놓기 위하여 왼손으로 자신의 목 부근 넥타이를 잡은 상태에서 오른손으로 피해자의 손을 잡아 **비틀면서 서로 밀고 당긴 경우**(대판 1996.5.28, 96도979) 16. 법원직	
⑦ 택시운전사가 승객의 요구로 택시를 출발시키려 할 때, 피해자가 부부싸움 끝에 도망 나온 승객을 택시로부터 강제로 끌어내리려고 운전사에게 폭언과 함께 택시 안으로 몸을 들이밀면서 양손으로 운전사의 멱살을 세게 잡아 상의단추가 떨어질 정도로 심하게 흔들었고, 이에 운전사가 피해자의 손을 **뿌리치면서** 택시를 출발시켜 운행을 한 경우, 운전사의 이러한 행위는 사회상규에 위배되지 아니하는 행위라고 할 것이다(대판 1989.11.14, 89도1426).	
⑧ 분쟁이 있던 옆집 사람이 야간에 술에 만취된 채 시비를 걸며 거실로 들어오려 하므로 이를 제지하며 **밀어내는 과정**에서 2주 상해를 입힌 경우(대판 1995.2.28, 94도2746) 16. 법원직, 17. 경찰승진	
⑨ 피고인은 실내 어린이 놀이터 벽에 기대어 앉아 자신의 딸(4세)이 노는 모습을 보고 있었는데 피해자가 다가와 딸이 가지고 놀고 있는 블록을 발로 차고 손으로 집어 들면서 쌓아놓은 블록을 무너뜨리고, 이에 딸이 울자 피고인이 피해자에게 "하지 마, 그러면 안 되는 거야."라고 말하면서 몇 차례 피해자를 제지하자, 피해자가 피고인의 딸을 한참 쳐다보고 있다가 갑자기 딸의 눈 쪽을 향하여 오른손을 뻗었고 이를 본 피고인이 **왼손을 내밀어 피해자의 행동을 제지한 경우**(대판 2014.3.27, 2012도11204)	

(2) 권리실행행위

자기 또는 타인의 권리를 실행하기 위한 행위도 그것이 사회상규에 벗어나는 정도에 이르지 않은 때에는 사회상규에 위배되지 아니한다.

판례비교 권리행사에서의 정당행위 인정 여부

O 적법한 권리행사 – 정당행위 인정	**X** 위법한 권리행사 – 정당행위 부정
① 이혼 후 자녀를 직접 양육하지 않는 모(母)가 부(父)의 허락을 받지 않고 그 주거에 들어가 자녀들의 **양육에 필요한 최소한의 행위만** 한 경우(대판 2003.11.28, 2003도5931)	① 목재대금청구소송 중 양도소득세 포탈사실을 관계기관에 진정하겠다 하여 겁을 먹은 피해자로 하여금 목재대금지급약속을 받은 경우(대판 1990.11.23, 90도1864) 16. 국가직 9급
② 회사의 이익을 **빼돌린다는 소문을 확인할 목적으로 개인용 컴퓨터의 하드디스크를 검색한 경우**(대판 2009.12.24, 2007도6243) 11·15. 경찰, 11·18. 경찰승진, 12·17. 경찰간부, 17. 법원직	② 행방불명된 남편에 대하여 불리한 민사판결이 선고되었다 하더라도 그러한 사정만으로 적법한 다른 방법을 강구하지 아니하고 **남편 명의의 항소장을 임의로 작성**하여 법원에 제출한 경우(대판 1994.11.8, 94도1657) 09. 경찰승진, 16. 법원직
③ 비료를 매수하여 시비한 결과, 딸기 묘목과 사과나무 묘목이 고사하자 회사 사장·간부들에게 욕설을 하고 응접탁자를 들었다 놓았다 하거나 현수막을 보이면서 시위할 듯한 태도를 보인 경우(대판 1980.11.25, 79도2565)	③ 아파트 입주자대표회의 회장이 다수의 입주민들의 민원에 따라 케이블 TV방송의 방송안테나를 절단하도록 지시한 경우(대판 2006.4.13, 2005도9396) 07. 국가직 7급, 09·13. 경찰
④ 범인으로 오인받아 구타당하여 병원에 입원하고 치료비에 응하지 않으면 무고죄로 고소하겠다고 한 경우(대판 1971.11.9, 91도2127)	④ 주위토지통행권을 방해하는 옹벽 부분에 관한 철거를 명하는 판결과 그 강제집행에 따르지 아니하고 **임의로 옹벽을 철거한** 행위(대판 2008.3.27, 2007도7933) 11. 경찰간부
⑤ 건물을 신축하고 사용하는 소유자로부터 일조권 침해 등으로 인한 손해배상의 합의금을 받은 경우(대판 1990.8.14, 90도114)	⑤ 대표이사 **형사재판의 변호사비용을 회사에서 부담하게 한** 경우(대판 1990.2.23, 89도2466) 09. 경찰승진
⑥ 매도인이 부도를 내고 잠적하자 매도인의 대리인에게 "여러명 도를 해주던가 명도소송비용을 내 놓아라. 그렇지 않으면 고소하여 당장 구속시키겠다."라고 말한 경우(대판 1984.6.26, 84도648)	⑥ 사채업자인 피고인이 채무자 甲에게 채무를 변제하지 않으면 甲이 숨기고 싶어하는 **과거 행적과 사채를 쓴 사실** 등을 남편과 시댁에 알리겠다는 등의 문자메시지를 발송한 경우(대판 2011.5.26, 2011도2412)
⑦ 실제 평수에 따른 공사금 지급을 요구하며 관철되지 않으면 구청장에 진정하겠다고 한 경우(대판 1978.12.13, 78도2617)	⑦ 甲정당 당직자인 피고인들 등이 국회 외교통상 상임위원회 회의장 앞 복도에서 출입이 봉쇄된 회의장 출입구를 뚫을 목적으로 회의장 출입문 및 그 안쪽에 쌓여있던 집기를 손상하거나, 국회 심의를 방해할 목적으로 회의장 내에 **물을 분사한** 경우(대판 2013.6.13, 2010도13609) 16. 경찰
⑧ 집행관이 압류집행을 위하여 채무자의 집에 들어가는 과정에서 몸싸움으로 채무자에게 **상해**를 입힌 경우(대판 1993.10.12, 93도875)	⑧ **감정평가업자가 아닌 공인회계사**가 타인의 의뢰에 의하여 일정한 보수를 받고 부동산공시법이 정한 토지에 대한 감정평가를 업으로 행한 경우(대판 2015.11.27, 2014도191) 17. 경찰간부

판례비교 기타 정당행위의 인정 여부

O 정당행위 인정	**X** 정당행위 부정
① 후보자의 회계책임자가 자원봉사자인 후보자의 **배우자, 직계혈족 기타 친족에게 식사를 제공한** 경우(대판 2009.4.9, 2009도676) 11. 경찰승진	① 민족정기를 세우기 위하여 백범 김구의 암살범인 안두희를 살해한 경우(대판 1997.11.14, 97도2118)
② 피해자가 피고인이 고소로 조사받는 것을 따지기 위하여 야간에 피고인의 집에 침입한 상태에서 문을 닫으려는 피고인과 열려는 피해자 사이의 실랑이가 계속되는 과정에서 문짝이 떨어져 그 앞에 있던 피해자가 넘어져 2주간의 치료를 요하는 상해를 입게 된 경우(대판 2000.3.10, 99도4273) 05. 경찰, 08. 경찰승진, 11. 법원행시	② 새마을금고 이사장인 피고인이 새마을금고법에 반하여 **비회원인 회사에 대출**하여 주고, 회사는 대출금으로 회원인 근로자들의 상여금을 지급한 경우(대판 1999.2.23, 98도1869) 11. 경찰승진
③ 교단협의회에서 교회 사무국장에게 교회의 이단성 여부를 조사하도록 하자 피고인이 관련 자료에 피해자를 명예훼손으로 고소하였던 고소장의 사본을 첨부한 경우(대판 1995.3.17, 93도923)	③ 방송사 기자인 피고인이, 구 국가안전기획부 정보수집팀이 타인간의 **사적 대화를 불법녹음**하여 생성한 도청자료인 **녹음테이프와 녹취보고서를 입수한 후, 이를 자사 방송프로그램을 통하여 공개한 경우(대판 2011.3.17, 2006도8839) 11. 경찰·국가직 7급, 12·16. 국가직 9급

O 정당행위 인정	X 정당행위 부정
④ 군의회의원선거 후보자가 **마을회관 건립경비를 기부**한 경우(대판 2003.8.22, 2003도1697)	**유사판례** 국회의원인 피고인이, 구 국가안전기획부 내 정보수집팀이 대기업 고위관계자와 중앙일간지 사주간의 **사적 대화를 불법녹음**한 자료를 입수한 후, 그 대화 내용과 위 대기업으로부터 이른바 떡값 명목의 금품을 수수하였다는 검사들의 실명이 게재된 보도자료를 작성하여 자신의 인터넷 홈페이지에 게재한 경우(대판 2011.5.13, 2009도14442) 15·18. 경찰, 17. 경찰승진
⑤ 자신의 의견을 개진하면서 자신의 판단과 의견의 타당함을 강조하는 과정에서 부분적으로 모욕적인 표현을 한 경우(대판 2003. 11.28, 2003도3972)	✿ 비록 이 자료를 취득하기 위하여 적극적·주도적으로 관여하였고 대화 당사자들의 실명을 공개하였다 하더라도 정당행위에 해당한다. ✕
⑥ 피해자가 피고인의 **동생을 구타**하여 지면에 넘어뜨린 후, 도주하므로 피고인이 그를 뒤따라가 그의 허리띠를 잡고 파출소로 동행할 것을 요구하자 오히려 피해자가 피고인의 멱살을 잡고 늘어지면서 반항한 경우(대판 1987.1.20, 86도2492)	④ 국고수입을 늘린다는 일념에서 법령에 위반하여 지정 **매도인 이외의 자에게 홍삼을 판매**하고 허위공문서를 작성한 경우(대판 1983.2.8, 82도357)
⑦ 집달관이 압류집행을 위하여 채무자의 주거에 들어가는 과정에서 상해를 가한 경우(대판 1993.10.12, 93도2899)	⑤ 처가 알콜의존증이 있는 남편을 병원장의 입원결정도 없는 상태에서 정신병원 원무과장에게 부탁하여 **강제로 구급차에 실어 정신병원에 입원**시킨 경우(대판 2001.2.23, 2000도4415)
⑧ 수용시설에 수용 중인 부랑인들의 야간도주를 방지하기 위하여 그 취침시간 중 **출입문을 안에서 시정조치**한 경우(대판 1988. 11.8, 88도1580) 09. 경찰승진	⑥ 진주민속예술보존회의 이사장인 피고인이 이사회의 의장으로서 의안에 관하여 발언하다가 **타인의 명예**를 훼손하는 내용의 말을 한 경우(대판 1990.12.26, 90도2473) 11. 경찰간부
⑨ **정신병자의 어머니의 의뢰 및 승낙**하에 그 감호를 위하여 그 보호실 문을 야간에 한하여 3일간 시정하여 출입을 못하게 감금한 경우(대판 1980.2.12, 79도1349)	⑦ 주식회사 감사인 피고인이 회사 경영진과의 불화로 한 달 가까이 결근하다가 자신의 출입카드가 정지되어 있는데도 이른 아침에 경비원에게서 출입증을 받아 **컴퓨터 하드디스크를 절취**하기 위하여 회사 감사실에 들어간 경우 그 방실침입행위(대판 2011.8.18, 2010도9570)
⑩ 시장번영회의 회장이 시장번영회에서 제정한 **관리규정을 위반**하여 칸막이를 천장까지 설치한 일부 점포주들에 대하여 **단전조치**를 한 경우(대판 1994.4.15, 93도2899) 09. 경찰승진, 15. 법원직	⑧ 타 회사의 폐석운반을 방해할 의사로 선착장 앞에 위치한 자신의 어업구역 내에 양식장을 설치한다는 구실로 밧줄을 매어 선박의 출입을 방해한 경우(대판 1996.11.12, 96도2214)
⑪ 골프클럽 경기보조원들의 구직편의를 위하여 제작된 인터넷 사이트 내 회원 게시판에 특정 **골프클럽의 운영상 불합리성을 비난**하는 글을 게시하면서 클럽담당자에 대하여 한심하고 **불쌍한 인간**이라는 경멸적 표현을 한 경우(대판 2008.7.10, 2008도1433) 16. 국가직 7급	⑨ 주주총회에 참석한 주주가 회사 측의 의사에 반하여 회사 사무실을 뒤져 회계장부를 **강제로 찾아 열람**한 경우(대판 2001.9.7, 2001도2917) 10. 법원행시, 11. 경찰승진, 16. 법원직
⑫ 뽕밭을 유린하는 소의 **고삐**가 나무에 얽혀 풀 수 없는 상황 하에서 고삐를 낫으로 끊고 소를 밭에서 끌어낸 경우(대판 1976.12.28, 76도2359)	⑩ 이혼소송에 사용할 증거자료의 수집을 목적으로 **간통현장을 직접 목격하고 그 사진을 촬영**하기 위하여 타인의 주택에 침입한 경우(대판 2003.9.26, 2003도3000) 16. 경찰승진
⑬ 재건축사업으로 철거가 예정되어 있는 아파트를 **가집행선고 부판결을 받아 철거**한 경우(대판 2010.2.25, 2009도8473)	⑪ 주식회사 임원인 피고인들이 회사 직원들 및 그 가족들에게 수여할 목적으로 전문의약품인 타미플루 등을 의사의 **처방전에 의하지 않고** 제약회사로부터 매수하여 취득한 경우(대판 2011.10.13, 2011도6287) 12·17. 경찰간부
	⑫ 신고한 옥외집회에서 확성기 등을 사용하여 발생한 소음으로 인근의 사무실에서 전화통화·대화 등이 어려웠고, 인근 상인들도 **고통을 호소**한 경우(대판 2004.10.15, 2004도4467)
	⑬ 특정 후보자에 대한 **낙선운동**을 한 경우 헌법상 용인되는 시민불복종운동이나 형법상 사회상규에 위반되지 아니하는 정당행위로 볼 수 없다(대판 2004.4.27, 2002도315).

CHAPTER 04 책임론

제1절 책임의 일반이론

❶ 책임의 의의

1. 의의

책임이란 구성요건에 해당하는 위법한 행위를 한 행위자에게 가해지는 비난가능성을 말한다. 즉, 적법한 행위를 할 수 있었음에도 불구하고 위법한 행위를 한 행위자에 대한 비난가능성을 말한다. 행위자의 책임은 불법이 인정된 후에 비로소 검토하게 된다.

☑ **현행형법의 책임구조**
- 책임능력(규범적 요소)
- 책임형식으로서의 고의 = 사실인식, 과실(사실요소)
- 위법성인식이 없는 경우 ⇨ 금지착오(규범적 요소)
- 기대가능성(규범적 요소)

2. 위법성과의 관계

위법성은 법질서 전체의 입장에서 내리는 행위에 대한 객관적 판단이며, 책임은 비난가능성의 유무를 판단하는 행위자에 대한 주관적 판단이다.

☑ **위법성과 책임의 구별실익**
- **정당방위의 성립 여부**: 위법하지 않은 행위에 대해서는 정당방위가 성립할 수 없으나, 책임의 유무는 정당방위의 성립에 영향을 미치지 않는다.
- **공범의 성립 여부**: 위법하지 않은 행위에 대해서는 공범의 성립이 불가능하지만, 책임의 유무는 공범의 성립에 영향을 미치지 않는다.

3. 책임주의

(1) 책임이 없으면 형벌이 없고, 형량도 책임의 대소에 따라 결정하여야 한다는 근대형법의 기본원칙을 말한다.

(2) 책임주의는 행위자에게 책임 없는 결과로 형을 과하거나 가중할 수 없다는 원칙으로서 결과책임이나 행위자책임을 부정한다.

(3) 다만, 우리 형법에는 아직도 결과책임·행위자책임의 규정이 남아 있다. 예컨대 결과적 가중범, 원인에 있어서 자유로운 행위, 누범가중, 상습범가중, 상해죄의 동시범 특례, 객관적 처벌조건은 책임의 원칙과 상충되는 법제도로 지적되고 있다.

☑ **상해죄의 동시범 특례**
  동시범(제19조)은 미수로 처벌하기 때문에 그에 한해서 책임의 원칙에 반하는 것은 아니나, 상해죄의 동시범 특례(제263조)는 책임의 원칙과 일치하지 않는다.

❷ 책임의 근거

1. 의의

범죄행위에 대한 책임을 지고 형벌을 부과하여야 하는 이유가 무엇인지에 관하여 도의적 책임론과 사회적 책임론이 있다.

2. 도의적 책임론과 사회적 책임론

구분	도의적 책임론	사회적 책임론
의의	① 책임은 자유의사를 가진 자가 자유로운 의사에 의하여 적법한 행위를 할 수 있는데도 위법한 행위를 한 것에 대한 도의적·윤리적 비난이라고 보는 견해이다. ② 행위능력	① 인간의 행태는 전적으로 인과법칙에 따라 결정되기 때문에 범죄는 인간의 소질과 환경의 필연적 소산이므로 책임의 근거는 행위자의 반사회적 성격에 있다는 견해이다. ② 성격책임
인간상	자유의사(비결정론)	소질과 환경(결정론)
이론적 배경	고전학파·객관주의·응보형주의의 책임이론	신파·주관주의·목적형주의의 책임이론
본질 내용	**책임능력 = 범죄능력** 범죄능력이 부정되면 범죄행위를 할 수 없으므로 책임무능력자의 행위는 범죄가 아니다. 따라서 형벌을 부과할 수 없고 단지 보안처분만 과할 수 있다고 한다.	**책임능력 = 형벌능력** ① 형법이 심신상실자를 책임능력이 없는 것으로 취급하는 이유를 설명할 수 없다(심신상실자라도 반사회적인 위험을 가진 행위자이기 때문이다). ② 상습범의 경우, 형벌을 부과하더라도 다시 범죄를 저지르게 되므로 형벌능력이 없다. 따라서 상습범을 책임무능력자로 보게 된다.
형벌과 보안처분	이원론	일원론

❸ 책임의 본질

책임을 이루는 요소 또는 내용이 무엇인가에 관하여 심리적 책임론, 규범적 책임론, 예방적 책임론이 있다.

심리적 책임론		① 책임의 본질: 행위자의 심리적 사실관계로서의 고의·과실이 책임의 본질
		② 책임의 구성요소
		  ㉠ 책임능력: 심리적 관계가 아니므로 책임의 구성요소는 아니고 그 전제
		  ㉡ 책임형식: 고의 = 범죄사실의 인식 + 위법성의 인식, 과실
		③ 범죄체계: 고전적 범죄체계(인과적 행위론)
		④ 평가
		  ㉠ 심리적 책임론에 의하면 강요된 행위에 있어서 고의를 가지고 행위 하는 피강요자의 책임을 인정하므로 기대불가능성(피강요자) 때문에 책임이 조각되는 경우를 설명할 수 없는 비판이 있음.
		  ㉡ 심리적 책임론은 인식 없는 과실의 경우에는 발생한 결과에 대한 행위자의 심리적 관계가 있을 수 없기 때문에 책임을 인정할 수 없는 비판을 받음.

규범적 책임론	**복합적 책임개념**	① 책임의 본질: 비난가능성
		② 책임의 구성요소
		  ㉠ 책임능력
		  ㉡ 고의=범죄사실의 인식 + 위법성의 인식, 과실
		  ㉢ 기대가능성
		③ 범죄체계: 신고전적 범죄체계론
		④ 평가: 책임평가에 그 대상인 고의·과실을 포함시켜 '평가의 대상'과 '대상의 평가'를 혼동하였다는 비판

	순수한 규범적 책임론	① 책임의 본질: 비난가능성
		② 책임의 구성요소
		  ㉠ 책임능력
		  ㉡ 위법성의 인식 ➡ 고의에서 분리
		  ㉢ 기대가능성
		③ 범죄체계: 목적적 범죄체계론(목적적 행위론)
		④ 평가
		  ㉠ 순수한 규범적 책임론은 책임 평가의 대상(고의, 과실)과 그 대상의 평가를 분리시켜 평가의 대상인 고의, 과실만 구성요건으로 옮김.
		  ㉡ 위법성 인식을 독자적인 책임표지로 재구성하여, 구성요건착오와 금지착오를 구분하였음.
		  ㉢ 고의·과실을 책임평가에서 제거함으로써 책임판단은 그 규범적 평가의 대상을 결하여 책임개념의 공허화를 초래하였음.

	합일태적 책임론 (고의의 이중기능)	① 책임의 본질: 비난가능성
		② 책임의 구성요소
		  ㉠ 책임능력
		  ㉡ 책임 고의 = 사실인식·과실(구성요건에 있던 '책임고의 = 사실인식' 책임으로 옮김)
		  ㉢ 위법성 인식
		  ㉣ 기대가능성
		③ 범죄체계: 신고전적·목적적 범죄체계론(사회적 행위론)

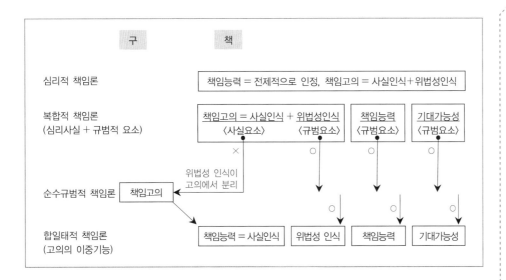

제2절 책임능력

① 서설

1. 책임능력의 개념

(1) 책임능력이란 행위자가 법규범 의미의 내용을 이해하여 명령과 금지를 인식할 수 있는 사물변별능력과 이 통찰에 따라 자유로운 의사를 결정할 수 있는 의사결정능력을 말한다. 따라서 책임무능력이란 사물변별능력과 의사결정능력 중 하나라도 없는 경우를 말한다.

(2) 책임능력은 원칙적으로 행위시에 있어야 한다(행위와 책임의 동시존재의 원칙).

2. 책임능력의 본질

(1) **도의적 책임론**

책임능력을 범죄능력으로 보며, 범행행위시를 기준으로 판단한다.

(2) **사회적 책임론**

책임능력을 형벌능력으로 보며, 형벌부과시를 기준으로 판단한다.

3. 책임능력의 규정방법

생물학적 방법	행위자의 연령·정신병 등 생물학적 요소를 기초로 판단(엡 형사미성년자, 청각 및 언어장애인)
규범적·심리적 방법	행위자가 사물을 변별하거나 의사를 결정할 능력을 기초로 판단
혼합적 방법	생물학적 방법과 규범적 요소를 혼합하여 판단(엡 심신상실자, 심신미약자)

② 책임무능력자

1. 형사미성년자

> 제9조【형사미성년자】 14세되지 아니한 자의 행위는 벌하지 아니한다.

(1) 형사미성년자

① 의의 : 형법에서는 만 14세 미만의 자를 말하며, 개인의 지적·도의적·성격적인 발육상태를 불문하고 절대적 책임무능력자로 규정한다(📖 14세 미만이라면 사물변별능력과 의사결정능력을 모두 갖추었더라도 형사미성년자로서 책임무능력자이고, 14세 이상이라면 설령 지능이 낮은 자라 할지라도 형사미성년자가 아닌 책임능력자이다).

② 판단기준 : 순수한 생물학적 방법인 연령만으로 판단하고 정신적·육체적 성숙도는 불문한다. 연령의 산정은 가족관계등록부의 연령이 아닌 실제 연령을 기준으로 한다.

(2) 소년법상 소년

① 의의 : 소년법상 소년은 19세 미만의 자를 말한다.

② 14세 이상 19세 미만의 소년이 법정형으로 장기 2년 이상의 유기형에 해당하는 죄를 범한 경우에는 그 형의 범위에서 장기와 단기를 정하여 선고한다. 다만, 장기는 10년, 단기는 5년을 초과하지 못한다(소년법 제60조 제1항). 즉, 상대적 부정기형을 선고한다.

③ 상대적 부정기형의 소년인지의 여부는 사실심판결선고시를 기준으로 한다. 따라서 항소심판결선고 당시 소년법상의 소년이어서 부정기형을 선고한 경우, 상고심에서 성년이 되어도 항소심을 파기할 수 없다.

④ 법정형에서 무기징역을 선택한 후에 작량감경하여 유기징역을 선고할 경우에는 부정기형을 선고할 수 없고 정기형을 선고하여야 한다(판례).

⑤ 소년법에 의한 소년범죄자의 취급

10세 미만	형법상의 형벌 또는 소년법상의 보호처분 등 일체의 책임이 면제된다.
10세 이상~ 14세 미만	촉법소년은 형벌 법령에 저촉되는 행위를 한 10세 이상 14세 미만인 소년, 우범소년은 형벌 법령에 저촉되는 행위를 할 우려가 있는 10세 이상의 소년이다(제4조 제1항 제2호·제3호). 촉법소년과 우범소년에 대하여는 형벌은 과할 수 없지만, 보호처분이 가능하다(제4조 제1항).

14세 이상~ 19세 미만	① 상대적 부정기형: 법정형이 장기 2년 이상의 유기형에 해당하는 죄를 저지른 경우 장기10년 단기 5년의 범위내에서 부정기형을 선고한다(제60조 제1항). ② 사형·무기형 불가: 범행 당시 18세 미만인 소년에 대해서는 사형 또는 무기형으로 처할 수 없다. 이 때에는 15년의 유기징역으로 한다(제59조). ③ 환형처분 금지: 재판시 18세 미만 소년에 대해서는 환형처분으로 노역장유치선고를 하지 못한다(제62조). ④ 형의 실효: 소년이었을 때 범한 죄에 의하여 형을 선고받은 자가 그 집행을 종료하거나 면제받은 경우 자격에 관한 법령을 적용할 때에는 장래에 향하여 형의 선고를 받지 아니한 것으로 본다(제67조). ⑤ 소년의 특성에 비추어 상당하다고 인정되는 때에는 그 형을 감경할 수 있다(제60조 제2항). ⑥ 형의 집행유예나 선고유예를 선고할 때에는 부정기형을 선고할 수 없다(제60조 제3항).

판례

1. 형사미성년자라도 10세 이상의 소년에게는 보호처분이 가능하며, 과거에 소년법에 의한 보호처분을 받은 사실도 상습성 인정의 자료로 삼을 수 있다(대판 1990.6.26, 90도887).
03. 법원행시

2. 14세 이상 19세 미만의 자가 법정형 장기 2년 이상의 유기형에 해당하는 죄를 저지른 경우에는 장기 10년, 단기 5년 내에서 부정기형을 선고한다(대판 1990.10.23, 90도2083).

3. 소년인지의 여부는 항소심판결 당시를 기준으로 심사하므로 **항소심판결 당시 미성년자였**던 피고인이 상고 이후에 성년이 되었다고 하여 항소심의 **부정기형**의 선고가 위법이 되는 것은 아니다(대판 1998.2.27, 97도3421).

4. 항소심 계속 중 개정 소년법이 시행되었는데 **항소심판결일에 피고인이 이미 19세에 달하여** 개정 소년법상 소년에 해당하지 않게 되었다면, 항소심 법원은 피고인에 대하여 정기형을 하여야 한다(대판 2008.10.23, 2008도8090).

5. **항소심판결선고 당시 미성년자로서 부정기형을 선고받은 피고인이 상고심 계속 중에 성년**이 되었다고 하더라도 항소심의 부정기형선고를 정기형으로 고칠 수는 없다(대판 1990.11.27, 90도2225).

6. 소년법 제32조의 보호처분을 받은 사건과 동일한 사건에 관하여는 다시 공소제기를 할 수 없다(대판 1996.2.23, 96도47).

2. 심신상실자

> 제10조 【심신장애인】 ① 심신장애로 인하여 사물을 변별할 능력이 없거나 의사를 결정할 능력이 없는 자의 행위는 벌하지 아니한다.

(1) 의의

① 심신상실자라 함은 심신장애로 인하여 사물을 변별할 능력 또는 의사를 결정할 능력이 없는 자를 말한다.

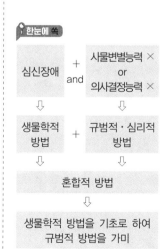

② 심신장애라는 생물학적 요소와 사물변별능력 및 의사결정능력이라는 규범적·심리학적 요소를 모두 고려한 혼합적 규정방법이다.

(2) 생물학적 요소

심신장애란 정신장애를 말하며 정신분열증, 조울증, 간질, 치매, 최면, 명정, 백치 등이 이에 해당한다.

(3) 규범적 요소

① 사물변별능력 : 범죄인지 여부를 구별할 수 있는 지적 능력을 의미하며 기억능력과 반드시 일치하는 것은 아니다.

② 의사결정능력 : 범죄에 해당한다는 인식에 따라 자신의 행위를 지배할 수 있는 의지적 능력을 의미한다.

(4) 심신상실 여부의 판단

사물을 변별할 능력이나 의사를 결정할 능력은 행위시를 기준으로 판단하여야 하며, 구체적인 위법한 구성요건의 실현과의 관계에서 법관이 결정하여야 할 법적·규범적 문제에 속한다. 이러한 능력의 판단은 평균인의 일반적 능력이 판단기준이 된다.

> **판례**
>
> 1. 형법 제10조에 규정된 심신장애의 유무 및 정도의 판단은 **법률적 판단**으로서 반드시 전문감정인의 의견에 기속되어야 하는 것은 아니고, 정신질환의 종류와 정도, 범행의 동기, 경위, 수단과 태양, 범행 전후의 피고인의 행동, 반성의 정도 등 여러 사정을 종합하여 **법원이 독자적으로 판단할 수 있다**(대판 1999.8.24, 99도1194).
>   ✘ 심신장애의 유무 및 정도의 판단은 정신의학적 판단으로서 전문감정인의 의견에 따라야 하며 법원이 독자적으로 판단할 수 있는 사항은 아니다. ×
>   ✘ 심신장애의 유무 및 정도의 판단은 의학적 판단으로서 법원이 반드시 전문감정인의 의견에 기소되는 것은 아니다. ×
>   03. 행시, 04. 입시, 07. 국가직 7급, 10. 경찰승진, 15. 국가직 9급, 17. 경찰간부
>
>   비교판례 심신장애의 의심이 드는 경우 ⇨ 전문가의 감정 필요
>   • 피고인에게 우울증이 있고 생리도벽이 발동하였다는 **의심이 든다면** 전문가에게 정신상태를 감정시키는 등으로 심신장애 여부를 심리하여야 한다(대판 2002.5.24, 2002도1541).
>   • 피고인이 범행 당시 그 심신장애의 정도가 단순히 사물을 변별할 능력이나 의사를 결정할 능력이 미약한 상태에 그쳤는지 아니면 그러한 능력이 상실된 상태이었는지 여부가 불분명하다면, 피고인의 정신장애의 내용 및 그 정도 등에 관하여 정신의로 하여금 감정을 하게 한 다음, 제반사정을 종합하여 범행 당시의 심신상실 여부를 경험칙에 비추어 규범적으로 판단하여야 한다(대판 1998.4.10, 98도549).
> 2. 범행을 기억하고 있지 않다는 사실만으로 바로 **범행 당시**에 심신상실의 상태에 있었다고 단정할 수는 없다(대판 1985.5.28, 85도361). 07. 국가직 7급, 13. 경찰
> 3. 피고인이 평소 간질병 증세가 있었더라도 **범행 당시**에는 간질병이 발작하지 아니하였다면 책임감면사유인 심신장애의 경우에 해당하지 아니한다(대판 1983.10.11, 83도1897).
>   07. 국가직 7급, 09. 국가직 9급

4. 원칙적으로 충동조절장애와 같은 성격적 결함은 형의 감면사유인 심신장애에 해당하지 않는다고 봄이 상당하고, 다만 그러한 성격적 결함이 매우 심각하여 원래 의미의 정신병을 가진 사람과 동등하다고 평가할 수 있다든지 또는 다른 심신장애사유와 경합된 경우에는 심신장애를 인정할 여지가 있을 것이다(대판 1995.2.24, 94도3163).
07. 국가직 7급, 11. 경찰승진, 12·13. 경찰, 15. 국가직 9급, 17. 경찰간부

5. 형법 제10조에 규정된 심신장애는 생물학적 요소로서 정신병 또는 비정상적 정신상태와 같은 정신적 장애가 있는 외에 심리학적 요소로서 이와 같은 정신적 장애로 말미암아 사물에 대한 변별능력과 그에 따른 행위통제능력이 결여되거나 감소되었음을 요하므로 정신적 장애가 있는 자라고 하여도 **범행 당시** 정상적인 사물변별능력이나 행위통제능력이 있었다면 심신장애로 볼 수 없다(대판 2007.2.8, 2006도7900). 16. 경찰, 17. 경찰간부·법원직

6. 성주물성애증이라는 정신질환이 있다면 그러한 사정만으로는 절도 범행에 대한 형의 감면사유인 심신장애에 해당하지 않는다(대판 2013.1.24, 2012도12689). 15. 경찰

☺ **무생물인 옷** 등을 성적 각성과 희열의 자극제로 믿고 성적 흥분을 고취시키는 데 쓰는 '성주물성애증'이라는 정신질환이 있다는 사정만으로 절도 범행에 대한 심신장애에 해당한다고 볼 수 없다(원칙).

7. 소아기호증과 같은 질환이 있다는 사정은 그 자체만으로는 형의 감면사유인 심신장애에 해당하지 아니한다고 봄이 상당하고, 다만 그 증상이 매우 심각하여 원래의 의미의 **정신병**이 있는 **사람과 동등하다고 평가**할 수 있거나, 다른 심신장애사유와 경합된 경우 등에는 심신장애를 인정할 여지가 있다(대판 2007.2.8, 2006도7900). 10. 국가직 7급, 18. 국가직 9급

판례비교 심신상실의 인정 여부

O 심신상실 인정	X 심신상실 부정
① 심한 만성형 정신분열증에 따른 망상의 지배로 말미암아 아무런 관계도 없는 생면부지의 행인들의 머리를 이유 없이 도끼로 내리쳐 상해를 가한 경우(대판 1991.5.28, 91도636)	① 피고인이 실직하여 3일간 계속 술을 마신 상태에서 부(父)로부터 욕설을 듣고 격분하여 얼굴을 1회 때렸는데 사망한 경우(대판 1998.3.13, 98도159)
② 범행 당시 정신분열증에 의한 망상에 지배되어 피해자를 사탄이라고 생각하고 피해자를 죽여야만 자신이 천당에 갈 수 있다고 믿어 살해한 경우(대판 1990.8.14, 90도1328) 11. 국가직 7급	② 피고인이 범행 직후, 혈흔이 묻어있는 운동화와 상의를 빨아 말리고 함께 근무하는 공원들에게 범행시각 이전에 숙소로 돌아온 것처럼 진술하여 달라고 부탁하고 범행 당시에 신었던 운동화를 땅에 묻었다가 다시 파내어 소각하는 등 죄증을 인멸하고 알리바이를 조작하려고 노력한 흔적을 엿볼 수 있었던 경우(대판 1984.7.24, 84도1246)
③ 편집성 정신병자가 아들이 단순히 자기 말을 듣지 않는다는 사유만으로 그가 가문의 역적이니 죽여야 된다는 심한 망상 속에 빠져 현실을 판단하는 자아의 힘을 상실한 상태에서 살해한 경우(대판 1984.8.21, 84도1510)	
④ 정신분열증 피해자(신부)가 사상적으로 불순하고(공산주의자) 피고인의 종교활동을 방해하며 방사선으로 피고인을 고문할 것이라는 피해망상에 사로잡혀 이에 대한 정당방위를 한다는 자폐증적 사고로써 살인미수행위를 한 경우(대판 1970.7.28, 70도1358)	

(5) 효과

① 심신상실자는 책임능력이 없기 때문에 책임이 조각된다. 다만, 위험발생을 예견하고 자의로 심신장애의 상태를 야기한 자의 행위는 책임이 조각되지 않는다(제10조 제3항).

② 심신상실자가 금고 이상의 형에 해당하는 죄를 범하고 재범의 위험성이 인정되는 경우에는 치료감호 등에 관한 법률에 의한 치료감호가 가능하다(치료감호 등에 관한 법률 제2조 제1항).

❸ 한정책임능력자

1. 심신미약자

> 제10조 【심신장애인】 ② 심신장애로 인하여 전항의 능력이 미약한 자의 행위는 형을 감경할 수 있다.

(1) 심신장애로 인하여 사물을 변별할 능력이나 의사를 결정할 능력이 미약한 자의 행위는 형을 감경할 수 있다(제10조 제2항). 심신미약은 심신장애가 있으나 그 정도가 심신상실에 이르지 아니한 정도를 말한다(예 경미한 정신분열증).

(2) 심신미약자의 행위는 한정책임능력자로서 형을 감경한다. 심신미약자가 금고 이상의 형에 해당하는 죄를 범하고 재범의 위험성이 있다고 인정되는 경우에는 치료감호에 처한다(치료감호 등에 관한 법률 제2조).

2. 청각 및 언어장애인

> 제11조 【청각 및 언어장애인】 듣거나 말하는 데 모두 장애가 있는 사람의 행위에 대해서는 형을 감경한다.

듣거나 말하는 데 모두 장애가 있는 사람의 행위는 형을 감경한다(제11조). 선천적·후천적 장애를 불문한다.

❹ 원인에 있어서 자유로운 행위

> 제10조【심신장애인】③ 위험의 발생을 예견하고 자의로 심신장애를 야기한 자의 행위에
> 는 전 2항의 규정을 적용하지 아니한다.

1. 의의

행위자가 고의 또는 과실에 의하여 자기 자신을 책임능력 결함상태에 빠지게 한 후, 그러한 상태에서 구성요건적 결과를 실현하는 경우를 말한다(**예** 사람을 살해할 목적으로 음주만취 후에 만취상태를 이용하여 상대방을 살해한 경우).

2. 원인에 있어서 자유로운 행위와 책임주의

(1) 책임주의와의 관계

① 책임주의는 행위시에 책임능력이 있을 것을 요한다. 이를 행위와 책임의 동시존재의 원칙이라고 한다.

② 원인에 있어서 자유로운 행위는 책임능력 결함상태에서의 실행행위에는 책임이 없고 원인설정행위만으로는 구성요건적 행위라고 할 수 없기 때문에 이러한 행위를 벌할 수 있는지가 문제된다.

(2) 형법의 규정

형법 제10조 제3항(전 2항의 규정을 적용하지 않는다)에서 원인에 있어서 자유로운 행위의 가벌성을 입법론적으로 해결하고 있다. 그러나 그 가벌성의 근거와 실행의 착수시기에 관하여는 견해가 일치하지 않는다.

3. 가벌성의 근거

(1) 사례

살해할 목적으로 음주만취 후에 만취상태를 이용하여 피해자를 칼로 찔러 살해한 경우, 행위와 책임의 동시존재의 원칙을 관철시킬 수 있는지가 문제된다.

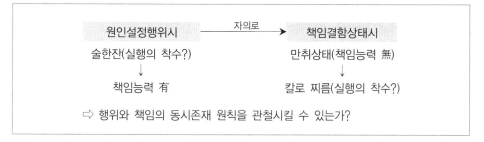

(2) 학설

① 원인설정행위에서 책임의 근거를 구하는 견해(구성요건모델설·간접정범유사설·일치설)

   ㉠ 의의 : 원인설정행위 자체를 실행행위로 보고 원인설정행위에 가벌성의 근거가 있다는 견해이다.

   ☺ • 원인행위 자체를 구성요건적 행위로 보기 때문에 구성요건모델이라고 한다.
   • 원인행위 당시에 실행의 착수를 인정하기 때문에 원인행위시설이라고 한다.
   • 자신을 심신장애에 빠뜨린 후에 도구로 이용하므로 간접정범유사설이라 한다.
   • 행위와 책임의 동시존재의 원칙에 합치하기 때문에 일치설이라고 한다.

   ㉡ 평가

   ⓐ 행위와 책임의 동시존재의 원칙에 충실함으로써 법치국가적 요청에 비추어 타당하다는 논거를 제시하고 있다.

   ⓑ 아직 구성요건실현행위로 볼 수 없는 원인행위조차 형사책임이 인정되는 범죄실행행위로 보게 되어 가벌성의 확장위험이 있다.

   ⓒ 원인설정행위를 실행행위로 보면 구성요건적 정형성을 무시하게 된다. 즉, 죄형법정주의의 보장적 기능을 무시한다.

   ⓓ 원인에 있어서 자유로운 행위는 자신을 도구로 이용한다고 하여서 구조적으로 간접정범과 동일시할 수는 없다.

② 원인설정행위와 실행행위의 불가분적 연관에서 구하는 견해(책임모델설·실행행위시설·예외설)

   ㉠ 의의 : 원인설정행위 자체는 실행행위는 아니지만 심신장애 상태하의 실행행위와 동일한 의사를 실현한다는 불가분의 관련을 가지고 있으므로 원인설정행위에 책임비난의 근거가 있다는 견해이다.

   ☺ • 원인행위는 범죄행위가 아니고 책임능력만 인정되므로 책임모델설이라고 한다.
   • 실행행위 당시에 실행의 착수를 인정하기 때문에 실행행위시설이라고 한다.
   • 원인행위와 책임능력과 실행행위의 착수를 불가분적으로 연관시키기 때문에 불가분적 연관설이라고 한다.
   • 행위와 책임의 동시존재의 원칙에 반하기 때문에 예외설이라고 한다.

   ㉡ 평가

   ⓐ 행위와 책임의 동시존재의 원칙에 대한 예외를 인정하게 됨으로써 불필요하게 형법의 법치국가적 제한을 넘어서게 된다.

   ⓑ 구성요건의 정형성원칙에 합치한다(예 만취상태에서 칼로 찌를 때에 실행의 착수를 인정하기 때문에 구성요건의 정형성원칙에 부합한다).

4. 유형

(1) 고의에 의한 원인에 있어서 자유로운 행위

행위자가 책임능력 결함상태를 고의로 야기하고 이때 이미 책임능력 결함상태에서 행할 구성요건에 해당하는 행위의 실행에 대한 고의를 가진 경우를 말한다.

> **판례**
>
> 피고인들이 피해자들을 살해할 의사를 가지고 범행을 공모한 후에 대마초를 흡연하고 각 범행에 이른 것으로 대마초 흡연시에 이미 범행을 예견하고도 자의로 위와 같은 심신장애를 야기한 경우에 해당하므로 형법 제10조 제3항에 의하여 심신장애로 인한 감경 등을 할 수 없다 (대판 1996.6.11, 96도857).

(2) 과실에 의한 원인에 있어서 자유로운 행위

행위자가 고의 또는 과실로 책임능력 결함상태를 야기하고 이러한 상태에서 특정한 과실범의 구성요건을 실현할 것을 예견할 수 있었던 경우를 말한다(예 자동차를 운전하여야 함을 생각하지 않고 고의·과실로 음주하여 만취상태에서 교통사고를 낸 경우).

> **판례**
>
> **형법 제10조 제3항**은 "위험의 발생을 예견하고 자의로 심신장애를 야기한 자의 행위에는 전2항의 규정을 적용하지 아니한다."라고 규정하고 있는바, 이 규정은 고의에 의한 원인에 있어서의 자유로운 행위만이 아니라 과실에 의한 원인에 있어서의 자유로운 **행위까지도 포함하는 것**으로서 위험의 발생을 예견할 수 있었는데도 자의로 심신장애를 야기한 경우에도 그 적용대상이 된다고 할 것이어서, 피고인이 음주운전을 할 의사를 가지고 **음주만취한 후에 운전을 결행**하여 교통사고를 일으켰다면 피고인은 음주시에 교통사고를 일으킬 위험성을 예견하였는데도 자의로 심신장애를 야기한 경우에 해당하므로 위 법 조항에 의하여 심신장애로 인한 감경 등을 할 수 없다(대판 1992.7.28, 92도999).
>
> 05. 사시, 08·12·16. 경찰, 12. 경찰간부, 15·18. 국가직 9급, 17. 경찰승진

📋 **원인에 있어서 자유로운 행위의 처리방법**

구분	원인설정행위	결함상태하의 행위	처리방법
고의에 의한 원인에 있어서 자유로운 행위	고의	고의	고의범
과실에 의한 원인에 있어서 자유로운 행위	과실	고의	과실범
	고의	과실	과실범
	과실	과실	과실범

제3절　위법성의 인식

❶ 서설

1. 개념

위법성의 인식이란 행위자가 자신의 행위가 법적으로 금지되어 있다는 것을 인식하는 것을 말한다. 위법성의 인식이 있어야 법규범을 알면서도 범죄를 결의하였다는 것에 대한 비난이 가능하기 때문에 위법성의 인식은 책임비난의 핵심이 된다.

> ☑ **위법성의 인식과 고의의 구별**
> 고의의 인식은 객관적 구성요건에 해당하는 사실의 인식을 말하지만, 위법성의 인식은 이러한 자기의 행위가 금지된 법규범을 위반한다는 인식을 말한다. 예컨대 자신이 乙을 죽이고 있다는 인식은 고의의 인식이나, 이러한 살인행위가 법적으로 금지되어 있다는 인식은 위법성의 인식이다.

2. 위법성의 인식 내용

(1) 법적 인식

행위의 '법적' 금지성에 대한 인식을 말하며, 침해된 법규정을 분명히 인식할 필요는 없고 법질서의 보호를 받고 있는 실질적 이익을 위해한다는 표상으로 충분하다.

(2) 금지인식

행위의 '금지성'에 대한 인식, 사회유해적 행위로서 법익을 침해하고 있다는 점에 대한 인식을 말하며 가벌성에 대한 인식은 불요하다.

(3) 확신범과 양심범

확신범과 양심범의 위법성인식은 배제되지 않는다. 따라서 양심범도 원칙상 유책하며, 예외적으로 면책가능성이 인정될 뿐이다.

(4) 분리가능성

위법성의 인식은 문제된 범죄 종류의 특수한 불법 내용을 인식할 것을 필요로 하므로 구성요건과 관련이 있을 것을 요한다. 그러므로 행위자가 수개의 구성요건을 실현한 때에는 모든 구성요건의 실질적 불법 내용에 대한 위법성의 인식이 있을 것을 요한다. 따라서 위법성의 인식은 분리될 수 있는데, 이를 위법성인식의 분리가능성원칙이라고 한다.

1. 범죄의 성립에 있어서 위법성인식은 그 범죄사실이 사회정의와 조리에 어긋난다는 것을 인식하는 것으로 족하고 구체적인 해당 **법조문까지 인식할 것을 요하는 것은 아니다**(대판 1987.3.24, 86도2673). 12. 국가직 7급, 15. 국가직 9급, 16. 경찰승진

2. 부작위범에 있어서의 작위의무는 법적인 의무이어야 하고 **도덕상 또는 종교상의 의무는 제외**되나 사회상규·조리상의 의무는 포함된다(대판 1987.3.24, 86도2673). 16. 국가직 9급

3. 위법성의 인식에 필요한 노력의 정도는 구체적인 행위정황과 행위자 개인의 인식능력 그리고 행위자가 속한 **사회집단에 따라 달리 평가되어야 한다**(대판 2009.5.14, 2008도8852). 18. 국가직 7급, 19. 변호사, 21. 국가직, 22. 경찰

부작위범의 작위의무에는 법적인 의무뿐만 아니라 도덕상 의무와 종교상 의무도 포함된다. 16. 국가직 9급 (×)

❷ 위법성인식의 체계적 지위

위법성인식이 고의의 요소인가 아니면 독자적 책임요소인가에 관하여 크게 고의설과 책임설이 대립하고 있는데, 현재는 책임설이 통설이다.

1. 고의설

(1) 엄격고의설

① 의의: 고의에는 범죄사실의 인식 이외에 현실적인 위법성의 인식이 필요하다는 견해이다. 이 견해에 의하면 위법성의 인식이 없으면 고의가 조각되고, 다만 이를 회피할 수 있었을 때에는 과실범에 대한 처벌규정이 있는 경우에 한하여 과실범으로 처벌할 수 있을 뿐이라고 한다.

② 비판: 확신범 또는 상습범에 대하여는 위법성의 인식을 기대할 수 없으므로 이를 고의범으로 벌할 수 없다는 중대한 형사정책적 결함이 나타나게 된다.

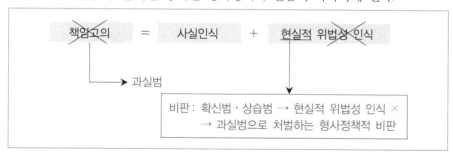

(2) 제한적 고의설

① 의의: 엄격고의설의 형사정책적 결함을 시정하기 위하여 고의의 구성요소가 되는 위법성의 인식은 반드시 현실적·심리적 인식일 것을 요하는 것이 아니라, 인식의 가능성으로 충분하다는 견해이다. 위법성인식이 없으면 고의가 조각되어 과실범으로 처벌된다.

② 비판

㉠ 본질적으로 서로 모순되는 고의와 과실을 결합하려고 한 점에 논리적인 잘못이 있다는 비판을 면할 수 없다.

ⓛ 과실로 구성요건적 사실을 인식하지 못한 경우에는 과실범의 효과를 인정하면서, 과실로 위법성을 인식하지 못한 경우(현실적으로 위법성을 인식하지 못하였으나 위법성인식의 가능성이 있는 경우)에 고의범의 효과를 인정하는 것은 균형에 맞지 않는다.

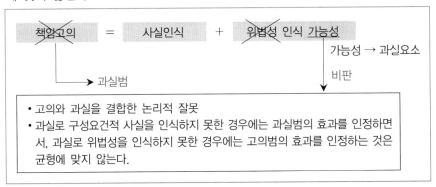

2. 책임설(통설)

(1) 위법성의 인식을 고의의 구성요소가 아닌 고의와 분리된 독립한 책임요소로 이해한다. 따라서 위법성의 인식이 없는 금지의 착오는 고의에 영향을 미치지 못하고, 착오가 회피 불가능할 때에는 책임을 조각하지만, 회피 가능할 때에는 책임을 감경할 수 있을 뿐이라고 한다.

(2) 만약 위법성인식이 없다면 책임고의는 성립 후의 문제이므로 과실범은 성립할 수 없다. 따라서 위법성인식이 없으면 금지착오에 해당되어 정당한 이유에 따라 판단한다.

책임고의는 별도 인정 → 과실범 ×
If 위법성 인식 × → 금지착오 + 정당한 이유 ┌ 有 → 벌하지 않음
                                        └ 無 → 고의범으로 처벌

3. 판례의 태도

'범의를 조각한다.'고 표현하므로 고의설을 택하고 있다(어떤 고의설인지는 확실하지 않다).

> **판례**
>
> 1. 민사소송법 기타 공법의 해석을 잘못하여 압류물의 효력이 없어진 것으로 착오하였거나 또는 봉인 등을 손상 또는 효력을 해할 권리가 있다고 오신한 경우에는 형벌법규의 부지와 구별되어 **범의를 조각**한다고 해석할 것이다(대판 1970.9.22, 70도1206).
> 2. 주민등록법 제17조의7에 의하여 주민등록지를 공법관계에 있어서의 주소로 볼 것이므로 주민등록지를 이전한 이상 향토예비군 설치법 제3조 제4항, 동법 시행령 제22조 제1항 제4호에 의하여 대원신고를 하여야 하나 이미 주거지를 이동하고 같은 주소에 대원신고를 하였던 터이므로 피고인이 재차 동일 주소에 대원신고(주소이동)를 아니하였음이 향토예비군 설치법 제15조 제6항에 말한 정당한 사유가 있다고 오인한 데서 나온 행위였다면 이는 법률착오가 범의를 조각하는 경우이다(대판 1974.11.22, 74도2676).

제4절 금지의 착오(법률의 착오)

> 제16조 【법률의 착오】 자기의 행위가 법령에 의하여 죄가 되지 아니하는 것으로 오인한 행위
> 는 그 오인에 정당한 이유가 있는 때에 한하여 벌하지 아니한다.

① 서설

1. 의의

금지의 착오란 책임비난에 필요한 위법성의 인식이 없는 경우, 즉 사실의 인식은 있으나 위법성을 인식하지 못한 때를 말한다.

2. 구별개념

(1) 사실의 착오

사실의 착오는 구성요건고의의 인식대상이 되는 객관적 구성요건표지 중 어느 하나에 대한 인식이 결여된 경우를 말하나, 법률의 착오는 사실의 인식은 있으나 위법성을 인식하지 못한 때를 말한다. 금지의 착오는 이러한 경우에 정당한 이유가 있으면 책임이 조각된다.

(2) 위법성의 소극적 착오

자신의 행위가 위법하지 않다고 인식하였으나 실제로는 위법한 경우로서 금지의 착오이다(예 기름집 허가를 받은 자가 별도의 허가 없이 미숫가루를 판매하면서 위법하지 않다고 착각한 경우).

(3) 위법성의 적극적 착오(반전된 금지착오)

위법하지 않은 행위를 위법한 것으로 오인하는 경우(예 환각범)에는 처음부터 구성요건해당성이 없어 형법상 문제가 되지 않는다(예 동성연애도 범죄가 된다고 믿고 동성연애를 하는 경우).

한눈에 쏙

사실인식 ○ + 위법성인식 ✕
⇩
금지의 착오

cf) 위법성인식을 언급한 경우
⇩
책임고의의 성립 이후의 문제

3. 법률의 착오 태양

(1) 법률의 부지

행위자가 금지규범을 인식하지 못한 경우를 말하는데(예 건물 임차인이 건축법 규정을 모르고 무단으로 용도변경을 한 경우), 통설은 법률의 부지도 금지의 착오로 보고 있지만, 판례는 단순한 법률의 부지는 금지의 착오로 보지 않는다.

> **판례**
>
> 법률의 부지와 금지착오
> 형법 제16조에 자기의 행위가 법령에 의하여 죄가 되지 아니하는 것으로 오인한 행위는 그 오인에 정당한 이유가 있는 때에 한하여 벌하지 아니한다고 규정하고 있는 것은 **단순한 법률의 부지의 경우를 말하는 것이 아니고**, 일반적으로 범죄가 되는 경우이지만 자기의 특수한 경우에는 법령에 의하여 허용된 행위로서 죄가 되지 아니한다고 그릇 인식하고 그와 같은 그릇 인식함에 정당한 이유가 있는 경우에는 벌하지 아니한다는 취지이다(대판 2000.8.18, 2000도2943).

(2) 효력의 착오

행위자가 자신의 행위에 관한 금지규범이 있음을 알았으나 그 금지규범의 효력이 없다고 오인하는 경우를 말한다(예 병역법이 양심의 자유를 침해하여 위헌이기 때문에 효력이 없다고 오인한 경우).

(3) 포섭의 착오

규범을 잘못 해석하여 그 행위에 대하여는 적용되지 않는다고 오인하는 경우로서 금지규범의 효력범위에 관한 착오를 말한다(예 개는 재물이 아니라고 믿고 개를 사살한 경우, 국립대학 교수에 대한 뇌물공여는 증뢰죄가 아니라고 생각한 경우).

(4) 위법성조각사유의 존재에 대한 착오

남편이 부인을 구타하면서 징계권이 있다고 오인한 경우처럼 법적으로 인정된 위법성조각사유가 없는데도 있다고 오인한 경우를 말하며, 금지의 착오에 해당한다.

(5) 위법성조각사유의 한계에 대한 착오

빌려준 물건을 반환하지 않자 실력으로 탈취하는 것도 허용된다고 오인하고 탈취한 경우처럼 위법성조각사유의 법적 허용한계를 오인하는 경우를 말하며, 금지의 착오에 해당한다.

(6) 위법성조각사유의 전제사실에 대한 착오

야간에 전보배달부를 강도로 오인하고 상해를 가한 경우(예 오상방위)처럼 위법성조각사유의 객관적 요건이 되는 사실(전제사실)이 존재하지 아니함에도 불구하고 이를 존재한다고 오인하여 위법성조각사유에 해당하는 행위를 한 경우를 말한다. 여러 학설 중 엄격책임설만 금지의 착오로 해결하고 있다.

❷ 금지착오의 효과

1. 형법 제16조의 해석

(1) 형법 제16조는 "자기의 행위가 법령에 의하여 죄가 되지 아니하는 것으로 오인한 행위는 그 오인에 정당한 이유가 있는 때에 한하여 벌하지 아니한다."라고 규정하고 있다.

(2) 이 규정을 책임설에 따라 '금지의 착오는 그 착오에 정당한 이유가 있으면 책임이 조각되고, 정당한 이유가 없는 때에는 책임이 조각되지 않고 고의범으로 처벌받게 된다.'고 해석하여야 한다.

① 죄가 되지 아니하는 것으로 오인한 행위는 위법성의 인식이 결여된 상태에서 행한 행위를 말한다.

② 단순한 법률의 부지는 금지착오에 해당되지 않는다는 것이 대법원의 입장이다.

기출 OX

자기의 행위가 법령에 의하여 죄가 되지 아니하는 것으로 오인한 행위는 그 오인에 정당한 이유가 있는 때에 한하여 벌하지 아니한다.
18. 경찰승진 (○)

2. 정당한 이유

정당한 이유가 있는 때란 행위자에게 착오의 회피가능성이 없는 때를 의미한다. 판례는 구체적인 경우의 제반사정에 비추어 죄가 되지 않는다고 오인하고 그 오인에 과실이 없는 때에 한하여 정당한 이유가 있는 것으로 해석한다.

SUMMARY **판례의 기본태도**(예외도 있음)

<u>단순한 법률의 부지 : 위법성 인식 ○ → 금지착오 ×</u>
↳ ① 행위자가 죄가 되지 아니한다고 인식하더라도 처음부터 허용된 행위로 허락하지 않는 경우 → 금지착오 ×(예 미성년자보호법, 국토이용관리법, 공직선법상 등)
　② 공안직 공무원의 행위 → 정당한 이유 ×
　vs. 재량행위가 인정된 일반행정직 공무원의 말을 믿은 경우
　→ 정당한 이유 ○

---

1. **처음부터 허용된 행위로 허락하지 않는 경우**(강행법규 위반)
   유흥접객업소의 업주가 경찰당국의 단속대상에서 제외되어 있는 만 18세 이상의 고등학생이 아닌 미성년자는 출입이 허용되는 것으로 알고 있었더라도 이는 미성년자보호법 규정을 알지 못한 단순한 법률의 부지에 해당하고, 특히 법령에 의하여 허용된 행위로서 죄가 되지 않는다고 적극적으로 그릇 인정한 경우는 아니므로 비록 경찰당국이 단속대상에서 제외하였다 하여 이를 법률의 착오에 기인한 행위라고 할 수 없다(대판 1985.4.9, 85도25).

2. **재량행위가 인정된 일반행정직 공무원의 말을 믿은 경우**
   서울시의 공문과 구청의 질의회신을 믿고 별도의 허가가 필요하지 않다고 믿어 허가 없이 미숫가루를 제조한 경우, 자기의 행위가 법령에 의하여 죄가 되지 않는 것으로 오인하였고 또 그렇게 오인함에 어떠한 과실이 있음을 가려낼 수 없어 정당한 이유가 있는 경우에 해당한다(대판 1983.2.22, 81도2763).

판례비교 정당한 이유의 인정 여부

O 정당한 이유 인정	X 정당한 이유 부정(법률의 부지)
① 서울시의 공문과 구청의 질의회신을 믿고 한 미숫가루 제조행위(대판 1983.2.22, 81도2763)	① 자신의 행위가 **국토이용관리법상**의 거래허가대상임을 몰랐던 경우(대판 1992.4.24, 92도245) 04. 경찰승진
② 채권자가 **관할 공무원과 변호사의 확인을 믿어** 자기의 채권이 신고하여야 할 기업사채에 해당하지 않는다고 믿고 신고하지 않은 경우(대판 1976.1.13, 74도3680)	② 타인이 당국의 허가를 얻어 벌채하고 남아있던 **잔존목**을 당국의 허가 없이 벌채한 것이 **산림법**에 위반되는 것임을 몰랐던 경우(대판 1986.6.24, 86도810) 10. 국가직 9급
③ 국유재산법상 건축이 금지된 건물에 담당 공무원에게 문의하여 일정한 절차에 따라 건물을 신축한 경우(대판 1993.10.12, 93도1888)	③ **공직선거 및 선거부정방지법상** 지방의회의원의 임기만료일은 일반적으로 알려져 있는 것이므로 피고인이 자신이 기부행위를 한 날이 법이 정하는 기부행위 제한기간에 속한다는 사실을 몰랐던 경우(대판 1999.5.11, 99도499)
④ 골프장 증설을 위하여 입목벌채허가신청을 하였으나 **허가를 담당하는 제주시장이** 해당 지역이 관광휴양지역으로 허가를 요하지 않는다고 잘못 알려주어 허가 없이 입목을 벌채한 경우(대판 1992.5.22, 91도2525)	④ **금융실명거래에 관한 법률**의 제정사실을 전혀 모르고 마을금고 사무실에서 경리원이 전화를 받는 사이에 대출원장을 인쇄소에서 복사한 경우(대판 1985.5.14, 84도1271)
⑤ 초등학교 교장이 도 교육위원회의 지시에 따라 교과 내용으로 되어 있는 꽃양귀비를 교과식물로 비치하기 위하여 양귀비 종자를 사서 교무실 앞 화단에 심은 경우(대판 1972.3.31, 72도64) 10·13. 경찰승진	⑤ 제약회사에서 쓰는 **마약**은 구해주어도 죄가 되지 아니하는 것으로 믿고 생아편을 구해준 경우(대판 1983.9.13, 83도1927) 04. 입시, 11. 경찰승진
⑥ **주민등록지를 이전한** 자가 이미 같은 주소에 향토예비군 대원 신고가 되어 있으므로 재차 동일한 주소에 대원신고를 할 필요가 없다고 생각하여 이를 행하지 아니한 경우(대판 1974.11.12, 74도2676) 04. 입시, 11. 경찰	⑥ 사람이 죽으면 으레 당국에 신고한 연후에 그 사체를 이장하여야 함에도 불구하고 몰랐다고 주장하는 경우(대판 1979.8.28, 79도1671) 02. 국가직 9급, 03. 경찰승진, 06. 법원행시
⑦ 장의물품 도매업자가 서울시장에게 신청하여 장의사영업허가를 받은 상인에게 납품하는 것은 영업허가가 필요 없다고 믿은 경우(대판 1989.2.28, 88도1141) 06. 법원행시, 08. 경찰, 17. 경찰승진	⑦ 자신의 행위가 **무허가의약품의 제조·판매행위**에 해당하지 아니하는 것으로 오인한 경우(대판 1995.8.25, 95도1081)
⑧ 가감삼십전대보초와 한약 가짓 수에만 차이가 있는 십전대보초를 제조하고 그 효능에 관하여 광고를 한 사실에 대하여 이전에 **검찰의 혐의 없음 결정**을 받은 적이 있는 경우(대판 1995. 8.25, 95도717) 12. 국가직 7급	⑧ '활법'의 사회체육지도자 자격증 취득자가 환자들을 대상으로 한 **척추교정시술행위(무면허의료행위)**는 죄가 되지 않는다고 믿은 경우(대판 2000.5.10, 2000도2807) 04. 입시, 09. 경찰, 10. 경찰승진, 11. 국가직 9급
비교판례 • 피고인이 한국무도교육협회의 정관에 따라 **무도교습소를** 운영하였고, 해당 협회가 소속회원을 교육함에 있어서는 학원설립인가를 받을 필요가 없다고 한 **검찰의 무혐의결정** 내용을 통지받아 인가를 받지 않고 교습소를 운영한 경우 정당한 이유가 없다(대판 1992.8.18, 92도1140). • 숙박업소에서 위성방송수신장치를 이용하여 수신한 외국의 **음란한 위성방송 프로그램을 투숙객 등에게 제공**하여 구 풍속영업의 규제에 관한 법률 제3조 제2호의 위반행위를 한 피고인이 그 이전에 그와 유사한 행위로 '혐의 없음' 처분을 받은 전력이 있다거나 일정한 시청차단장치를 설치하였다는 등의 사정이 있었던 경우 정당한 이유가 없다(대판 2010.7.15, 2008도11679). 18. 경찰승진	⑨ 자격기본법의 대체의학자격증을 수여받은 자가 침술원을 개설하여 자신의 행위가 **무면허의료행위**에 해당하지 아니한다고 믿고 체침을 시술한 경우(대판 2003.5.13, 2003도939) 10. 경찰
	⑩ 변리사로부터 **상표권을 침해**하지 않는다는 취지의 회답과 감정결과를 통보받은 경우(대판 1998.10.13, 97도3337) 11. 국가직 9급
	⑪ **23년 경력의 형사**가 검사의 수사지휘만 있으면 허위의 피의자신문조서를 작성하여도 죄가 되지 않는다고 믿은 경우(대판 1995.11.10, 95도2088) 11. 경찰
	⑫ 압류물을 집달관의 승인 없이 임의로 그 관할 구역 밖으로 옮긴 경우(대판 1992.5.26, 91도894) 07. 국가직 9급, 17. 경찰간부
⑨ **부대장의 허가**를 받아 부대 내에 유류를 저장하는 것이 죄가 되지 않는 것으로 믿은 경우(대판 1971.10.12, 71도1356) 04. 입시, 10. 경찰승진, 11. 경찰	⑬ 공무원이 그 직무에 관하여 실시한 **봉인 등의 표시가** 법률상 효력이 없다고 믿은 경우(대판 2000.4.21, 99도5563) 07. 국가직 9급
	비교판례 **민사소송법 기타 공법의 해석을 잘못**하여 압류물의 효력이 없어진 것으로 착오하였거나 또는 봉인 등을 손상 또는 효력을 해할 권리가 있다고 오신한 경우 정당한 이유가 있다(대판 1970.9.22, 70도1206).

O 정당한 이유 인정	**X** 정당한 이유 부정(법률의 부지)
⑩ 이복동생의 이름으로 해병대에 입대하였으나 군필한 동생의 이복동생의 이름으로 더 이상 복무할 필요가 없다고 생각하여 귀대하지 않은 경우(대판 1974.7.23, 74도1399) 10. 경찰승진	⑭ 유선비디오 방송업자들의 질의에 대하여 유선비디오 방송은 자가 통신설비로 볼 수 없어 허가대상이 되지 않는다는 체신부장관의 답변을 믿은 경우(대판 1989.2.14, 87도1860) 08·11·15. 경찰, 10. 경찰승진
⑪ 비디오물감상실 업자가 자신의 비디오물감상실에 18세 이상 19세 미만의 청소년을 출입시킨 행위가 관련 법률에 의하여 허용된다고 믿은 경우(대판 2002.5.17, 2002도344) 10. 국가직 9급, 15. 경찰	⑮ 가처분결정으로 직무집행정지 중에 있던 종단대표가 변호사의 조언을 듣고 종단 소유의 보관금을 소송비용으로 사용한 경우(대판 1990.10.16, 90도1604) 17. 국가직 7급
⑫ 국문 정도를 해독할 수 있는 60세의 부녀자가 채무자로부터 사채 신고의 권유를 받았지만 지상에 보도된 내용을 참작하고 관할 공무원과 자기가 소송을 위임하였던 변호사에게 문의하여 확인한 바, 신고하여야 할 기업사채에 해당하지 않는다고 믿고 신고를 하지 아니한 경우(대판 1976.1.13, 74도3680)	⑯ 임차차량에 대하여 특정 폐기물 수집·운반차량증으로 발급해 준 경우(대판 1998.6.23, 97도1189) 08. 경찰
⑬ 변리사로부터 타인의 의장권을 침해하지 않는다는 회신을 받고 타인이 특허받은 발가락양말을 무단으로 제작하여 의장법을 위반한 경우(대판 1982.1.19, 81도646) 12·16. 경찰승진	⑰ 수사처리관례상 일부 상치된 내용을 일치시키기 위하여 적법하게 작성된 참고인 진술조서를 찢어버리고, 진술인의 진술도 듣지 아니하고 그 내용을 일치시킨 새로운 진술조서를 작성한 행위(대판 1978.6.27, 76도2196) 11. 국가직 9급
⑭ 교통부장관의 허가를 받아 설립된 한국교통사고 상담센터의 직원이 목적사업 범위 내에서 피해자로부터 승인된 수수료를 받고 그의 위임하에 사고회사와의 화해의 중재나 알선을 한 경우(대판 1975.3.25, 74도2882) 11. 경찰	⑱ 부동산중개업자가 부동산중개업협회의 자문을 통하여 인원수의 제한 없이 중개보조원을 채용하는 것이 허용되는 것으로 믿고 제한인원을 초과하여 중개보조원을 채용함으로써 부동산중개업법을 위반한 경우(대판 2000.8.18, 2000도2943) 05·10. 경찰승진, 06. 사시, 16. 국가직 9급·7급, 17. 경찰·법원직
⑮ 광역시의회 의원이 의정보고서를 배부하기 전에 선거관리위원회 소속 공무원들에게 자문을 구하여 수정한 의정보고서를 배부한 경우(대판 2005.6.10, 2005도835) 11·16. 국가직 9급, 17. 경찰간부·법원직, 18. 경찰승진	⑲ 신용조사업법에 위반되는 특정인의 소재를 탐지하고, 사생활을 조사하는 행위의 탐정업이 죄가 되지 않는다고 믿은 경우(대판 1994.8.26, 94도780) 06. 사시, 10·12. 경찰승진
[비교판례] 국회의원이 낙천대상자로 선정된 사유의 해명을 넘어 선정이 부당하다는 취지의 반론을 담은 의정보고서를 발간하면서 선거관리위원회 직원에게 문의하여 선거법규에 저촉되지 않는다고 믿은 경우에는 정당한 이유가 없다(대판 2006.3.24, 2005도3717). 12·17. 경찰승진, 17. 경찰	⑳ 장례식장의 식당(접객실) 부분을 증축함에 있어서 지방자치단체와 협의를 거쳤다거나 건설교통부에 관련 질의를 한 경우(대판 2009.12.24, 2007도1915) 13. 경찰
⑯ 건설폐기물 처리업허가를 받은 피고인이 예정사업지에 건설폐기물 처리시설을 설치한 후 변경허가를 받음으로써 변경허가 없이 그 시설의 소재지를 변경하였다고 하여 구 건설폐기물의 재활용촉진에 관한 법률 위반으로 기소된 사안에서, 피고인이 예정사업지에 시설 등을 미리 갖춘 후 실제 영업행위를 하기 전에 변경허가를 받으면 된다고 그릇 인식한 경우(대판 2015.1.15, 2013도15027)	㉑ 장애인복지법상 정형외과용 교정장치인 다리교정기는 의료용구에 해당하지 않는다고 믿은 경우(대판 1995.12.26, 95도2188)
	㉒ 서로 배치되는 동일 관청의 수개의 답변·회신이 있는 경우에 최신의 것이 아닌 이전의 회신만을 믿고 행위한 경우(대판 1992.11.27, 92도1477)
[비교판례] 건설폐기물의 재활용촉진에 관한 법률의 위반 여부를 판단하는 데에 직접적인 자료가 되지 않는 환경부의 질의회신을 받은 경우 정당한 이유가 있는 법률의 착오에 해당하지 않는다(대판 2009.1.30, 2008도8607).	㉓ 건축허가를 받아 병원을 신축하여 영업하는 자가 별도의 건축법상 허가가 필요한 줄 모르고 병원시설을 장례식장의 용도로 변경하여 사용한 경우(대판 2005.9.29, 2005도4592) 13. 경찰
	㉔ 국토의 계획 및 이용에 관한 법률에서 정한 제2종 지구단위계획구역 안에서의 건축에 해당한다는 사실을 알았음에도 그 건축이 허가대상인 줄 몰랐다고 주장한 경우(대판 2011.10.13, 2010도15260)
	㉕ 차임이나 관리비를 단 1회도 연체한 적이 없는 피해자가 임대차계약의 종료 후에 임대료와 관리비를 인상하는 내용의 갱신계약 여부에 관한 의사표시나 명도의무를 지체하고 있다는 이유만으로 그 종료일로부터 16일 만에 피해자의 사무실에 대하여 한 단전조치는 죄가 되지 않는다고 오인한 경우(대판 2006.4.27, 2005도8074) 10. 국가직 9급

O 정당한 이유 인정	X 정당한 이유 부정(법률의 부지)
	㉖ 긴급명령이 시행된 지 오래되지 않아 비밀보장의무의 내용에 관하여 확립된 규정이나 관계기관의 유권해석 및 금융관행이 확립되어 있지 아니한 상황에서 금융거래의 내용이 공개된 경우(대판 1997.6.27, 95도1964) 12. 경찰승진
	㉗ 일본 영주권을 가진 재일교포가 영리를 목적으로 **관세물품을 구입**한 것이 아니거나 국내 입국시에 관세신고를 하지 않아도 되는 것처럼 믿은 경우(대판 2007.5.11, 2006도1993) 15 · 16. 경찰, 16. 국가직 9급
	㉘ 건물의 임차인이 **건축법**의 관계규정을 알지 못하여 임차건물을 자동차정비공장으로 **무단으로 용도변경**하여 계속 사용한 경우(대판 2005.9.29, 2005도4592)
	㉙ 사립학교인 甲외국인학교 경영자인 피고인이 甲학교의 교비회계에 속하는 수입을 수회에 걸쳐 乙외국인학교에 대여하여 **사립학교법을 위반**한 경우(대판 2017.3.15, 2014도12773)
	㉚ 무혐의 처분에 대하여 항고가 받아들여져 **재기수사명령에 따라 재수사되어 기소되었음**에도 무혐의 처분일 이후에 이루어진 행위에 대하여 죄가 되지 않는다고 오인한 경우(대판 1995.6.16, 94도1793)
	㉛ **운전교습용 비디오 카메라** 장치의 특허권자에게 대가를 지불하고 사용승낙을 받았다고 하여 불법교육이 허용되는 것으로 오인한 경우(대판 2006.1.13, 2005도8873) 10. 국가직 9급
	㉜ 중국 국적 선박을 구입한 피고인이 매도인인 중국 해운회사에 선박을 임대하여 받기로 한 용선료를 재정경제부장관에게 미리 신고하지 아니하고 선박매매대금과 상계함으로써 구 **외국환거래법**을 위반한 경우(대판 2011.7.14, 2011도2136) 13 · 15 · 17. 경찰

❸ 위법성조각사유의 전제사실의 착오

1. 의의

행위자가 위법성조각사유의 객관적 전제사실(객관적 정당화상황)이 현실로 존재하지 않는데도 존재하는 것으로 오신하고 위법성조각사유에 해당하는 행위를 한 경우를 말한다. 오상방위, 오상피난, 오상자구행위 등이 위법성조각에 해당한다.

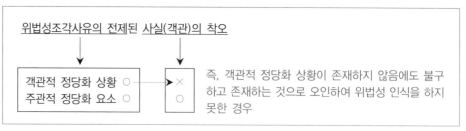

2. 사실관계

甲은 폭력배인 乙로부터 "이제 곧 너를 혼내주러 가겠으니 각오하고 있어라."라는 협박전화를 받았다. 그런데 甲은 마침 자신이 주문한 음식을 배달하러 집으로 들어오는 丙을 乙로 오인하고(약간의 주의를 하였더라면 乙이 아니라 배달부 丙이라는 사실을 알 수 있었음), 오직 乙의 폭력으로부터 정당방위를 해야겠다는 생각으로 丙에게 폭행을 가하였다.

☑ 甲의 특징
① 배달원 丙을 乙로 오인 → 객관적 정당방위상황 × → 사실인식 × → 구성요건착오
② 정당방위를 해야겠다는 생각 → 주관적 정당방위요소 ○ → 위법성인식 × → 금지착오
③ 약간의 주의를 하였더라면 → 정당한 이유 ×
④ ①② → 위법성조각사유의 전제된 사실의 착오 구조

3. 견해의 대립

(1) 고의설

위법성인식은 고의의 본질적 구성부분이다. 따라서 범행고의가 있어도 위법성인식이 없으면 고의의 책임형식 및 고의범이 탈락되고, 과실범처벌규정이 있으면 과실범으로 처벌된다.

SUMMARY 고의설

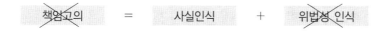

- if 위법성인식 × → 책임고의 조각 → 과실범으로 해결
- 사안의 경우: 甲 → 위법성인식 × → 과실폭행처벌규정 × → 무죄

(2) 소극적 구성요건요소이론

위법성조각사유의 요건은 소극적 구성요건요소가 되므로 위법성이 조각되면 곧 구성요건해당성도 없다고 보아 위법성을 조각하는 행위상황에 대한 착오는 구성요건적 착오가 되고 고의를 조각하게 된다는 견해이다.

SUMMARY 소극적 구성요건요소이론

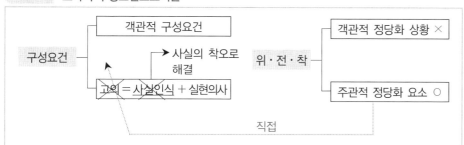

즉, 주관적 정당화요소가 있다는 것은 구성요건적 고의를 없애(상쇄)주는 역할을 한다. 특히 고의를 구성하는 사실인식에 흠(사안의 경우 丙을 乙로 오인)이 생겼으므로 직접 사실의 착오로 해결한다.
- 사안의 경우: 甲 ⇨ 주관적 정당화요소 ○ ⇨ 구성요건적 고의의 사실인식 결여 ⇨ 사실의 착오에 해당 ⇨ 사실인식 ×(구성요건적 고의의 조각) ⇨ 과실폭행처벌규정 × ⇨ 무죄

(3) 엄격책임설

① 허용구성요건의 착오(위법성조각사유의 전제사실에 대한 착오)를 포함한 모든 위법성조각사유의 착오를 금지의 착오라고 해석하는 견해이다.

② 행위자가 구성요건적 사실, 그 자체는 인식하였으므로 구성요건적 고의는 조각될 수 없고, 착오로 위법성을 인식하지 못한 것(책임고의는 성립 후의 문제)이므로 위법성조각사유의 전제사실의 착오는 금지착오의 문제(책임 조각)가 된다.

③ 착오가 회피 가능하였다면 고의범으로 처벌되고, 회피 불가능하였다면 책임이 조각된다(과실범이 문제되지 않는다).

SUMMARY **엄격책임설**

> **책임고의**는 별도로 성립한 후의 문제 → 과실범 ×
> • 위법성인식이 없는 경우 → 금지착오 + 정당한 이유 ┌ ○ → 벌하지 않음
>   └ × → 고의범으로 처벌
> • 사안의 경우 : 甲 → 위법성인식 × → 금지착오 + 정당한 이유 × → 폭행죄로 처벌(고의)

(4) 제한적 책임설

위법성조각사유의 전제사실에 대한 착오가 구성요건적 착오는 아니지만 구성요건적 착오와의 구조적 유사성을 근거로 구성요건적 착오의 규정이 적용되어야 한다는 견해로 이 견해는 구성요건적 착오 유추적용설과 법효과 제한적 책임설 두 가지로 나누어진다.

① 구성요건적 착오 유추적용설 : 구성요건적 착오에 관한 규정이 직접 적용될 수는 없지만 고의의 본질이 되는 행위자의 구성요건적 불법을 실현하려는 결단이 없으므로 행위불법을 부정하여야 하기 때문에 구성요건적 착오의 규정을 유추적용하여 고의를 조각한다고 해석하는 견해이다.

☺ 구성요건적 고의 조각 ⇨ 과실범의 문제가 있다.

SUMMARY **구성요건적 착오 유추적용설**

> 1. 행위불법(구 + 위) 부정 → 주관적 정당화요소가 있다는 것은 구성요건적 고의를 상쇄하는 효과(구성요건적 고의의 조각) → 과실범
>   • 행위자에게 위법성이 성립할 수 없다(∵ 주관적 정당화요소가 있음).
>   • 처음부터 구성요건적 고의가 조각되므로 공범의 성립이 불가능하다(제한적 종속형식).

- 주관적 정당화요소가 있다는 것은 구성요건적 고의를 상쇄한다는 효과가 있다(구성요건적 고의의 조각). → 과실범
- 처음부터 구성요건적 고의가 조각되므로 공범의 성립이 불가능하다(제한적 종속형식).

2. **사안의 경우** : 甲 → 행위불법 부정 → 구성요건적 고의 조각 → 과실폭행처벌규정 × ⇨ 무죄

② 법효과 제한적 책임설(통설) : 객체를 침해한다는 사실에 대한 인식·인용은 있으므로 구성요건적 고의는 조각되지 아니하나, 착오로 인하여 행위자의 심정반가치를 인정할 수 없으므로 책임고의가 조각되어 그 법적 효과에 있어서만 구성요건적 착오가 있는 경우와 동일하게 취급하자는 견해이다. 구성요건적 고의의 행위불법은 그대로 인정되므로 이에 대한 공범의 성립도 가능하다.

SUMMARY **법효과 제한적 책임설** - 통설

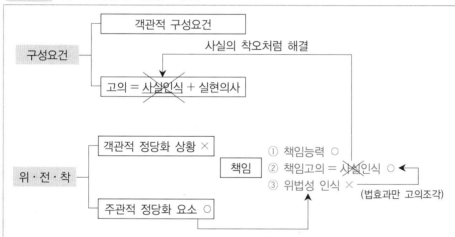

- 위법성인식이 없으나 객체를 인식하지 못했으므로 법효과만 책임고의를 조각한다. 위법성인식을 언급하였다면 책임고의 = 사실인식은 성립 후의 문제이다. 다만, 위법성조각사유의 전제된 사실의 착오는 乙을 丙으로 오인하여 사실을 인식하지 못하였으므로 법효과만 사실을 인식하지 못한 것으로 보는 것이다. → 과실범으로 해결한다.
- 책임을 언급하였으므로 불법은 성립된 것으로 보아 공범의 성립이 가능하다.
- **사안의 경우** : 甲 → 위법성인식 × → 책임고의 ×(법률효과만은 책임고의 조각)
  → 과실폭행처벌규정 × → 무죄

(5) **판례의 태도**

판례에 의할 때 오상방위의 해결은 "정당한 이유가 있어 위법성이 없다고 볼 것이다"라고 판시하는 바 학설의 어느 견해와도 다른 독자적인 견해로 볼 수 있다.

판례

1. 소속 중대장의 당번병이 근무시간 중은 물론 근무시간 후에도 밤늦게 까지 수시로 영외에 있는 중대장의 관사에 머물면서 집안일을 도와주고 그 자녀들을 보살피며 중대장 또는 그 처의 심부름을 관사를 떠나서까지 시키는 일을 해오던 중 사건당일 중대장의 지시에 따라 관사를 지키고 있던중 중대장과 함께 외출나간 그 처로부터 24:00경 비가 오고 밤이 늦어 혼자 귀가할 수 없으니 관사로부터 1.5킬로미터 가량 떨어진 지점까지 우산을 들고 마중을 나오라는 연락을 받고 당번병으로서 당연히 해야 할 일로 생각하고 그 지점까지 나가 동인을 마중하여 그 다음날 01:00경 귀가하였다면 위와 같은 당번병의 관사이탈 행위는 중대장의 직접적인 허가를 받지 아니 하였다 하더라도 당번병으로서의 그 임무범위내에 속하는 일로 오인하고 한 행위로서 그 오인에 **정당한 이유가 있어 위법성이 없다**고 볼 것이다(대판 1986.10.28, 86도1406). 18. 국가직

2. 甲은 관장 乙이 운영하는 복싱클럽에 회원등록을 하였던 자로서 등록을 취소하는 문제로 乙로부터 질책을 들은 다음 약 1시간이 지난 후 다시 복싱클럽을 찾아와 乙에게 항의하는 과정에서 乙이 甲의 멱살을 잡아당기거나 바닥에 넘어뜨린 후 목을 조르는 등 乙과 甲이 뒤엉켜 몸싸움을 벌였는데, 코치인 피고인이 이를 지켜보던 중 甲이 왼손을 주머니에 넣어 불상의 물건을 꺼내 움켜쥐자 甲의 왼손 주먹을 강제로 펴게 함으로써 甲에게 손가락 골절상을 입혔다는 상해의 공소사실로 기소된 사안에서, 피고인이 당시 죄가 되지 않는 것으로 오인한 것에 대해 '정당한 이유'를 부정하여 공소사실을 유죄로 인정한 원심판결에 위법성조각사유의 전제사실에 관한 착오, 정당한 이유의 존부에 관한 법리오해의 잘못이 있다(대판 2023.11.2. 2023도10768).

📋 위법성조각사유의 전제사실에 대한 착오의 학설 정리

고의설	① 위법성인식 × → **책임고의의 조각** → 과실범 ② 불법 불성립 → 공범 × ③ 사실의 착오, 위법성조각사유의 전제사실의 착오, 금지착오를 동일하게 취급
소극적 구성요건표지이론	① **구성요건적 고의의 조각**(사실의 착오로 해결) → 과실범 ② 불법 불성립 → 공범 × ③ 사실의 착오, 위법성조각사유의 전제사실의 착오, 금지착오를 동일하게 취급 → 위법성조각사유의 전제사실의 착오에는 사실의 착오규정을 직접 적용
엄격책임설	① 책임고의의 성립 후 → 과실범 × ② 위법성인식 × → 금지착오 ┌ 정당한 이유 ○ → 책임 조각 └ 정당한 이유 × → 고의범 ③ 책임 조각 → 불법 성립 → 공범 ○
구성요건착오 유추적용설	① 구성요건적 고의의 조각 → 과실범 ② 불법 불성립 → 공범 ×
법효과 제한적 책임설	① 불법고의 인정, 책임고의의 조각 → 과실범 ② 불법 성립 → 공범 ○

제5절 기대가능성

❶ 서설

1. 의의

구체적 사정으로 보아 행위자가 범죄행위를 하지 않고 적법행위를 할 것을 기대할 수 있는 것을 기대가능성이라고 한다. 행위자에게 적법행위를 기대할 수 없을 때에는 책임이 조각된다.

2. 기대가능성이론의 발전

(1) 규범적 책임론은 책임의 본질이 심리적 사실관계가 아니라 구성요건에 해당하는 불법의 비난가능성이라는 평가적 가치관계에 있다고 한다. 책임의 본질인 불법에 대한 비난가능성은 적법행위의 기대가능성을 전제로 한다.

(2) 따라서 기대가능성이론은 규범적 책임론의 당연한 결론이다. 현재는 기대불가능성을 일반적으로 초법규적 책임조각사유로 이해하고 있다[통설 · 판례(에 수험생이 우연한 기회에 출제될 시험문제를 미리 알게 되어 답을 암기해 두었다가 입학시험 답안지에 기재하는 행위는 기대가능성이 없어 책임이 조각되어 무죄이다)].

❷ 체계적 지위

기대가능성은 책임의 적극적 요소가 아니라 책임능력과 기타의 책임요소가 존재하면 원칙적으로 책임이 인정되고 기대가능성이 없는 때에만 예외적으로 책임이 조각되는 소극적 책임요소이다(다수설).

❸ 판단기준

사회일반의 평균인이 행위자의 입장에 있었을 경우에 적법행위의 기대가능성이 있었는가의 여부에 따라 기대가능성 유무를 판단하여야 한다는 평균인표준설이 통설 · 판례의 입장이다.

> **판례** ─────
>
> 기대가능성의 판단기준(=사회 평균인)
>
> 양심적 병역거부자에게 그의 양심상의 결정에 반한 행위를 기대할 가능성이 있는지 여부를 판단하기 위해서는 행위 당시의 구체적 상황하에 행위자 대신에 **사회적 평균인**을 두고 이 평균인의 관점에서 그 기대가능성의 유무를 판단하여야 한다(대판 2004.7.15, 2004도2965).
>
> 12. 변호사, 16. 국가직 7급, 18. 국가직 9급
>
> **비교판례**
>
> **병역법 제88조 제1항**은 국방의 의무를 실현하기 위하여 현역입영 또는 소집통지서를 받고도 정당한 사유 없이 이에 응하지 않은 사람을 처벌함으로써 입영기피를 억제하고 병력구성을 확보하기 위한 규정이다. 위 조항에 따르면 정당한 사유가 있는 경우에는 피고인을 벌할 수 없는데, 여기에서 **정당한 사유는 구성요건해당성을 조각하는 사유**이다. 이는 형법상 위법성조각사유인 정당행위나 책임조각사유인 기대불가능성과는 구별된다(대판 2018.11.1, 2016도10912 전원합의체).

❹ 유형

1. 형법규정에 의한 책임조각 · 감경사유

(1) 책임조각사유

강요된 행위(제12조), 과잉방위(제21조 제3항), 과잉피난(제22조 제3항), 친족간의 범인은닉죄(제151조 제2항), 친족간의 증거인멸죄(제155조 제4항) 등이 있다.

(2) 책임감경사유

과잉방위(제21조 제2항), 과잉피난(제22조 제2항), 과잉자구행위(제23조 제2항), 단순도주죄(제145조), 위조통화취득 후 지정행사죄(제210조) 등이 있다.

2. 초법규적 책임조각사유

형법에는 규정이 없으나 초법규적으로 책임이 조각되는 사유로는 상관의 절대적 구속력이 있는 위법한 명령에 따른 행위, 생명 · 신체 이외의 법익에 대한 강요된 행위, 면책적 긴급피난, 면책적 의무의 충돌 등이 있다.

판례비교 적법행위의 기대가능성 인정 여부

O 적법행위의 기대가능성 인정 – 책임 성립	**X** 적법행위의 기대가능성 부정 – 책임 조각
① 교수인 피고인이 출제교수들로부터 대학원 신입생 전형시험 문제를 제출받아 수험생인 다른 피고인들에게 그 시험문제를 알려주자 그들이 답안쪽지를 작성한 다음 이를 답안지에 그대로 베껴 써서 그 정을 모르는 시험감독관에게 제출한 경우 ⇨ 위계에 의한 업무방해죄(대판 1991.11.12, 91도2211) 17. 경찰간부	① 증인이 증언거부권을 고지받지 못함으로 인하여 그 증언거부권을 행사하는 데 사실상 장애가 초래되었다고 볼 수 있는 경우(대판 2010.2.25, 2009도13257) ⇨ 위증죄 × 10. 국가직 9급
② 자신의 강도상해 범행을 일관되게 부인하였으나 유죄판결이 확정된 피고인이 별건으로 기소된 공범의 형사사건에서 자신의 범행사실을 부인하는 증언을 한 경우(대판 2008.10.23, 2005도10101) ⇨ 위증죄 16. 경찰	**비교판례** 증언거부권을 포기하고 허위진술을 한 경우 적법행위에 대한 기대가능성이 없다고 할 수 없어 위증죄가 성립한다(대판 1987.7.7, 86도1724).
③ 이전에 무신고영업행위로 형사처벌까지 받았음에도 일반음식점 영업행위를 계속한 경우(대판 2009.4.23, 2008도6829) 11. 경찰간부	② 입학시험에 응시한 수험생으로서 자기 자신이 부정한 방법으로 탐지한 것이 아니고 우연한 기회에 미리 출제될 시험문제를 알게 되어 그에 대한 답을 암기한 경우(대판 1966.3.22, 65도1164) 07 · 10. 경찰승진, 10. 국가직 7급
④ 처자가 생활고로 행방불명된 사정때문에 휴가나온 병사가 귀대하지 않은 경우(대판 1969.12.23, 69도2084)	③ 나이트클럽 주인이 수학여행을 온 대학교 3학년생 34명 중 일부만의 학생증을 제시받아 확인하였던바, 그중 1인이 미성년자인 경우(대판 1987.1.20, 86도874) 06. 법원행시, 07 · 10 · 11. 경찰승진, 17. 경찰간부
⑤ 토지거래 신고지역으로 지정된 구역 안에 있는 토지를 매수한 자가 미등기전매하면서 국토이용관리법 소정의 신고를 하지 않은 행위(대판 1990.10.30, 90도1798)	④ 사용자가 퇴직금 지급을 위하여 최선의 노력을 다하였으나 경영부진으로 인한 자금사정 등으로 도저히 지급기일 내에 퇴직금을 지급할 수 없는 불가피한 사정이 인정되는 경우(대판 2001.2.23, 2001도204) 11. 경찰승진
⑥ 당국이 전국교직원노동조합의 옥내외집회를 금지하자 그 간부들이 관할 경찰서장에게 신고하지 않고 옥외집회를 주최한 경우(대판 1992.8.14, 92도1246)	

O 적법행위의 기대가능성 인정 − 책임 성립	X 적법행위의 기대가능성 부정 − 책임 조각
⑦ 당직자회의 장소가 아닌 음식점에서 참석당사자가 아닌 일반 당원도 포함시켜 술 등의 음식을 제공한 경우(대판 1998.6.9, 97도856) 08. 경찰승진 ⑧ 통일원장관의 접촉 승인 없이 북한 주민과 접촉한 행위(대판 2003.12.26, 2001도6484) ⑨ 의사가 임산부의 청원에 못이겨 임신중절수술을 한 경우(대판 1985.6.11, 84도1958)	비교판례 피고인이 인수받아 운영하던 회사의 경영상태가 계속 악화되자 **경영부진을 이유로** 근로자들을 권고사직시키는 등 인원감축에 치중하였을 뿐, 퇴직 근로자들에 대한 임금이나 퇴직금 등의 청산을 위한 변제노력이 있었다거나 장래의 변제계획이 구체적으로 제시된 바 없고 이와 관련하여 근로자 측과 성실한 협의를 한 흔적이 없었던 경우 퇴직 근로자에 대하여 임금이나 퇴직금을 지급할 수 없었던 불가피한 사정이 있다고 인정하기 어렵다(대판 2006.2.9, 2005도9230). 10. 국가직 9급 ⑤ 처녀의 신분으로 이혼한 남자와 혼인한 후, 남편의 전처가 이혼무효의 소를 제기함으로써 남편과 전처와의 혼인이 부활되고 자신의 혼인은 취소되었음에도 남편과 동거생활을 계속한 경우(인천지법 1993.1.6, 92고단4640) 08. 경찰승진

❺ 강요된 행위

> 제12조 【강요된 행위】 저항할 수 없는 폭력이나 자기 또는 친족의 생명·신체에 대한 위해를 방어할 방법이 없는 협박에 의하여 강요된 행위는 벌하지 아니한다.

1. 의의

저항할 수 없는 폭력이나 자기 또는 친족의 생명·신체에 대한 위해를 방어할 방법이 없는 협박에 의하여 강요된 행위를 말한다(例 어로작업을 하다가 납북된 어부들이 북한의 지시에 의하여 찬양·고무한 경우).

2. 법적 성질(면책적 긴급피난과의 구별)

(1) 유사점

긴급피난의 긴급상태와 유사한 강제상태, 정당한 이익간의 충돌이 존재, 행위자의 상황에 대한 인식과 의사가 필요하다는 점에서 유사하다.

(2) 차이점

구분	긴급피난	강요된 행위
본질	위법성조각사유	책임조각사유
법익의 범위	제한 없음	생명·신체
법익의 주체	자기 또는 타인	자기 또는 친족
위난의 원인	원인 불요	불법한 폭행·협박일 것
상당성	보충성·법익균형성 엄격 요구	불요

3. 성립요건

(1) 강제상태에 있을 것

① 저항할 수 없는 폭력

㉠ 폭력 : 저항을 억압하기 위하여 행사되는 유형력을 말한다. 폭력에는 절대적(물리적) 폭력과 상대적(심리적·강제적) 폭력이 있는데, 절대적 폭력하의 행위(예 강제로 손을 붙잡아 타인의 이름으로 된 위조문서에 지장을 찍게 한 경우)는 형법상 행위라 볼 수 없다. 여기서의 폭력은 상대방의 의사형성에 영향을 미치는 강제적 폭력으로 제한된다(통설·판례).

구분	절대적 폭력(물리적 폭력)	강제적 폭력(심리적 폭력)
개념	사람의 신체에 직접 유형력을 행사하여 육체적으로 저항할 수 없도록 하여 피강요자로 하여금 일정한 행위를 하게 하는 것	유형력이 피강요자의 의사형성에 작용하여 그로 하여금 강요된 행위를 하지 않을 수 없도록 의사결정을 강제하는 심리적 폭력
예	강제로 손을 붙잡아 타인의 이름으로 된 위조문서에 지장을 찍게 한 경우	사람에게 고문을 하거나 매질을 함으로써 피강요자의 의사결정 내지 행동의 자유가 침해되어 강요자가 요구하는 어떤 행위를 하는 경우

> **판례**
>
> 형법 제12조에서 말하는 강요된 행위는 저항할 수 없는 폭력이나 생명·신체에 위해를 가하겠다는 협박 등 다른 사람의 강요에 의하여 이루어진 행위를 의미하는데, 여기서 **저항할 수 없는 폭력은 심리적 의미에 있어서 육체적으로 어떤 행위를 절대적으로 하지 아니할 수 없게 하는 경우와 윤리적 의미에 있어서 강압된 경우**를 말하고, 협박이란 자기 또는 친족의 생명·신체에 대한 위해를 달리 막을 방법이 없는 협박을 말하며, 강요라 함은 피강요자의 자유스러운 의사결정을 하지 못하게 하면서 특정한 행위를 하게 하는 것을 말하는 것이다(대판 2007.6.29, 2007도3306). 10·11. 사시, 13. 경찰승진, 18. 국가직 9급

㉡ 폭력의 수단 : 제한이 없다.

㉢ 저항할 수 없는 폭력 : 피강요자가 강제에 대항할 수 없는 정도의 폭력을 말한다. 저항할 수 없는 폭력인가의 여부는 구체적인 사정을 기초로 피강요자의 능력을 고려하여 다른 방법을 취하는 것이 기대될 수 있는가를 기준으로 판단하여야 한다.

② 자기 또는 친족의 생명·신체에 대한 위해를 방어할 방법이 없는 협박

㉠ 친족의 범위 : 민법에 의하여 결정되나 사실혼관계나 혼외자·사생아도 포함된다(통설).

㉡ 협박·위해 : 협박이란 사람을 외포시킬 만한 위해를 가할 것을 고지하는 것을 말하며, 위해는 자기 또는 친족의 생명·신체에 대한 것에 제한된다.

ⓒ 방어의 불가능 : 위해를 방어할 방법이 없다는 것은 달리 위해를 저지하거나 피할 수 없다는 것을 의미한다. 즉, 범죄를 행하는 것이 위해를 피하기 위한 유일한 방법이어야 한다(보충성).

ⓔ 협박의 정도 : 협박은 현실로 상대방을 외포하게 하여 의사결정과 활동의 자유를 침해할 정도에 이르러야 한다.

③ 자초한 강제상태 : 행위자가 강제상태를 자초한 때에는 적법행위를 기대할 수 있었으므로 책임이 조각되지 않는다(예 자진하여 월북한 자가 북한을 찬양·고무한 경우).

(2) 강요된 행위가 있을 것

① 의의 : 폭력이나 협박에 의하여 강요된 행위일 것을 요하는바, 강요된 행위란 폭력이나 협박에 의하여 피강요자의 의사결정의 자유가 침해되어 강요자가 요구하는 일정한 행위를 하는 것을 말한다.

② 폭력·협박과 강요된 행위 사이의 인과관계 : 강요의 수단인 폭력이나 협박과 강요된 행위 사이에는 인과관계가 있어야 한다. 인과관계가 없는 경우에는 피강요자에게 강요자에 대한 공범이 성립할 수 있다(예 甲이 乙에게 A를 살해하라고 위협하였는데 乙은 이를 무시할 수 있었음에도 A가 자신의 원수였기에 살해한 경우, 甲과 乙은 살인죄의 공범관계이다).

4. 효과

(1) 피강요자는 책임이 조각되어 벌하지 않는다. 강요된 행위는 위법성이 인정되므로 이에 대한 정당방위가 가능하다.

(2) 강요자는 피강요자를 자유 없는 도구로 이용하여 강요자 자신의 의사대로 범죄를 실행하였으므로 강요한 범죄의 간접정범과 강요죄의 상상적 경합이 성립한다(통설).

⑥ 초법규적 책임조각사유

1. 생명·신체 이외의 법익에 대한 강요된 행위

자기 또는 친족의 생명·신체 이외의 자유, 정조 또는 재산 등에 대하여 방어할 방법이 없는 협박에 의하여 강요된 행위는 형법 제12조에 해당하지 않으나, 책임이 조각 또는 감경된다(예 甲이 乙에게 문서를 위조하지 않으면 乙의 1억원짜리 골동품을 깨뜨린다고 하자 이를 막기 위하여 문서를 위조한 경우 ⇨ 강요된 행위 ×, 책임 조각 ○).

2. 상관의 위법한 명령에 따른 행위

상관의 위법한 명령에 따른 행위는 어떠한 경우에도 위법하다고 하여야 한다. 다만, 절대적 구속력을 가진 상관의 명령에 의한 행위는 기대가능성이 없기 때문에 책임이 조각된다고 해석한다.

3. 의무의 충돌

행위자가 충돌하는 의무 중 높은 가치의 의무를 이행하려 하였으나 의무의 서열을 잘못 알고 낮은 가치의 의무를 이행한 경우, 행위자가 극복할 수 없는 부득이한 사유로 인하여 낮은 가치의 의무를 이행한 경우에는 책임이 조각될 수 있다.

4. 면책적 긴급피난

사람의 생명은 이익을 교량할 수 있는 법익이 아니므로 긴급피난에 의하여 사람을 살해하는 것은 위법성을 조각할 수 없고, 다만 기대가능성의 유무에 따라 책임에 영향을 준다(예 표류 중인 선원이 아사를 면하기 위하여 다른 선원을 살해한 경우).

판례비교 강요된 행위의 인정 여부

O 강요된 행위 인정	X 강요된 행위 부정
① 기관고장과 풍랑으로 표류 중에 북한의 함정에 납치되어 북한을 찬양·고무한 경우(대판 1967.10.4, 67도1115) 09. 국가직 9급, 17. 경찰간부 비교판례 월선조업을 하다 **납북되어 돌아온 경험이 있는 자**가 다시 월선하자고 상의하여 월선조업을 하다가 납치된 경우에 기대가능성과 책임이 인정된다(대판 1971.2.23, 70도2629). 08. 국가직 9급, 13. 경찰승진 ② 18세 소년이 취직할 수 있다는 **감언에 속아** 도일하여 **조총련** 간부들의 감시 내지 감금하에서 **강요**에 못이겨 공산주의자가 되어 북한에 갈 것을 서약한 경우(대판 1972.5.9, 71도1178) 09. 국가직 9급 ③ **남편의 계속적인 구타에 못이겨** 허위 내용의 고소장을 제출한 경우(대판 1983.12.13, 83도2276) ④ 무장공비 9명이 말을 안 들으면 싹 밀어버린다고 **위협을 하자**, 노동당에 가입한 후에 그들에게 식사를 제공하고 지서의 위치 등을 알려준 경우(대판 1970.2.10, 69도1976)	① 자의로 북한으로 탈출한 자가 북한에서 국가보안법 위반행위를 한 경우(대판 1973.9.12, 73도1684) 09. 국가직 9급 ② 어떤 사람의 성장교육을 통하여 형성된 내재적인 관념 내지 확신으로 인하여 **행위자 스스로의 의사결정**이 사실상 강제되는 결과를 낳게 된 경우(대판 1990.3.27, 89도1670) 11. 경찰승진 ③ 탄약 창고의 보초가 상급자들이 그 창고 내에서 **포탄피를 절취**하는 현장을 목격하고도 제지하지 않고, 상관에게 보고하지도 않는 경우(대판 1966.7.26, 66도914) 11. 경찰간부 ④ 상사인 포대장이나 인사계 **상사의 지시**에 따라 휘발유 등 군용물의 불법매각을 한 경우(대판 1983.12.13, 83도2543) 09. 국가직 9급 ⑤ 피고인이 비서라는 특수신분때문에 **주종관계**에 있는 공동피고인들의 지시를 거절할 수 없어 뇌물을 공여한 경우(대판 1983. 3.8, 82도2873) 17. 경찰간부 ⑥ 공범자가 자기를 따라다니지 아니하면 **때려준다고 말하였다고** 하여 5회에 걸쳐 절취행위를 한 경우(대판 1968.4.2, 68도221) ⑦ 대공수사단 직원이 **상관의 명령**에 따라 참고인을 고문하여 사망하게 한 경우(대판 1988.2.23, 87도2358)

CHAPTER 05 미수론

제1절 범죄의 실현단계

1. 범죄의사

범죄를 실현하려는 의사를 내심에서 확정하는 것을 말하며, 범죄의사가 외부에 실현되지 않는 때에는 형법의 대상이 될 수 없다.

2. 예비 · 음모

(1) 예비는 범죄의 실현을 위한 일체의 준비행위를 말하며(예 범행도구의 구입, 범행장소의 탐사), 음모는 2인 이상이 일정한 범죄를 실현하기 위하여 서로 의사를 교환하고 합의하는 것을 말한다(예 A를 죽이기 위하여 친구와 같이 범행을 모의한 경우).

(2) 형법 제28조는 "범죄의 음모 또는 예비행위가 실행의 착수에 이르지 아니한 때에는 법률에 특별한 규정이 없는 한 벌하지 아니한다."라고 규정하고 있다.

3. 실행의 착수

실행의 착수는 예비와 미수의 구별기준이 된다.

4. 미수

(1) 범죄의 실행에 착수하여 행위를 종료하지 못하였거나 결과가 발생하지 아니한 때를 말한다. 미수는 실행의 착수가 있다는 점에서 예비 · 음모와 구별되고, 범죄가 완성되지 않았다는 점에서 기수와 구별된다.

(2) 미수는 원칙적으로 처벌되지 않으나, 법률에 특별한 규정이 있는 경우에 한하여 예외적으로 처벌된다.

5. 기수

범죄의 실행에 착수하여 범죄를 완성한 경우, 즉 범죄구성요건의 모든 표지를 충족한 경우를 말한다. 구성요건의 형식적 실현을 의미하는 것으로 범죄의 기본형태이다.

한눈에 쏙

범죄실현의 단계

범죄의사
⇩
예비 · 음모
⇩
실행의 착수
⇩
미수
⇩
기수
⇩
종료

---

6. 종료

보호법익에 대한 침해가 실질적으로 끝난 경우를 말한다(**예** 감금죄에서 감금 후 일정 시간이 경과하면 기수가 되고 피감금자가 석방되면 종료된다).

☑ **기수와 종료의 구별실익**
- 공소시효 진행의 기산점은 범죄의 실질적 종료시이다.
- 범죄의 기수 이후에도 실질적 종료 이전까지는 공범의 성립이 가능하다.
- 기수 이후, 실질적 종료 이전에 정당방위나 긴급피난이 가능하다(∵ 현재성 인정).
- 기수 이후, 실질적 종료 이전에 형을 가중하는 사유가 실현된 때에도 가중적 구성요건이 적용된다(**예** 감금된 자가 사망한 경우 ⇨ 감금치사죄 가능).

제2절 예비 · 음모죄

> 제28조【음모 · 예비】범죄의 음모 또는 예비행위가 실행의 착수에 이르지 아니한 때에는 법률에 특별한 규정이 없는 한 벌하지 아니한다.

❶ 서설

1. 의의

(1) 예비란 범죄실현을 위한 준비행위로서 아직 실행의 착수에 이르지 않은 일체의 행위를 말하며, 이러한 예비행위를 내용으로 하는 범죄를 예비죄라고 한다(**예** 범행도구의 구입).

(2) 형법은 예비를 원칙적으로 처벌하지 않고, 예외적으로 특별한 규정이 있는 경우에만 처벌한다.

2. 예비와 음모의 구별

(1) **음모의 의의**

음모란 2인 이상의 자 사이에 성립한 범죄실행의 합의를 말하며, 실질적 위험성이 인정될 때 음모죄가 성립한다(판례).

> **판 례**
>
> 형법상 음모죄가 성립하는 경우의 음모란 2인 이상의 자 사이에 성립한 범죄실행의 **합의**를 말하는 것으로, 범죄실행의 합의가 있다고 하기 위해서는 단순히 범죄결심을 외부에 표시 · 전달하는 것만으로는 부족하고, 객관적으로 보아 **특정한 범죄의 실행을 위한 준비행위라는 것이 명백히 인식**되고 그 합의에 실질적인 **위험성**이 인정될 때에 비로소 음모죄가 성립한다 (대판 1999.11.12, 99도3801).

(2) 예비와 음모의 구별

① 유사점: 실행의 착수 이전의 행위라는 점에서 유사하며, 형법은 예비와 음모를 동등하게 취급하고 있다.

② 예비와 음모의 구별기준: 판례는 음모가 예비에 선행하는 범죄발전의 일단계라고 한다.

3. 예비와 미수의 구별

예비는 실행의 착수 이전의 준비행위라는 점에서 실행에 착수하였을 것을 요하는 미수와 구별된다. 즉, 실행의 착수는 예비와 미수를 구별하는 기준이 된다.

❷ 법적 성격

1. 문제제기

기본범죄에 대한 예비죄의 관계와 예비행위의 실행행위성을 인정할 것인가가 문제된다.

2. 기본범죄에 대한 관계

(1) 발현형태설

예비를 기본범죄의 전(前) 단계 행위인 발현형태로 파악하는 견해이다. 따라서 예비죄는 독립된 범죄유형이 아니라 효과적인 법익보호가 필요한 경우에 미수 이전의 단계까지 구성요건을 확장한 기본범죄의 수정적 구성요건에 불과하다는 견해이다.

> **판례**
>
> 형법 제28조에 의하면 범죄의 음모 또는 예비행위가 실행의 착수에 이르지 아니한 때에는 법률에 특별한 규정이 없는 한 벌하지 아니한다고 규정하여 예비죄의 처벌이 가져올 범죄의 구성요건을 부당하게 유추 내지 확장해석하는 것을 금하고 있기 때문에 형법각칙의 **예비죄를 처단하는 규정을 바로 독립된 구성요건개념에 포함시킬 수는 없다**고 하는 것이 죄형법정주의의 원칙에도 합당한 해석이라 할 것이기 때문이다. 따라서 형법 전체의 정신에 비추어 예비단계에 있어서는 그 종범의 성립을 부정하고 있다고 보는 것이 타당한 해석이다(대판 1976.5.25, 75도1549).

(2) 독립범죄설

예비죄는 그 자체가 불법의 실질을 갖추고 있는 독립된 범죄라고 파악하는 견해이다.

3. 예비죄의 실행행위성

(1) 발현형태설

부정설도 있지만 예비죄는 기본범죄의 수정적 구성요건인 이상, 실행행위성을 인정한다 (통설).

(2) 독립범죄설

예비죄를 독립범죄로 이해할 때에는 실행행위성도 당연히 인정한다.

❸ 성립요건

1. 주관적 요건

(1) 예비의 고의가 있을 것

예비죄가 성립하기 위해서는 예비의 고의가 있어야 하므로 과실에 의한 예비죄나 과실범의 예비죄는 성립할 수 없다. 예비죄의 성립에는 기본범죄에 대한 단순한 미필적 인식으로도 충분하다.

(2) 기본범죄를 범할 목적이 있을 것

예비죄는 목적범이므로 예비행위 자체에 대한 고의 이외에 기본범죄를 범할 목적이 있어야 한다.

2. 객관적 요건

(1) 외부적 준비행위가 있을 것

① 예비행위의 의의 : 예비행위는 범죄의 실행을 목적으로 하는 준비행위로서 실행의 착수에 이르지 않은 외부적 준비행위일 것을 요하며, 그 수단·방법에는 제한이 없다. 그러나 예비행위는 특정한 기본범죄의 실현에 객관적으로 적합한 행위이어야 하며, 결과발생이 객관적으로 가능하여야 한다. 즉, 불능예비는 예비가 될 수 없다(예 살인도구로 장난감 권총을 구입하는 행위).

> **판례**
>
> 형법 제255조, 제250조의 살인예비죄가 성립하기 위하여는 형법 제255조에서 명문으로 요구하는 살인죄를 범할 목적 외에도 살인의 준비에 관한 고의가 있어야 하며, 나아가 실행의 착수까지에는 이르지 아니하는 살인죄의 실현을 위한 준비행위가 있어야 한다. 여기서의 준비행위는 물적인 것에 한정되지 아니하며 특별한 정형이 있는 것도 아니지만, **단순히 범행의 의사 또는 계획만으로는 그것이 있다고 할 수 없고 객관적으로 보아서 살인죄의 실현에 실질적으로 기여할 수 있는 외적 행위를 필요로 한다**(대판 2009.10.29, 2009도7150). 18. 경찰승진
>
> ✄ 여기서의 준비행위는 단순한 범행의 의사 또는 계획만으로 족하다. ✕

> **판례**
>
> 특정한 범죄의 실현을 위한 준비행위로 볼 수 없는 경우
>
> 1. 살해의 용도에 사용하기 위한 흉기를 준비하였다 하더라도 그 흉기로서 **살해할 대상자가 확정되지 아니한 경우**, 살인예비죄로 다스릴 수 없다(대판 1951.9.1, 4292형상387).
> 2. 전과자들이 모여서 "심심하니 일이나 벌여볼까."라고 말한 경우나 수회에 거쳐 "총을 훔쳐 전역 후 은행이나 현금수송차량을 털어 한탕하자."라는 말을 나눈 경우, 객관적으로 보아 특정한 범죄의 실행행위로 볼 수 없어 강도음모를 인정하기에 부족하다(대판 1999.11.12, 99도3801). 09. 국가직 7급

② **물적 예비와 인적 예비**: 범죄실현을 위한 준비행위임이 객관적으로 명백한 이상 물적 준비행위이든지 인적 준비행위이든지를 묻지 않는다(다수설). 즉, 인적 준비행위일지라도 심리적인 것 이외의 준비행위는 예비가 될 수 있다.

ㄱ 물적 예비: 범행도구의 준비, 범행장소의 물색·답사·잠입

ㄴ 인적 예비: 장물을 처분할 사람의 확보, 알리바이 조작을 위한 대인접촉

③ **자기예비와 타인예비**: 자기가 스스로 또는 타인과 공동하여 실행행위를 할 목적으로 준비행위를 하는 경우를 자기예비라고 하며, 타인의 실행행위를 위하여 예비행위를 하는 경우를 타인예비라고 한다.

✅ **타인예비가 예비에 포함되는지 여부**

타인예비도 예비에 포함된다고 하는 견해도 있으나, 타인예비를 예비에 포함된다고 해석하면 예비죄의 범위가 지나치게 확대될 뿐만 아니라, 정범과 공범은 구별되어야 할 것이므로 타인예비는 예비가 될 수 없다(다수설).

(2) 실행의 착수에 이르지 아니할 것

예비죄가 성립되기 위해서는 예비행위가 실행의 착수에 이르지 않아야 한다. 예비행위가 기본범죄의 실행에 착수하면 기본범죄의 미수 또는 기수에 흡수되어 예비죄는 별도로 성립하지 않는다.

> **판례**
>
> 예비에 해당하는 경우
>
> 1. 피고인이 히로뽕 제조원료 구입비로 금 300만원을 공동피고인에게 제공하였는데 공동피고인이 **구입원료를 물색하던 중 적발된 경우**(대판 1983.11.22, 83도2590) ⇨ 히로뽕 제조의 예비 17. 경찰
> 2. 전화채권을 사주겠다고 골목길로 유인하여 돈을 훔칠 기회를 엿본 경우(대판 1983.3.8, 82도2944) ⇨ 절도죄의 예비에 해당하나 예비의 처벌규정이 없음.
> 3. 적측과 아무런 연락 없이 **편면적으로 군사에 관한 정보를 수집한 경우**(대판 1959.5.18, 4292형상34) ⇨ 간첩죄의 예비
> 4. 행사할 목적으로 미리 준비한 물건들과 오프셋 인쇄기를 사용하여 한국은행권 100원권을 사진찍어 그 필름 원판 7매와 이를 확대하여 **현상한 인화지** 7매를 만든 경우(대판 1966.12.6, 66도1317) ⇨ 통화위조의 예비 04. 행시, 17. 경찰, 18. 경찰승진
> 5. 강간할 목적으로 피해자의 집 안방에 침입하여 자고 있는 피해자의 **가슴과 엉덩이를 만지면서 간음을 기도한 경우**(대판 1990.5.25, 90도607) ⇨ 강간예비죄로 처벌된다. 18. 법원직

6. 甲은 당구의 허가 없이 보물급 문화제를 일본인 乙에게 판매하려고 그 와 가격 절충이 맞지 않아 제약이 성사되지 않은 경우(대판 1999.11.26, 99도2461) ⇨ 甲은 문화제보호법 위반의 예비

7. 밀수할 목적으로 피고인이 북한공작원들과 사전연락하에 남북교류협력에 관한 법률(제3조) 상의 방북신청을 한 경우(대판 1993.10.8, 93도1951) ⇨ 국가보안법상 탈출의 예비

8. A와 B가 흥신 승용차를 이용하여 강도를 하려고 하면서 甲에게 승용차를 운전해 달라고 부탁하자, 甲은 그 정을 알면서 두 사람의 강도대상을 물색하도록 승용차를 운전해 주다 가 마침 검문 중인던 경찰에게 제포된 경우(대판 1999.3.26, 98도3030) ⇨ A・B는 강도에 비의 공동정범에 해당하고 甲에게는 장물운반죄와 상상적 경합이 성립 17. 경찰

9. 강도를 공항 흥기를 휴대하고 통행인의 출현을 대기하는 행위 ⇨ 강도죄의 예비(대판 1959.9.1, 4292형상387). 18. 변호사

10. 관세를 포탈할 목적으로 수입할 물품의 수량과 가격이 낮게 기재된 제약서를 첨부하여 수입면장 물량 전부에 대한 과세가격 사전심사를 신청함으로써 과세가격을 허위로 신고하고 이에 따른 과세가격 사전심사서를 미리 받아 둔 경우(대판 1999.4.9, 99도424) ⇨ 관세 포탈죄의 예비 04. 국가직 7급 · 경찰간부

---

❹ 처벌

우리 형법 제28조는 예비・음모는 원칙적으로 처벌되지 않고 예외적으로 각칙에 특별 규정이 있는 경우에 한하여 처벌된다고 규정하고 있다.

표 각 범죄의 예비・음모 등을 처벌하는 경우

예비・음모・선동・선전	내란죄, 외환죄, 간첩죄, 이적죄, 여적죄
	ℚ 전시군수계약불이행죄・범죄단체조직죄・소요죄・다중불해산죄 처벌규정 ×
예비・음모・선동	사회적 법익 중 폭발물에 관한 죄가 유일(폭발물사용죄)
예비・음모	국가적 법익	외국에 대한 사전죄, 도주원조죄, 간수자도주원조죄
		주의 종립명령위반죄, 외교상 기밀누설죄는 처벌규정 ×
		주의 특수도주죄 처벌규정 ×
	사회적 법익	(현주건조물・공용건조물・타인소유일반건조물)방화죄, 폭발성물건 파열죄, 가스・전기 등 방류죄, 가스・전기 등 공급방해죄
		주의 자기소유 일반건조물, 일반물건 방화죄 예비음모 처벌규정 ×
		주의 문서위조변조죄는 예비・음모 처벌규정 ×
		주의 하위유가증권작성죄는 예비・음모 처벌규정 ×
	개인적 법익	보통살인죄, 존속살해죄, 위계・위력에 의한 살인죄, 강도죄, 강간죄, 강간죄
		주의 촉탁・승낙에 의한 살인죄 처벌규정 ×
		주의 강도를 제외한 재산범죄(절도・횡령사기・공갈・장물손괴죄)는 예비:음모 처 벌규정 ×
		주의 강제추행죄, 협박죄, 상해죄, 폭행죄, 감금죄는 예비:음모 처벌규정 ×
		주의 약취・유인죄는 예비:음모 처벌규정 ×

주의 폭발물사용죄, 방화죄・준방화죄, 통화위조죄, 내란・외환죄, 외국에 대한 사전죄 예비・음모 + 자수 → 필요적 감면

기출OX

01. 자신을 죽여달라는 친구의 부탁을 받고 독약을 준비하였었다가 이를 버린 경우 촉탁살인죄의 예비죄로 처벌할 수 있다. (×)

02. 절도를 준비하면서 뜻하지 않게 절도 범행이 발각될 경우에 대비 하여 제포를 연합할 목적으로 칼을 휴대하고 있었더라도 강도예비죄는 성립하지 않는다. (○)

03. 과실에 의한 예비나 과실범의 예비는 불가능이다. (○)

04. 법령에 어떠한 행위의 예비음 모를 처벌한다는 규정은 있으나 그 형을 따로 정하지 않은 경우에는 결 국 예비음모로 처벌할 수 없다. (○)

두문자
예비・음모 등이 처벌되는 범죄
내외간이여 북사 원조 (현공타
긴방 가스전기 살강강강

❺ 관련 문제

1. 예비의 중지

> **판례**
> 중지범은 범죄의 실행에 착수한 후 자의로 그 행위를 중지한 때를 말하는 것이고, 실행의 착수가 있기 전인 예비·음모의 행위를 처벌하는 경우에 있어서 중지범의 관념은 이를 인정할 수 없다(대판 1991.6.25, 91도436). 18. 경찰승진

기출 OX
예비·음모의 행위를 처벌하는 경우에 있어서 중지범의 관념을 인정할 수 있다. 18. 경찰승진 (×)

2. 예비죄의 공범

(1) 예비죄의 공동정범

2인 이상이 공동하여 범죄를 실현하려고 하였으나 예비에 그친 경우, 예비죄 자체의 실행행위성을 인정할 수 있으므로 예비죄의 공동정범이 인정된다(통설·판례).

(2) 예비죄의 교사범

정범을 교사하였으나 정범이 예비에 그친 경우를 말하며, 이에 대하여 형법은 예비죄의 교사범에 대하여 예비·음모에 준하여 처벌한다는 특별규정을 두고 있기 때문에(제31조 제2항) 예비죄의 교사범 성립은 당연히 인정된다.

(3) 예비죄의 종범

정범을 방조하였으나 정범이 예비에 그친 경우를 말한다. 공범종속성설에 의할 때 공범이 성립하려면 정범의 실행행위가 전제되어야 하는데, 정범의 실행의 착수가 없는 예비죄의 종범 성립은 부정된다(판례).

> **판례**
> 형법 제32조 제1항 소정 타인의 범죄란 정범이 범죄의 실현에 착수한 경우를 말하는 것이므로 종범이 처벌되기 위하여는 정범의 실행의 착수가 있는 경우에만 가능하고 형법 전체의 정신에 비추어 **정범이 실행의 착수에 이르지 아니한 예비의 단계에 그친 경우**에는 이에 가공하는 행위가 예비의 공동정범이 되는 경우를 제외하고는 **종범의 성립을 부정**하고 있다고 보는 것이 타당하다(대판 1976.5.25, 75도1549). 16. 경찰
> ✗ 예비죄의 공동정범으로는 물론 방조범으로도 처벌할 수 없다. ×
> ✗ 예비죄도 각칙에 규정되어 있어 실행행위성을 인정할 수 있으므로, 예비에 대한 방조도 가능하다. ×
> ✗ 강도의 고의를 가진 정범이 예비에 그쳐 강도예비죄가 성립한다고 하더라도, 예비단계에서 집의 내부 평면도를 제공하는 방조행위는 강도예비죄의 종범에 해당한다. ×

3. 예비죄의 죄수

하나의 범죄실행을 위하며 수개의 예비행위가 있었던 때에는 하나의 예비죄가 성립하고, 예비행위가 실행에 착수하여 미수 또는 기수로 발전한 때에는 기본범죄의 미수 또는 기수만 성립한다.

제3절 **미수범의 일반이론**

❶ 서설

미수범이란 범죄의 실행에 착수하여 실행행위를 종료하지 못하였거나, 종료하였더라도 결과가 발생하지 아니한 경우를 말한다.

❷ 미수범의 처벌근거

미수범의 본질은 무엇이며, 처벌할 근거를 어디서 찾느냐에 대하여 견해의 대립이 있다.

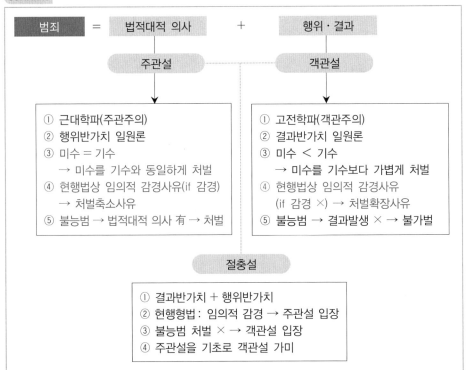

SUMMARY

1. 객관설

(1) 객관주의 범죄론에 바탕을 둔 객관설은 미수범의 처벌근거를 행위자의 의사가 아닌 구성요건적 결과실현에 근접한 위험(객관적 측면)에서 찾는다.

(2) 행위반가치보다 결과반가치가 더 중요한 의미를 가진다.

(3) 미수는 결과의 발생이 없기 때문에 기수에 대하여 필요적으로 형을 감경하여야 한다는 결과가 된다(미수처벌규정 ⇨ 처벌확장사유).

(4) 결과발생의 가능성이 없는 불능범의 처벌은 부정한다.

2. 주관설

(1) 주관주의 범죄론에 바탕을 둔 주관설은 미수범의 처벌근거를 범인이 그의 행위를 통하여 실제적으로 보여 준 법적대적 의사에서 찾는다.

(2) 행위반가치가 중요한 의미를 가진다.

(3) 예비와 미수는 주관적 측면에서는 동일하기 때문에 구별이 어려워진다는 문제점을 안고 있다.

(4) 미수와 기수는 법적대적 의사에 있어서 차이가 없고 결과발생이라는 우연에 의하여 구별될 뿐이므로 미수범도 기수범과 동일하게 처벌한다(미수처벌규정 ⇨ 처벌축소사유).

(5) 결과발생의 가능성이 없는 불능범도 법적대적 의사는 존재하므로 당연히 처벌된다.

기출 OX

미수범 처벌근거에 대한 학설 중 주관설에 의할 경우 미수와 기수는 동일하게 처벌되어야 한다. 18. 변호사

(○)

3. 절충설

(1) 주관설에 의하여 지나치게 확대된 가벌성의 범위를 객관적 요소를 가미하여 제한하려는 견해이다. 미수의 처벌근거는 범죄의사에 있지만, 미수의 가벌성은 법배반적 의사가 법질서의 효력과 법적 안정성에 대한 신뢰를 깨뜨리는 데에 충분할 때에만 인정된다는 견해로, 통설이다.

(2) 위험성이 없는 불능범은 벌하지 아니한다.

(3) 주관설에서 보면 미수와 기수의 차이는 없으나, 객관설에 의하면 미수는 현실적인 법익침해가 없기 때문에 기수에 비하여 임의적으로 감경하게 된다고 한다.

SUMMARY 객관설 · 주관설 · 절충설 비교

구분	객관설	주관설	절충설
범죄이론	객관주의	주관주의	객관주의 + 주관주의
불법본질	결과반가치	행위반가치	결과반가치 + 행위반가치
미수범	기수보다 필요적 감경	기수와 동일하게 처벌	기수보다 임의적 감경
불능범	결과가 불능이면 항상 불벌	범죄의사가 있으므로 처벌	결과 불능, 위험성 × ⇨ 불벌

❸ 미수범의 체계

1. 전체구조

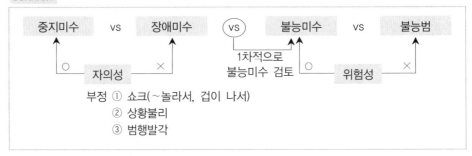

SUMMARY

2. 미수범의 처벌

(1) 장애미수(제25조)

행위자가 자신의 의사에 반하는 의외의 장애로 인하여 범죄를 완성하지 못한 경우를 말하며 임의적 감경사유이다.

(2) 중지미수(제26조)

행위자가 실행에 착수한 행위를 자의로 중지하거나 결과발생을 방지한 경우를 말하며 필요적 감면사유이다.

(3) 불능미수(제27조)

실행의 수단 또는 대상의 착오로 인하여 결과발생이 불가능하지만 위험성이 있는 경우를 말하며 임의적 감면사유이다.

3. 미수범 처벌규정의 유무

제29조 【미수범의 처벌】 미수범을 처벌할 죄는 각칙의 해당 죄에서 정한다.

거동범 (형식범)	① 미수처벌규정이 없음(예 폭행·존속폭행죄, 무고죄, 위증죄, 유기죄, 모욕죄, 명예훼손죄) ② 단, 형법상 주거침입죄는 미수처벌규정이 있음
과실범	미수처벌규정이 없음(과실미수 ×)
결과적 가중범	① 원칙적으로 미수처벌규정이 없음 ② 미수처벌규정이 있는 경우 　㉠ 진정결과적 가중범: (해상)강도치사상죄, 인질치사상죄 　㉡ 부진정결과적 가중범: 현주건조물일수치사상죄

부작위범	① 진정부작위범: 미수처벌규정이 없음(단, 퇴거불응죄 · 집합명령위반죄는 미수처벌규정이 있음) ② 부진정부작위범: 미수처벌규정이 있음
재산범죄	① 대부분의 재산범죄는 미수처벌규정이 있음 ② 단, 점유이탈물횡령죄 · 경계침범죄 · 강제집행면탈죄 · 권리행사방해죄 · 장물죄는 미수처벌규정이 없음
기타	① 미수처벌규정이 없는 경우 　㉠ 업무방해죄, 공무집행방해죄, 범인은닉죄, 증거인멸죄 　㉡ 위조통화취득 후 지정행사죄, 사문서부정행사죄, 아편 등 소지죄, 자기소유일반건조물일수죄, 자기소유일반건조물방화죄, 일반물건방화죄 　㉢ 전시군수계약불이행죄, 범죄단체조직죄, 소요죄, 다중불해산죄, 공무원자격사칭죄 ② 미성년자의제강간죄: 미수 인정(판례)

구분	미수범 처벌규정(○)	미수범 처벌규정(×)
개인적 법익에 대한 죄	① 살인의 죄, 상해 · 존속상해죄 ② 협박의 죄 ③ 체포 · 감금약취 · 유인의 죄 ④ 강간과 추행의 죄 ⑤ 주거침입의 죄 ⑥ 강요의 죄	① 폭행죄(존속폭행죄) ② 유기죄 ③ 명예 · 신용 · 업무 · 경매 · 입찰에 관한 죄 ④ 재산죄 중 장물죄, 점유이탈물횡령죄, 권리행사방해죄, 강제집행면탈죄
사회적 법익에 대한 죄	① 폭발물사용죄 ② 분묘발굴죄 ③ 사체등의 영득죄 ④ 교통방해죄 ⑤ 통화에 관한 죄 ⑥ 유가증권에 관한 죄 ⑦ 인장에 관한 죄	① 도박죄 ② 문서에 관한 죄 중 사문서부정행사죄 ③ 공안을 해하는 죄(범죄단체조직죄, 소요죄, 다중불해산죄, 공무원자격사칭죄, 전시공수계약불이행죄) ④ 방화의 죄 중 자기소유일반건조물방화죄와 일반물건방화죄
국가적 법익에 대한 죄	① 내란의 죄, 외환의 죄 ② 부동산강제집행효용침해죄 ③ 공무상 비밀표시무효죄 ④ 공용서류등 무효죄, 공용물파괴죄 ⑤ 도주죄 ⑥ 불법체포 · 감금죄	① 공무집행방해죄 ② 범인은닉죄, 증거인멸죄 ③ 위증죄, 무고죄 ④ 전시군수계약불이행죄 ⑤ 공무원의 직무에 관한 죄 중 뇌물죄, 직무유기죄, 타인의 권리행사방해죄

4. 장애미수와 불능미수와의 관계

> **판례**
>
> 남편을 독살하기 위하여 치사량에 훨씬 못 미치는 농약(불능미수의 성질)을 배춧국에 넣어 남편에게 먹게 하였으나 남편이 배춧국을 먹다가 농약의 역한 냄새 때문에 배춧국을 모두 토해 버려(장애미수의 성질) 살해의 목적을 달성하지 못한 사안에서 원심이 불능미수의 성립 여부를 심리하지 아니한 채 살해의 목적을 달성하지 못한 직접적인 원인이 피해자가 국물을 토한 외부적 장애 때문이라는 사유만으로 살인죄의 '장애미수'를 인정한 것은 '장애미수와 불능미수에 관한 법리를 오해하였거나 심리를 다하지 아니함으로써 판결에 영향을 미친 위법을 범하였다.'는 이유로 원심을 파기한다(대판 1984.2.14, 83도2967).

제4절 장애미수

제25조 【미수범】 ① 범죄의 실행에 착수하여 행위를 종료하지 못하였거나 결과가 발생하지 아니한 때에는 미수범으로 처벌한다.
② 미수범의 형은 기수범보다 감경할 수 있다.

❶ 서설

1. 의의

장애미수란 행위자가 의외의 장애로 인하여 자신의 의사에 반하여 범죄를 완성하지 못한 경우를 말한다(예 타인을 사살하려 하였으나 총알이 빗나간 경우).

2. 구별개념

(1) 중지미수

장애미수는 결과발생이 가능한 가능미수라는 점에서 중지미수와 같으나, 결과불발생의 원인이 자의성이 아닌 의외의 장애라는 점에서는 중지미수와 다르다.

(2) 불능미수

장애미수는 행위자의 의사에 반하여 결과가 발생하지 않았다는 점에서 불능미수와 같으나, 결과발생이 가능한 미수라는 점에서 처음부터 결과발생이 불가능한 불능미수와는 다르다.

한눈에 쏙

장애미수의 성립요건

주관적 요건	고의
객관적 요건	• 실행의 착수 • 결과미발생 (외부적 장애)

② 성립요건

1. 주관적 요건

(I) 기수의 고의가 있을 것

미수범도 특정한 구성요건의 실현에 대한 결의, 즉 기수의 고의가 있어야 한다. 미수범의 고의는 모든 객관적 구성요건에 대한 인식을 요하는 기수범에 있어서와 같다. 따라서 함정수사 등 처음부터 미수의 고의만을 가진 때에는 벌할 수 없다.

CASE

Q. 甲은 불치병에 걸려 자살하려는 친구 乙로부터 수면제를 구해달라는 부탁을 받았고, 乙의 결심이 확고하다는 사실을 알게 된 甲은 어쩔 수 없이 乙의 요구대로 수면제를 구해주었다. 乙은 여관에 투숙하여 수면제를 먹었으나, 甲은 수면제를 구해줄 때부터 乙을 살피기로 계획하였고 乙이 수면제를 먹자마자 병원에 연락하여 치료를 받을 수 있도록 하였다. 그러나 乙은 병원에서 화재가 나는 바람에 질식사하였는데, 이때 甲의 형사책임은?

A. 미수의 경우에도 고의는 기수의 고의이어야 한다. 처음부터 결과발생이 불가능할 것을 인식한 경우에는 미수의 고의로서 형법상 고의가 아니므로, 미수범이 성립할 수 없다. 이 사례의 경우 甲은 처음부터 乙의 자살을 방지할 의사가 있었으므로 이는 미수의 고의에 해당하여 형법상 고의가 인정되지 않는다. 따라서 자살방조죄의 미수로 처벌할 수 없다.

(2) 특수한 주관적 구성요건요소가 필요한 경우

고의 이외에 범죄의 종류에 따라 특수한 주관적 구성요건요소가 필요한 경우에는 이에 대한 인식도 필요하다(**예** 절도죄에 있어서 불법영득의사, 목적범에서의 목적).

(3) 과실범의 미수 인정 여부

과실범은 범죄실현의사가 없으므로 과실범의 미수는 인정되지 않는다. 형법상으로도 과실범의 미수를 처벌하는 규정은 존재하지 않는다.

기출 OX
행위자가 처음부터 결과발생이 불가능하다는 것을 알면서 실행에 착수하여 결과는 발생하지 않았지만 위험성이 있는 경우에는 불능미수가 성립된다. (×)
→ 미수범의 고의는 기수의 고의일 것을 요한다. 따라서 불능미수도 이 수인 이상 기수의 고의가 필요하다. 그런데 결과발생이 불가능하다는 것을 알면서 실행에 착수한 경우에는 기수의 고의가 없으므로 불능미수도 성립할 여지가 없다.

기출 OX
목적과 같은 초과주관적 요소가 필요한 범죄에 있어서는 그 미수범의 성립에 있어서도 초과주관적 요소가 구비되어야 한다. 18. 변호사 (○)

2. 객관적 요건

(1) 실행의 착수가 있을 것

① 의의: 범죄구성요건을 실현하는 실행행위의 개시를 말하며, 예비와 미수의 구별기준이 된다.

② 학설의 대립

객관설	형식적 객관설	㉠ 의의: 행위자가 엄격한 의미에서 **구성요건에 해당하는 행위** 또는 적어도 이론적으로 구성요건에 해당한다고 볼 수 있는 **행위의 일부분을 행하여야** 실행의 착수가 있다고 보는 견해이다(예 절도죄에 있어서 재물을 손으로 잡을 때). ㉡ 평가: 죄형법정주의의 법치국가적 요청에는 합당하지만, 미수의 범위가 너무 좁아지는 문제점이 있다.
	실질적 객관설	㉠ 의의: **구성요건적 행위의 직접 전 단계의 행위를 실행하는 때**에 실행의 착수를 인정하는 견해이다(예 금고문을 연 때, 자동차 안의 물건을 훔치기 위하여 자동차 문을 잡았을 때). 이는 판례의 기본입장이다(밀접행위시설). ㉡ 프랑크(Frank) 공식: 자연적으로 보아 구성요건적 행위와 필연적 결합관계에 있는 구성요건실현의 전 단계의 행위도 실행의 착수가 있다고 보는 견해이다.
주관설		㉠ 의의: 행위자의 의사에 따라 실행의 착수 유무를 결정하여야 한다는 견해이다(예 재물을 절취하기 위하여 건물 안으로 들어간 때, 간첩을 위하여 국내에 잠입·상륙한 때). ㉡ 평가: 지나치게 행위자의 내부적 의사에만 치중하여 미수를 예비단계까지 부당하게 확대할 위험이 있고, 구성요건의 지도형상적 의의를 무시하게 되어 죄형법정주의의 이념에 반한다는 비판이 있다.
절충설 (주관적 객관설)		행위자의 범행에 대한 전체계획에 비추어(주관적 기도) 범죄의사가 분명히 표명되었다고 볼 수 있는 모종의 행위가 보호법익에 대한 위험을 직접 실현하기 시작할 때(객관적 기준) 실행의 착수가 있다고 본다(예 금고를 털기 위하여 금고가 있는 건물에 들어가 금고가 있는 방의 자물쇠를 뜯고 들어간 때).

③ 판례의 태도: 대법원은 원칙적으로 객관설·밀접행위시설(실질적 객관설 ⇨ 절도죄의 경우)을 따르는 것으로 평가된다. 다만, 간첩죄의 경우에는 주관설을, 방화죄의 경우에는 형식적 객관설을 따르는 것으로 평가된다.

④ 범죄유형별 실행의 착수시기

공동정범	한 사람이 그 공동적인 행위계획에 따라 실행에 착수한 때에는 모든 공동정범에 대하여 실행의 착수 인정
교사범·방조범	정범의 실행행위가 있을 때에 공범에게 실행의 착수 인정
간접정범	㉠ 주관설: 이용자가 피이용자를 이용하기 시작한 때(통설·이용행위시설) ㉡ 객관설: 피이용자가 실행행위를 개시한 때
원인에 있어서 자유로운 행위	㉠ 주관설(원인설정행위시설): 원인설정행위시(예 술을 한잔 마실 때) ㉡ 객관설(책임결함상태시설): 책임능력의 결함상태하에서 구성요건 실현행위를 개시한 때(예 만취상태에서 칼로 찌를 때)
부작위범	㉠ 진정부작위범: 거동범이므로 미수가 성립할 수 없으나 형법상 미수처벌규정이 있음(예 퇴거불응죄, 집합명령위반죄) ㉡ 부진정부작위범: 구조의무자가 구조의무를 지체함으로써, 피해자의 보호법익에 대한 급박하고 구체적인 위험이 있음에도 불구하고 부작위로 나아가 위험이 증대된 때에 실행의 착수가 있음

(2) 법익의 위태화가 있을 것

(3) 결과가 발생하지 않을 것

의외의 장애로 인하여 구성요건적 결과가 발생하지 않아야 미수가 된다. 다만, 결과가 발생한 때에도 인과관계나 객관적 귀속이 부정되면 미수가 된다.

❸ 장애미수의 처벌

기수범에 비하여 임의적으로 감경할 수 있으나, 이때 주형에 한하여 형을 감경할 수 있고, 부가형 또는 보안처분에 대해서는 형을 감경할 수 없다. 그러나 징역형과 벌금형이 병과된 때에는 징역형뿐만 아니라 벌금형에 대해서도 감경할 수 있다.

❹ 각 범죄별 실행의 착수시기

1. 살인죄

판례

피고인이 격분하여 피해자를 살해할 마음으로 **낫을 들고 피해자에게 접근할 때** 실행의 착수가 있다(대판 1986.2.25, 85도2773). 13. 경찰승진

비교판례

甲이 乙을 살해하기 위하여 丙·丁 등을 고용하면서 그들에게 대가의 지급을 약속한 경우 甲에게 살인예비죄가 성립한다(대판 2009.10.29, 2009도7150).

2. 강간죄 및 강제추행죄

> **판례**
>
> 1. 강간죄는 부녀를 간음하기 위하여 피해자의 항거를 불능하게 하거나 현저히 곤란하게 할 정도의 폭행 또는 협박을 개시한 때에 실행의 착수가 인정된다(대판 2000.6.9, 2000도1253).
>   → 폭행 또는 협박에 의하여 실제로 피해자의 항거가 불가능하게 되거나 현저히 곤란하게 되어야 한다. (×) 16.국가직 9급
> 2. 강제추행죄의 '폭행 또는 협박'은 상대방의 항거를 곤란하게 할 정도로 강력할 것이 요구되지 아니하고, 상대방의 신체에 대하여 불법한 유형력을 행사(폭행)하거나 일반적으로 보아 상대방으로 하여금 공포심을 일으킬 수 있는 정도의 해악을 고지(협박)하는 것이라고 보아야 한다(대판 2023.9.21, 2018도13877 전원합의체).
> 3. 폭행행위 자체가 추행이라고 인정되는 경우에 있어서의 폭행은 반드시 상대방의 의사를 억압할 정도의 것임을 요하지 않고 상대방의 의사에 반하는 유형력의 행사가 있는 이상 그 힘의 대소 강약을 불문한다(대판 2002.4.26, 2001도2417).

판례비교 실행의 착수 인정 여부

O　　실행의 착수 인정	X　　실행의 착수 부정
① 새벽 4시경 여자 혼자 있는 방문 앞에서 문을 열어주지 않으면 부수고 들어갈 기세로 방문을 두드리자 피해자가 가까이 오면 창문으로 뛰어내리겠다고 하는데도 **베란다를 통하여 창문으로 침입**하려고 하는 것은 강간의 실행의 착수가 인정된다(대판 1991.4.9, 91도288). ② 피고인이 피해자의 집 안방에서 갑자기 피해자의 상의를 걷어 올려서 **유방을 만지고** 하의를 끄집어 내린 경우 강제추행죄의 실행의 착수가 인정된다(대판 2002.4.26, 2001도2417). ③ 피고인이 밤에 술을 마시고 배회하던 중 버스에서 내려 혼자 걸어가는 피해자 甲을 발견하고 마스크를 착용한 채 뒤따라가다가 인적이 없고 외진 곳에서 **가까이 접근하여 껴안으려 하였을 때** 강제추행죄의 실행의 착수가 인정된다(대판 2015.9.10, 2015도6980). 17. 국가직 9급	피고인이 강간을 목적으로 사촌 여동생의 집에 침입하여 안방에서 자고 있는 사촌 여동생의 **가슴과 엉덩이**를 만지면서 간음을 기도한 경우, 강간의 수단으로서 피해자에게 폭행이나 협박을 개시하였다고 볼 수 없다(대판 1990.5.25, 90도607). → 강간 예비죄 성립 07. 사시, 10. 경찰승진·국가직 7급, 12. 경찰, 12·18. 법원직

3. 주거침입죄

> **판례**
>
> 주거침입죄의 실행의 착수는 주거자, 관리자, 점유자 등의 의사에 반하여 주거나 관리하는 건조물 등에 들어가는 행위, 즉 구성요건의 일부를 실현하는 행위까지 요구하는 것은 아니고 범죄구성요건의 실현에 이르는 현실적 위험성을 포함하는 행위를 개시하는 것으로 족하다 할 것이다(대판 2003.10.24, 2003도4417).

판례비교 실행의 착수 인정 여부

O 실행의 착수 인정	X 실행의 착수 부정
① 주거침입의 의도로 주거로 들어가는 문의 **시정장치를 부수거나 문을 여는 등** 침입을 위한 구체적 행위를 시작하였다면 주거침입죄의 실행의 착수가 인정된다(대판 1995.9.15, 94도2561). 04. 사시, 06. 경찰승진, 16. 경찰	침입대상인 아파트에 사람이 있는지 확인하기 위하여 **초인종을 누른 행위**는 주거침입죄의 실행의 착수에 해당하지 않는다(대판 2008.4.10, 2008도1464). 09. 법원행시, 10. 법원직, 11. 국가직 7급
② 다가구용 단독주택인 빌라의 잠기지 않은 대문을 열고 들어가 **공용계단으로 빌라 3층까지 올라갔다가 1층으로 내려온 경우** (대판 2009.8.20, 2009도3452) 10. 사시, 11. 경찰승진	
③ 출입문이 열려 있으면 안으로 들어가겠다는 의사 아래 **출입문을 당겨보는 행위**는 바로 주거의 사실상의 평온을 침해할 객관적인 위험성을 포함하는 행위를 한 것으로 볼 수 있어 그것으로 주거침입의 실행에 착수한 것으로 보아야 한다(대판 2006.9.14, 2006도2824). 08. 법원행시, 10. 경찰승진·국가직 7급, 12. 국가직 9급	

4. 절도죄

판례

절도의 실행의 착수시기(= 밀접행위시설)

야간이 아닌 주간에 절도의 목적으로 다른 사람의 주거에 침입하여 절취할 재물의 물색행위를 시작하는 등 그에 대한 사실상의 지배를 침해하는 데에 밀접한 행위를 개시하면 절도죄의 실행에 착수한 것으로 보아야 한다(대판 2003.6.24, 2003도1985).

판례비교 실행의 착수 인정 여부

O 실행의 착수 인정	X 실행의 착수 부정
① 금품을 절취하기 위하여 고속버스 선반 위의 손가방 **한쪽 열쇠만 연 경우**(대판 1983.10.25, 83도2432) 10. 경찰승진	① 평소 잘 아는 피해자에게 전화채권을 사주겠다고 하면서 골목길로 유인하여 돈을 절취하려고 기회를 엿본 경우(대판 1983.3.8, 82도2944) 16. 경찰승진
② 피해자 소유의 자동차 안에 들어 있는 밍크코트를 발견하고 이를 절취할 생각으로 공범이 차 옆에서 망을 보는 사이에 차 문을 열려고 **손잡이를 잡아당기다가** 피해자에게 발각된 경우(대판 1986.12.23, 86도2256) 02. 국가직 9급, 16. 경찰승진, 17. 법원직	② 노상에 세워 놓은 자동차 안에 있는 물건을 훔칠 생각으로 자동차의 유리창을 통하여 그 내부를 손전등으로 비추어 본 경우(대판 1985.4.23, 85도464) 15. 경찰
③ 甲이 乙의 집에 침입하여 라디오 1대를 훔치려고 **라디오 선을 건드리려다** 피해자에게 발견된 경우(대판 1966.5.3, 66도383)	③ 소를 흥정하고 있는 피해자의 뒤에 접근하여 그가 들고 있던 가방으로 돈이 들어 있는 피해자의 하의 **왼쪽 주머니를 스치면서 지나간 경우**(대판 1986.11.11, 86도1109) 07. 경찰
④ 소매치기가 피해자의 양복 주머니로부터 금품을 절취하려고 그 주머니에 손을 뻗쳐 그 겉을 더듬은 경우(대판 1984.12.11, 84도2524) 02. 사시·법원직, 15. 경찰, 16. 경찰승진	④ 주간에 절도의 목적으로 주거에 침입하기 위하여 부엌문에 **시정된 열쇠고리의 장식을 뜯은 경우**(대판 1989.2.28, 88도1165)
⑤ 범인들이 함께 담을 넘어 마당에 들어가 그중 1명이 그곳에 있는 **구리를 찾기 위하여** 담에 붙어 걸어가다가 잡힌 경우(대판 1989. 9.12, 89도1153) 16. 경찰승진	⑤ 절도의 목적으로 피해자의 집 현관을 통하여 그 집 마루 위에 올라서서 **창고 문쪽으로 향하다가** 피해자에게 발각·체포된 경우(대판 1986.10.28, 86도1753)

O	실행의 착수 인정	X	실행의 착수 부정
⑥ 피고인이 주간에 피해자의 주택에 침입하여 절취할 물건을 찾으려고 신발을 신은 채 거실을 통하여 안방으로 들어가 **여기저기 둘러보고는** 절취할 재물을 찾지 못하고 피해자에게 발각된 경우(대판 2003.6.24, 2003도1985) 06. 법원행시, 08·10. 경찰승진, 10. 법원직, 11. 국가직 9급 ⑦ 야간에 주차된 차량의 문을 열어 현금 등을 훔치기로 마음먹고 차량의 문이 잠겨 있는지 확인하기 위하여 양손으로 운전석 문의 손잡이를 잡고 열려고 하던 중에 경찰관에게 발각된 경우(대판 2009.9.24, 2009도5595)		⑥ 피고인이 절취목적으로 낮에 타인의 집에 침입하여 **방으로 들어갔으나** 집주인이 옥상에서 내려오자 신발을 신은 채 뛰어나와 달아난 경우(대판 1992.9.8, 92도1650)	

5. 야간주거침입절도죄

야간에 아파트에 침입하여 물건을 훔칠 의도하에 아파트의 베란다 철제난간까지 올라가 유리창문을 열려고 시도하였다면 야간주거침입절도죄의 실행에 착수한 것으로 보아야 한다. 17. 국가직 9급　　(○)

판례

야간주거침입절도죄의 실행의 착수시기(= 주거침입시)

야간에 타인의 재물을 절취할 목적으로 사람의 주거에 침입한 경우에는 주거에 침입한 단계에서 이미 형법 제330조에서 규정한 야간주거침입절도죄라는 범행행위의 실행에 착수한 것이라고 보아야 한다(대판 2003.10.24, 2003도4417).

판례비교 실행의 착수 인정 여부

O	실행의 착수 인정	X	실행의 착수 부정
① 야간에 아파트를 침입하여 물건을 훔칠 의도하에 아파트 **베란다 철제난간까지 올라가 유리창문을 열려고 시도한 경우**(대판 2003.10.24, 2003도4417) 06·10. 사시, 10. 경찰승진·국가직 7급, 16. 경찰, 17. 국가직 9급·법원직 ② 피고인이 피해자가 경영하는 카페에서 야간에 아무도 없는 그곳 **내실에 침입하여** 장식장 안에 들어 있던 정기적금통장 등을 꺼내 들고 까페로 나오던 중에 발각되어 돌려 준 경우(대판 1991.4.23, 91도476)		① **주거침입이 주간에 이루어진 경우**에는 야간주거침입절도죄가 성립하지 않는다고 해석하는 것이 타당하다(대판 2011.4.14, 2011도300). 16. 경찰 ☺ 절도의 목적으로 오후에 모텔에 들어가 평소 비어 있는 객실의 문을 열어둔 곳에 침입한 다음, 같은 날 야간에 그곳에 설치되어 있던 LCD모니터 1대를 절취한 경우 야간주거침입절도죄에 해당하지 않는다. ② 야간에 다세대주택에 침입하여 물건을 절취하기 위하여 **가스배관을 타고 오르다가** 순찰 중이던 경찰관에게 발각되어 그냥 뛰어내린 경우(대판 2008.3.27, 2008도917) 09. 법원행시, 11. 경찰승진	

6. 특수절도죄

판례비교 실행의 착수 인정 여부

O 실행의 착수 인정 (손괴 후 야간주거침입절도)	X 실행의 착수 부정
① **야간**에 절도목적으로 출입문에 장치된 **자물통 고리를** 절단하고 출입문을 손괴한 뒤 집 안으로 침입하려다가 발각된 경우 (대판 1977.7.26, 77도1802) ② 피고인이 공범과 절도를 공모하고 야간에 인쇄소에서 피고인은 망을 보고 공범은 드라이버로 출입문 자물쇠를 떼어냈는데 발각된 경우(대판 1986.7.8, 86도843) ③ **야간**에 타인의 주거에 침입하여 건조물의 일부인 **방문고리를** 손괴한 경우(대판 1986.9.9, 86도1273)	피고인이 **야간**에 아파트 신축공사현장 안에 있는 건축자재 등을 훔칠 생각으로 공범과 함께 공사현장 안으로 들어간 후, 창문을 통하여 신축 중인 아파트의 **지하실 안쪽을 살핀 경우**(대판 2010.4.29, 2009도14554) 10. 법원직, 11. 사시

7. 야간주거침입강도죄

판례비교 실행의 착수시기

주거침입시에 실행의 착수 인정	폭행·협박시에 실행의 착수 인정
2인이 재물강취의 의도로 야간에 피해자의 집 창살을 통하여 **침입하였으나** 피해자 시아버지의 헛기침에 발각된 줄 알고 도주한 경우 특수강도의 실행에 착수한 것으로 볼 수 있다(대판 1992.7.28, 92도917).	강도의 범의로 야간에 칼을 휴대한 채 타인의 주거에 침입하여 집 안의 동정을 살피다가 피해자를 발견하고 갑자기 욕정을 일으켜 **칼로 협박**하여 강간한 경우, 야간에 흉기를 휴대한 채 타인의 주거에 침입하여 집 안의 동정을 살피는 것만으로는 특수강도의 실행에 착수한 것이라고 할 수 없다(대판 1991.11.22, 91도2296). ⇨ 강도예비와 강간죄의 실체적 경합범

8. 공갈죄

판례

1. 부동산에 대한 공갈죄는 그 부동산에 관하여 소유권이전등기를 경료받거나 인도를 받은 때에 기수로 되는 것이고, 소유권이전등기에 필요한 **서류를 교부받은 때**에 기수로 되어 그 범행이 완료되는 것은 아니다(대판 1992.9.14, 92도1506). ⇨ 미수에 해당
2. 피해자의 고용인을 통하여 피해자에게 피해자가 경영하는 **기업체의 탈세사실을 국세청이나 정보부에 고발한다는 말을 전하였다면** 이는 공갈죄의 행위에 착수한 것이라 할 것이다(대판 1969.7.29, 69도984).

9. 사기죄

판례비교 실행의 착수 인정 여부

O 실행의 착수 인정	X 실행의 착수 부정
① 보험금을 사취할 목적으로 화재보험에 가입된 자기가옥을 방화한 경우, 사기죄의 실행의 착수시기는 방화한 때가 아니라 보험회사에 **보험금을 청구한 때**이다(대판 1999.4.24, 97도2435).	① 보상지급청구권자에게 보상금을 찾아주겠다고 거짓말을 하여 동인을 **보상금 지급기관까지 유인한 경우**(대판 1980.5.13, 78도2259) 07. 경찰, 09. 경찰승진, 11. 사시
② 소송사기에서 원고의 경우 : 소송에서 주장하는 권리가 존재하지 않는 사실을 알고 있으면서도 법원을 기망한다는 인식을 가지고 **소를 제기한 때**(대판 1993.9.14, 93도9150) 04. 사시, 15. 법원직	② **허위로 태풍피해 복구보조금을 신청한 경우**, 태풍피해 복구보조금 지원절차는 행정당국에 의한 실사를 거쳐 피해자로 확인된 경우에 한하여 보조금 지원신청을 할 수 있도록 되어 있기 때문에 실행의 착수를 한 것이라 볼 수 없다(대판 1999.3.12, 98도3443). 06. 사시, 09. 국가직 9급, 15. 법원직
③ 소송사기에서 피고의 경우 : 법원을 기망할 의사를 가지고 **허위 내용의 서류를 증거로 제출하거나 그에 따른 주장을 담은 답변이나 준비서면을 제출한 때**(대판 1998.2.27, 97도2786) 08. 법원행시	③ 채권을 근거로 본안소송을 제기하지 아니하고 가압류를 한 것만으로는 사기죄의 실행에 착수하였다고 할 수 없다(대판 1988. 9.13, 88도55). 11. 경찰승진, 16. 경찰
④ 대여금채권자가 채무자에 대하여 승소확정판결을 받은 대여원리금채권을 그 판결확정 후에 전액을 받고서도 형식상 그 판결정본을 소지하고 있음을 기화로 집달관에게 그 집행절차를 수임하게 하여 채무자 소유의 동산에 **압류집행을 하도록 한 때**, 채권자의 위 소위는 사기미수에 해당한다(대판 1988.4.12, 87도2394).	④ 임야의 진정한 매수인의 확인서발급신청에 대하여 위조된 계약서사본을 첨부하여 자신이 임야의 소유자라고 허위의 이의신청을 하여 진정한 매수인의 **확인서발급신청이 기각된 경우**(대판 1982.3.9, 81도2767)
⑤ 사기도박에 필요한 준비를 갖추고 그러한 의도로 피해자들에게 도박에 참가하도록 권유한 때(대판 2011.1.13, 2010도9330) 13·15. 경찰, 17. 법원직	⑤ 부동산 경매절차에서 피고인들이 허위의 공사대금채권을 근거로 **유치권신고를 한 경우** 소송사기죄의 실행의 착수가 인정되지 않는다(대판 2009.9.24, 2009도5900). 11. 경찰승진
⑥ 부동산등기부상 소유자로 등기된 적이 있는 자가 자기 이후에 소유권이전등기를 경료한 등기명의인들을 상대로 허위의 사실을 주장하면서 그들 명의의 소유권이전등기의 말소를 구하는 소송을 제기한 경우, 그 소송에서 승소한다면 등기명의인들의 등기가 말소됨으로써 그 소송을 제기한 자의 등기명의가 회복되는 것이므로 이는 법원을 기망하여 재물이나 재산상 이익을 편취한 것이 되므로, 이와 같은 말소등기청구소송의 제기는 사기의 실행에 착수한 것이라고 보아야 한다(대판 2003.7.22, 2003도1951). 07. 경찰	비교판례 유치권에 의한 경매를 신청한 유치권자는 일반채권자와 마찬가지로 피담보채권액에 기초하여 배당을 받게 되는 결과, 피담보채권인 공사대금채권을 실제와 달리 **허위로 크게 부풀려 유치권에 의한 경매를 신청할 경우**에는 정당한 채권액에 의하여 경매를 신청한 경우보다 더 많은 배당금을 받을 수도 있으므로 소송사기죄의 실행의 착수에 해당한다(대판 2012.11.15, 2012도9603).
⑦ 피고인 또는 그와 공모한 자가 자신이 **토지의 소유자라고 허위의 주장을 하면서 소유권보존등기의 명의자를 상대로 보존등기의 말소를 구하는 소송을 제기한 경우**, 그 소송에서 위 토지가 피고인 또는 그와 공모한 자의 소유임을 인정하여 보존등기말소를 명하는 내용의 승소확정판결을 받는다면 '대상토지의 소유권에 대한 방해를 제거하고 그 소유명의를 얻을 수 있는 지위'라는 재산상 이익을 취득하게 되고, 이러한 경우 기수시기는 위 판결이 확정된 때이다(대판 2006.4.7, 2005도9858 전원합의체). 07. 경찰	⑥ **죽은 자를 상대로** 허위채권을 소구하는 소송은 그 집행이 불가능하므로 사기죄의 실행에 착수하였다고 할 수 없다(대판 1968.10.2, 68도16).
	⑦ 장애인단체의 지회장이 지방자치단체로부터 보조금을 더 많이 지원받기 위하여 **허위의 보조금 정산보고서를 제출한 경우** 보조금편취 범행의 실행에 착수한 것이라고 볼 수 없다(대판 2003.6.13, 2003도1279). 15. 경찰
	⑧ 타인의 사망을 보험사고로 하는 **생명보험계약을 체결함에 있어서 제3자가 피보험자인 것처럼 가장하여 체결하는 등으로 그 유효요건이 갖추어지지 못한 경우에도 보험계약을 체결한 행위만으로는 미필적으로라도 보험금을 편취하려는 의사에 의한 기망행위의 실행에 착수한 것으로 볼 것은 아니다**(대판 2013.11.14, 2013도7494). 17. 법원직

O	실행의 착수 인정	X	실행의 착수 부정

비교판례

피고인이 甲 명의로, 甲이 이 건 **임야를 매수한 일이 없음에도 매수한 것처럼 허위의 사실을 주장**하여 임야에 대한 소유권이전 등기를 거친 자들을 상대로 각 그 **소유권이전등기말소를 구하는 소송을 제기**한 경우, 甲이 승소한다고 가정하더라도 피고들의 등 기가 말소될 뿐이고 이것만으로 피고인이 위 임야에 관한 어떠 한 권리를 취득하거나 의무를 면하는 것은 아니므로 법원을 기 망하여 재물이나 재산상 이익을 편취한 것이라고 보기 어려워 **사기의 실행에 착수한 것이라고 할 수 없다**(대판 1981.12.8, 81도1451).

⑨ 강제집행절차를 통한 소송사기에서 집행절차의 **개시신청을** 한 때 또는 진행 중인 집행절차에 **배당신청**을 한 때에 실행의 착수가 인정되고, 부동산에 관한 소유권이전등기청구권에 대 한 강제집행절차에서 허위 채권에 기한 공정증서를 집행권원 으로 하여 채무자의 소유권이전등기청구권에 대하여 **압류신 청**을 한 때에 실행의 착수가 인정된다(대판 2015.2.12, 2014도 10086).

⑩ 법원을 기망하여 자기에게 유리한 판결을 얻고자 소송을 제기 한 자가 상대방의 주소를 허위로 기재하여 소송을 제기함으로 써 그 허위주소로 소송서류가 송달되어 그로 인하여 상대방 아닌 다른 사람이 그 서류를 받아 소송을 진행한 경우 소송사 기죄의 실행의 착수가 인정된다(대판 2006.11.10, 2006도5811).

16. 국가직 7급

10. 배임죄

판례

1. 피고인이 제1매수인으로부터 계약금 및 중도금 명목의 금원을 교부받은 후, 제2매수인에게 부동산을 매도하기로 하고 계약금만 지급받은 뒤에 더 이상의 계약이행에 나아가지 않았다 면 배임죄의 실행의 착수가 있었다고 볼 수 없다(대판 2003.3.25, 2002도7134). 17. 국가직 9급
   ☺ 중도금을 받은 때에 실행의 착수가 인정된다.

2. 주식회사의 대표이사가 대표권을 남용하는 등 그 임무에 위배하여 약속어음 발행이 무효 일 뿐만 아니라 그 어음이 유통되지도 않았다면 회사는 어음발행의 상대방에게 어음채무 를 부담하지 않기 때문에 특별한 사정이 없는 한 회사에 현실적으로 손해가 발생하였다거 나 실해발생의 위험이 발생하였다고도 볼 수 없으므로, 이때에는 배임죄의 기수범이 아니 라 배임미수죄로 처벌하여야 한다(대판 2017.7.20, 2014도1104).

3. 영업비밀 등을 적법하게 반출하였으나 퇴사시에 회사에 반환하거나 폐기할 의무가 있음에 도 같은 목적으로 이를 반환하거나 폐기하지 아니한 경우, 업무상배임죄의 기수시기는 퇴 사시이다(대판 2017.6.29, 2017도3808).
   ☺ 업무상배임죄의 기수시기는 반출시이다. (×)

4. 업무상 배임죄에서 부작위를 실행의 착수로 볼 수 있기 위해서는 작위의무가 이행되지 않 으면 사무처리의 임무를 부여한 사람이 재산권을 행사할 수 없으리라고 객관적으로 예견 되는 등으로 구성요건적 결과 발생의 위험이 구체화한 상황에서 부작위가 이루어져야 한 다(대판 2017.7.20, 2014도1104). 22. 경찰승진

기출 OX

피담보채권인 공사대금채권을 실제 와 달리 허위로 크게 부풀려 유치권 에 의한 경매를 신청한 경우 소송사 기죄의 실행의 착수가 인정되지 않 는다. 17. 경찰승진   (×)

11. 방화죄

> **판례**
>
> 휘발유가 주택과 피해자의 몸에 살포되어 있는데도 피고인이 방화의 의사를 가지고 **라이터로 불을 붙여** 피해자의 몸에 불이 붙은 경우, 외부적 사정에 의하여 불이 방화목적물인 주택 자체에 옮겨 붙지는 아니하였다고 하더라도 현주건조물방화죄의 실행의 착수가 있다(대판 2002.3.26, 2001도6641). 04. 사시, 10. 경찰승진, 11. 국가직 9급, 12. 변호사, 18. 경찰

12. 통화위조죄

> **판례**
>
> 통화를 위조하려고 오프셋 인쇄기를 사용하여 한국은행권 100원권의 사진을 찍어 그 **필름원판**과 이를 확대 현상한 인화지를 제조한 경우 아직 실행의 착수를 인정할 수 없다(대판 1966.12.6, 66도1317). 04. 행시

13. 공전자기록 등 불실기재죄

> **판례**
>
> 위장결혼의 당사자 및 브로커와 공모한 피고인이 허위로 결혼사진을 찍고 혼인신고에 필요한 서류를 준비하여 위장결혼의 **당사자에게 건네준 것만으로는** 공전자기록 등 불실기재죄의 실행에 착수한 것으로 볼 수 없다(대판 2009.9.24, 2009도4998). 16 · 18. 경찰

14. 간첩죄

> **판례**
>
> 간첩의 목적으로 외국 또는 북한에서 국내에 침투 또는 월남하는 경우에는 기밀탐지가 가능한 국내에 **침투·상륙함**으로써 간첩죄의 실행의 착수가 인정된다(대판 1984.9.11, 84도1381). 08. 법원행시, 11. 국가직 7급

15. 신용카드부정사용죄

> **판례**
>
> 신용카드부정사용죄의 구성요건적 행위인 신용카드의 사용이란 신용카드의 소지인이 신용카드 본래 용도인 대금결제를 위하여 가맹점에 신용카드를 제시하고 매출표에 서명하여 이를 교부하는 일련의 행위를 가리키므로 단순히 **신용카드를 제시하는 행위만으로는** 신용카드부정사용죄의 실행의 착수에 불과하고 그 사용행위를 완성한 것이라고 할 수 없다(대판 1993.11.23, 93도604).
>
> ☺ 신용카드부정사용죄는 미수처벌규정이 없으므로 카드의 제시만으로는 범죄가 성립하지 않는다.
>
>   ✄ <u>매출취소로 거래가 종결되었더라도 신용카드부정사용의 기수행위에 해당한다.</u> ×

16. 기타 범죄

판례비교 실행의 착수 인정 여부

O 실행의 착수 인정	**X** 실행의 착수 부정
① 해상에서 물품을 본선으로부터 **전마선에 옮겨 실을 때**에 밀수출입죄의 실행의 착수가 있고 양륙한 때에 기수가 된다(대판 2000.4.25, 99도5479).	① 수출할 사람에게 비지정문화재를 판매하려다가 가격절충이 되지 않아 **계약이 성사되지 못한 단계**에서는 국외로 반출하는 행위에 근접·밀착하는 행위가 있었다고 볼 수 없어 비지정문화재수출미수죄가 성립하지 **않는다**(대판 1999.11.26, 99도2461).
② 로렉스 손목시계 1개를 출국 당시 차고 간 신변 휴대품인 양, 손목에 차고 이를 세관에 신고하지 아니하고 몰래 반입하려는 의사로 다른 물품이 들어 있는 가방을 세관 **검사대에 올려놓았다면** 관세포탈죄의 실행의 착수가 인정된다(대판 1987.11.24, 87도1571).	② 관세를 포탈할 목적으로 수입할 물품의 수량과 가격이 낮게 기재된 계약서를 첨부하여 수입예정 물량 전부에 대한 과세가격 사전심사를 신청함으로써 과세가격을 허위로 신고하고 이에 따른 과세가격 사전심사서를 미리 받아 두는 행위는 관세포탈죄의 실현을 위한 **외부적인 준비행위**에 해당한다(대판 1999.4.9, 99도424).
③ 관세를 포탈할 범의를 가지고 선박을 이용하여 물품을 **영해 내에 반입한 경우**에는 관세포탈죄의 실행의 착수가 인정된다(대판 1984.7.24, 84도832).	③ 은행강도의 범행으로 강취할 돈을 송금받을 **계좌를 개설한 것**만으로는 범죄수익 등의 은닉에 관한 죄의 실행에 착수한 것으로 볼 수 없다(대판 2007.1.11, 2006도5288). 08. 법원행시, 10. 국가직 9급
④ 위조한 농업협동조합회장 명의의 수입추천서를 이용하여 정당하게 수입승인을 받은 것인 양 세관장에게 수입신고를 하여 관세를 포탈하는 경우에 실행의 착수시기는 세관장에 대한 수입신고시이다(대판 1983.3.22, 80도1591).	④ 피고인이 휴대용 가방을 가지고 보안검색대에 나아가지 않은 채 공항 내에서 **탑승을 기다리고 있던 중**에 체포되었다면 일화 400만엔에 대하여는 실행의 착수가 있다고 볼 수 없다(대판 2001.7.27, 2000도4298).
⑤ 우리나라 내륙에서 반국가단체의 지배하에 있는 지역으로 탈출하려는 탈출죄의 실행의 착수가 있었다고 보려면 탈출할 목적 하에 일반인의 출입이 통제된 지역까지 들어가 **휴전선을 향하여 북상하는 정도**에 이르렀을 때에 실행의 착수가 인정된다(대판 1974.12.24, 74도3064).	⊙ 휴대용 가방에 넣어 비행기에 탑승하려고 한 나머지 400만엔에 대하여는 그 휴대용 가방을 보안검색대에 올려놓거나 이를 휴대하고 통과하는 때에 비로소 실행의 착수가 있다고 볼 것이다.
	⑤ 병역을 기피할 목적으로 사위의 방법으로 발급받은 병사용진단서를 관할 **병무청에 제출**하거나 징병검사장에 출석하여 신체검사를 받는 등의 행위까지 이르지 **않았다면** 병역법상 사위행위의 실행의 착수로는 볼 수 없다(대판 2005.9.28, 2005도3065).
	⑥ 북한과의 범민족단합대회 추진을 위한 예비회담을 하기 위하여 판문점을 향하여 출발하려 한 행위는 국가보안법상 회합예비죄에 해당하고, **회합장소에 훨씬 못 미치는 검문소**에서 경찰에 의하여 저지된 경우에는 회합죄의 실행에 착수하였다고 볼 수 없다(대판 1990.8.28, 90도1217). 06. 사시
	⑦ 입영대상자가 병역면제처분을 받을 목적으로 병원으로부터 **허위의 병사용 진단서를 발급받았다고** 하더라도 이러한 행위만으로는 병역법상 사위행위의 실행에 착수하였다고 볼 수 없다(대판 2005.11.10, 2005도1995). 06. 사시, 10. 경찰, 15. 법원직, 17. 경찰승진
	⑧ 피고인이 히로뽕 제조원료 구입비로 금 3,000,000원을 제1심 공동피고인에게 제공하였는데 공동피고인이 그로써 **구입할 원료를 물색하는 중에** 적발되었다면 피고인의 소위는 히로뽕의 제조에 착수하였다고 볼 수 없다(대판 1983.11.22, 83도2590). 17. 경찰
	⑨ 필로폰을 구해 달라는 부탁과 함께 대금 명목으로 금전을 지급받은 것에 불과한 경우에는 필로폰매매행위의 실행의 착수에 이른 것이라고 볼 수 없다(대판 2008.5.29, 2008도2392). 18. 경찰

❺ 기수와 미수의 구별판례

> **판례**
>
> 1. 위조사문서행사죄는 상대방이 위조된 문서의 내용을 실제로 인식할 필요 없이 상대방으로 하여금 위조된 문서를 인식할 수 있는 상태에 둠으로써 기수가 된다(대판 2005.1.28, 2004 도4663). 12. 변호사, 17. 경찰승진
>
> 2. 회사직원이 재직 중에 영업비밀 또는 영업상 주요한 자산을 경쟁업체에 유출하거나 스스로의 이익을 위하여 이용할 목적으로 부단으로 반출하였다면 유출 또는 반출시에 업무상배임죄의 기수가 된다(대판 2008.4.24, 2006도9089). 17. 경찰
>
> 3. 회사직원이 영업비밀 등을 적법하게 반출하여 반출행위가 업무상배임죄에 해당하지 않는 경우라도, 퇴사시에 영업비밀 등을 회사에 반환하거나 폐기할 의무가 있음에도 경쟁업체에 유출하거나 스스로의 이익을 위하여 이용할 목적으로 이를 반환하거나 폐기하지 아니하였다면, 이러한 행위 역시 퇴사시에 업무상배임죄의 기수가 된다(대판 2008.4.24, 2006도9089). 17. 경찰
>
> 4. 공무원이 뇌물로 투기적 사업에 참여할 기회를 제공받은 경우, 뇌물수수죄의 기수시기는 투기적 사업에 참여하는 행위가 종료된 때로 보아야 한다(대판 2002.5.10, 2000도2251). 17. 경찰
>
> 5. 피고인이 지하철 환승에스컬레이터 내에서 짧은 치마를 입고 있는 피해자의 뒤에 서서 카메라폰으로 성적 수치심을 느낄 수 있는 치마 속 신체 부위를 피해자 의사에 반하여 동영상 촬영 중 경찰관에게 발각되어 저장버튼을 누르지 않고 촬영을 종료하였더라도, 동영상 촬영을 시작하여 일정한 시간이 경과하였다면 구 성폭력범죄의 처벌 및 피해자보호 등에 관한 법률상 카메라 등 이용촬영죄의 기수에 해당한다(대판 2011.6.9, 2010도10677).
>
> 16 · 18. 경찰
>
> ✔ 영상정보가 기계장치 내 임시저장된 데 불과하므로 구 성폭력범죄의처벌및피해자보호등에관한법률에서 정한 '카메라등이용촬영죄'의 미수이다. ✕
>
> 6. 금융기관 직원이 전산단말기를 이용하여 다른 공범들이 지정한 특정 계좌에 돈이 입금된 것처럼 허위의 정보를 입력하는 방법으로 위 계좌로 입금되도록 한 경우, 이러한 입금절차를 완료함으로써 장차 그 계좌에서 이를 인출하여 갈 수 있는 재산상 이익을 취득하였으므로 형법 제347조의2에서 정하는 컴퓨터 등 사용사기죄는 기수이다(대판 2006.9.14, 2006도4127). 15. 경찰, 18. 경찰 · 경찰승진
>
> 7. 일반적으로 사람으로 하여금 공포심을 일으킬 수 있는 정도의 해악을 고지함으로써 상대방이 그 의미를 인식한 이상, 상대방이 현실적으로 공포심을 일으켰는지 여부와 관계없이 협박죄의 기수에 이르는 것으로 보아야 한다(대판 2007.9.28, 2007도606 전원합의체). 15. 경찰
>
> 8. 비록 신체의 일부만이 집 안으로 들어갔다고 하더라도 사실상 주거의 평온을 해하였다면 주거침입죄는 기수에 이르렀다고 보아야 할 것이다(대판 1995.9.15, 94도2561). 15. 경찰, 18. 법원직
>
> 9. 도박장소등개설죄는 영리목적으로 도박을 하는 장소나 공간을 개설하면 기수에 이르고, 실제로 도박이 행하여져야 기수가 되는 것은 아니다(대판 2009.12.10, 2008도5282).
>
> 22. 경찰승진
>
> 10. 정범이 침해 게시물을 인터넷 웹사이트 서버 등에 업로드하여 공중의 구성원이 개별적으로 선택한 시간과 장소에서 접근할 수 있도록 이용에 제공하면, 공중에게 침해 게시물을 실제로 송신하지 않더라도 공중송신권 침해는 기수에 이른다(대판 2021.9.9, 2017도19025).
>
> 22. 경찰
>
> 11. 수목을 절취하기 위하여 이를 캐낸 시점에서 절도죄의 기수에 이르렀다고 할 것이다(대판 2008.10.23, 2008도6080). 21. 국가직 7급

제5절 중지미수

> 제26조 【중지범】 범인이 실행에 착수한 행위를 자의(自意)로 중지하거나 그 행위로 인한 결과
> 의 발생을 자의로 방지한 경우에는 형을 감경하거나 면제한다.

❶ 서설

1. 의의

(1) 중지미수란 범죄의 실행에 착수한 자가 그 범죄가 완성되기 전에 자의로 이를 중지
하거나 결과의 발생을 방지하는 경우를 말하는 것으로 미수범 가운데 가장 관대하게
취급된다(예 甲이 乙을 살해하고자 독약을 먹였으나 곧 후회하여 해독제를 먹여 살
려낸 경우).

(2) 중지미수는 자의로 범죄를 중지하였다는 점에서 자의성이 없는 장애미수와 구별되
고, 결과발생이 가능하였다는 점에서 불능미수와 구별된다.

2. 법적 성격

중지미수를 특별하게 취급하는 이유에 관하여 견해의 대립이 있다.

(1) **형사정책설**

미수단계에 이른 행위자에게 행위를 중지하거나 결과발생을 방지하기 위한 충동을 주
어 범죄의 기수를 방지하려는 것으로, 행위자에게 처벌받지 않는다는 희망을 주어 기
수를 방지하고자 하는 견해이다. '황금의 다리이론'이라고도 한다.

(2) **법률설**

① 미수범의 고의는 주관적 불법요소이고 위법성요소이므로 이에 대한 중지의 결의는
위법성을 소멸·감소시키는 주관적 요소라는 견해이다. 즉, 범죄가 기수로 되기 전에
자의로 범죄의 중지를 결의하면 주관적 불법요소가 감소 또는 소멸되므로 행위의 위
법성도 감소 또는 소멸되어 형을 감경 또는 면제한다는 위법성소멸·감소설이다.

② 자의성을 책임의 감소·소멸로 보는 견해이다. 즉, 자의로 실행의 중지 또는 결과발
생의 방지로 인하여 행위자에 대한 비난가능성인 책임이 감소·소멸되었기 때문에
중지미수를 특별하게 취급하여야 한다는 책임감소·소멸설이다.

(3) **결합설**

형사정책설과 법률설을 절충한 견해이다. 즉, 형의 면제는 형사정책설에 의하고, 형의
감경은 법률설에 의한다는 견해이다.

(4) 보상설

결과의 발생을 방지함으로써 법의 세계로 돌아온 것은 미수의 불법과 일반의 법의식에 대한 행위자의 부정적 작용을 회복시킨다는 것이므로 미수에 대한 가벌성이 소멸 또는 감소된 것으로 보아 자의에 의한 미수의 공적을 보상하는 데에 중지미수를 특별하게 취급하는 이유가 있다는 견해이다.

❷ 성립요건

1. 주관적 요건

(1) 고의가 있을 것

(2) 자의성이 있을 것

① 의의 : 자의성은 중지미수와 장애미수를 구별하는 기준이 된다. 그러나 자의성을 어떻게 이해하느냐에 대하여 견해가 대립되고 있다.

② 자의성의 판단기준에 관한 학설

객관설	의의	외부적 사정에 의한 범죄의 미완성은 장애미수이고, 내부적 동기(자의성)에 의한 범죄의 미완성은 중지미수(예 경찰이 실제로 오지 않았음에도 불구하고 온다고 착각하여 실행행위를 중지한 경우에도 중지미수의 자의성을 인정하여야 함)라는 견해
	비판	기준이 명확하지 못함(중지미수의 인정범위가 가장 넓음)
주관설	의의	윤리적 동기에 의하여 중지한 경우에는 중지미수[자의성(예 후회·동정·연민·양심)]이고, 그 이외의 경우에는 장애미수(예 시간과 장소가 좋지 않아 후일을 기약하고 중지한 경우)라는 견해
	비판	법과 도덕을 혼동함(중지미수의 인정범위가 좁아짐)
프랑크 (Frank) 공식	의의	할 수 있었음에도 불구하고 하기를 원하지 않아서 그만 둔 경우에는 중지미수이고, 하려고 하였지만 할 수 없어서 중지한 경우에는 장애미수라는 견해
	비판	자의성과 행위실행의 가능성을 혼동하고, 어쩔 수 없이 포기할 수밖에 없어서 중지한 경우에도 자의성을 인정하여 불합리함
절충설	의의	일반사회통념상 범죄수행에 장애가 될 사유가 있어서 그만둔 경우에는 장애미수(예 바람에 의한 나뭇잎 소리를 경찰관이 오는 것으로 착각하여 중지한 경우)이고, 이러한 사유가 없음에도 자유로운 의사에 의하여 중지한 경우에는 중지미수(예 시간과 장소가 좋지 않아 후일을 기약하고 중지한 경우)라는 견해
	비판	범인의 의사와 관계없이 사태를 현저히 불리하게 만드는 장애사유 때문에 타율적으로 중지한 때에는 자의성이 인정되지 않음

한눈에 쏙

중지미수의 성립요건

주관적 요건	고의 + 자의성

객관적 요건	• 실행의 착수 • 결과미발생

한눈에 쏙

자의성의 부정

쇼크(예 놀라서, 겁이 나서)

불리한 상황

범행발각

---

③ 자의성의 판단자료

㉠ **자율적 중지**: 사정의 변경이 없음에도 불구하고 스스로 내적 동기에 의하여 자율적으로 중지한 때에는 자의성이 인정된다. 후회, 동정, 공포 또는 범행의욕의 상실과 같은 동기에 의하여 중지한 때가 이에 해당한다.

㉡ **실행의 불가능 또는 곤란으로 인한 중지**

ⓐ 범죄의 실행 또는 완성이 불가능하여 중지한 경우에는 자의성이 부정된다(**예** 목 부위와 왼쪽 가슴 부위를 칼로 수회 찔렀으나 피해자의 가슴 부위에서 많은 피가 흘러나오는 것을 발견하고 겁을 먹어 그만두는 바람에 미수에 그친 경우).

ⓑ 본질적인 사태의 변화 내지 불리한 상황으로 인하여 중지한 경우에는 자의성이 부정된다(**예** 강간하려 하였으나 아이가 잠에서 깨어나 중지한 경우).

ⓒ 범행발각의 두려움 때문에 중지한 경우에는 자의성이 부정된다(**예** 강간에 착수하였으나 아는 여자이기 때문에 형사고소할 것이라는 두려움 때문에 중지한 경우, 범행이 발각되었다고 믿고 두려워서 중지한 경우).

기출 OX

01 피고인이 피해자를 강간하려다가 피해자의 다음에 만나 친해지면 응해 주겠다는 취지의 간곡한 부탁으로 인하여 그 목적을 이루지 못한 후 피해자를 자신의 차에 태워 집에까지 데려다 준 경우 피고인의 행위는 중지미수에 해당한다.
16. 국가직 9급 (O)

02 피고인이 청산가리를 탄 술을 피해자 2명에게 나누어 주어 마시게 하였다가 먼저 마신 피해자 1명이 술을 토하자 즉시 다른 피해자의 술을 거두어 가지고 밖으로 나가서 쏟아버림으로써 그 술을 마시지 못하게 한 경우 중지미수에 해당한다.
06. 경찰 (O)

03 피고인이 장롱 안에 있는 옷가지에 불을 놓아 건물을 소훼하려 하였으나 불길이 치솟는 것을 보고 겁이 나서 물을 부어 불을 끈 것이라면 중지미수라고 볼 수 없다. 18. 경찰
(O)

판례비교 자의성의 인정 여부

O 자의성 인정 – 중지미수 인정	X 자의성 부정 – 중지미수 부정
① 피고인이 피해자를 강간하려다가 피해자의 **다음에 만나 친해지면 응해 주겠다는 취지의 간곡한 부탁**으로 인하여 그 목적을 이루지 못한 후에 피해자를 자신의 차에 태워 집에까지 데려다 준 경우(대판 1993.10.12, 93도1851) 04. 국가직 7급, 07·15. 법원직, 09·16. 국가직 9급, 10. 경찰승진	① 목 부위와 왼쪽 가슴 부위를 칼로 수회 찔렀으나 피해자의 가슴 부위에서 많은 피가 흘러나오는 것을 발견하고 **겁을 먹고 그만두는 바람에 미수에 그친 경우**, 많은 피가 흘러나오는 것에 놀라거나 두려움을 느끼는 것은 일반사회통념상 범죄를 완수함에 장애가 되는 사정에 해당한다고 보아야 할 것이므로 이를 자의에 의한 중지미수라고 볼 수 없다(대판 1999.4.13, 99도640). 14. 경찰, 15. 법원직, 16. 국가직 9급
② 피고인이 청산가리를 탄 술을 피해자 2명에게 나누어 주어 마시게 하였다가 먼저 마신 피해자 1명이 술을 토하자 즉시 다른 피해자의 술을 거두어 가지고 밖으로 나가서 **쏟아버림으로써 그 술을 마시지 못하게 한 경우**(대구고법 1975.12.3, 75노502) ⇨ 실행미수 + 적극성·직접성 ○ ⇨ **중지미수** 04. 경찰승진, 06. 경찰	② 장롱 안에 있는 옷가지에 불을 놓아 건물을 소훼하려 하였으나 불길이 치솟는 것을 보고 **겁이 나서** 물을 부어 불을 끈 경우, 치솟는 불길에 놀라거나 두려움을 느끼는 것은 일반 사회통념상 범죄를 완수함에 장애가 되는 사정에 해당한다고 보아야 할 것이므로 이를 자의에 의한 중지미수라고 볼 수 없다(대판 1997.6.13, 97도957). 14·18. 경찰, 15. 법원직, 16. 국가직 9급
③ 미성년자를 유인하여 금원을 취득할 마음을 먹고 피해자를 유인하였으나 마음이 약해져 **돌려보낸** 경우, 특정범죄 가중처벌 등에 관한 법률 제5조의2 제2항 제1호의 중지미수에 해당한다(대판 1983.1.18, 82도2761). ☺ 미성년자유인죄는 기수이나 재물을 요구하지 않았으므로 특정범죄 가중처벌 등에 관한 법률의 중지미수가 된다. **비교판례** 미성년자를 유인하여 금원을 취득할 마음을 먹고 피해자를 유인하여 그 부모에게 재물을 요구하였으나 양심의 가책을 느끼고 돌려보낸 경우, 특정범죄 가중처벌 등에 관한 법률 제5조의2 제2항 제1호의 기수에 해당한다(대판 1978.7.25, 78도1418). ☺ 특정범죄 가중처벌 등에 관한 법률 제5조의2 제2항 제1호의 죄는 미성년자를 약취·유인하여 재물을 요구하면 기수가 성립하고 재물을 취득할 필요는 없다.	③ 피고인이 피해자를 강간하려고 작은 방으로 끌고 가 팬티를 강제로 벗기고 음부를 만지던 중에 피해자가 수술한 지 얼마 안 되어 배가 아프다면서 애원하는 바람에 그만둔 경우, 피해자의 신체조건상 강간을 하기에 지장이 있다고 본 데에 기인한 것은 중지범의 요건인 자의성이 결여되었다(대판 1992.7.28, 92도917). ④ 피고인이 강간하려고 하였으나 잠자던 피해자의 **어린 딸이 잠에서 깨어 우는 바람에** 도주하였고, 또 피해자가 **시장에 간 남편이 돌아온다고 하면서 임신 중**이라고 말하자 도주한 경우에는 자의로 강간행위를 중지하였다고 볼 수 없다(대판 1993.4.13, 93도347). 16. 국가직 9급

O 자의성 인정 – 중지미수 인정	**X** 자의성 부정 – 중지미수 부정
	⑤ 범행 당일 미리 제보를 받은 세관 직원들이 범행장소 주변에 잠복근무를 하고 있어서 그들이 왔다 갔다 하는 것을 본 피고인이 **범행의 발각이 두려운** 나머지 자신이 분담하기로 한 실행행위에 이르지 못한 경우, 이는 피고인의 자의에 의한 범행의 중지가 아니어서 형법 제26조 소정의 중지범에 해당한다고 볼 수 없다(대판 1986.1.21, 85도2339). 16. 법원직
	⑥ 피고인이 甲에게 위조한 예금통장 사본 등을 보여주면서 외국회사에서 투자금을 받았다고 거짓말하며 자금 대여를 요청하였으나, 甲과 함께 그 입금 여부를 확인하기 위하여 은행에 가던 중 은행 입구에서 차용을 포기하고 돌아가 사기미수로 기소된 경우 **범행이 발각될 것이 두려워** 피고인이 범행을 중지한 것으로서 중지미수로 볼 수 없다(대판 2011.11.10, 2011도10539). 14 · 16. 경찰
	⑦ 원료불량으로 인한 제조상의 애로, 제품의 판로문제, **범행탄로 시의 처벌공포** 등으로 인하여 히로뽕 제조를 단념한 경우 마약 제조의 중지미수에 해당하지 아니한다(대판 1985.11.12, 85도2002).
	⑧ 피고인이 기밀탐지임무를 부여받고 대한민국에 입국하여 기밀을 탐지 · 수집하던 중 경찰관이 피고인의 행적을 **탐문하고 갔다는 말을 전하여 듣고** 지령사항 수행을 보류하고 있던 중에 체포된 경우, 피고인의 행위는 기밀탐지의 기회를 노리다가 검거된 것이므로 이를 중지범으로 볼 수는 없다(대판 1984.9.11, 84도1381). 07. 경찰승진

기출 OX

피고인이 대마 2상자를 사가지고 돌아오다 이 장사를 다시 하게 되면 내 인생을 망치게 된다는 생각이 들어 이를 불태워 버린 경우 중지미수에 해당한다. 07. 법원직 (×)

판례

기수범이 인정되는 경우

1. 피고인이 대마 2상자를 **사가지고 돌아오다가** 이 장사를 다시 하게 되면 내 인생을 망치게 된다는 생각이 들어 이를 불태웠다고 하더라도 이는 양형에 참작되는 사유는 될 수 있을지언정 이미 성립한 죄에는 아무 소장이 없어 이를 중지미수에 해당한다고 할 수 없다(대판 1983.12.27, 83도2629). 07. 법원직

2. 자동차회사 직원이 다른 직원의 아이디와 비밀번호로 회사의 전산망에 접속하여 영업비밀인 도면을 자신의 컴퓨터에 **전송받았을 때**, 이를 자신의 지배영역으로 옮겨와 자신의 것으로 사용할 수 있게 되었으므로 구 부정경쟁방지 및 영업비밀에 관한 법률 제18조 제2항의 영업비밀취득죄가 기수에 해당하며, 후에 이를 삭제하였더라도 미수로 평가할 수 없다(대판 2008.12.24, 2008도9169).

3. 피고인이 공동소유의 대지를 공동소유자의 승낙 없이 타인에게 담보로 제공하고 그 앞으로 **가등기를 경료하였다가**, 그 후 채무를 변제하고 그 가등기를 말소하였다고 하여 중지미수에 해당하는 것은 아니다(대판 1978.11.28, 78도2175). 05. 사시

4. 국가기밀을 탐지 · 수집하기 위하여 대한민국 지배지역 내에 잠입한 후 **국가기밀을 탐지 · 수집하였으나** 수집한 국가기밀을 북한에 전달하지 못하고 체포된 경우 간첩죄의 기수가 된다(대판 1982.2.23, 81도3063).

5. 경찰서에 허위 내용의 고소장을 우송하였고 그 고소장이 도달하였다면 수사에 착수하기 전에 그 고소장을 다시 반환받았다고 하더라도 무고죄의 기수가 된다(대판 1985.2.8, 84도2215).

6. 위조된 정을 알고 그것을 행사할 의사가 있는 자임을 알면서 위조약속어음을 교부하였으나 후에 이를 다시 회수하려고 노력하였으나 벌써 행사한 경우 위조유가증권행사죄(기수)와 사기죄의 공동정범이 성립한다(대판 1970.2.10, 69도2070).

2. 객관적 요건 – 실행의 중지 또는 결과의 방지

(1) 착수미수와 실행미수

① 의의

㉠ 착수미수 : 행위자가 실행에 착수하였으나 실행행위를 종료하지 못한 경우를 말한다(**데** 甲이 乙에게 권총을 겨누고 있는 상황에서 乙을 불쌍히 여겨 총을 내려놓은 경우 중지미수에 해당한다).

㉡ 실행미수 : 행위자가 실행에 착수하여 실행행위를 종료하였지만 결과가 발생하지 아니한 경우를 말한다(**데** 甲이 乙을 향하여 총을 쏘아 乙이 피를 흘리며 기절한 상황에서 병원에 데려가서 살려낸 경우 중지미수에 해당한다).

② 구별실익 : 양자는 형법상 동일하게 처벌되나, 중지미수의 객관적 요건이 다르다는 점에서 구별실익이 있다. 즉, 착수미수는 행위자가 단지 실행행위를 중지함으로써(소극적 부작위) 중지미수가 되나, 실행미수는 이미 실행행위가 완료된 경우이므로 결과를 방지하기 위한 적극적·직접적(제3자의 도움을 받아도 무방)인 방지행위가 있어야 중지미수가 된다.

CASE 착수미수와 실행미수

Q. 甲은 乙을 살해할 의사를 가지고 乙에게 한 발만 쏠 생각으로 심장을 향하여 총을 발사하였으나 총알이 빗나가 팔에 맞았고 乙은 비명을 지르며 쓰러졌다. 甲은 乙이 과다출혈로 죽을 수도 있겠다고 생각하였고 총알이 더 장전되어 있었지만 甲은 乙을 그대로 방치하고 도망쳤다. 그 후 乙은 지나가던 행인에 의하여 구조되어 생명에는 지장이 없었는데, 이때 甲의 행위는 착수미수인가 실행미수인가? (주관설을 기준으로, 행위자의사를 중심으로 할 것)

A. 행위자가 의도한 한 발을 쏘았고 사망의 결과가 발생하지 않았으므로 실행미수에 해당한다. 실행미수가 중지미수가 되려면 결과방지의 직접성과 적극성이 요구되는데, 甲은 乙을 방치하고 도망쳤기 때문에 실행미수의 중지미수는 될 수 없다. 만약 甲이 두 발을 쏠 생각이었으면 행위자가 의도한 것을 다하지 못하였으므로 이는 착수미수가 되고 소극적 부작위로 중지미수가 된다.

SUMMARY 주관설의 기준에 따른 착수미수와 실행미수

1. 착수미수

행위자가 의도한 것 다하지 못함 + 결과미발생 → 소극적 부작위로 중지미수

2. 실행미수

행위자가 의도한 것 다함 + 결과미발생 ─ 직접성 有 / 적극성 有 → 중지미수

(2) 착수미수의 중지

① 실행행위의 중지 : 착수미수는 실행행위를 중지하는 것, 즉 행위의 계속을 포기하는 부작위에 의하여 중지미수가 된다(**예** 살해의 의사로 권총을 겨누었다가 불쌍한 생각이 들어 발사하지 않는 경우).

② 범의의 종국적 포기 여부 : 행위계속의 포기는 반드시 행위의 목표달성 자체를 종국적으로 포기할 것을 요하지 않으며, 잠정적으로 중지한 경우에도 중지미수가 성립한다(**예** 절도의 실행에 착수한 후에 어젯밤 꿈이 불길하여 범행을 내일로 미루고 중지한 경우). 실행의 중지란 이미 행하여진 구체적 착수행위를 계속하지 않는 것을 의미하기 때문이다.

③ 결과의 불발생 : 행위자가 행위의 계속을 중지하였음에도 불구하고 결과가 발생한 때에는 이미 기수에 이른 것이므로 중지미수가 성립할 여지는 없다.

(3) 실행미수의 중지

① 결과발생의 방지 : 방지행위는 인과의 진행을 의식적 · 의욕적으로 중단하기 위한 행위일 것을 요하며, 또한 결과발생을 방지하는 데에 객관적으로 상당한 행위일 것을 요한다.

    ㉠ 적극성 : 실행미수의 중지에 있어서 단순한 소극적인 부작위로는 충분하지 않고 행위자가 자의에 의하여 결과의 발생을 방지하는 적극적인 행위를 할 것을 요한다(**예** 살해의사로 음독시킨 후에 스스로 해독제를 복용시켜 사망의 결과를 방지한 경우에는 적극성이 인정된다).

    ㉡ 직접성 : 원칙적으로 행위자 자신이 방지행위를 할 것을 요하지만 타인의 도움을 받아서 행하여도 무방하다. 다만, 이 경우에도 타인은 행위자에 의하여 행위하였을 것을 요한다. 제3자에 의한 결과의 방지가 범인 자신이 결과발생을 방지한 것과 동일시할 수 있을 정도의 노력을 요한다고 함이 통설이다(**예** 방화 후 불길에 놀라 이웃에게 불을 꺼달라고 부탁하고 도주하였는데 이웃사람에 의하여 진화된 경우 직접성이 부정되어 장애미수가 성립한다).

② **결과의 불발생** : 중지행위가 성공하지 않으면 안 된다. 따라서 행위자가 결과의 발생을 방지하기 위한 진지한 노력을 하였음에도 불구하고 결과가 발생한 때에는 중지미수가 성립할 여지가 없게 된다(**예** 방화 후에 후회하여 진지한 소화행위를 다하였으나 건물이 반소한 경우 방화죄의 기수범이 된다).

③ **인과관계** : 결과불발생과 방지행위 사이에는 인과관계가 있어야 한다. 따라서 방지행위가 아닌 다른 원인에 의하여 결과가 발생하지 아니한 경우에는 중지미수가 성립하지 않는다(**예** 甲이 乙을 살해하기 위하여 치사량의 독약을 배달시켜 乙이 이를 먹었으나 역한 냄새 때문에 다 토함으로써 결과가 발생하지 않은 경우).

❸ 처벌

중지미수의 형은 기수범보다 감경 또는 면제한다. 착수중지와 실행중지의 형에는 차이가 없으며, 중지범이 범행을 중지하였으나 다른 구성요건에 해당하는 결과가 발생한 경우에는 죄수론의 법조경합 중 흡수관계에 해당된다(**예** 살인행위를 중지하였으나 상해의 결과가 발생한 경우에는 살인죄의 미수범으로 처벌되며 경한 상해죄는 이에 흡수된다).

❹ 관련 문제

1. 예비의 중지

(1) 의의

이미 예비행위를 한 자가 예비행위를 자의로 중지하거나 실행의 착수를 포기하는 것을 말한다(**예** 甲이 乙을 살해하기 위하여 총을 구입하였으나 후회하여 실행에 착수하지 않은 경우).

(2) 문제점

예비를 거쳐 실행에 착수한 이후에 중지하면 형을 감경 또는 면제할 수 있으나, 예비행위를 중지하는 경우에는 예비죄로 처벌받는 불합리한 결과가 초래된다. 여기서 중지미수의 규정을 예비에 대해서도 준용할 수 있는가에 관하여 견해가 대립하고 있다.

(3) 중지미수규정의 준용 여부

중지미수는 실행의 착수 이후의 개념이므로 실행의 착수가 있기 전인 예비·음모에 대하여는 중지미수의 규정을 준용할 여지가 없다는 것이 판례의 일관된 입장이다.

> **판례**
>
> 중지범은 범죄의 실행에 착수한 후 자의로 그 행위를 중지한 때를 말하는 것이고 **실행의 착수가 있기 전에 예비·음모의 행위를 처벌하는 경우에 있어서 중지범의 관념은 이를 인정할 수 없다**(대판 1991.6.25, 91도436). 11·16. 경찰

2. 공범과 중지미수

(1) 공동정범

자의로 중지한 자는 중지미수가 되지만 다른 공동정범은 장애미수가 된다(**예** 甲과 乙이 절도를 공모하고 착수한 후에 甲이 乙을 체포하여 절도의 결과를 방지한 경우 甲은 절도죄의 중지미수, 乙은 절도죄의 장애미수가 된다). 그러나 1인이 중지하더라도 다른 자에 의하여 결과가 발생하면 중지미수가 아닌 기수가 된다(**예** 甲과 乙이 강도를 공모하고 丙을 협박하던 중 甲은 죄책을 느껴 중단하고 돌아갔으나 乙이 단독으로 丙의 돈을 강취한 경우 甲과 乙 모두 강도죄의 공동정범이 된다).

> **판례**

공범과 중지미수

1. 甲과 乙은 함께 천광상회 사무실의 금품을 절취하기로 공모하고 乙이 천광상회의 열려진 출입문을 통하여 안으로 들어가 물건을 물색하고 있는 동안 甲이 자신의 범행전력을 생각하여 가책을 느낀 나머지, 천광상회 주인에게 乙의 침입사실을 알려 그와 함께 乙을 체포하고 그 범행을 중지하여 결과발생을 방지한 경우, 甲의 행위는 중지미수의 요건을 갖추었다고 할 것이고 형법 제26조를 적용하여 형을 면제한 제1심 판결을 유지한 원심의 조치는 정당하여 아무런 위법이 있다 할 수 없다(대판 1986.3.11, 85도2831). ⇨ 甲은 특수절도의 중지미수, 乙은 특수절도의 장애미수

2. 甲과 乙은 피해자를 텐트 안으로 끌고 간 후 성관계를 하기로 하고 **甲이 텐트 밖에서 망을 보는 사이 乙은 피해자의 반항을 억압한 후 강간**하였고, 이어 甲이 텐트 안으로 들어가 피해자를 강간하려 하였으나 피해자가 반항을 하며 강간을 하지 말아 달라고 사정을 하여 강간을 하지 않았더라도 甲은 중지미수에 해당하지 않는다(대판 2005.2.25, 2004도8259). 18. 경찰

3. 피고인이 공범과 타인의 사무실을 절취하기로 공모하고, 피고인이 절취를 하는 동안 공범은 망을 보는데 **공범이 범행을 중지하고 경찰에 신고하는 바람에** 피고인은 체포되어 절취에 실패하였다면 특수절도의 장애미수에 해당한다(대판 1969.2.25, 68도1676).

4. 중위인 피고인이 엔진오일을 횡령하고 상사인 공범은 범행은폐를 위하여 송중정리를 하기로 공모하였는데, 상사는 군용물인 엔진오일을 횡령하였으나 중위가 **범의를 철회하고 송중정리를 거절**하였다고 하더라도 횡령죄의 공동정범이 성립한다(대판 1969.2.25, 68도1676).

5. 피고인 등이 금품을 강취할 것을 공모하고 피고인은 집 밖에서 망을 보기로 하였으나, 다른 공모자들이 피해자의 집에 침입한 후 **담배를 사기 위하여 망을 보지 않았다**고 하더라도 피고인은 강도상해죄의 공동정범의 죄책을 면할 수가 없다(대판 1984.1.31, 83도2941).

6. 피고인이 공범들과 다단계금융판매조직에 의한 사기 범행을 공모하고 피해자들을 기망하여 그들로부터 투자금 명목으로 피해금원의 대부분을 **편취한 단계에서 위 조직의 관리이사직을 사임**한 경우, 피고인의 사임 이후 피해자들이 납입한 나머지 투자금 명목의 편취금원도 같은 기망상태가 계속된 가운데 같은 공범들에 의하여 같은 방법으로 수수됨으로써 피해자별로 포괄일죄의 관계에 있으므로 이에 대하여도 피고인은 공범으로서의 책임을 부담한다(대판 2002.8.27, 2001도513).

7. 다른 3명의 공모자들과 강도모의를 하면서 삽을 들고 사람을 때리는 시늉을 하는 등 그 모의를 주도한 피고인이 함께 범행대상을 물색하다가 다른 공모자들이 강도의 대상을 지목하고 뒤쫓아 가자 단지 "어?"라고만 하고 **비대한 체격 때문에** 뒤따라가지 못한 채 범행현장에서 200m 정도 떨어진 곳에 앉아 있었으나 공모자들이 피해자를 쫓아가 강도상해의 범행을 한 사안에서 피고인에게 공동가공의 의사와 공동의사에 기한 기능적 행위지배를 통한 범죄의 실행사실이 인정되므로 강도상해죄의 공모관계에 있고, 다른 공모자가 강도상해죄의 실행에 착수하기까지 범행을 만류하는 등으로 그 공모관계에서 이탈하였다고 볼 수 없으므로 강도상해죄의 공동정범으로서의 죄책을 진다(대판 2008.4.10, 2008도1274).

(2) 간접정범

간접정범이 자의로 피용자의 실행행위를 중지시키거나 결과발생을 방지하여야 중지미수가 된다.

(3) 교사 · 방조범

정범이 자의로 실행을 중지하거나 결과발생을 방지한 경우 정범은 중지미수가 되고, 공범은 장애미수가 된다(예 甲이 乙에게 丙을 살해할 것을 교사하였으나 乙이 실행의 착수후 자의적으로 그만둔 경우 정범 乙은 중지미수, 甲은 살인죄의 장애미수에 해당한다).

제6절 불능미수

제27조【불능범】실행의 수단 또는 대상의 착오로 인하여 결과의 발생이 불가능하더라도 위험성이 있는 때에는 처벌한다. 단, 형을 감경 또는 면제할 수 있다.

❶ 서설

1. 의의

불능미수란 행위자가 범죄의사를 가지고 실행행위를 하였으나 처음부터 실행의 수단 또는 대상의 착오로 인하여 결과발생이 불가능하였지만 위험성이 있기 때문에 미수범으로 처벌되는 경우이다(예 치사량에 현저히 미달하는 농약을 먹게 하여 사람을 살해하고자 한 경우).

2. 성질

구성요건착오는 존재하는 구성요건적 사실을 인식하지 못한 소극적 착오임에 반하여, 불능미수는 존재하지 않는 사실을 존재한다고 오인한 적극적 착오이며 반전된 구성요건착오에 해당한다.

한눈에 쏙

구성요건착오와 불능미수의 구별

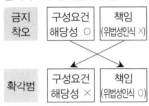

금지착오와 환각범의 구별

금지 착오	구성요건 해당성 ○	책임 (위법성인식 ×)

환각범	구성요건 해당성 ×	책임 (위법성인식 ○)

(반전된 금지의 착오)

3. 구별개념

(1) 환각범

환각범은 사실상 허용되고 있는 행위가 금지되거나 처벌된다고 오인한 경우이며 반전된 금지의 착오라고 할 수 있다(예 동성연애가 범죄로 된다고 오인하고 동성연애를 한 경우). 환각범은 반전된 금지착오가 되어 애당초 처벌하지 않는다.

(2) 불능범

불능범은 사실상 결과발생이 불가능할 뿐만 아니라 위험성마저 없기 때문에 벌할 수 없는 행위이다(예 설탕에 치사력이 있다고 생각하여 상대방에게 먹인 경우).

(3) 장애미수·중지미수

불능미수는 실행의 착수시기를 기준으로 하여 처음부터 결과발생이 불가능하였다는 점에서 장애미수·중지미수와 구별된다.

☑ **장애미수 vs 불능미수**
  불능미수를 먼저 검토한다.

> **판례**
>
> 남편을 독살하기 위하여 치사량에 훨씬 못 미치는 농약을 배춧국에 넣어 남편에게 먹게 하였으나 남편이 배춧국을 먹다 농약의 역한 냄새 때문에 배춧국을 모두 토해버려 살해의 목적을 달성하지 못한 사안에서 원심이 불능미수의 성립 여부를 심리하지 아니한 채 살해의 목적을 달성하지 못한 직접적인 원인이 피해자가 국물을 토한 외부적 장애 때문이라는 사유만으로 살인죄의 '장애미수'를 인정한 것은 장애미수와 불능미수에 관한 법리를 오해하였거나 심리를 다하지 아니함으로써 판결에 영향을 미친 위법을 범하였다는 이유로 원심을 파기한다(대판 1984.2.14, 83도2967).

(4) 미신범

미신범은 비현실적·비과학적인 미신수단(예 기도, 굿 등)을 이용하여 범죄를 저지르려는 행위를 말한다. 결과발생이 불가능하다는 점에서는 불능미수와 같으나, 실제행위의 정형성과 형법적 의미가 없는 행위로서 불가벌이다.

❷ 성립요건

1. 주관적 요건

불능미수도 장애미수와 마찬가지로 고의, 확정적 행위의사 및 특수한 주관적 요소가 필요하다.

2. 객관적 요건

(1) 실행의 착수가 있을 것

불능미수도 미수범이므로 행위자가 실행에 착수하였을 것을 요하는 것은 가능미수의 경우와 같으며, 착수시기도 미수범에 대한 일반이론이 그대로 적용된다.

(2) 결과발생이 불가능할 것

실행의 수단 또는 대상의 착오로 처음부터 결과발생이 불가능하였던 경우에만 불능미수가 성립할 수 있고, 처음에는 결과발생이 가능하였으나 이후 불가능해졌다면 장애미수·중지미수가 문제된다.

① 실행의 수단의 착오 : 행위자가 선택한 수단으로서는 결과의 발생이 불가능한 경우, 즉 수단의 불가능성을 의미한다(📖 설탕으로 사람을 살해하려고 하는 경우).

② 대상의 착오 : 행위자가 선택한 대상에 대해서는 결과발생이 불가능한데 이를 인식하지 못한 경우를 말한다(📖 시체를 향하여 사람으로 오인하여 발포한 경우).

☑ 주체의 착오
신분 없는 자가 신분 있는 것으로 오인하고 진정신분범을 범한 경우(📖 공무원 임용이 무효임을 알지 못한 자가 수뢰죄를 범한 경우)와 같이 주체의 착오로 인하여 결과의 발생이 불가능한 때에도 불능미수가 성립한다는 견해가 있으나, 신분 없는 자의 행위는 미수범의 행위반가치를 결하였다고 하여야 하고, 형법 제27조(수단과 대상의 착오만 규정)를 주체의 착오에까지 확대하는 것은 죄형법정주의의 원칙에 의하여 허용되지 않는다고 하여야 한다(다수설).

3. 위험성

(1) 의의

① 위험성은 구성요건을 실현할 가능성을 의미한다(다수설·판례). 형법 제27조에 의하면 위험성이 있으면 불능미수로 처벌되고, 위험성이 없으면 불능범이 되어 불가벌이므로 위험성 유무가 불능미수와 불능범을 구별하는 기준이 된다.

② 불능미수의 성립요건인 위험성의 판단방법, 판단시기, 판단자 등에 관하여는 견해가 대립한다.

🔑 **한눈에 쏙**

불능미수의 성립요건

주관적 요건	고의(기수의고의)
객관적 요건	• 실행의 착수 • 결과발생의 불가능
위험성	

PART
02

기출 OX

행위자가 처음부터 결과발생이 불가능하다는 것을 알면서 실행에 착수하여 결과는 발생하지 않았지만 위험성이 있는 경우에는 불능미수가 성립된다. (×)

→ 행위자가 처음부터 결과발생이 불가능하다는 것을 알면서 실행에 착수하는 경우에는 기수의 고의가 없어 미수가 될 수 없으므로 위험성 여부에 관계없이 불가벌이 된다.

---

(2) 위험성의 판단기준에 관한 학설

구객관설 (절대적· 상대적 불능, 법률적· 사실적 불능)	의의	모든 **객관적 사정**을 토대로 하여 결과발생이 언제나 불가능하면 절대적 불능으로, 일반적으로는 가능하지만 구체적인 경우에 특수한 사정으로 불가능한 경우에는 상대적 불능으로 나누어 후자의 경우에만 위험성이 인정된다[**예** 방탄복을 입은 자에 대한 발포행위(객체의 상대적 불능), 치사량 미달의 독약을 먹인 경우(수단의 상대적 불능)에는 불능미수에 해당하나, 사체에 대한 살인행위(객체의 절대적 불능), 독살의 의사로 설탕을 먹인 경우(수단의 절대적 불능)에는 불능범에 해당한다].
	비판	절대적 불능과 상대적 불능의 구별이 유동적이며 명확하지 못하다.
구체적 위험설	의의	**행위자가 인식하였던 사정과 일반인이 인식할 수 있었던 사정**을 기초로 하여 사후에 일반인이 경험법칙에 따라 판단한다(**예** 피해자를 살해할 생각으로 발포하였는데 피해자가 이미 사망한 경우, 행위 당시에 피해자가 이미 심장마비로 사망하여 있었음에도 불구하고 일반인이 피해자를 중환자로 취급하고 있었다면 그 행위는 구체적 위험성이 있으므로 미수가 된다).
	비판	행위자가 인식한 사정과 일반인이 인식할 수 있었던 사정이 일치하지 않는 경우 어느 사정을 기초로 판단할 것인지가 명확하지 않다.
추상적 위험설	의의	**행위자가 인식한 사정만을 기초로 하여 행위자가 인식한 대로 일반인이 위험성을 판단한다**(**예** 설탕을 청산가리라고 오해하여 복용하게 하는 경우에도 일반인은 행위자가 인식한 대로 청산가리로 사람을 살해할 수 있는가를 판단하는 것이기 때문에 결과발생의 사후예측이 가능하므로 역시 살인미수가 된다).
	비판	행위자가 경솔하게 잘못 안 경우, 그 사실을 기초로 하여 위험성을 판단하므로 위험성의 인정범위가 넓어진다는 비판을 받는다.
인상설	의의	법적대적인 행위자의 범죄의사의 실행이 일반인에게 법질서의 효력에 대한 신뢰를 저하시키는 **법동요적 인상**을 심어 주었기 때문에 불능미수가 된다는 견해이다(**예** 시체를 산 사람이라고 생각하고 발포한 경우 법동요가 일어날 수 있으므로 불능미수가 된다).
	비판	거의 모든 경우에 법동요적 인상을 인정할 수 있게 되어 위험성의 인정범위가 넓어진다는 비판을 받는다.
주관설	의의	**범죄를 실현하려는 의사**가 있고 이를 표현하는 행위가 있는 이상 범인의 범죄적 위험성이 징표가 되므로 불능미수범으로 처벌할 수 있다는 견해이다(**예** 설탕으로 살인을 할 수 있다고 생각하면서 설탕을 먹인 경우에는 살인죄의 불능미수가 된다).
	비판	불능미수의 한계를 명확히 할 수 없고, 행위자의 의사에 객관적 요소를 고려하지 않으므로 미수의 성립범위를 과도하게 넓힐 우려가 있다.

SUMMARY 위험성의 판단기준 정리

학설	위험성 판단의 기초	판단자
구객관설	모든 객관적 사정	일반인
구체적 위험설	행위자의 인식 + 일반인이 인식할 수 있었던 사정	일반인
추상적 위험설	행위자의 인식을 기초로 함	일반인
주관설	행위자의 인식	행위자

CASE

Q. 살아있는 사람으로 오인하고 살해의 의사로 총을 발사하였으나, 이미 죽어 있는 사체에 불과하였다. 하지만 발사시에 일반인의 입장에서 살아 있는 것으로 오인할 수밖에 없는 사정이었다고 할 경우 행위자의 죄책은? 02. 입시

A. ① 구객관설 : 모든 객관적 사정을 기초로 보면 행위자나 일반인도 살아 있다고 인식하였더라도 죽은 자라는 사실은 변함이 없으므로 위험성이 없어 불능범이 된다.
② 구체적 위험설 : 행위자나 일반인도 살아 있다고 인식하였고 일반인이 판단하기에도 살아 있다고 인식하였으므로 이는 위험성이 있는 불능미수가 된다.
③ 추상적 위험설 : 행위자 인식을 기초로 하여 일반인이 판단한다. 행위자가 살아 있다고 인식하였으므로 이를 기초로 하여 일반인은 살아 있다고 판단하므로 이는 위험성이 있어 불능미수가 된다.
④ 주관설 : 행위자 인식을 기초로 하여 행위자가 판단한다. 행위자는 살아 있다고 인식하고 판단하므로 이는 위험성이 있는 불능미수가 된다.

(3) 판례의 태도

불능범의 판단기준으로서 위험성 판단은 피고인이 행위 당시에 인식한 사정을 놓고 이것이 객관적으로 일반인의 판단으로 보아 결과발생의 가능성이 있느냐를 따져야 하므로 히로뽕제조를 위하여 에페트린에 빙초산을 혼합한 행위가 불능범이 아니라고 인정하려면 위와 같은 사정을 놓고 객관적으로 제약방법을 아는 과학적 일반인의 판단으로 보아 결과발생의 가능성이 있어야 한다(대판 2019.3.28, 2018도16002). → 판례는 추상적 위험설에 따름. 21. 국가직, 22. 경찰승진

기출 OX

불능범과 구별되는 불능미수의 성립요건인 '위험성'은 행위 당시에 행위자가 인식한 사정과 일반인이 인식할 수 있는 사정을 기초로 일반적 경험법칙에 따라 판단해야 한다.
20. 경찰승진 (×)

판례비교 불능미수 또는 불능범에 해당하는 경우

O 불능미수에 해당하는 경우 - 위험성 ○	**X** 불능범에 해당하는 경우 - 위험성 ✕
① 피고인이 공범과 함께 히로뽕(메스엠페타민)을 제조하기 위하여 염산에페트린 및 **수종의 약품을** 교반하였으나 **배합미숙으로** 실패한 경우 결과발생의 위험성이 있으므로 불능미수에 해당한다(대판 1985.3.26, 85도206). 17. 경찰간부	(불능범에 해당하는 경우 수 사 소 비 배당)
비교판례	① 수입자동승인품목을 수입제한 또는 금지품목으로 잘못 알고 수입허가를 받을 의도로 반제품인 양 표시하여 수입허가를 받은 경우, 이를 사위 기타 부정한 행위로써 수입허가를 받은 경우라고 볼 수 없다(대판 1984.6.26, 84도341). → 환각범
• 피고인이 에페트린과 **빙초산 등** 화공약품을 혼합하고 섭씨 80~90도로 가열하여 메스암페타민(속칭 **히로뽕**) 1kg을 제조하였으나 그의 **제조기술과 경험 부족으로** 히로뽕 완제품이 아닌 염산메칠에페트린을 생성시킨 경우, 이것은 객관적으로 일반인의 판단으로 보아 결과발생의 가능성이 있느냐를 따져야 하므로 결과발생의 위험성이 없어 불능범에 해당한다(대판 1978.3.28, 77도4049). 12. 국가직 9급	② 피고인의 소제기 당시부터 타인이 사망한 상태였다면 **사망한 자**에 대한 판결은 그 내용에 따른 효력이 생기지 아니하여 상속인에게 그 효력이 미치지 아니하므로 사기죄를 구성한다고 할 수 없다(대판 2002.1.11, 2000도1881). 09. 법원행시
• 원료불량으로 인한 제조상의 애로, 제품의 판로문제, **범행탄로시의 처벌공포,** 공범자의 포악성으로 히로뽕 제조행위를 단념한 경우 장애미수에 해당한다(대판 1968.10.12, 68도1122).	③ 소송비용을 편취할 의사로 소송비용 **상당액의 지급을 구하는 손해배상금청구의 소**를 제기하였다가 담당 판사의 권유를 받고 소를 취하한 경우 사기죄의 불능범에 해당한다(대판 2005.12.8, 2005도8105). 09. 경찰·국가직 9급, 10. 사시, 11. 법원행시
② 피고인이 요구르트 한 병마다 섞은 농약 1.6cc가 그 **치사량에 약간 미달**한다고 하더라도 이를 마실 경우에 사망의 결과발생 가능성을 배제할 수는 없다(대판 1984.2.28, 83도3331). 05. 법원행시, 13. 경찰승진	④ 피고인이 에페트린과 빙초산 등 화공약품을 혼합하고 섭씨 80~90도로 가열하여 메스암페타민(속칭 **히로뽕**) 1kg을 제조하였으나 그의 **제조기술과 경험부족으로** 히로뽕 완제품이 아닌 염산메칠에페트린을 생성시킨 경우, 이것은 객관적으로 일반인의 판단으로 보아 결과발생의 가능성이 있느냐를 따져야 하므로 결과발생의 위험성이 없어 불능범에 해당한다(대판 1978.3.28, 77도4049). 12. 국가직 9급
③ 권총에 탄환을 장전하여 발사하였으나 **탄환이 불량**하여 불발에 그친 경우에도 결과발생을 초래할 위험이 내포되어 있다고 할 것이므로 이를 불능범으로 할 수는 없다(대판 1954.1.30, 4286형상103).	⑤ 甲이 乙에게 건물을 임차하고 그 처 丙의 주민등록만 전입신고하였는데 乙의 건물에 경매가 개시되자 甲은 임차인란의 甲을 지우고 丙으로 변경하여 확정일자를 받아 경매 법원에서 **소액보증금을** 배당받은 경우, 이러한 임차인의 행위를 객관적으로 결과발생의 가능성이 있는 행위라고 볼 수 없다(대판 2002.2.8, 2001도6669). 06. 경찰승진, 09. 법원행시, 16. 법원직
④ 소매치기가 피해자의 주머니에 손을 넣어 금품을 절취하려 한 경우, 비록 그 주머니 속에 금품이 들어있지 **않았었다** 하더라도 위 소위는 절도라는 결과발생의 위험성을 충분히 내포하고 있으므로 절도미수에 해당한다(대판 1986.11.25, 86도2090).	☺ 실제의 임차인이 전세계약서상의 임차인 명의를 처의 명의로 변경하지 아니하였다 하더라도 소액임대차보증금에 대한 우선변제권 행사로서 배당금을 수령할 권리가 있다고 할 것이어서, 경매법원이 실제의 임차인을 처로 오인하여 배당결정을 하였더라도 이로써 재물의 편취라는 결과의 발생은 불가능하다고 할 것이고, 이러한 임차인의 행위를 객관적으로 결과발생의 가능성이 있는 행위라고 볼 수도 없으므로 형사소송법 제325조에 의하여 무죄를 선고하여야 한다.
⑤ 피고인이 향정신성의약품인 메스암페타민을 매수하려 하였으나 매도인이 소금을 **대신 교부**함으로써 미수에 그친 경우에는 그 매매행위가 성사될 가능성은 있었다고 보아야 하므로 향정신성의약품의 매매미수범으로 처벌할 수 있다(대판 1998.10.23, 98도2313).	
⑥ 원비-디 병에 성인남자를 살해하기에 족한 용량의 농약을 주었거나 피고인이 피해자 소유 승용차의 **브레이크호스를** 잘라 브레이크액을 유출시켜 주된 제동기능을 완전히 상실시킴으로써 그 때문에 피해자가 그 자동차를 몰고 가다가 반대차선의 자동차와의 충돌을 모면하기 위하여 브레이크 페달을 밟았으나 전혀 제동이 되지 아니하여 사이드브레이크를 잡아당김과 동시에 인도에 부딪치게 함으로써 겨우 위기를 모면한 경우, 피고인의 행위는 가해자의 사망의 결과발생에 대한 위험성을 배제할 수 없다 할 것이므로 불능미수에 해당한다(대판 1990.7.24, 90도1149). 02. 법원행시	

O 불능미수에 해당하는 경우 - 위험성 ○	**X** 불능범에 해당하는 경우 - 위험성 ×
⑦ 甲과 乙은 일정량 이상을 먹으면 사람이 죽을 수 있는 '초우뿌리' 달인 물과 '부자' 달인 물을 丙에게 마시게 하여 살해하려 하였으나 丙이 이를 토해버린 경우, 불능범은 범죄행위의 성질상 결과발생 또는 법익침해의 가능성이 절대로 있을 수 없는 경우를 말하므로 살인미수죄에 해당한다(대판 2007.7.26, 2007도3687). 08. 사시, 10. 경찰승진 ⑧ 피고인이 피해자가 심신상실 또는 항거불능의 상태에 있다고 인식하고 그러한 상태를 이용하여 간음할 의사로 피해자를 간음하였으나 피해자가 실제로는 심신상실 또는 항거불능의 상태에 있지 않은 경우, 피고인이 행위 당시에 인식한 사정을 놓고 일반인이 객관적으로 판단하여 보았을 때 준강간의 결과가 발생할 위험성이 있었으므로 준강간죄의 불능미수가 성립한다(대판 2019.3.28, 2018도16002 전원합의체).	

❸ 처벌

결과의 발생이 불가능하고 위험성이 없는 불능범은 처벌하지 않지만, 위험성이 있는 불능미수는 처벌하여 이를 임의적 감면사유로 규정하고 있다.

CHAPTER 06 공범론

제1절 공범의 일반이론

❶ 서설

1. 범죄참가형태

(1) 분류

① 단독범·공범: 범죄를 단독으로 실행하는 것을 단독범, 2인 이상이 협력하여 범죄를 실행하는 것을 공범이라고 한다.

② 직접정범·간접정범: 행위자가 범죄를 직접 실행하는 것을 직접정범, 타인을 이용하여 실행하는 것을 간접정범이라고 한다.

③ 교사범·방조범: 타인을 교사하여 범죄를 실행하면 교사범, 타인의 범죄를 방조하면 방조범이라고 한다.

(2) 입법방식

① 단일정범체계: 정범과 교사범 또는 종범의 구별을 포기하고 통일적으로 정해진 형벌의 범위 안에서 행위 기여의 정도에 따라 처벌하는 방식이다.

② 분리방식: 구성요건의 측면에서 상이한 참가형태, 즉 정범과 공범을 분리하여 각칙의 구성요건을 총론의 공범이론에 의하여 보완하게 하는 방법으로 우리 형법이 취하고 있는 방식이다.

2. 공범의 분류

(1) 광의의 공범과 협의의 공범

① 광의의 공범: 다수의 참가형태에서 공동정범·간접정범·교사범·방조범을 총칭한다.

② 협의의 공범: 교사범과 종범을 협의의 공범이라 부른다.

(2) 임의적 공범과 필요적 공범

① 임의적 공범: 형법상 혼자서도 얼마든지 할 수 있는 범죄를 2인 이상이 협력하여 실현하는 경우를 말한다.

② 필요적 공범: 구성요건 자체가 2인 이상의 참가나 단체의 행동을 전제로 하는 범죄를 말한다.

❷ 필요적 공범

1. 의의

구성요건상 반드시 2인 이상의 참가가 요구되는 범죄유형을 말하고, 1인 단독으로는 실행이 불가능하도록 규정된 공범형태를 말한다.

2. 종류

⑴ 집합범

① 의의: 다수인이 동일한 방향에서 같은 목표를 향하여 공동으로 작용하는 범죄, 즉 다수인의 집합에 의한 군집범죄를 말한다.

② 참가자의 행위태양과 정도에 따른 구별

유형	해당범죄
다수인에게 동일한 법정형이 부과되어 있는 경우	① 소요죄(제115조) ② 다중불해산죄(제116조) ③ 합동범(합동절도·합동강도·합동도주죄)
다수인에게 상이한 법정형이 부과되어 있는 경우	내란죄

⑵ 대향범

① 의의: 2인 이상의 대향적 협력에 의하여 성립하는 범죄를 말한다.

② 참가자의 행위태양과 정도에 따른 구별

유형	해당범죄
대향자 쌍방의 법정형이 같은 경우	① 아동혹사죄 ② 인신매매죄 ③ 도박죄
대향자 사이의 법정형이 다른 경우	① 수뢰죄 > 증뢰죄 ② 배임수재죄 > 배임증재죄 ③ 도주원조죄 > 도주죄
대향자 일방만 처벌하는 경우	① 음화판매죄 ② 촉탁·승낙 살인죄(촉탁·승낙자 불처벌) ③ 범인은닉죄(범인자신은 불처벌)

3. 총칙상 공범규정의 적용 여부

(1) 내부참가자 상호간

필요적 공범에서 내부참가자는 모두 정범으로 각자에게 적용될 형벌이 각칙에서 별도로 규정되어 있다. 따라서 내부참가자 상호간에는 총칙상의 공범규정이 적용되지 않는다(통설·판례). 이 경우 내부참가자는 각자가 직접정범이 된다.

> **판 례**
>
> 뇌물죄의 경우
> 1. 소위 대향범은 대립적 범죄로서 2인 이상의 서로 대향된 행위의 존재를 필요로 하는 필요적 공범관계에 있는 범죄로 이에는 공범에 관한 형법 총칙규정의 적용이 있을 수 없다(대판 1985.3.12, 84도2747).
> 2. 뇌물수수죄는 필요적 공범으로서 형법 총칙의 공범이 아니므로, 형법 제30조(공동정범)를 따로 적용하여야 하는 것이 아니다(대판 1971.3.9, 70도2536).

(2) 집합범

집단 외부에서 관여한 행위에 대해서 공동정범을 제외하고 교사·방조범의 규정은 적용될 수 있다(부분적 긍정설 ; 다수설). 예컨대 제3자가 내란죄나 소요죄를 교사·방조한 경우 내란죄나 소요죄의 교사·방조범이 성립한다.

(3) 대향범

① 쌍방 모두가 처벌되는 경우 : 각 대향자에게 관여한 외부자의 행위에 대해서는 총칙상의 공범규정이 적용된다. 교사·방조범은 물론 공동정범의 성립도 가능하다(예 제3자가 공무원과 공동으로 수뢰를 한 경우 수뢰죄의 공동정범이 성립한다).

② 대향자 일방만이 처벌되는 경우

　㉠ 외부관여자의 경우 : 처벌되는 대향자에게 관여한 경우에는 총칙상의 공범규정이 적용되나, 처벌되지 않는 대향자에게 관여한 경우에는 총칙상의 공범규정이 적용되지 않으므로 처벌되지 않는다.

　㉡ 내부관여자의 경우 : 대향자 중 일방만을 처벌하는 경우에 있어 처벌되지 않는 대향자에게 처벌되는 대향자의 범죄에 대한 공범의 성립을 인정할 수 있는가에 대해, 일방을 처벌하지 않는 것은 그 행위를 불문에 붙인다는 취지이므로 공범의 성립을 부정한다(다수설·판례).

판례

대향범으로서 형법총칙상의 공범규정이 적용되지 않는 경우

1. 매도·매수와 같이 2인 이상의 서로 **대향된 행위의 존재를 필요로 하는 관계에 있어서는 공범이나 방조범에 관한 형법총칙규정의 적용이 있을 수 없고,** 따라서 매도인에게 따로 처벌규정이 없는 이상 매도인의 매도행위는 그와 대향적 행위의 존재를 필요로 하는 상대방의 매수 범행에 대하여 공범이나 방조범관계가 성립되지 아니한다(대판 2001.12.28, 2001도5158).

2. 형법은 음화를 판매한 자를 처벌하고 있는데, 피고인이 청계천 상가에서 **매도인으로부터 음란한 서적을 구입하다가** 적발되었다고 하더라도 음화판매죄의 **종범에 해당하지 아니한다** (대판 2001.12.28, 2001도5158).

3. 관세법은 관세가 면제되어 수입된 물품을 세관장의 승인 없이 **양수한 자를 용도 외 사용죄로 처벌**하는데, 피고인이 주한 외국대사관의 공용품으로 관세가 면제된 승용차를 임의로 매수인에게 **양도한 경우 용도 외 사용죄의 종범에 해당하지 않는다**(대판 1988.4.25, 87도2451).

4. 세무사법은 제22조 제1항 제2호, 제11조에서 세무사와 세무사였던 자 또는 그 사무 직원과 사무 직원이었던 자가 그 직무상 지득한 비밀을 누설하는 행위를 처벌하고 있을 뿐 비밀을 누설받는 상대방을 처벌하는 규정이 없으므로 이에 공범에 관한 형법총칙규정을 적용할 수 없다(대판 2007.10.25, 2007도6712).

5. 변호사법은 변호사가 아닌 자가 변호사를 **고용하여 법률사무소를 운영하는 행위를 처벌**하고 있는데 변호사 아닌 자에게 **고용되어 법률사무소의 개설·운영에 관여한 변호사의 행위가** 일반적인 형법총칙상의 공모·교사 또는 방조에 해당된다고 하더라도 **변호사를 변호사 아닌 자의 공범으로서 처벌할 수는 없다**(대판 2004.10.28, 2004도3994).

05. 국가직 9급, 06. 경찰승진, 10. 경찰, 17. 경찰간부

6. 동일인에 대한 대출 등의 한도 위반에 관한 구 상호신용금고법 위반의 점은 **대출을 하는 자와 대출을 받는 자의 대향적 행위의 존재를 필요로 하는 대립적 범죄로서,** 일정한 경우 대출을 한 자를 처벌함으로써 그와 같은 대출의 발생을 방지하려는 데에 목적이 있고, 위 각 조문의 규정형식상 대출을 한 자만을 처벌하고 따로 대출을 받은 자에 대하여 처벌규정이 없는 점에 비추어, **대출을 받은 자의 행위에 대하여는 상대방의 대출행위에 대한 형법총칙의 공범규정이 적용되지 않는다**(대판 2002.7.22, 2002도1696).

7. 자가용 화물자동차의 소유자에게 대가를 지급하고 운송을 의뢰하여 화물운송이라는 용역을 제공받은 상대방의 행위가 자가용 화물자동차 소유자와의 관계에서 일반적인 형법총칙상의 공모·교사 또는 방조에 해당된다고 하더라도 자가용 화물자동차 소유자의 유상운송행위의 상대방을 자가용 화물자동차 소유자의 유상운송행위의 공범으로 처벌할 수 없다(대판 2005.11.25, 2004도8819). 08. 사시

8. 피고인 甲이 피고인 乙에게 외화취득의 대상으로 원화를 지급하고 피고인 乙이 이를 **영수한 경우,** 甲에게는 대상지급을 금한 외국환관리법 제22조 제1호, 乙에게는 대상지급의 영수를 금한 같은 조 제2호 위반의 죄만 성립될 뿐 각 **상피고인의 범행에 대하여서는 공범관계가 성립되지 않는다**(대판 1985.3.12, 84도2747).

9. 약사법은 약국개설자가 아닌 자가 의약품을 판매하거나 판매목적으로 취득하는 경우를 처벌하는데, 피고인이 약국개설자가 아닌 자가 마약대용물로 남용되는 염산날부핀을 유통시킬 줄 알면서도 약국개설자가 아닌 자에게 판매하였다면 약사법 위반죄의 정범이 성립한다(대판 2001.12.28, 2001도5158). 17. 법원직

10. 금품 등을 공여한 자에게 따로 처벌규정이 없는 이상, 그 공여행위는 그와 대향적 행위의 존재를 필요로 하는 상대방의 범행에 대하여 공범관계가 성립되지 아니하고, 오로지 금품 등을 공여한 자의 행위에 대하여만 관여하여 그 공여행위를 교사하거나 방조한 행위도 상대방의 범행에 대하여 공범관계가 성립되지 아니한다(대판 2014.1.16, 2013도6969). 18. 경찰승진

11. 변호사 사무실 직원인 피고인 甲이 법원공무원인 피고인 乙에게 부탁하여 수사 중인 사건의 체포영장 발부자 53명의 명단을 누설받은 경우, 피고인 乙이 직무상 비밀을 **누설한 행위**와 피고인 甲이 이를 **누설받은 행위**는 대향범관계에 있으므로 공범에 관한 **형법총칙규정이 적용될 수 없다.** 따라서 피고인 甲의 행위는 공무상비밀누설교사죄에 해당하지 않는다(대판 2011.4.28, 2009도3642). 17. 경찰·경찰승진·경찰간부·법원직

12. 2인 이상의 서로 대향된 행위의 존재를 필요로 하는 대향범에 대하여는 공범에 관한 형법총칙규정이 적용될 수 없는데, 구 의료법(2007.7.27. 법률 제8559호로 개정되기 전의 것) 제17조 제1항 본문은 의료업에 종사하고 직접 진찰한 의사가 아니면 처방전을 작성하여 환자 등에게 교부하지 못한다고 규정하면서 제89조에서는 위 조항 본문을 위반한 자를 처벌하고 있을 뿐, 위와 같이 작성된 **처방전을 교부받은 상대방을 처벌하는 규정이 따로 없는 점**에 비추어 위와 같이 작성된 처방전을 교부받은 자에 대하여는 공범에 관한 형법총칙규정이 적용될 수 없다고 보아야 한다(대판 2011.10.13, 2011도6287).

13. 구 정치자금법 제45조 제1항의 정치자금을 기부한 자와 기부받은 자는 이른바 대향범인 필요적 공범관계에 있다. 이러한 공범관계는 행위자들이 서로 대향적 행위를 하는 것을 전제로 하는데, 각자의 행위가 범죄구성요건에 해당하면 그에 따른 처벌을 받을 뿐이고 반드시 협력자 전부에게 범죄가 성립하여야 하는 것은 아니다. 정치자금을 기부하는 자의 범죄가 성립하지 않더라도 정치자금을 기부받는 자가 정치자금법이 정하지 않은 방법으로 정치자금을 제공받는다는 의사를 가지고 받으면 정치자금부정수수죄가 성립한다(대판 2017.11.14, 2017도3449).

❸ 정범과 공범의 구별

1. 정범의 개념

구분	확장적 정범개념	제한적 정범개념
개념	구성요건적 결과발생에 조건을 설정한 자 모두 정범이 된다는 견해이다.	구성요건적 행위를 스스로 행위한 자만이 정범이 된다는 견해이다.
특징	① 결과의 발생에 기여한 모든 객관적·외부적 조건은 동등하게 정범의 원인이 되므로 객관적 기준에 의해서는 정범과 공범을 구별할 수 없기 때문에 정범과 공범의 구별에 있어서는 주관설과 결합한다. ② 인과관계에서 조건설을 기초로 한다. ③ 공동정범·간접정범·교사범·방조범 모두를 정범으로 보는 단일정범 체계이다. ④ 형법총칙상 공범규정은 확장적 정범개념에 의하면 공범도 정범처럼 처벌하여야 하는데, 현행형법상 공범(방조범)은 형을 감경시키므로 **처벌축소사유**가 된다.	① 구성요건해당성의 실행이라는 객관적 기준의 유무에 따라 정범과 공범을 구별하므로 정범과 공범의 구별에 있어서 **객관설**과 결합한다. ② 정범과 공범을 분리하는 방식이다. ③ 인과관계에서 원인만 제공한 자만이 정범이므로 **원인설**을 기초로 한다. ④ 형법총칙상 공범규정은 구성요건적 행위만을 한 정범만을 처벌할 수 있는데, 현행형법에 의하면 구성요건적 행위를 하지 않는 공범도 처벌하므로 **처벌확장사유**가 된다.
비판	① 정범의 개념을 지나치게 확대하므로 **형법의 보장적 기능**을 침해하고 **죄형법정주의의 요청에 반할 위험**이 있다. ② 형법의 태도와 조화될 수도 없다.	간접정범과 공동정범을 정범으로 인정하는 데에 무리가 있다.

2. 정범의 요건

(1) 기능적 행위지배설에 의하면 구성요건에 해당하는 사건의 진행을 조종·장악·지배하는 자가 정범이고, 그렇지 않은 자는 공범으로 보게 된다.

(2) 단독정범은 실행지배, 간접정범은 의사지배, 공동정범은 기능적 범행지배가 필요하다.

(3) 촉탁살인행위는 상대방의 진지한 부탁이 있더라도 행위자가 여전히 살해행위를 지배하므로 정범에 해당한다.

(4) 다만, 의무범·진정신분범·자수범은 행위지배의 적용이 안 되므로 정범으로 설명하는 데에 한계가 있다.

❹ 공범의 종속성

1. 공범종속성설과 공범독립성설

구분	공범종속성설(통설·판례)	공범독립성설
의의	정범의 위법한 행위(실행의 착수)가 있어야 공범이 성립할 수 있다는 견해이다.	공범은 정범의 실행행위와 무관하게 교사·방조의 의사전달만 있으면 성립한다는 견해이다.
범죄이론	객관주의	주관주의
간접정범	① 간접정범의 개념을 인정한다. ② 정범이 성립하지 않거나 처벌되지 않는 경우에 공범도 처벌되지 않으므로 이용자를 처벌하기 위하여 간접정범의 개념을 인정한다.	① 간접정범의 개념을 부정한다. ② 교사·방조행위가 있는 이상 공범은 성립할 수 있으므로 이용자는 정범이 아니라 공범이 된다.
공범의 성격	공범의 불법은 정범의 불법에서 나온다.	공범의 불법은 자신의 고유한 불법이다.
공범의 미수	① 정범의 행위가 가벌적 미수로 된 때에만 공범도 미수로 처벌한다. ② 미수범의 공범은 인정하나, 공범의 미수는 부정한다. ③ 교사의 미수를 예비·음모로 처벌하는 규정(제31조 제2항·제3항)은 특별규정이다.	① 정범의 실행의 착수가 없어도 공범은 미수로 처벌한다. ② 미수범의 공범과 공범의 미수 둘 다 인정한다. ③ 교사의 미수를 예비·음모로 처벌하는 규정(제31조 제2항·제3항)은 당연규정이다.
공범과 신분 (제33조)	신분의 연대성을 규정한 본문이 원칙규정이고 단서는 예외규정이다.	신분의 개별성을 규정한 단서가 원칙규정이고 본문은 예외규정이다.
자살관여죄	특별규정	당연규정
처벌근거	종속야기설(정범의 실행의 착수가 있어야 처벌 가능)	순수한 야기설(정범의 실행의 착수 여부 불문)

☑ 두문자
독 주 간 부
공 미 공 인
자 당
신 단 원

기출 OX

01 공범종속성설에 따르면 교사의 미수는 인정하나, 미수범에 대한 교사는 인정하지 않는다. (×)

02 공범독립성설은 주관주의의 입장이다. (○)

03 우리 형법은 교사의 미수를 처벌하지 않는다. (×)

04 자살관여죄는 공범종속성설의 유력한 근거이다. (×)

05 공범종속성설은 형법 제31조 제2항·제3항(기도된 교사)을 특별규정으로 이해하고 있다. (○)

06 공범독립성설은 형법 제33조(공범과 신분) 단서를 원칙규정으로 보며, 같은 조 본문을 예외규정으로 파악한다. (○)

07 공범독립성설은 자살교사·방조를 처벌하는 형법 제252조 제2항을 당연규정으로 파악한다. (○)

판례

정범의 성립은 교사범·방조범의 구성요건의 일부를 형성하고 **교사범·종범이 성립함에는 먼저 정범의 범죄행위가 인정되는 것이 그 전제요건이 되는 것은 공범의 종속성에 연유하는 당연한 귀결이다**(대판 1981.11.24, 81도2422). 18. 경찰승진

2. 공범종속의 정도

구분	내용
최소한 종속형식	정범의 행위가 구성요건에 해당하면 공범이 성립한다(예 폭행의 고의로 친권자를 교사하여 그 자를 징계하도록 한 경우, 친권자는 정당행위로서 무죄이나 교사자는 폭행죄의 교사범 성립).
제한적 종속형식	정범의 행위가 구성요건 + 위법성이면 공범이 성립한다(예 12세 어린이에게 절도행위를 교사한 경우 절도죄의 교사범 성립).
극단적 종속형식	정범의 행위가 구성요건 + 위법성 + 책임이면 공범이 성립한다(예 12세 어린이에게 절도행위를 교사한 경우 절도죄의 간접정범 성립).
최극단적 종속형식	정범의 행위가 구성요건 + 위법성 + 책임 + 처벌조건이면 공범이 성립한다.

📖 사례: A가 12세 어린이 B에게 절도를 교사한 경우 A의 죄책

구분	구성요건해당성	위법성	책임	가벌성의 조건	사례 해결
최소종속형식		공범의 성립에 불필요한 요건			A: 절도죄의 교사범
제한종속형식			(흠결이 있어도 공범성립)		A: 절도죄의 교사범
극단종속형식	공범의 성립에 필요한 요건				A: 절도죄의 간접정범
초극단종속형식	(요건 흠결시 간접정범성립)				A: 절도죄의 간접정범

3. 공범의 처벌근거

공범은 정범의 성립에 종속하지만, 실행행위를 하지 않았음에도 불구하고 처벌되는 근거를 어디에 있다고 볼 것인가에 대해서는 다음과 같은 견해의 대립이 있다.

구분		내용

가담설	책임가담설	• 정범으로 하여금 '유책'한 범죄를 저지르게 했다는 점에서 공범의 처벌근거
		• 극단적 종속형식과 결부
		  ⇨ 책임의 연대성을 인정하여 개인책임의 원칙에 반함.
		  ⇨ 통설인 제한적종속형식과 모순

	불법가담설	• 공범이 정범으로 하여금 범행을 저지르게 하여 법적 평화를 침해하였다는 점에서 공범의 처벌근거
		• 제한적 종속형식을 고려한 책임가담설의 변형
		  ⇨ 교사범의 가벌성은 설명용이, But 정범으로 하여금 범행을 저지르게 한 자가 아닌 '방조범'의 가벌성 근거 설명 곤란 → 공범의 처벌근거를 통일적으로 파악할 수 없음.
		  ⇨ 미수의 교사(함정수사)의 불가벌성 설명 곤란

야기설	순수야기설	• 정범의 구성요건적 법익침해를 야기(방향제시)하였다는 점에서 공범의 처벌근거
		• 공범자체의 독자적 불법인정 - 정범의 실행행위가 없더라도 정범을 교사·방조한 자를 교사·방조범으로 처벌할 수 있다.
		• 공범독립성설과 결부
		• 공범 고유의 행위반가치가 공범불법의 근거
		  ⇨ 결과반가치를 무시
		  ⇨ 공범의 종속성을 인정하는 형법의 태도와 모순(정범이 없어도 공범 성립 인정하여 가벌성의 확장초래)

	종속적야기설	• 정범의 구성요건적 법익침해를 야기·촉진시켰다는 점에서 공범의 처벌근거. 단, 공범의 '불법'의 근거와 정도는 모두 정범의 불법에 종속
		• 공범의 독자적 불법성 불인정
		  ⇨ 공범고유의 행위반가치 부정
		  ⇨ 실패한 교사, 미수의 교사, 불가벌적 필요적 공범(음화판매죄의 구매자), 자살관여죄 설명 곤란

	혼합적야기설	공범은 법익침해라는 결과반가치를 직접 실현할 수 없기 때문에 정범의 결과반가치에 종속하고 행위반가치는 공범자신의 교사행위 내지 방조행위에서 독자적으로 찾을 수 있다. ⇨ 기도된 교사를 미수로 처벌하지 않고 예비·음모에 준하여 처벌하고 있는 형법의 태도는 종속적 야기설과 일치

제2절 간접정범

제34조【간접정범, 특수한 교사, 방조에 대한 형의 가중】① 어느 행위로 인하여 처벌되지 아니하는 자 또는 과실범으로 처벌되는 자를 교사 또는 방조하여 범죄행위의 결과를 발생하게 한 자는 교사 또는 방조의 예에 의하여 처벌한다.

❶ 서설

1. 의의

간접정범이란 타인을 생명 있는 도구로 이용하여 범죄를 실행하는 것을 말한다(예 정신이상자를 충동질하여 방화하게 한 경우에 피이용자는 책임능력이 없기 때문에 처벌되지 않고, 정을 모르는 간호원에게 독약이 든 주사를 주어 환자를 살해하는 경우에도 피이용자의 행위는 처벌되지 않는다). 따라서 이용자가 동물을 이용하거나(예 맹견을 사주하여 사람을 물게 한 경우), 사람을 생명 없는 도구로 이용하는 경우(예 사람을 갑자기 밀어 넘어지게 하여 타인의 재물을 손괴하게 한 경우)에는 간접정범이 아니라 직접정범이 된다.

2. 본질

(1) 간접정범의 정범성은 범행지배 중 의사지배에 있다. 이용자(또는 배후자)는 우월한 의사를 이용 또는 지배하여 범행을 저지르기 때문에 도구인 피이용자를 통하여 계획적인 조종의사로 사건 전체를 장악·지배하게 된다는 점이 간접정범의 본질이다.

(2) 확장적 정범이론, 공범종속성설은 간접정범을 정범으로 취급한다.

> ☑ **간접정범을 정범으로 취급하는 학설**
> • **확장적 정범이론** : 구성요건적 결과발생에 조건을 설정한 자 모두 정범이 된다. 따라서 간접정범도 의사지배로 결과발생에 조건을 설정하기 때문에 정범이 된다.
> • **공범종속성설** : 정범이 성립되어야 종속적으로 공범이 성립된다는 견해이다. 간접정범에 있어서는 피이용자가 직접정범의 물적 도구와 비슷한 인적 도구에 지나지 않으므로 피이용자는 정범이 될 수 없다. 따라서 간접정범은 공범이 될 수 없고 정범이 된다.

(3) 제한적 정범이론, 공범독립성설은 간접정범을 공범으로 취급한다.

> ☑ **간접정범을 공범으로 취급하는 학설**
> • **제한적 정범이론** : 구성요건적 행위를 직접 실행한 자만이 정범이 되므로 간접정범은 정범이 아니라 공범이 된다.
> • **공범독립성설** : 정범의 행위가 없더라도 범죄의사로 가공하면 공범의 성립이 가능하다. 따라서 공범행위(의사전달)가 있는 이상 바로 공범을 인정하므로 간접정범에 있어서 이용자(의사를 지배한 자 − 의사를 전달한 자)는 정범이 아닌 공범이 된다.

❷ 성립요건

형법 제34조 제1항은 간접정범의 성립요건으로 '어느 행위로 인하여 처벌되지 아니하는 자 또는 과실범으로 처벌되는 자를 교사 또는 방조하여 범죄행위의 결과를 발생하게 할 것'을 요구하고 있다.

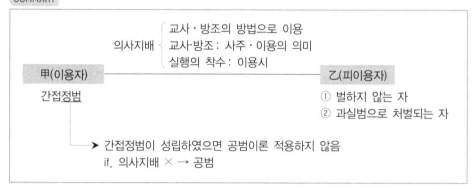

SUMMARY

- 의사지배
  - 교사·방조의 방법으로 이용
  - 교사·방조: 사주·이용의 의미
  - 실행의 착수: 이용시

甲(이용자) ——————— 乙(피이용자)

간접정범

① 벌하지 않는 자
② 과실범으로 처벌되는 자

→ 간접정범이 성립하였으면 공범이론 적용하지 않음
  if. 의사지배 × → 공범

1. 피용자의 범위

(1) 피이용자의 행위가 없는 경우

동물을 이용하거나, 절대적 폭력(例 사람을 갑자기 밀어 넘어지게 한 경우)에 의한 인간의 행위는 형법상 행위가 아니므로 피이용자는 무죄이고 이를 이용한 이용자는 의사지배가 없으므로 간접정범이 아니라 직접정범이 된다.

(2) 구성요건에 해당하지 않는 행위를 이용하는 경우

① 자살·자상을 이용하는 경우: 자살·자상은 구성요건해당성(처벌규정)이 없으므로 살인죄 또는 상해죄의 간접정범이 된다.

☑ 자살을 이용하는 경우
- 자살관여죄나 위계·위력에 의한 살인죄의 경우, 자살자는 자살의 의미를 알 것을 전제로 하므로 자살의 의미조차 모르는 자를 교사·방조, 강요·기망하여 자살하게 한 경우에는 자살관여죄나 위계·위력에 의한 살인죄가 아니라 보통살인죄의 간접정범이 성립한다.
- 자살의 의미를 알고 있는 일반성인을 기망하여 의사를 지배하여 자살하게 하면 위계에 의한 살인죄가 성립하고, 일반성인에게 자살을 권유하여 스스로 자살하게 하면 자살관여죄가 성립한다.

CASE

> **Q.** 甲은 동거한 사실이 있는 乙女에게 자기를 탈영병이라고 헌병대에 신고한 이유와 다른 남자와 정을 통한 사실을 추궁하였다. 乙女가 이를 부인하자 하숙집 뒷산으로 데리고 가 계속 부정을 추궁하면서 상대 남자를 말하자 대답을 하지 못하고 당황하던 乙女에게 소지 중인 면도칼 1개를 주면서 "네가 네 코를 자르지 않을 때에는 돌로 죽인다."는 등 위협을 가하여 자신의 생명에 위험을 느낀 乙이 자신의 생명을 보존하기 위하여 위 면도칼로 콧등을 길이 2.5cm, 깊이 0.56cm 절단함으로써 동 여인에게 전치 3개월을 요하는 상처를 입혀 안면부 불구가 되게 하였다. 이때 甲의 죄책은?
>
> **A.** 피고인이 피해자를 협박하여 그로 하여금 자상하게 한 경우에 피고인에게 상해의 결과에 대한 인식이 있고 또 그 협박의 정도가 피해자의 의사결정의 자유를 상실하게 함에 족한 것인 이상 피고인에 대하여 상해죄를 구성한다(대판 1970.9.22, 70도1638). 09. 사시, 16. 국가직 9급

판례

피고인이 3세, 7세 남짓된 어린 자식들에 대하여 함께 죽자고 권유하여 물속에 따라 들어오게 하여 결국 익사하게 하였다면 비록 피해자들을 물속에 직접 밀어서 빠뜨리지는 않았다고 하더라도 자살의 의미를 이해할 능력이 없고 피고인의 말이라면 무엇이나 복종하는 어린 자식들을 권유하여 익사하게 한 이상 살인죄의 범의는 있었음이 분명하다(대판 1987.1.20, 86도2395). ⇨ 살인죄의 간접정범 15. 법원직, 16. 국가직 9급

② 고의 없는 자를 이용하는 경우 : 의사가 정을 모르는 간호사를 시켜 환자에게 독약을 주사하게 한 경우 간호사는 무죄이고 의사는 살인죄의 간접정범이 된다.

판례

1. 제조허가 없는 식용유를 무허가식용유 제조의 **고의 없는 자**에게 의뢰하여 제조하게 한 경우에는 무허가식용유 제조의 간접정범에 해당한다(대판 1983.5.24, 83도200).
08. 경찰승진, 11. 경찰간부

2. 보증인이 아닌 자가 허위보증서 작성의 **고의 없는** 보증인들을 이용하여 허위의 보증서를 작성하게 한 경우, 부동산소유권 이전등기 등에 관한 특별조치법 제13조 제1항 제3호에 정한 '허위보증서작성죄'의 간접정범이 성립한다(대판 2009.12.24, 2009도7815).

3. 자기에게 유리한 판결을 얻기 위하여 소송상의 주장이 사실과 다름이 객관적으로 명백하거나 증거가 조작되어 있다는 **정을 인식하지 못하는** 제3자를 이용하여 그로 하여금 소송의 당사자가 되게 하고 법원을 기망하여 소송 상대방의 재물 또는 재산상 이익을 취득하려 하였다면 간접정범의 형태에 의한 소송사기죄가 성립하게 된다(대판 2007.9.6, 2006도3591).
11. 사시·법원행시, 15. 법원직

4. 사법경찰관 甲이 乙을 구속하기 위하여 진술조서 등을 허위로 작성한 후 이를 기록에 첨부하여 구속영장을 신청하고, 진술조서 등이 허위로 작성된 정을 모르는 검사와 영장전담판사를 기망하여 구속영장을 발부받은 후 그 영장에 의하여 乙을 구금하였다면 甲에게는 직권남용감금죄의 간접정범이 성립한다(대판 2006.5.25, 2003도3945).
08. 사시, 11. 법원행시, 12. 경찰간부, 18. 경찰

기출 OX
사법경찰관 甲이 乙을 구속하기 위하여 진술조서 등을 허위로 작성한 후 이를 기록에 첨부하여 구속영장을 신청하고, 진술조서 등이 허위로 작성된 정을 모르는 검사와 영장전담판사를 기망하여 구속영장을 발부받은 후에 그 영장에 의하여 乙을 구금하였다면 甲에게는 직권남용감금죄의 간접정범이 성립한다.
12. 경찰간부 (○)

5. 신용카드를 제시받은 상점점원이 그 카드의 금액란을 정정기재하였더라도 카드소지인이 점원에게 자신이 금액을 **정정기재할 수 있는 권리가 있는 양 기망**하여 이루어졌다면 이는 간접정범에 의한 유가증권변조죄가 성립한다(대판 1984.11.27, 84도1862). 18. 경찰

6. 정유회사 경영자의 청탁으로 국회의원이 해당 경영자와 지역구 지방자치단체장 사이에 정유공장의 지역구 유치와 관련한 간담회를 주선하고 경영자가 **정유회사 소속 직원들로 하여금** 국회의원이 사실상 지배·장악하고 있던 후원회에 후원금을 기부하게 한 경우, 국회의원에게는 정치자금법 제32조 제3호 위반죄가, 경영자에게는 정치자금법 위반죄의 간접정범이 성립한다(대판 2008.9.11, 2007도7204). 10. 사시, 12. 경찰간부, 18. 경찰승진

7. 공무원 甲이 허위의 사실을 기재한 자동차운송사업 변경(증차)허가신청 검토조서를 작성한 다음 이를 자동차운송사업 변경(증차)허가신청 검토보고에 첨부하여 결재를 상신하였고, 담당 계장으로서 그와 같은 사정을 알고 있는 중간 결재자인 피고인과 담당 과장으로서 그와 같은 **사정을 모르는 최종 결재자인** 乙이 차례로 결재를 하여 자동차운송사업 변경허가가 이루어진 사안에서 피고인과 甲의 행위가 허위공문서작성죄의 간접정범에 해당하는데도 공동정범에 해당한다고 본 원심의 판단은 잘못이지만, 그러한 잘못은 판결에 영향이 없다(대판 2011.5.13, 2011도1415).

8. **노래반주기** 제작업체인 甲주식회사가 사단법인 한국음악저작권협회에서 음악저작물의 복제·배포에 관한 이용허락을 받아 매월 노래방에 신곡을 공급하면서, 일련의 인증절차를 거치지 않으면 노래반주기에서 신곡파일이 구동되지 않도록 보호조치를 마련하였는데, 피고인들과 다른 원심 공동피고인들의 행위는 무력화 장치가 사용된 **사정을 모르는 노래방** 영업주들로 하여금 앞서 본 바와 같이 저작권자의 진정한 허락 없이 공연행위를 하게 한 경우에 해당하여 저작권법 위반의 간접정범이 된다(대판 2015.7.9, 2015도3352).

③ 고의는 있으나 목적이 없는 자를 이용하는 경우 : 행사할 목적이 없는 화가로 하여금 통화를 위조하게 한 경우, 화가는 무죄이고 이용한 자는 간접정범이 된다.

CASE

Q. 甲 등은 12.12 군사반란으로 군의 지휘권을 장악한 후, 국무총리와 국무회의 권한을 사실상 배제하고자 대통령과 국무총리를 강압하고, 병기를 휴대한 병력으로 국무회의장을 포위하고 외부와의 연락을 차단하여 국무위원들을 강압·외포시키는 등 폭력적 불법수단을 동원하여 비상계엄의 전국확대를 의결·선포하게 하였다. 이때 甲 등의 죄책은?

A. 범죄는 '어느 행위로 인하여 처벌되지 아니하는 자'를 이용하여 실행할 수 있으므로 내란죄도 '국헌문란의 목적'을 가진 자가 그러한 목적이 없는 자를 이용하여 이를 실행할 수 있다. 따라서 甲 등은 내란죄의 간접정범이 성립한다.

④ 고의는 있으나 신분이 없는 자를 이용하는 경우 : 공무원이 자신의 처를 이용하여 뇌물을 받게 한 경우, 처는 무죄이고 이를 이용한 공무원인 남편은 수뢰죄의 간접정범이 된다.

PART
02

(3) 피이용자의 행위가 위법성이 없는 경우

① 정당방위 : 甲이 乙을 살해하려고 乙로 하여금 丙을 공격하게 하고 丙의 정당방위를 이용하여 乙을 살해하도록 한 경우, 丙은 무죄이고 甲은 살인죄의 간접정범이 된다.

② 긴급피난 : 낙태에 착수한 임부가 생명의 위험을 야기시키고 의사를 찾아가 생명을 구하기 위하여 낙태수술을 하게 한 경우, 의사는 무죄이고 임부는 자기낙태죄의 간접정범이 된다.

③ 정당행위 : 허위사실을 신고하여 수사기관이 타인을 체포하게 한 경우, 수사기관은 무죄이고 신고자는 체포죄의 간접정범이 된다.

(4) 피이용자의 행위가 책임이 없는 경우

책임 없는 자를 이용하는 경우에 제한적 종속형식에 따르면 교사범이 될 수 있고, 제34조 제1항에 따르면 간접정범이 될 수 있다. 이러한 경우에는 의사지배를 기준으로 하여 판단한다.

① 6세 아동, 만취자를 이용한 경우에는 의사지배가 인정되어 간접정범이 성립한다.

② 13세 소년을 이용한 경우에는 의사지배가 부정되어 교사범이 성립할 뿐이다.

③ 강요된 행위, 초법규적 책임조각사유, 정당한 이유 있는 금지착오를 이용한 경우에도 의사지배를 인정할 수 있으면 간접정범이 성립한다.

④ 한정책임능력자(예 심신미약자, 청각 및 언어장애인)를 이용하면 교사범이 성립한다.

(5) 형벌 조각적 산물인 신분을 가진 자의 행위를 이용하는 경우

甲이 성년인 乙에게 乙의 아버지 丙의 재물을 절취하게 한 경우, 乙은 친족상도례(제328조 제1항)에 의하여 형벌이 면제된다. 그러나 甲은 乙에 대하여 우월적 의사지배를 하고 있다고 볼 수도 없으므로 이용자인 甲은 교사범의 책임을 진다고 하여야 한다.

(6) 피이용자의 행위가 과실범으로 처벌되는 경우

타인의 과실을 이용하면 과실범의 처벌규정이 있든지 없든지를 불문하고 이용자는 간접정범이 된다(예 의사가 간호사의 과실을 이용하여 환자에게 독약을 주사하여 살해한 경우 의사는 살인죄의 간접정범이 된다).

2. 간접정범의 이용행위

(1) 교사 또는 방조

① 형법에 의하면 간접정범의 이용행위는 교사 또는 방조이다(제34조 제1항). 여기서 의사지배가 있어야 하며, 교사·방조란 교사범이나 종범에 있어서와 같은 의미가 아니라 사주 또는 이용의 의미이다. 그러나 이용행위에 교사 또는 방조의 방법이 포함됨은 물론이다.

② 과실에 의한 사주·이용(의사지배)은 불가능하므로 과실에 의한 간접정범은 부정된다.

③ 부작위에 의한 의사지배는 불가능하므로 부작위에 의한 간접정범도 부정된다(예 환자 甲이 환자 乙을 상해하는 것을 보고도 일부러 내버려 둔 정신병원의 감독자는 부작위에 의한 상해죄의 직접정범이 된다).

판례

1. [1] 처벌되지 아니하는 **타인의 행위를 적극적으로 유발하고 이를 이용하여** 자신의 범죄를 실현한 자는 형법 제34조 제1항이 정하는 간접정범의 죄책을 지게 되고, 그 과정에서 **타인의 의사를 부당하게 억압하여야만 간접정범에 해당하는 것은 아니다**(대판 2008.9.11, 2007도7204). 17. 국가직 7급

[2] 정유회사 경영자의 청탁으로 국회의원이 해당 경영자와 지역구 지방자치단체장 사이에 정유공장의 지역구 유치와 관련한 간담회를 주선하고 경영자는 **정유회사 소속 직원들로 하여금** 국회의원이 사실상 지배·장악하고 있던 후원회에 후원금을 기부하게 한 경우, 위 경영자는 자세한 내막을 알지 못하여 정치자금법 위반죄를 구성하지 않는 직원들의 기부행위를 유발하고 이를 이용하여 자신의 범죄를 실현한 것이어서 간접정범으로서의 죄책을 면할 수 없다 할 것이다(대판 2008.9.11, 2007도7204). 10. 사시, 12. 경찰간부, 18. 경찰승진

2. **의사** 甲은 의료기기회사와의 분쟁을 정치적으로 해결하기 위하여 **국회의원** 乙에게 허위사실을 제보하였는바, 그 국회의원의 발표로 **신문기자** 丙에 의하여 일간지에 게재되었다. 이러한 경우 甲에게 출판물에 의한 명예훼손죄의 간접정범 책임이 있다고 보기는 어렵다(대판 2002.6.28, 2000도3045). ⇨ 甲에게 허위사실명예훼손죄가 성립한다(제307조 제2항).

3. 군청 산림과 소속 공무원인 피고인 甲과 乙이 공모하여 乙이 기안하고 甲이 전결한 해당 임야에 대한 허위의 '산지이용구분 내역 통보'를 군청 민원봉사과에 보내어 그 정을 모르는 민원봉사과 소속 공무원으로 하여금 군수 명의의 위 각 임야에 대한 토지이용계획확인서를 작성·발급하게 한 사안에서, 피고인들에게 허위공문서작성죄 및 허위작성공문서행사죄의 간접정범은 성립하지 않는다(대판 2010.1.14, 2009도9963).

4. 노동조합 지부장인 피고인 甲이 업무상횡령 혐의로 조합원들로부터 고발을 당하자 피고인 乙과 공동하여 조합 회계서류를 무단 폐기한 후 폐기에 정당한 근거가 있는 것처럼 피고인 乙로 하여금 조합 회의록을 조작하여 수사기관에 제출하도록 교사한 경우, 회의록의 변조·사용은 피고인들이 공범관계에 있는 문서손괴죄의 형사사건에 관한 증거를 변조·사용한 것으로 볼 수 있어 피고인 乙에 대한 증거변조죄 및 변조증거사용죄가 성립하지 않으며, 피교사자인 피고인 乙이 증거변조죄 및 변조증거사용죄로 처벌되지 않은 이상 피고인 甲에 대하여 공범인 교사범은 물론 그 간접정범도 성립하지 않는다(대판 2011.7.14, 2009도13151).

⑵ 실행의 착수시기

① **주관설(이용행위시설·다수설)**: 이용자가 피이용자를 이용하기 시작할 때에 실행의 착수가 있다는 견해이다. 따라서 이용자의 이용행위가 있었지만 피이용자가 실행에 착수하지 않은 경우에는 간접정범의 미수가 된다.

② **객관설**: 피이용자가 실행행위를 개시한 때에 실행의 착수를 인정하는 견해로 이용행위는 있었으나 피이용자가 실행에 착수하지 않은 경우에는 간접정범의 미수가 될 수 없다.

☑ **실행의 착수시기 관련 사례**

1. 甲이 乙을 이용하였으나 乙이 거절하거나 실행에 착수하지 않았다.
   - **주관설**: 甲은 간접정범의 미수에 해당한다.
   - **객관설**: 甲은 간접정범의 예비에 불과하다.
2. 甲은 그의 아버지 丙을 죽이기 위하여 초등학생인 딸 乙에게 독약을 탄 커피를 가져다 드리라고 하였다. 그러나 딸이 丙에게 커피를 가져다 드리다가 넘어져 커피를 바닥에 쏟고 말았고 커피를 애견이 핥아먹고 죽자 범행이 밝혀졌다(하태훈, 「사례중심 형법총론」, 법원사, 2002, p.352).
   - **주관설**: 甲이 자신의 딸을 이용하기 시작한 때, 즉 독약을 탄 커피심부름을 시킨 때에 살인죄 간접정범의 실행의 착수를 인정한다.
   - **객관설**: 딸이 커피잔을 들고 갈 때에 실행의 착수를 인정한다.

❸ 간접정범의 처벌

간접정범은 교사 또는 방조의 예에 의하여 처벌한다(제34조 제1항). 따라서 간접정범의 이용행위가 교사에 해당할 때에는 정범과 동일한 형으로, 종범에 해당할 때에는 정범의 형보다 감경한다.

❹ 간접정범과 착오

1. 피이용자의 성질에 대한 착오

⑴ 피이용자가 고의나 책임능력이 없는 것으로 알고 이용하였으나 사실은 피이용자에게 고의나 책임능력이 있었던 경우, 피이용자에 대한 의사지배를 인정할 수 없으므로 공범이 성립한다(다수설).

⑵ 피이용자가 고의나 책임능력이 있는 것으로 알고 이용하였으나 사실은 피이용자에게 고의나 책임능력이 없었던 경우, 피이용자에 대한 의사지배의 고의가 없고, 단지 교사·방조의 고의로 행위한 것이므로 공범이 성립한다(다수설).

2. 피이용자의 실행행위에 대한 착오

(1) 구체적 사실의 착오

피이용자가 실행행위에 대하여 착오를 한 때에는 착오론의 일반원리에 의하여 해결하여야 한다(**예** 甲이 책임무능력자인 乙에게 A를 살해하라고 사주하였으나 乙이 B를 살해한 경우, 법정적 부합설에 의하면 B에 대한 살인죄의 간접정범이 성립한다).

(2) 추상적 사실의 착오

① 피이용자가 간접정범이 기도한 범위를 초과하여 실행한 때에 간접정범은 초과 부분에 대하여 원칙적으로 책임을 지지 않는다. 사주 내용을 초과하여 실행한 경우에 초과 부분에 대해서는 의사지배가 없으므로 원칙적으로 사주한 부분에 대해서만 간접정범이 성립한다(**예** 절도를 사주하였는데 강도를 실현한 경우에는 절도죄의 간접정범, 절도를 사주하였는데 살인한 경우에는 무죄가 된다).

② 그러나 간접정범이 결과에 대한 미필적 고의가 있었거나 결과적 가중범의 중한 결과를 예견할 수 있었던 때에는 결과적 가중범의 간접정범이 성립한다(**예** 甲이 책임무능력자인 乙에게 몽둥이를 주면서 A를 상해하라고 사주하였으나 乙이 상해치사를 범한 경우, 甲은 사망에 대한 예견이 가능하므로 甲은 상해치사의 간접정범이 된다).

❺ 간접정범의 한계

1. 자수범과 간접정범

자수범(**예** 위증죄, 준강간죄, 업무상비밀누설죄 등)은 정범 자신이 직접 실행하여야 범죄를 범할 수 있으므로 의사지배를 당할 성질은 아니다. 따라서 자수범에 대하여 간접정범은 성립할 수 없다.

> **판례**
>
> 위증죄로 처벌되지 아니하는 선서무능력자로서 범죄현장을 목격하지도 못한 사람으로 하여금 형사법정에서 범죄현장을 목격한 양 허위의 증언을 하도록 하는 것은 **위증죄의 간접정범** 또는 교사범뿐만 아니라 증거 자체를 위조한 것도 아니므로 증거위조죄도 **구성되지 않아 결국 피고인은 무죄**가 된다(대판 1998.2.10, 97도2961). 10. 경찰승진, 11. 사시

기출OX

수표의 발행인이 아닌 자가 허위신고의 고의 없는 발행인을 교사·방조하여 허위신고하게 한 경우 간접정범이 성립한다. 08. 경찰승진 (×)

> **판례**
>
> [1] 강제추행죄는 사람의 성적 자유 내지 성적 자기결정의 자유를 보호하기 위한 죄로서 정범 자신이 직접 범죄를 실행하여야 성립하는 자수범이라고 볼 수 없으므로, 처벌되지 아니하는 타인을 도구로 삼아 피해자를 강제로 추행하는 간접정범의 형태로도 범할 수 있다. 여기서 강제추행에 관한 **간접정범의 의사를 실현하는 도구로서의 타인에는 피해자도 포함될 수 있다고 봄이 타당**하므로, 피해자를 도구로 삼아 피해자의 신체를 이용하여 추행행위를 한 경우에도 강제추행죄의 간접정범에 해당할 수 있다.
>
> [2] 피고인이 피해자들을 협박하여 **겁을 먹은 피해자들로 하여금 어쩔 수 없이 나체나 속옷만 입은 상태가 되게 하여 스스로를 촬영하게 하거나, 성기에 이물질을 삽입하거나 자위를 하는 등의 행위를 하게 하였다면**, 이러한 행위는 피해자들을 도구로 삼아 피해자들의 신체를 이용하여 그 성적 자유를 침해한 행위로서, 그 행위의 내용과 경위에 비추어 일반적이고도 평균적인 사람으로 하여금 성적 수치심이나 혐오감을 일으키게 하고 선량한 성적 도덕관념에 반하는 행위라고 볼 여지가 충분하다(대판 2018.2.8, 2016도17733).

2. 비신분자가 진정신분범에 가담한 경우

비신분자는 진정신분범의 정범자격이 없으므로 신분자를 이용한 진정신분범의 간접정범이 될 수 없고, 공동정범·교사범·방조범 성립이 가능하다(통설). 예컨대, 공무원이 아닌 자가 공무원을 이용하여 뇌물을 받게 한 경우 수뢰죄의 간접정범이 될 수 없고, 교사범 성립은 가능하다.

> **판례**
>
> 1. 수표의 수취인이 발행인에게 수표를 분실하였다고 거짓말을 하면서 분실신고를 하라고 하여 발행인이 은행에 분실신고를 한 경우, 발행인 아닌 자는 부정수표 단속법이 정한 **허위신고죄의 주체가 될 수 없고**, 허위신고의 고의 없는 발행인을 이용하여 간접정범의 형태로 허위신고죄를 범할 수도 없다(대판 1992.11.10, 92도1342). 03. 행시, 08. 경찰승진, 11. 사시
>
> > **비교판례**
> >
> > 타인으로부터 명의를 차용하여 수표를 발행한 자라 하더라도 수표의 **발행명의인과 공모**하여 부정수표 단속법 제4조 소정의 허위신고죄의 주체가 될 수 있다(대판 2007.5.11, 2005도6360).
>
> 2. 공무원이 아닌 자는 공정증서원본 등 불실기재의 경우를 제외하고는 허위공문서작성죄의 간접정범으로 처벌할 수 없으나, 공무원이 아닌 자가 공무원과 공동하여 허위공문서작성죄를 범한 때에는 공무원이 아닌 자도 허위공문서작성죄의 공동정범이 된다(대판 2006.5.11, 2006도1663) 03·17. 변호사, 17. 국가직 7급, 18. 경찰

❻ 특수교사 · 방조

> 제34조【간접정범, 특수한 교사·방조에 대한 형의 가중】② 자기의 지휘·감독을 받는 자를 교사 또는 방조하여 전항의 결과를 발생하게 한 자는 교사인 때에는 정범에 정한 형의 장기 또는 다액에 2분의 1까지 가중하고 방조인 때에는 정범의 형으로 처벌한다.

1. 의의

자기의 지휘·감독을 받는 자를 교사·방조하여 제34조 제1항의 결과를 발생하게 한 경우 형이 가중되는 범죄를 말한다.

2. 지휘·감독의 근거

계약, 사무관리, 관습에 따른 지휘·감독은 물론 사실상 지휘·감독으로 충분하다(예 상관이 부하의 복종관계를 이용한 경우, 주인이 가정부를 이용한 경우, 사장이 직공을 이용한 경우 등).

3. 가중처벌

(1) 일반교사는 정범과 동일하게 처벌하나, 특수교사의 경우에는 정범에 정한 형의 장기 또는 다액의 2분의 1을 가중처벌한다.

(2) 일반방조는 정범의 형보다 2분의 1을 감경하나, 특수방조의 경우에는 정범의 형으로 처벌한다.

❼ 각칙에서 문제되는 간접정범

우리 형법에는 이에 해당하는 간접정범의 한 유형을 형법각칙에서 특별히 규정하여 놓은 경우가 있다. 즉, 형법 제228조의 공정증서원본불실기재죄는 고의 없는 공무원을 이용하여 허위공문서를 작성하게 하는 경우, 출판물명예훼손죄·문서위조죄·허위공문서작성죄의 간접정범이 문제되나 이는 각론에서 자세히 설명하기로 한다.

> **판례**
>
> 1. **면사무소의 호적계장 甲**이 정을 모르는 면장의 결재를 받아 허위 내용의 호적부를 작성한 경우 허위공문서작성죄 및 동행사죄의 간접정범이 성립한다(대판 1990.10.30, 90도1912). 그러나 이러한 결재를 거치지 않고 甲이 임의로 호적계에 보관 중인 면장의 고무인과 직인을 이용하여 허위의 문서를 작성한 경우 甲에게 공문서위조죄가 성립한다(대판 1981.7.28, 81도898). 11. 법원행시, 17. 경찰

2. 경찰서 보안과장인 피고인 甲의 음주운전을 눈감아주기 위하여 그에 대한 음주운전자 적발보고서를 찢어버리고, 부하로 하여금 일련번호가 동일한 가짜 음주운전 적발보고서에 乙에 대한 음주운전사실을 기재하게 하여 그 정을 모르는 담당 경찰관으로 하여금 주취운전자 음주측정처리부에 乙에 대한 음주운전사실을 기재하도록 한 이상, 乙이 음주운전으로 인하여 처벌을 받았는지 여부와는 관계없이 허위공문서작성 및 동행사죄의 간접정범으로서의 죄책을 면할 수 없다(대판 1996.10.11, 95도1706). 04. 경찰, 10. 사시, 16. 경찰간부, 18. 경찰승진

3. 공무원 아닌 자가 관공서에 허위 내용의 증명원을 제출하여 그 내용이 허위인 정을 모르는 담당 공무원으로부터 그 증명원의 내용과 같은 증명서를 발급받은 경우 **공문서위조죄의 간접정범**으로 의율할 수 없다(대판 2001.3.9, 2000도938).
02 · 10. 사시, 11. 법원행시, 12. 경찰간부, 18. 경찰 · 법원직 · 경찰승진

4. 자생식물원 조성공사의 감리업체의 책임감리원인 甲이 이 공사를 감독하는 담당 공무원 乙과 공모하여 허위 내용의 준공검사조서를 작성한 다음 준공검사결과보고서에 첨부하여 乙에게 제출하여 허위의 정을 모르는 소장에게 제출하여 결재하게 한 경우, 乙은 허위공문서작성죄의 간접정범으로서 죄책을 지게 되고 그와 공모한 甲도 공무원의 신분을 가지는지 여부와 관계없이 그 간접정범의 공범으로서 죄책을 면할 수 없다(대판 2010.4.29, 2010도875).

5. 甲은 예비군 훈련을 받은 사실이 없음에도 불구하고 소속 예비군 동대 방위병인 乙에게 예비군 훈련을 받았다는 확인서를 발급해 달라고 부탁하였다. 乙은 작성권자인 예비군 동대장 丙에게 甲의 훈련사실을 허위보고한 뒤 丙 명의의 예비군 훈련확인서를 발급하여 甲에게 교부하였다. 이때 甲 · 乙의 죄책은? 甲은 허위공문서작성죄의 간접정범의 공범, 乙은 허위공문서작성죄의 간접정범이 된다(대판 1992.1.17, 91도2837). ⇨ 공무원 아닌 자는 정범은 될 수 없지만 공범으로서 가담이 가능하다.

제3절 공동정범

> 제30조 【공동정범】 2인 이상이 공동하여 죄를 범한 때에는 각자를 그 죄의 정범으로 처벌한다.

❶ 서설

1. 의의

2인 이상이 공동의 범죄계획에 따라 각자 실행의 단계에서 기능을 분담하여 수행함으로써 성립하는 정범형태이다(**예** 甲과 乙이 丙을 살해하기로 공모하고 함께 丙을 살해한 경우 甲과 乙은 살인죄의 공동정범이 된다).

2. 특징

공동정범에 있어서 각 공동행위자는 혼자서 실현할 수 있는 범죄구성요건을 타 공동행위자와 분담하여 실현한다. 즉, 공동정범은 작업분담적 행동의 원리 내지 기능적 역할분담의 원리에 기초하고 있으며, 여기에 각자가 구성요건의 일부만 실현한 때에도 전체에 대한 책임을 지게 되는 근거가 있는 것이다.

SUMMARY

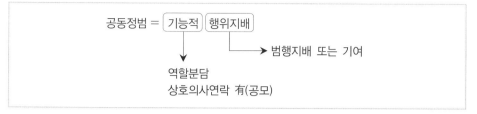

> **판례**
>
> 형법 제30조의 공동정범은 2인 이상이 공동하여 죄를 범하는 것으로서, 공동정범이 성립하기 위하여는 **주관적 요건인 공동가공의 의사와 객관적 요건인 공동의사에 의한 기능적 행위지배를 통한 범죄의 실행사실이 필요**하고, 공동가공의 의사는 공동의 의사로 특정한 범죄행위를 하기 위하여 일체가 되어 서로 다른 사람의 행위를 이용하여 자기의 의사를 실행에 옮기는 것을 내용으로 하는 것이어야 한다(대판 2001.11.9, 2001도4792). 09. 국가직 9급, 12·15. 경찰

3. 구별개념

(1) 공동정범과 단독정범

공동정범은 행위지배에 근거한 정범의 한 형태이다. 행위지배가 2인 이상에 의하여 공동으로 이루어진다는 점에서 단독정범과 구별된다.

(2) 공동정범과 동시범

공동정범의 각 공동행위자에게는 공동의 범행의사가 있어야 하므로 의사의 연락이 없는 동시범과 구별된다.

(3) 공동정범과 합동범

공동정범이 성립하기 위해서는 공동의사에 기한 기능적 역할분담에 아무런 제약이 없는 반면, 합동범은 2인 이상이 시간과 장소를 합동하여야 성립하고(예 제331조 제2항의 특수절도, 제334조 제2항의 특수강도, 제146조의 특수도주) 여기에 불법가중의 근거가 있다는 점에서 구별된다. 이러한 점에서 합동범은 공동정범의 한 형태이다.

(4) 공동정범과 교사·방조범

공동정범은 2인 이상이 기능적 행위지배를 통하여 정범을 실현한다는 점에서 단지 타인의 범죄에 가담하는 공범인 교사·방조범과 구별된다.

❷ 본질

1. 범죄공동설

수인이 공동의 고의에 의하여 객관적으로 공동의 실행행위를 하는 경우를 공동정범으로 보는 견해이다. 따라서 고의가 다르거나 실행행위의 구성요건이 다르면 공동정범이 아니라 동시범이 성립하게 된다. 객관주의 범죄론(구파)에 기초한 이론이다.

2. 행위공동설

수인이 한 개 또는 특정 범죄를 공동으로 실행하는 것이 아니라 수인이 자연적 의미의 행위를 공동으로 하여 범죄를 수행하는 것이라고 보는 견해이다. 범죄를 반사회적 성격의 징표라고 보는 주관주의 범죄론(신파)에 기초한 이론이다.

> **SUMMARY** 구체적인 사례에 대한 범죄공동설과 행위공동설의 입장
>
> 1. **甲과 乙이 공모하여 甲은 A를, 乙은 B를 살해한 경우**
>   - **범죄공동설** : 각 공동자의 행위가 특정한 한 개의 범죄구성요건에 해당할 것을 요하므로 이종 또는 수개의 구성요건 사이의 공동정범은 인정되지 않는다. 즉, 甲과 乙은 별도의 살인죄를 구성한다.
>   - **행위공동설** : 공동으로 행한 사실이 수개의 범죄사실일지라도 공동정범이 성립한다. 즉, 甲과 乙은 A와 B에 대한 살인죄의 공동정범이 된다.
> 2. **甲과 乙이 공모하여 A에게 공격하기로 하였지만 甲은 살인의 고의를, 乙은 상해의 고의를 가진 경우**
>   - **범죄공동설** : 공동정범의 주관적 요건인 공동가공의 의사는 특정 범죄에 대한 고의를 공동으로 할 것을 요하므로 이러한 경우에는 공동정범의 관념을 인정할 수 없게 되고, 이를 동시범으로 취급하여 각자 단독범이 성립한다고 본다.
>   - **행위공동설** : 고의를 달리하는 경우에도 甲과 乙은 행위를 공동으로 할 의사를 가지고 행위를 공동으로 하였으므로 공동정범이 성립한다.
> 3. **선행자(甲)가 강도의 고의로 A를 폭행하고 돈지갑을 취거하는 도중에 후행자(乙)가 이 사정을 알고 절취에 가담한 경우(소위 승계적 공동정범)**
>   - **범죄공동설** : 수인의 공동관계는 특정의 범죄사실의 범위 내에 속하며 공동참여자의 고의도 동일한 범죄사실에 속하여야 하므로 乙은 구성요건 전부에 대한 방조가 성립할 뿐이다.
>   - **행위공동설** : 공동으로 행한 사실이 한 개의 범죄사실의 일부분에 속할지라도 공동정범의 성립을 인정하므로 이러한 경우에도 공동정범이 성립한다. 즉, 甲과 乙 모두 공동정범이 된다.

3. 판례의 입장

판례의 태도는 일관적이지 않다. 과실범의 공동정범, 고의범과 과실범의 공동정범, 승계적 공동정범을 인정하는 근거는 행위공동설이고, 공모공동정범을 인정하는 근거는 공동의사주체설 또는 간접정범유사설이다. 또한 일반적인 공동정범을 인정하는 근거는 기능적 행위지배설이다.

> **판례**
>
> 형법 제30조의 '공동하여 죄를 범한 때'에서의 '죄'는 고의범이냐 과실범이냐를 불문한다고 해석하여야 할 것이고 따라서 공동정범의 주관적 요건인 공동의 의사도 고의를 공동으로 가질 의사임을 필요로 하지 않고, 고의행위이냐 과실행위이냐간에 그 행위를 공동으로 할 의사이면 족하다 할 것이므로 2인 이상이 어떠한 과실행위를 서로의 의사연락하에 범죄되는 결과를 발생하게 한 것이라면 과실범의 공동정범이 성립한다(대판 1962.3.29, 4294형상598).

❸ 주관적 성립요건

1. 공동가공의 의사(공모)

(1) 의의

공동가공의 의사란 2인 이상의 자가 공동으로 수립한 범행계획에 따라 공동으로 범죄를 실행하려는 의사를 말한다. 공동가공의 의사가 성립하기 위해서는 공동정범 모두에게 각자의 역할 분담과 공동작용에 대한 상호이해, 즉 의사의 연락이 있어야 한다.

> **판례**
>
> 공동가공의 의사의 의미
>
> [1] 형법 제30조에서 정한 공동정범은 공동으로 범죄를 저지르려는 의사에 따라 공범자들이 협력하여 범행을 분담함으로써 범죄의 구성요건을 실현한 경우에 각자가 범죄 전체에 대하여 정범으로서의 책임을 지는 것이다. 이러한 공동정범이 성립하기 위해서는 주관적 요건으로서 공동가공의 의사와 객관적 요건으로서 공동의사에 의한 기능적 행위지배를 통한 범죄의 실행사실이 필요하고, 이때 공동가공의 의사는 공동의 의사로 특정한 범죄행위를 하기 위하여 일체가 되어 서로 다른 사람의 행위를 이용하여 자기의 의사를 실행에 옮기는 것을 내용으로 하는 것이어야 한다. 따라서 범죄의 실행에 가담한 사람이라고 할지라도 그가 공동의 의사에 따라 다른 공범자를 이용하여 실현하려는 행위가 자신에게는 범죄를 구성하지 않는다면, 특별한 사정이 없는 한 공동정범의 죄책을 진다고 할 수 없다.
> [2] 형법 제156조에서 정한 무고죄는 타인으로 하여금 형사처분 또는 징계처분을 받게 할 목적으로 허위의 사실을 신고하는 것을 구성요건으로 하는 범죄이다. 자기 자신으로 하여금 형사처분 또는 징계처분을 받게 할 목적으로 허위의 사실을 신고하는 행위, 즉 자기 자신을 무고하는 행위는 무고죄의 구성요건에 해당하지 않아 무고죄가 성립하지 않는다. 따라서 자기 자신을 무고하기로 제3자와 공모하고 이에 따라 무고행위에 가담하였더라도 이는 자기 자신에게는 무고죄의 구성요건에 해당하지 않아 범죄가 성립할 수 없는 행위를 실현하고자 한 것에 지나지 않아 무고죄의 공동정범으로 처벌할 수 없다(대판 2017.4.26, 2013도12592). 09. 국가직 9급, 12·15·17. 경찰

한눈에 쏙

공동가공의 의사
1. 쟁점
- 동시범(제19조, 제263조)
- 승계적 공동정범
- 과실범의 공동정범

2. 성립요건

| 의사연락 필요 | 동시범, 편면적 공동정범은 공동정범 × |
| 의사연락 방법 | 명시적·묵시적·직접적·간접적·순차적 불문 |

3. 공동가공의사의 성립시기

실행행위 이전	➡	예모적 공동정범
실행행위시	➡	우연적 공동정범
실행행위의 일부종료 후 기수 전	➡	승계적 공동정범

> **판례**

공동가공의 의사의 의미

1. 형법 제323조의 권리행사방해죄는 타인의 점유 또는 권리의 목적이 된 자기의 물건을 취거, 은닉 또는 손괴하여 타인의 권리행사를 방해함으로써 성립하므로 그 취거, 은닉 또는 손괴한 물건이 자기의 물건이 아니라면 권리행사방해죄가 성립할 수 없다.

   물건의 소유자가 아닌 사람은 형법 제33조 본문에 따라 소유자의 권리행사방해 범행에 가담한 경우에 한하여 그의 공범이 될 수 있을 뿐이다. 그러나 권리행사방해죄의 공범으로 기소된 물건의 소유자에게 고의가 없는 등으로 범죄가 성립하지 않는다면 공동정범이 성립할 여지가 없다(대판 2017.5.30, 2017도4578).

2. 강도살인죄는 고의범이므로 강도살인죄의 공동정범이 성립하기 위해서는 강도의 점뿐만 아니라 살인의 점에 관한 고의의 공동이 필요하다(대판 1991.11.12, 84도2118).

(2) 의사연락의 방법

공동의 의사는 반드시 명시적일 것을 요하지 않고 묵시적인 의사연락이 인정되면 충분하며, 직접적·간접적이든지 순차적이든지를 불문한다.

> **판례**

의사연락의 방법

1. 2인 이상이 범죄에 공동가공하는 공범관계에 있어서 공모는 법률상 어떤 정형을 요구하는 것이 아니고 2인 이상이 공모하여 범죄에 공동가공하여 범죄를 실현하려는 의사의 결합만 있으면 되는 것으로서 **순차적으로 또는 암묵적으로 상통하여 그 의사의 결합**이 이루어지면 공모관계가 성립하고, 이러한 공모가 이루어진 이상 실행행위에 직접 관여하지 아니한 사람이라도 다른 공범자의 행위에 대하여 공동정범으로서 형사책임을 진다(대판 2013.8.23, 2013도5080). 06. 법원행시, 09. 국가직 9급

2. 일반교통방해죄는 이른바 추상적 위험범으로서 교통이 불가능하거나 또는 현저히 곤란한 상태가 발생하면 바로 기수가 되고 교통방해의 결과가 현실적으로 발생하여야 하는 것은 아니다. 또한 일반교통방해죄에서 교통방해 행위는 계속범의 성질을 가지는 것이어서 교통방해의 상태가 계속되는 한 가벌적인 위법상태는 계속 존재한다. 따라서 신고 범위를 현저히 벗어나거나 집회 및 시위에 관한 법률 제12조에 따른 조건을 중대하게 위반함으로써 교통방해를 유발한 집회에 참가한 경우, 참가 당시 이미 다른 참가자들에 의해 교통의 흐름이 차단된 상태였더라도 교통방해를 유발한 다른 참가자들과 암묵적·순차적으로 공모하여 교통방해의 위법상태를 지속시켰다고 평가할 수 있다면 일반교통방해죄가 성립한다(대판 2018.1.24, 2017도11408).

3. 비의료인인 丙이 실질적으로 운영하는 A의원의 원장이자 유일한 의사인 甲이, A의원의 간호조무사인 乙이 丙의 지시에 따라 환자들에 대해 미용성형수술의 재수술을 맡아 하고 있다는 사실을 알면서 월 1,000만원의 급여를 안정적으로 지급받으며 원장으로 계속 근무한 경우, 乙, 丙의 무면허의료행위에 적어도 묵시적인 의사연결 아래 그 무면허의료행위에 가담하였다고 보아 무면허의료행위에 대한 공동정범의 죄책이 있다(대판 2007.5.31, 2007도1977).

⑶ 의사의 상호이해

공동가공의 의사는 공동행위자 상호간에 있어야 한다. 따라서 공동의 의사가 없는 동시범이나 의사의 상호이해 없이 한 사람만 공동의 의사를 가진 편면적 공동정범(예 甲이 乙을 살해하려고 공격하는데, 丙은 甲과 의사연락 없이 甲과 함께 乙을 살해하려고 공격하는 경우)은 공동정범이 아니다(통설·판례).

판례

편면적 공동정범의 성립여부(= 부정)

공동정범은 행위자 상호간에 범죄행위를 공동으로 한다는 공동가공의 의사를 가지고 범죄를 공동실행하는 경우에 성립하는 것으로서, 여기에서의 공동가공의 의사는 공동행위자 상호간에 있어야 하며 **행위자 일방의 가공의사만으로는 공동정범관계가 성립할 수 없다**(대판 1985.5.14, 84도2118). 09. 국가직 9급, 15. 경찰, 16. 국가직 7급

⑷ 의사연락의 시기

의사연락은 사전(행위이전)에 있을 것을 요하지 않는다. 즉 공동실행의 의사가 공동자 상호간에 존재하는 이상 그 의사의 연락시기는 실행행위 전후를 묻지 않는다. 공동정범은 공동실행한다는 의사의 연락시기에 따라 ① 의사의 연락(공동실행의 의사)이 실행행위의 개시 이전에 있는 공모(예모적) 공동정범, ② 의사의 연락이 실행행위시에 있는 우연적 공동정범, ③ 의사의 연락이 실행행위 도중, 즉 실행행위의 일부 종료 후 그 기수 이전에 있는 승계적 공동정범으로 구분된다.

판례

우연적 공동정범

[1] 공동정범이 성립하기 위해서는 반드시 공범자간에 사전에 모의가 있어야 하는 것은 아니며, 우연히 만난 자리에서 서로 협력하여 공동의 범의를 실현하려는 의사가 **암묵적으로 상통**하여 범행에 공동가공하더라도 공동정범은 성립된다.

[2] 甲과 乙은 丙이 피해자를 강간하려고 제방으로 유인하여 가는 것을 알고서 그 뒤를 따라가다가 제방 둑에서 丙이 피해자를 강간하려고 폭행하기 시작할 무렵, 그들의 주의에 나타나서 丙의 폭행으로 전치 약 5일을 요하는 목부분 찰과상을 입어 항거불능의 상태에 있는 피해자를 강간하기 위하여 하의를 벗기고 대기하고 있었고, 丙이 강간을 끝내자마자 그의 신호에 따라 차례로 윤간한 경우, 甲과 乙이 丙의 뒤를 따라갈 때까지는 강간의 모의가 있었다고는 할 수 없으나, **丙의 강간의 실행에 착수할 무렵**에는 丙과의 사이에 암묵적으로 범행을 공동할 의사연락이 있었다고 할 것이므로, 甲과 乙 및 丙을 공동정범으로 의율한 원심의 조치는 정당하다(대판 1984.12.26, 82도1373).

13·16. 경찰승진, 15·16·17. 경찰, 16. 국가직 7급, 18. 국가직 9급

판례

우연적 공동정범

[1] 형법상 공모라 함은 반드시 사전에 이루어질 필요는 없고, 사전모의가 없었더라도 우연히 모인 장소에서 수인이 각자 상호간의 행위를 인식하고 암묵적으로 의사의 투합, 연락하에 범행에 공동가공하면 수인은 각자 공동정범의 책임을 면할 수 없다.

[2] 부하들이 흉기를 들고 싸움을 하고 있는 도중에 폭력단체의 두목급 수괴의 지위에 있는 을이 그 현장에 모습을 나타내고 더우기나 부하들이 흉기들을 소지하고 있어 살상의 결과를 초래할 것을 예견하면서도 전부 죽이라는 고함을 친 행위는 부하들의 행위에 큰 영향을 미치는 것으로서 을은 이로써 위 싸움에 가세한 것이라고 보지 아니할 수 없고, 나아가 부하들이 칼, 야구방망이 등으로 피해자들을 난타, 난자하여 사망케 한 것이라면 을은 살인죄의 공동정범으로서의 죄책을 면할 수 없다(대판 1987.10.13, 87도1240).

판례비교 공동가공의사의 인정 여부

O 공동가공의사 인정 - 공동정범 성립	X 공동가공의사 부정 - 공동정범 불성립
① 신문사 사장이 건설업체 대표이사에게 자사신문에 사과광고를 싣지 않으면 그 건설업체의 신용을 해치는 기사를 계속 게재하겠다고 하여 사과광고를 게재하도록 하면서 **사과광고게재의 구체적인 절차는 광고국장과 합의할 것을** 지시하고, 이에 광고국장이 외포상태에 빠진 대표이사에게 과다한 광고료를 요구하여 이를 교부받은 경우 사장과 광고국장은 암묵적 의사연락에 의한 공갈죄의 공동정범이 성립한다(대판 1997.2.25, 94도3346).	① 乙이 여의도 의원회관 사무실로 甲을 찾아가 이미 주식회사의 대표이사를 사임하고 회사의 고문으로 있던 甲에게, 문제를 해결하기 위해서는 丙에게 금 3억원을 주어 무마하는 수밖에 없다고 보고하자 甲이 **아무런 말도 없이 창밖만 쳐다보았으므로 이에 동의한 것으로 알았고, 그 후 甲에게 돈을 준 것을 보고하지 아니한 경우**(대판 1999.9.17, 99도2889)
② 부정행위의 방법으로 사정위원들의 업무를 방해할 것을 특정하거나 명시하여 지시하지 않고 **입시 부정행위를 지시한 경우** 업무방해죄의 공동정범이 성립한다(대판 1994.3.8, 93도3514). 10. 경찰승진, 10. 국가직 9급	② 피해자 일행을 한 사람씩 나누어 강간하자는 피고인 일행의 제의에 아무런 대답도 하지 않고 따라 다니다가 자신의 강간 상대방으로 남겨진 공소외인에게 **일체의 신체적 접촉도 시도하지 않은 채 다른 일행이 인근 숲속에서 강간을 마칠 때까지 공소외인과 함께 이야기만 나눈 경우** 피고인에게 다른 일행의 강간 범행에 공동으로 가공할 의사가 있었다고 볼 수 없다(대판 2003.3.28, 2002도7477). 16. 경찰, 18. 경찰승진
③ 피해자가 피고인에 의하여 강제로 자동차에 태워지고 피해자의 하차요청을 묵살한 채 하차할 수 없는 상태로 운행이 강행되었다면 그 운행자가 피고인 아닌 피고인의 친구이었다고 하더라도 그 감금행위에는 피고인이 그 운행자와 암묵적으로 **의사연락하에 범행에 공동가공**한 것으로 못 볼 바가 아닌 경우 감금죄의 공동정범이 성립한다(대판 1984.8.21, 84도1550).	③ 오토바이를 **절취하여 오면 그 물건을 사 주겠다**고 한 것에 절도죄 공동정범의 성립을 인정하기 위하여 필요한 공동가공의 의사가 있었다고 보기 어렵다(대판 1997.9.30, 97도1940). 06. 경찰승진, 11. 경찰
④ 알선행위의 당사자가 아닌 **제3자가 당사자와 공동가공의 의사를 가지고** 금품 기타 이익을 중간에서 전달한 경우 특정경제범죄 가중처벌 등에 관한 법률 제7조 소정의 알선수재죄의 공동정범이 성립한다(대판 1998.12.8, 98도3051).	④ 전자제품 등을 밀수입하여 올테니 이를 **팔아달라는 제의를 받고 승낙한 경우**, 그 승낙은 물품을 밀수입하여 오면 이를 취득하거나 그 매각알선을 하겠다는 의사표시로 볼 수 있을 뿐 밀수입 범행을 공동으로 하겠다는 공모의 의사를 표시한 것으로는 볼 수 없다(대판 2000.4.7, 2000도576). 06. 경찰승진, 07. 사시
⑤ **특수강도의 범행을 모의한 이상** 범행의 실행에 가담하지 아니하고 공모자들이 강취하여 온 장물의 처분을 알선만하였다 하더라도, 특수강도의 공동정범이 된다 할 것이므로 장물알선죄로 의율할 것이 아니다(대판 1983.2.22, 82도3103). 02·09. 경찰	⑤ 전국노점상총연합회가 주관한 도로행진시위에 참가한 피고인이 다른 시위 참가자들과 함께 경찰관 등에 대한 특수공무집행 방해행위를 하던 중 체포된 사안에서 **단순가담자인 피고인에게 체포된 이후에 이루어진 다른 시위참가자들의 범행에 대하여는 본질적 기여를 통한 기능적 행위지배가 존재한다고 보기 어려워** 공모공동정범의 죄책을 인정할 수 없다(대판 2009.6.23, 2009도2994). 10. 국가직 9급

O 공동가공의사 인정 – 공동정범 성립	**X** 공동가공의사 부정 – 공동정범 불성립
⑥ 허위작성된 유가증권을 피교부자가 유통하게 한다는 사실을 인식하고 교부한 경우 허위작성유가증권행사죄에 해당하고, **행사할 의사가 분명한 자에게 교부**하여 그가 이를 행사한 경우 허위유가증권행사죄의 공동정범이 성립한다(대판 1995.9.29, 95도803).	⑥ 강도를 공모하고 피해자의 집에 들어가 물건을 강취하였고, 피고인이 장롱을 뒤지느라 모르는 사이에 다른 피고인들이 피해자를 강간하였더라도 피고인은 공동피고인들의 행위를 통하여 자기의 의사를 실행하였다고 볼 수 없어 강도강간죄의 공동정범이 인정되지 않는다(대판 1988.9.13, 88도1114).
⑦ 구청 세무계장이 수납 직원들로부터 수납한 세금과 관련 서류를 건네받아 서류를 조작하여 세금을 횡령하고 **횡령한 세금 일부를 그 수납 직원들에게 분배하여 준 경우** 공모관계가 성립하였다고 보아야 한다(대판 1995.9.5, 95도1269).	⑦ 의과대학부속병원의 병원장에게 동 병원에서 보건복지부장관이 정한 기준을 위반하여 **진료비가 과다 징수되고 있는 사실에 관하여 대략의 인식**이 있었음에도 수가항목 전부에 관하여 전면 재검토하여 관련 부서에 수가 조정이나 삭제를 지시·요청하지 아니한 경우, 병원장이 '묵인'의 방법으로 병원 직원들과 공모하여 편취행위에 가담하였다고 볼 수 없다(대판 2005.3.11, 2002도5112).
⑧ 안수기도에 참여하여 목사가 안수기도의 방법으로 폭행을 함에 있어서 **시종일관 폭행행위를 보조**하였을 뿐 아니라 **더 나아가 스스로 피해자를 폭행하기도 한** 점에 비추어 목사의 폭행행위를 인식하고서도 이를 안수기도의 한 방법으로 알고 묵인함으로써 폭행행위에 관하여 묵시적으로 의사가 상통하였고 나아가 그 행위에 공동가공함으로써 공동정범이 성립한다(대판 1994.8.23, 94도1484).	⑧ 항해 중이던 선박의 선장 甲, 1등 항해사 乙, 2등 항해사 丙이 배가 기울어져 멈춘 후 침몰하고 있는 상황에서 피해자인 승객 등이 안내방송 등을 믿고 대피하지 않은 채 선내에 대기하고 있음에도 아무런 **구조조치를 취하지 않고 퇴선**함으로써 피해자들이 익사한 경우, 乙·丙의 부작위를 작위에 의한 살인의 실행행위와 동일하게 평가하기 어렵고, 살인의 미필적 고의로 甲의 부작위에 의한 살인행위에 공모 가담하였다고 단정하기도 어렵다(대판 2015.11.12, 2015도6809). 17. 국가직 9급
⑨ 이른바 딱지어음을 발행하여 매매한 이상 사기의 실행행위에 직접 관여하지 아니하였다고 하더라도 공동정범으로서의 책임을 면하지 못하고, **딱지어음의 전전유통경로**나 중간 소지인들 및 그 기망방법을 구체적으로 몰랐다고 하더라도 사기죄의 공모관계를 부정할 수는 없다(대판 1997.9.12, 97도1706). 11. 경찰승진, 15. 국가직 9급, 15·17. 경찰	
⑩ 중앙정보부장은 대통령과의 만찬이 예정된 궁정동 안가에서 경호실장을 지칭하면서 해치우겠다고 하자 비서실장은 **고개만 끄덕였고**, 만찬석상이 열리자 중앙정보부장이 경호실장을 권총으로 사살하였다면 내란목적 살인죄가 성립한다(대판 1995.6.16, 94도1973).	
⑪ 타인의 시세조종을 통한 주가조작 범행과 관련하여 **자기 명의의 증권계좌와 자금을 교부하였을 뿐만 아니라 적극적으로 투자자 등을 유치·관리한** 경우, 그들 명의의 증권계좌와 자금이 공소외인 등의 주가조작 범행에 사용되도록 한 사실을 알 수 있으므로 피고인들이 미필적으로나마 공소외인 등의 주가조작 범행을 인식하면서 그 범행에 공동가공하려는 의사를 가지고 투자자 유치 등의 행위를 분담함으로써 기능적 행위지배를 통한 범죄실행에 나아갔다고 할 것이다(대판 2009.2.12, 2008도6551). 10. 국가직 9급	
⑫ 비의료인이 주도적으로 의료기관을 개설·운영한 것으로 평가될 수 있는 경우에는 의료법에 위반된다고 봄이 타당하다. 또한 **의료인이 비의료인의 의료기관 개설행위에 공모하여 가공하면** 의료법 제87조 제1항 제2호, 제33조 제2항 위반죄의 공동정범에 해당한다(대판 2017.4.7, 2017도378).	

2. 승계적 공동정범

(1) 의의

승계적 공동정범은 공동가공의사의 성립시기에 따라 구별되는 공동정범의 한 유형이다. 즉, 구성요건적 불법의 일부가 선행자에 의하여 실행의 착수 이후, 종료 이전에 후행자가 그때까지의 행위상황을 인식하고 나머지 불법을 선행자와 공동으로 행하는 공동정범의 한 형태이다.

(2) 사례

甲이 강도의 의사로 丙을 항거불능상태로 빠뜨린 다음 우연히 그곳을 지나가던 乙에게 지금까지의 사정을 이야기하고 乙과 공동으로 丙의 재물을 탈취한 경우 甲을 선행자, 乙을 후행자라고 한다.

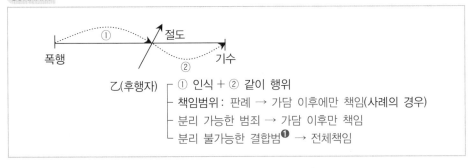

SUMMARY

- 책임범위 : 판례 → 가담 이후에만 책임(사례의 경우)
- 분리 가능한 범죄 → 가담 이후만 책임
- 분리 불가능한 결합범❶ → 전체책임

❶ 분리가 불가능한 경우
특정범죄 가중처벌 등에 관한 법률(분리할 수 없는 결합범) ⇨ 미성년자 약취·유인과 재물요구 ⇨ 乙(후행자)이 재물요구에만 가담 ⇨ 전체 책임

(3) 문제의 소재

후행자가 가담 이후의 행위에 대하여만 책임을 지는지, 가담 이전의 행위에 대하여서도 공동정범으로서의 책임을 지는지가 문제된다.

(4) 공동정범의 인정 여부

공동정범의 성립에 있어서 공동실행의 의사는 반드시 사전 공모일 것을 요하지 않으므로 실행행위 도중에 공동의사가 성립한 승계적 공동정범도 공동정범으로 인정된다(통설·판례).

(5) 후행자의 책임범위

선행자에 의하여 단독으로 행하여진 결과에 대하여는 후행자의 기능적 행위지배를 인정할 수 없으므로 후행자는 그 가담 이후의 행위에 대해서만 공동정범의 성립을 인정한다(통설·판례).

판례

1. 연속된 제조행위 도중에 공동정범으로 범행에 가담한 자는 비록 그가 그 범행에 가담할 때에 이미 이루어진 종전의 범행을 알았다고 하더라도 그 **가담 이후의 범행에 대해서만 책임**을 진다(대판 1982.6.8, 82도884). 12. 경찰간부

2. 포괄일죄의 범행 도중에 공동정범으로 범행에 가담한 자는 비록 그가 그 범행에 가담할 때에 이미 이루어진 종전의 범행을 알았다고 하더라도 그 **가담 이후의 범행에 대해서만 공동정범으로서 책임**을 진다(대판 1977.6.27, 97도163).
08·16. 경찰, 09·17. 국가직 9급, 10·16. 경찰승진, 12. 법원행시, 13. 변호사, 16. 국가직 7급·법원직

3. 공범자가 공갈행위의 실행에 착수한 후에 그 **범행을 인식하면서** 그와 공동의 범의를 가지고 그 후의 공갈행위를 계속하여 재물의 교부나 재산상 이익의 취득에 이른 때에는 공갈죄의 공동정범이 성립한다(대판 1997.2.14, 96도1959).

4. 피고인이 자동차로 교통사고를 내고 공동피고인과 함께 부상당한 피해자를 태우고 병원으로 가다가 **도주하자고 공모**하고 사고장소로부터 6km 정도 떨어진 도로변에 피해자를 내려놓고 달아났다면 유기죄의 공동정범이 성립한다(대판 1988.8.9, 86도225).

5. 선행자가 미성년자를 약취·유인한 후, 그 사정을 안 후행자가 미성년자의 부모에게 재물을 요구한 사례에서 판례는 특정범죄 가중처벌 등에 관한 법률 제5조의2 제2항 제1호의 죄는 형법 제287조의 미성년자 약취유인행위와 미성년자의 부모 기타 그 미성년자의 안전을 염려하는 자의 우려를 이용하여 재물이나 재산상의 이익을 취득하거나 이를 요구하는 행위가 **결합된 단순일죄**로 보면서 후행자에게는 가담한 행위 부분에 대한 방조가 아니라 **전체행위에 대한 방조범**으로 보았다(대판 1982.11.23, 82도2024).

☑ 주의 : 분리가 불가능한 경우
특정범죄가중처벌에관한법률 = 미성년자 약취유인 + 재물요구
(분리할 수 없는 결합범)

乙(후행자)이 재물요구에만 가담 → 전체책임

3. 과실범의 공동정범

(1) 문제제기

2인 이상이 공동의 과실로 인하여 과실범의 구성요건적 결과를 발생하게 한 경우에 과실범의 공동정범이 될 수 있는가의 문제를 말한다(예 공사장 인부 甲과 乙이 함께 건축자재를 옮기다가 두 사람의 과실로 자재를 떨어뜨렸는데, 근처를 지나던 행인이 맞아서 사망한 경우, 만약 의사연락이 없고 원인판명이 불분명하면 동시범이 성립하고 각자 과실미수가 되어 처벌할 수 없다). 이는 공동정범의 성립요건인 공동의사의 내용을 어떻게 파악할 것인가의 문제이다.

(2) 판례

행위공동설의 입장에서 과실범의 공동정범을 인정한다(예 공사장 인부 甲과 乙이 함께 건축자재를 옮기다가 두 사람의 과실로 자재를 떨어뜨렸는데, 근처를 지나던 행인이 맞아서 사망한 경우, 甲과 乙에게 과실치사의 공동정범이 성립한다).

판례비교 공동가공의사의 인정 여부

O 공동가공의사 인정 - 공동정범 성립	**X** 공동가공의사 부정 - 공동정범 불성립
① 2인 이상이 서로의 의사연락하에 범죄되는 결과를 발생하게 한 경우에는 **과실범의 공동정범이 성립**한다(대판 1978.9.26, 78도2082).	① 피고인이 운전자의 부탁으로 차량의 조수석에 동승한 후, 운전자의 차량운전행위를 살펴보고 잘못된 점이 있으면 이를 지적하여 교정하여 주려 했던 것에 그치고 전문적인 운전교습자가 피교습자에 대하여 차량운행에 관하여 모든 지시를 하는 경우와 같이 주도적 지위에서 동 차량을 운행할 의도가 있었다거나 실제로 그 같이 운행을 하였다고 보기 어렵다면 그와 같은 운행 중에 야기된 사고에 대하여 과실범의 공동정범의 책임을 물을 수 없다(대판 1984.3.13, 82도3136).
② **삼풍백화점 붕괴**의 원인이 건축계획의 수립, 건축설계, 건축공사 공정, 건물 완공 후의 유지관리 등에 있어서 과실이 복합적으로 작용한 데에 있다고 보아 각 단계별 관련자들을 **업무상과실치사상죄의 공동정범으로 처단**한다(대판 1996.8.23, 96도1231).	② 동승자가 교통사고 후, 운전자와 공모하여 운전자의 도주행위에 가담하였다고 하더라도 동승자에게 **과실범의 공동정범의 책임**을 물을 수 있는 특별한 경우가 아닌 한, 특정범죄 가중처벌 등에 관한 법률 위반(도주차량)죄의 공동정범으로 처벌할 수는 없다(대판 2007.7.26, 2007도2919).
③ **터널공사**를 도급받은 **건설회사의 현장소장과 공사를 발주한 한국전력공사의 지소장**이 철로 밑 굴착공사를 하다가 이것이 무너져 통과하던 열차가 전복되었다면 건설회사의 현장소장과 공사를 발주한 한국전력공사의 지소장에게 과실범의 공동정범이 인정된다(대판 1994.5.24, 94도660).	③ 선박의 등화 단속을 담당한 책임자가 실화한 경우 선장은 동 담당자를 지휘·감독할 행정상의 책임만 있고 등화 단속에 대한 직접적인 책임은 없으므로 책임자가 실화하였다고 할지라도 선장은 실화죄에 해당하지 않는다(대판 1956.12.21, 4289형상276).
④ **성수대교 붕괴사고**에서 교량건설회사의 트러스제작 책임자, 교량공사현장감독, 발주 관청의 공사감독공무원 등에게 **업무상실치사상·업무상과실일반교통방해·업무상과실자동차추락죄 등의 공동정범이 성립**한다(대판 1997.11.28, 97도1740). 11. 경찰간부	④ 운전수가 불의의 발병으로 자동차를 운전할 수 없게 되자 동승한 운전경험이 있는 차주가 운전하다가 사고를 일으킨 경우, 차주의 운전상의 과실행위에 운전수와의 상호간 의사연락이 있었다고 보거나 운전행위를 저지하지 않은 원인행위가 차주의 운전상의 부주의로 인한 결과발생까지 미친다고 볼 수 없다(대판 1974.7.23, 74도7788).
⑤ **정기관사의 지휘감독**을 받는 부기관사가 정기관사와 사고 열차의 퇴행에 관하여 서로 상론하여 이에 동의한 후에 퇴행하다가 다른 열차와 충돌하였다면, 이를 동의한 이상 **과실범의 공동정범의 책임**을 면할 수 없다(대판 1982.6.8, 82도781).	⑤ **군용차량의 운전병**이 선임탑승자의 지시에 따라 철도선로를 무단 횡단하는 중에 운전부주의로 그 차량이 손괴된 경우, 그 손괴의 결과가 선임탑승자가 사고지점을 횡단하도록 지시한 과실로 인한 것이라고 볼 수 없고 선임탑승자가 운전병을 지휘·감독할 책임 있는 자라 하여 그 점만으로 곧 손괴의 결과에 대한 공동과실이 있는 것이라고 단정할 수도 없다(대판 1984.3.13, 82도3136).
⑥ **지프차의 선임탑승자가 운전병**을 데리고 주점에서 같이 음주한 다음 운전하게 한 결과, 운전병이 음주로 인하여 취한 탓으로 사고가 발생하였다면 선임탑승자에게도 **과실범의 공동정범이 성립**한다(대판 1979.8.21, 79도1249). 09. 국가직 9급	

❹ 객관적 성립요건

1. 공동가공의 사실이 있을 것

(Ⅰ) 공동실행의 의미

공동정범이 성립하기 위하여서는 객관적 요건으로 공동의 실행의사에 따른 공동의 실행행위가 있어야 한다. 여기서 공동의 실행행위란 전체적인 공동의 범행계획을 실현하기 위하여 공동참가자들이 상호간에 역할을 분담하여 실행하는 것을 말한다(**에** 甲과 乙이 강간의 의사로 甲은 丙의 입을 막으며 손을 잡고 乙이 강간을 한 경우 甲과 乙은 강간죄의 공동정범이 된다).

⑵ 공동실행의 정도

공동정범 각자가 구성요건의 전부·일부를 실행한 경우는 물론 구성요건 이외의 행위 (**예** 망을 보는 행위)라도 역할분담으로 인정된다면 공동의 실행행위가 될 수 있다 (**예** 절도를 공모한 후 甲은 절취하고, 乙은 망을 보고, 丙은 자동차에서 대기하고, 丁은 장물매각을 알선한 경우, 4명 모두 절도죄의 공동정범이 된다).

판례

공동실행의 정도

1. 공모에 의한 범죄의 공동실행은 모든 공범자가 스스로 범죄의 구성요건을 실현하는 것을 전제로 하지 아니하고, 그 실현행위를 하는 공범자에게 그 행위결정을 강화하도록 **협력하는 것**으로도 가능하며, 이에 해당하는지 여부는 행위결과에 대한 각자의 이해 정도, 행위 가담의 크기, 범행지배에 대한 의지 등을 종합적으로 고려하여 판단하여야 한다(대판 2006. 12.22, 2006도1623). 16. 경찰

2. 공동피고인이 위조된 부동산임대차계약서를 담보로 제공하고 피해자로부터 돈을 빌려 편취할 것을 계획하면서 피고인에게 미리 전화를 하여 임대인 행세를 하여달라고 부탁하였고, 피고인은 **임대인인 것처럼 행세**하여 전세금액 등을 확인한 경우 위조사문서행사죄의 공동정범이 성립한다(대판 2010.1.28, 2009도10139). 11·12. 경찰

3. 피고인이 공범들과 함께 강도 범행을 저지른 후, 피해자의 신고를 막기 위하여 공범들이 묶여있는 피해자를 옆방으로 끌고가 강간 범행을 할 때에 피고인은 **자녀들을 감시하고 있었**다면 공범들의 강도강간범죄에 공동가공한 것이라 하겠으므로 비록 피고인이 직접강간행위를 하지 않았다 하더라도 강도강간의 공동죄책을 면할 수 없다(대판 1986.1.21, 85도2411).

4. 피고인과 다른 공범이 피해자를 강간하고 있는 동안 동 피해자가 반항하지 못하도록 그의 **입을 손으로 틀어막고 주먹으로 얼굴을 2회 때렸다면** 피고인은 강간죄의 공동정범의 죄책을 면할 수 없다(대판 1984.6.12, 84도780).

5. 거래상대방의 대향적 행위의 존재를 필요로 하는 유형의 배임죄에서 거래상대방은 기본적으로 배임행위의 실행행위자와 별개의 이해관계를 가지고 반대편에서 독자적으로 거래에 임한다는 점을 고려하면, 업무상배임죄의 실행으로 이익을 얻게 되는 수익자는 배임죄의 공범이라고 볼 수 없는 것이 원칙이고, 실행행위자의 행위가 피해자 본인에 대한 배임행위에 해당한다는 점을 인식한 상태에서 배임의 의도가 전혀 없었던 실행행위자에게 배임행위를 교사하거나 또는 배임행위의 전 과정에 관여하는 등으로 배임행위에 **적극 가담한 경우**에 한하여 배임의 실행행위자에 대한 공동정범으로 인정할 수 있다(대판 2016.10.13, 2014도17211).

6. 뇌수술을 받고 중환자실에 입원해 있던 환자 A의 처 乙은 치료비에 상당한 부담을 느낀 나머지 A의 치료를 중단시킬 의도로 퇴원을 요구하였고, 주치의 甲이 이런 의도를 알면서도 **치료중단 및 퇴원을 허용하는 조치를 취하여** A가 사망에 이른 경우, 甲에게 환자의 사망이라는 결과 발생에 대한 정범의 고의는 인정되나 A의 사망에 이르는 사태의 핵심적 경과를 계획적으로 조종하거나 저지·촉진하는 등으로 지배하고 있었다고 보기는 어려우므로 공동정범의 객관적 요건인 기능적 행위지배가 흠결되어 살인죄의 공동정범으로서의 죄책이 없다(대판 2004.6.24, 2002도995).

7. 게임산업진흥에 관한 법률 제26조 제2항에서 '청소년게임제공업 등을 영위하고자 하는 자'란 영업자를 의미하므로 영업활동에 지배적으로 관여하지 아니한 채 단순히 **영업자의 직원으로 일하거나 영업을 위하여 보조한 경우**, 또는 영업자에게 영업장소 등을 임대하고 **사용대가를 받은 경우** 등에는 같은 법 제45조 위반에 대한 본질적인 기여를 통한 기능적 행위지배를 인정하기 어려워 이들을 방조범으로 처벌할 수 있는지는 별론으로 하고 공동정범으로 처벌할 수는 없다(대판 2011.11.10, 2010도11631).

(3) 공동실행의 방법

① 분담하는 실행행위는 동종·이종의 행위일 수도 있고, 작위·부작위에 의해서도 가능하다(**예** 甲이 수영교습생 丙을 익사시키기 위하여 丙을 깊은 곳으로 유인하여 위험에 빠뜨리고 丙에 대한 구조의무가 있는 수영교사 乙이 甲과의 사전공모에 따라 구조행위를 하지 아니함으로써 결국 丙이 사망한 경우, 甲의 작위와 乙의 부작위 사이에는 행위실행의 공동이 인정될 수 있다).

> **판례**
>
> **공동실행의 방법**
> **부작위범** 사이의 공동정범은 다수의 부작위범에게 **공통된 의무**가 부여되어 있고 그 의무를 공통으로 이행할 수 있을 때에만 성립한다(대판 2008.3.27, 2008도89). 15·18. 경찰, 16. 국가직 9급

② 실행행위의 분담은 반드시 현장에서 행하여질 것을 요하지 않는다(**예** 범행현장 이외의 장소에서 전화기로 지휘하는 경우).

> **판례**
>
> **공동실행의 방법**
> 피고인이 여러 공범들과 피해자를 상해하기로 **공모**하고, 피고인 등은 상피고인의 **사무실에서 대기**하고, 실행행위를 분담한 공모자 일부가 사건현장에 가서 피해자를 상해하여 사망하게 하였다면 피고인은 상해치사범죄의 공동정범에 해당한다(대판 1991.10.11, 91도1755).

(4) 공동실행의 시기

공동정범 상호간의 역할분담은 실행의 착수 이후, 종료 이전에 하여야 한다. 예비단계의 역할분담은 범행을 지배하는 정도의 실행행위가 아닌 한 실행의 분담이 아니다.

> **판례**
>
> 1. 甲·乙은 부부 사이로 甲은 대낮에 피해자가 운영하는 연구소 안으로 승용차를 운전하여 들어가 그곳 마당에 승용차를 주차하여 두고 그곳에서 약 20m 떨어진 마당 뒤편에서 피해자 소유의 **연산홍 1그루를 캔 다음**, 남편인 乙에게 전화를 걸어 연산홍을 차에 싣는 것을 도와달라고 하였다. 이에 乙은 甲이 있는 장소로 와서 연산홍을 승용차에 싣기 위하여 甲과 함께 마당에 주차하여 둔 승용차의 트렁크 앞까지 운반한 다음, 트렁크에 실으려 하던 중 피해자에게 발각된 경우에 甲은 절도죄가 성립하고 乙은 무죄이다(대판 2008.10.23, 2008도6080). ☺ 甲과 乙에게 특수절도죄가 성립하는 것이 아니다.
> 2. 회사의 직원이 영업비밀을 경쟁업체에 유출하거나 스스로의 이익을 위하여 이용할 목적으로 무단 반출한 때 업무상배임죄의 기수에 이르렀다고 할 것이고, 그 이후에 위 직원과 접촉하여 영업비밀을 취득하려고 한 자는 업무상배임죄의 공동정범이 될 수 없다(대판 2003.10.30, 2003도4382). 12. 경찰, 15. 국가직 9급
> 3. 범인도피죄는 범인을 도피하게 함으로써 기수에 이르고 도피행위가 끝날 때에 비로소 범죄행위가 종료되므로 공범자의 **범인도피행위 도중**에 그 범행을 인식하면서 그와 공동의 범의를 가지고 기왕의 범인도피상태를 이용하여 스스로 범인도피행위를 계속한 자에 대하여는 범인도피죄의 공동정범이 성립한다. 즉, 계속범인 범인은닉죄의 경우에는 기수 이후에도 실질적으로 종료되기까지는 공동정범이 성립할 수 있다(대판 1995.9.5, 95도577). 15. 경찰

기출 OX
회사 직원이 영업비밀을 유출하거나 자기의 이익을 위하여 이용할 목적으로 무단 반출한 때에 업무상배임죄는 기수에 이르게 되는데, 그 후 이 직원과 접촉하여 영업비밀을 취득한 자는 배임죄의 공동정범이 성립한다. 15. 국가직 9급 (×)

2. 공모공동정범

(1) 의의

2인 이상의 자가 공모하여 그 공모자 가운데 일부가 공모에 따라 범죄의 실행에 나아간 때에는 실행행위를 담당하지 아니한 공모자에게도 공동정범이 성립한다는 이론이다 (예 두목 甲이 부하들과 범행을 모의한 후에 사무실에서 대기하고 부하들만 범죄를 실행한 경우 甲은 공모공동정범이다).

(2) 적용범위

공모공동정범은 판례에 의하여 확립된 이론이다. 처음에는 지능범에게만 적용되어 오다가 실력범에 이르기까지 확대되고 있다.

> **판례**
>
> 1. 공모공동정범의 경우에는 공모가 이루어진 이상, 실행행위에 **직접 관여하지 아니한 자라도** 다른 공범자의 행위에 대하여 공동정범으로서 형사책임을 지는 것이다(대판 1997. 10.10, 97도1720).
> 2. 공모에 참여한 사실이 인정되는 이상, **직접 실행행위에 관여하지 않았더라도** 다른 사람의 행위를 자기의사의 수단으로 하여 범죄를 하였다는 점에서 자기가 직접 실행행위를 분담한 경우와 형사책임의 성립에 차이를 둘 이유가 없다(대판 1988.4.12, 87도2368).
>
> 12. 경찰, 13. 경찰승진

판례비교 공모공동정범의 성립 여부

O 공모공동정범 성립	X 공모공동정범 불성립
① 허위의 선하증권을 발행하여 타인에게 교부하여 줌으로써 그 타인으로 하여금 이를 행사하여 그 선하증권상의 물품대금을 지급받게 한 소위는 허위유가증권행사죄와 사기죄의 공동정범을 인정하기에 충분하다(대판 1985.8.20, 83도2575). 09. 경찰 ② 특수강도의 범행을 모의한 이상, 범행의 실행에 가담하지 아니하고 공모자들이 강취하여 온 장물의 처분을 알선만하였다 하더라도, 특수강도의 공동정범이 된다 할 것이므로 장물알선죄로 의율할 것이 아니다(대판 1983.2.22, 82도3103). ③ 피고인이 위조행위 자체에는 관여한 바 없다고 하더라도 타인에게 위조를 부탁하여 의사연락이 되고 그로 하여금 범행을 하게 하였다면 공모공동정범에 의한 위조죄가 성립한다(대판 1980.5.27, 80도907). ④ 이른바 딱지어음을 발행하여 매매한 이상 딱지어음의 전전유통경로, 중간소지인들, 기망방법 등을 구체적으로 몰랐다고 하더라도 사기죄의 공모관계를 부정할 수 없다(대판 1997.9.12, 97도1706). 11. 경찰승진, 15. 국가직 9급, 15·17. 경찰 ⑤ 건설노동조합의 조합원들이 행한 건조물침입·업무방해·손괴·폭행·상해 등의 범죄행위에 대하여 해당 조합의 상급단체 간부들은 위 범죄를 구체적으로 모의하거나 이를 직접 분담하여 실행한 바가 없었다 하더라도, 각 범행에 대한 공모공동정범으로서의 죄책은 면할 수 없다(대판 2007.4.26, 2007도428). 10. 국가직 9급	전국노점상총연합회가 주관한 도로행진시위에 참가한 피고인이 다른 시위참가자들과 함께 경찰관 등에 대한 특수공무집행 방해행위를 하던 중 체포된 사안에서 **단순가담자인 피고인에게 체포된 이후에** 이루어진 다른 시위참가자들의 범행에 대하여는 공모공동정범의 죄책을 인정할 수 없다(대판 2009.6.23, 2009도2994). 10. 국가직 9급

O 공모공동정범 성립	**X** 공모공동정범 불성립
⑥ 다른 3명의 공모자들과 강도 모의를 하면서 삽을 들고 사람을 때리는 시늉을 하는 등 그 모의를 주도한 **피고인**이 함께 범행 대상을 물색하다가 다른 공모자들이 강도의 대상을 지목하고 뒤쫓아 가자, 단지 "어?"라고만 하고 **비대한 체격 때문에** 뒤따라가지 못한 채 범행현장에서 200m 정도 떨어진 곳에 앉아 있었으나 공모자들이 피해자를 쫓아가 강도상해의 범행을 한 경우, 다른 공모자가 강도상해죄의 실행에 착수하기까지 범행을 만류하는 등으로 그 공모관계에서 이탈하였다고 볼 수 없으므로 강도상해죄의 공동정범으로서의 죄책을 진다(대판 2008.4.10, 2008도1274). 09. 국가직 7급, 16. 경찰승진	

3. 공모관계를 이탈하는 경우

(1) 실행의 착수 이전에 이탈한 경우

공모자 중 1인이 다른 공모자가 실행에 착수하기 전에 공모관계에서 이탈한 경우에는 다른 공모자의 착수 이후의 행위에 대하여 공동정범이 성립하지 않으며 그 이탈의 표시는 반드시 명시적일 것을 요하지 않는다. 이탈한 공모자는 예비·음모에 의하여 처벌받는다.

판례

1. 공모자 중의 어떤 사람이 다른 공모자가 **실행행위에 이르기 전에** 그 공모관계에서 이탈한 때에는 그 이후의 다른 공모자의 행위에 관하여 **공동정범으로서 책임은 지지 않는다**(대판 1972.4.20, 71도2277). 15·17. 국가직 9급

2. 공모자 중의 1인이 다른 공모자가 실행행위에 이르기 전에 그 공모관계에서 이탈한 때에는 그 **이탈의 표시는** 반드시 **명시적일 것을 요하지 않는다**. 피고인이 다른 공범들과 피해자들을 폭행하여 상처를 입히고는 후회하여 다른 공범들의 폭행을 제지하고 피해자를 약국으로 데려가서 치료를 받게 하고 귀가하였고, 그 사이 다른 공범들은 다시 다른 피해자를 폭행하여 사망하게 하였다면 피고인에게 특수폭행치사의 범행에 관하여는 명시적 또는 묵시적으로 그 공모관계에서 이탈하였다고 볼 수 있을 것이다(대판 1972.4.20, 71도2277). 15. 국가직 9급

3. 택시강도를 공모하고 목적지에 도착해서 공모자 중 일부가 요금문제로 **시비하는 동안** 무임승차로 신고할 것이 두려워 일부는 **도망친** 후에 피해자를 공구(스파나)로 때려 살해하고 재물을 강취한 경우에는 강도살인행위의 실행의 착수 이전에 공모관계에서 이탈한 것이기 때문에 이탈자는 강도예비죄로 처벌된다(대판 1985.3.26, 84도2956).

4. 甲과 乙 등 4인은 丙의 팔다리를 묶어 저수지에 던져 살해하기로 **의견일치**를 보았으나 甲은 乙 등이 丙을 저수지에 던지기 전에 그 패거리에서 탈퇴하여 버렸다. 그 후 乙 등은 계획대로 丙을 저수지에 던져 살해하였는데 甲은 살해모의에는 가담하였으나 다른 공모자들이 **실행행위에 이르기 전에** 그 공모관계에서 **이탈**하였으므로 그 이후의 다른 공모자의 행위에 관하여 공동정범으로서의 책임을 지지 않는다. 따라서 甲은 **살인음모죄**(살인예비 ×)가 성립할 뿐이다(대판 1986.1.21, 85도2371). 04. 국가직 9급, 08. 법원행시

5. 시라소니파라는 범죄단체조직에 가입하여 활동 중이던 甲은 긴급소집연락을 받고 소집에 응하였으나 다른 조직원들이 반대파에 대하여 보복하기 위하여 출발하려 할 때에 사태의 심각성을 깨닫고 **그곳에서 택시를 타고 집으로 와버린 경우**, 다른 조직원들이 범행에 이르기 전에 그 공모관계에서 이탈한 것이라 할 것이므로 甲은 공모관계에 이탈한 이후의 행위에 대하여 공동정범으로서의 책임을 지지 않는다(대판 1996.1.26, 94도2564).

기출 OX

01 甲주식회사의 협력업체 소속 근로자인 피고인들을 비롯한 10인이 甲주식회사 정문 앞 등에서 1인은 고용보장 등의 주장 내용이 담긴 피켓을 들고 다른 2~4인은 그 옆에 서 있는 방식으로 미신고 옥외시위를 한 경우, 공모공동정범에 의한 시위주최자로서 책임을 물을 수 있다. 13. 경찰승진 (○)

02 다른 3명의 공모자들과 강도 모의를 주도한 甲이, 다른 공모자들이 피해자를 뒤쫓아 가자, 단지 "어?"라고만 하고 더 이상 만류하지 아니하여 공모자들이 강도상해의 범행을 한 경우 甲은 그 공모관계에서 이탈하였다고 볼 수 없다. 09. 국가직 7급 (○)

기출 OX

공모자가 공모에 주도적으로 참여하여 다른 공모자의 실행에 영향을 미친 때에는 범행을 저지하기 위하여 적극적으로 노력하는 등 실행에 미친 영향력을 제거하지 아니하는 한 공모자가 구속되었다는 등의 사유만으로 공모관계에서 이탈하였다고 할 수 없다. 16. 경찰 (○)

> **판례**
>
> 공모를 주도한 자의 이탈 요건
>
> [1] 공모공동정범에 있어서 공모자 중의 1인이 다른 공모자가 실행행위에 이르기 전에 그 공모관계에서 이탈한 때에는 그 이후의 다른 공모자의 행위에 관하여는 공동정범으로서의 책임은 지지 않는다 할 것이나, 공모관계에서의 이탈은 공모자가 공모에 의하여 담당한 기능적 행위지배를 해소하는 것이 필요하므로 공모자가 공모에 주도적으로 참여하여 다른 공모자의 실행에 영향을 미친 때에는 범행을 저지하기 위하여 적극적으로 노력하는 등 실행에 미친 영향력을 제거하지 아니하는 한 공모관계에서 이탈하였다고 할 수 없다.
>
> [2] 다른 3명의 공모자들과 강도 모의를 하면서 삽을 들고 사람을 때리는 시늉을 하는 등 그 모의를 주도한 피고인이 함께 범행 대상을 물색하다가 다른 공모자들이 강도의 대상을 지목하고 뒤쫓아 가자 단지 "어?"라고만 하고 비대한 체격 때문에 뒤따라가지 못한 채 범행 현장에서 200m 정도 떨어진 곳에 앉아 있었으나 위 공모자들이 피해자를 쫓아가 강도상해의 범행을 한 사안에서, 피고인에게 공동가공의 의사와 공동의사에 기한 기능적 행위지배를 통한 범죄의 실행사실이 인정되므로 강도상해죄의 공모관계에 있고, 다른 공모자가 강도상해죄의 실행에 착수하기까지 범행을 만류하는 등으로 그 공모관계에서 이탈하였다고 볼 수 없으므로 강도상해죄의 공동정범으로서의 죄책을 진다(대판 2008.4.10, 2008도1274). 15. 국가직 9급, 16. 경찰 · 국가직 7급 · 법원직

(2) 실행의 착수 이후에 이탈한 경우

공동정범의 경우에 중지미수가 성립하려면 공동정범 중 일부의 자가 다른 공범자 전원의 실행행위를 중지시키거나 모든 결과의 발생을 방지하여야 한다. 따라서 1인이 자의로 중지하였을지라도 다른 공동정범이 결과를 발생시킨 경우에는 중지한 자에게도 기수범의 공동정범이 성립한다.

> **판례**
>
> 1. 피고인이 공범들과 다단계 금융판매조직에 의한 사기 범행을 공모하고 피해자들을 기망하여 투자금 명목으로 피해금원의 대부분을 편취한 단계에서 해당 조직의 **관리이사직을 사임한 경우** 피고인은 공범으로서의 책임을 부담한다(대판 2002.8.27, 2001도5123).
>
> 2. 甲이 乙과 공모하여 가출 청소년 丙(여, 16세)에게 낙태수술비를 벌도록 해 주겠다고 유인하였고, 乙로 하여금 丙의 성매매 홍보용 나체사진을 찍도록 하였으며 丙이 중도에 약속을 어길 경우에는 민 · 형사상 책임을 진다는 각서를 작성하도록 한 후에 **자신이 별건으로 체포되어 구치소에 수감 중인 동안** 丙이 乙의 관리 아래 12회에 걸쳐 불특정 다수 남성의 성매수행위의 상대방이 된 대가로 받은 돈을 乙 · 丙 및 甲의 처 등이 나누어 사용한 사안에서 丙의 성매매기간 동안 甲이 수감되어 있었다 하더라도 甲은 乙과 함께 미성년자유인죄, 구 청소년의 성보호에 관한 법률 위반(성매매강요, 청소년이용음란물제작 · 배포)죄의 책임을 진다(대판 2010.9.9, 2010도6924). 13. 변호사, 18. 경찰승진
>
> 3. 甲은 乙과 함께 대전역 부근에 있는 丙이 경영하는 천광상회 사무실의 금품을 절취하기로 공모하여 甲은 그 부근 포장마차에 있고 乙은 천광상회의 열려진 출입문을 통하여 안으로 들어가 물건을 물색하고 있는 동안 甲은 **자신의 범행전력 등을 생각하여 가책을 느낀 나머지 丙에게 乙의 침입사실을 알려 그와 함께 乙을 체포한 경우에 甲은 중지미수, 乙은 장애미수**가 성립한다(대판 1986.3.11, 85도2831).

❺ 공동정범의 처벌

1. 일부실행 · 전부책임

(1) 공동정범 각자를 그 죄의 정범으로 처벌하는데(제30조 제1항), 공동정범은 공동의사의 범위 안에서만 책임을 진다(**예** 甲과 乙이 절도를 공모하고 甲은 망을 보고 乙이 절취한 경우, 甲 · 乙 모두 절도죄의 공동정범이 된다). 여기서 각자를 정범으로 처벌한다는 것은 법정형이 동일하다는 의미이므로 처단형은 다를 수 있다.

> **판례**
>
> 실행행위에 직접 관여하지 아니한 공모자의 책임범위(= 전부책임)
> 공모가 이루어진 이상 실행행위에 직접 관여하지 아니한 자라도 다른 공모자의 행위에 대하여 공동정범으로서 형사적 책임을 진다 할 것이다(대판 2003.10.10, 2003도3516).

> **판례**
>
> 일부실행 · 전부책임의 사례
> 1. 화염병과 돌멩이들을 진압 경찰관을 향하여 무차별하게 던지는 시위현장에서 피고인도 이에 적극 참여하여 돌멩이를 던지는 등의 행위로 다른 사람의 화염병 투척을 용이하게 하고 이로 인하여 타인의 생명 · 신체에 대한 위험을 발생하게 하였다면 비록 피고인 자신이 **직접 화염병 투척의 행위는 하지 아니하였다고 하더라도** 그 화염병 투척의 공동정범으로서의 죄책을 면할 수는 없는 것이다(대판 1992.3.31, 91도3279).
> 2. 甲 · 乙 · 丙 세 사람이 A(16세) · B(17세) · C(18세) 부녀를 강간하기로 결의한 뒤, 甲이 A의 반항을 억압하여 간음하고, 乙은 B의 반항을 억압하여 간음하고 처녀막파열상을 입히고, 丙은 계속 주위에서 망을 보다가 C가 측은한 생각이 들어 강간할 것을 단념한 경우, 甲 · 乙 · 丙 모두 A에 대한 특수강간죄, B에 대한 특수강간치상죄, C에 대한 특수강간미수죄가 성립한다(대판 2004.8.20, 2004도2870). 13. 변호사
> 3. 甲과 乙이 丙과 함께 피해자를 밀감과수원 관리사로 끌고 가 관리사 내부가 피해자의 피로 물들 정도로 피해자를 폭행하였고 피해자가 실신하면 다시 깨워서 재차 폭행하여 결국 피해자로 하여금 완전히 의식을 상실하도록 하였으며, 피해자가 목숨을 잃은 것으로 오인하고 땅속에 매장하려다가 피해자가 깨어나 살려달라고 애원하자 甲이 丙에게 삽을 건네주어 丙이 삽날 부분으로 피해자를 여러 차례 내리쳐 피해자를 살해한 경우, 비록 甲과 乙이 처음부터 丙과 피해자를 살해하기로 공모하지는 아니하였다 하더라도 丙과 함께 피해자를 폭행할 당시에는 이로 인하여 피해자가 사망할지도 모른다는 점을 인식하고 있었다고 보이므로, 丙과 암묵적으로 상통하여 피해자를 살해하기로 공모하였다고 인정되고, 甲과 乙이 **직접 삽으로 피해자를 내리쳐 살해하지 아니하였다는 것만으로는 丙의 행위에 대하여 공동정범으로서의 책임을 면하지 못한다**(대판 2004.3.12, 2004도126).
> 4. 수인이 재물강취의 의사로 피해자를 상해하고, 그 중 1인이 몰래 피해자가 도망가면서 남겨 둔 옷에서 돈을 꺼내어 사용한 경우, 위 1인의 강도행위는 **나머지 행위자들이 예측할 수 있었다고 보이므로 나머지 피고인들도 강도상해의 공동정범의 책임을 면할 수 없다**(대판 2004.10.28, 2004도4437).

(2) 공동정범은 공동의사의 범위를 초과하여 성립할 수 없으므로 초과한 부분에 대하여는 단독정범이 될 뿐이다(**예** 甲과 乙이 절도를 모의하고 타인의 주거에 침입하였으나 귀중품이 없어 화가 난 甲이 그 집의 거울을 깨뜨린 경우, 주거침입죄와 절도미수죄에 대한 공동정범과 甲 단독의 손괴죄가 성립한다).

2. 책임의 독립성

공동정범 중 책임조각사유, 형의 가중·감경사유, 인적 처벌조각사유가 있는 자가 있을 경우에 그러한 사유는 그 자에게만 적용된다(예 甲이 13세 소년 乙과 함께 절도를 한 경우, 乙은 형사미성년자로 무죄가 되고 甲은 절도죄가 성립한다).

3. 공동정범의 초과문제

(1) 공동정범은 원칙적으로 공모한 대로 책임을 진다.

(2) 결과적 가중범과 공동정범은 기본범죄의 공모만 있으면 되고 중한 결과까지 공모할 필요는 없다. 다만, 중한 결과의 예견가능성이 있어야 중한 결과까지 책임을 진다.

> **CASE** 공동정범의 초과문제(원칙은 공모한 대로 책임)
>
> **Q.** 甲과 乙은 A집에 침입하여 재물을 강취하기로 공모하고 甲은 피해자의 손발을 묶고 1회 강타하여 피해자를 실신시킨 다음에 현금 1,000만원을 강취하였다. 甲이 강취한 재물을 들고 도망치는 동안 욕정을 참지 못한 乙이 피해자를 1회 간음하였는데, 이때 甲·乙의 죄책은?
>
> **A.** • 甲·乙의 **공통된 죄책** : 특수강도(합동강도)의 공동정범이다. 현장설에 따라 甲·乙의 강취행위와 시간적·장소적 협동관계를 인정할 수 있기 때문이다.
> • 乙의 **초과행위의 죄책** : 乙에게 甲과 공모하지 않은 강간죄, 즉 강도강간죄가 성립한다. 공동의 범행결의를 초과하는 실행행위는 분업적 공동실행이 아니기 때문에 乙이 범행결의를 초과하여 실행한 강간행위에 대하여 甲은 책임을 지지 않는다.

> **CASE** 공동정범의 초과문제(예견가능성이 있는 경우)
>
> **Q.** 甲·乙·丙은 등산용 칼을 이용하여 강도를 하기로 공모한 후, 甲은 차 안에서 망을 보고 乙과 丙은 차에서 내려 행인 A로부터 금품을 강취하려 하였다. 그러던 중 등산용 칼을 소지 중인 丙은 우연히 범행현장을 목격하게 된 B를 등산용 칼로 찔러 살해하였다. 판례에 의할 경우 甲·乙·丙의 죄책은?
>
> **A.** 강도를 공모하고 일부가 살인을 행한 사안에 관해서 다른 공모자에 대해서는 초과된 부분인 강도살인죄의 죄책을 묻지는 않았지만, 등산용 칼을 휴대하여 노상강도를 하기로 공모한 경우이므로 살인을 저지른 피고인 이외의 공범자도 흉기를 이용한 강도의 결과로 사망에 이를 수 있음을 예견할 수 있었기 때문에 결과적 가중범인 강도치사죄의 공동정범을 인정한다(대판 1990.11.27, 90도2262). ⇨ 丙은 강도살인죄, 甲·乙은 강도치사죄가 성립한다.
> ☺ 甲·乙·丙 모두 강도살인죄이다. (×)
>
> 비교판례
> 피고인 甲·乙·丙이 사전에 본건 금품강취 범행을 모의하고 전원이 본건 범행현장에 임하여 각자 범죄의 실행을 분담하였으며 그 과정에서 피고인 甲을 제외한 나머지 피고인들이 모두 과도 또는 **쇠파이프** 등을 휴대하였고 쇠파이프를 휴대한 피고인 乙이 취침 중인 피해자를 감시하였던 상황 아래에서는 피해자가 잠을 깨면 이를 감시하던 乙이 동인을 강타하여 살해하리라는 점에 관하여 나머지 피고인들도 예기할 수 없었다고 보여지지 아니하므로 피고인들 **모두가 강도살인죄**의 죄책을 면할 수 없다(대판 1984.2.28, 83도3162). ⇨ 과거에는 예견가능성이 있으면 강도살인죄의 공동정범의 성립을 인정하였으나, 1990년 이후부터는 강도치사죄의 성립을 인정하여 결과적 가중범의 공동정범의 문제로 다루고 있다.

판례

공동정범의 초과문제에 관련된 사례

1. 강도의 공범자 중 한 사람이 강도의 기회에 피해자에게 폭행을 가하여 상해를 입힌 경우, 다른 공범자도 재물 강취의 수단으로 폭행을 가할 것이라는 점에 관하여 상호의사의 연락이 있었던 것이므로 구체적으로 상해에 관하여는 공모하지 않았다 하더라도 폭행으로 생긴 결과에 대한 공범으로서 강도상해 및 강도치상의 책임을 진다(대판 1990.12.26, 90도2362).

2. 피고인이 **냄비뚜껑을 피해자의 이마에 던지고 소주병이 깨질 때까지 피해자의 머리 부위를 수차례 가격한** 점, 계속하여 **흉기인 과도와 식칼을** 이용하여 피해자의 머리 부위를 반복하여 때리거나 피해자를 협박한 점, 원심 공동피고인이 식칼로 피해자의 발등 동맥을 절단하는 것을 보고서도 이를 제지하지 아니한 점, 당시 피해자가 입은 상해의 부위가 전신에 걸쳐 광범위하였고 상해의 정도 또한 심히 중하였던 점 등을 근거로 피해자에게 식칼로 상해를 가하는 과정에서 잘못하면 피해자를 사망에 이르게 할 수도 있다는 것을 피고인도 충분히 예견할 수 있어 상해치사의 공동정범이 성립한다(대판 2013.4.26, 2013도1222).

3. 특수절도의 범인들이 **범행이 발각되어** 각기 다른 길로 도주하다가 그중 1인이 체포를 면탈할 목적으로 폭행하여 상해를 가한 때에는, 나머지 범인도 공범이 추격하는 피해자에게 체포되지 아니하려고 위와 같이 **폭행할 것을 전혀 예기하지 못한 것으로는 볼 수 없다** 할 것이므로 그 폭행의 결과로 발생한 상해에 관하여 형법 제335조, 제337조의 강도상해죄의 죄책을 면할 수 없다(대판 1984.10.10, 84도1887).

4. 절도를 공모한 피고인 甲이 다른 공모자 乙의 폭행행위에 대하여 사전 양해나 의사의 연락이 전혀 없었으며 범행장소를 빈 가게로 알고 있었고, 乙이 담배창구를 통하여 가게에 들어가 물건을 절취하고 피고인은 밖에서 망을 보던 중 예기치 않았던 인기척 소리가 나므로 **도주하여 버린 이후에** 乙이 창구에 몸이 걸려 **빠져나오지 못하게** 되어 피해자에게 붙들리자 체포를 면탈할 목적으로 피해자에게 폭행을 가하여 상해를 입힌 것이고, 피고인 甲이 乙의 폭행행위를 전혀 예기할 수 없었다고 보여지므로 피고인 甲에게 준강도상해죄의 공동책임을 부담시킬 수 없다(대판 1984.2.28, 83도3321). 15. 법원직

5. 甲과 乙은 피해자 A집에서 물건을 훔쳐서 나왔고 그 후에 도주로를 따라 1km 가량 도망가던 중 피고인 甲은 피해자 A에게 체포되어 동리 사람들에게 인계되었다. 한편, 乙은 1km를 더 도주하다가 추격하던 피해자 A가 들고 있던 **몽둥이를 빼앗아 A를 구타하여** 상해를 가하고 도주한 사안에서 수인이 합동하여 타인의 재물을 절취한 후 그중 1인이 다른 자와 의사연락 없이 단독으로 체포를 면하기 위하여 폭행상해를 가한 경우 폭행상해를 예견하지 못한 자에게까지 준강도상해의 죄책을 문의할 수 없다(대판 1982.7.13, 82도1352).

---

4. 공동정범의 미수

(1) 공동정범 중 1인이 미수인 경우

공동정범 중 1인이 미수에 그쳤더라도 타인이 기수에 이른 경우에는 공동정범 전원이 기수의 책임을 진다(剛 甲과 乙이 강도할 것을 공모하고 통행인 丙을 협박하던 중, 甲은 후회하고 돌아갔으나 乙이 단독으로 丙의 금품을 빼앗은 경우에는 甲과 乙은 강도죄의 공동정범이 된다).

⑵ 공동정범 전원이 미수인 경우

중지범이 다른 공범자의 범행을 중지시켜 결과가 발생하지 않은 경우 스스로 중지한 자는 중지미수, 다른 공동정범은 장애미수로 처벌된다.

> **판례**
>
> 1. 위조약속어음의 정을 알고 그것을 행사할 의사가 있는 자임을 알면서 그 위조약속어음을 교부하였다면 후에 이를 다시 회수하려고 노력하였다고 하더라도 위 자가 이를 행사하였다면 피고인은 위 자와 함께 위조약속어음의 행사죄와 사기죄의 공동정범에 해당한다(대판 1970.2.10, 69도2070).
> 2. 甲은 乙과 함께 대전역 부근에 있는 丙이 경영하는 천광상회 사무실의 금품을 절취하기로 공모하여 甲은 그 부근 포장마차에 있고 乙은 천광상회의 열려진 출입문을 통하여 안으로 들어가 물건을 물색하고 있는 동안 甲은 자신의 범행전력 등을 생각하여 가책을 느낀 나머지 丙에게 乙의 침입사실을 알려 그와 함께 乙을 체포한 경우에 甲은 중지미수, 乙은 장애미수가 성립한다(대판 1986.3.11, 85도2831).

5. 공동정범과 협의의 공범의 경합

교사·방조자가 나아가 공동정범이 될 경우, 교사·방조죄는 공동정범에 흡수되어 별죄를 구성하지 않는다(예 甲이 乙에게 丙을 살해하라고 교사한 후에 乙에게 권총을 빌려주고 다시 乙과 공동으로 丙을 살해한 경우, 甲은 살인죄의 공동정범의 죄책을 지고 살인교사죄는 이에 흡수된다).

⑥ 동시범

1. 일반적인 동시범

> 제19조【독립행위의 경합】 동시 또는 이시의 독립행위가 경합한 경우에 그 결과발생의 원인된 행위가 판명되지 아니한 때에는 각 행위를 미수범으로 처벌한다.

⑴ 의의

2인 이상이 의사연락 없이 각자 실행행위를 하여 동시 또는 이시에 동일한 객체에 대하여 결과가 발생한 경우를 말한다. 형법은 '독립행위의 경합'이라고 표현하고 있다(제19조).

⑵ 성질

상호의사의 연락(공동의 결의)이 없다는 점에서 공동정범과 구별된다. 즉 공모가 있었다면 공동정범이지 동시범이 아니다.

(3) 요건

① **2인 이상의 실행행위가 있을 것**: 동시범이 성립하기 위해서는 2인 이상의 실행행위가 있어야 한다. 따라서 아직 실행의 착수에 이르지 못한 예비행위나, 독립행위의 존재 자체가 불분명한 경우에는 동시범이 성립하지 않는다.[2]

② **의사의 연락이 없을 것**: 동시범이 성립하기 위해서는 행위자 상호간에 범죄를 공동으로 실현하려는 의사의 연락이 없어야 한다. 만약 의사의 연락이 있었으면 공동정범이 된다.

> **판례**
>
> **공동가공의사가 존재하는 경우(= 동시범 부정)**
> 공범관계에 있어서 **공동가공의 의사가 있다면** 동시범의 문제는 제기될 여지가 없다(대판 1985.12.10, 85도1892). 20. 변호사

③ **행위의 객체가 동일할 것**: 동시범이 성립하기 위해서는 2인 이상의 행위가 동일한 객체에 대한 것이어야 한다. 그러나 각각의 행위가 구성요건적으로 동일할 필요는 없다(예 살인과 상해의 동시범도 성립 가능).

④ **행위의 시간적·장소적 동일성 여부**: 제19조는 "동시 또는 이시"라고 하고 있으므로 다수인의 행위가 반드시 동시·동일장소에서 행해짐을 요하지 않으며 근접할 필요도 없다.

> 예 甲이 A에게 독약을 먹이고 1시간 후에 乙이 A에게 독약을 먹여 A가 사망하였는데 A의 사망원인이 판명되지 않은 경우에는 서로 다른 시각의 독립행위가 경합(동시범) 적용의 문제가 생긴다.

> 예 甲은 부산에서, 乙은 대구에서 동시 또는 이시에 서울에 사는 丙에게 협박장을 발송하였으나 피해자 丙이 누구의 협박장에 의하여 외포심을 일으켰는지 불분명한 경우에 甲·乙의 행위는 협박죄의 동시범이라 할 수 있다.

⑤ **결과발생의 원인된 행위가 판명되지 않았을 것**: 구성요건적 결과를 발생시킨 자가 누군지 판명되지 않아야 한다. 만일에 원인된 행위가 판명되면 각자는 자기의 고의·과실의 범위 내에서 책임을 지면되기 때문이다.

(4) 효과

① **원인판명이 분명한 경우**: 결과를 발생시킨 자는 기수의 책임을 지고, 그 이외의 자는 미수의 책임을 진다(예 의사연락 없이 甲과 乙이 살해의 고의로 丙을 향하여 총탄을 발사한 결과, 甲이 쏜 총탄에 丙이 사망하고 乙이 쏜 총탄은 빗나간 경우 甲은 살인기수죄, 乙은 살인미수죄가 성립한다).

---

2) 김일수·서보학, 622면; 임웅, 355면; 정웅석, 423면.

CASE

Q. 甲과 乙이 술집에서 함께 자다가 잠에서 깬 甲이 옆에서 자고 있는 접대부 丙女를 강간하려 다가 丙女의 반항으로 목적을 이루지 못하고 포기한 뒤, 뒤이어 잠에서 깬 乙이 丙女를 강간 하려 하였으나 역시 丙女의 반항으로 목적을 이루지 못하였다. 乙은 丙女를 구타하였고, 甲은 乙이 丙女를 구타하는 것을 적극 만류하였으나 丙女는 乙의 구타로 인하여 상처를 입었다. 이때 甲과 乙의 죄책은?

A. 甲과 乙이 공모하여 丙女를 강간하려고 하다가 丙女에게 상해를 가하였다고 인정할 만한 증 거는 기록상 찾아볼 수 없다. 위와 같은 사실 및 증거관계에 비추어 보면 甲에 대하여 乙의 강간치상행위에 대한 공모공동정범의 죄책을 물을 수는 없음이 명백하고, 다만 甲은 자신의 강간미수행위에 대하여만 죄책을 진다(대판 1983.9.27, 83도1787).
⇨ 甲과 乙은 강간에 대한 공모가 없으므로 공동정범이 성립하지 않고 동시범이 성립한다. 동시범의 경우 공동정범의 일부실행·전부책임의 원칙이 아닌 개별책임의 원칙에 따라 자 기의 행위에 대해서만 책임을 진다. 따라서 甲은 강간미수죄만 성립한다.

② **원인판명이 불분명한 경우** : 형법 제19조에 의하여 각자 미수범으로 처벌된다(예 甲과 乙이 의사연락 없이 별개의 살인의사로 동시에 丙에게 발포하였는데 丙이 탄환 한 발에 명중되어 사망하였으나 누구의 탄환에 맞은 것이지 불분명한 경우 甲과 乙 모 두에게 살인미수죄가 성립한다).

판례

1. 피고인이 옵티마 리갈 승용차를 운전하다가 피해자가 운전하는 포터 트럭과 충돌하였고, 다른 피고인은 반대차선에서 그레이스 승합차를 운전하다가 피해자의 트럭과 충돌한 경우 에 이 사고로 인하여 피해자가 사망하였으나 둘 중 **누구의 과실이 원인이 되었는지는 밝혀 지지 않았다면** 공동피고인 모두 무죄이다(대판 2007.10.26, 2005도8822). 13. 경찰승진

2. [1] 형법이 금지하고 있는 법익침해의 결과발생을 방지할 법적인 작위의무를 지고 있는 자 가 그 의무를 이행함으로써 결과발생을 쉽게 방지할 수 있는데도 결과발생을 용인하고 방관한 채 의무를 이행하지 아니한 것이 범죄의 실행행위로 평가될 만한 것이라면 부 작위범으로 처벌할 수 있다. 실화죄에 있어서 공동의 과실이 경합되어 화재가 발생한 경우 적어도 각 과실이 화재의 발생에 대하여 하나의 조건이 된 이상은 그 공동적 원 인을 제공한 사람들은 각자 실화죄의 책임을 면할 수 없다.

   [2] 피고인들이 분리수거장 방향으로 담배꽁초를 던져 버리고 현장을 떠난 후 화재가 발생 하여 각각 실화죄로 기소된 사안에서, 피고인들 각자 본인 및 상대방이 버린 담배꽁초 불씨가 살아 있는지를 확인하고 이를 완전히 제거하는 등 화재를 미리 방지할 주의의무 가 있음에도 이를 게을리 한 채 만연히 현장을 떠난 과실이 인정되고 이러한 피고인들 각자의 과실이 경합하여 위 화재를 일으켰다고 보아, 피고인들 각자의 실화죄 책임을 인정한 원심판결을 수긍하는 한편, 원심판단 중 위 화재가 피고인들 중 누구의 행위에 의한 것인지 인정하기에 부족하다는 취지의 부분은 '피고인들 중 누구의 담배꽁초로 인 하여 위 화재가 발생하였는지 인정할 증거가 부족하다.'는 의미로 선해할 수 있고, 이는 피고인들의 각 주의의무 위반과 위 화재의 발생 사이에 인과관계가 인정된다는 취지의 부가적 판단이므로, 이와 다른 전제에서 '원인행위가 불명이어서 피고인들은 실화죄의 미수로 불가벌에 해당하거나 적어도 피고인들 중 일방은 실화죄가 인정될 수 없다.'는 취지의 피고인들 주장은 받아들이기 어렵다고 한 사례(대판 2023.3.9. 2022도16120).

2. 상해죄의 동시범 특례

> 제263조【동시범】독립행위가 경합하여 상해의 결과를 발생하게 한 경우에 있어서 원인
> 된 행위가 판명되지 아니한 때에는 공동정범의 예에 의한다.

(1) 의의

2인 이상이 의사연락 없이 각자 실행행위를 하여 동시 또는 이시에 동일한 객체에 대하여 상해의 결과가 발생한 경우를 말한다.

(2) 법적 성질

제263조는 피고인에게 거증책임을 지우는 규정이다(거증책임전환). 따라서 상해가 어느 사람의 가해행위로 인한 것인지 분명하지 않다면 가해자 모두를 공동정범으로 본다는 것이므로 가해행위를 한 것 자체가 분명하지 않은 사람에 대하여는 동시범으로 다스릴 수 없다(판례).

판례

상해죄에 있어서의 동시범은 두 사람 이상이 가해행위를 하여 상해의 결과를 가져올 경우에 그 상해가 어느 사람의 가해행위로 인한 것인지가 분명하지 않다면 가해자 모두를 공동정범으로 본다는 것이므로 가해행위를 한 것 자체가 분명하지 않은 사람에 대하여는 동시범으로 다스릴 수 없다(대판 1984.5.15, 84도488).

(3) 적용요건

상해죄의 동시범 특례규정이 적용되기 위해서는 ① 2인 이상의 행위가 서로 의사연락 없이 동시 또는 이시에 동일객체에 대하여 행해져야 하고, ② 상해의 결과가 발생하여야 하고 ③ 원인행위가 판명되지 않아야 한다. 다만 그 상해의 결과는 상해행위에 의한 것이건 폭행행위에 의한 것이건 불문한다.

(4) 적용범위

① 상해죄·상해치사죄·폭행치사상죄 : 형법 제263조가 적용된다(판례).

판례

1. 시간적 차이가 있는 독립된 상해행위나 폭행행위가 경합하여 사망의 결과가 일어나고 그 사망의 원인된 행위가 판명되지 않은 경우에는 공동정범의 예에 의하여 처벌할 것이다(대판 2000.7.28, 2000도2466). 08. 국가직 7급, 18. 국가직 9급
2. 동시범의 특례를 규정한 형법 제263조가 상해치사죄에도 적용되는 관계상 피해자의 사망이 피고인의 범행에 의한 것인지, 원심상 피고인의 범행에 의한 것인지가 판명되지 아니하는 때에 예외적으로 공동정범의 예에 의할 수 있을 것이다(대판 1985.5.14, 84도2118).
3. 피고인이 피해자를 폭행하여 실신시키고 달아났고, 2시간 후에 이를 모르는 다른 피고인은 피해자를 밀어 땅바닥에 떨어뜨렸는데 피해자가 사망하였고 원인행위가 판명되지 않았다면 피고인은 상해치사죄로 처벌된다(대판 2000.7.28, 2000도2466).

② 강도치상죄·강간치상죄 : 제263조는 폭행과 상해의 죄에 관한 특별규정이므로 상해 또는 폭행치상의 요소를 포함하더라도 그 보호법익을 달리하는 강간치상죄나 강도치상죄에는 동시범의 특례가 적용되지 않는다.

> **판례**
>
> 친구 사이인 甲과 乙이 丙女와 방에서 함께 이야기 하던 중 甲은 乙이 밖으로 나간 사이에 丙女를 강간하였고, 잠시 후 돌아온 乙은 甲이 화장실을 간 사이에 丙女를 강간하여 丙女가 회음부찰과상을 입었으나 누구의 강간행위로 인한 것인지 판명할 수 없는 경우, 형법 제263조의 동시범은 상해와 폭행죄에 관한 특별규정으로서 동 규정은 그 보호법익을 달리하는 강간치상죄에는 적용할 수 없다(대판 1984.4.24, 84도372). ⇨ 甲과 乙은 각각 강간죄만 성립한다.

(5) 효과

공동가공의 의사가 없어도 공동정범의 예에 의하여 처벌된다. 여기서 공동정범의 예에 의한다는 것은 공동정범의 경우와 같이 취급하여 발생한 결과에 대하여 기수로 처벌한다는 의미이다(**예** 甲과 乙이 의사연락 없이 상해의 고의로 丙에게 돌을 던져 丙이 상해를 입었으나 누구의 돌에 맞았는지 판명되지 않은 경우에는 甲과 乙 모두에게 상해기수죄가 성립한다).

❼ 합동범

1. 의의

(1) 의의

합동범이란 2인 이상이 합동하여 일정한 범죄를 범한 경우에 공동정범보다 가중처벌되는 범죄를 말한다.

(2) 합동의 의미

합동자들의 시간적·장소적 합동을 의미한다.

(3) 합동범의 예

형법상 합동범은 특수절도죄, 특수강도죄, 특수도주죄가 있고, 성폭력범죄의 처벌 등에 관한 특례법상 합동범은 특수강간죄가 있다.

2. 합동범의 규정취지

2인 이상이 집단으로 일정한 범죄를 저지른 경우에는 법익침해의 현실적 위험성이 현저하게 증대되어 행위불법이 가중되기 때문에 합동범을 가중처벌하는 것이다.

3. 합동범의 공범

(1) 내부가담자

합동범은 필요적 공범이므로 내부참가자 사이에는 총칙상 공범규정이 적용되지 않는다.

(2) 현장성이 없는 자

판례에 의하면 범행현장에 없더라도 합동범의 공동정범이 성립할 수 있다.

> **판례**
>
> 1. 합동범은 주관적 요건으로서 공모 외에 객관적 요건으로서 현장에서의 실행행위의 분담을 요하나, 이 실행행위의 분담은 반드시 동시에 동일 장소에서 실행행위를 특정하여 분담하는 것만을 뜻하는 것이 아니라 **시간적으로나 장소적으로 서로 합동관계에 있다고 볼 수 있으면 충분하다**(대판 1992.7.28, 92도917). 18. 국가직 9급
> 2. 피고인이 피해자의 형과 범행을 모의하고 피해자의 형이 피해자의 집에서 절취행위를 하는 동안 피고인은 그 집 안의 가까운 곳에 대기하고 있다가 절취품을 가지고 같이 나온 경우 **시간적·장소적으로 협동관계**가 있었다고 보이므로 피고인에게 특수절도죄가 성립한다(대판 1996.3.22, 96도313).
> 3. 합동범의 공동정범
>
>   삐끼주점 지배인 甲이 피해자에게 술을 먹여 신용카드를 빼앗고 비밀번호를 알아낸 후에 乙·丙·丁과 인출한 현금을 분배할 것을 공모하고, 甲이 피해자를 붙잡아 두면서 감시하는 동안에 乙·丙·丁이 1km 떨어진 현금자동지급기에서 현금을 인출하였다.
>
>   [1] 2인 이상의 범인이 합동절도의 범행을 공모한 후에 1인의 범인만이 단독으로 절도의 실행행위를 한 경우에는 합동절도의 객관적 요건을 갖추지 못하여 합동절도가 성립할 여지가 없다.
>
>   [2] 3인 이상의 범인이 합동절도의 범행을 공모한 후에 적어도 2인 이상의 범인이 범행현장에서 시간적·장소적으로 합동관계를 이루어 절도의 실행행위를 분담하여 절도범행을 한 경우에는 공동정범의 일반이론에 비추어 그 공모에는 참여하였으나 현장에서 절도의 실행행위를 직접 분담하지 아니한 다른 범인에 대하여도 그가 현장에서 절도 범행을 실행할 수 있는 정범성의 표지를 갖추고 있다고 보여지는 한 그 다른 범인에 대하여 합동절도의 공동정범의 성립을 부정할 이유가 없다(대판 1998.5.28, 98도321).
>
>   01. 법원직, 02. 법원행시, 02·15·18. 국가직 9급, 12. 국가직 7급
> 4. 피고인이 다른 피고인들과 절취를 공모하고 다른 피고인이 절취하는 동안 피고인은 **범행장소 부근의 차량 내에 대기**하고 있었다면 피고인에게 **특수절도죄의 정범**이 성립한다(대판 1992.7.28, 92도917).
> 5. 甲은 乙·丙과 공모한 후에 乙·丙은 피해자회사의 사무실 금고에서 현금을 절취하고, 甲은 위 사무실로부터 약 100m 떨어진 곳에서 망을 보는 방법으로 합동하여 재물을 절취한 경우 甲은 乙·丙의 합동절도의 공동정범으로서 죄책을 진다(대판 2011.5.14, 2011도2021).
>
>   13. 변호사, 18. 경찰승진
> 6. 피고인 등이 비록 특정한 1명씩의 피해자만 강간하거나 강간하려고 하였다 하더라도, 사전의 모의에 따라 강간할 목적으로 심야에 인가에서 멀리 떨어져 있어 쉽게 도망할 수 없는 야산으로 피해자들을 유인한 다음 곧바로 암묵적인 합의에 따라 각자 마음에 드는 피해자들을 데리고 불과 100m 이내의 거리에 있는 곳으로 흩어져 동시 또는 순차적으로 피해자들을 각각 강간하였다면, 그 각 강간의 실행행위도 시간적으로나 장소적으로 협동관계에 있었다고 보아야 할 것이므로 피해자 3명 모두에 대한 특수강간죄 등이 성립된다(대판 2004.8.20, 2004도2870).

제4절 **교사범**

> 제31조【교사범】① 타인을 교사하여 죄를 범하게 한 자는 죄를 실행한 자와 동일한 형으로 처벌한다.
> ② 교사를 받은 자가 범죄의 실행을 승낙하고 실행의 착수에 이르지 아니한 때에는 교사자와 피교사자를 음모 또는 예비에 준하여 처벌한다.
> ③ 교사를 받은 자가 범죄의 실행을 승낙하지 아니한 때에도 교사자에 대하여는 전항과 같다.

① 서설

1. 의의

교사범이란 범죄의사가 없는 타인에게 범죄를 결의하게 하여 그 범죄를 실행하게 한 자를 말한다(예 甲이 살인의 결의가 없는 乙에게 금원을 제공하고 丙의 살해를 부탁하자 이에 乙이 비로소 살인을 결의하고 丙을 살해한 경우 甲은 살인죄의 교사범이다).

2. 타 개념과의 구별

(1) 방조범과의 구별

범죄의사가 있는 자에게 결의를 강화시키는 경우에는 방조범이 성립할 수 있다.

(2) 간접정범과의 구별

처벌받는 자를 교사하면 교사범이 성립하고, 처벌받지 않는 자 또는 과실범으로 처벌되는 자를 교사하면 간접정범이 성립한다.

(3) 공동정범과의 구별

범행을 지시만 하면 교사범이 성립하고, 피교사자와 함께 역할을 분담하면 공동정범이 성립한다.

3. 본질

교사의 경우에 행위지배는 피교사자에게 있으므로 교사범은 공범이다. 교사행위 그 자체는 범죄의 실행행위가 될 수 없으므로 교사범은 피교사자인 정범의 실행행위가 있을 경우에 그에 종속해서만 성립할 수 있다(공범종속성설). 종속의 정도는 제한적 종속형식에 따라 정해진다.

4. 각칙상의 정범

교사행위를 독립된 범죄로 규정한 경우 해당 범죄의 정범이 성립한다(자살관여죄·음행매개죄 등은 총칙상 교사범이 아니라 각칙상의 정범이다).

❷ 성립요건

SUMMARY

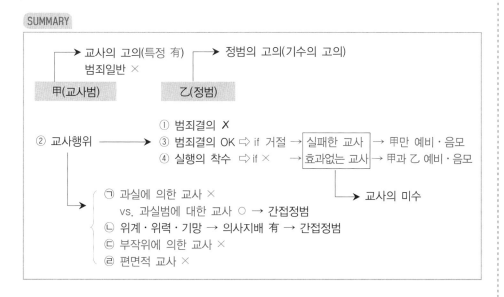

1. 교사자에 관한 요건

(1) 교사자의 고의가 있을 것

① **이중의 고의**: 정범에게 범죄의 결의를 가지게 한다는 교사의 고의와 정범이 구성 요건결과를 발생시킨다는 정범의 고의(기수의 고의)가 필요하다. 과실에 의한 교사 는 교사가 아니다.

② **고의의 특정**: 특정한 범죄에 대한 고의가 있어야 한다.

ⓐ 특정한 정범에 대한 인식은 필요하나, 정범이 누구인지 정확하게 알 필요는 없다 (예 교도소 옆방의 얼굴도 모르는 죄수에게 도주를 교사한 경우 도주죄의 교사 범이 성립한다).

ⓑ 특정한 범죄에 대한 인식은 필요하나, 범죄의 일시·장소, 구체적인 실행방법, 정범의 가벌성까지 구체적으로 알 필요는 없다.

③ **미수의 교사**: 교사의 고의가 없으므로 교사범이 성립하지 않아 처벌되지 않는다 (예 경찰관 甲이 乙에게 마약을 팔면 고가로 사주겠다고 한 후에 乙이 甲에게 마약 을 주려고 하자 경찰관 丙이 乙을 체포한 경우, 경찰관 甲의 행위는 미수의 교사로 서 불가벌이다). 만약 미수의 고의를 가지고 교사하였으나 기수에 이른 경우에는 과실의 유무에 따라 과실범의 죄책을 부담한다.

(2) 교사자의 교사행위가 있을 것

① 교사행위 : 타인(정범)에게 범죄의 결의를 가지게 하는 것을 말한다. 피교사자가 이미 범죄를 결의하고 있을 때에는 종범이 성립할 수 있다(**예** 甲이 乙에게 절도를 교사하자 이미 절도의 의사가 있었던 乙이 甲의 교사에 정신적으로 강화되어 절도를 행한 경우 甲은 절도죄의 방조범이다).

② 가중적 구성요건을 교사한 경우 : 교사범의 성립을 인정한다(**예** 절도를 결의하고 있는 자에게 흉기를 휴대하여 특수절도를 범하게 한 경우 특수절도죄의 교사범이 성립한다).

③ 감경적 구성요건을 교사한 경우 : 객관적 귀속이 부정되어 무죄가 되거나 방조범이 성립할 수 있다(**예** 강도를 결의한 자에게 절도죄를 교사하여 실행하게 한 경우 절도교사와 강도교사가 성립하지 않는다).

④ 교사행위의 수단

　　㉠ 교사행위의 수단에는 제한이 없다(**예** 명령, 설득, 애원, 유혹, 이익제공 등). 범죄의 결의에 영향을 미칠 수 있는 것이면 충분하다. 다만, 강요·위력·기망에 의한 경우에 의사지배가 인정되면 간접정범이 성립한다.

　　㉡ 교사가 유일한 조건일 필요는 없고 정범의 범죄습벽과 함께 교사행위가 원인이 되었더라도 교사범이 성립할 수 있다(판례).

　　㉢ 단순히 범죄를 유발할 수 있는 상황을 만든 것만으로는 교사행위라고 할 수 없다(**예** 甲이 乙의 처의 간통현장에 乙을 보내어 격분한 乙이 그 처를 살해한 경우 교사는 성립하지 않는다).

　　㉣ 범죄일반을 교사한 경우에는 교사범이 성립할 수 없다(**예** 판례 또한 연소자에게 막연히 밥값을 구하여 오라고 한 경우 절도죄의 교사행위가 될 수 없다고 하였다. 정범이 실현하여야 할 구성요건이 특정되어 있지 않기 때문이다).

　　㉤ 부작위에 의한 교사 : 부작위에 의해서는 피교사자에 대하여 현실적으로 아무런 심리적 영향을 주지 못하므로 부작위에 의한 교사는 불가능하다(통설).

> **판례**
>
> 1. 교사자의 교사행위는 정범에게 범죄의 결의를 가지게 하는 것을 말하는 것으로서, 그 범죄를 결의하게 할 수 있는 것이면 그 **수단에는 아무런 제한이 없고**, 반드시 명시적·직접적 방법에 의할 것을 요하지도 않는다(대판 2000.2.25, 99도1252).
> 2. 막연히 "**범죄를 하라**."거나 "**절도를 하라**."라고 하는 등의 행위만으로는 교사행위가 되기에 부족하나, 교사범이 성립하기 위하여 **범행의 일시·장소·방법 등의 세부적인 사항까지를 특정하여 교사할 필요는 없는 것**이고 정범으로 하여금 일정한 범죄의 실행을 결의할 정도에 이르게 하면 교사범이 성립된다(대판 1991.5.14, 91도542). 15·17. 경찰
> 3. 교사범의 교사가 정범이 죄를 범한 유일한 조건일 필요는 없으므로 교사행위에 의하여 정범이 실행을 결의하게 된 이상 정범에게 범죄의 습벽이 있어 그 습벽과 함께 교사행위가 원인이 되어 정범이 범죄를 실행한 경우에도 교사범의 성립에 영향이 없다(대판 1991.5.14, 91도542). 03. 법원행시, 09·11. 경찰승진, 16. 국가직 9급, 18. 법원직

2. 피교사자에 관한 요건

(1) 피교사자의 범죄결의와 실행행위가 있을 것

① 피교사자에게는 범죄의 결의가 없었으나 교사자의 교사에 의하여 범죄를 결의하고 실행하여야 한다.

② 교사범이 성립하려면 피교사자가 범죄의 실행에 착수하여야 한다. 제한적 종속형식에 의하여 정범의 실행행위는 구성요건·위법성을 갖추어야 한다.

③ 과실범에 대한 교사 : 교사에 의한 범죄결의라는 심리적 과정이 없으므로 교사범은 성립하지 않고, 간접정범이 성립한다.

④ 편면적 교사 : 피교사자가 교사를 받고 있다는 사실을 알지 못하는 편면적 교사는 교사행위에 의한 범죄결의를 인정할 수 없어 교사범이 성립하지 않는다.

(2) 기도된 교사

① 의의 : 기도된 교사란 기수의 고의로 교사하였으나 피교사자가 실행의 착수를 하지 않은 경우를 말한다. 만약 미수의 고의, 예비의 고의로 교사하였으나 피교사자의 실행의 착수가 없는 경우라면 교사자는 무죄가 된다.

② 효과 없는 교사(제31조 제2항) : 교사자의 교사에 의하여 피교사자가 범죄의 실행은 승낙하였으나 실행행위의 착수에 나아가지 않은 경우를 말한다. 교사자·피교사자 모두를 예비·음모에 준하여 처벌한다(예 甲이 乙에게 丙의 살해를 교사하자 乙이 이에 승낙하였으나 살인의 실행의 착수에 나아가지 않은 경우에는 甲과 乙 모두에게 살인의 예비·음모죄가 성립한다).

③ 실패한 교사(제31조 제3항) : 교사자가 교사를 하였으나 피교사자가 범죄의 실행을 승낙하지 아니한 경우 또는 이미 범죄의 실행을 피교사자가 결의하고 있었던 경우를 말한다. 이러한 경우 교사자만 예비·음모에 준하여 처벌한다(예 甲이 乙에게 강도를 교사하였으나 乙이 이를 거절한 경우 甲은 강도의 예비·음모죄이고 乙은 무죄이다).

> **판례**
>
> 1. 교사범이 성립하기 위해서는 교사자의 교사행위와 정범의 실행행위가 있어야 하는 것이므로 정범의 성립은 교사범의 구성요건 일부를 형성하고 교사범이 성립함에는 **정범의 범죄행위**가 인정되는 것이 그 전제요건이 된다(대판 2000.2.25, 99도1252). 16. 국가직 9급
> 2. 피교사자인 乙이 증거변조죄 및 변조증거사용죄로 처벌되지 않은 이상, 교사자 甲에 대하여 공범인 교사범은 물론 그 간접정범도 성립하지 않는다(대판 2011.7.14, 2009도13151).
> 3. 교사범이란 정범으로 하여금 범죄를 결의하게 하여 그 죄를 범하게 한 때에 성립하는 것이고 피교사자는 교사범의 교사에 의하여 범죄실행을 결의하여야 하는 것이므로 피교사자가 **이미 범죄의 결의를 가지고 있을 때에는 교사범이 성립할 여지가 없다**(대판 1991.5.14, 91도542). 03. 법원행시, 07·09·12. 경찰승진, 11·18. 법원직, 18. 국가직 9급

4. 피교사자가 범죄의 실행에 착수한 경우, 그 범행(죄)결의가 교사자의 교사행위에 의하여 생긴 것인지는 교사자와 피교사자의 관계, 교사행위의 내용 및 정도, 피교사자가 범행에 이르게 된 과정, 교사자의 교사행위가 없더라도 피교사자가 범행을 저지를 다른 원인의 존부 등 제반사정을 종합적으로 고려하여 사건의 전체적 경과를 객관적으로 판단하는 방법에 의하여야 한다. 이러한 판단방법에 의할 때 **피교사자가 교사자의 교사행위 당시에는 일응 범행을 승낙하지 아니한 것으로 보여진다고 하더라도 이후 그 교사행위에 의하여 범행을 결의한 것으로 인정되는 이상 교사범의 성립에는 영향이 없다**(대판 2013.9.12, 2012도2744).
16. 국가직 9급, 17. 경찰, 18. 경찰승진

판례비교 교사범의 성립 여부

O 교사범 성립	X 교사범 불성립
① **백송을 도벌하여 해태상자 장함을 생산하여 달라고 말하고 도벌자금으로 58만원을 교부한 경우** 산림법 위반죄의 교사범이 성립한다(대판 1969.4.22, 69도255).	① **피고인이 연소한 상피고인에게 "밥값을 구하여 오라."라고 말한 경우**(대판 1984.5.15, 84도418) 08. 경찰승진
② **대리응시자들의 시험장의 입장**은 시험관리자의 승낙 또는 그 추정된 의사에 반한 불법침입이라 아니할 수 없고 이와 같은 침입을 교사한 경우 주거침입죄의 교사범이 성립한다(대판 1967.12.19, 67도1281). 09. 경찰승진	**비교판례** 피고인이 갑, 을, 병이 절취하여 온 장물을 상습으로 19회에 걸쳐 시가의 3분의1 내지 4분의 1의 가격으로 매수하여 취득하여 오다가, 갑, 을에게 일제 도라이바 1개를 사주면서 "병이 구속되어 도망다니려면 돈도 필요할텐데 **열심히 일을 하라**(도둑질을 하라)"고 말하였다면, 그 취지는 종전에 병과 같이 하던 범위의 절도를 다시 계속하면 그 장물은 매수하여 주겠다는 것으로서 절도의 교사가 있었다고 보아야 한다(대판 1991.5.14, 91도542). 02. 사시, 10. 경찰승진
③ **甲이 乙을 모해할 목적으로 丙에게 위증을 교사한 이상**, 가사 정범인 丙에게 모해목적이 없었다고 하더라도 甲을 모해위증교사죄로 처단할 수 있다(대판 1994.12.23, 93도1002). 18. 경찰승진	② 피교사자가 **이미 범죄의 결의를 가지고 있을 때**에는 교사범이 성립할 여지가 없다(대판 1991.5.14, 91도542). 03. 법원행시, 07·09·12. 경찰승진, 11. 법원직
④ 치과의사가 환자의 대량유치를 위하여 **치과기공사에게 진료행위를 하도록 지시한 경우** 무면허의료행위의 교사범이 성립한다(대판 1986.7.8, 86도749). 09·11. 경찰승진	
⑤ 자기의 형사사건에 관한 **증거를 인멸하기 위하여 타인을 교사**하여 죄를 범하게 한 경우 증거인멸죄의 교사범이 성립한다(대판 2000.3.24, 99도5275). 09·18. 경찰승진, 11. 법원직	
⑥ 범인이 자신을 위하여 **타인으로 하여금 허위의 자백**을 하게 하여 범인도피죄를 범하게 한 경우 범인도피죄의 교사범이 성립한다(대판 2000.3.24, 99도5275). 09. 경찰승진, 11. 법원직, 17. 국가직 7급, 18. 국가직 9급	
⑦ 자기의 형사사건에 관하여 **타인을 교사하여 위증죄를 범하게** 한 경우 위증죄의 교사범이 성립한다(대판 2004.1.27, 2003도5114).	
⑧ 피무고자의 교사·방조하에 제3자가 피무고자에 대한 허위의 사실을 신고한 경우에는 제3자의 행위는 무고죄의 구성요건에 해당하여 무고죄를 구성하므로 **제3자를 교사·방조한 피무고자도 무고죄의 교사·방조범이 성립한다**(대판 2008.10.23, 2008도4852). 12. 국가직 7급, 17. 경찰	

O 교사범 성립	**X** 교사범 불성립
⑨ 피고인이 결혼을 전제로 교제하던 여성 甲의 임신사실을 알고 수회에 걸쳐 낙태를 권유하였다가 거부당하자, 甲에게 출산 여부는 알아서 하되 더 이상 결혼을 진행하지 않겠다고 통보하고 낙태할 병원을 물색해 주기도 하였는데, 그 후 甲이 피고인에게 알리지 아니한 채 자신이 알아본 병원에서 낙태시술을 받은 경우 피고인에게 낙태교사죄가 성립한다(대판 2013.9.12, 2012도2744). 15. 경찰	

❸ 교사의 착오

1. 실행행위의 착오

교사자가 교사한 범죄와 정범이 실행한 범죄가 일치하지 않는 경우이다.

(1) 구체적 사실의 착오

① 법정적 부합설: 객체의 착오와 방법의 착오를 불문하고 발생사실에 대한 교사범이 성립한다(**예** 甲이 乙에게 丙의 살해를 교사하였는데 乙이 丁을 살해한 경우 甲은 丁에 대한 살인죄의 교사범이 된다).

② 구체적 부합설: 피교사자의 객체의 착오와 방법의 착오는 교사자에게는 방법의 착오가 되므로 교사한 범죄와 발생한 사실에 대한 과실의 상상적 경합이 성립한다(**예** 甲이 乙에게 丙의 살해를 교사하였는데 乙이 착오로 丁을 살해한 경우 丙에 대한 살인미수의 교사와 丁에 대한 과실치사의 상상적 경합이 성립한다).

(2) 추상적 사실의 착오

① 교사의 내용보다 적게 실행한 경우

  ㉠ 교사자는 원칙적으로 피교사자가 실행한 범위에서 책임을 져야 한다(**예** 특수강도를 교사하였으나 강도를 실행한 경우에는 강도죄의 교사범이 성립하고, 살인을 교사하였는데 살인미수에 그친 경우에는 살인미수죄의 교사범이 성립한다).

    ☺ 甲은 乙에게 강도를 교사하였는데, 乙은 절도를 행하였다. 이때 甲의 형사책임은?
      ⇨ 교사한 범죄보다 적게 실행한 경우로 교사자는 피교사자가 실행한 범위 내에서만 책임을 지게 되므로 절도의 교사범이 된다. 한편, 형법 제31조 제2항에도 해당되므로 강도의 예비·음모죄도 성립되고 양죄는 상상적 경합의 관계에 있으므로 형이 중한 강도의 예비·음모에 의하여 처벌된다.

  ㉡ 다만, 이때 실행한 범죄의 형보다 교사한 범죄의 예비·음모의 형이 중한 경우에는 상상적 경합에 의하여 중한 죄의 예비·음모의 책임을 진다(**예** 강도를 교사하였으나 절도를 실행한 경우에는 절도의 교사와 강도의 예비·음모의 상상적 경합이 되고 중한 형인 강도의 예비·음모죄로 처벌된다. 살인을 교사하였으나 상해를 실행한 경우에는 살인의 예비와 상해의 교사의 상상적 경합이 되고 중한 형인 살인예비죄로 처벌된다).

기출 OX
甲은 乙에게 강도를 교사하였으나 乙이 절도를 실행한 경우 甲은 절도교사죄로 처벌된다. 08. 경찰 (×)

② 교사의 내용보다 초과하여 실행한 경우

㉠ 양적 초과실행

ⓐ 양적 초과의 경우에 교사자는 초과 부분에 대해서는 책임을 지지 않는다(예 절도를 교사하였으나 강도를 실행한 경우에는 절도죄의 교사범이 성립하고, 강제추행을 교사하였는데 강간을 실행한 경우에는 강제추행죄의 교사범이 성립한다).

☺ 甲이 변심한 A(女)에게 보복할 목적으로 친구 乙에게 A를 강간하도록 부탁하자 乙은 이를 승낙하였다. 그런데 그 후 乙은 마음을 바꾸어 A를 강제추행하였다. 이때 甲과 乙의 형사책임은?

⇨ 교사의 착오 중 양적 과소실행의 문제이다. 甲은 강간예비·음모와 강제추행 교사의 죄책을 지게 되나 강간죄는 예비·음모의 처벌규정이 없어 강제추행죄의 교사범의 죄책을 지게 된다. 乙은 강제추행죄의 죄책을 진다.

ⓑ 다만, 피교사자가 결과적 가중범의 중한 결과를 실현한 때에는 교사자에게 중한 결과에 대한 예견가능성이 있는 때에 한하여 결과적 가중범의 교사범이 성립한다(예 甲은 乙에게 丙을 몽둥이로 패줄 것을 부탁하였고 乙은 甲의 부탁대로 丙을 몽둥이로 때렸다. 乙의 폭행으로 인하여 丙이 사망한 경우 교사자에게 피해자의 사망이라는 결과에 대하여 과실 내지 예견가능성이 있는 때에는 상해치사죄의 교사범이 성립한다).

☺ 甲은 乙에게 절도를 교사하였지만 乙은 강도를 결의하고 丙과 공모하여, 乙은 丁에게 폭행을 가하고 丙은 폭행을 거들다가 금품을 강취하였다. 丁은 乙의 폭행에 의하여 중상을 입고 그로부터 며칠 후 사망하였다. 이때 甲·乙·丙의 형사책임은?

⇨ 甲은 절도죄의 교사범이 성립한다. 다만, 乙·丙은 중한 결과에 대하여 과실이 있는 때에는 결과적 가중범의 교사범이 성립하므로 강도치사죄의 죄책을 면할 수 없다(대판 1993.10.8, 93도1873).

판례

1. 교사자가 피교사자에 대하여 상해를 교사하였는데 피교사자가 이를 넘어 살인을 실행한 경우, 일반적으로 교사자는 상해죄에 대한 교사범이 되는 것이고, 다만 이 경우 교사자에게 피해자의 사망이라는 결과에 대하여 과실 내지 예견가능성이 있는 때에는 상해치사죄의 교사범으로서의 죄책을 지울 수 있다(대판 1997.6.24, 97도1075).

11. 국가직 7급, 11·16. 경찰승진, 17. 경찰

2. 피고인이 조폭의 두목인 후배에게 전화로 "A라는 애가 행패를 부려서 망신을 당했는데 나 이먹고 창피해 죽겠다. 네가 알아서 혼을 내주어라."라고 말하자, 그 후배가 보복조치하라는 뜻으로 알고 피해자에게 상해를 가하여 사망하게 한 경우, 피고인에게 상해의 결과가 발생할 수 있음을 인식하고도 이를 용인하였음을 인정하기에 충분하고, 조직폭력배들에 의한 보복폭행의 경우 그로 인한 상해의 결과 피해자가 사망에 이르게 될 수 있음은 교사자인 피고인으로서도 이를 예견할 수 있었다고 보여지므로 상해치사죄의 교사범이 성립한다(대판 1992.2.25, 91도3192).

3. 중상해를 청부받은 자가 살인의 고의로 칼로 온몸을 찔러 피해자를 살해한 경우, 교사자에게 교사 당시에 피해자의 사망이라는 결과에 대하여 과실 또는 예견가능성이 있는 경우에는 상해치사죄의 교사범이 성립한다(대판 1993.10.8, 93도1873).

4. 피고인이 피교사자에게 차량과 칼 구입비 명목으로 90만원을 주면서 자신과 다투었던 피해자를 혼내 주되 평생 후회하면서 살도록 허리 아래 부분을 찌르고 병신을 만들라고 하였는데, 피교사자가 피해자의 허벅지 등을 칼로 20회나 찔러 과다실혈로 사망한 경우 교사자에게 상해치사죄의 교사범이 성립한다(대판 2002.10.25, 2002도4089).

ⓛ 질적 초과실행

ⓐ 피교사자가 교사받은 범죄와 전혀 다른 범죄를 실행한 경우를 말한다. 질적 초과의 경우에 교사자는 교사범으로서의 책임을 지지 않는다. 다만, 효과 없는 교사가 되어 교사한 범죄의 예비·음모를 벌하는 규정이 있는 때에 교사자는 예비·음모에 준하여 처벌받게 된다[예 甲은 친구 乙에게 丙女를 상해하도록 교사하였으나 乙이 丙女의 미모에 반하여 甲의 부탁도 잊은 채 丙을 강간한 경우 乙은 강간죄의 정범이며, 甲은 乙의 강간행위에 대해서는 책임을 지지 않는다. 다만, 乙이 상해의 교사를 승낙하고 실행행위에 착수하지 않은 경우이기 때문에 효과 없는 교사로서 甲과 乙은 상해의 예비·음모죄의 책임을 져야 하지만(제31조 제2항), 현행법상 처벌규정이 없기 때문에 불가벌이 된다].

☺ 甲은 乙에게 丙의 재물을 절취할 것을 교사하였으나 이를 승낙한 乙은 丙을 살해하였다. 이때 甲의 형사책임은?
⇨ 교사의 착오로서 교사 내용보다 초과하여 범죄를 실행한 경우이다. 사례는 교사한 범죄와 전혀 다른 범죄를 실행한 경우(질적 초과)로, 교사한 범죄의 예비·음모로 처벌되지만, 절도죄의 예비·음모처벌규정이 없어 甲은 무죄이다.

☺ 甲은 乙에게 강도를 교사하였는데, 乙은 이를 승낙하고도 막상 범행현장에서는 현주건조물방화죄를 범하였다. 이때 甲과 乙의 형사책임은?
⇨ 교사의 착오 중 질적 초과의 경우로 甲은 강도예비죄, 乙은 강도예비죄와 현주건조물방화죄의 실체적 경합의 죄책을 진다.

ⓑ 질적 차이가 본질적인 것이 아닌 경우에는 양적 초과의 경우와 동일하게 취급한다(예 사기를 교사하였는데 기망을 근거로 공갈을 한 경우에는 사기죄의 교사범이 성립하고, 공갈을 교사하였는데 공갈을 근거로 강도를 범한 경우에는 공갈죄의 교사범이 성립한다).

2. 피교사자에 대한 착오

피교사자를 책임능력자로 알았으나 책임무능력자인 경우나, 책임무능력자로 알았으나 책임능력자인 경우에는 모두 교사범이 성립한다(의사지배를 하지 못하였으므로 간접정범은 성립하지 않는다).

❹ 처벌

교사범은 정범과 동일한 형으로 처벌한다(제31조 제1항). 여기서 동일한 형이란 법정형을 말한다. 자기의 지휘·감독을 받는 자를 교사한 때에는 정범에 정한 형의 장기 또는 다액의 2분의 1까지 가중한다(제34조 제2항).

❺ 관련 문제

1. 교사의 교사

(1) 간접교사

간접교사

甲
(간접교사)
↓
乙
(직접교사)
⇩
丙
(정범)
⇩
丁

타인에게 제3자를 교사하여 범죄를 실행하게 하거나, 타인을 교사하였는데 피교사자가 직접 실행하지 않고 제3자를 교사하여 실행하게 한 경우를 간접교사라고 한다. 교사의 방법에는 제한이 없으므로 간접교사도 교사범과 같이 처벌하여야 한다(판례).

> **판례**
>
> 甲은 乙에 대하여 A를 구타하라고 교사하였으나 乙은 직접 실행하지 않고 다시 丙으로 하여금 丁을 교사하여 A를 구타한 경우 인과관계가 있는 한 간접교사도 교사범으로 처벌하여야 하므로 甲·乙·丙은 모두 동일한 교사범이다. 교사의 방법에는 제한이 없으므로 직접교사뿐만 아니라 간접교사도 교사이다(대판 1974.1.29, 73도3104).

(2) 연쇄교사

연쇄교사

甲
(연쇄교사)
⇩
乙
(간접교사)
⇩
丙
(직접교사)
⇩
丁
(정범)
⇩
戊

교사가 여러 명에 걸쳐 순차적으로 계속되는 경우를 연쇄교사라고 한다. 교사행위로 인한 실행행위가 있었다고 인정되는 이상 연쇄교사도 교사범으로 처벌되어야 한다.

2. 예비의 교사

기수의 고의 없이 예비에 그치게 할 의사로 교사한 경우에는 미수의 교사와 마찬가지로 불가벌이다. 정범의 실행행위가 단지 예비에 그친 효과 없는 교사의 경우에는 교사자·피교사자 모두 예비·음모에 준하여 처벌된다.

📖 각 교사의 개념 정리

구분	내용	처벌
편면적 교사	편면적으로는 범죄결의에 영향을 줄 수 없음	교사범 ×
과실에 의한 교사	과실로는 범죄결의에 영향을 줄 수 없음	교사범 ×
과실범에 대한 교사	과실범에 대하여 교사한 경우	교사범 ×, 간접정범 ○
부작위에 의한 교사	부작위로 심리적 영향을 줄 수 없음	교사범 ×
미수의 교사	처음부터 미수에 그칠 것을 알면서 교사한 경우	교사범 ×
실패한 교사	교사를 받은 자가 승낙하지 않는 경우	① 교사자 : 예비·음모 ② 피교사자 : 불가벌
효과 없는 교사	교사를 받은 자가 승낙하였으나 실행에 착수하지 않는 경우	① 교사자 : 예비·음모 ② 피교사자 : 예비·음모
간접교사	교사자와 정범 사이에 1인의 중간교사자가 개입되어 있는 경우	교사범 ○
연쇄교사	교사자와 정범 사이에 수인의 중간교사자가 있는 경우	교사범 ○

제5절 방조범(종범)

제32조 【종범】 ① 타인의 범죄를 방조한 자는 종범으로 처벌한다.
② 종범의 형은 정범의 형보다 감경한다.

❶ 서설

1. 의의

방조범(종범)이란 범죄의 의사가 있는 정범을 방조한 자를 말한다. 여기서 방조란 정범에 의한 구성요건의 실행을 가능 또는 쉽게 하거나 정범에 의한 법익침해를 강화하는 것을 말한다(예 甲은 乙이 丙을 살해하려는 것을 알면서도 엽총을 빌려주었고 乙이 그 엽총으로 丙을 살해한 경우 甲은 살인죄의 종범이 된다).

2. 타 개념과의 구별

(1) 교사범과의 구별

방조범은 이미 범죄결의를 가진 자의 실행행위를 도와주거나 그 결의를 강화시킨다는 점에서 아직 범죄를 결의하지 아니한 자에게 새로이 범죄결의를 생기게 하는 교사범과 구별된다.

(2) 공동정범과의 구별

방조범은 의사연락과 행위지배가 없는 공범이라는 점에서 의사연락이 있는 기능적 행위지배를 하는 공동정범과 구별된다.

(3) 간접정범과의 구별

방조범은 정범에 종속하는 공범이라는 점에서 의사지배를 하는 간접정범과 구별된다.

3. 각칙상의 방조

방조행위가 형법각칙상 독립된 구성요건으로 규정된 경우에는 방조행위 자체가 정범의 실행행위에 해당하므로 총칙상 종범규정이 적용되지 않고 각칙에 규정된 형으로 처벌된다(예 간첩방조죄, 도주원조죄, 자살방조죄, 아편흡식 등 장소제공죄, 도박장소 등 개설죄).

- 甲이 탈옥에 성공한 乙의 도주를 돕기 위하여 오토바이를 제공한 경우 도주죄의 종범이 성립한다. (×)
  ⇨ 범인도피죄의 정범이 성립한다.
- 김포 세관공무원 甲이 아편을 수입하는 자를 발견하고도 모른 채 한 경우 아편수입죄의 종범이 성립한다. (×)
  ⇨ 아편수입허용죄의 정범이 성립한다.
- 甲이 간첩 乙의 국가기밀 탐지를 도와준 경우 간첩죄의 종범이 성립한다. (×)
  ⇨ 간첩방조죄의 정범이 성립한다.
- 甲이 도박장을 개설하여 도박꾼을 불러 모아 참가비를 받고 도박을 하게 한 경우 도박죄의 종범이 성립한다. (×)
  ⇨ 도박개장죄의 정범이 성립한다.
- 甲이 乙이 훔쳐온 다이아몬드 반지를 丙에게 알선한 경우 절도죄의 종범이 성립한다. (×)
  ⇨ 장물알선죄의 정범이 성립한다.

❷ 성립요건

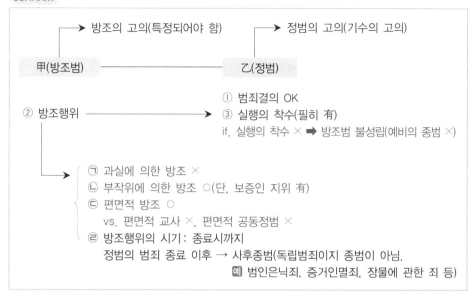

SUMMARY

방조의 고의(특정되어야 함) → 정범의 고의(기수의 고의)

甲(방조범) ——————— 乙(정범)

② 방조행위 → ① 범죄결의 OK
③ 실행의 착수(필히 有)
if. 실행의 착수 × ➡ 방조범 불성립(예비의 종범 ×)

㉠ 과실에 의한 방조 ×
㉡ 부작위에 의한 방조 ○(단, 보증인 지위 有)
㉢ 편면적 방조 ○
vs. 편면적 교사 ×, 편면적 공동정범 ×
㉣ 방조행위의 시기 : 종료시까지
정범의 범죄 종료 이후 → 사후종범(독립범죄이지 종범이 아님.
예 범인은닉죄, 증거인멸죄, 장물에 관한 죄 등)

1. 방조자에 관한 요건

(1) 방조자의 방조행위가 있을 것

① 방조행위의 방법 : 정범의 실행행위를 돕는 방조행위의 방법에는 제한이 없다. 따라서 정신적 방조(예 조언, 격려, 충고, 정보의 제공, 장물처분의 약속 등)이든지 물질적 방조(예 범행도구의 대여, 범행장소의 제공, 범행자금의 제공 등)이든지를 묻지 않는다. 또한 정범이 누구에 의하여 실행되는가를 확지할 필요는 없다.

> **판례**
>
> 1. 방조행위는 유형적 · 물질적인 방조뿐만 아니라 정범에게 범행의 결의를 강화하도록 하는 것과 같은 무형적 · 정신적 방조행위까지 포함한다(대판 1997.1.24, 96도227).
> 2. 정범이 범행을 한다는 점을 알면서 그 실행행위를 용이하게 한 이상 그 행위가 간접적이거나 직접적이거나를 가리지 않으며, 이러한 경우에는 **정범이 누구에 의하여 실행되어 지는가를 확지할 필요는 없다**(대판 1977.9.28, 76도4133). 08. 법원행시, 11. 사시, 12. 변호사

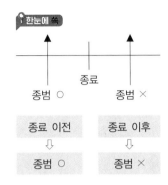

② 방조행위의 시기

ㄱ 정범이 실행행위에 착수한 이후는 물론 실행행위 이전 또는 실행행위 완료 후에
도 결과가 발생하기 전에는 방조가 가능하다. 단, 실행의 착수 전에 방조행위를
한 경우에는 정범이 실행에 착수하여야 방조범이 성립한다.

ㄴ 정범의 범죄가 종료한 후에는 종범이 성립할 수 없다(사후종범). 이는 정범의 범
죄가 종료된 후에 관여하는 종범으로 독립된 범죄이지 종범이 아니다(예 절취하
여 온 장물을 보관하면 장물보관죄의 정범, 실인자를 도피시키면 범인노피죄의
정범, 통화위조에 사용한 도구 일체를 소각하면 증거인멸죄의 정범이 된다).

판례

간호보조원의 무면허진료행위가 있은 후에 의사가 이를 **진료부에 기재**한 경우 진료부에 기재
한 행위는 진료 종료 후의 사후행위로 볼 수 없으므로 **의사에게 무면허의료행위의 방조범이
성립**한다(대판 1982.4.27, 82도122). 17. 국가직 7급

③ **부작위에 의한 방조** : 형법상 방조는 작위에 의하여 정범의 실행을 용이하게 하는
경우는 물론, 직무상 의무 있는 자가 정범의 범죄행위를 인식하면서도 그것을 방지
하여야 할 제반조치를 취하지 아니하는 부작위로 인하여 정범의 실행행위를 용이
하게 하는 경우에도 성립된다(판례).

판례

1. 은행지점장이 정범인 부하 직원들의 범행을 인식하면서도 그들의 은행에 대한 배임행위를
방치하였다면 배임죄의 방조범이 성립한다(대판 1984.11.27, 84도1906).
2. 백화점 직원이 자신이 관리하는 특정 매장의 점포에 가짜 상표가 새겨진 상품이 진열·판
매되고 있는 사실을 알면서도 **가짜 상표가 새겨진 상품들을 고객들에게 계속 판매하도록
방치**한 경우, 부작위에 의하여 특정 매장점주의 상표법 위반 및 부정경쟁방지법 위반행위
를 방조하였다고 인정할 수 있다(대판 1997.3.14, 96도1639).
3. 법원의 입찰사건에 관한 제반업무를 주된 업무로 하는 **입찰담당 공무원이 자신이 맡고 있
는 입찰사건의 입찰보증금이 계속적으로 횡령되고 있는 사실을 알았음에도 이를 방치**하였
다면 업무상횡령의 종범이 성립한다(대판 1996.9.6, 95도2551). 15. 국가직 9급
4. 인터넷 포털사이트 내 **오락채널 총괄팀장**과 해당 오락채널 내 만화사업의 운영 직원인 피
고인들은 콘텐츠제공업체들이 게재하는 **음란만화의 삭제를 요구할 조리상의 의무가 있으
므로** 구 전기통신기본법 제48조의2를 위반한 방조죄가 성립한다(대판 2006.4.28, 2003도
4128). 16. 국가직 9급

⑵ 방조자의 고의가 있을 것

① **고의의 내용**: 종범은 정범의 실행을 방조한다는 인식, 즉 방조의 고의가 있어야 하고 정범의 행위가 구성요건에 해당하는 행위라는 인식, 즉 정범의 고의(기수의 고의)가 있어야 한다. 종범의 고의도 이중의 고의를 요하므로 과실에 의한 방조는 있을 수 없다.

> **판례**
>
> 1. 형법상 방조행위는 정범이 범행을 한다는 것을 알면서 그 실행행위를 용이하게 하는 종범의 행위이므로 종범은 정범의 실행을 방조한다는 **방조의 고의**와 정범의 행위가 구성요건에 해당한다는 점에 대한 **정범의 고의**가 있어야 한다(대판 2003.4.8, 2003도382).
> 2. 방조범에 있어서 **정범의 고의**는 정범에 의하여 실현되는 범죄의 구체적 내용을 인식할 것을 요하는 것이 아니고 **미필적 인식 또는 예견으로 족하다**(대판 2005.4.29, 2003도6056).
> 13. 법원직, 17. 경찰간부

② **미수의 방조**: 종범의 고의는 범죄의 완성, 즉 구성요건적 결과를 실현할 고의가 아니면 안 된다. 따라서 미수의 방조는 방조행위가 될 수 없어 불가벌이 된다(**예** 낙태의 부탁을 받은 약사가 소화제를 낙태약이라고 속이고 교부한 경우). 그러나 결과가 발생하면 과실범으로 처벌될 수 있다.

③ **편면적 종범**: 종범이 성립하기 위하여는 종범에게 방조의 고의와 정범의 고의가 있으면 충분하므로 정범이 방조행위를 인식하지 못한 경우, 즉 편면적 종범도 인정할 수 있다(**예** 창고의 수위가 절취행위를 목격하였으나 모른 척한 경우 절도범이 이러한 사실을 모르는 경우에도 수위는 절도죄의 종범이 된다).

2. 피방조자(정범)에 관한 요건

⑴ 종범의 종속성이 있을 것

종범도 정범의 실행행위가 있어야 성립한다(공범종속성설). 정범의 실행행위는 구성요건에 해당하는 위법한 행위일 것을 요하고, 유책할 것까지 요하는 것은 아니다(제한적 종속형식).

> **판례**
>
> **방조죄는 정범의 범죄에 종속하여 성립하는 것**으로서 방조의 대상이 되는 정범의 실행행위의 착수가 없는 이상 방조죄만이 독립하여 성립할 수 없다(대판 1979.2.27, 78도3113).

기출OX
방조범에 있어서 정범의 고의는 정범에 의하여 실현되는 범죄의 구체적 내용을 인식할 것을 요하는 것은 아니고 미필적 인식 또는 예견으로 족하다. 17. 경찰간부 (○)

(2) 실행행위의 정도

정범의 실행행위는 적어도 실행에 착수하였을 것을 요한다. 따라서 정범이 예비의 단계에 그친 경우에는 예비의 종범도 있을 수 없다(판례).

CASE

Q. 乙은 강도를 준비하고 있는 甲이 범행도구를 마련하는 것을 도와주었다. 그러나 甲이 실행의 착수 전에 마음을 바꾸어 범행을 포기하였다. 이때 甲과 乙의 죄책은?

A. 판례는 예비의 중지를 부정하여 이를 예비죄로 처벌하고, 예비에 대한 방조를 부정하여 이를 무죄로 본다. 따라서 甲은 강도예비죄로 처벌되나, 乙은 무죄가 된다.

판례

1. 정범이 실행에 착수하지 않고 예비단계에 그친 경우에는 예비의 공동정범이 되는 경우를 제외하고는 **방조범이 성립할 수 없다**(대판 1986.5.25, 75도1549).

15. 국가직 9급, 16. 경찰·경찰승진

2. 종범은 정범의 실행행위 중에 방조한 경우는 물론 실행의 착수 전에 장래의 실행행위를 예상하고 이를 용이하게 하는 행위를 방조한 경우에도 **정범이 그 실행행위에 나아갔다면 종범이 성립**한다(대판 1997.4.17, 96도3377). 09. 사시, 11. 경찰승진, 12. 국가직 7급, 15. 국가직 9급, 17. 경찰

(3) 기도된 방조

방조행위가 정범의 범죄결의나 실행에 전혀 영향을 미치지 못한 경우(효과 없는 방조)나 방조가 피방조자에 의하여 거부된 경우(실패한 방조)에는 교사범과 달리 처벌규정이 없어 언제나 불가벌이다(예 강도를 방조하였는데 강도의 실행에 착수하지 않은 경우 강도죄의 예비·음모가 성립하지 않고 언제나 불가벌이다).

❸ 처벌

종범은 정범의 형보다 감경한다(제32조 제2항). 여기서 감경할 수 있는 형은 법정형을 의미하며 그 선고형을 감경하는 것은 아니다. 자기의 지휘·감독을 받는 자를 방조한 때에는 정범의 형으로 처벌한다(제34조 제1항).

판례

형법 제32조 제2항은 "종범의 형은 정범의 형보다 감경한다."라고 규정하고 있다. 여기서 감경한다는 것은 법정형을 정범보다 감경한다는 것이지 선고형을 감경한다는 것이 아니므로 **종범에 대한 선고형이 정범보다 가볍지 않다 하더라도 위법이라 할 수 없다**(대판 2015.8.27, 2015도8408).

판례비교 방조범의 성립 여부

O 방조범 성립	**X** 방조범 불성립
① 덕적도 핵폐기장 설치반대시위의 일환으로 행하여진 대학생들의 인천시청 기습점거시위에 대하여 전혀 모르고 있다가 시위 직전에 주동자로부터 지시를 받고 시위현장에서 사진촬영 행위를 한 자에 대하여 시위행위에 대한 공동정범으로서의 범의는 부정하고 방조범으로서의 죄책만 인정한다(대판 1997.1.24, 96도2427).	① 타인이 경영하는 축산목장의 관리인이 업무의 지시에 따라 3～4명의 노무자를 데리고 축사청소 등의 단순노무에 주로 종사하였을 뿐 목장의 경영문제까지는 관여하지 아니하였다면, 관리인이 업주의 정화시설설치의무 위반행위에 공모·가담하였거나 업주의 위와 같은 행위를 방조하였다고 할 수 없다(대판 1990.12.11, 90도2178). 11. 경찰승진
② 대통령비서실장으로 재직하면서 전직 대통령이 기업인들로부터 뇌물을 수수하기 전에 그에 대한 면담을 주선하는 등을 함으로써 전직 대통령의 뇌물수수를 방조한 경우 방조범이 성립한다(대판 1997.4.17, 96도3377).	② 이미 스스로 입영기피를 결심하고 집을 나서는 사람에게 피고인이 이별을 안타까워하는 뜻에서 "잘 되겠지. 몸조심하라."라고 악수를 나눈 행위는 입영기피의 범죄의사를 강화시킨 방조행위에 해당한다고 볼 수 없다(대판 1983.4.12, 82도43). 16. 경찰승진
③ 자동차운전면허가 없는 자에게 승용차를 제공하여 그로 하여금 무면허운전을 하게 하였다면 이는 도로교통법 위반(무면허운전) 범행의 방조행위에 해당한다(대판 2000.8.18, 2000도1914). 09. 사시, 11. 경찰승진	③ 웨이터인 피고인들이 손님들을 단순히 출입구로 안내를 하였을 뿐 미성년자 여부의 판단과 출입허용 여부는 2층 출입구에서 주인이 결정하게 되어 있다면 피고인들의 안내행위를 곧 미성년자를 클럽에 출입시킨 행위 또는 그 방조행위라고 볼 수 없다(대판 1984.8.21, 84도781).
④ 살인할 것을 알고 그에 소요되는 비용을 제공하는 행위는 살인죄의 방조가 된다(대판 1947.12.30, 4280형상131).	④ 인터넷 게임사이트의 온라인 게임에서 통용되는 사이버머니를 구입하고자 하는 사람을 유인하여 돈을 받고 게임사이트에 접속하여 일부러 패하는 방법으로 사이버머니를 판매한 사람에 대하여, 정범인 위 게임사이트 개설자의 도박장소 등 개설행위를 인정할 수없는 이상 종범인 도박장소 등 개설방조죄도 성립하지 않는다(대판 2007.11.29, 2007도8050). 11. 사시
⑤ P2P 프로그램을 이용하여 MP3 파일을 다운로드받은 이용자의 행위는 구 저작권법 제2조 제14호의 복제에 해당하고 소리바다 서비스운영자의 행위는 구 저작권법상 복제권 침해행위의 방조에 해당한다(대판 2007.12.14, 2005도872).	⑤ 1인 회사의 주주가 개인적 거래에 수반하여 법인 소유의 부동산을 담보로 제공한다는 사정을 거래 상대방이 알면서 가등기의 설정을 요구하고 그 가등기를 경료받은 경우(대판 2005.10.28, 2005도4915) 😊 배임죄의 공범이 성립하려면 적극 가담하여야 한다.
⑥ 도박하는 자리에서 도금이 사용되리라는 정을 알면서 채무변제조로 금원을 교부하였다면 도박을 방조한 행위에 해당한다(대판 1970.7.28, 70도1218).	⑥ [1] 정범의 범죄 실현과 밀접한 관련이 없는 행위를 도와준 경우 방조범은 성립하지 않는다. [2] 박사방 운영진이 음란물 배포 목적의 텔레그램 그룹(미션방)을 만들고 특정 시간대에 미션방 참여자들이 인터넷 포털사이트에 일제히 특정 검색어를 입력함으로써 실시간 급상승 검색어로 노출되도록 하는 이른바 '실검챌린지'를 지시하여 불특정 다수의 텔레그램 사용자들로 하여금 정해진 시간에 미션방에 참여하게 한 다음 특정 시점에 미션방에 피해자 甲(女, 18세)에 대한 음란물을 게시한 것과 관련하여, 피고인이 박사방 운영진의 지시에 따라 4회에 걸쳐 검색어를 입력하고 미션방과 박사방 관련 채널에 검색사실을 올려 인증함으로써 박사방 운영진에 의한 아동·청소년 이용 음란물 배포행위를 방조에 해당하지 않는다(대판 2023.10.18. 2022도15537)
⑦ 의사인 피고인이 입원치료를 받을 필요가 없는 환자들이 보험금 수령을 위하여 입원치료를 받으려고 하는 사실을 알면서도 입원을 허가하여 형식상으로 입원치료를 받도록 한 후 입원확인서를 발급하여 준 경우 사기방조죄가 성립한다(대판 2006.1.12, 2004도6557). 09. 사시, 10. 경찰승진	
⑧ 제3자뇌물수수죄에서 제3자란 행위자와 공동정범 이외의 사람을 말하고, 교사자나 방조자도 포함될 수 있다. 그러므로 공무원 또는 중재인이 부정한 청탁을 받고 제3자에게 뇌물을 제공하게 하고 제3자가 그러한 공무원 또는 중재인의 범죄행위를 알면서 방조한 경우에는 그에 대한 별도의 처벌규정이 없더라도 방조범에 관한 형법총칙의 규정이 적용되어 제3자뇌물수수방조죄가 인정될 수 있다(대판 2017.3.15, 2016도19659). 17. 경찰	
⑨ 교통사고를 낸 甲이 자기 대신 사고운전자로 허위자백한 자신의 처에게 사고발생경위·도주경위 등에 관하여 상세한 정보를 제공함으로써 처로 하여금 심리적으로 안정할 수 있게 한 경우에는 범인도피죄의 방조범이 성립한다(대판 2008.11.13, 2008도7647). 11. 사시	

O 방조범 성립	**X** 방조범 불성립
⑩ 갑이 사기 범행에 이용되리라는 사정을 알고서도 A에게 자신의 명의로 된 은행 예금계좌의 접근매체를 양도함으로써 A가 B를 속여 B로 하여금 현금을 위 계좌로 송금하게 한 경우, 갑은 사기죄의 방조범이 된다(대판 2017.5.31, 2017도3894). <div align=right>21. 국가직</div> ⑪ 피고인들이 자신들이 개설한 인터넷 사이트를 통해 회원들로 하여금 음란한 동영상을 게시하도록 하고, 다른 회원들로 하여금 이를 다운받을 수 있도록 하는 방법으로 정보통신망을 통한 음란한 영상의 배포·전시를 방조한 경우, 방조행위는 포괄일죄의 관계에 있다(대판 2011.11.25, 2010도1588). <div align=right>17. 국가직 7급, 19. 경찰승진</div>	

④ 종범의 착오

1. 실행행위에 대한 착오

(1) 구체적 사실의 착오

구성요건적 착오에 관한 일반이론으로 해결한다(예 甲은 乙이 丙을 살해하려는 것을 알고 총을 구입하여 주었는데 乙이 丁을 살해한 경우 법정적 부합설에 의하면 甲은 丁에 대한 살인죄의 방조범이 된다).

(2) 추상적 사실의 착오

① 방조의 내용보다 적게 실행한 경우
  ⊙ 양적 과소실행: 정범의 실행행위 범위 내에서 방조범으로서의 책임을 진다(예 강도를 방조하였는데 정범이 절도에 그친 경우 절도죄의 방조범이 된다).
  ⊙ 질적 과소실행: 정범이 실행한 범죄에 대해서조차 방조범이 성립하지 않는다(예 살인을 방조하였는데 정범이 절도에 그친 경우 방조자는 불가벌이다).

② 방조의 내용보다 초과하여 실행한 경우
  ⊙ 양적 초과실행: 방조자는 초과 부분에 대한 책임을 지지 않는다(예 절도를 방조하였는데 강도를 실행한 경우 절도죄의 방조범이 된다). 다만, 결과적 가중범의 경우 중한 결과에 대한 예견가능성이 있는 때에는 결과적 가중범의 방조책임을 진다.
  ⊙ 질적 초과실행: 실행한 범죄에 대하여 종범이 성립하지 않고 기도된 방조의 처벌규정도 없으므로 언제나 불가벌이다(예 절도죄를 방조하였으나 살인을 한 경우 방조자는 무죄이다).

기출 OX

01 강도를 방조하였는데 정범이 절도를 실행한 경우 → 절도죄의 방조범

02 절도를 방조하였는데 정범이 강도를 실행한 경우 → 절도죄의 방조범

03 살인을 방조하였는데 정범이 절도를 실행한 경우 → 방조자는 불가벌

04 절도를 방조하였는데 정범이 살인을 실행한 경우 → 방조자는 불가벌

판례

1. 방조자의 인식과 정범의 실행간에 착오가 있고 양자의 구성요건을 달리하는 경우에는 원칙적으로 방조자의 고의는 조각되는 것이나 그 **구성요건이 중첩되는 부분이 있는 경우**에는 그 중복되는 한도 내에서는 방조자의 죄책을 인정하여야 할 것이다(대판 1985.2.26, 84 도2987). 10. 경찰승진

   ☺ 즉, 절도를 하는 줄 알고 방조하였으나 정범이 강도를 한 경우 중첩된 부분인 절도의 방조범이 성립한다.

2. 병사 甲·乙·丙은 함께 술을 마셨는데, 하급자인 丙이 취중에 남의 자동차를 손괴하고도 이를 나무라는 상급자인 乙에게 무례한 행동을 하자 乙은 丙을 폭행하려고 하였다. 甲이 처음에는 乙의 폭행을 제지하였으나 丙의 무례한 행동이 계속되자 甲은 乙이 丙을 **교육시킨다는 정도로 가볍게 생각하고** 가지고 있던 각목을 乙에게 건네주었다. 그러나 乙은 그 각목으로 丙을 폭행하여 치사하게 한 경우, 甲은 乙의 폭행으로 丙이 사망할 것을 예견할 수 없으므로 甲은 특수폭행죄의 방조범, 乙은 특수폭행치사죄가 성립한다(대판 1998.9.4, 98도2061). 05. 경찰승진

   ☺ 甲은 특수폭행치사죄의 방조범이 성립한다. (×)

2. 피방조자에 대한 착오

피이용자에게 고의나 책임능력이 없음에도 있다고 오인하여 방조한 경우나, 반대로 고의나 책임능력이 있음에도 없다고 오인하고 방조한 경우 모두 방조범이 성립한다(의사지배를 하지 못하였으므로 간접정범은 성립하지 않는다).

❺ 관련 문제

1. 방조의 방조

종범의 종범은 정범에 대한 간접방조 내지 연쇄방조가 되므로 종범의 방조는 물론 그 이상의 방조에 대하여도 종범이 성립한다. 판례도 종범의 종범을 간접종범으로 인정하고 있다.

2. 교사의 방조, 방조의 교사

(1) 교사의 방조

교사의 방조도 정범에 대한 방조로 보아 종범이 성립할 수 있다. 다만, 종범이 성립하기 위해서는 정범이 실행에 착수하여야 한다.

(2) 방조의 교사

종범을 교사한 자도 실질적으로 정범을 방조한 것이므로 종범으로 보아야 할 것이다.

제6절 공범과 신분

> 제33조【공범과 신분】 신분이 있어야 성립되는 범죄에 신분 없는 사람이 가담한 경우에는 그 신분 없는 사람에게도 제30조부터 제32조까지의 규정을 적용한다. 다만, 신분 때문에 형의 경중이 달라지는 경우에 신분이 없는 사람은 무거운 형으로 벌하지 아니한다.

❶ 서설

1. 문제제기

신분이 범죄의 성립이나 형의 가감에 영향을 미치는 경우, 신분자와 비신분자가 공범 관계인 때에 비신분자를 어떻게 취급하여야 할 것인가를 다루는 문제이다(❢ 비공무원이 공무원과 함께 뇌물을 받은 경우).

2. 신분범의 의의

(1) 신분의 의의

형법상 신분이란 널리 일정한 범죄행위에 대한 범인의 인적 관계인 특수한 지위나 상태를 가리킨다(통설). 여기에는 인적 성질과 인적 관계 및 인적 상태❶가 포함되며, 신분이 반드시 계속성을 가질 것을 요하지는 않는다.

> **판례**
>
> 형법 제33조 소정의 이른바 신분관계라 함은 남녀의 성별, 내·외국인의 구별, 친족관계, 공무원인 자격과 같은 관계뿐만 아니라 널리 일정한 범죄행위에 관련된 범인의 인적 관계인 특수한 지위 또는 상태를 지칭하는 것이다(대판 1994.12.23, 93도1002).

(2) 신분의 속성

① 형법상 신분요소는 행위자와 관련된 요소로서 '객관적'인 것이어야 한다.

② 행위 관련적 요소인 순수한 주관적 불법요소(❢ 주관적 구성요건인 고의, 목적, 경향, 표현, 불법영득의사 등)는 신분의 개념에 포함되지 않는다. 다만, 판례는 모해위증죄사건에서 행위 관련적 요소인 모해의 목적을 신분으로 보고 있다.

> **판례**
>
> 피고인 甲이 丙을 모해할 목적으로 乙에게 위증을 교사한 이상, 가사 정범인 乙에게 모해의 목적이 없었다고 하더라도 모해위증죄의 모해할 목적을 행위자의 특수한 인적 상태로 보아 형법 제33조 단서 소정의 신분관계로 인하여 형의 경중이 있는 경우에 해당한다. 따라서 피고인 甲을 모해위증교사죄로 처단할 수 있다(대판 1984.12.23, 93도1002).❷
>
> 08·10. 경찰승진, 11. 법원직, 12. 국가직 9급

❶
- **인적 성질**: 인간으로서 타고 나는 성질(❢ 성별, 연령, 친족, 내·외국인 등)
- **인적 지위**: 인간이 사회활동으로 가지는 지위(❢ 공무원, 의사, 증인의 신분 등)
- **인적 상태**: 계속성을 요하지 않는 일정기간의 상태(❢ 업무성, 상습성 등)

❷ 모해위증죄사건
1. 모해의 목적
   - 판례: 신분 ○
   - 통설: 신분 ×
2. 사안의 경우(4유형)
   - 통설: 증인을 신분으로 보아 甲은 단순위증교사범, 乙은 단순위증죄로 본다.
   - 판례: 모해목적을 신분으로 보아 제33조를 적용한다. 甲은 모해위증교사죄, 乙은 단순위증죄로 본다.

3. 신분의 종류

☺ 형법 제33조는 진정신분범과 부진정신분범에 대해서만 규정하고 있다.

(1) 진정신분범(구성적 신분)

① 의의 : 일정한 신분이 있어야 범죄가 성립하는 경우의 신분을 말한다.

② 신분의 착오 : 고의가 조각된다.

③ 비신분자 : 단독으로 그 범죄의 주체가 되지 못한다.

④ 예 : 수뢰죄의 공무원·중재인, 위증죄의 선서한 증인, 횡령죄의 보관자, 배임죄의 타인의 사무처리자, 허위진단서작성죄·업무상비밀누설죄의 의사 등

(2) 부진정신분범(가감적 신분)

① 의의 : 신분이 없어도 범죄는 성립하지만 신분에 의하여 형벌이 가중되거나 감경되는 경우의 신분을 말한다.

② 신분의 착오 : 고의를 조각하지 않고 제15조 제1항❶에 의하여 경한 죄로 처벌된다.

③ 예 : 존속살해죄의 직계비속, 업무상횡령죄의 업무자, 업무상배임죄의 타인의 사무처리자 등

(3) 소극적 신분

① 의의 : 신분으로 인하여 범죄의 성립 또는 형벌이 조각되는 경우의 신분을 말한다.

② 위법성조각신분 : 일반인에게 금지된 행위를 특정 신분자에게만 허용하는 경우의 신분을 말한다(예 의료법 위반죄의 의사, 변호사법 위반죄의 변호사).

③ 책임조각신분 : 신분이 있으면 책임이 조각되는 경우의 신분을 말한다(예 책임무능력자라는 신분, 범인은닉죄·증거인멸죄의 친족).

④ 형벌조각신분 : 범죄 자체는 성립하지만 신분의 존재로 형벌이 면제되는 경우의 신분을 말하며, 처벌조각신분이라고도 한다(예 친족상도례의 친족).

❷ 형법 제33조(공범과 신분)의 해석

1. 제33조와 공범이론과의 관계

(1) 공범종속성설

공범의 범죄성과 가벌성은 정범의 행위에 종속되므로 신분의 연대성을 규정한 본문을 원칙적 규정으로 보고, 가감적 신분의 개별성을 인정한 단서는 예외적 규정으로 본다.

(2) 공범독립성설

공범의 범죄성과 가벌성은 정범의 행위와 독립하여 공범행위 자체에 의하여 결정되므로 책임의 개별성을 규정한 단서를 공범독립성설을 입법화한 원칙적 규정으로 보고, 신분의 연대적 작용을 인정한 본문은 공범종속성설을 규정한 예외적 규정으로 본다.

❶ **형법 제15조 제1항**
특별히 중한 죄가 되는 사실을 인식하지 못한 행위는 중한 죄로 벌하지 아니한다.

2. 제33조의 본문과 단서의 관계

제33조【공범과 신분】
　본문 : 신분이 있어야 성립되는 범죄에 신분 없는 사람이 가담한 경우에는 그 신분 없는 사람에게도 제30조부터 제32조까지의 규정을 적용한다.
　단서 : 다만, 신분 때문에 형의 경중이 달라지는 경우에 신분이 없는 사람은 무거운 형으로 벌하지 아니한다. (⇨ 의미 : 보통의 범죄로 처벌한다).

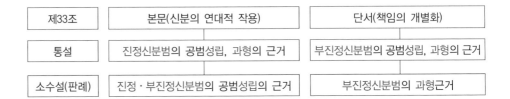

제33조	본문(신분의 연대적 작용)	단서(책임의 개별화)
통설	진정신분범의 공범성립, 과형의 근거	부진정신분범의 공범성립, 과형의 근거
소수설(판례)	진정·부진정신분범의 공범성립의 근거	부진정신분범의 과형근거

(1) 본문과 단서

① 본문 : 비신분자가 신분자의 범죄에 가공한 경우에는 비신분자도 신분범의 공동정범·교사범·방조범이 될 수 있다고 함으로써 신분의 연대성을 규정하고 있다.

② 단서 : 비신분자가 신분자의 범죄에 가공한 경우에는 신분범의 형으로 처벌되지 않는다는 책임의 개별화 내지 신분의 독립성을 규정하고 있다.

CASE

Q. 제33조 본문과 단서의 관계에서, 본문에는 신분의 연대성을 규정하고 단서에서 책임의 개별화를 규정하고 있다는 의미는 무엇인가?

A. 제33조 본문의 '신분관계로 인하여 성립될 범죄'를 진정신분범으로 보는 견해(통설)와 진정신분범과 부진정신분범을 모두 포함하는 것으로 보는 견해(판례)가 있다.
제33조 단서의 '신분관계로 인하여 형의 경중이 있는 경우'의 의미를 부진정신분범의 공범 성립과 과형에 관한 규정으로 보는 반면, 후자는 부진정신분범의 과형으로 본다.
제33조 본문은 '신분관계로 인하여 성립될 범죄'에 가공한 행위는 신분관계가 없는 자에게도 '전 3조의 규정을 적용한다.'고 규정하고 있는데, 이는 진정신분범의 신분자의 행위에 가공한 비신분자에게 공동정범, 교사범 및 방조범의 규정을 적용한다는 의미이다. 즉, 신분범에 가공한 비신분자도 신분의 연대적 작용을 받는다는 것이다.
제33조 단서는 '신분관계로 인하여 형의 경중이 있는 경우'에는 '중한 형으로 벌하지 아니한다.'라고 규정하고 있고, 이는 부진정신분범의 성립과 그 과형에서 신분 있는 자에게만 중한 형을 과하는 책임개별화 원칙을 표현하고 있는 것이다.

(2) 통설

형법 제33조 본문은 진정신분범의 성립과 과형을, 단서는 부진정신분범의 성립과 과형을 규정하고 있다고 본다[**예** 甲과 乙이 공모하여 乙의 부(父)인 丙을 살해한 경우 甲은 보통살인죄, 乙은 존속살해죄의 공동정범이 된다].

(3) 소수설(판례)

본문은 진정신분범의 성립과 과형 및 부진정신분범의 성립근거를 규정한 것이고, 단서는 부진정신분범의 과형을 규정한 것으로 본다[예 甲과 乙이 공모하여 乙의 부(父)인 丙을 살해한 경우 甲과 乙에게 존속살해죄의 공동정범이 성립하나 甲은 보통살인죄로 처벌된다].

SUMMARY 형법 제33조의 본문과 단서의 관계

구분	의의	통설	판례
1유형	비신분자가 진정신분범에게 가공한 경우	성립·과형 → 본문 적용 (신분의 연대성)	• 성립 → 본문 적용 (신분의 연대성) • 과형 → 본문 적용 (신분의 연대성)
2유형	진정신분범이 비신분자에게 가공한 경우	신분자는 간접정범	신분자는 간접정범
3유형	비신분자가 부진정신분범에게 가공한 경우	성립·과형 → 단서 적용 (신분의 독립성)	• 성립 → 본문 적용 (신분의 연대성) • 과형 → 단서 적용 (신분의 독립성)
4유형	부진정신분범이 비신분자에게 가공한 경우	성립·과형 → 단서 적용 (신분의 독립성)	• 성립 → 단서 적용 (신분의 독립성) • 과형 → 단서 적용 (신분의 독립성)

3. 제33조 본문의 해석

(1) 제1유형(비신분자가 진정신분범에게 가공한 경우)

① 신분관계로 인하여 성립될 범죄는 진정신분범을 의미한다.

② 진정신분범에 대하여 가공한 비신분자에게 전 3조(공동정범·교사범·방조범)가 성립된다.

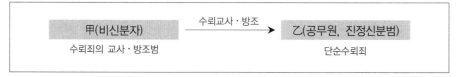

甲(비신분자) — 수뢰교사·방조 → 乙(공무원, 진정신분범)
수뢰죄의 교사·방조범   단순수뢰죄

판례비교 비신분자의 처벌 여부

O 1유형 – 처벌되는 경우	X 1유형 – 처벌되지 않는 경우(대향범 참고)
① 피고인이 건축물조사 및 가옥대장 정리업무를 담당하는 **지방행정서기를** 교사하여 무허가건물을 허가받은 건축물인 것처럼 가옥대장 등에 등재하게 하여 허위공문서 등을 작성하게 한 사실이 인정된다면 허위공문서작성죄의 교사범으로 처단한 것은 정당하다(대판 1983.12.13, 83도1458).	① 공직선거법에서 규정하는 기부행위의 주체로 인정되지 아니하는 자가 기부행위의 주체자 등과 공모하여 기부행위를 하였더라도, 공직선거법에서 규정하는 각 기부행위제한 위반의 죄는 **신분관계가 있어야만** 성립하는 범죄이고, 죄형법정주의의 원칙상 유추해석이라 할 수 없으므로 기부행위의 주체에 해당하는 위 법조 위반의 공동정범으로 처벌할 수 없다(대판 2008.3.13, 2007도9507). 11·17. 경찰승진, 12·18. 경찰
② **병가 중인 공무원**이 철도공무원의 불법파업에 참여하면 직무유기죄의 공동정범으로 처벌받을 수 있다(대판 1997.4.22, 95도748).	② 변호사법은 변호사 아닌 자가 변호사를 고용하여 법률사무소를 운영하는 행위를 처벌하고 있는데, 변호사 아닌 자에게 고용되어 법률사무소의 개설·운영에 관여한 변호사의 행위가 일반적인 형법총칙상의 공모·교사 또는 방조에 해당된다고 하더라도 **변호사를 변호사 아닌 자의 공범으로서 처벌할 수는 없다**(대판 2004.10.28, 2004도3994). 16. 국가직 9급, 17. 법원직
③ **군인 아닌 자가** 군인신분자와 공모하여 군형법 제41조 위반에 가담한 경우 형법 제33조가 적용되어 공범으로서의 죄책을 면할 수 없다(대판 1992.12.24, 92도2346).	③ **부작위범 사이의 공동정범**은 다수의 부작위범에게 **공통된 의무가 부여되어 있고 그 의무를 공통으로 이행할 수 있을 때에만** 성립한다. 공중위생영업의 신고의무는 '공중위생영업을 하고자 하는 자'에게 부여되어 있고, 여기서 '영업을 하는 자'란 영업으로 인한 권리·의무의 귀속주체가 되는 자를 의미하므로 영업자의 직원이나 보조자의 경우에도 영업을 하는 자에 포함되지 않고, 나아가 피고인들에게 공통된 신고의무가 부여되어 있지 않은 이상 부작위범인 신고의무 위반으로 인한 공중위생관리법 위반죄의 공동정범도 성립할 수 없다(대판 2008.3.27, 2008도89).
④ 부동산 이중매도인과 함께 공모하여 등기를 마친 **비신분자인 매수인**에게 제33조 본문의 연대적 작용에 의하여 진정신분범인 배임죄의 공동정범이 성립한다(대판 1983.7.12, 82도180).	
⑤ 정부관리업체의 **과장대리급 이상이 아닌 직원**이 공무원으로 취급되는 과장대리급 이상인 직원들과 함께 뇌물을 수수한 경우 뇌물수수의 공동정범이 성립한다(대판 1992.8.14, 91도3191).	
⑥ **오락영업허가업소의 지배인**도 업주의 유사사행행위의 범행에 가공한 행위의 정도 및 내용에 따라 공동정범으로 의율할 수 있다(대판 1990.11.13, 90도1848).	
⑦ 군형법상 군용물횡령죄에 있어서는 **업무상횡령이든 단순횡령이든** 그 법정형이 동일하여 양 죄 사이에 형의 경중이 없으므로 형법 제33조 단서의 적용을 받지 않는다(대판 1965.8.24, 65도493). 06. 사시	
⑧ 타인으로부터 명의를 차용하고 수표를 발행하여 부정수표 단속법 제4조 소정의 허위신고죄의 주체가 될 수 없는 자가 수표의 발행인과 공모한 경우 부정수표 단속법 제4조 소정의 **허위신고죄의 주체가 될 수 있다**(대판 2007.5.11, 2005도6360).	
비교판례	
부정수표 단속법상 허위신고죄의 주체는 오로지 발행인에 국한되는 점에 비추어 볼 때 **발행인 아닌 자**는 위 법조가 정한 허위신고죄의 주체가 될 수 없고, 허위신고의 고의 없는 발행인을 이용하여 **간접정범의 형태로 허위신고죄를 범할 수 없다**(대판 1992.10.11, 92도1342). 03. 행시, 08. 경찰승진, 11. 사시	
⑨ **예비군 甲**은 예비군 훈련을 받은 사실이 없음에도 불구하고 소속 예비군 동대 방위병인 乙에게 훈련을 받았다는 내용의 **확인서를 발급하여** 달라고 부탁하자, 乙은 그 정을 모르는 작성권자인 동대장 丙에게 제출하여 결재하도록 한 경우, 乙은 허위공문서작성죄의 간접정범, 甲은 허위공문서작성죄의 간접정범의 교사범이 성립한다(대판 1992.1.17, 91도2837).	

O 1유형 – 처벌되는 경우	**X** 1유형 – 처벌되지 않는 경우(대향범 참고)
⑩ 지방공무원의 신분을 가지지 아니하는 사람도 구 지방공무원법 제58조 제1항을 위반하여 같은 법 제82조에 따라 처벌되는 지방공무원의 범행에 가공한다면 형법 제33조 본문에 의하여 공범으로 처벌받을 수 있다. 위 법리에 비추어 보면, 구 지방공무원법 제82조가 적용되지 않는 구 지방공무원법상 특수경력직 공무원의 경우에도 위 법 조항을 위반한 경력직 공무원의 범행에 가공한다면 역시 형법 제33조 본문에 의하여 공범으로 처벌받을 수 있다고 보아야 하고, 특수경력직 공무원에 대하여 구 지방공무원법 제82조가 직접 적용되지 않는다는 이유만으로 달리 볼 것은 아니다(대판 2012.6.14, 2010도14409).	

(2) **제2유형**(진정신분범이 비신분자에게 가공한 경우)

① 제33조 본문은 비신분자가 신분자에게 가공한 경우에만 적용되므로 신분자가 비신분자에게 가공한 경우에는 적용되지 않는다.

② 신분자가 비신분자를 이용하여 진정신분범을 범한 경우 비신분자는 처벌되지 않으므로 신분자는 간접정범이 성립한다.

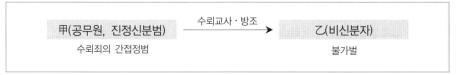

4. 제33조 단서의 해석

(1) **제3유형**(비신분자가 부진정신분범에게 가공한 경우)

① 비신분자가 가중적 신분범에 가담한 경우

ㄱ 문제점 : 甲이 乙에게, 乙의 父 A를 살해 교사한 경우 그 처리가 문제된다. 제33조 단서 '중한 형으로 벌하지 아니한다.'는 것은 가중적·감경적 신분범에게 가공한 경우 비신분자는 책임개별화의 원칙에 의하여 보통범죄의 형으로 처벌한다는 의미이다.

ㄴ 통설과 소수설·판례 : ⓐ 통설은 제33조 단서가 부진정신분범의 성립 및 처벌의 근거이므로, 비신분자(甲)에게는 보통범죄(보통살인)의 공범이 성립하고 보통범죄(보통살인)의 형으로 처벌된다고 보나 ⓑ 판례와 소수설은 제33조 본문이 부진정신분범의 성립의 근거로 보므로 비신분자에게도 부진정신분범의 공범(존속살인죄의 공범)이 성립하고 그 과형에 대해서만 제33조 단서에 의하여 보통범죄(보통살인죄)로 처벌된다고 본다.

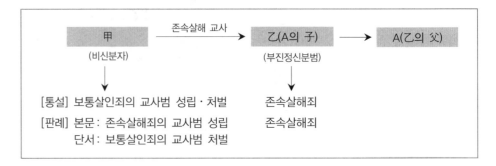

판례

1. 처와 자가 공동하여 남편을 살해한 경우 처와 자는 존속살해죄의 공동정범이 되고, 다만 처는 단서규정을 적용하여 보통살인죄로 처벌한다(대판 1961.8.2, 4294형상284). 06. 사시
2. 甲은 한국산업은행 직원인 乙과 함께 은행예금주 A 명의의 돈을 빼돌리기로 공모하고 예금을 가로챈 후 그 돈을 나누어 가진 경우, 대법원은 은행원이 아닌 자가 은행원들과 공모하여 업무상배임죄를 저질렀다고 하여도 이는 업무상 타인의 사무를 처리하는 신분관계로 인하여 형의 경중이 있는 경우이므로 그러한 **신분관계가 없는 자에 대해서는 형법 제33조 단서에 의하여 형법 제355조 제2항에 따라 처단하여야 한다**(대판 1999.4.27, 99도883).
   ⇨ 甲은 업무상배임죄가 성립하지만 배임죄로 처벌되고 乙은 업무상배임죄의 죄책을 진다.
   06. 사시 · 국가직 7급, 08 · 12 · 18. 경찰, 11. 법원직, 12. 국가직 9급
3. 면의 예산과는 별도로 면장이 면민들로부터 모금하여 그 개인 명의로 예금하여 보관하고 있던 체육대회성금의 업무상 점유보관자는 면장뿐이므로 **면의 총무계장이 면장과 공모하여 업무상횡령죄를 저질렀다고 하여도 총무계장에 대하여서는 형법 제33조 단서에 의하여 단순횡령죄로 처단하여야 한다**(대판 1989.10.10, 87도1901).

CASE

Q. 甲은 자신의 아버지인 줄 모르고 아버지 A를 친구 乙과 함께 살해하였으나 친구 乙은 범행 당시 A가 甲의 아버지인 사실을 알고 있었다. 이때 甲과 乙의 죄책은?

A. 甲은 형법 제15조 제1항에 따라 중한 것을 인식하지 못한 경우 중한 것으로 벌할 수 없으므로 보통살인죄가 성립한다. 한편 乙은 통설에 의하면 제33조 단서가 적용되어 보통살인죄가 성립하고 판례에 의하면 존속살인죄의 공동정범이 성립하지만, 보통살인죄의 형으로 처벌한다.

② 비신분자가 감경적 신분범에 가담한 경우

甲이 乙의 촉탁·승낙 살인에 가담하는 경우에 비신분자인 甲에게 촉탁·살인죄의 공범이 성립할 것인지 아니면 보통살인죄의 공범이 성립할 것인지 문제된다. 형법 제33조 단서는 신분에 따른 책임의 개별화 원칙을 규정한 것으로서 가감적 신분자에게만 적용되고 비신분자인 공범에게는 적용되지 않는다고 보아야 한다.

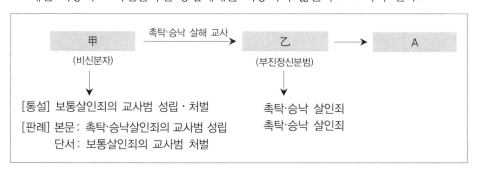

(2) **제4유형**(부진정신분범이 비신분자에게 가공한 경우)

부진정신분범에서 신분자가 비신분자에 가공한 경우에 제33조 단서를 적용할 것인가가 문제된다. 예컨대 甲이 乙을 교사하여 甲의 父인 A를 살해한 경우이다. 제33조 단서는 책임의 개별화 원칙을 규정한 것이므로 단서의 경우 제33조 본문과는 다르게 신분자가 비신분자에 가공한 경우에도 적용된다.

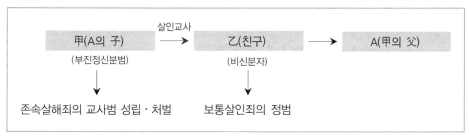

> **판례**
>
> 형법 제31조 제1항은 협의의 공범의 일종인 교사범이 그 성립과 처벌에 있어서 정범에 종속한다는 일반적인 원칙을 선언한 것에 불과하고, 신분관계로 인하여 형의 경중이 있는 경우에 신분이 있는 자가 신분이 없는 자를 교사하여 죄를 범하게 한 때에는 형법 제33조 단서가 형법 제31조 제1항에 우선하여 적용됨으로써 신분이 있는 교사범이 신분이 없는 정범보다 중하게 처벌된다(대판 1994.12.23, 93도1002).

판례

1. 상습도박의 죄나 상습도박방조의 죄에 있어서의 상습성은 행위의 속성이 아니라 행위자의 속성으로서 도박을 반복하여서 거듭하는 습벽을 말하는바, **도박의 습벽이 있는 자가 타인의 도박을 방조하면 상습도박방조의 죄에 해당하는 것이며** 도박의 습벽이 있는 자가 도박을 하고 또 도박방조를 하였을 경우, 상습도박방조의 죄는 무거운 상습도박의 죄에 포괄시켜 1죄로 처단하여야 한다(대판 1984.4.24, 84도195). 18. 경찰·국가직 9급

2. 피고인 甲이 丙을 모해할 목적으로 乙에게 위증을 교사한 이상, 가사 정범인 乙에게 모해의 목적이 없었다고 하더라도, 모해위증죄의 모해할 목적을 행위자의 **특수한 인적 상태로 보아 형법 제33조 단서 소정의 신분관계로 인하여 형의 경중이 있는 경우에 해당한다.** 따라서 피고인 甲을 모해위증교사죄로 처단할 수 있다(대판 1984.12.23, 93도1002).
08·10·17. 경찰승진, 11. 법원직, 12. 국가직 9급

> 모해목적 → 판례: 신분 ○, 통설: 신분 ×
> 통설의 입장에서는 증인이 신분이고, 판례의 입장에서는 모해목적이 신분이 됨.
>
>   위증교사
> 甲 ─────────→ 乙
> 증인 ×   증인 ○   ⇨ 통설 → 甲: 단순위증교사범, 乙: 단순위증죄
> 모해목적 ○   모해목적 × ⇨ 판례 → 모해목적을 신분으로 봄 → 제33조 적용
>   甲: 모해목적교사범, 乙: 단순위증죄

CASE

> Q. 甲은 자신의 아버지인줄 모르고 아버지 A를 친구 乙과 함께 살해하였으나 친구 乙은 범행 당시 A가 甲의 아버지인 사실을 알고 있었다. 이때 甲과 乙의 죄책은?
>
> A. 甲은 형법 제15조 제1항에 따라 중한 것을 인식하지 못한 경우 중한 것으로 벌할 수 없으므로 보통살인죄가 성립한다. 한편 乙은 통설에 의하면 제33조 단서가 적용되어 보통살인죄가 성립하고 판례에 의하면 존속살인죄의 공동정범이 성립하지만, 보통살인죄의 형으로 처벌한다.

❸ 소극적 신분과 공범

명문의 규정이 없는 소극적 신분과 공범의 관계는 공범의 종속성이라는 일반이론에 따라 해결하여야 한다.

1. 위법성조각신분과 공범

(1) 비신분자가 위법성조각신분에 가공한 경우

신분자의 행위는 범죄를 구성하지 아니하므로 제한적 종속형식에 따르면 비신분자에게도 범죄는 성립하지 않는다(**예** 간호사가 의사에게 적법한 의료행위를 교사하여 의사로 하여금 의료행위를 하도록 한 경우 신분자의 행위는 범죄를 구성하지 아니하므로 제한적 종속형식에 따르면 비신분자에게도 범죄는 성립하지 않는다).

(2) 위법성조각신분자가 비신분자에게 가공한 경우

제33조 본문의 취지에 비추어 공동정범·교사범·종범이 성립한다(**예** 치과의사 甲이 신분이 없는 치과기공사 乙에게 진료행위를 하도록 한 경우 甲에게 무면허의료행위의 교사범이 성립한다).

판례

1. 치과의사가 환자의 대량유치를 위하여 치과기공사들에게 내원환자들에 대한 진료행위를 하도록 지시하여 동인들이 각 단독으로 전항과 같은 진료행위를 하였다면 무면허의료행위의 교사범에 해당한다(대판 1986.7.8, 86도749). 04. 경찰, 11. 경찰승진

2. 의료법인일지라도 의료인 아닌 자의 의료행위에 공모하여 가공하면 의료인도 의료법상 무면허의료행위의 공동정범으로 책임을 진다(대판 1986.2.11, 85도448).
09·10. 경찰승진, 11. 법원직, 18. 경찰·국가직 9급

비교판례

의료인이 다른 의료기관의 명의를 빌려 의료기관을 개설하였다고 하여 이를 의료인이 아닌 자가 의료기관을 개설하는 경우와 동일하게 보아 의료법 위반규정에 저촉되는 것이라고 볼 수는 없다(대판 2004.9.24, 2004도3874).

3. 간호보조원의 무면허진료행위가 있은 후에 의사가 이를 진료부에 기재한 경우, 진료부에 기재하는 행위는 진료 종료 후의 사후행위로 볼 수 없으므로 의사에게 무면허의료행위의 방조범이 인정된다(대판 1982.4.27, 82도122).

---

2. 책임조각신분과 공범

(1) 비신분자가 책임조각신분자에게 가공한 경우

신분자는 책임이 조각되지만, 책임조각신분범자를 교사·방조한 경우에는 비신분자에게 '의사지배'가 인정되면 간접정범, 인정되지 않으면 공범이 성립한다[예 甲이 14세 미만인 乙에게 절도를 교사한 경우 乙은 책임능력이 없으므로 무죄가 되지만, 甲은 절도죄의 교사범으로 처벌된다(제한종속형식). 다만, 甲이 성년인줄 알고 乙에게 절도를 교사하였으나 乙은 실제로 13세인 경우에 乙은 책임능력이 없으므로 무죄가 되지만 甲은 乙에 대하여 파악하지 못하였으므로, 즉 의사지배를 하지 못하였으므로 간접정범이 아닌 절도교사범이 성립한다].

(2) 책임조각신분자가 비신분자에게 가공한 경우

비신분자는 정범으로 처벌되고 신분자는 책임이 조각된다(예 13세의 동생 甲이 18세의 형 乙에게 배가 고프다고 졸라대며 절도를 교사하여 乙이 빵을 절취한 경우, 형 乙은 절도죄의 정범으로 처벌받지만 동생 甲은 책임능력이 없으므로 책임이 조각되어 무죄가 된다).

3. 형벌조각신분과 공범

비신분자가 신분자에게 가공한 경우는 물론 신분자가 비신분자에게 가공한 경우에도 신분자·비신분자 모두에게 범죄가 성립하지만, 신분자만 형벌이 조각된다(예 甲과 乙이 공모 또는 교사·방조하여 甲의 아버지에게 형법 교재를 구입한다고 기망하여 금전을 교부받은 경우 甲은 친족상도례규정에 따라 형이 면제되지만, 乙은 가담형태에 따라 사기죄의 공범 또는 공동정범이 성립한다).

CHAPTER 07 죄수론

제1절 죄수의 일반이론

❶ 죄수론의 의의

범죄의 수를 정하는 문제를 다루는 영역인 죄수론은 범죄론과 형벌론에 모두 관련되어 그 중간에 위치하는 이론으로서 범죄가 성립한 후에 형벌을 부과하기 위한 전 단계의 역할을 한다.

❷ 죄수결정의 기준

1. 행위표준설

① 행위의 수에 따라 범죄의 수를 결정한다. 행위가 1개이면 일죄가 되고, 행위가 수개이면 수죄가 된다.

② 상상적 경합은 일죄로 평가하고, 접속범과 연속범은 수죄로 평가한다.

③ 객관주의 범죄론의 입장이다.

2. 법익표준설

① 침해되는 보호법익의 수에 따라 범죄의 수를 결정한다. 1개의 행위로 수개의 법익을 침해하면 수죄가 되고, 수개의 행위이나 1개의 법익을 침해하면 일죄가 된다.

② 상상적 경합은 실질적 수죄이지만 처벌상 일죄이고, 연속범은 일죄로 평가한다.

③ 객관주의 범죄론의 입장이다.

④ 수개의 법익침해가 1개의 범죄를 구성하는 결합범을 설명하지 못하는 문제점을 가지고 있다.

3. 의사표준설

① 행위자의 범죄의사의 수에 따라 범죄의 수를 결정한다. 범죄의사가 1개이면 일죄가 되고, 범죄의사가 수개이면 수죄가 된다.

② 상상적 경합과 연속범은 의사의 단일성이 인정되면 일죄로 평가한다.

③ 주관주의 범죄론의 입장이다.

④ 단일한 범죄의사에 의하여 다수의 구성요건적 결과가 발생하였더라도 일죄로 논할 수밖에 없고 범죄의 정형성을 무시한다는 문제점을 가지고 있다.

4. 구성요건표준설

① 구성요건 해당사실의 수에 따라 범죄의 수를 결정한다. 1개의 구성요건을 충족하면 일죄가 되고, 수개의 구성요건을 충족하면 수죄가 된다.

② 상상적 경합은 실질적으로 수죄이지만 과형상 일죄이다.

③ 동일한 기회에 수차례 폭행한 경우에도 수개의 폭행죄로 보아야 하는 문제점을 가지고 있다.

제2절 일죄

❶ 서설

범죄의 수가 1개인 것을 일죄라고 하며, 범죄행위가 1개의 구성요건을 1회 충족시켰을 때를 말한다. 1개 또는 수개의 행위가 수개의 구성요건을 충족하지만 구성요건 상호간의 관계에 따라 1개의 구성요건만 적용되는 법조경합과, 하나하나가 독자적으로 구성요건을 충족하는 수개의 행위가 포괄하여 일죄를 구성하는 포괄일죄가 있다.

❷ 법조경합

1. 의의

법조경합이란 1개 또는 수개의 행위가 외관상 수개의 형벌법규(구성요건)에 해당하는 것같이 보이나, 형벌법규의 성질상 하나의 형벌법규만이 적용되고 다른 법규의 적용을 배척하여 일죄만 성립하는 경우를 말한다.

☑ 법조경합(특별관계)과 상상적 경합의 관계
- 법조경합의 한 형태인 특별관계란 어느 구성요건이 다른 구성요건의 모든 요소를 포함하는 것 외에 다른 요소를 구비하여야 성립하는 경우를 말한다. 특별관계에 있어서 특별법의 구성요건을 충족하는 행위는 일반법의 구성요건을 충족하지만, 반대로 일반법의 구성요건을 충족하는 행위는 특별법의 구성요건을 충족하지 못한다(대판 2003.4.8, 2002도6033).
  05. 법원행시, 10. 경찰, 11. 국가직 9급, 12. 사시
- 따라서 1개의 행위로 형법과 행정적 처벌법규가 충족되는 경우 입법목적과 정신이 다르고 보호법익도 다르므로 이 양자간의 관계는 특별관계 또는 흡수관계 등 법조경합으로 볼 것이 아니라 상상적 경합으로 보아야 할 것이다(대판 1961.10.12, 60도966). 이에 대한 예로, 피고인이 피해자를 협박함으로써 금원을 갈취하고 이로 인하여 법정중개수수료 상한을 초과한 금품을 받은 경우, 공갈죄와 부동산중개업법 위반죄는 입법목적과 보호법익이 다르므로 상상적 경합에 해당한다(대판 1996.10.15, 96도1301).

2. 태양

(1) 특별관계

① 의의: 어느 구성요건이 다른 구성요건의 모든 요소를 포함하고 그 이외의 다른 요소를 구비하여야 성립하는 경우를 말한다. 이러한 경우에는 "특별법은 일반법에 우선한다."라는 원칙에 따라 특별규정만이 적용된다.

② 가중적·감경적 구성요건 > 기본적 구성요건

    ㉠ 존속살해죄·촉탁살인죄 > 보통살인죄

    ㉡ 특수폭행죄 > 폭행죄

    ㉢ 특수절도죄 > 절도죄

    ㉣ 업무상횡령죄 > 단순횡령죄

③ 특별형벌법규 > 일반형벌법규

    ㉠ 산림절도죄 > 형법상 절도죄

    ㉡ 횡령죄 > 배임죄

④ 결합범, 결과적 가중범 > 그 내용인 범죄

    ㉠ 강도죄 > 절도죄·폭행죄·협박죄

    ㉡ 상해치사죄 > 상해죄·과실치사죄

    ㉢ 야간주거침입절도죄 > 주거침입죄·절도죄

    ㉣ 인질강요죄 > 체포·감금죄, 약취·유인죄, 강요죄

(2) 보충관계

① 의의: 다른 형벌법규의 적용이 없을 때에 보충적으로 적용되는 것을 말한다. 이러한 경우에는 "기본법은 보충법에 우선한다."라는 원칙에 따라 기본법만이 적용된다.

② 명시적 보충관계: 형법이 명시적으로 인정하는 경우를 말한다.

    ㉠ 외환유치죄·모병이적죄·여적죄·간첩죄 > 일반이적죄

    ㉡ 현주건조물·공용건조물방화죄 > 일반건조물방화죄

    ㉢ 강도죄 > 준강도죄

③ 묵시적 보충관계: 해석에 의하여 인정되는 경우를 말한다.

    ㉠ 불가벌적 사전행위(경과범죄)

        ⓐ 예비 < 미수 < 기수

        ⓑ 상해죄 < 살인죄

        ⓒ 유기(치사)죄 < 살인죄

    ㉡ 침해방법의 경중이 있는 경우

        ⓐ 정범 > 교사범 > 종범

        ⓑ 고의범 > 과실범

        ⓒ 작위 > 부작위

(3) 흡수관계

① 의의: 어떤 구성요건에 해당되는 행위의 불법과 책임 내용이 일반적으로 다른 구성요건에 해당하는 행위의 것을 포함하면서 특별관계나 보충관계에 해당하지 않는 경우를 말한다. 이러한 경우 흡수되는 법은 배제된다.

② 불가벌적 수반행위: 주된 범죄에 언제나 수반되는 행위는 불가벌이 된다(剛 살인에 수반된 재물손괴행위, 낙태죄와 부녀의 신체에 대한 상해행위, 강간의 수단으로 폭행하는 경우 등).

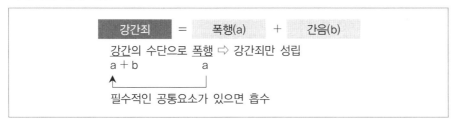

판례비교 불가벌적 수반행위의 인정 여부

O 불가벌적 수반행위 인정	**X** 불가벌적 수반행위 부정
① 강간의 수단으로 폭행·협박한 경우 강간죄만 성립한다(대판 2002.5.16, 2002도51). ⇨ 강간죄와 폭행죄의 상상적 경합 × 　　　　　　12. 사시	① 피고인이 미성년자를 유인하여 금원을 취득할 마음을 먹고 피해자를 유인하였으나 마음이 약해져 각 실행을 중지하여 미수에 그치고, 다음 달 피해자를 인치·살해하고 금원을 요구하는 내용의 협박편지를 피해자의 마루에 가져다 놓고 피해자의 안전을 염려하는 부모로부터 재물을 취득하려 하였다면, 각 범죄의 미수죄와 기수죄의 경합범이 성립한다(대판 1983.1.18, 82도2761).
② 2인 이상이 공동하여 폭행으로 부녀를 강간한 경우에는 형법 제297조 강간죄만 성립하고 별도로 폭력행위 등 처벌에 관한 법률 제2조 제2항의 죄를 구성한다고 볼 수 없다(대판 1974.6.11, 73도2817).	
③ 사문서위조에 수반된 인장위조를 한 경우 사문서위조죄만 성립한다(대판 1978.9.26, 78도1787). ⇨ 허위사문서위조죄와 인장위조죄의 상상적 경합 × 08. 사시, 11. 경찰승진	② 감금행위가 강간죄나 강도죄의 수단이 된 경우 상상적 경합이 성립한다(대판 1983.4.26, 83도323). ⇨ 감금행위는 강간죄나 강도죄에 흡수되지 아니하고 별죄를 구성한다. 　　　　　　10. 법원직, 12. 경찰승진
④ 공갈죄의 수단으로서 협박한 경우 공갈죄만 성립한다(대판 1996.9.24, 96도2151). ⇨ 협박행위는 공갈죄에 흡수	③ 신용카드를 절취한 후 이를 사용한 경우 신용카드 자체에 대한 절도죄와 신용카드부정사용죄의 실체적 경합이 성립한다(대판 1996.7.12, 96도1181).
⑤ 감금을 하기 위한 수단으로서 단순한 협박을 한 경우 감금죄만 성립한다(대판 1982.6.22, 82도705). ⇨ 협박행위는 감금죄에 흡수	④ 절도범인이 그 범행수단으로 주거침입을 한 경우에 그 주거침입행위는 절도죄에 흡수되지 아니하고 별개로 주거침입죄를 구성하여 절도죄와는 실체적 경합의 관계에 서는 것이 원칙이다. 따라서 주간에 주거에 침입하여 절도함으로써 특정범죄가중처벌 등에 관한 법률 제5조의4 제5항 위반죄가 성립하는 경우 별도로 형법 제319조의 주거침입죄를 구성한다(대판 2008.11.27, 2008도7820).
⑥ 형을 살해할 목적으로 일시·장소를 달리하여 수차례에 걸쳐 단순한 예비행위를 하거나 공격을 가하였으나 미수에 그치다가 드디어 목적을 달성한 경우 하나의 살인기수죄만 성립한다(대판 1965.9.28, 65도695). ⇨ 예비죄·미수죄·기수죄의 실체적 경합 ×	⑤ 대마를 흡연할 목적으로 매입한 대마를 2일 이상 소지한 경우 대마매매죄와 대마소지죄의 실체적 경합이 성립한다(대판 1990.7.27, 90도543). 17. 경찰
⑦ 향정신성의약품을 수수하기 위하여 소지한 경우 수수죄만 성립한다(대판 1990.1.25, 89도1211). ⇨ 소지죄는 수수죄에 흡수 　　　　　　01. 법원직, 02. 입시	

O 불가벌적 수반행위 인정	**X** 불가벌적 수반행위 부정
⑧ 검사로부터 범인을 검거하라는 지시를 받고서도 그 직무상의 의무에 따른 적절한 조치를 취하지 아니하고 오히려 범인에게 전화로 도피하라고 권유하여 그를 도피하게 한 경우 작위범인 범인도피죄만 성립하고 부작위범인 직무유기죄는 **따로 성립하지 않는다**(대판 1996.5.10, 96도51). 03. 법원행시, 09. 경찰승진·경찰간부, 09·17. 경찰	⑥ 마약성분추출죄와 매매목적소지죄는 실체적 경합관계이다(대판 1977.12.13, 77도1380).
⑨ 음주로 인한 특정범죄 가중처벌 등에 관한 법률 위반(**위험운전치사상**)죄와 **교통사고처리 특례법 위반죄**를 범한 경우 특정범죄 가중처벌 등에 관한 법률 위반(위험운전치사상)죄만 성립한다(대판 2008.12.11, 2008도9182). ⇨ 교통사고처리 특례법은 특정범죄 가중처벌 등에 관한 법률에 흡수 12. 국가직 7급	⑦ **수수한 메스암페타민을** 장소를 이동하여 투약하고 **잔량을 은닉하는 방법으로** 소지한 경우 향정신성의약품매매죄와 소지죄의 경합범이 성립한다(대판 1999.8.20, 99도1744). 16. 경찰·국가직 7급
⑩ 예비군중대장이 그 소속 예비군대원의 훈련불참사실을 고의로 **은폐할 목적으로** 당해 예비군대원이 훈련에 참석한 양 허위 내용의 학급편성명부를 작성·행사한 경우 허위공문서작성죄만 성립한다(대판 1982.12.28, 82도2210). ⇨ 허위공문서작성죄와 직무유기죄의 실체적 경합 ×	⑧ 수인이 공모공동하여 향정신성의약품을 **매수**하고 그 공범자 사이에서 그중 일부를 수수한 경우 매매죄와 수수죄의 실체적 경합이 성립한다(대판 1998.10.13, 98도2584).
⑪ **상습절도** 등의 범행을 한 자가 추가로 **자동차 등 불법사용의** 범행을 한 경우 상습절도죄만 성립한다(대판 2002.4.26, 2002도429). ⇨ 자동차 등 불법사용죄는 상습절도죄에 흡수 05. 경찰, 06. 법원행시, 10. 사시	⑨ 매매할 목적으로 마약을 소지한 자가 그 마약을 매도하거나, **매매행위에 착수하였으나 미수**에 그친 경우 마약매매죄(또는 매매미수죄)와 마약매매목적 소지죄의 실체적 경합이 성립한다(대판 1996.4.12, 96도304).
⑫ **반란의 진행과정**에서 그에 수반하여 일어난 지휘관계엄지역수소이탈 및 불법진퇴죄를 범한 경우 반란죄만 성립한다(대판 1997.4.7, 96도3376). ⇨ 지휘관계엄지역수소이탈 및 불법진퇴죄는 반란죄에 흡수	⑩ 수입한 향정신성의약품을 처분함이 없이 계속 소지하는 경우 향정신성의약품수입죄와 소지죄의 실체적 경합이 성립한다(대판 2010.2.9, 2010도1071).
⑬ 유세품에 대하여 수입면허 없이 수입함으로써 관세를 **포탈한** 경우 관세포탈죄만 성립한다(대판 1984.6.26, 84도782). ⇨ 무면허수입죄는 관세포탈죄에 흡수 09. 법원행시	⑪ **절취한 대마를** 흡입할 목적으로 소지한 경우 절도죄와 무허가 대마소지죄의 실체적 경합이 성립한다(대판 1999.4.13, 98도3619).
⑭ 같은 장소에서 같은 방법으로 동일한 범의를 가지고 영리의 목적으로 무면허의료행위를 업으로 하는 자가 일부 돈을 받지 아니하고 무면허의료행위를 한 경우 **보건범죄 단속에 관한 특별조치법 위반죄만 성립**하고 별도로 **의료법 위반죄**는 성립하지 않는다(대판 2010.5.13, 2010도2468).	⑫ 판매목적으로 향정신성의약품을 **제조**하여 **판매**한 경우 제조죄와 판매죄의 실체적 경합이 성립한다(대판 1983.11.8, 83도2031).
⑮ 간첩이 탐지·수집한 국가기밀을 적국에 누설한 경우 간첩죄만 성립한다(대판 1982.4.27, 82도285). ⇨ 국가기밀누설죄·국가기밀탐지수집죄 등은 간첩죄에 흡수 11. 경찰간부	⑬ 메스암페타민을 매수한 후 적당한 기회에 이를 투약하기 위하여 사무실 책상 위에 있는 **화분 밑에 숨겨 둔** 경우 매수죄와 소지죄의 실체적 경합이 성립한다(대판 1995.7.28, 95도869).
⑯ **신용카드부정사용과정에서 매출표의 서명 및 교부가** 별도로 사문서위조 및 동행사죄의 구성요건을 충족한다고 하여도 **사문서위조 및 동행사죄는 신용카드부정사용죄에 흡수**되고 신용카드부정사용죄의 일죄만 성립한다(대판 1996.7.12, 96도1181).	⑭ 형법상의 **공기호부정사용죄**는 고의와 더불어 '행사할 목적'이 있음을 요하는 반면, **자동차관리법**은 '행사할 목적'을 그 주관적 구성요건으로 하지 아니하고 있는 점에 비추어 보면, 자동차관리법 제71조, 제78조가 형법 제238조 제1항 소정의 공기호부정사용죄의 특별법관계에 있다고는 보여지지 아니한다(대판 1997.6.27, 97도1085). 12. 법원행시
⑰ 사람을 **강요**하여 지불각서를 쓰게 한 뒤 이를 근거로 돈을 갈취한 경우 공갈죄의 일죄가 성립한다(대판 1985.6.25, 84도2083).	⑮ **업무방해의 과정에서 재물손괴나 협박의 행위를 한 경우**, 재물손괴나 협박의 죄를 업무방해죄와 각 **실체적 경합관계**에 있다고 판단한 것은 정당하고 그들 행위는 이른바 '불가벌적 수반행위'에 해당하여 처벌대상이 되지 않는다는 주장은 받아들일 수 없다(대판 2009.10.29, 2009도10340).
⑱ **국립병원의사가 허위진단서를 작성한 경우** 허위공문서작성죄만 성립한다(대판 2004.4.9, 2003도7762). ⇨ 허위공문서작성죄와 허위진단서작성죄의 상상적 경합 × 08. 사시, 11. 법원행시, 12. 경찰승진	⑯ 피해자에 대한 **폭행행위**가 동일한 피해자에 대한 업무방해죄의 수단이 되었다고 하더라도 그러한 폭행행위가 이른바 '불가벌적 수반행위'에 해당하여 업무방해죄에 대하여 흡수관계에 있다고 볼 수는 없다(대판 2012.10.11, 2012도1895). ⇨ **상상적 경합 성립** 16·17. 경찰

③ 불가벌적 사후행위
　㉠ 의의: 범죄에 의하여 획득·사용·처분하는 행위가 별개의 구성요건에 해당하더라도 이미 주된 범죄에 의하여 완전히 평가되었기 때문에 별죄를 구성하지 않는 경우를 말한다(예 절도범이 절취한 재물을 손괴하여도 절도죄 이외에 손괴죄를 구성하지 않는 경우).

기출 OX

피해자에 대한 폭행행위가 동일한 피해자에 대한 업무방해죄의 수단이 되었다면, 그러한 폭행행위는 이른바 불가벌적 수반행위에 해당하여 업무방해죄에 대하여 흡수관계에 있다.
16. 경찰 (×)

SUMMARY

주된 범죄(예 절도죄) ⟶ 사후행위(예 손괴죄)
• 주된 범죄와 보호법익 동일
• if 새로운 법익 침해(or 위험증대) → 경합범

　㉡ 요건
　　ⓐ 주된 행위가 범죄로 성립하여야 한다(예 주된 범죄가 공소제기되지 않았거나 공소시효가 완성되었다면 사후행위는 불가벌이다. 주된 범죄가 범죄의 성립요건을 결하였거나 범죄의 증명이 없었다면 사후행위는 처벌될 수 있다).
　　ⓑ 사후행위는 범죄의 구성요건에 해당하여야 하는데, 판례의 입장은 일관되지 않는다.
　　ⓒ 사후행위는 주된 범죄와 보호법익을 같이하거나 침해의 양을 초과하지 않아야 한다. 따라서 사후행위가 다른 사람의 새로운 법익을 침해하거나 주된 범죄에 의하여 침해된 법익의 범위를 초과한 때에는 불가벌적 사후행위가 되지 않는다(예 절취한 예금통장으로 현금을 인출한 경우 절도죄와 사기죄의 실체적 경합이 성립한다).
　㉢ 효과
　　ⓐ 행위자의 주된 범죄는 처벌되지만 사후행위는 처벌되지 않는다.
　　ⓑ 사후행위는 제3자에 대한 관계에서는 불가벌적 사후행위가 되지 않는데, 제3자에게는 처벌받는 주된 범죄가 없기 때문이다. 따라서 사후행위에만 관여한 공범은 처벌될 수 있다(예 절도범의 손괴에 제3자가 가담한 경우 제3자는 손괴죄의 공범으로 처벌된다).

판례비교 불가벌적 사후행위의 인정 여부

O 불가벌적 사후행위 인정	X 불가벌적 사후행위 부정
① **열차승차권**을 절취한 자가 환불을 받음에 있어서 비록 기망행위가 수반되었다고 하더라도 절도죄 외에 따로 사기죄가 성립하지는 않는다(대판 1975.8.29, 75도1996). 01·07. 법원직, 02. 입시	① 부동산을 그 소유자로부터 매수한 자가 그의 명의로 소유권이전등기를 하지 아니하고 제3자와 맺은 명의신탁약정에 따라 매도인으로부터 바로 그 제3자에게 중간생략의 소유권이전등기를 경료한 경우, 그 제3자가 신탁받은 부동산의 일부에 대한 토지수용보상금 중 일부를 소비하고(Ⅰ), 이어 수용되지 않은 **나머지 부동산 전체에 대한 반환을 거부한 경우(Ⅱ)**에는, (Ⅰ) 횡령죄와 (Ⅱ) 횡령죄의 실체적 경합이 성립한다(대판 2001.11.27, 2000도3463). 04. 입시, 09. 경찰승진, 11. 경찰·국가직 9급
② 절취한 **자기앞수표**를 음식대금으로 교부하고 거스름돈을 환불받은 행위는 불가벌적 사후행위로서 절도죄가 성립하고 사기죄는 성립하지 아니한다(대판 1987.7.27, 82도822). 1r. 법원직	
③ 장물인 **자기앞수표**를 취득한 후, 이를 현금 대신 교부한 행위는 불가벌적 사후행위로서 장물취득죄가 성립하고 사기죄는 성립하지 아니한다(대판 1993.11.23, 93도213). 02. 행시, 10. 사시	② **횡령을 교사**한 후에 **횡령한 물건을 취득**한 경우 횡령교사죄와 장물취득죄의 실체적 경합이 성립한다(대판 1969.6.24, 69도692). 04. 법원행시, 09. 사시, 11·12. 경찰승진
④ 약속어음을 할인할 의사 없이 피해자를 기망하여 약속어음을 교부받은 후, 이를 **피해자에 대한 채권의 변제에 충당**한 경우 불가벌적 사후행위로서 사기죄가 성립하고 횡령죄는 성립하지 아니한다(대판 1983.4.26, 82도3079). 15. 경찰	③ 부정한 이익을 얻을 목적으로 타인의 영업비밀이 담긴 CD를 **절취**하여 그 **영업비밀을 부정사용**한 사안에서 절도죄와 별도로 부정경쟁방지 및 영업비밀보호에 관한 법률상 영업비밀부정사용죄가 성립한다(대판 2008.9.11, 2008도5364). 09. 법원행시, 10. 사시, 15·16·17. 경찰, 17. 국가직 7급
⑤ **장물보관을 의뢰받은 자**가 그 정을 알고 **보관한 후에 임의로 처분한 경우** 불가벌적 사후행위로서 장물보관죄가 성립하고 횡령죄는 성립하지 아니한다(대판 2004.4.9, 2003도8219). 04·12. 법원행시, 11. 국가직 9급, 12. 경찰승진, 17. 경찰·법원직	④ 위조된 **사문서행사죄와 사기죄**는 실체적 경합관계에 있다(대판 1981.7.28, 81도529).
⑥ 사기죄가 성립한(Ⅰ) 이후 피해자를 기망하여 편취한 재물의 반환을 회피할 목적으로 **현실적인 자금의 수수 없이** 기존 차입원리금을 새로이 투자하는 형식을 취한 경우(Ⅱ)에는, (Ⅰ) 사기죄만 성립하고 (Ⅱ) 사기죄는 불가벌적 사후행위이다(대판 2000.11.10, 2000도3483).	⑤ 타인의 재물을 공유하는 자가 공유자의 승낙을 받지 않고 공유대지를 담보에 제공하고 가등기를 경료한 경우 횡령행위는 기수에 이르고, 그 후 가등기를 말소하였다고 하여 중지미수에 해당하는 것이 아니며 **가등기말소 후에 다시 새로운 영득의사의 실현행위가 있을 때에는 그 두 개의 횡령행위는 경합범관계에 있다**(대판 1978.11.28, 78도2175). 16. 법원직
⑦ **원목을 절취**한 후, 합법적으로 생산된 것처럼 **관계당국을 기망**하여 산림법 소정의 연고권자로 인정받아 수의계약의 방법으로 이를 매수한 행위는 불가벌적 사후행위로서 산림절도죄가 성립하고 사기죄는 성립하지 아니한다(대판 1974.10.22, 74도2411). 08. 경찰, 09. 경찰승진	⑥ 채무자가 자신의 부동산에 甲 **명의로 허위의 금전채권에 기한 담보가등기를 설정**하고 이를 乙에게 양도하여 乙 **명의의 본등기를 경료**하게 한 경우 甲 명의 담보가등기설정행위로 강제집행면탈죄가 성립한다고 하여 그 후 乙 명의로 이루어진 가등기양도 및 본등기경료행위가 불가벌적 사후행위가 되는 것은 아니다(대판 2008.5.8, 2008도198).
⑧ 신고 없이 물품을 **수입한 본범**이 그 물품에 대한 취득·양여 등의 행위를 한 경우 수입죄가 성립하고 취득·양여는 불가벌적 사후행위이다(대판 2008.1.17, 206도455).	⑦ **절취한 전당표**를 제3자에게 교부하면서 자기 누님의 것이니 찾아 달라고 거짓말을 하여 이를 믿은 제3자가 **전당포에 이르러 그 종업원에게 전당표를 제시하여 기망**하게 하고 전당물을 교부받게 한 경우 절도죄와 사기죄의 실체적 경합이 성립한다(대판 1980.10.14, 80도2155).
⑨ 배임에 의한 **국고손실죄의 공동정범**인 공무원이 다른 공범으로부터 그 범행에 의하여 취득한 금원을 받은 경우 배임죄가 성립하고 뇌물수수죄는 성립하지 아니한다(대판 1997.2.25, 94도3346). ☺ 공동정범들 사이의 내부적 이익분배에 불과한 것이므로 별도의 뇌물수수죄가 성립하지 않는다.	⑧ 절도범인이 **절취한 장물을 자기 것인 양 제3자에게 담보로 제공**하고 금원을 편취한 경우 절도죄와 사기죄의 실체적 경합이 성립한다(대판 1980.11.25, 80도2310).
⑩ 甲이 乙과 공동으로 불하받기로 하되 편의상 그 명의로 불하받은 부동산을 丙에게 자의로 매도하여 그 타인에 대한 **배임행위로 처벌**받은 후, 丙에 대한 소유권이전등기의무를 지닌 채 다시 甲이 丙에게 재매도하는 형식이 된 경우 불가벌적 사후행위에 해당한다(대판 1970.11.24, 70도1988). 11. 경찰승진	⑨ **절취한 은행예금통장**을 이용하여 은행원을 기망하여 진실한 명의인이 예금을 찾는 것으로 오신하게 하여 예금을 편취한 경우 절도죄와 사기죄의 실체적 경합이 성립한다(대판 1974.11.26, 74도2817).

O 불가벌적 사후행위 인정	**X** 불가벌적 사후행위 부정
⑪ 미등기건물의 관리를 위임받아 보관하고 있는 자가 임의로 건물을 자신의 명의로 보존등기를 하여 횡령한 후, 다시 근저당권설정등기를 한 행위는 불가벌적 사후행위에 해당한다(대판 1993.3.9, 92도2999). 01. 경찰승진, 09. 법원직	⑩ **자동차를 절취**한 후에 **자동차등록번호판을 떼어내는 행위는** 절도 범행의 불가벌적 사후행위에 해당하지 않고 절도죄와 공기호부정사용죄의 실체적 경합이 성립한다(대판 2007.9.6, 2007도4739). 10. 사시·경찰승진, 17. 경찰·국가직 7급
⑫ 공동상속인 중 1인이 상속재산인 임야를 보관하는 중에 다른 상속인들로부터 매도한 후에 분배 또는 소유권이전등기를 요구받고도 그 반환을 거부한 경우, 이때 이미 횡령죄가 성립하고 그 후 그 임야에 관하여 다시 제3자 앞으로 근저당권설정등기를 경료해 준 행위는 불가벌적 사후행위로 별도로 횡령죄를 구성하지 않는다(대판 2010.2.25, 2010도93). 12. 법원행시·경찰·국가직 9급	⑪ 대표이사 등 회사의 대표기관으로서 **피해자들을 기망**하여 교부받은 금원은 그 회사에 귀속되는 것인데, 그 후 **대표이사가 이를 보관하고 있으면서 횡령**한 경우 사기죄와 횡령죄의 실체적 경합이 성립한다(대판 1989.12.24, 89도1605). 03·11. 경찰승진, 04. 법원행시
⑬ 甲주식회사 대표이사인 피고인이 자신의 채권자 乙에게 차용금에 대한 담보로 甲회사 명의의 정기예금에 **질권**을 **설정**하여 주었는데, 그 후 乙이 **피고인의 동의하에** 정기예금 계좌에 입금되어 있던 甲회사의 자금을 전액 인출한 경우, 예금인출동의행위는 이미 배임행위로써 이루어진 질권설정행위의 불가벌적 사후행위에 해당한다(대판 2012.11.29, 2012도10980). ⇨ 배임죄와 횡령죄의 실체적 경합 × 15. 경찰	⑫ 위탁자로부터 당좌수표 할인을 의뢰받은 피고인이 **제3자를 기망**하여 당좌수표를 할인받은 다음 그 **할인금을 임의소비**한 경우 횡령죄와 사기죄의 실체적 경합이 성립한다(대판 1998.4.10, 97도3057).
⑭ A종친회 회장 甲이 위조한 종친회 규약 등을 공탁관에게 제출하는 방법으로 A종친회를 피공탁자로 하여 공탁된 수용보상금을 출급받아 **편취**하고, 이를 종친회를 위하여 업무상 보관하던 중 반환을 거부하여 **횡령**하였다는 내용으로 기소된 경우 甲이 공탁관을 기망하여 공탁금을 출급받음으로써 A종친회를 피해자로 한 사기죄가 성립하고, 그 후 A종친회에 대하여 공탁금 반환을 거부한 행위는 새로운 법익의 침해를 수반하지 않는 불가벌적 사후행위에 해당할 뿐 별도의 횡령죄가 성립하지 않는다(대판 2015.9.10, 2015도8592). 17. 국가직 9급	⑬ 주식회사의 대표이사가 **타인을 기망**하여 회사가 발행하는 신주를 인수하게 한 다음, 그로부터 납입받은 신주인수대금을 **보관하던 중에 횡령**한 행위는 사기죄와는 전혀 다른 새로운 보호법익을 침해하는 행위로서 별죄를 구성하는데, 사기죄와 횡령죄의 실체적 경합이 성립한다(대판 2006.10.27, 2004도6503). 09. 경찰, 09·10. 법원행시
⑮ [1] 외형상으로는 공소사실의 기초가 되는 피고인의 일련의 행위가 여러 개의 범죄에 해당되는 것 같지만 그 일련의 행위가 합쳐져서 하나의 사회적 사실관계를 구성하는 경우에 그에 대한 법률적 평가는 하나밖에 성립되지 않는 관계, 즉 일방의 범죄가 성립되는 때에는 타방의 범죄는 성립할 수 없고, 일방의 범죄가 무죄로 될 경우에만 타방의 범죄가 성립할 수 있는 비양립적인 관계가 있을 수 있다. [2] 아파트 소유권자인 피고인이 가등기권리자 甲에게 아파트에 관한 소유권이전청구권가등기를 말소해 주면 대출은행을 변경한 후 곧바로 다시 가등기를 설정해 주겠다고 속여 **가등기를 말소하게 하여 재산상 이익을 편취**하고, 가등기를 회복해 줄 임무에 위배하여 아파트에 **제3자 명의로 근저당권 및 전세권설정등기**를 마침으로써 甲에게 손해를 가하였다고 하여 사기 및 배임으로 기소된 사안에서, 사기죄를 인정하는 이상 비양립적 관계에 있는 배임죄는 별도로 성립하지 않는다(대판 2017.2.15, 2016도15226).	⑭ 부동산에 피해자 명의의 근저당권을 설정하여 줄 의사가 없음에도 **피해자를 속이고** 근저당권설정을 약정하여 금원을 편취하고 **임무에 위배**하여 그 부동산에 관하여 제3자 명의로 근저당권설정등기를 마친 경우 사기죄와 배임죄의 실체적 경합이 성립한다(대판 2008.3.27, 2007도9328). 09. 법원행시, 10. 사시, 10·11. 경찰승진, 12. 경찰
	⑮ 회사 대표자가 회사자금을 인출하여 횡령함에 있어서 경비지출을 과다계상하여 장부에 기장하고 이를 토대로 법인세 등의 조세를 납부한 경우 조세포탈행위와 횡령죄의 실체적 경합이 성립한다(대판 1992.3.10, 92도147).
	⑯ **명의수탁자가 보관하는 부동산에 근저당권을 설정**하여 횡령행위가 이루어진 후, **다시 근저당권**을 설정하거나 **제3자에게 매각**하는 행위는 불가벌적 사후행위로 볼 수 없다(대판 2013.2.28, 2010도10500). 12. 경찰승진
	⑰ 피해자에 대한 폭행행위가 동일한 피해자에 대한 업무방해의 수단이 된 경우, 폭행행위는 업무방해죄에 흡수되지 않는다(대판 2012.10.11, 2012도1895). ⇨ 상상적 경합 성립 16. 경찰, 18. 경찰승진

O 불가벌적 사후행위 인정	**X** 불가벌적 사후행위 부정
⑯ 전기통신금융사기(이른바 보이스피싱 범죄)의 범인이 피해자를 기망하여 피해자의 자금을 사기이용계좌로 송금·이체받으면 사기죄는 기수에 이르고, 범인이 피해자의 자금을 점유하고 있다고 하여 피해자와의 어떠한 위탁관계나 신임관계가 존재한다고 볼 수 없을 뿐만 아니라, 그 후 범인이 사기이용계좌에서 현금을 인출하였더라도 이는 이미 성립한 사기범행이 **예정하고 있던 행위에 지나지 아니하여 새로운 법익을 침해한다고 보기도 어려우므로, 위와 같은 인출행위는 사기의 피해자에 대하여 별도의 횡령죄를 구성하지 아니한다.** 이러한 법리는 사기범행에 이용되리라는 사정을 알고서 자신 명의 계좌의 접근매체를 양도함으로써 사기범행을 방조한 종범이 사기이용계좌로 송금된 피해자의 자금을 임의로 인출한 경우에도 마찬가지로 적용된다(대판 2017.5.31, 2017도3894).	

❸ 포괄일죄

1. 의의

포괄일죄란 수개의 행위가 포괄적으로 하나의 구성요건에 해당하여 일죄를 구성하는 경우를 말한다.

2. 태양

(1) 계속범

☑ 두문자
포괄일죄의 태양
포괄 계접 떨면 집에 연결된다.
　　속속　　합　속합
　　범범　　범　범범
☑ 집합범 ⇨ 영업범·상습범

계속범이란 기수범의 위법상태가 범행 종료시까지 계속되는 경우를 말하고 감금죄, 주거침입죄, 퇴거불응죄 등이 있다(**예** 2021.1.1.~2021.1.15.까지 감금한 경우 감금죄의 포괄일죄가 성립한다).

(2) 접속범

① 접속범이란 단독에 의해서도 구성요건의 충족이 가능한 경우 수개의 행위가 동일한 기회에 동일한 장소에서 불가분하게 결합되어 구성요건적 결과가 발생하는 것을 말한다.

② 접속범이 되기 위해서는 동일한 범의, 동일한 객체, 수개의 행위의 시간적·장소적 접속이 구비되어야 한다(**예** 1회 간음하고 200m쯤 오다가 다시 1회 간음한 경우 강간죄의 포괄일죄가 성립한다).

(3) 집합범

집합범이란 다수의 동종의 행위가 동일한 의사에 의하여 반복되지만 일괄하여 일죄를 구성하는 경우를 말하며 영업범·직업범 및 상습범이 여기에 속한다(예 상습사기죄, 무면허의료행위 등). 상습범 처벌규정이 있으면 포괄일죄, 상습범 처벌규정이 없으면 실체적 경합이 된다.

(4) 연속범

① 연속범이란 연속된 수개의 행위가 동종의 범죄에 해당하는 경우를 말한다.

② 연속범이 되기 위해서는 동일한 범의, 동일한 객체, 일정기간의 동종행위 반복(예 여러 차례, 수차례, 몇 회에 걸쳐)이 인정되어야 한다(예 뇌물을 여러 차례에 걸쳐 수수하고 단일하고 계속된 범의로 동일 법익을 침해한 경우 뇌물수수죄의 포괄일죄에 해당한다).

(5) 결합범

결합범이란 개별적으로 독립된 범죄의 구성요건에 해당하는 수개의 행위가 결합하여 1개의 범죄를 구성하는 경우를 말한다(예 폭행 + 절도 ⇨ 강도죄, 강도 + 살인 ⇨ 강도살인죄).

SUMMARY

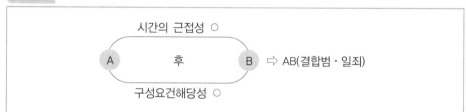

1. 강도 직후에 강간 → 시간의 근접성과 구성요건해당성이 있으면 강도강간죄가 성립한다.
2. 강간 직후에 강도 → 시간의 근접성이 갖추어져도 구성요건해당성이 없어 강간죄와 강도죄는 실체적 경합범이 성립한다.

기출 OX

타인의 사무를 처리하는 자가 여러 사람으로부터 각각 같은 종류의 부정한 청탁을 받고 그들로부터 각각 금품을 수수한 경우, 이는 단일하고 계속된 범의 아래 이루어진 것이고 그 피해법익도 동일하므로 포괄일죄로 보아야 한다. 17. 경찰승진 (×)

판례비교 포괄일죄의 인정 여부

O 포괄일죄 인정	**X** 포괄일죄 부정
접속범 ① 1회 간음하고 200m쯤 오다가 다시 1회 간음한 경우 강간죄의 포괄일죄에 해당한다(대판 1970.9.29, 70도1516). **비교판례** • 1회 강간하고 약 1시간 후에 장소를 옮겨 다시 1회 강간한 경우 2개의 강간죄의 실체적 경합이 성립한다(대판 1987.5.12, 87도694). • 앞의 히로뽕 제조행위와 뒤의 히로뽕 제조행위 사이에 약 9개월의 간격이 있고 범행장소도 상이한 경우 실체적 경합이 성립한다(대판 1982.11.9, 82도2055). ② 동일한 기회를 이용하여 단일한 의사로 다량의 물품에 대한 밀수입을 계획하고 그중 일부는 양륙하고 일부는 전마선에 옮겨 싣고 나머지 일부는 본선에 그대로 실려 있는 상태에서 체포된 경우 관세법 위반죄의 포괄일죄에 해당한다(대판 2000.4.25, 99도5479). ③ 단일범의로 절취한 시간과 장소가 접착되어 있고 같은 관리인의 관리하에 있는 방 안에서 소유자를 달리하는 두 사람의 물건을 절취한 경우 1개의 절도죄가 성립한다(대판 1970.7.21, 70도1133). 05. 사시, 10. 법원직 ④ 강도가 시간적으로 접착된 상황에서 가족을 이루는 수인에게 폭행·협박을 가하여 집 안에 있는 재물을 탈취한 경우 강도죄의 포괄일죄에 해당한다(대판 1997.7.30, 96도1285). 07. 경찰승진, 10. 법원직 **비교판례** 동일한 기회에 주인집과 세입자의 재산을 절취한 경우 실체적 경합이 성립한다(대판 1989.8.8, 89도664). 10. 법원행시 **집합범(영업범·상습범)** ① 6개월간 약 20여 명을 상대로 무면허의료행위를 한 경우 무면허의료행위의 포괄일죄에 해당한다(대판 1992.9.25, 92도1671). **비교판례** 1977.12.20.부터 1979.3.9.까지 충남 홍성읍에서 행한 무면허의료행위(Ⅰ)와 그보다 4년 5개월 뒤인 1982.9월 초순부터 1983.3.12.까지 서울 강동구에서 행한 무면허의료행위(Ⅱ)는 (Ⅰ) 포괄일죄와 (Ⅱ) 포괄일죄의 실체적 경합이 성립한다(대판 1985.10.22, 85도1457). ② 약국개설자가 아님에도 불구하고 단일하고 계속된 범의하에 일정기간 계속하여 의약품을 판매하거나 판매의 목적으로 취득함으로써 약사법 제35조 제1항에 위반된 행위를 한 경우 포괄일죄에 해당한다(대판 2001.8.21, 2001도3312). ③ 무허가유료직업소개행위가 일시·장소의 근접성, 방법의 유사성, 기회의 동일성, 범의의 계속성과 밀접한 관계가 있는 경우 포괄일죄에 해당한다(대판 1993.3.26, 92도3405).	① 피고인에 대한 직무유기죄는 피고인 본인의 수천만원대 녹용 밀수사실 등의 수사사무 보고의무 및 수사의무를 유기한 데에 대한 죄책이고, 직무유기교사죄는 피고인이 위 사실에 관한 제3자의 조사사무 보고의무 및 조사의무를 유기하도록 교사한 행위에 대한 죄책으로서 이를 포괄하여 하나의 죄로서 처벌할 성질의 것은 아니라 할 것이다(대판 1976.9.28, 76도2143). ② 포괄일죄라 함은 각기 따로 존재하는 수개의 행위가 한개의 구성요건을 한번 충족하는 경우를 말하므로 구성요건을 달리하고 있는 횡령·배임 등의 행위와 사기의 행위는 포괄일죄를 구성할 수 없다(대판 1988.2.9, 87도58). ③ 흉기를 휴대하여 저지른 폭력행위 등 처벌에 관한 법률 위반죄와 흉기 등을 휴대하지 않은 폭력행위 등 처벌에 관한 법률 위반죄는 같은 법 제2조 제1항 소정의 상습폭력죄의 포괄일죄의 관계에 있는 것으로 볼 수 없다(대판 1998.7.14, 98도1579). ④ 사기죄에서 수인의 피해자에 대하여 각 피해자별로 기망행위를 하여 각각 재물을 편취한 경우에 그 범의가 단일하고 범행방법이 동일하다고 하더라도 포괄일죄가 성립하는 것이 아니라 피해자별로 1개씩의 죄가 성립하는 것으로 보아야 한다. 피해자들이 부부라는 사정만으로 이들에 대한 각 사기행위가 포괄하여 일죄에 해당한다고 보아 특정경제범죄 가중처벌 등에 관한 법률을 적용한 원심판결에 죄수에 관한 심리미진 또는 법리오해의 위법이 있다(대판 2011.4.14, 2011도769). ⇨ 실체적 경합 성립 **비교판례** 피해자들이 하나의 동업체를 구성하는 등으로 피해법익이 동일하다고 볼 수 있는 사정이 있는 경우에는 피해자가 복수이더라도 이들에 대한 사기죄를 포괄하여 일죄로 볼 수도 있다(대판 2011.4.14, 2011도769). ⑤ 타인의 사무를 처리하는 자가 동일인으로부터 그 직무에 관하여 부정한 청탁을 받고 여러 차례에 걸쳐 금품을 수수한 경우, 그것이 단일하고도 계속된 범의 아래 일정기간 반복하여 이루어진 것이고 그 피해법익도 동일한 때에는 이를 포괄일죄로 보아야 한다. 다만, 여러 사람으로부터 각각 부정한 청탁을 받고 그들로부터 각각 금품을 수수한 경우에는 비록 그 청탁이 동종의 것이라고 하더라도 단일하고 계속된 범의 아래 이루어진 범행으로 보기 어려워 그 전체를 포괄일죄로 볼 수 없다(대판 2008.12.11, 2008도6987). 17. 경찰승진 ⑥ 무역거래자가 외화도피의 목적으로 물품 등의 수입가격을 조작하는 방법으로 피해은행을 기망하여 피해은행으로 하여금 신용장을 개설하게 한 후에 그 신용장대금을 수령한 경우, 이러한 외화도피목적의 수입가격 조작행위는 사기 범행과는 별도로 대외무역법 제43조가 보호하는 새로운 법익을 침해한 것으로 보아야 하므로 위와 같은 수입가격 조작행위가 사기 범행의 불가벌적 사후행위가 되는 것은 아니다(대판 2012.9.27, 2010도16946).

O 포괄일죄 인정	**X** 포괄일죄 부정

O 포괄일죄 인정

④ 도박의 습벽이 있는 자가 도박과 도박방조를 한 경우 상습도박방조의 죄는 무거운 상습도박의 죄에 포괄시켜 일죄로서 처단한다(대판 1984.4.24, 84도195).

⑤ **폭력의 습벽**을 가진 자가 폭력행위 등 처벌에 관한 법률 제2조 제1항 각 호에 열거된 형법 각 조 소정의 다른 수종의 죄를 범한 경우 상습폭력범죄의 포괄일죄에 해당한다(대판 2008.8.21, 2008도3657).

연속범

① 뇌물을 **여러 차례**에 걸쳐 수수하고 단일하고 계속된 범의로 동일 법익을 침해한 경우 뇌물수수죄의 포괄일죄에 해당한다(대판 2000.6.27, 2000도1155). 18. 법원직

② 업무상 횡령사실이 약 **4년 3개월간**에 걸친 것이고 피해법익이 단일하고 범의도 동일한 경우 업무상횡령죄의 포괄일죄에 해당한다(대판 1984.8.14, 84도1139).

③ 현금카드 소유자를 공갈하여 예금인출 승낙과 함께 카드를 교부받은 후에 현금지급기에서 예금을 **여러 번** 인출한 경우 공갈죄의 포괄일죄에 해당한다(대판 1996.9.20, 95도1728).

④ 취직교재비 명목으로 금원을 편취하기 위하여 동일 피해자에게 재물을 **여러 차례**에 걸쳐 수수한 경우 사기죄의 포괄일죄에 해당한다(대판 1988.9.26, 87도1166). 18. 법원직

⑤ 하나의 사건에 관하여 한번 선서한 증인이 같은 기일에 **여러 가지의 사실**에 관하여 기억에 반하는 허위의 진술을 한 경우 포괄하여 1개의 위증죄가 성립한다(대판 1998.4.14, 97도3340). 10. 국가직 7급, 11. 경찰간부, 18. 법원직

⑥ 하나의 소송사건에서 동일한 선서하에 이루어진 법원의 감정명령에 따라 감정인이 동일한 감정명령사항에 대하여 **수차례**에 걸쳐 허위의 감정보고서를 제출하는 경우 포괄하여 1개의 허위감정죄가 성립한다(대판 2000.11.28, 2000도1089). 10. 사시

⑦ 대금결제의 의사와 능력이 없으면서도 있는 것 같이 가장하여 **카드회사를 기망하여 발급받은 신용카드를 이용하여 자동지급기를 통한 현금 대출을 받고, 가맹점을 통한 물품구입대금 대출**도 받은 경우 사기죄의 포괄일죄에 해당한다(대판 1996.4.9, 95도2466). 03. 사시

⑧ 선거운동을 위하여 다수의 조합원을 **호별로 방문**한 경우 농업협동조합법상 호별방문죄의 포괄일죄에 해당한다(대판 2007.7.12, 2007도2191).

비교판례

甲의 집을 방문한 것은 乙의 집과 丙의 집을 방문한 때로부터 **3개월 내지 4개월 전**이고, 丁의 집을 방문한 것은 乙의 집과 丙의 집을 방문한 때로부터 6개월 내지 7개월 후인 경우 포괄일죄가 아닌 실체적 경합의 관계에 있다(대판 2007.3.15, 2006도9042).

X 포괄일죄 부정

⑦ 저작권법은 상습으로 동법 제136조 제1항의 죄를 저지른 경우를 가중처벌한다는 규정은 따로 두고 있지 않다. 따라서 수회에 걸쳐 저작권법 제136조 제1항의 죄를 범한 것이 상습성의 발현에 따른 것이라고 하더라도, 이는 원칙적으로 경합범으로 보아야 하는 것이지 하나의 죄로 처단되는 상습범으로 볼 것은 아니다(대판 2012.5.10, 2011도12131). ➡ **실체적 경합 성립**
12 · 16. 경찰, 13. 경찰승진

➡ 상습범 처벌규정이 있으면 포괄일죄, 상습범 처벌규정이 없으면 실체적 경합

비교판례

단일하고도 계속된 범의 아래 **동일한 저작물**에 대한 침해행위가 일정기간 반복하여 행하여진 경우에는 포괄하여 하나의 범죄가 성립한다고 볼 수 있다(대판 2012.5.10, 2011도12131).

⑧ 수개의 등록상표에 대하여 상표법 제93조 소정의 상표권 침해행위가 계속하여 행하여진 경우에는 각 등록상표 1개마다 포괄하여 1개의 범죄가 성립하므로 특별한 사정이 없는 한 상표권자 및 표장이 동일하다는 이유로 **등록상표를 달리하는 수개의 상표권 침해행위를 포괄하여 하나의 죄가 성립하는 것으로 볼 수 없다**(대판 2013.7.25, 2011도12482). ➡ A상표법 위반죄의 포괄일죄와 B상표법 위반죄의 포괄일죄의 실체적 경합 성립
17. 경찰간부

⑨ 무면허운전으로 인한 도로교통법 위반죄에 있어서는 어느 날에 운전을 시작하여 다음 날까지 동일한 기회에 일련의 과정에서 계속 운전을 한 경우 등 특별한 경우를 제외하고는 사회통념상 운전한 날을 기준으로 운전한 날마다 1개의 운전행위가 있다고 보는 것이 상당하므로 **운전한 날마다 무면허운전으로 인한 도로교통법 위반의 일죄가 성립**한다고 보아야 할 것이고, 비록 계속적으로 무면허운전을 할 의사를 가지고 여러 날에 걸쳐 무면허운전행위를 반복하였다고 하더라도 이를 포괄하여 일죄로 볼 수는 없다(대판 2002.7.23, 2001도6281).
04. 입시, 11 · 18. 경찰승진, 11. 경찰간부, 16. 경찰 · 국가직 9급

⑩ 상관으로부터 **집총교육명령**을 받고서도 **그때마다 이를 거부한** 경우 수개의 집총거부죄는 실체적 경합이 성립한다(대판 1992.9.14, 92도1534). 09. 경찰, 12. 경찰간부

⑪ 물품을 수입하는 무역업자가 그 물품을 같은 해에 3차례에 걸쳐 수입하면서 그때마다 과세가격 또는 관세율을 허위로 신고하여 **관세를 포탈**하였다면 이는 수입신고시마다 1개의 죄가 성립하는 실체적 경합범에 해당한다(대판 2000.11.10, 99도782).

O 포괄일죄 인정	**X** 포괄일죄 부정
⑨ 등기소 조사계장이 법무사로부터 그가 신청하는 등기신청사건을 신속히 처리하여 달라는 부탁조로 1건당 얼마씩 이른바 급행료를 받은 경우, 단일한 범의의 계속하에 일정한 기간 동종행위를 같은 장소에서 반복한 것으로 볼 수 있어 포괄일죄에 해당한다(대판 1982.10.26, 81도1409). 03. 사시, 16. 법원직 ⑩ 같은 기회에 하나의 행위로 **여러 개의 영업비밀**을 취득한 경우 구 부정경쟁방지 및 영업비밀보호에 관한 법률 위반죄의 포괄일죄에 해당한다(대판 2009.4.9, 2006도9022). 11. 경찰간부 ⑪ 범죄단체를 구성하거나 이에 가입한 자가 더 나아가 구성원으로 활동하는 경우, 이는 포괄일죄 관계에 있다(대판 2015.9.10, 2015도7081). 17. 경찰간부 ⑫ 피고인이 수개의 선거비용 항목을 허위기재한 하나의 선거비용 보전청구서를 제출하여 대한민국으로부터 선거비용을 과다 보전받아 이를 편취하였다면 이는 일죄로 평가되어야 하고, 각 선거비용 항목에 따라 별개의 사기죄가 성립하는 것은 아니다(대판 2017.5.30, 2016도21713). ⑬ 직권남용권리행사방해죄는 국가기능의 공정한 행사라는 국가적 법익을 보호하는 데 주된 목적이 있으므로 공무원이 동일한 사안에 관한 일련의 직무집행 과정에서 단일하고 계속된 범의로 일정 기간 계속하여 저지른 직권남용행위에 대하여는 설령 그 상대방이 여러 명이더라도 포괄일죄가 성립할 수 있다(대판 2021.9.9. 2021도2030). ⑭ 단일하고도 계속된 범의 아래 일정 기간 반복하여 일련의 뇌물수수 행위와 부정한 행위가 행하여졌고 그 뇌물수수 행위와 부정한 행위 사이에 인과관계가 인정되며 피해법익도 동일하다면, 최후의 부정한 행위 이후에 저질러진 뇌물수수 행위도 최후의 부정한 행위 이전의 뇌물수수 행위 및 부정한 행위와 함께 수뢰후부정처사죄의 포괄일죄로 처벌함이 타당하다(대판 2021.2.4. 2020도12103). ⑮ 피고인이 부부인 피해자 甲과 乙에게 '토지를 매수하여 분필한 후 이를 분양해서 원금 및 수익금을 지급하겠다.'면서 기망한 후, 이에 속아 피고인에게 투자하기 위해 공동재산인 건물을 매도하여 돈을 마련한 피해자들로부터 피해자 甲 명의 예금계좌에서 1억 원, 피해자 乙 명의 예금계좌에서 4억 7,500만 원, 합계 5억 7,500만 원을 송금받아 이를 편취하였다는 이유로 특정경제범죄 가중처벌 등에 관한 법률 위반(사기)죄로 기소된 사안에서, 피해자들에 대한 사기죄의 피해법익이 동일하다고 평가될 수 있어 이들에 대한 사기죄가 포괄일죄를 구성한다(대판 2023.12.21. 2023도13514).	

O	포괄일죄 인정	X	포괄일죄 부정
결합범 ① 절도범이 체포를 면탈할 목적으로 체포하려는 여러 명의 피해자에게 같은 기회에 폭행을 가하여 그중 1인에게만 상해를 가한 경우 강도상해죄의 포괄일죄에 해당한다(대판 2001.8.21, 2001도3447). ② 특수강간범이 **강간**행위 종료 전에 특수**강도**의 행위를 한 후에 그 자리에서 **강간**행위를 계속한 경우 특수강도강간죄가 성립한다(대판 2010.7.15, 2010도3594).			

3. 포괄일죄의 처리

실체법상 일죄이므로 하나의 죄로 처벌된다.

> **판례**
>
> 1. 포괄일죄의 개개의 범죄행위가 법 개정 전후에 걸쳐서 행하여진 경우에는 법정형의 경중을 비교할 필요 없이 실행 종료시의 법인 신법을 적용한다(대판 1998.2.24, 97도183).
> 2. 포괄일죄로 되는 개개의 범죄행위가 **다른 종류**의 죄의 확정판결의 전후에 걸쳐서 행하여진 경우에는 그 죄는 2죄로 분리되지 않고 확정판결 후인 최종의 범죄행위시에 완성되는 것이다(대판 2003.8.22, 2002도5341). 04·12. 법원행시, 07. 법원직, 08. 경찰승진
>
> **비교판례**
>
> 상습범의 중간에 **동종**의 상습범의 확정판결이 있는 경우에는 확정판결 전후의 범행은 두 개의 죄로 분단된다(대판 2000.3.10, 99도2744).
>
> 3. 상습범으로서 포괄적 일죄의 관계가 있는 여러 개의 범죄사실 중 일부에 대하여 상습범으로서 유죄판결이 확정된 경우, 그 확정판결의 사실심판결 전에 저질러진 나머지 범죄에 대하여는 면소판결을 하여야 하나, 상습범이 아닌 기본 구성요건의 범죄로 처단되는 데에 그친 경우에는 확정판결의 사실심판결 전에 저질러진 나머지 범죄에 대하여 유죄판결을 할 수 있다(대판 2004.9.16, 2001도3206). 12. 법원행시

제3절 수죄

❶ 상상적 경합

> 제40조 【상상적 경합】 한 개의 행위가 여러 개의 죄에 해당하는 경우에는 가장 무거운 죄에 대하여 정한 형으로 처벌한다.

1. 서설

(1) 상상적 경합의 의의

상상적 경합이란 1개의 행위가 수개의 죄에 해당하는 경우를 말한다(예 1개의 폭탄을 던져서 사람을 살해하고 건물을 파괴한 경우). 상상적 경합은 실질적으로 수죄이지만 과형상으로는 일죄이다.

(2) 견련범과 상상적 경합

견련범이란 범죄의 수단 또는 결과인 행위가 수개의 죄명에 해당하는 경우를 말한다. 예를 들어 주거침입과 절도·강간·살인 등의 관계가 여기에 해당한다. 이는 원칙적으로 경합범이 될 뿐이다.

2. 요건

(1) 행위의 단일성

① 의의: 행위가 1개이어야만 상상적 경합이 되는데, 여기서 1개의 행위가 무엇을 의미하는가에 대하여 견해의 대립이 있다. 판례는 법적 평가를 떠나서 사물 자연의 상태에서 사회통념상 행위가 1개인 경우를 의미한다는 입장이다(자연적 행위단일성).

> **판례**
>
> 형법 제40조에서 말하는 1개의 행위란 법적 평가를 떠나 사회관념상 행위가 사물 자연의 상태로서 1개로 평가되는 것을 말하는바, 무면허인데다가 술이 취한 상태에서 오토바이를 운전하였다는 것은 위의 관점에서 분명히 1개의 운전행위라 할 것이고 이 행위에 의하여 도로교통법 제111조 제2호, 제40조와 제109조 제2호, 제41조 제1항의 각 죄에 동시에 해당하는 것이므로 두 죄는 형법 제40조의 상상적 경합관계에 있다고 할 것이다(대판 1987.2.24, 86도2731).

② 행위의 동일성: 1개의 행위라고 하기 위해서는 수죄 사이에 객관적 실행행위의 동일성이 인정되어야 한다.
   ㉠ 행위의 완전동일성: 구성요건적 실행행위가 완전히 같을 때에는 언제나 1개의 행위가 된다. 행위의 완전동일성은 어느 구성요건을 충족하는 모든 행위가 동시에 다른 구성요건을 충족하는 경우에 인정된다.

ⓐ 고의범과 과실범 : 고의범과 과실범간에도 행위의 동일성이 인정될 수 있다. 예를 들어 폭탄을 던져 고의로 재물을 손괴하고 과실로 사람을 살해한 경우 재물손괴죄의 고의범과 과실치사죄는 상상적 경합관계에 있다.

ⓑ 부작위범과 부작위범 : 수개의 부작위범간에도 상상적 경합이 성립할 수 있다. 예를 들어 교통사고를 내고 도주한 경우 도로교통법상의 구조의무위반죄와 보고의무위반죄는 상상적 경합관계에 있다.

ⓒ 작위범과 부작위범 : 작위범과 부작위범간에는 실행행위의 동일성을 인정할 수 없어 상상적 경합이 불가능하다.

ⓛ 행위의 부분적 동일성 : 실행행위의 부분적 동일성이 인정되어도 1개의 행위가 된다. 결합범 또는 결과적 가중범에 있어서 실행행위의 일부가 같으면 상상적 경합이 인정된다(**예** 직무집행 중인 공무원을 폭행하여 상해를 입힌 경우).

판례

절도범인이 체포를 면탈할 목적으로 경찰관에게 폭행·협박을 가한 때에는 준강도죄와 공무집행방해죄를 구성하고 양 죄는 상상적 경합관계에 있으나, 강도범인이 체포를 면탈할 목적으로 경찰관에게 폭행을 가한 때에는 강도죄와 공무집행방해죄는 실체적 경합관계에 있고 상상적 경합관계에 있는 것은 아니다(대판 1992.7.28, 92도917).
04. 법원행시, 06. 경찰, 07. 법원직, 11. 사시, 12·16. 국가직 9급, 16. 국가직 7급

ⓐ 위조사문서행사죄나 위조통화행사죄와 사기죄, 문서위조죄와 동행사죄는 경합범의 관계에 있다.

ⓑ 주거침입죄, 감금죄 등의 계속범과 그중에 범한 죄 사이에는 상상적 경합은 인정될 수 없다. 다만, 감금죄가 동시에 강간 또는 강도의 수단이 된 때에는 1개의 행위로 인한 것이므로 상상적 경합이 될 수 있다.

판례

강간죄의 성립에 언제나 직접적으로 또 필요한 수단으로서 감금행위를 수반하는 것은 아니므로 이 사건에서 **감금행위가 강간미수죄의 수단**이 되었다고 하여 감금행위가 강간미수죄에 흡수되어 범죄를 구성하지 않는다고 할 수는 없는 것이고, 형법 제40조의 **상상적 경합**이라고 해석함이 상당할 것이다(대판 1983.4.26, 83도323).

③ 연결효과에 의한 상상적 경합 : B죄와 C죄가 실체적 경합범의 관계에 있고, B죄 및 C죄가 A죄와 각각 상상적 경합범의 관계에 있을 때, B죄와 C죄가 A죄에 의하여 연결되어 A·B·C죄 모두를 상상적 경합범으로 취급할 수 있다는 이론이다.

> **판례**
>
> 형법 제131조 제1항의 수뢰 후 부정처사죄에 있어서 공무원이 수뢰 후에 행한 부정행위가 허위공문서작성 및 동행사죄와 같이 보호법익을 달리하는 별개 범죄의 구성요건을 충족하는 경우에는 수뢰 후 부정처사죄 외에 별도로 허위공문서작성 및 동행사죄가 성립하나 이들 죄와 수뢰 후 부정처사죄는 각각 상상적 경합관계에 있으므로 허위공문서작성죄와 동행사죄 상호 간은 실체적 경합관계에 있다고 할지라도 수뢰 후 부정처사죄와 대비하여 가장 중한 죄에 정한 형으로 처단하면 되고 별도로 경합가중을 할 필요는 없다(대판 1983.7.26, 83도1378).
>
> 11·12. 법원직, 12. 국가직 7급, 17. 국가직 9급

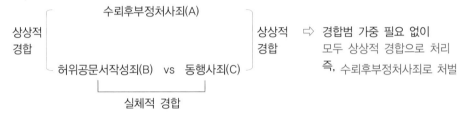

(2) 수개의 죄

① **이종의 상상적 경합** : 1개의 행위가 서로 다른 구성요건을 충족하는 경우를 말한다 (**예** 수류탄을 던지는 하나의 행위로 살인죄와 손괴죄가 발생한 경우).

> **판례**
>
> 강도가 재물강취의 뜻을 재물의 부재로 이루지 못한 채 미수에 그쳤으나, 그 자리에서 항거불능의 상태에 빠진 피해자를 간음할 것을 결의하고 실행에 착수하였으나 역시 미수에 그쳤더라도 반항을 억압하기 위한 폭행으로 피해자에게 상해를 입힌 경우에는 **강도강간미수죄와 강도치상죄가 성립**되고 이는 1개의 행위가 2개의 죄명에 해당되어 **상상적 경합관계**가 성립된다 (대판 1988.6.28, 88도820). 08. 사시, 10. 경찰승진, 11. 법원행시

② **동종의 상상적 경합** : 1개의 행위가 같은 구성요건을 수회 충족하는 경우를 말한다.
   ㉠ 전속적 법익의 경우 : 수인의 법익주체의 법익에 대한 침해는 그 주체의 수에 상응하는 수개의 죄에 해당한다(**예** 1개의 폭탄으로 수인을 살해한 경우 수개의 살인죄의 상상적 경합이 성립한다).
   ㉡ 비전속적 법익의 경우
      ⓐ 원칙적으로 1개의 행위에 의한 이상 구성요건적 불법이 양적으로 증가·강화되는 데에 지나지 않으므로 원칙적으로 1개의 범죄가 성립할 뿐이다(**예** 1개의 행위로 수개의 건물에 방화한 경우 1개의 방화죄만 성립한다).
      ⓑ 다만, 사회적·국가적 법익 중 고유한 가치를 가진 범죄는 상상적 경합범에 해당한다(**예** 1개의 고소장으로 수인을 무고한 경우 수개의 무고죄의 상상적 경합이 성립하고, 1개의 행위로 수인의 공무집행방해를 한 경우 수개의 공무집행방해죄의 상상적 경합이 성립한다).

3. 법적 효과

(1) 실체법적 효과

① 과형상 일죄 : 상상적 경합은 실질적으로는 수죄이지만 과형상 일죄로 취급하여 한 개의 형으로 처벌하되, 가장 중한 죄에 정한 형으로 처벌한다(제40조). 여기서의 형은 법정형을 의미한다. 예컨대, 공무집행방해죄와 상해죄의 상상적 경합인 경우 상해죄의 형으로 처벌한다.

② 형의 경중의 비교방법 : 형의 경중을 비교함에 있어서는 중점적 대조주의와 전체적 대조주의라는 두 가지 방식이 있다.

☺ 사례 : 폭행죄(2년 이하의 징역, 500만원 이하의 벌금, 구류 또는 과료)와 모욕죄(1년 이하의 징역이나 금고 또는 200만원 이하의 벌금)의 상상적 경합의 경우 처벌방법

구분	내용	사례해결
중점적 대조주의	형의 상한만 비교·대조하는 방식(하한은 언제나 중한 죄에 정한 형으로 처벌)	폭행죄에 정한 형으로 처벌(2년 이하의 징역, 500만원 이하의 벌금, 구류 또는 과료)
전체적 대조주의 (통설·판례)	두 개 이상의 주형을 상한 및 하한까지 모두 비교·대조(상한과 하한 모두를 중한 형으로 처벌)	상한은 중한 폭행죄, 하한은 중한 모욕죄의 형으로 처벌(2년 이하의 징역, 200만원 이하의 벌금)

판례

형의 경중비교(= 전체적 대조주의)

형법 제40조가 규정하는 1개의 행위가 수개의 죄에 해당하는 경우에는 '가장 중한 죄에 정한 형으로 처벌한다.'함은 그 수개의 죄명 중 가장 중한 형을 규정한 법조에 의하여 처단한다는 취지와 함께 다른 법조의 최하한의 형보다 가볍게 처단할 수는 없다는 취지 즉, **각 법조의 상한과 하한을 모두 중한 형의 범위 내에서 처단한다**는 것을 포함하는 것으로 새겨야 한다(대판 2006.1.27, 2005도8704).

Plus + **상상적 경합의 실체법적 효과**

1. A죄(1년 이상 10년 이하의 징역)와 B죄(15년 이하의 징역)가 상상적 경합의 관계에 있는 경우, 1년 이상 15년 이하의 징역으로 처벌한다.

2. A죄(5년 이하의 징역 또는 10년 이하의 자격정지)와 B죄(1년 이상 3년 이하의 징역)가 상상적 경합관계에 있는 경우, 1년 이상 5년 이하의 징역 또는 10년 이하의 자격정지를 병과한다.

3. A죄(5년 이하의 징역)와 B죄(6년 이하의 징역 또는 1천만원 이하의 벌금)가 상상적 경합관계에 있는 경우, 1천만원 이하의 벌금으로 처벌할 수 없고 6년 이하의 징역으로 처벌한다.

4. 1개의 행위가 A죄 강도강간미수의 죄(무기 또는 10년 이상의 징역)와 B죄 강도상해의 죄(무기 또는 7년 이상의 징역)에 해당하여 무거운 강도강간미수죄에 정한 형으로 처벌하기로 하여 소정형 중 유기징역형을 선택한 경우, 강도강간죄의 법정형이 중하지만 강도강간이 미수이고 강도상해가 기수이므로 전체적 대조주의에 의하면 강도상해죄의 범위 안에서 강도강간죄의 미수감경을 할 수 있다. 이러한 경우 형의 범위는 무기 또는 7년 이상의 징역이 된다(판례).

(2) 소송법적 효과

실질적으로 수죄이므로 공소의 제기와 친고죄에서의 고소는 각 죄마다 별개로 검토하고, 과형상으로 일죄이므로 수죄 중 일부에 대한 공소의 제기 및 기판력은 수죄 전부에 미친다.

> **판례**
>
> 상상적 경합 관련판례
>
> 1. 기본범죄를 통하여 고의로 중한 결과를 발생하게 한 경우에 가중처벌하는 부진정결과적 가중범에서 고의로 중한 결과를 발생하게 한 행위가 별도의 구성요건에 해당하고 그 고의범에 대하여 결과적 가중범에 정한 형보다 더 무겁게 처벌하는 규정이 있는 경우에는 그 고의범과 결과적 가중범이 상상적 경합관계에 있지만, 위와 같이 고의범에 대하여 더 무겁게 처벌하는 규정이 없는 경우에는 결과적 가중범이 고의범에 대하여 특별관계에 있으므로 결과적 가중범만 성립하고 이와 법조경합의 관계에 있는 고의범에 대하여는 별도로 죄를 구성하지 않는다(대판 2008.11.27, 2008도7311).

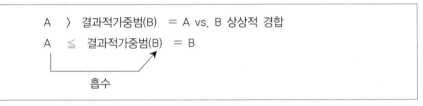

> 2. 살인의 고의로 **현주건조물에 방화하여 직계존속을 살인한** 경우 존속살해죄와 현주건조물방화치사죄의 상상적 경합이 성립한다(대판 1996.4.26, 96도458). 11. 법원직
>
> **비교판례**
>
> 살인의 고의로 **현주건조물에 방화하여 보통살인죄를 범한 경우** 현주건조물방화치사죄만 인정된다(대판 1983.1.18, 82도2341).
>
> 3. 직무를 집행하는 공무원에 대하여 위험한 물건을 휴대하여 고의로 상해를 가한 경우에는 특수공무집행방해치상죄만 성립할 뿐, 별도로 폭력행위 등 처벌에 관한 법률 위반(집단·흉기 등 상해)죄를 구성하지 않는다(대판 2008.11.27, 2008도7311). 12 · 16. 경찰
>
> 4. 재물을 강취한 후에 피해자를 살해할 목적으로 **현주건조물에 방화하여 사망에 이르게 한** 경우 강도살인죄와 현주건조물방화치사죄는 상상적 경합범관계에 있다(대판 1998.12.8, 98도3416). 09 · 18. 경찰, 09. 법원직, 11. 법원행시, 11 · 18. 경찰승진
>
> 5. 강도가 재물강취에 실패하고 그 자리에서 **항거불능한 상태의 피해자를 간음하려다가** 미수에 그쳤으나 반항을 억압하기 위한 폭행으로 상해를 입힌 경우 강도강간미수죄와 강도치상죄의 상상적 경합관계가 성립한다(대판 1988.6.23, 88도820). 04. 사시, 12. 법원직, 13. 경찰승진
>
> 6. **무면허로 음주상태에서** 자동차를 운전한 경우 무면허운전행위와 주취운전행위는 상상적 경합관계에 있다 할 것이다(대판 1987.2.24, 86도2731). 07 · 09. 경찰
>
> **비교판례**
>
> 무면허운전과 업무상과실치사상죄는 실체적 경합의 관계가 성립하고, 주취운전행위와 업무상과실치사상죄도 실체적 경합의 관계가 성립한다(대판 1972.10.31, 72도201). 03. 사시, 07. 경찰

7. 동일한 교통사고로 타 차량을 손괴하고 그 차량승객에게 상해를 입힌 경우 손괴죄와 상해
죄의 상상적 경합관계가 성립한다(대판 1986.2.11, 85도2658).

비교판례 자동차운전자가 업무상의 과실로 사람을 상해하고 도주한 경우

도주차량죄와 신고불이행죄는 실체적 경합관계에 있는데, 도주차량죄는 피해자의 구호, 신고
불이행죄는 당국의 신고라는 사회적 사실관계가 상이하기 때문이다. 도주차량죄와 구호의무위
반죄는 상상적 경합의 관계에 있고, 이 두 죄와 안전운전의무위반죄는 실체적 경합관계에 있다
(대판 1993.5.11, 93도49).

8. 감금행위가 강간미수죄의 수단이 된 경우 감금죄와 강간미수죄는 상상적 경합관계에 있다
(대판 1983.4.26, 83도323). 07. 경찰, 09. 경찰승진

비교판례

감금행위가 단순히 강도상해 범행의 수단이 되는 데에 그치지 아니하고 **강도상해**의 범행이 **끝난
뒤에도 계속된 경우** 감금죄와 강도상해죄는 경합범의 관계에 있다(대판 2003.1.10, 2002도4380).
07. 사시, 09. 법원직, 11. 경찰승진, 12. 법원행시

9. 피고인이 여관에서 종업원을 칼로 찔러 상해를 가하고 객실로 끌고 들어가는 등 폭행·협
박을 하고 있던 중에 마침 다른 방에서 나오던 **여관주인도 같은 방에 밀어 넣은 후**에 주
인으로부터 금품을 강취하고 1층 안내실에서 종업원 소유의 현금을 꺼내간 경우 강도상
해죄와 특수강도죄의 2죄는 상상적 경합범관계에 있다(대판 1991.6.25, 91도643).
04. 사시, 12. 경찰·법원직, 13. 경찰승진

10. 1개의 행위로 사기죄와 배임죄가 성립한 경우 상상적 경합관계로 봄이 상당하다(대판
2002.7.18, 2002도669). 11. 법원직·법원행시·사시, 12. 경찰, 16. 국가직 7급

비교판례

자기가 보관하던 타인소유의 재물을 기망의 수단으로 영득한 경우 횡령죄만 성립하고, 사기죄
와 횡령죄의 상상적 경합은 성립되지 아니한다(대판 1980.12.9, 80도1177).

11. 밀수품을 강도행위에 의하여 취득한 경우 강도죄와 관세장물취득죄는 상상적 경합범의
관계에 있다고 할 것이다(대판 1982.12.28, 81도1875).

12. 입시문제를 절취하여 이용한 경우 공용서류무효죄와 위계에 의한 공무집행방해죄는 상상
적 경합관계에 있다(대판 1966.4.26, 66도30).

13. 당좌수표를 조합 이사장 명의로 발행하여 그 소지인이 지급제시기간 내에 지급제시하였
으나 거래정지처분의 사유로 지급되지 아니하게 한 사실(부정수표 단속법 위반죄)과 동일
한 수표를 발행하여 조합에 대하여 재산상 손해를 가한 사실(업무상배임죄)은 상상적 경
합관계에 있다(대판 2004.5.13, 2004도1299). 11. 사시

비교판례

**사기의 수단으로 발행한 수표가 지급거절된 경우 부정수표 단속법 위반죄와 사기죄의 실체적 경
합범**이 성립한다(대판 2004.6.25, 2004도1751). 08. 사시, 10·17 경찰, 12. 법원행시

14. 법인의 사용인이 **관세품을 절취**한 경우 관세법 위반죄와 절도죄는 상상적 경합관계에 있다
(대판 1977.9.13, 77도2055).

15. 한국소비자보호원을 비방할 목적으로 18회에 걸쳐 출판물에 의하여 한국소비자보호원의
발표 내용을 과장·왜곡하고 발표에 들어 있지 아니한 내용을 삽입하는 등의 광고를 한
경우 출판물에 의한 명예훼손죄와 업무방해죄에 해당하고, 각 죄는 상상적 경합관계에 있다
(대판 1993.4.13, 92도3035). 07. 사시·경찰승진, 09. 국가직 9급

16. 학교의 교비회계를 다른 회계로 전출한 경우 횡령죄가 성립하고 사립학교법 위반죄는 상
상적 경합관계에 있다(대판 2005.9.28, 2005도3929).

17. 1개의 문서로 된 2인 이상의 연명으로 된 문서를 위조한 경우 상상적 경합범에 해당한다 (대판 1987.7.21, 87도564). 09. 경찰

비교판례

약속어음 2매의 위조행위 ⇨ 실체적 경합(포괄일죄 ×)(대판 1983.4.12, 82도2938)

18. 피해자를 **협박하여** 금원을 갈취하고 이로 인하여 법정 중개수료 상한을 초과한 금품을 받은 경우 **공갈죄와 부동산중개업법 위반죄**의 상상적 경합의 경우에 해당한다(대판 1996.10.15, 96도1301).

19. 피고인이 같은 장소에서 경찰관들에게 욕설을 하면서 먼저 경찰관 乙을 폭행하고 곧이어 이를 제지하는 경찰관 丙을 폭행한 경우 乙과 丙에 대한 공무집행방해죄는 상상적 경합의 관계에 있다(대판 2009.6.25, 2009도3505). 09. 법원행시, 10. 법원직, 12. 사시·경찰간부, 12·15. 경찰

20. 공무원이 취급하는 사건에 관하여 청탁 또는 알선을 할 의사와 능력이 없음에도 청탁 또는 알선을 한다고 **기망하고** 금품을 교부받은 경우 사기죄와 변호사법 위반죄는 상상적 경합의 관계에 있다(대판 2006.1.27, 2005도8704). 07. 사시, 09. 국가직 9급, 10. 경찰, 11. 경찰승진

21. 허위사실을 유포한 행위가 허위사실 유포에 의한 업무방해죄뿐 아니라 허위사실적시에 의한 명예훼손죄에도 해당하는 경우 2개의 죄는 상상적 경합관계에 있다(대판 2007.11.15, 2007도7140).

22. 형법 제307조의 명예훼손죄와 공직선거 및 선거부정방지법 제251조의 후보자비방죄는 상상적 경합범의 관계에 있다(대판 1998.3.2, 97도2956). 09. 법원행시

23. 공무원이 직무에 관하여 **기망수단으로** 재물을 교부받은 경우 사기죄와 수뢰죄는 상상적 경합의 관계에 있다(대판 1977.6.7, 77도1069). 07. 사시, 11. 경찰승진

24. 국회의원선거에서 정당의 공천을 받게 하여 줄 의사나 능력이 없음에도 이를 해 줄 수 있는 것처럼 **기망하여 공천과 관련하여 금품을 받은 경우** 공직선거법상 공천관련금품수수죄와 사기죄는 상상적 경합의 관계에 있다(대판 2009.4.23, 2009도834).
10·16. 경찰, 10. 법원직, 12. 법원행시

25. 업무상 과실로 **교량을 손괴하여 자동차의 교통을 방해하고 자동차를 추락시킨 경우** 업무상과실일반교통방해죄와 업무상과실자동차추락죄는 상상적 경합관계에 있다(대판 1997.11.28, 97도1740).

26. 전자금융거래법에서 규정하는 **수개의 접근매체를 한꺼번에 양도한 경우** 상상적 경합관계가 성립한다(대판 2010.3.25, 2009도1530).

27. 피고인이 장소를 옮겨 다니며 총 6회에 걸쳐 카지노영업을 하였는데 6곳 중 4곳이 호텔의 객실이고, 나머지 2곳은 빌라 또는 아파트였던 경우 무허가카지노영업으로 인한 **관광진흥법 위반죄와 도박장소 등 개설죄**는 상상적 경합의 관계에 있다(대판 2009.12.10, 2009도11151).

비교판례

음반·비디오물 및 게임물에 관한 법률 위반죄와 도박장소 등 개설죄는 실체적 경합관계로 봄이 상당하다(대판 2007.4.27, 2007도2094).

28. 회사 명의의 합의서를 임의로 작성한 사문서위조죄와 이로 인하여 회사에 재산상 손해가 발생하여 배임죄가 성립하는 경우 사문서위조죄와 배임죄는 상상적 경합관계에 있다(대판 2009.4.9, 2008도5634).

29. 특정경제범죄 가중처벌 등에 관한 법률 위반(**횡령죄**)죄와 교비회계수입 전출로 인한 사립학교법 위반죄는 상상적 경합관계에 있다(대판 2005.9.28, 2005도3929).

30. 판매목적으로 휘발유에 솔벤트 벤젠 등을 혼합하여 판매한 경우 석유사업법 위반죄와 사기죄는 상상적 경합관계에 있다(대판 1980.12.9, 80도384). 09. 경찰승진

31. 야간옥외집회에 참가하여 교통을 방해한 경우 집회 및 시위에 관한 법률 위반죄와 일반교통방해죄는 상상적 경합관계에 있다(대판 2011.8.25, 2008도10960).

32. 강도가 피해자에게 상해를 입혔으나 재물의 강취에는 이르지 못하고 그 자리에 항거불능 상태에 빠진 피해자를 간음한 경우 강도상해죄와 강도강간죄는 상상적 경합의 관계에 있다(대판 2010.4.29, 2010도1099).

33. 동일인 한도초과 대출로 상호저축은행에 손해를 가하여 **상호저축은행법** 위반죄와 **업무상 배임죄**가 모두 성립하는 경우 두 죄는 상상적 경합의 관계에 있다(대판 2012.6.28, 2012도2087).

34. 피고인이 피해자의 주거에 침입하여 강간하려다 미수에 그침과 동시에 자기의 형사사건의 수사 또는 재판과 관련하여 수사단서를 제공하고 진술한 것에 대한 보복목적으로 그를 폭행한 경우 특정범죄 가중처벌 등에 관한 법률 위반(**보복범죄 등**)죄 및 성폭력범죄의 처벌 등에 관한 특례법 위반(**주거침입강간 등**)죄가 상상적 경합관계에 있다(대판 2012.3.15, 2012도544).

35. 금융회사 등의 임직원의 직무에 속하는 사항에 관하여 알선할 의사와 능력이 없음에도 **알선을 한다고 기망**하고 금품 등을 수수한 경우 사기죄와 특정경제범죄 가중처벌 등에 관한 법률 위반(알선수재)죄는 상상적 경합의 관계에 있다(대판 2012.6.28, 2012도3927).

36. 피고인들이 공동폭행의 방법으로 피해자들의 **택시운행업무를 방해**한 경우 공동폭행이라는 1개의 행위가 폭력행위 등 처벌에 관한 법률 위반(공동폭행)죄와 업무방해죄의 구성요건을 충족하여 상상적 경합의 관계가 성립한다(대판 2012.10.11, 2012도1895).

37. **학교환경위생정화구역** 내에서 등록하지 않고 노래연습장을 운영한 경우 구 음반·비디오물 및 게임물에 관한 법률 위반죄와 학교보건법 위반죄는 상상적 경합의 관계에 있다(대판 2007.9.20, 2007도5669).

38. 선거일 후에 선거구민 등에게 금품 또는 향응을 제공한 행위가 공직선거법 제113조 제1항 소정의 '후보자 등의 기부행위 제한' 위반죄와 같은 법 제118조 소정의 '선거일 후 답례금지' 위반죄에 동시에 해당할 경우 양 죄는 상상적 경합관계라고 보아야 한다(대판 2007.9.21, 2007도4724).

39. 공무원이 직무관련자에게 제3자와 계약을 체결하도록 요구하여 계약체결을 하게 한 행위가 제3자뇌물수수죄의 구성요건과 직권남용권리행사방해죄의 구성요건에 모두 해당하는 경우 **제3자뇌물수수죄와 직권남용권리행사방해죄**는 상상적 경합관계에 있다(대판 2017.3.15, 2016도19659).

40. 피고인은 피해자 공소외1 회사와 렌탈(임대차)계약을 체결하고 그로부터 컴퓨터 본체 24대, 모니터 1대를 받아 보관하였고, 피해자 공소외2 회사와 리스(임대차)계약을 체결하고 그로부터 컴퓨터 본체 13대, 모니터 41대, 그래픽카드 13개, 마우스 11개를 보관하다가 2011.2.22.경 성명불상의 업체에 이를 **한꺼번에 처분**하여 횡령한 경우 여러 개의 위탁관계에 의하여 보관하던 여러 개의 재물을 1개의 행위에 의하여 횡령한 것으로 평가함이 상당하고, 위탁관계별로 수개의 횡령죄가 성립하며 그 사이에는 상상적 경합의 관계가 있는 것으로 보아야 한다(대판 2013.10.31, 2013도10020). 17. 경찰승진

기출 OX

甲이 A주식회사로부터 렌탈(임대차)하여 컴퓨터 본체, 모니터 등을 보관하였고, B주식회사로부터 리스(임대차)하여 컴퓨터 본체, 모니터, 그래픽카드, 마우스 등을 보관하다가 같은 날 성명불상의 업체에 한꺼번에 처분하여 횡령한 경우, 피해자들에 대한 각 횡령죄는 상상적 경합관계에 있다. 17. 경찰승진 (○)

❷ 실체적 경합

> 제37조【경합범】판결이 확정되지 아니한 수개의 죄 또는 금고 이상의 형에 처한 판결이 확정된 죄와 그 판결확정 전에 범한 죄를 경합범으로 한다.

1. 의의와 종류

(1) 의의

실체적 경합이란 수개의 행위로 수개의 범죄를 행하여 동시에 재판받을 가능성이 있는 경우를 말한다.

(2) 종류

판결이 확정되지 아니한 수개의 죄에 대한 동시적 경합범과, 판결이 확정된 죄와 그 판결이 확정되기 전에 범한 죄 사이에 대한 사후적 경합범이 있다(제37조).

2. 경합범의 요건

(1) 동시적 경합범의 요건

① 수개의 행위로 수개의 죄를 범할 것: 수개의 행위란 행위의 단일성이 인정되지 않는 것을 말하고, 수개의 범죄란 동종의 구성요건을 수회 실현하거나 이종의 구성요건을 수회 실현하는 것을 말한다.

② 수개의 죄는 모두 판결이 확정되지 않았을 것: 판결의 확정이란 판결이 상소 등 통상의 불복방법에 의하여 다툴 수 없는 상태를 말한다.

③ 수개의 죄는 동시에 판결될 것: 수개의 죄는 모두 같은 심판의 대상이 되어야 한다. 따라서 판결이 확정되지 않은 수개의 죄 가운데 일부가 기소되지 않은 때에는 추가 기소로 병합심리하지 않는 한 경합범이 될 수 없다. 1심에서 별도로 판결된 수죄일지라도 항소심에서 병합심리된 때에는 동시적 경합범이 된다.

> ☑ **동시적 경합**
> 판결이 확정되지 않은 수개의 죄를 말한다(제37조 전단).

기출 OX
동시적 경합범은 원칙적으로 수죄 전부가 병합심리될 것을 요하지 않는다. 18. 경찰승진   (×)

(2) 사후적 경합범의 요건

① 수개의 죄 중 어느 죄에 대하여 금고 이상의 형에 처한 확정판결이 있을 것

　㉠ 판결이 확정된 죄란 어느 한 죄에 대하여 유죄의 확정판결이 있었다는 사실 자체를 의미한다.

　㉡ 금고 이상의 판결은 집행유예·선고유예의 판결이 확정된 때와 집행유예나 선고유예의 판결이 확정된 후에 집행유예가 실효되거나 유예기간의 경과로 형의 선고가 실효되었거나 면소된 것으로 간주된 때를 말하며, 일반사면·특별사면이 있는 경우도 여기에 해당한다.

ⓒ 무죄나 면소의 확정판결, 벌금이나 자격정지를 선고한 판결의 확정, 약식명령이나 즉결심판의 확정판결이 있는 경우는 '금고 이상의 형에 처한 확정판결'이 아니므로 이들 확정판결 전후에 범한 죄의 상호간에도 동시적 경합범의 성립이 가능하다(예 甲이 A・B・C죄를 범한 후에 C죄에 대한 확정판결이 있고 다시 D・E죄를 범한 경우, C죄의 판결이 금고 미만의 형에 해당할 때에는 A・B・D・E의 4죄는 모두 동시적 경합의 관계가 성립한다).

② 확정판결 전에 범한 죄 : 사후적 경합범을 인정하는 취지는 동시 심판의 가능성이 있었던 사건에 대하여 동시적 경합범과 같이 취급하자는 데에 있으므로 이는 항소심판결선고 전을 의미한다.

SUMMARY

> 甲은 A죄(2021.2.1.) → B죄(2021.3.1.) → C죄(2021.4.1.) → D죄(2021.5.1.)를 범하였으나 불심검문에 의하여 C죄가 발각, 공소제기되어 2002.6.1.에 재판이 확정되었다.
>
>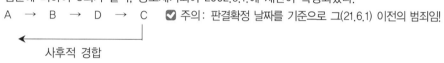
>
> ☺ 이때 A・B・D죄는 판결의 확정 날짜를 기준으로 하여 2021.6.1. 이전의 범죄가 된다.

③ 죄를 범한 시기

ⓐ 확정판결 전은 항소심판결선고 이전을 의미하고, 죄를 범한 시기는 범죄의 종료시를 기준으로 한다. 따라서 포괄일죄의 중간이나 계속범의 위법상태 계속 중에 확정판결이 있을 경우에는 판결확정 후의 범죄가 된다(판례).

ⓑ 확정판결 전에 저지른 범죄와 그 판결 후에 저지른 범죄는 서로 겹쳐 있으나, 제37조의 경합범관계에 있는 것은 아니므로 두 개의 주문으로 따로 처벌한다.

SUMMARY

>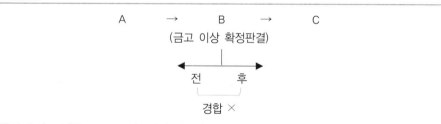
>
> 甲이 순차로 범한 A・B・C의 3개의 죄 가운데 B죄에 대하여 판결이 확정된 때에는 기판력에 의하여 A와 C는 경합범이 되지 않는다.

기출OX

사후적 경합범은 동일인이 범한 수죄 중에서 일부의 죄에 관하여 벌금 이상의 형에 처한 확정판결이 있는 경우에, 판결이 확정된 범죄와 그 판결이 확정되기 전에 범한 죄 사이의 경합관계를 말한다. 18. 경찰승진

(×)

1. 형법 제37조 후단 및 제39조 제1항의 문언, 입법취지 등에 비추어 보면, 아직 판결을 받지 아니한 죄가 이미 판결이 확정된 죄와 동시에 판결할 수 없었던 경우에는 형법 제39조 제1항에 따라 동시에 판결할 경우와 형평을 고려하여 형을 선고하거나 그 형을 감경 또는 면제할 수 없다고 해석함이 상당하다.
2. 피고인을 금고 이상의 형에 처한 갑죄에 대한 판결이 확정되고, 그 후에 갑죄 판결확정일 이전에 저질러진 을죄에 대하여 금고 이상의 형에 처하는 판결이 확정되었는데, 피고인의 정보통신망 이용촉진 및 정보보호 등에 관한 법률(이하 '정보통신망법'이라고 한다) 위반 범행이 갑죄 판결확정일과 을죄 판결확정일 사이에 저질러진 사안에서, 정보통신망법 위반죄와 판결이 확정된 을죄는 처음부터 동시에 판결을 선고할 수 없었으므로 제1심이 정보통신망법 위반죄에 대하여 형법 제39조 제1항에 따라 을죄와 동시에 판결할 경우와 형평을 고려하여 형을 선고한 것은 위법한데도, 이와 달리 보아 제1심판결을 그대로 유지한 원심판결에 형법 제39조 제1항에 관한 법리오해의 위법이 있다(대판 2012.9.27, 2012도9295).

3. 경합범의 처벌

(1) 동시적 경합범의 처벌

제38조【경합범과 처벌례】① 경합범을 동시에 판결할 때에는 다음 각 호의 구분에 따라 처벌한다.
1. 가장 무거운 죄에 대하여 정한 형이 사형, 무기징역, 무기금고인 경우에는 가장 무거운 죄에 대하여 정한 형으로 처벌한다.
2. 각 죄에 대하여 정한 형이 사형, 무기징역, 무기금고 외의 같은 종류의 형인 경우에는 가장 무거운 죄에 대하여 정한 형의 장기 또는 다액(多額)에 그 2분의 1까지 가중하되 각 죄에 대하여 정한 형의 장기 또는 다액을 합산한 형기 또는 액수를 초과할 수 없다. 다만, 과료와 과료, 몰수와 몰수는 병과(倂科)할 수 있다.
3. 각 죄에 대하여 정한 형이 무기징역, 무기금고 외의 다른 종류의 형인 경우에는 병과한다.
② 제1항 각 호의 경우에 징역과 금고는 같은 종류의 형으로 보아 징역형으로 처벌한다.

① 흡수주의 : 가장 중한 죄에 정한 형이 사형 또는 무기징역이나 무기금고인 때에는 가장 중한 죄에 정한 형으로 처벌한다.
② 가중주의
　㉠ 각 죄에 정한 형이 사형 또는 무기징역이나 무기금고 이외의 동종의 형인 때에는 가장 중한 죄에 정한 장기 또는 다액에 2분의 1까지 가중하되, 각 죄에 정한 형의 장기 또는 다액을 합산한 형기 또는 액수를 초과할 수는 없다. 다만, 과료와 과료, 몰수와 몰수는 병과할 수 있다.
　㉡ 유기형 : 1개월 이상 30년 이하이고, 유기가중할 때에는 50년을 초과하지 못한다.

CASE

Q. 성년인 피고인 甲이 괄호 안의 법정형을 가지는 A죄(1년 이상 5년 이하의 징역), B죄(15년
이하의 징역), C죄(1년 이하의 징역)를 범하였고 위 각 죄가 형법 제37조 전단의 경합범관계
에 있다고 가정하는 경우, 법원이 경합범가중을 하여 甲에게 선고할 수 있는 징역형(처단형)
의 범위는? (다른 가중·감경사유는 없는 것으로 보고, 다툼이 있는 경우에는 판례에 의함)

A. 1년 이상 21년 이하
   • A : 1년 이상 5년 이하
   • B : 1월 이상 15년 이하 ⇨ Ⅰ 장기 2분의 1 가중 : 22년 6월 이하(단, 장기 합산 21년을
                                                      초과하지 못함)
   • C : 1월 이상 1년 이하
        ⇩
        Ⅱ 전체대조주의 : 1년 이상

③ 병과주의 : 각 죄에 정한 형이 무기징역이나 무기금고 이외의 이종의 형인 때에는
병과한다.

(2) 사후적 경합범의 처벌

제39조【판결을 받지 아니한 경합범, 수개의 판결과 경합범, 형의 집행과 경합범】① 경합
범 중 판결을 받지 아니한 죄가 있는 때에는 그 죄와 판결이 확정된 죄를 동시에 판결할
경우와 형평을 고려하여 그 죄에 대하여 형을 선고한다. 이 경우 그 형을 감경 또는 면제
할 수 있다.
☺ 사후적 경합은 동시적 경합처럼 처벌한다.

일사부재리의 원칙상 확정판결을 받은 범죄는 다시 판결할 수 없으므로 판결을 받지 않
은 죄에 대해서만 형을 선고하되, 판결을 받지 않은 죄와 판결이 확정된 죄를 동시에 판
결할 경우와 형평을 고려하여 사안에 따라 그 형을 감경 또는 면제할 수 있도록 하였다.

SUMMARY

甲은 A죄(2021.2.1.) → B죄(2021.3.1.) → C죄(2021.4.1.) → D죄(2021.5.1.)를 범하였다. 그러
나 불심검문에 의하여 C죄가 발각, 공소제기되어 2021.6.1.에 재판이 확정되었다.

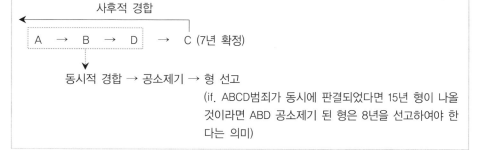

> **판례**
>
> 1. 형법 제37조의 후단 경합범에 대하여 심판하는 법원은 판결이 확정된 죄와 후단 경합범의 죄를 동시에 판결할 경우와 형평을 고려하여 후단 경합범의 처단형의 범위 내에서 후단 경합범의 선고형을 정할 수 있는 것이고, 그 죄와 판결이 확정된 죄에 대한 선고형의 총합이 두 죄에 대하여 형법 제38조를 적용하여 산출한 처단형의 범위 내에 속하도록 후단 경합범에 대한 형을 정하여야 하는 제한을 받는 것은 아니며, 후단 경합범에 대한 형을 감경 또는 면제할 것인지는 원칙적으로 그 죄에 대하여 심판하는 법원이 재량에 따라 판단할 수 있다.
> 2. 무기징역에 처하는 판결이 확정된 죄와 형법 제37조의 후단 경합범의 관계에 있는 죄에 대하여 공소가 제기된 경우, 법원은 두 죄를 동시에 판결할 경우와 형평을 고려하여 후단 경합범에 대한 처단형의 범위 내에서 후단 경합범에 대한 선고형을 정할 수 있고, 형법 제38조 제1항 제1호가 형법 제37조의 전단 경합범 중 가장 중한 죄에 정한 처단형이 무기징역인 때에는 흡수주의를 취하였다고 하여 뒤에 공소제기된 후단 경합범에 대한 형을 필요적으로 면제하여야 하는 것은 아니다(대판 2008.9.11, 2006도8376).

> **판례**
>
> 1. 형법 제37조 후단 및 제39조 제1항의 문언, 입법 취지 등에 비추어 보면, 아직 판결을 받지 아니한 죄가 이미 판결이 확정된 죄와 동시에 판결할 수 없었던 경우에는 형법 제37조 후단의 경합범 관계가 성립할 수 없고 형법 제39조 제1항에 따라 동시에 판결할 경우와 형평을 고려하여 형을 선고하거나 그 형을 감경 또는 면제할 수도 없다고 해석함이 타당하다.
> 2. 아직 판결을 받지 아니한 수개의 죄가 판결 확정을 전후하여 저질러진 경우 판결 확정 전에 범한 죄를 이미 판결이 확정된 죄와 동시에 판결할 수 없었던 경우라고 하여 마치 확정된 판결이 존재하지 않는 것처럼 그 수개의 죄 사이에 형법 제37조 전단의 경합범 관계가 인정되어 형법 제38조가 적용된다고 볼 수도 없으므로, 판결 확정을 전후한 각각의 범죄에 대하여 별도로 형을 정하여 선고할 수밖에 없다(대판 2014.3.27, 2014도469).

> **판례**
>
> 형법 제37조 후단 경합범(이하 '후단 경합범'이라 한다)에 대하여 형법 제39조 제1항에 의하여 형을 감경할 때에도 법률상 감경에 관한 형법 제55조 제1항이 적용되어 유기징역을 감경할 때에는 그 형기의 2분의 1 미만으로는 감경할 수 없다. 그 이유는 다음과 같다. ① 처단형은 선고형의 최종적인 기준이 되므로 그 범위는 법률에 따라서 엄격하게 정하여야 하고, 별도의 명시적인 규정이 없는 이상 형법 제56조에서 열거하고 있는 가중·감경할 사유에 해당하지 않는 다른 성질의 감경 사유를 인정할 수는 없다. 형의 감경에는 법률상 감경과 재판상 감경인 작량감경이 있다. 작량감경 외에 법률의 여러 조항에서 정하고 있는 감경은 모두 법률상 감경이라는 하나의 틀 안에 놓여 있다. 따라서 형법 제39조 제1항 후문에서 정한 감경도 당연히 법률상 감경에 해당한다. 형법 제39조 제1항 후문의 "그 형을 감경 또는 면제할 수 있다."라는 규정 형식도 다른 법률상의 감경 사유들과 다르지 않다. 이와 달리 형법 제39조 제1항이 새로운 감경을 설정하였다고 하려면 그에 대하여 일반적인 법률상의 감경과 다른, 감경의 폭이나 방식이 제시되어야 하고 감경의 순서 또한 따로 정했어야 할 것인데 이에 대하여는 아무런 정함이 없다. 감경의 폭이나 방식, 순서에 관해 달리 정하고 있지 않은 이상 후단 경합범에 대하여도 법률상 감경 방식에 관한 총칙규정인 형법 제55조, 제56조가 적용된다고 보는 것이 지극히 자연스럽다. ② 후단 경합범에 따른 감경을 새로운 유형의 감경이 아니라 일반 법률상 감경의 하나로 보고, 후단 경합범에 대한 감경에 있어 형법 제55조 제1항에 따라야 한다고 보는 것은 문언적·체계적 해석에 합치될 뿐 아니라 입법자의 의사와 입법연혁 등을 고려한 목적론적 해석에도 부합한다(대판 2019.4.18, 2017도14609 전원합의체).

4. 형의 집행과 경합범

> 제39조【판결을 받지 아니한 경합범, 수개의 판결과 경합범, 형의 집행과 경합범】③ 경합범에 의한 판결의 선고를 받은 자가 경합범 중의 어떤 죄에 대하여 사면 또는 형의 집행이 면제된 때에는 다른 죄에 대하여 다시 형을 정한다.❶
> ④ 전 3항의 형의 집행에 있어서는 이미 집행한 형기를 통산한다.

판례

실체적 경합 관련판례

1. 상품의 포장지를 교체하면서 가공일자가 재포장일자로 기재된 바코드라벨을 부착하여 마치 당일 가공된 신선한 상품인 것처럼 **소비자들을** 기망하여 3년 여에 걸쳐 고객들에게 상품을 판매한 경우 '피해자별로 1개씩의 사기죄'의 실체적 경합이 성립한다(대판 1995.8.22, 95도594). 03. 사시, 09. 경찰승진

2. **횡령을 교사한 후, 재물을 취득한 때**에는 횡령교사죄와 장물취득죄의 실체적 경합범이 성립한다(대판 1969.6.24, 69도692).

3. 사람을 살해하고 **사체를 유기한 때**에는 살인죄와 사체유기죄의 실체적 경합이 성립한다(대판 1984.11.27, 84도2263).

4. **강간치상죄를 입힌 자**가 피해자에게 용서를 구하였으나 피해자가 불응하면서 강간사실을 부모에게 알리겠다고 하자 **피해자의 목을 졸라 질식하여 사망**하게 한 경우 강간치상죄와 살인죄의 경합범이 된다(대판 1987.1.20, 86도2360). 17. 법원직

5. **주인집 방과 세들어 사는 방**에서 각 재물을 절취한 경우 2개 절도죄의 실체적 경합이 성립한다(대판 1989.8.8, 89도664).

6. 초병이 군무를 기피할 목적으로 근무지를 이탈한 경우 군무이탈죄와 수소이탈죄는 실체적 경합범의 관계에 있다(대판 1981.10.13, 81도2397). 12. 법원행시

7. 상관으로부터 **집총교육명령을 받고서도 그때마다 이를 거부한 경우** 수개의 집총거부죄는 실체적 경합이 성립한다(대판 1992.9.14, 92도1534). ⇨ 포괄일죄 ✕ 09. 경찰, 12. 경찰간부

8. 계속적으로 무면허운전을 할 의사를 가지고 여러 날에 걸쳐 **무면허운전행위**를 반복한 경우 실체적 경합관계에 있다(대판 2002.7.23, 2001도6281). ⇨ 포괄일죄 ✕
   04. 입시, 11. 경찰간부, 11・18. 경찰승진, 16. 경찰・국가직 9급

9. 물품을 수입하는 무역업자가 그 물품을 같은 해에 3차례에 걸쳐 수입하면서 그때마다 과세가격 또는 관세율을 허위로 신고하여 **관세를 포탈**하였다면 이는 수입신고시마다 1개의 죄가 성립하는 실체적 경합범에 해당한다(대판 2000.11.10, 99도782). ⇨ 포괄일죄 ✕

10. 부동산을 그 소유자로부터 매수한 자가 그의 명의로 소유권이전등기를 하지 아니하고 제3자와 맺은 명의신탁약정에 따라 매도인으로부터 바로 그 제3자에게 중간생략의 소유권이전등기를 경료한 경우, 그 제3자가 신탁받은 부동산의 일부에 대한 **토지수용보상금 중** 일부를 소비하고(Ⅰ), 이어 수용되지 않은 **나머지 부동산 전체에 대한 반환을 거부**(Ⅱ)한 경우 (Ⅰ) 횡령죄와 (Ⅱ) 횡령죄는 실체적 경합의 관계에 있다(대판 2001.11.27, 2000도3463).

11. 피고인이 먼저 슈퍼마켓 사무실에서 식칼을 들어 경영주를 협박하고, 다시 식칼을 들고 매장을 돌아다니면서 손님을 내쫓아 영업을 방해한 경우 협박죄와 업무방해죄의 실체적 경합범이 성립한다(대판 1991.1.29, 90도2445). 07. 국가직 7급

12. **아파트를 분양받은 자들**에게 소유권이전등기절차를 이행하여 주어야 할 업무상의 의무가 있는 자가 다른 사람 앞으로 소유권이전등기를 해 준 경우 피해자별로 수개의 업무상배임죄의 경합범이 성립한다(대판 1994.5.13, 93도3358).

---

❶ '다시 형을 정한다'의 의미
A죄와 B죄가 경합범이 되어 징역 10년을 선고받았는데 A죄에 대한 사면이 있는 경우, B죄에 대하여 다시 형을 정한다는 의미이다.

기출OX

01 상관으로부터 집총을 하고 군사교육을 받으라는 명령을 수회 받고도 그때마다 이를 거부한 경우에는 집총거부의사가 단일하고 계속된 것이며 피해법익이 동일하므로 항명죄의 포괄일죄가 성립한다.
09. 경찰 (✕)

02 계속적으로 무면허운전을 할 의사를 가지고 여러 날에 걸쳐 무면허운전행위를 반복하였다면 이를 포괄일죄로 보아야 한다. 16. 경찰
(✕)

13. 주간에 주거에 침입하여 절도를 한 경우 주거침입죄와 절도죄의 실체적 경합이 성립한다 (대판 2008.2.7, 2008도7820). 09. 법원행시

유사판례

형법 제332조에 규정된 상습절도죄를 범한 범인이 범행의 수단으로 주간에 주거침입을 한 경우, 주간 주거침입행위가 별개의 주거침입죄를 구성한다(대판 2015.10.15, 2015도8169).

비교판례

특정범죄 가중처벌 등에 관한 법률 제5조의4 제6항에 규정된 상습절도 등 죄를 범한 범인이 그 범행의 수단으로 주거침입을 한 경우에 주거침입행위는 상습절도 등 죄에 흡수되어 위 조문에 규정된 상습절도 등 죄의 1죄만이 성립하고 별개로 주거침입죄를 구성하지 않는다(대판 2017.7.11, 2017도4044).

14. 법원을 기망하여 승소판결을 받고 그 확정판결에 의하여 **소유권이전등기를 경료한 경우** 사기죄와 공정증서원본실기재죄는 실체적 경합범의 관계에 있다(대판 1983.4.26, 83도188). 17. 법원직

15. 절도범인이 **절취한 장물을 자기 것인 양 제3자에게 담보로 제공하고 금원을 편취한 경우** 절도죄와 사기죄의 실체적 경합이 성립한다(대판 1980.11.25, 80도2310).

16. 대표이사 등이 회사의 대표기관으로서 **피해자들을 기망하여 교부받은 금원은 그 회사에 귀속되는 것인데, 그 후 대표이사가 이를 보관하고 있으면서 횡령한 경우** 사기죄와 횡령죄의 실체적 경합이 성립한다(대판 1989.12.24, 89도1605). 03 · 11. 경찰승진, 04. 법원행시

17. 강도가 여관에 들어가 안내실의 관리인을 칼로 찌르고 금품(객실 열쇠뭉치)을 강취한 다음, 다시 객실로 들어가 각 투숙객들로부터 금품을 강취한 경우 피해자 수만큼의 강도(상해)죄가 경합한다(대판 1991.6.25, 91도643).

18. 부정한 이익을 얻을 목적으로 타인의 영업비밀이 담긴 CD를 **절취하여 그 영업비밀을 부정사용한 경우** 절도죄와 영업비밀부정사용죄의 실체적 경합이 성립한다(대판 2008.11.27, 2008도7820). 16. 경찰

19. 상해의 고의로 두 사람에게 각각 칼을 휘둘러 1인은 사망하고 다른 자는 상해를 입은 경우 상해치사죄와 상해죄의 실체적 경합이 성립한다(대판 1987.1.20, 86도3241).

20. 위조된 통화를 행사하여 재물이나 재산상 이익을 편취한 경우 위조통화행사죄와 사기죄의 실체적 경합이 성립한다(대판 1981.7.28, 81도529). 07. 사시, 11. 경찰승진, 15. 경찰

21. 컴퓨터로 음란동영상을 제공한 **제1범죄행위로 서버컴퓨터가 압수된 이후, 다시 장비를 갖추어 동종의 제2범죄행위를 한 경우** 제1범죄행위와 제2범죄행위의 실체적 경합이 성립한다 (대판 2005.9.30, 2005도4051). 08. 국가직 7급, 09. 경찰, 12. 경찰간부 · 법원행시

22. 회사의 대표이사가 회사자금을 빼돌려 **횡령한 후에 그중 일부를 부정한 청탁으로 배임증재로 공여한 경우** 횡령죄와 배임증재죄의 실체적 경합이 성립한다(대판 2010.5.13, 2009도13463).

23. **공동재물손괴의 범행이 업무방해의 과정에서 이루어진 경우** 공동재물손괴죄와 업무방해죄의 실체적 경합이 성립하고, 두 죄는 서로 보호법익이 다르다(대판 2007.5.11, 2006도9478).

24. 절도범이 체포면탈의 목적으로 경찰관을 폭행한 경우에는 **준강도죄와 공무집행방해죄의 상상적 경합**이 성립하고, 강도범이 체포면탈의 목적으로 경찰관을 폭행한 경우에는 **강도죄와 공무집행방해죄의 실체적 경합**이 성립한다(대판 1992.7.28, 92도917).

04. 법원행시, 06. 경찰, 07. 법원직, 11. 사시, 12 · 16. 국가직 9급

비교판례

절도범이 체포면탈의 목적으로 수명의 피해자에게 같은 기회에 폭행을 가하여 그중 1인에게 상해를 가한 경우 1개의 강도상해죄가 성립한다(대판 2001.8.21, 2001도3447).

25. **업무상배임죄와 배임수재죄는 실체적 경합의 관계이다.** 이들 양 죄는 행위의 태양을 전연 달리하고 있어 일반법과 특별법관계가 아닌 별개의 독립된 범죄라고 보아야 한다(대판 1984.11.27, 84도1906).

26. 부녀를 강간한 자가 강간행위 **후**에 **강도**의 범의를 일으켜 재물을 강취하는 경우 강간죄와 강도죄의 실체적 경합이 성립한다(대판 1977.9.28, 77도1350).

   > 비교판례
   >
   > • **강간**을 하던 중에 피해자의 금반지를 **강취**하고 계속해서 **간음**한 경우에는 강도강간죄가 성립한다(대판 1977.9.28, 77도1350).
   > • **특수강간범**이 **강간**행위 종료 전에 **특수강도**의 행위를 한 이후에 그 자리에서 **강간**행위를 계속한 경우 특수강도강간죄가 성립한다(대판 2010.7.15, 2010도3594).

27. **주거**에 **침입**하여 **강간**을 한 경우 주거침입죄와 강간죄의 실체적 경합이 성립한다(대판 1988.12.13, 88도1807).

   > 비교판례
   >
   > **주거**에 **침입**하여 피해자를 위협하면서 **강간하고 그로 인하여 상해**를 입힌 경우 성폭력범죄의 처벌 및 피해자보호 등에 관한 법률의 포괄일죄에 해당한다(대판 1999.4.23, 99도354).

28. 운전면허증을 위조하여 교통순경에게 **제시**한 경우 공문서위조죄와 동행사죄의 실체적 경합이 성립한다(대판 1983.7.26, 83도1378).

29. 음주로 인한 특정범죄 가중처벌 등에 관한 법률 위반(**위험운전치사상**)죄와 도로교통법 위반(**음주운전**)죄는 실체적 경합관계에 있다(대판 2008.11.13, 2008도7143).

30. 대마를 흡연할 목적으로 매입한 대마를 2일 이상 소지한 경우 대마매매죄와 대마소지죄의 실체적 경합이 성립한다(대판 1990.7.27, 90도543). 17. 경찰

31. **자동차를 절취**한 후에 **자동차등록번호판을 떼어내는 행위**는 절도 범행의 불가벌적 사후행위에 해당하지 않는다(대판 2007.9.6, 2007도4739). 10. 사시·경찰승진, 17. 경찰
   ☺ 절도죄와 공기호부정사용죄의 실체적 경합이 성립한다.

32. ○○작가협회 회원이 타인의 **명의**를 도용하여 협회 교육원장을 비방하는 내용의 호소문을 작성한 후, 이를 협회 회원들에게 우편으로 송달한 경우 사문서위조죄와 명예훼손죄의 실체적 경합이 성립한다(대판 2009.4.23, 2008도8527). 18. 경찰승진

33. 복명서 및 심사의견서를 허위작성한 것이 농지일시전용허가를 신청하자 이를 **허가하여 주기 위하여 한 것**이라면 직접적으로 농지불법전용사실을 **은폐**하기 위하여 한 것은 아니므로 허위공문서작성 및 동행사죄와 직무유기죄는 실체적 경합범의 관계에 있다(대판 1993. 12.24, 92도3334). 09. 경찰승진, 18. 법원직

   > 비교판례
   >
   > 예비군중대장이 그 소속 예비군대원의 훈련불참사실을 알았다면 이를 소속 대대장에게 보고하는 등의 조치를 취할 직무상의 의무가 있음은 물론이나, 그 소속 예비군대원의 훈련불참사실을 고의로 **은폐할 목적으로** 당해 예비군대원이 훈련에 참석한 양 허위 내용의 학급편성명부를 작성·행사한 경우 허위공문서작성죄만 성립하고 직무유기죄는 따로 성립하지 않는다(대판 1982. 12.28, 82도2210).

34. 다수의 계를 조직하여 **수인의 계원들을 개별적으로 기망**하여 계불입금을 편취한 사안에서 각 피해자별로 독립하여 사기죄가 성립하고 그 사기죄 상호간은 실체적 경합범의 관계에 있다(대판 2010.4.29, 2010도2810). 10. 국가직 7급, 12. 경찰간부, 13. 경찰승진

35. 1인 회사의 주주가 자신의 개인채무를 담보하기 위하여 회사 소유의 부동산에 대하여 근저당권설정등기를 마쳐 주어 **배임죄가 성립한 이후**에 그 부동산에 대하여 새로운 담보권을 설정해 주는 행위는 선순위 근저당권의 담보가치를 공제한 나머지 담보가치 상당의 재산상 이익을 침해하는 행위로서 별도의 배임죄가 성립한다(대판 2005.10.28, 2005도4915). 10·11. 법원행시

36. 채무자가 자신의 부동산에 甲 명의로 금전채권에 기한 담보가등기를 설정하고 이를 乙에게 양도하여 乙 명의의 본등기를 경료하게 한 경우 실체적 경합이 성립한다. 甲 명의 담보가등기 설정행위로 강제집행면탈죄가 성립한다고 하여 그 후에 乙 명의로 이루어진 가등기양도 및 본등기 경료행위가 불가벌적 사후행위가 되는 것은 아니다(대판 2008.5.8, 2008도198).
17. 국가직 7급

37. 사기의 수단으로 발행한 수표가 지급거절된 경우 **부정수표 단속법 위반죄와 사기죄의 실체적 경합범**이 성립한다(대판 2004.6.25, 2004도1751). 08. 사시, 10·17. 경찰, 12. 법원행시

비교판례

당좌수표를 조합 이사장 명의로 발행하여 지급기일에 지급되지 아니하게 한 사실로 인한 부정수표 단속법 위반죄와, 동일한 수표를 발행하여 조합에 대하여 재산상 손해를 가한 사실로 인한 업무상배임죄는 상상적 경합관계에 있다(대판 2004.5.13, 2004도1299).

38. 타인의 신용카드를 절취하여 이를 사용한 경우
① 가맹점에서 물품을 구입한 경우에는 절도죄·사기죄·신용카드부정사용죄(매출전표 작성에 대한 사문서위조 및 동행사죄는 이에 흡수)의 실체적 경합범이 성립한다.
02. 입시, 09·10. 경찰승진
② 현금서비스를 받은 경우에는 카드에 대한 절도죄와 현금에 대한 절도죄, 신용카드부정사용죄의 실체적 경합범이 성립한다(대판 1995.7.28, 95도997).
③ 강취한 예금통장으로 예금청구서를 위조하여 예금을 인출한 경우 강도죄, 사문서위조죄 및 동행사죄, 사기죄의 실체적 경합범이 성립한다(대판 1991.9.10, 91도1722).
05. 법원행시, 08. 법원직, 12·15. 경찰

39. 가장거래에 의한 사기죄와 분식회계에 의한 사기죄는 범행방법이 동일하지 않아 그 피해자가 동일하더라도 포괄일죄가 성립한다고 할 수 없고 실체적 경합이 성립한다(대판 2010.5.27, 2007도10056).

40. 피고인이 '자신의 집에 메스암페타민을 숨겨두어 소지한 행위'와 그 후 '투약하고 남은 것을 일반 투숙객들의 사용에 제공되는 **모텔 화장실 천장**에 숨겨두어 소지한 행위'는 별개의 독립한 범죄이고, 마약류관리에 관한 법률 위반(향정)죄의 실체적 경합이 성립한다(대판 2011.2.10, 2010도16742).

41. 건물관리인이 건물주로부터 월세임대차계약의 체결업무를 위임받고도 임차인들을 속여 **전세임대차계약을 체결**하고 그 보증금을 편취한 경우 사기죄와 별도로 업무상배임죄의 실체적 경합이 성립한다(대판 2010.11.11, 2010도10690).

42. 위험물인 유사석유제품을 제조한 제1범죄행위로 경찰에 단속된 후에 기소중지되어 **1달 이상 범행을 중단**하였다가 다시 위험물인 유사석유제품을 제조한 제2범죄행위를 한 경우 제1범죄행위와 제2범죄행위의 관계는 실체적 경합범이다(대판 2006.9.8, 2006도3172). 12. 법원직

43. 甲은 乙을 살해하려고 乙의 집에 침입하였으나 乙은 없었고, 乙의 처 丙과 세 딸이 甲을 알아보자 절구방망이로 丙과 큰딸 A의 머리를 강타하여 실신시킨 후에 이불로 뒤집어 씌우고 석유를 뿌리고 방화하여 乙의 집을 전소하게 하고, 또한 집에서 **빠져나오려는** 둘째 딸 B와 셋째 딸 C가 탈출하지 못하도록 방문 앞에 버티어 서서 지킨 결과, 丙과 A·B·C를 사망하게 한 경우 丙과 A에 관하여 현주건조물방화치사죄가 성립하고, B·C에 관하여 현주건조물방화죄와 살인죄의 실체적 경합이 성립한다(대판 1983.1.18, 82도2341). 18. 경찰

44. 편취한 약속어음을 그와 같은 사실을 모르는 제3자에게 편취사실을 숨기고 할인받은 경우, 그 약속어음을 취득한 제3자가 선의이고 약속어음의 발행인이나 배서인이 어음금을 지급할 의사나 능력이 있었다고 하더라도 새로운 사기죄를 구성한다(대판 2005.9.30, 2005도5236). 10. 사시, 11. 경찰승진, 17. 경찰

45. 사기죄에서 수인의 **피해자**에 대하여 각 피해자별로 기망행위를 하여 각각 재물을 편취한 경우에 그 범의가 단일하고 범행방법이 동일하다고 하더라도 포괄일죄가 성립하는 것이 아니라 피해자별로 1개씩의 죄가 성립하는 것으로 보아야 한다. 그럼에도 불구하고 피해자들이 **부부**라는 사정만으로 이들에 대한 각 사기행위가 포괄하여 일죄에 해당한다고 보아 특정경제범죄 가중처벌 등에 관한 법률을 적용한 원심판결에는 죄수에 관한 심리미진 또는 법리오해의 위법이 있다(대판 2011.4.14, 2011도769). ⇨ 실체적 경합의 관계

비교판례

피해자들이 **하나의 동업체**를 구성하는 등으로 피해법익이 동일하다고 볼 수 있는 사정이 있는 경우에는 피해자가 복수이더라도 이들에 대한 사기죄를 포괄하여 일죄로 볼 수도 있다(대판 2011.4.14, 2011도769).

46. 범죄수익규제법 제3조 제1항 제1호는 '범죄수익 등의 취득 또는 처분에 관한 사실을 가장하는 행위'를 처벌하고 있는데, 이러한 **범죄수익규제법 위반죄는 특정범죄 가중처벌 등에 관한 법률 위반(뇌물)죄**와 형법 제37조 전단의 실체적 경합범관계에 있다(대판 2012.9.27, 2012도6079). 17. 경찰승진

47. 저작권법은 상습으로 동법 제136조 제1항의 죄를 저지른 경우를 가중처벌한다는 규정은 따로 두고 있지 않다. 따라서 수회에 걸쳐 저작권법 제136조 제1항의 죄를 범한 것이 상습성의 발현에 따른 것이라고 하더라도, 이는 원칙적으로 경합범으로 보아야 하는 것이지 하나의 죄로 처단되는 상습범으로 볼 것은 아니다(대판 2013.8.23, 2011도1957). 16. 경찰

비교판례

단일하고도 계속된 범의 아래 동일한 저작물에 대한 침해행위가 일정기간 반복하여 행하여진 경우에는 포괄하여 하나의 범죄가 성립한다고 볼 수 있다(대판 2012.5.10, 2011도12131). 17. 경찰간부

48. 인터넷 파일공유 사이트를 운영하는 피고인들이 이를 통하여 저작재산권대상인 디지털 콘텐츠가 불법 유통되고 있음을 알면서도 회원들로 하여금 불법 디지털 콘텐츠를 업로드하게 한 후, 이를 다운로드하게 함으로써 저작재산권의 침해를 방조하였다는 내용으로 기소된 사안에서 해당 사이트를 통하여 유통된 **다수 저작권자의 다수 저작물**에 대한 범행 전체가 하나의 포괄일죄를 구성한다고 본 원심판결에 저작권법 위반죄의 죄수에 관한 법리오해의 위법이 있다(대판 2012.5.10, 2011도12131). ⇨ 실체적 경합관계에 해당한다.

12 · 16. 경찰, 13. 경찰승진

49. **여러 사람으로부터** 각각 부정한 청탁을 받고 그들로부터 각각 금품을 수수한 경우에는 비록 그 청탁이 동종의 것이라고 하더라도 단일하고 계속된 범의 아래 이루어진 범행으로 보기 어려워 그 전체를 포괄일죄로 볼 수 없다(대판 2008.12.11, 2008도6987). 10. 사시, 15. 법원직

50. 변호사가 아닌 사람이 당사자와 **내용을 달리하는 각기 다른 법률사건**에 관한 법률사무를 취급하여 저지르는 변호사법 제109조 제1호 위반의 각 범행은 특별한 사정이 없는 한 실체적 경합범이 되는 것이지 포괄일죄가 되는 것이 아니다(대판 2015.1.15, 2011도14198).

51. 미성년자인 피해자를 약취한 후에 강간을 목적으로 피해자에게 가혹한 행위 및 상해를 가하고 나아가 그 피해자에 대한 강간 및 살인미수를 범하였다면, 이에 대하여는 약취한 미성년자에 대한 상해 등으로 인한 특정범죄 가중처벌 등에 관한 법률 위반죄 및 미성년자인 피해자에 대한 강간 및 살인미수행위로 인한 성폭력범죄의 처벌 등에 관한 특례법 위반죄가 각각 성립하고, 설령 상해의 결과가 피해자에 대한 강간 및 살인미수행위의 과정에서 발생한 것이라 하더라도 위 각 죄는 서로 형법 제37조 전단의 실체적 경합범관계에 있다(대판 2014.2.27, 2013도12301).

최정훈 형법총론

형벌론

CHAPTER 01 형벌론

제1절 형벌의 의의 및 종류

❶ 서설

1. 의의

형벌이란 국가가 범죄에 대한 법률상의 효과로서 범죄자에 대하여 책임을 전제로 과하는 법익의 박탈을 말한다. 형벌은 책임을 기초로 과하는 제재인 점에서 범죄인의 위험성을 기초로 하는 보안처분과 구별된다.

2. 종류

> 제41조【형의 종류】형의 종류는 다음과 같다.
> 1. 사형　　2. 징역　　3. 금고　　4. 자격상실　　5. 자격정지
> 6. 벌금　　7. 구류　　8. 과료　　9. 몰수

(1) 형법이 규정하고 있는 형벌에는 생명형인 사형, 자유형인 징역·금고·구류, 명예형인 자격상실·자격정지, 재산형인 벌금·과료·몰수의 9종이 있다(제41조).

(2) 과태료(행정질서벌)·범칙금·징계처분·행정명령은 제41조에 규정되어 있지 않으므로 형벌이 아니다.

(3) 몰수는 형법상 형벌로 규정되어 있으나, 실질은 대물적 보안처분의 성질을 가진다.

(4) 추징은 형법상 형벌로 규정되어 있지 않으나, 실질은 부가적 형벌의 성질을 가진다.

❷ 생명형

1. 사형

(1) 의의

사형이란 수형자의 생명을 박탈하는 것을 내용으로 하는 형벌이다. 그 집행방법으로 형법은 교수형을 인정하고 있으며(제66조), 군형법에서는 총살형을 인정하고 있다(군형법 제3조).

(2) 절대적 사형

여적죄는 법정형이 사형만으로 규정되어 있는 범죄이나(제53조), 작량감경이 가능하므로 반드시 사형을 선고하여야 하는 것은 아니다.

(3) 상대적 법정형으로 사형과 자유형이 규정된 범죄

개인적 법익	① 살인죄・존속살해죄(제250조) ② 약취, 유인, 매매, 이송 등 살인죄(제291조 제1항) ③ 강도살인죄(제338조) ④ 해상강도살인・치사, 강간죄(제340조 제3항)
사회적 법익	① 폭발물 사용죄(제119조) ② 현주건조물방화치사죄(제164조 제2항)
국가적 법익	① 내란죄(제87조) ② 내란목적살인죄(제88조) ③ 외환유치죄(제92조) ④ 모병이적죄(제94조) ⑤ 시설제공이적죄(제95조) ⑥ 간첩죄(제98조) ⑦ 시설파괴이적죄(제96조)

2. 사형존폐론

대법원과 헌법재판소는 사형을 합헌으로 본다.

❸ 자유형

> 제42조【징역 또는 금고의 기간】 징역 또는 금고는 무기 또는 유기로 하고 유기는 1개월 이상 30년 이하로 한다. 단, 유기징역 또는 유기금고에 대하여 형을 가중하는 때에는 50년까지로 한다.
>
> 제46조【구류】 구류는 1일 이상 30일 미만으로 한다.
>
> 제67조【징역】 징역은 교정시설에 수용하여 집행하며, 정해진 노역(勞役)에 복무하게 한다.
>
> 제68조【금고와 구류】 금고와 구류는 교정시설에 수용하여 집행한다.

1. 의의

자유형이란 수형자의 신체적 자유를 박탈하는 것을 내용으로 하는 형벌로서 형법은 징역・금고・구류의 3종을 규정하고 있다.

2. 형법상의 자유형

(I) 징역

징역이란 수형자를 교도소 내에 구치하여 정역에 복무하게 하는 것을 내용으로 하는 형벌이다.

(2) 금고

금고란 수형자를 교도소 내에 구치하는 것을 내용으로 하는 형벌로서, 정역에 복무하지 않는다는 점이 징역과 구별된다. 금고는 신청이 있는 때에만 정역을 과한다.

(3) 구류

구류는 1일 이상 30일 미만 동안 구치소 내에 구치하는 것으로 정역에 복무하지 않으며, 신청이 있는 때에만 정역을 과한다.

3. 무기와 유기

징역과 금고에는 무기와 유기 2종이 있다.

(1) 무기

무기는 종신형을 의미한다.

(2) 유기

유기는 1개월 이상 30년 이하로 한다. 단, 유기징역 또는 유기금고에 대하여 형을 가중하는 때에는 50년까지로 한다.

④ 명예형

1. 의의

명예형이란 범인의 명예 또는 자격을 박탈하는 것을 내용으로 하는 형벌로서 형법은 자격상실과 자격정지를 규정하고 있다.

2. 자격상실

사형, 무기징역 또는 무기금고를 선고받은 자에 대하여 법률로써 일정한 자격을 박탈하는 것을 말한다.

> 제43조【형의 선고와 자격상실·자격정지】① 사형, 무기징역 또는 무기금고의 판결을 받은 자는 다음에 기재한 자격을 상실한다.
> 1. 공무원이 되는 자격
> 2. 공법상의 선거권과 피선거권
> 3. 법률로 요건을 정한 공법상의 업무에 관한 자격
> 4. 법인의 이사, 감사 또는 지배인 기타 법인의 업무에 관한 검사역이나 재산관리인이 되는 자격
> ② 유기징역 또는 유기금고의 판결을 받은 자는 그 형의 집행이 종료하거나 면제될 때까지 전항 제1호 내지 제3호에 기재된 자격이 정지된다. 다만, 다른 법률에 특별한 규정이 있는 경우에는 그 법률에 따른다.

3. 자격정지

법률에 의하여 일정기간 동안 일정한 자격의 전부 또는 일부를 정지하는 것을 말한다.

(1) 당연정지

> 제43조【형의 선고와 자격상실·자격정지】② 유기징역 또는 유기금고의 판결을 받은 자는 그 형의 집행이 종료하거나 면제될 때까지 전항 제1호 내지 제3호에 기재된 자격이 정지된다. 다만, 다른 법률에 특별한 규정이 있는 경우에는 그 법률에 따른다.

(2) 선고정지

> 제44조【자격정지】① 전조에 기재한 자격의 전부 또는 일부에 대한 정지는 1년 이상 15년 이하로 한다.
> ② 유기징역 또는 유기금고에 자격정지를 병과한 때에는 징역 또는 금고의 집행을 종료하거나 면제된 날로부터 정지기간을 기산한다.

판결에 의하여 제43조의 자격의 전부 또는 일부를 정지시키는 경우이다. 자격정지의 기산점은 자격정지가 선택형인 경우에는 판결이 확정된 날로부터 기산하고, 유기징역 또는 유기금고에 자격정지를 병과한 경우에는 그 집행을 종료하거나 면제된 날로부터 기산한다.

❺ 재산형

1. 의의

재산형이란 범인으로부터 일정한 재산을 박탈하는 것을 내용으로 하는 형벌로서 형법은 벌금과 과료 및 몰수의 3종을 규정하고 있다.

2. 벌금과 과료

> 제45조【벌금】벌금은 5만원 이상으로 한다. 다만, 감경하는 경우에는 5만원 미만으로 할 수 있다.
> 제47조【과료】과료는 2천원 이상 5만원 미만으로 한다.
> 제69조【벌금과 과료】① 벌금과 과료는 판결확정일로부터 30일 내에 납입하여야 한다. 단, 벌금을 선고할 때에는 동시에 그 금액을 완납할 때까지 노역장에 유치할 것을 명할 수 있다.
> ② 벌금을 납입하지 아니한 자는 1일 이상 3년 이하, 과료를 납입하지 아니한 자는 1일 이상 30일 미만의 기간 노역장에 유치하여 작업에 복무하게 한다.
> 제70조【노역장유치】① 벌금이나 과료를 선고할 때에는 이를 납입하지 아니하는 경우의 노역장 유치기간을 정하여 동시에 선고하여야 한다.
> ② 선고하는 벌금이 1억원 이상 5억원 미만인 경우에는 300일 이상, 5억원 이상 50억원 미만인 경우에는 500일 이상, 50억원 이상인 경우에는 1천일 이상의 노역장 유치기간을 정하여야 한다.

기출 OX

벌금을 선고할 때에는 납입하지 아니하는 경우의 유치기간을 정하여 동시에 선고하여야 한다.
18. 국가직 9급 (○)

> 제71조【유치일수의 공제】벌금이나 과료의 선고를 받은 사람이 그 금액의 일부를 납입한 경우에는 벌금 또는 과료액과 노역장 유치기간의 일수(日數)에 비례하여 납입금액에 해당하는 일수를 뺀다.

(1) 벌금

① 벌금은 일신전속적 성질을 가지므로 제3자의 대납이나 국가에 대한 채권과의 상계, 제3자와의 연대책임❶, 상속 등은 원칙적으로 인정되지 않는다.

> **판례**
>
> 수형자가 벌금의 일부를 납부한 경우에는 이로써 집행행위가 개시된 것으로 보아 그 벌금형의 시효가 중단된다고 봄이 상당하고, 이 경우 벌금의 일부 납부란 수형자 본인이 스스로 벌금을 일부 납부한 경우, 즉 벌금의 일부를 수형자 본인 또는 그 대리인이나 사자가 수형자 본인의 의사에 따라 이를 납부한 경우를 말하는 것이고, 수형자 본인의 의사와는 무관하게 제3자가 이를 납부한 경우는 포함되지 아니한다(대결 2001.8.23, 2001모91).

② 형법상 벌금형은 일수벌금형 제도❷가 아니고, 총액벌금형 제도❸이다.

> **판례**
>
> 1. 벌금형에 대한 노역장유치기간의 산정에는 형법 제69조 제2항에 따른 제한이 있을 뿐 그 밖의 다른 제한이 없으므로 징역형과 벌금형 가운데에서 벌금형을 선택하여 선고하면서 그에 대한 노역장유치기간을 환산한 결과, 선택형의 하나로 되어 있는 징역형의 장기보다 유치기간이 더 길 수 있게 되었다 하더라도 이를 위법이라고 할 수는 없다(대판 2000.11.24, 2000도3945). 03. 법무사
> 2. 벌금을 납입하지 아니하는 경우의 유치기간으로 3년을 초과하는 기간을 정할 수 없다(대판 2016.8.25, 2016도6466).

(2) 과료

과료도 벌금형과 동일하나, 경미한 범죄에 대하여 적은 금액이 부과된다는 점에서 구별된다.

3. 몰수

> 제48조【몰수의 대상과 추징】① 범인 외의 자의 소유에 속하지 아니하거나 범죄 후 범인 외의 자가 사정을 알면서 취득한 다음 각 호의 물건은 전부 또는 일부를 몰수할 수 있다.
> 1. 범죄행위에 제공하였거나 제공하려고 한 물건
> 2. 범죄행위로 인하여 생겼거나 취득한 물건
> 3. 제1호 또는 제2호의 대가로 취득한 물건
>
> 제49조【몰수의 부가성】몰수는 타형에 부가하여 과한다. 단, 행위자에게 유죄의 재판을 아니할 때에도 몰수의 요건이 있는 때에는 몰수만을 선고할 수 있다.

(1) 의의

몰수란 범죄반복의 방지나 범죄에 의한 이득의 금지를 목적으로 범죄행위와 관련된 재산을 박탈하는 것을 내용으로 하는 재산형이다.

---

❶ **연대책임**
수인이 각각 동일한 내용의 책임을 부담하는 것을 말한다.

❷ **일수벌금형 제도**
소득과 재산에 따라 차등을 두어 금액을 부과하는 것을 말한다.

❸ **총액벌금형 제도**
똑같은 죄에 대하여 똑같은 금액을 부과하는 것을 말한다.

기출 OX
행위자에게 유죄의 재판을 아니할 때에도 몰수의 요건이 있는 때에는 몰수만을 선고할 수 있다.
18. 법원직 (○)

(2) 성질

① 부가형 : 몰수는 타형에 부가하여 과하는 것이 원칙이고, 예외적으로 행위자에게 유죄의 재판을 아니할 때에도 몰수의 요건이 있는 때에는 몰수선고를 할 수 있다 (제49조 단서).

② 대물적 보안처분 : 몰수는 형식적으로는 형벌의 일종이지만, 실질적으로는 대물적 보안처분에 속한다(통설).

판례

몰수의 부가성

1. 형법 제59조에 의하더라도 몰수는 선고유예의 대상으로 규정되어 있지 아니하고, 다만 몰수 또는 이에 갈음하는 추징은 부가형적 성질을 띠고 있어 그 주형에 대하여 선고를 유예하는 경우에는 그 부가할 몰수·추징에 대하여서도 선고를 유예할 수 있으나, 그 주형에 **대하여 선고를 유예하지 아니하면 이에 부가할 몰수·추징에 대하여만 선고를 유예할 수는 없다**(대판 1988.6.1, 88도551). 03·08·12. 법원행시, 09·12·17. 경찰승진, 11. 사시

2. 형법 제59조에 의하여 **형의 선고유예를 하는 경우에도 몰수의 요건이 있는 때에는 몰수형만의 선고를 할 수 있다**(대판 1973.12.11, 73도113).

3. 추징은 부가형이지만 징역형의 집행유예와 추징의 선고를 받은 사람에 대하여 징역형의 선고의 효력을 상실하게 하는 동시에, 복권하는 **특별사면이 있는 경우 추징에 대하여도 형선고의 효력이 상실된다고 볼 수는 없다**(대결 1996.5.14, 96모14).
03. 법원행시, 04. 입시, 06. 경찰, 12. 경찰승진

4. 몰수는 그 부가성 때문에 종국판결에 대한 상고 없이 추징의 선고 부분에 한한 독립상고는 불가능하다(대판 1984.12.11, 84도1502).

5. 공소가 제기되지 아니하였거나 공소사실에 관하여 공소시효가 완성되어 유죄의 선고를 할 수 없는 경우에는 몰수나 추징도 할 수 없다(대판 1992.7.28, 92도700).
04·12. 법원행시, 08·15. 경찰, 09. 경찰승진, 12. 경찰간부

6. 형법 제49조 단서는 행위자에게 유죄의 재판을 하지 아니할 때에도 몰수의 요건이 있는 때에는 몰수만을 선고할 수 있다고 규정하고 있으나, 우리 법제상 공소의 제기 없이 별도로 몰수만을 선고할 수 있는 제도가 마련되어 있지 아니하므로 실체판단에 들어가 공소사실을 인정하는 경우가 아닌 **면소의 경우에는 원칙적으로 몰수도 할 수 없다**(대판 2007.7.26, 2007도4556). 15. 국가직 9급

7. 검사가 공소를 제기함에 있어서 몰수규정인 변호사법 제56조의 규정의 적용을 **빠뜨렸다고** 하더라도 법원은 **직권으로** 이를 적용하여야 한다(대판 1978.6.13, 78도1033). 09. 경찰승진

---

(3) 임의적 몰수와 필요적 몰수

몰수의 여부는 원칙적으로 법관의 자유재량에 의한다(제48조 제1항, 제49조 단서). 즉, 몰수는 원칙적으로 임의적 몰수이나, 형법각칙과 특별법에 필요적 몰수로 규정한 경우도 있다[**예** 뇌물죄의 뇌물(제134조), 아편에 관한 죄의 아편·몰핀이나 그 화합물 또는 아편흡식기(제206조), 배임수재죄의 재물(제357조 제3항)은 필요적 몰수이다. 단, 배임증재죄는 필요적 몰수가 아니다].

PART 03

형법상 필요적 몰수	특별법상 필요적 몰수
① 뇌물죄의 뇌물(제134조)	① 관세법상의 금제품(대판 2003도8014)
② 아편에 관한 죄의 아편·몰핀이나 그 화합물, 아편흡식기(제206조)	② 주세법에 의한 무면허주류
③ 배임수재죄의 재물(제357조 제3항)	③ 전매법에 의한 전매위반물품
☺ 배임수재죄는 이미 제공된 것이므로 범인이 취득한 재물은 필요적 몰수의 대상이나, 배임증재죄의 경우 제공하였지만 아직 법인이 취득하지 못한 재물은 임의적 몰수의 대상이다.	④ 총포화약류단속법위반의 물건
	⑤ 수렵법위반의 동물
	⑥ 특정범죄가중처벌등에관한법률 제13조

(4) 대물적 요건(몰수의 대상)

① 범죄행위에 제공하였거나 제공하려고 한 물건

㉠ '범죄행위'의 의미 : 구성요건에 해당하고 위법한 행위를 말한다.

㉡ '제공하였거나'의 의미 : 현실적으로 범죄수행에 사용된 것을 말한다(예 살인에 사용된 권총, 도박에 있어서 판돈). 그러나 우연히 범행에 도움을 준 물건은 이에 포함되지 않는다(예 피해자를 발로 찰 때 신은 구두).

㉢ '제공하려고 한'의 의미 : 범행에 사용하려고 준비하였으나 현실적으로 사용하지 못한 것을 말한다(예 사람을 죽이려고 단도를 준비하였다가 권총으로 죽인 경우에 있어서 단도).

판례

범죄행위에 제공하려고 한 물건의 의미

[1] 형법 제48조 제1항 제1호는 몰수할 수 있는 물건으로서 '범죄행위에 제공하였거나 제공하려고 한 물건'을 규정하고 있는데, 여기서 범죄행위에 제공하려고 한 물건이란 범죄행위에 사용하려고 준비하였으나 실제 사용하지 못한 물건을 의미하는바, 형법상의 몰수가 공소사실에 대하여 형사재판을 받는 피고인에 대한 유죄판결에서 다른 형에 부가하여 선고되는 형인 점에 비추어, 어떠한 물건을 '범죄행위에 제공하려고 한 물건'으로서 몰수하기 위하여는 그 물건이 유죄로 인정되는 당해 범죄행위에 제공하려고 한 물건임이 인정되어야 한다.

[2] 체포될 당시에 미처 송금하지 못하고 소지하고 있던 자기앞수표나 현금은 장차 실행하려고 한 외국환거래법 위반의 범행에 제공하려는 물건일 뿐, 그 이전에 범해진 외국환거래법 위반의 '범죄행위에 제공하려고 한 물건'으로는 볼 수 없으므로 몰수할 수 없다(대판 2008.2.14, 2007도10034). 09. 법원행시, 11·12. 경찰, 11·17. 법원직, 12. 경찰간부·경찰승진

판례

범죄행위에 제공한 물건의 범위

[1] 형법 제48조 제1항 제1호의 "범죄행위에 제공한 물건"은, 가령 살인행위에 사용한 칼 등 범죄의 실행행위 자체에 사용한 물건에만 한정되는 것이 아니며, 실행행위의 착수 전의 행위 또는 실행행위의 종료 후의 행위에 사용한 물건이더라도 그것이 범죄행위의 수행에 실질적으로 기여하였다고 인정되는 한 위 법조 소정의 제공한 물건에 포함된다.

[2] 대형할인매장에서 수회 상품을 절취하여 자신의 승용차에 싣고 간 경우, 위 승용차는 형법 제48조 제1항 제1호에 정한 범죄행위에 제공한 물건으로 보아 몰수할 수 있다(대판 2006.9.14, 2006도4075).

ⓐ '물건'의 의미 : 유체물에 한하지 않고 권리나 이익도 포함되며, 반드시 압수되어 있는 물건에 제한되지 않는다.

판례

압수되어 있는 물건만이 몰수할 수 있는지 여부(= 압수불요)

법원이나 수사기관은 필요한 때에는 범죄행위에 제공하려고 한 물건 중에 증거물 또는 몰수할 것으로 사료되는 물건을 압수할 수 있으나, 몰수는 반드시 압수되어 있는 물건에 대해서만 하는 것이 아니므로 몰수대상의 물건이 압수되어 있는가 하는 점 및 적법한 절차에 의하여 압수되었는가 하는 점은 몰수의 요건이 아니다(대판 2003.5.30, 2003도705). 09. 경찰, 15. 국가직 9급

판례

범죄수익이 무형재산인 경우에도 몰수할 수 있는지 여부(= 적극)

범죄수익은닉의 규제 및 처벌 등에 관한 법률에 정한 중대범죄에 해당하는 범죄행위에 의하여 취득한 것으로 재산적 가치가 인정되는 무형재산을 몰수할 수 있다. 따라서 피고인이 음란물유포 인터넷 사이트를 운영하면서 정보통신망 이용촉진 및 정보보호 등에 관한 법률 위반(음란물유포)죄와 도박개장방조죄에 의하여 **비트코인**(Bitcoin)을 취득한 경우 피고인이 취득한 비트코인은 몰수할 수 있다(대판 2018.5.30, 2018도3619).

판례비교 범죄행위에 제공하거나 제공하려고 한 물건의 몰수 여부

O 몰수의 대상 인정	X 몰수의 대상 부정
① 압수 후에 피고인에게 **환부한 물건**(대판 1977.5.24, 76도4001) 12. 사시 ② 강도 범행에 사용된 자동차(대판 1990.10.10, 90도1904) ③ 도박에 사용된 자금(대판 1982.9.28, 82도1669) ④ 특정경제범죄 가중처벌 등에 관한 법률에 위반하여 **외국으로 도피시킨 재산**(대판 1995.3.10, 94도1075) ⑤ 피해자로 하여금 **사기도박에 참여하도록 유인하기 위하여 고액의 수표를 제시해 보인 경우**, 해당 수표가 직접적으로 도박자금으로 사용되지 아니하였다 할지라도 해당 수표가 피해자로 하여금 사기도박에 참여하도록 만들기 위한 수단으로 사용된 이상 이를 몰수할 수 있다(대판 2002.9.24, 2002도3589). 04·12. 사시·법원직, 17. 국가직 9급 ⑥ 사행성 게임기는 기판과 본체가 서로 물리적으로 결합되어야만 비로소 그 기능을 발휘할 수 있는 기계로, 당국으로부터 적**법하게 등급심사를 받은 것이라고 하더라도 본체를 포함한 그 전부**는 범죄행위에 제공된 물건으로서 몰수의 대상이 된다(대판 2006.12.8, 2006도6400). 12. 경찰간부 ⑦ 피고인이 甲에게서 명의신탁을 받아 피고인 명의로 소유권이전등기를 마친 토지 및 그 지상건물에서 甲과 공동하여 영업으로 성매매알선 등 행위를 함으로써 성매매에 제공되는 사실을 알면서 토지와 건물을 제공하였다는 내용의 성매매알선 등행위의 처벌에 관한 법률 위반 공소사실이 유죄로 인정된 경우 토지와 건물을 몰수할 수 있다(대판 2013.5.24, 2012도15805).	① 구 관세법상 수입신고물건을 수입하면서 주요사항을 허위로 신고한 경우, 이 물건은 신고의 대상물에 지나지 않아 신고로서 이루어지는 허위신고죄의 범죄행위 자체에 제공되는 물건이라고 할 수 없으므로 몰수의 대상이 되지 않는다(대판 1974.6.11, 74도352). ② 공무원이 업무처리 중에 알게 된 비밀을 이용하여 제3자로 하여금 토지를 매수하게 하고 그 대가로 받은 금품은 위 범행으로 취득한 당해 재물을 보유한 것에 해당하지 아니하여 부패방지법 제50조 제3항에 의한 몰수 또는 추징의 대상이 되지 않는다(대판 2006.12.8, 2006도6410). ③ 불법수익 등이 예금구좌에 입금되는 방법으로 수수되고 이후 동액 이상의 금원의 인출이 있었으며 인출자의 의도 등 관련 정황으로 미루어 해당 불법수익 등에서 유래한 재산이 인출되었음이 드러난 경우에는 그 불법수익 등은 그 구좌의 예금이 아닌 다른 형태로 전환되었다고 보아야 하고, 당해 예금구좌의 잔여 예금채권은 혼화재산으로서의 성질을 상실하여 마약류 불법거래방지에 관한 특례법에 의한 몰수대상이 되지 않는다(대판 2004.4.16, 2003도7438). ④ 압수물인 컴퓨터가 게임산업진흥에 관한 법률 제2조 제1호 본문이 규정하는 '게임물'인 '그 영상물의 이용을 주된 목적으로 제작된 기기 및 장치'에 해당한다고 보기 어렵다면 이를 몰수할 수 없다(대판 2010.4.29, 2009도13435).

② 범죄행위로 생성되었거나 이로 인하여 취득한 물건

    ㉠ 범죄행위로 생성된 물건: 범죄행위로 인하여 비로소 생성된 물건을 말한다(예 통화위조죄의 위조통화 등을 말하며, 위조통화 속에 섞인 진정통화는 해당하지 않는다).

    ㉡ 범죄행위로 취득한 물건: 범행 당시에도 존재하였으나 범행으로 인하여 범인이 취득하게 된 물건을 말한다(예 공무원이 뇌물로 받은 자기앞수표, 도박행위로 인하여 딴 돈 등).

판례비교 범죄행위로 인하여 생하였거나 취득한 물건의 몰수 여부

O 몰수의 대상 인정	**X** 몰수의 대상 부정
① 뇌물로 받은 자기앞수표(대판 1999.1.29, 98도3584) ② 뇌물로 교부한 당좌수표가 부도나자 이를 반환받고 액면가에 상응하는 현금이나 유가증권을 다시 교부한 경우에 그 현금이나 유가증권(대판 1992.12.8, 92도1995) ③ 통일원장관의 반입승인 없이 북한으로부터 수입한 물건(대판 1995.5.23, 93도1750) ④ 청탁 명목으로 받은 금품(대판 1996.11.29, 96도2409) ⑤ 향정신성의약품의 매도대가로 받은 금품(대판 2001.12.28, 2001도5158) ⑥ 수뢰의 목적이 금전소비대차계약에 의한 금융이익이어서 그 금융이익(차용금에 대한 이자)이 뇌물이 되는 경우, 소비대차의 목적인 대여받은 금원 그 자체는 뇌물이 아니므로 대여로 받은 그 금원 자체는 형법 제134조에 의하여 몰수 또는 추징할 수 없고, 이는 **범죄행위로 인하여 취득한 물건**으로서 피고인 이외의 자의 소유에 속하지 아니하므로 본법 제48조 제1항 제2호에 의하여 몰수할 것이다(대판 1976.9.28, 75도3607).	① 외국에서 휴대하여 들어와 구 외국환관리법에 의하여 **등록하지 않은 달러화**(대판 1982.3.9, 81도2930) ② 부동산의 소유권을 이전받을 것을 내용으로 하는 계약(1차 계약)을 체결한 자가 그 부동산에 대하여 다시 제3자와 소유권 이전을 내용으로 하는 계약(전매계약)을 체결한 것이 부동산 등기 특별조치법 제8조 제1호 위반행위에 해당하는 경우, 전매계약에 의하여 제3자로부터 받은 대금은 위 조항의 처벌대상인 '1차 계약에 따른 소유권이전등기를 하지 않은 행위'로 취득한 것이 아니므로 형법 제48조에 의한 몰수나 추징의 대상이 될 수 없다(대판 2007.12.14, 2007도7353). ③ 변호사가 같은 법 제27조 제2항에 위반하여 법률사건을 수임하더라도 그 수임계약과 이에 따른 소송행위는 유효한데, 피고인이 법률사건을 수임하고 받은 수임료는 법률사건의 알선을 받은 대가가 아니고 사법상 유효한 위임계약과 그에 따른 대리행위의 대가이므로 같은 법 제27조 제2항 위반행위로 인하여 얻은 부정한 이익으로 볼 수 없고, 따라서 추징의 대상이 아니다(대판 2001.7.24, 2000도5069).

❶ 전 2호
범죄행위로 인하여 생하였거나 이로 인하여 취득한 물건

③ 전 2호❶의 대가로 취득한 물건

    ㉠ 의의: 범죄에 의하여 간접적으로 취득한 부정한 이득을 말한다(예 장물의 매각대금, 인신매매에 의한 매득금 등). 그러나 장물의 대가로 취득한 금전도 그 장물 피해자가 있을 때에는 몰수해서는 안 되고, 피해자의 교부청구가 있을 때에는 환부하여야 한다.

    ㉡ 그러나 유래된 불법수익은 대가로 취득한 물건이 아니기 때문에 몰수할 수 없다(예 장물의 매각대금을 은행에 예금하여 발생한 이자).

판례

장물처분의 대가(= 몰수 불가)
장물을 처분하여 그 대가로 취득한 압수물은 몰수할 것이 아니라 피해자에게 교부하여야 할 것이다(대판 1966.9.6, 66도853).

판례

대가보관금(= 몰수 대상)

관세법 제198조 제2항에 따라 몰수하여야 할 압수물이 멸실, 파손 또는 부패의 염려가 있거나 보관하기에 불편하여 이를 **형사소송법 제132조의 규정에 따라 매각**하여 그 대가를 보관하는 경우에는, 몰수와의 관계에서는 그 대가보관금을 몰수 대상인 압수물과 동일시할 수 있다(대판 1996.11.12, 96도2477).

(5) 대인적 요건

① 범인 이외의 자의 소유에 속하지 아니할 것

    ㉠ 범인 소유의 물건, 공범자 소유의 물건, 무주물, 금제품, 소유자 불명의 물건 등은 몰수할 수 있다. 그러나 범인 이외의 자의 소유에 속하는 물건은 몰수할 수 없다(**예** 부실기재된 등기부, 절취한 타인의 의복 등).

    ㉡ 소유권 귀속의 판단은 판결선고시를 기준으로 한다. 따라서 판결선고 전에 범인이 사망한 경우, 판결선고시에는 소유권이 상속인에게 있으므로 몰수할 수 없다.

② 범죄 후 범인 이외의 자가 정을 알면서 취득한 물건: 취득 당시에 그 물건이 형법 제48조 제1항 각 호에 해당함을 알면서도 취득한 경우에는 범인 이외의 자의 소유일지라도 몰수할 수 있다.

기출 OX

공범자의 소유물은 그의 소추 여부를 불문하고 몰수할 수 있다.

15. 국가직 9급 (○)

판례비교 범인 이외의 자의 소유에 속하지 아니한 물건의 몰수 여부

O 몰수의 대상 인정	**X** 몰수의 대상 부정
① 형법 제48조 제1항의 범인에는 **공범자도 포함**된다고 해석되므로 범인 자신의 소유물은 물론 공범자의 소유물에 대하여도 공범자의 소추 여부를 불문하고 이를 몰수할 수 있다(대판 1984.5.29, 83도2680). 04. 사시, 08. 법원직, 09. 법원행시, 11. 경찰, 15. 국가직 9급	① 다른 사람으로부터 매각위탁을 받은 엽총(대판 1966.1.31, 66오4)
	② 허위신고에 의하여 작성된 가호적부(대판 1959.6.30, 4292형상177) 10. 법원직
② 문화재보호법 제80조 제2항에 의하여 몰수할 문화재가 피고인 이외의 제3자의 소유에 속하는 경우 그의 선의·악의를 불문하고 **필요적으로 몰수하여야 한다**(대판 1999.5.11, 99다12161).	③ 부실기재된 등기부(대판 1957.8.2, 57도190) 05. 법원행시
☺ 문화재보호법을 위반하여 문화재를 국외로 수출 또는 반출하는 경우에는 필요적 몰수에 해당한다.	④ 군 PX에서 공무원인 군인이 그 권한에 의하여 작성한 월간 판매실적보고서의 내용에 일부 허위기재된 부분이 있더라도 이는 공무소인 소관 육군부대의 소유에 속하는 것이므로 이를 몰수할 수 없다(대판 1983.6.14, 83도808). 12. 사시·법원직
	☺ 일부 허위기재된 공문서는 몰수할 수 없다.
	⑤ 금괴밀수 중에 금괴를 인도받는 찰나에 바닷물 속에 던져버림으로써 인도받지 못한 경우(대판 1978.11.14, 78도2078)
	⑥ 소유자에게 반환하여야 할 장물대가(대판 1966.9.5, 66도853) 12. 사시
	⑦ 국고에 환부하여야 할 국고수표(대판 1961.2.25, 4293형상759)
	⑧ 강도상해의 범행에 사용된 자동차에 관하여 피고인이 피고인의 처 소유라고 진술하고 있고 실제로도 처 명의로 등록되어 있는 경우(대판 1990.10.10, 90도1904)

O 몰수의 대상 인정	**X** 몰수의 대상 부정
	⑨ 피고인이 다른 공동피고인들에게 도박자금으로 금원을 대여하였다면 그 금원은 그때부터 피고인의 소유가 아니라 동 공동피고인들의 소유에 귀속하게 되므로 그것을 동 공동피고인들로부터 형법 제48조 제1항 제1호나 제2호를 적용하여 몰수함은 모르되, 피고인으로부터 몰수할 성질의 것은 아니다(대판 1982.9.28, 82도1669).
	⑩ 부동산소유권이전의 1차계약을 체결한 자가 전매계약을 체결한 것이 부동산등기 특별조치법 위반행위에 해당하는 경우, 전매계약에 의하여 제3자로부터 받은 대금은 몰수나 추징의 대상이 될 수 없다(대판 2007.12.24, 2007도7353).
	⑪ 실체판단에 들어가 공소사실을 인정하는 경우가 아닌 면소의 경우 원칙적으로 몰수할 수 없다(대판 2007.7.26, 2007도4556).

(6) **몰수의 상대방**

재물을 보유한 자에게 몰수할 수 있다.

4. 추징

> 제48조【몰수의 대상과 추징】② 제1항 각 호의 물건을 몰수할 수 없을 때에는 그 가액(價額)을 추징한다.
> ③ 문서, 도화(圖畵), 전자기록(電磁記錄) 등 특수매체기록 또는 유가증권의 일부가 몰수의 대상이 된 경우에는 그 부분을 폐기한다.

(1) **의의**

추징이란 몰수에 갈음하여 몰수할 물건의 가액의 납부를 강제하는 처분을 말한다.

(2) **성질**

추징은 몰수에 갈음하여 그 가액의 납부를 명령하는 사법처분이나, 몰수의 취지를 관철하기 위하여 인정된 제도라는 측면에서 부가형으로서의 성질을 가진다.

(3) **원인**

① 몰수 불능한 경우 : 소비, 예금, 혼동, 분실, 양도 등으로 판결 당시에 사실상 또는 법률상 몰수할 수 없는 경우를 말한다(예 뇌물로 받은 금원이나 자기앞수표를 소비한 후에 동액 상당을 반환한 경우 몰수가 아니라 추징을 하여야 한다).

② 몰수대상 재물이 존재하지 않는 경우

　㉠ 부존재를 야기한 자에게 가액을 추징한다.

　　☺ **몰수 · 추징의 상대방**
　　몰수는 몰수대상 재물을 '보유한 자'로부터 몰수하고 몰수대상 재물이 존재하지 않는 경우에는 그 가액을 추징하는데, 추징의 상대방은 부존재를 야기한 자(예 소비, 예금, 납부)이다.

ⓛ 범인 이외의 자에 속하는 경우(예 소비, 예금, 납부 등)에는 추징을 하고, 공범 소유의 물건은 몰수한다.

> **판례**
>
> 1. 수뢰자가 자기앞수표를 뇌물로 받아 이를 소비한 후에 자기앞수표의 상당액을 증뢰자에게 반환한 경우 수뢰자로부터 그 가액을 추징하여야 한다(대판 1999.1.29, 98도3584).
> 04. 사시, 12. 법원행시
> 2. 교부받은 뇌물을 3개월 후에 증뢰자의 거래은행구좌에 온라인으로 입금하여 반환한 경우 수뢰자로부터 그 가액을 추징하여야 한다(대판 1986.12.23, 86도2021).
> 3. 피고인이 뇌물로 받은 금원을 공무에 종사하는 자들의 숙식비나 차량운영비에 충당한 경우 수뢰자로부터 이를 추징하는 것은 정당하다(대판 1970.12.22, 70도2250).
> 4. 지방자치단체장선거에 출마한 후보자가 그 선거와 관련하여 정치자금에 관한 법률 제30조 제1항을 위반하여 정치자금을 수수한 다음, 그 정치자금을 제공한 상대방의 뜻에 따라 그 전부 또는 일부를 자신의 선거자금으로 실제로 사용한 경우에는 후보자 본인으로부터 그 돈을 몰수하거나 수수한 돈의 가액을 추징하여야 한다. 즉, 수뢰자에게 몰수 또는 추징하여야 한다(대판 2005.6.10, 2005도1908).
> 5. 수뢰자가 뇌물을 그대로 보관하였다가 증뢰자에게 반환한 경우 증뢰자로부터 몰수 또는 추징하여야 한다(대판 1984.2.28, 83도2783). 11. 사시, 17. 국가직 9급
> 6. 형법 제48조 제1항의 '범인'에는 공범자도 포함되므로 피고인의 소유물은 물론 공범자의 소유물도 그 공범자의 소추 여부를 불문하고 몰수할 수 있고, 여기에서의 공범자에는 공동정범·교사범·방조범에 해당하는 자는 물론 필요적 공범관계에 있는 자도 포함된다. 따라서 형법 제48조 제1항의 '범인'에 해당하는 공범자는 반드시 **유죄의 죄책을 지는 자에 국한된다고 볼 수 없고** 공범에 해당하는 행위를 한 자이면 족하므로 이러한 자의 소유물도 형법 제48조 제1항의 '범인 이외의 자의 소유에 속하지 아니하는 물건'으로서 이를 피고인으로부터 몰수할 수 있다(대판 2006.11.23, 2006도5586).
> 04. 사시, 08·16. 법원직, 09. 법원행시, 11. 경찰, 15. 국가직 9급

(4) 방법

① 뇌물에 공할 금품이 특정되지 않았다면 몰수할 수 없고, 추징할 수도 없다.

② 추징가액의 산정은 범행시가 아니라 판결선고시를 기준으로 한다.

> **판례**
>
> 1. 몰수는 특정된 물건에 관한 것이고 추징은 본래 몰수할 수 있었음을 전제로 하는 것임에 비추어 뇌물에 공할 금품이 **특정되지 않았던** 것은 **몰수할 수 없고** 그 가액을 **추징할 수도 없다**(대판 1996.5.8, 96도221). 17. 경찰간부
> 2. 몰수할 수 없는 때에 추징하여야 할 가액은 범인이 그 물건을 보유하고 있다가 몰수의 선고를 받았더라면 잃었을 이득상당액을 의미한다고 보아야 하므로 그 가액산정은 **재판선고시의** 가격을 기준으로 하여야 한다(대판 2007.3.15, 2006도9314). 04. 사시, 06·12. 경찰승진·경찰

⑸ 취지

① 이익박탈적 추징

ㄱ 이익박탈적 추징은 실질적으로 범인에게 귀속된 이익만을 추징한다.

ㄴ 수인의 공동피고인으로부터 추징할 경우에 개별적으로 추징하는 것이 원칙이지만, 개별액을 알 수 없는 경우에는 평등분할액을 추징한다.

판례

1. 몰수의 취지가 범죄에 의한 이득의 박탈을 목적으로 하는 것이고 추징도 이러한 몰수의 취지를 관철하기 위한 것이라는 점을 고려하면 몰수하기 불능한 때에 추징하여야 할 가액은 범인이 그 물건을 보유하고 있다가 몰수의 선고를 받았더라면 잃게 될 이득상당액을 의미하므로, **추징하여야 할 가액이 몰수의 선고를 받았더라면 잃게 될 이득상당액을 초과하여서는 아니 된다**(대판 2017.9.21, 2017도8611).

2. 수인이 공동하여 수수한 뇌물을 분배한 경우 각자로부터 **실제로 분배받은 금품만을 개별적으로 몰수하거나 그 가액을 추징**하여야 한다(대판 1993.10.12, 93도2056).

3. 공무원이 직무에 속한 사항의 알선에 관하여 금품을 받은 범인이 그 금품 중의 일부를 받은 취지에 따라 청탁과 관련하여 관계공무원에게 뇌물로 공여한 경우에는 그 부분의 이익은 실질적으로 그 범인에게 귀속되는 것이 아니어서 그 범인으로부터는 이를 제외한 나머지 금품만을 몰수하거나 그 가액을 추징하여야 한다(대판 2002.6.14, 2002도1283).

04. 사시, 05. 법원직, 11. 경찰, 12. 경찰승진

4. 공무원 甲이 乙로부터 같은 관공서에 근무하는 丙의 직무에 관한 사항의 알선에 관하여 1천만원을 받고 그 취지에 따라 그중 300만원을 丙에게 乙의 청탁과 관련하여 다시 뇌물로 공여한 경우에는 甲으로부터 700만원을, 丙으로부터 300만원을 각각 몰수 또는 추징한다(대판 1999.6.25, 99도1900). 11. 경찰

5. 피고인들이 뇌물로 받은 돈을 그 후에 다른 사람에게 다시 뇌물로 공여하였다고 하더라도 그 수뢰의 주체는 어디까지나 피고인들이고 그 수뢰한 돈을 다른 사람에게 공여한 것은 수뢰한 돈을 소비하는 방법에 지나지 아니하므로 피고인들로부터 그 수뢰액 전부를 각각 추징하여야 한다(대판 1986.11.25, 86도1951).

6. 공무원의 직무에 속한 사항의 알선에 관하여 금품을 받음에 있어서 타인의 동의하에 그 **타인 명의의 예금계좌로 입금받는 방식**을 취하였다고 하더라도 이는 범인이 받은 금품을 관리하는 방법의 하나에 지나지 아니하므로 그 **가액 역시 범인으로부터 추징**하지 않으면 안 된다고 할 것이다(대판 2006.10.27, 2006도4659).

7. 공무원으로부터 뇌물죄로 얻은 이익을 몰수 · 추징함에 있어서는 그 받은 뇌물 자체를 몰수하여야 하고, 그 뇌물의 가액에서 위와 같은 지출을 공제한 나머지 가액에 상당한 이익만을 몰수 · 추징할 것은 아니다(대판 1999.10.8, 99도1638).

8. 변호사를 선임하여 주겠다는 명목이 아니라 판사 · 검사에게 청탁하여 석방시켜 주겠다는 명목으로 돈을 받은 이상, 그중 일부를 변호사선임비로 사용하였다 하더라도 이는 변호사법 위반으로 취득한 재물의 소비방법에 불과하므로 변호사선임비로 사용한 금액 상당을 추징액에서 제외할 수는 없다(대판 2000.5.26, 2000도440).

9. 구 변호사법 제90조 제2호에 규정한 죄를 범하고 이자 및 반환에 관한 약정을 하지 아니하고 금원을 차용하였다면 범인이 받은 실질적 이익은 이자 없는 차용금에 대한 금융이익 상당액이므로 이러한 경우 위 법조에서 규정한 몰수 또는 추징의 대상이 되는 것은 차용한 금원 그 자체가 아니라 위 금융이익상당액이다(대판 2001.5.29, 2001도1570).

02. 법원행시, 09. 경찰승진, 12. 경찰

10. 정치자금법 제45조 제3항의 규정에 의한 필요적 몰수 또는 추징은 같은 법 제45조 제1항 및 제2항을 위반한 사에게 제공된 금품 기타 재산상 **이익을 박탈**하여 그들로 하여금 부정한 이익을 보유하지 못하게 함에 그 목적이 있고, 금품의 무상대여를 통하여 위법한 정치자금을 기부받은 경우에 범인이 받은 부정한 이익은 무상대여금에 대한 금융이익상당액이라 할 것이므로 여기서 몰수 또는 추징의 대상이 되는 것은 무상으로 대여받은 금품 그 자체가 아니라 위 금융이익상당액이다(대판 2007.3.30, 2006도7241). 17. 경찰간부

11. **성매매알선 등 행위의 처벌에 관한 법률** 제25조의 규정에 의한 추징은 성매매알선 등 행위의 근절을 위하여 그 행위로 인한 부정한 이익을 박탈하려는 데에 그 목적이 있으므로 그 추징의 범위는 범인이 실제로 **취득한 이익**에 한정된다(대판 2009.5.14, 2009도2223).

12. A주식회사 대표이사인 甲이 **금융기관에 청탁**하여 **B주식회사가 대출을 받을 수 있도록 알선행위**를 하고, 그 대가로 용역대금 명목의 수수료를 A주식회사의 계좌를 통하여 송금받아 회사재산으로 귀속시켰다면 甲이 이 수수료 중에 개인적으로 실제 사용한 금품이 없더라도(개인적으로 사용한 금품에 한하여 ×) 몰수 또는 추징할 수 있다(대판 2015.1.15, 2012도7571). 17. 경찰간부

13. 수수금품을 **개별적으로 알 수 없을 때에는 평등하게 추징**하여야 한다(대판 1975.4.22, 73도1963). 12. 법원행시

14. 공무원 甲은 그 직무와 관련하여 乙로부터 향응을 제공받았는데, 이때 접대받는 자리에 乙이 잘 알지 못하는 자신의 고등학교 친구 丙을 초대하여 함께 접대를 받았다. 乙은 향응에 소요된 비용으로 총 210만원을 지출하였는데 이러한 경우 각자에게 쓴 비용액이 불명이라면 甲으로부터 추징하여야 할 액수는 140만원이다(대판 2001.10.12, 99도5294).

② **징벌적 추징**: 법 위반의 제재로서 여러 범칙자에 대하여 추징을 명할 경우 각 범칙자 전원에 대하여 그 가액 전부의 추징을 명하여야 한다(판례).

☑ 두문자
• 징벌적 추징
밀향외관특마

판례

1. 밀항단속법 제4조 제3항의 몰수와 추징은 징벌적 제재의 성격을 띠고 있으므로 여러 사람이 공모하여 죄를 범하고도 몰수대상인 수수 또는 약속한 보수를 몰수할 수 없을 때에는 공범자 전원에 대하여 그 보수액 전부의 추징을 명하여야 한다(대판 2008.10.9, 2008도7034). 05. 법원직, 11·12. 경찰, 12. 경찰간부, 15. 법원직

2. 향정신성의약품관리법상의 추징은 징벌적 성질을 가지는 처분이므로 범행으로 인하여 이득을 취득한 바 없더라도 그 가액의 추징을 명하여야 한다(대판 1999.7.9, 99도1695).

   비교판례

   히로뽕을 수수하여 그중 일부를 직접 투약한 경우에는 수수한 히로뽕의 가액만을 추징할 수 있고 **직접 투약한 부분**에 대한 가액을 별도로 추징할 수 없다(대판 2000.9.8, 2000도546). 04. 사시, 11·15. 경찰

기출OX
히로뽕을 수수하여 그중 일부를 직접 투약한 경우에는 수수한 히로뽕의 가액뿐만 아니라 직접 투약한 부분에 대한 가액을 별도로 추징하여야 한다. 15. 경찰 (×)

3. 외국환관리법상 몰수와 추징은 일반형사법의 경우와 달리 범죄사실에 대한 징벌적 제재의 성격을 띠고 있다고 할 것이므로 각 범칙자 전원에 대하여 그 취득한 외국환 등의 가액 전부의 추징을 명하여야 한다(대판 1998.5.21, 95도2002).

4. 관세법상의 추징은 징벌적 성격을 띠고 있어 여러 사람이 공모하여 관세를 포탈하거나 관세장물을 알선·운반·취득한 경우, 범칙자의 1인이 그 물품을 소유하거나 점유하였다면 그 물품의 범칙 당시의 국내도매가격 상당의 가액 전액을 그 물품의 소유 또는 점유사실의 유무를 불문하고 범칙자 전원으로부터 각각 추징할 수 있다(대판 1976.6.22, 73도2625).

5. **특정경제범죄 가중처벌 등에 관한 법률에 의한 몰수·추징은** 재산국외도피 사범에 대한 징벌적 성격의 처분이라고 보는 것이 상당하므로 피고인들 모두에 대하여 그 도피재산의 가액 전부의 추징을 명하여야 한다(대판 2005.4.29, 2002도7262). 12. 사시

6. **마약류 관리에 관한 법률 제67조에 의한 몰수나 추징은** 범죄행위로 인한 이득의 박탈을 목적으로 하는 것이 아니라 징벌적 성질의 처분이므로 그 범행으로 인하여 이득을 취득한 바 없다고 하더라도 법원은 그 가액의 추징을 명하여야 하고, 그 추징의 범위에 관하여는 죄를 범한 자가 여러 사람일 때에는 각자에 대하여 그가 취급한 범위 내에서 의약품가액 전액의 추징을 명하여야 한다(대판 2010.8.26, 2010도7251).

> **비교판례**
>
> 마약류 관리에 관한 법률에 따른 추징에서 그 소유자나 최종소지인으로부터 마약류 전부 또는 일부를 몰수하였다면 다른 취급자들과의 관계에 있어서 이를 몰수한 것과 마찬가지이므로 다른 취급자들에 대하여는 몰수된 마약류의 가액을 추징할 수 없다(대판 2016.6.9, 2016도4927).

❻ 형의 경중

> **제50조【형의 경중】** ① 형의 경중은 제41조 각 호의 순서에 따른다. 다만, 무기금고와 유기징역은 무기금고를 무거운 것으로 하고 유기금고의 장기가 유기징역의 장기를 초과하는 때에는 유기금고를 무거운 것으로 한다.
> ② 같은 종류의 형은 장기가 긴 것과 다액이 많은 것을 무거운 것으로 하고 장기 또는 다액이 같은 경우에는 단기가 긴 것과 소액이 많은 것을 무거운 것으로 한다.
> ③ 제1항 및 제2항을 제외하고는 죄질과 범정(犯情)을 고려하여 경중을 정한다.

판례

1. 형의 집행유예가 집행면제보다 더 가볍다(대판 1963.2.14, 62도248).
2. 징역형의 선고유예와 벌금형 사이에서는 벌금형이 더 무겁다(대판 1966.4.6, 65도1261).
3. 징역과 집행유예가 있는 징역 사이에서 집행유예가 있는 징역형의 형기가 더 긴 경우 이는 집행유예 없이 더 짧은 형보다 무겁다(대판 1966.12.8, 66도1319).
4. 벌금형을 선택하여 선고하면서 그에 대한 노역장유치기간이 선택형인 징역형의 장기를 초과하더라도 벌금형이 징역형보다 경한 형이라고 보아야 하므로 벌금형에 대한 노역장유치기간이 선택형인 징역형의 장기보다 길어졌다 하더라도 이를 위법이라고 할 수 없다(대판 2000.11.24, 2000도3945).
5. 징역의 형기를 줄이면서 1심에서 선고하지 않았던 몰수나 추징을 추가하는 것은 불이익변경금지의 원칙에 반하지 않으나, 징역형을 감경하면서 벌금을 새로이 추가하는 것은 불이익변경금지의 원칙에 반한다. 징역형의 집행유예나 선고유예보다 벌금형의 선고유예로 감경하면서 추징을 추가한 경우의 형이 더 경하다(대판 1988.3.26, 97도1716).
6. 부정기형과 정기형 사이에 그 경중을 가리는 경우에는 부정기형 중 최단기형과 정기형을 비교하여야 한다(대판 2006.4.14, 2006도734).

제2절 형의 양정

① 서설

법관이 구체적인 행위자에 대하여 선고할 형을 정하는 것을 형의 양정 또는 형의 적용이라고 한다. 협의의 의미로는 구체적인 사건에 적용될 형의 종류와 양을 정하는 것이고, 광의의 의미로는 그 형의 선고와 집행 여부를 결정하는 것을 포함한다.

② 양정의 단계(법정형 → 처단형 → 선고형)

구분	법정형	처단형	선고형
의의	① 개개의 구성요건에 규정되어 있는 형벌 ② 형법은 상대적 법정형을 원칙으로 하고 있고, 여적죄(제93조)에 관하여서만 절대적 법정형(사형)을 규정함	① 법정형이 처단의 범위로 구체화된 형, 즉 법정형에 선택할 형종이 있는 경우에는 먼저 형종을 선택하고 그 형에 필요한 가중감경을 한 형 ② 선고형의 최종적 기준	① 법원이 처단형의 범위 내에서 구체적으로 형을 양정하며 당해 피고인에게 선고하는 형 ② 선고형은 정기형이 원칙이나 소년범에 대하여서는 상대적 부정기형을 인정(소년법 제60조)
예시	살인죄의 중지미수, 사형, 무기 또는 5년 이상의 징역	법관이 유기징역 선택, 2년 6월 이상~15년 이하의 징역	4년의 징역

③ 형의 가중·감경·면제

1. 형의 가중과 감경

(1) 형의 가중

형의 가중은 원칙상 법률상 가중만이 인정되고, 재판상 가중 또는 작량가중은 인정되지 않는다. 또한 가중은 필요적 가중만이 인정되고, 임의적 가중은 인정되지 않는다.

📖 일반적 가중사유와 특수적 가중사유

일반적 가중사유	① 모든 범죄에 대하여 일반적으로 적용되는 가중사유를 말한다. ② 경합범가중(제38조), 누범가중(제35조), 특수교사·방조(제34조 제2항)
특수적 가중사유	① 형법각칙의 특별구성요건에 의하여 특정한 범죄에 대해서만 적용되는 가중사유를 말한다. ② 상습범가중(예 상해·폭행죄, 체포·감금죄, 절도·강도죄, 아편죄, 도박죄), 행위태양의 특수성으로 인한 가중(예 특수체포·감금죄, 특수절도·강도죄, 특수공무집행방해죄 등)

(2) 형의 감경

① 법률상의 감경 : 법률의 특별규정에 의하여 형이 감경되는 경우를 말한다.

📖 **임의적 감경사유와 필요적 감경사유**

임의적 감경사유	㉠ 일정한 사유가 있는 경우에 법원의 재량에 의하여 감경할 수 있다. ㉡ 심신미약(제10조 제2항), 과잉방위·과잉피난·과잉자구행위(제21조 제2항), 미수범(제25조 제2항), 불능미수(제27조 단서), 자수 또는 자복(제52조 제1항)
필요적 감경사유	㉠ 일정한 사유가 있으면 반드시 형을 감경하여야 한다. ㉡ 청각 및 언어장애인(제11조), 중지범(제26조), 종범(제32조 제2항)

② 재판상의 감경

> 제53조【정상참작감경】범죄의 정상(情狀)에 참작할 만한 사유가 있는 경우에는 그 형
> 을 감경할 수 있다.
>
> 제51조【양형의 조건】형을 정함에 있어서는 다음 사항을 참작하여야 한다.
> 1. 범인의 연령, 성행, 지능과 환경
> 2. 피해자에 대한 관계
> 3. 범행의 동기, 수단과 결과
> 4. 범행 후의 정황

㉠ 법률상 형을 가중·감경한 경우에도 작량감경을 할 수 있다.

㉡ 참작할 만한 사유에 관해서는 형법 제51조가 적용되며, 작량감경도 법률상의 감
경에 관한 형법 제55조의 범위에서만 허용된다.

㉢ 수개의 작량감경사유가 있을 경우에는 거듭 감경할 수 없다.

판례

감경의 순서

형법 제56조는 형을 가중 감경할 사유가 경합된 경우 가중 감경의 순서를 정하고 있고, 이에 따르면 법률상 감경을 먼저하고 마지막으로 작량감경을 하게 되어 있으므로, **법률상 감경사유가 있을 때에는 작량감경보다 우선하여 하여야 할 것이고,** 작량감경은 이와 같은 법률상 감경을 다하고도 그 처단형보다 낮은 형을 선고하고자 할 때에 하는 것이 옳다(대판 1994.3.8, 93도3608).

판례

작량감경의 방법

형법 제53조는 작량감경을 할 수 있음을 규정하였을 뿐 그 감경의 방법에 관하여 직접적인 규정은 없으나 작량감경의 경우에 있어서도 일정한 범위를 정하여 그 범위 내에서만 각 범죄 사정에 적합한 양형을 하게 하여야 할 것이며 **작량감경의 방법도 형법 제55조 소정 감경의 방법에 의하는 것으로 해석함이 상당하다**(대판 1964.10.28, 64도454).

판례

무기징역과 작량감경

법정형에서 무기징역을 선택한 후에 작량감경한 결과, 유기징역이 되었을 경우 피고인이 미성년자일지라도 부정기형을 선고할 수 없다(대판 1988.5.24, 88도501).

판례

징역형과 벌금형을 병과하는 경우의 작량감경방법

1. 하나의 죄에 대하여 징역형과 벌금형을 병과하는 경우 : 2개의 형종을 병과할 경우에는 특별한 규정이 없는 한 쌍방을 모두 감경하여야 한다. 따라서 징역형과 벌금형을 병과하여야 할 경우에는 특별한 규정이 없는 한 어느 한쪽에만 작량감경을 하고 다른 한쪽에는 이를 하지 않을 수 없다(대판 1977.7.26, 77도1827).

2. 이종의 죄에 대하여 장역형과 벌금형을 병과하는 경우 : 특정범죄 가중처벌 등에 관한 법률 위반(절도)죄와 도로교통법 위반죄의 경합범 사안에서 피고인에게 판시 특정범죄 가중처벌 등에 관한 법률 위반(절도)죄 등에 징역형과 판시 도로교통법 위반죄에 대한 벌금형을 병과하면서 징역형에만 작량감경을 한 제1심의 판단은 정당하다. 즉, 형법 제28조 제1항 제3호에 의하여 징역형과 벌금형을 병과하는 경우에는 각 형에 대한 범죄의 정상에 차이가 있을 수 있으므로 징역형에만 작량감경을 하고 벌금형에는 작량감경을 하지 아니하였다고 하여 이를 위법하다고 할 수 없다(대판 2006.3.23, 2006도1076). 09. 법원직

판례

양벌규정에 의하여 법인을 처벌하는 경우

회사 대표자의 위반행위에 대하여 징역형의 형량을 작량감경하고 병과하는 벌금형에 대하여 선고유예를 한 이상 **양벌규정에 따라** 그 회사를 처단함에 있어서도 같은 조치를 취하여야 한다는 논지는 독자적인 견해에 지나지 아니하여 받아들일 수 없다(대판 1995.12.12, 95도1893).

2. 형의 면제

(1) 의의

① 형의 면제는 범죄가 성립하지만 형벌을 가하지 않게 되는 경우를 말하며, 필요적 면제와 임의적 면제가 있다. 형의 면제는 법률상 면제에 한하며 재판상 면제는 인정되지 않는다.

② 형법상의 일반적 면제사유로는 중지범(제26조), 불능미수(제27조 단서), 과잉방위·과잉피난·과잉자구행위(제21조 제2항), 자수·자복(제52조 제1항)이 있다. 중지범은 필요적 감면사유이나, 그 이외는 임의적 감면사유이다.

(2) 구별개념

형의 면제는 유죄판결의 일종으로서 재판확정 전의 사유로 인하여 형이 면제된다는 점에서 재판확정 후의 사유로 인하여 형의 집행이 면제되는 형집행의 면제와 구별된다.

📖 형의 가중·감경·면제사유 정리

형의 가중	**총칙** (§16)	㉠ 특수교사 : 장기·다액의 1/2까지 가중 ㉡ 특수방조 : 정범의 형으로 처벌 ㉢ 누범 : 장기의 2배까지 가중 ㉣ 경합범 : 장기·다액의 1/2까지 가중
	각칙	㉠ 상습범 가중 : 아편에 관한 죄, 상해와 폭행의 죄, 체포와 감금의 죄, 협박의 죄, 절도와 강도의 죄, 사기와 공갈의 죄 ㉡ 특수범죄의 가중 : 특수 공무방해죄, 특수체포·감금죄
필요적 감경	**총칙** (§16)	㉠ 청각 및 언어장애인 ㉡ 방조자
임의적 감경	**총칙** (§16)	㉠ 심신미약자 ㉡ 장애미수범 ㉢ 작량감경(재판상 감경)
	각칙	㉠ 범죄단체의 조직죄 ㉡ 약취·유인죄 및 인신매매죄, 약취·유인·매매·이송 등 상해·치상죄, 인질강요죄, 인질상해·치상죄 : 안전한 장소로 풀어 준 때 　☺ 체포감금죄, 인질강도죄, 약취·유인·매매·이송 등 살인·치사죄, 인질살해·치사죄에는 해방 감경규정이 없음
필요적 감면	**총칙**	중지미수(제26조)
	각칙 — 자수	내란죄·외환죄·외국에 대한 사전죄·폭발물사용죄·방화죄·통화위조죄의 실행에 이르기 전에 자수한 때
	자수·자백	위증죄·허위감정통역번역죄·무고죄를 범한 자가 그 공술한 사건의 재판 또는 징계처분이 확정되기 전에 자백·자수한 때
필요적 면제	**각칙** — 친족 상도례	㉠ 직계혈족·배우자·동거친족·동거가족 또는 그 배우자간의 권리행사방해죄, 절도죄 및 그 미수죄, 사기·공갈죄, 횡령·배임죄(2005.3.31 개정) ㉡ 장물죄를 범한 자와 피해자간에 위 친족관계가 있는 경우
임의적 감면	**총칙**	㉠ 과잉방위(제21조 제2항) ㉡ 과잉피난(제22조 제3항) ㉢ 과잉자구행위(제23조 제2항) ㉣ 불능미수(제27조) ㉤ 자수·자복(제52조)

❹ 자수와 자복

제52조 【자수·자복】 ① 죄를 지은 후 수사기관에 자수한 경우에는 형을 감경하거나 면제할 수 있다.
② 피해자의 의사에 반하여 처벌할 수 없는 범죄의 경우에는 피해자에게 죄를 자복(自服)하였을 때에도 형을 감경하거나 면제할 수 있다.

1. 의의

(1) 자수

자수란 범죄인이 자발적으로 자신의 범죄사실을 수사기관에 신고하여 소추를 구하는 의사표시를 말한다.

> **판례**
>
> 자신의 범죄사실의 의미
>
> 형법 제52조 제1항 소정의 신고의 내용이 되는 '자신의 범죄사실'이란 자기의 범행으로서 범죄 성립요건을 갖춘 객관적 사실을 의미하는 것으로서, 위와 같은 객관적 사실을 자발적으로 수사 기관에 신고하여 그 처분에 맡기는 의사표시를 함으로써 자수는 성립하게 된다(대판 2004.6.24, 2004도2003).

> **판례**
>
> 자발성이 없는 경우(= 자수 부정)
>
> 1. 수사기관의 직무상의 질문 또는 조사에 응하여 범죄사실을 진술하는 것은 자백일 뿐 자수 로는 되지 않는다(대판 1982.9.28, 82도1965 ; 대판 2004.6.24, 2004도2003).
> 2. 세관 검색시 금속탐지기에 의해 대마 휴대 사실이 발각될 상황에서 세관 검색원의 추궁에 의하여 대마 수입 범행을 시인한 경우, 자발성이 결여되어 자수에 해당하지 않는다(대판 1999.4.13, 98도4560).
> 3. 피고인이 검찰에 자진출두서를 제출하고 출석하여 조사를 받았으나 범죄를 부인하다가 긴 급체포, 구속되고 계속 수사를 받다가 자진술석 후 10일 이상 경과하여 범죄사실을 시인한 경우, 자발적으로 범죄사실을 진술하였다고 보기 어려우므로 자수에 해당하지 않는다(대 판 2004.7.8, 2002도661).

(2) 자복

자복이란 피해자의 명시한 의사에 반하여 처벌할 수 없는 범죄(반의사불벌죄)에 있어 서 '피해자'에게 자기의 범죄사실을 고지함을 말한다.

2. 내용

(1) 주체

자연인의 경우 자수와 자복의 주체는 범인 자신이지만 법인의 경우 이사 기타 대표자 가 수사 책임있는 관서에 자수한 경우에 한하여 자수라고 할 수 있다.

> **판례**
>
> 법인의 자수감경요건
>
> 법인의 직원 또는 사용인이 위반행위를 하여 양벌규정에 의하여 법인이 처벌받는 경우, 법인 에 자수감경에 관한 형법 제52조 제1항의 규정을 적용하기 위해서는 법인의 이사 기타 대표 자가 수사책임이 있는 관서에 자수한 경우에 한하고, 그 위반행위를 한 직원 또는 사용인이 자수한 것만으로는 위 규정에 의하여 형을 감경할 수 없다(대판 1995.7.25, 95도391).
>
> 03 · 10 · 12. 법원행시, 08. 경찰, 16. 법원직

(2) 상대방

자수의 상대방은 수사기관(예 검사, 사법경찰관)이고, 자복의 상대방은 피해자이다. 따라서 수사기관이 아닌 자에게 신고하는 경우는 자수라고 할 수 없다.

판례

수사기관이 아닌 자에 대한 신고(= 자수 부정)

수사과정이 아닌 그 후의 **재판과정**에서 범행을 시인하였다고 하더라도 자수는 성립하지 않는다 (대판 2002.8.23, 2002도46). 06 · 12. 법원행시, 11. 경찰승진

(3) 방법

신고나 고지의 방법에는 아무런 제한이 없다. 따라서 범인 스스로 출두하지 않고 제3자를 통하여 자수할 수도 있다.[3]

판례

뉘우침이 없는 자수(= 자수 부정)

자수는 어느 정도의 뉘우침을 수반하여야 하므로 범죄사실을 부인하거나 죄의 **뉘우침이 없는 경우**에는 진정한 자수라 할 수 없다(대판 1994.10.14, 94도2130). 09. 경찰승진, 12. 법원행시

판례

신고자체가 없는 경우(= 자수 부정)

1. 검거되기 전에 **친지에게 전화로 자수의사를** 전달한 경우에는 자수라 할 수 없다(대판 1985.9.24, 85도1489).
2. 법률상 자수가 성립하려면 범인이 수사기관에 대하여 자발적으로 자기의 범죄사실을 신고하여야 하는 것이므로 **내심으로 자수할 것을 결심한** 바 있었다 하여 자수로 볼 수 없다(대판 1986.6.10, 86도792).

(4) 시기

자수와 자복의 시기는 범죄사실이 발각되기 전후를 불문한다. 또한 지명수배 후에 자진출두한 경우에도 자수를 인정한다.

판례

구속까지 된 상태에서 자수서를 제출하고 범행사실을 시인한 경우(= 자수 부정)

자수서를 소지하고 수사기관에 자발적으로 출석하였으나 자수서를 제출하지 아니하고 범행사실도 부인하였다면 자수가 성립하지 아니하고, 그 이후에 **구속까지 된 상태에서 자수서를 제출하고 범행사실을 시인한 것을 자수에 해당한다고 인정할 수 없다**(대판 2004.10.14, 2003도3133). 11. 법원행시, 12. 경찰간부, 16. 법원직

---

3) 대판 1964.8.31, 64도252

판례

신문지상에 혐의사실 보도 후 자진출석한 경우(= 자수 인정)

신문지상에 혐의사실이 보도되기 시작하였는데도 수사기관으로부터 공식소환이 없으므로 자진출석하여 사실을 밝히고 처벌을 받고자 담당 검사에게 전화를 걸어 조사를 받게 해달라고 요청하여 출석시간을 지정받은 다음 자진출석하여 혐의사실을 모두 인정하는 내용의 진술서를 작성하고 검찰 수사과정에서 혐의사실을 모두 자백한 경우 피고인은 수사책임 있는 관서에 자기의 범죄사실을 자수한 것으로 보아야 하고 법정에서 수수한 금원의 직무관련성에 대하여만 수사기관에서의 자백과 차이가 나는 진술을 하였다 하더라도 자수의 효력에는 영향이 없다(대판 1994.9.9, 94도619). 11. 법원행시

(5) 신고·고지의 내용

범죄사실을 고지하여야 한다. 따라서 범죄사실을 신고하지 않고 수사권 있는 공무원을 만난 경우나, 제3자에게 자수의사를 전달하여 달라고 한 것만으로는 자수라고 할 수 없다.

판례

자수자의 인식정도

법률상의 형의 감경사유가 되는 자수를 위하여는, 범인이 자기의 범행으로서 범죄성립요건을 갖춘 객관적 사실을 자발적으로 수사관서에 신고하여 그 처분에 맡기는 것으로 족하고, 더 나아가 법적으로 그 요건을 완전히 갖춘 범죄행위라고 적극적으로 인식하고 있을 필요까지는 없다(대판 1995.6.30, 94도1017).

판례

자신의 범행을 부인하는 내용의 신고인 경우(= 자수 부정)

수사기관에의 신고가 자발적이라고 하더라도 그 신고의 내용이 자기의 범행을 부인하는 등의 내용으로 자기의 범행으로서 범죄성립요건을 갖추지 아니한 사실일 경우에는 자수는 성립하지 아니하며, 수사기관의 직무상의 질문 또는 조사에 응하여 범죄사실을 진술하는 것은 자백일 뿐 자수로는 되지 않는다(대판 2004.6.24, 2004도2003).

판례

수뢰액을 실제보다 적게 신고하여 적용법조와 법정형이 달라지게 된 경우(= 자수 부정)

피고인이 검찰에 자수서를 제출하고 제1회 피의자신문을 받으면서 5,000만 원이 아닌 3,000만 원만을 받았다고 신고하고 이를 초과하는 금원의 수수사실을 부인한 경우, 비록 당시의 신고가 자발적이라고 하더라도 이는 그 신고된 내용에 해당하는 특정범죄가중처벌등에관한법률 제2조 제1항 제2호, 형법 제129조 위반죄에 비하여 뇌물죄의 보호법익에 대한 침해 또는 침해 위험의 정도 및 그 위법성이 상대적으로 높기 때문에 적용법조와 법정형을 달리하는 이 사건 특정범죄가중처벌등에관한법률 제2조 제1항 제1호, 형법 제129조 위반죄의 범죄성립요건에 관하여 신고한 것이라고 할 수 없으므로 이 사건 죄에 관한 자수가 성립하였다고 할 수 없고, 그 이후 검찰에 의한 보강수사와 추궁에 따라 5,000만 원을 받은 사실을 자백하였다고 하더라도 달리 볼 수는 없으며, 나아가 피고인이 당초부터 시인한 3,000만 원 부분에 한하여 자수의 효력을 인정하여 그 부분에 관하여 법률상 감경을 할 수 있는 것도 아니다(대판 2004.6.24, 2004도2003).

기출 OX

수사기관에 뇌물수수의 범죄사실을 자발적으로 신고하였으나 그 수뢰액을 실제보다 적게 신고함으로써 적용법조와 법정형이 달라지게 된 경우 자수가 성립하지 않는다.
16. 경찰 (○)

3. 효과

(1) 형법 총칙상의 자수와 자복은 임의적 감면사유에 해당한다(제52조).

> **판례**
> 1. 자수를 감경사유로 삼지 아니하고 다른 정상과 합쳐 **정상참작의 사유로 삼아** 형법 제53조에 의한 작량감경을 하더라도 위법하다고 볼 수 없다(대판 2001.4.24, 2001도872). 05. 법무사
> 2. 피고인이 자수하였다고 하더라도 자수한 자에 대하여는 법원이 임의로 형을 감경할 수 있음에 불과한 것으로서 원심이 자수감경을 하지 아니하였다거나 자수감경의 주장에 대하여 판단을 하시 아니하였다고 하여 위법하다고 할 수 없다(대판 2001.4.24, 2001도872).

(2) 자수·자복은 이를 행한 자에게만 효력이 있고 타 공범자에게는 효력이 없으며, 수개의 범죄사실중 일부에 관하여만 자수한 경우에는 그 부분 범죄사실에 대하여만 자수의 효력이 있다.

> **판례**
> 수개의 범죄사실 중 **일부에 관하여만 자수**한 경우에는 그 부분 범죄사실에 대해서만 자수의 효력이 있다(대판 1994.10.14, 94도2130). 10. 법원행시, 11. 경찰승진, 12. 사시

(3) 일단 자수가 성립한 이상 자수의 효력은 확정적으로 발생한다.

> **판례**
> 일단 자수가 성립한 이상, 자수의 효력은 확정적으로 발생하고 그 후에 범인이 번복하여 수사기관이나 법정에서 범행을 부인한다고 하더라도 일단 발생한 자수의 효력이 소멸하는 것은 아니라고 할 것이다(대판 1999.7.9, 99도1695). 10. 법원행시, 11. 국가직 9급, 12. 경찰간부

> **판례**
> 자수의 효력발생 시기(= 수사기관에 범죄사실을 진술한 때)
> 피고인이 검찰의 소환에 따라 **자진 출석하여 검사에게 범죄사실에 관하여 자백함으로써** 형법상 자수의 효력이 발생하였다면, 그 후에 검찰이나 법정에서 범죄사실을 일부 부인하였다고 하더라도 일단 발생한 자수의 효력이 소멸하는 것은 아니다(대판 2002.8.23, 2002도46).

> **판례**
> 수사기관에서 혐의사실을 진술한 후 법정에서 부인한 경우(= 자수 인정)
> 1. 피고인들이 검찰에 조사 일정을 문의한 다음 지정된 일시에 검찰에 출두하는 등의 방법으로 자진 출석하여 범행을 사실대로 진술한 후 법정에서 범행 사실을 부인한 경우, 검찰에 자진 출석하여 범행을 사실대로 진술하였다면 자수가 성립되었다고 할 것이고, 그 후 법정에서 범행 사실을 부인한다고 하여 뉘우침이 없는 자수라거나, 이미 발생한 자수의 효력이 없어진다고 볼 수 없다(대판 2005.4.29, 2002도7262).

2. 피고인이 그의 뇌물수수사실과 전혀 연관이 없는 회사에 대한 세무조사와 관련하여 수사기관에 자진출석하여 금원을 수수하였다는 내용의 자술서를 스스로 작성하여 제출하고 수사과정에서 수뢰혐의사실을 모두 자백하였다면, 피고인은 수사책임 있는 관서에 자기의 범죄사실을 자수한 것으로 보아야 할 것이고, 또 피고인이 검찰에서 피의자로 신문을 받으면서 그 범죄사실을 시인하는 내용의 진술을 한 이상, 피고인이 법정에서 수수한 금원의 직무관련성에 대하여만 수사기관에서의 자백과 차이가 나는 진술을 하였다 하더라도 피고인이 한 자수의 효력에는 영향을 미칠 것이 못 된다(대판 1994.12.27, 94도618).

目 자수 · 자복 · 자백의 비교

구분	자수	자복	자백
개념	범인이 스스로 자기의 범죄사실을 수사기관에 신고하여 소추를 구하는 의사표시	반의사불벌죄(해제조건부 범죄)에서 범인이 피해자에게 자신의 범죄를 고백하는 것	범인이 수사기관의 신문을 받고 범죄사실을 자인하는 것
대상범죄	모든 범죄에 대해서 인정	반의사불벌죄에 대해서만 인정	모든 범죄에 대해서 인정
상대방	수사기관	피해자	수사기관
주체	범인 자신, 제3자를 통한 신고나 고지도 가능		범인 자신
시기	발각전후를 불문, 그러나 소송단계 이전일 것		소송단계에서도 가능
효과	총칙-임의적 감면, 각칙-필요적 감면		특정범죄에서 필요적 감면

❺ 형의 가감 예

1. 형의 가중 · 감경의 순서

⑴ 형종의 선택

제54조【선택형과 정상참작감경】한 개의 죄에 정한 형이 여러 종류인 때에는 먼저 적용할 형을 정하고 그 형을 감경한다.

⑵ 가중 · 감경사유가 경합하는 경우

제56조【가중 · 감경순서】형을 가중 · 감경할 사유가 경합하는 경우에는 다음 각 호의 순서에 따른다.
1. 각칙 조문에 따른 가중
2. 제34조 제2항(특수한 교사 · 방조)에 따른 가중
3. 누범 가중
4. 법률상 감경
5. 경합범 가중
6. 정상참작감경

2. 형의 가중·감경의 정도와 방법

(1) 가중의 정도와 방법

구분	가중의 정도	비고
특수교사	장기·다액의 1/2까지 가중	① 유기징역 또는 유기금고를 가중하는 경우에는 50년까지로 한다(제42조).
특수방조	정범의 형으로 처벌	
경합범	장기·다액의 1/2까지 가중	② 경합범 중 가장 중한 죄로서 무기징역을 선택한 경우 경합범가중이나 누범가중은 할 수 없다.
누범	장기의 2배까지 가중	

(2) 감경의 정도와 방법

① 법률상 감경

> 제55조【법률상의 감경】① 법률상의 감경은 다음과 같다.
> 1. 사형을 감경할 때에는 무기 또는 20년 이상 50년 이하의 징역 또는 금고로 한다.
> 2. 무기징역 또는 무기금고를 감경할 때에는 10년 이상 50년 이하의 징역 또는 금고로 한다.
> 3. 유기징역 또는 유기금고를 감경할 때에는 그 형기의 2분의 1로 한다.
> 4. 자격상실을 감경할 때에는 7년 이상의 자격정지로 한다.
> 5. 자격정지를 감경할 때에는 그 형기의 2분의 1로 한다.
> 6. 벌금을 감경할 때에는 그 다액의 2분의 1로 한다.
> 7. 구류를 감경할 때에는 그 장기의 2분의 1로 한다.
> 8. 과료를 감경할 때에는 그 다액의 2분의 1로 한다.
> ② 법률상 감경할 사유가 수개 있는 때에는 거듭 감경할 수 있다.

㉠ 법률상 감경할 사유가 수 개 있는 때에는 거듭 감경할 수 있다.

㉡ '그 형기의 2분의 1을 감경'할 때에는 상한뿐만 아니라 하한도 2분의 1로 감경된다.

㉢ 벌금의 경우 '다액의 2분의 1'로 규정되어 있으나, 그 상한과 함께 하한도 2분의 1로 내려간다.

판례

1. 형법 제55조 제1항 제3호에 의하여 형기를 감경할 경우 여기서의 형기라 함은 장기와 단기를 모두 포함하는 것으로서 당해 처벌조항에 장기 또는 단기의 정함이 없을 때에는 형법 제42조에 의하여 장기는 15년, 단기는 1월이라고 볼 것이어서 형법 제250조의 소정형 중 5년 이상의 유기징역형을 선택한 이상 그 장기는 15년이므로 법률상 감경을 한다면 장기 7년 6월, 단기 2년 6월의 범위 내에서 처단형을 정하여야 한다(대판 1983.11.8, 83도2370).
2. 형법은 제264조에서 상습으로 제258조의2의 죄를 범한 때에는 그 죄에 정한 형의 2분의 1까지 가중한다고 규정하고, 제258조의2 제1항에서 위험한 물건을 휴대하여 상해죄를 범한 때에는 1년 이상 10년 이하의 징역에 처한다고 규정하고 있다. 위와 같은 형법 각 규정의 문언, 형의 장기만을 가중하는 형법 규정에서 그 죄에 정한 형의 장기를 가중한다고 명시하고 있는 점, 형법

제264조에서 상습범을 가중처벌하는 입법 취지 등을 종합하면, 형법 제264조는 **상습특수상해죄를 범한 때에 형법 제258조의2 제1항에서 정한 법정형의 단기와 장기를 모두 가중하여 1년 6개월 이상 15년 이하의 징역에 처한다는 의미로 새겨야 한다**(대판 2017.6.29, 2016도18194).

3. 형법 제55조 제1항 제6호의 벌금을 감경할 때의 「다액」의 2분의 1이라는 문구는 「금액」의 2분의 1이라고 해석하여 그 상한과 함께 하한도 2분의 1로 내려가는 것으로 해석하여야 한다(대판 1978.4.25, 78도246 전원합의체).

② 작량감경(재판상 감경)
  ㉠ 작량감경의 정도는 명문규정은 없으나 법률상 감경례에 준해서 감경한다(통설·판례).
  ㉡ 작량감경사유가 수개 있는 경우에는 거듭 감경을 할 수 없으나, 법률상 감경을 한 후에 다시 작량감경을 할 수는 있다(판례).
  ㉢ 징역형과 벌금형을 병과할 경우에는 특별한 규정이 없는 한 어느 한쪽에만 작량감경을 하는 것은 허용되지 않는다(판례).

❻ 양형

1. 의의

양형이란 법정형에 법률상의 가중, 감경 또는 작량감경을 한 처단형의 범위 내에서 구체적으로 선고할 형을 정하는 것을 말한다.

2. 기준

양형은 형벌의 목적에 따라 결정되어야 한다. 따라서 양형에 있어서는 행위자의 책임뿐만 아니라 예방의 목적도 고려되어야 한다.

3. 조건

제51조 【양형의 조건】 형을 정함에 있어서는 다음 사항을 참작하여야 한다.
  1. 범인의 연령, 성행, 지능과 환경
  2. 피해자에 대한 관계
  3. 범행의 동기, 수단과 결과
  4. 범행 후의 정황

❼ 판결선고 전 구금과 판결의 공시

1. 판결선고 전 구금일수의 통산

> 제57조 【판결선고 전 구금일수의 통산】 ① 판결선고 전의 구금일수는 그 전부를 유기징역, 유기금고, 벌금이나 과료에 관한 유치 또는 구류에 산입한다.
> ② 전항의 경우에는 구금일수의 1일은 징역, 금고, 벌금이나 과료에 관한 유치 또는 구류의 기간의 1일로 계산한다.

(1) 판결선고 전의 구금이란 범죄의 혐의를 받는 자를 재판이 확정될 때까지 구금하는 것을 말한다.

(2) 미결구금일수를 전혀 산입하지 않거나 구금일수보다 많은 일수를 산입하는 것은 위법이다.

> **판례**
>
> **일부통산의 위헌여부(=위헌)**
>
> 형법 제57조 제1항 중 '또는 일부' 부분은 헌법재판소 2009.6.25, 선고 2007헌바25 사건의 **위헌결정으로 효력이 상실**되었다. 그리하여 판결선고 전 **미결구금일수는 그 전부가 법률상 당연히 본형에 산입**하게 되었으므로 판결에서 별도로 미결구금일수 산입에 관한 사항을 판단할 필요가 없다고 할 것이다(대판 2009.12.10, 2009도11448). 11. 법원행시, 12. 국가직 7급

> **판례**
>
> **미결구금에 해당하지 않는 경우**
>
> 1. 피고인이 기소중지처분된 신용카드사업법 위반 등의 피의사실로 27일간 구속되었고, **연이어 사기 등 범행으로 구속되어 사기 등 범행으로 구속기소되었지만 결과적으로 구속기간이 사기 등 범행사실의 수사에 실질상 이용되었다** 하더라도 위 구금일수를 사기죄의 본형에 산입할 수는 없다(대판 1990.12.11, 90도2337).
> 2. 필리핀에서 범행을 저지른 피고인이 필리핀 당국에 의하여 **체포된 후에 강제로 출국되기까지의 기간**은 형법 제57조에 의하여 본형에 산입될 미결구금일수에 해당하지 않는다(대판 2003.2.11, 2002도6606).
> 3. 피고인이 범행 후에 미국으로 도주하였다가 대한민국정부와 미합중국정부간의 범죄인 인도조약에 따라 체포되어 **인도절차를 밟기 위한 절차에 해당하는 기간**은 본형에 산입될 미결구금일수에 해당하지 않는다(대판 2005.10.28, 2005도5822).
> 4. 정식재판청구기간을 도과한 약식명령에 기하여 피고인을 **노역장에 유치하는 것은 형의 집행이므로** 그 유치기간은 형법 제57조가 규정한 미결구금일수에 해당하지 아니한다(대판 2007.5.10, 2007도2517).

2. 판결의 공시

> 제58조【판결의 공시】① 피해자의 이익을 위하여 필요하다고 인정할 때에는 피해자의 청구가 있는 경우에 한하여 피고인의 부담으로 판결공시의 취지를 선고할 수 있다.
> ② 피고사건에 대하여 무죄의 판결을 선고하는 경우에는 무죄판결공시의 취지를 선고하여야 한다. 다만, 무죄판결을 받은 피고인이 무죄판결공시 취지의 선고에 동의하지 아니하거나 피고인의 동의를 받을 수 없는 경우에는 그러하지 아니하다.
> ③ 피고사건에 대하여 면소의 판결을 선고하는 경우에는 면소판결공시의 취지를 선고할 수 있다.

피해자의 이익이나 명예회복을 위하여 판결의 선고와 함께 그 전부 또는 일부를 관보나 일간신문 등을 통하여 공적으로 주지시키는 제도이다.

제3절 누범

> 제35조【누범】① 금고(禁錮) 이상의 형을 선고받아 그 집행이 종료되거나 면제된 후 3년 내에 금고 이상에 해당하는 죄를 지은 사람은 누범(累犯)으로 처벌한다.
> ② 누범의 형은 그 죄에 대하여 정한 형의 장기(長期)의 2배까지 가중한다.

SUMMARY

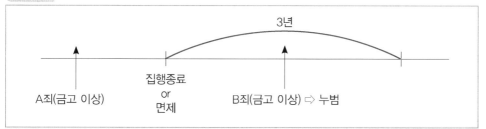

❶ 서설

1. 의의

형법상의 누범이란 금고 이상의 형을 받아 그 집행을 종료하거나 면제를 받은 후 3년 내에 금고 이상에 해당하는 죄를 범한 경우를 말한다(제35조 제1항).

2. 누범과 상습범

구분	누범	상습범
의미	불특정 범죄행위의 반복적 처벌	반복된 범죄에 드러난 범죄경향 또는 습벽
판단기준	범죄의 수	상습적 습벽
전과의 존재	필요	불필요
가중요소	불특정 범죄의 반복으로 인한 책임가중	상습적이라는 행위자책임으로 형벌가중
규정방식	총칙적 누범규정(제35조)	각칙에서 개별적 가중
양자의 경합	누범가중과 상습범가중사유가 경합하면 양자를 병과할 수 있음	

☑ **상습범가중처벌의 범죄**
- 아편에 관한 죄, 도박죄(상습도박죄 ×), 상해죄, 폭행죄, 체포·감금죄, 협박죄, 절도죄, 강도죄, 사기죄, 공갈죄, 장물죄, 강간죄·강제추행죄는 상습범을 가중처벌한다.
- 국가적 법익, 약취·유인죄, 재산범죄 중 횡령죄·배임죄·손괴죄·권리행사방해죄는 상습범을 가중처벌하지 않는다.
- 강도죄·장물죄·도박죄는 별도의 법정형으로 규정되어 있다. 나머지는 모두 그 죄에 정한 형의 2분의 1을 가중처벌한다.

> **판례**
>
> 상습범과의 관계
>
> 1. 상습범과 누범은 서로 다른 개념으로서 누범에 해당한다고 하여 반드시 상습범이 되는 것이 아니며, 반대로 상습범에 해당한다고 하여 반드시 누범이 되는 것도 아니다. 또한, 행위자책임에 형벌가중의 본질이 있는 상습범과 행위책임에 형벌가중의 본질이 있는 누범을 단지 평면적으로 비교하여 그 경중을 가릴 수는 없고, 사안에 따라서는 폭력행위 등 처벌에 관한 법률 제3조 제4항에 정한 누범의 책임이 상습범의 경우보다 오히려 더 무거운 경우도 얼마든지 있을 수 있다. 이상과 같은 점을 고려하면, 같은 법 제3조 제4항의 누범에 대하여 같은 법 제3조 제3항의 상습범과 동일한 법정형을 정하였다고 하여 이를 두고 평등원칙에 반하는 위헌적인 규정이라고 할 수는 없다.
> 2. 폭력행위 등 처벌에 관한 법률 제3조 제4항에 해당하여 처벌하는 경우에도 형법 제35조의 누범가중 규정의 적용은 면할 수 없으므로, 형법 제35조를 적용한다고 하더라도 그것이 동일한 행위에 대한 이중처벌로서 헌법상의 인간의 존엄과 가치, 행복추구권을 침해하는 것이라고는 볼 수 없다(대판 2007.8.23, 2007도4913). 11. 법원행시

❷ 누범가중의 요건

1. 전범(前犯)에 관한 요건

(1) 전범이 금고 이상의 형의 선고를 받았을 것

① 금고 이상의 형: 선고형을 의미하며, 유기징역과 유기금고를 말한다.
  ㉠ 사형 또는 무기형을 선고받은 자도 감형으로 인하여 유기징역이나 유기금고의 선고를 받거나, 특별사면 또는 형의 시효로 그 집행이 면제된 때에는 누범의 요건을 충족할 수 있다.

ⓒ 자격상실·자격정지·벌금·구류·과료·몰수는 누범전과에 해당하지 않는다.
ⓒ 고의범·과실범, 형법·특별법·소년법, 군사법원의 판결을 불문한다.

② 금고 이상의 형의 선고가 유효할 것

　㉠ 일반사면이 있거나 선고유예·집행유예에 있어서 유예기간이 경과한 경우에는 누범이 될 수 없다. 다만, 특별사면이 있는 경우에는 누범이 된다.

　㉡ 복권은 상실 또는 정지된 자격을 회복시키는 것에 불과하므로 복권이 있었어도 그 전과사실은 누범가중사유가 된다(예 특별사면을 받아 형의 집행을 면제받고 복권이 된 때에도 형의 선고의 효력은 상실되지 않으므로 출소 후 3년 이내에 다시 죄를 범한 경우에는 누범에 해당한다).

⑵ **전범의 형이 집행 종료 또는 면제되었을 것**

① 형의 집행을 종료하였다고 함은 형기가 만료된 경우를 말하며, 형의 집행을 면제받은 경우로는 형의 시효가 완성된 때(제77조), 특별사면에 의하여 형의 집행이 면제된 때(사면법 제5조) 등이 있다.

② 전형(前刑)은 집행이 종료 또는 면제되었을 것을 요하므로 전형의 집행 전이나 집행 중 또는 집행정지 중에 범한 죄는 누범이 아니다.

③ 선고유예기간 중, 집행유예기간 중, 가석방기간 중, 형집행정지 중에 범한 죄는 누범이 아니다.

2. 후범(後犯)에 관한 요건

⑴ **금고 이상에 해당하는 죄를 범하였을 것**

① 누범으로서 판결의 대상이 되는 범죄는 금고 이상의 형에 해당하는 죄일 것을 요한다. 여기서 금고 이상에 해당하는 죄는 선고형을 뜻한다(다수설·판례).

② 후범(누범)은 전범과 같은 죄명이거나 죄질을 같이하는 동종의 범죄일 것을 요하지 않으며, 고의범인가 과실범인가도 문제되지 않는다.

⑵ **전범의 형집행 종료 또는 면제 후 3년 이내에 범한 죄일 것**

① 전범의 형집행을 종료하거나 면제를 받은 후 3년 이내에 후범이 행하여질 것을 요한다. 이를 누범시효라고 한다.

② 기간의 기산점은 전범의 형집행을 종료한 날 또는 형집행의 면제를 받은 날이며, 금고 이상에 해당하는 죄를 범한 시기는 실행의 착수시를 기준으로 결정한다.

③ 상습범 중 일부 행위가 누범기간 내에 이루어진 이상, 나머지 행위가 누범기간 경과 후에 행하여졌더라도 그 행위 전부가 누범관계에 있다.

기출OX
금고 이상의 형을 받고 그 형의 집행유예기간 중에 금고 이상에 해당하는 죄를 범하였다면 누범으로 처벌할 수 있다. 18. 법원직　(×)

☑ 두문자
• 누범이 인정되는 경우
  누가특시복

📋 **누범의 인정 여부**

누범 인정	누범 부정
가석방기간의 종료	일반사면
특별사면	선고유예
형의 시효완성	집행유예
복권	가석방기간 중

판례

1. 형법 제35조 소정의 누범이 되려면 금고 이상의 형을 받아 그 집행을 종료하거나 면제를 받은 후 3년 내에 다시 금고 이상에 해당하는 죄를 범하여야 하는바, 이러한 경우 다시 금고 이상에 해당하는 죄를 범하였는지 여부는 그 범죄의 실행행위를 하였는지 여부를 기준으로 결정하여야 하므로 3년의 기간 내에 실행의 착수가 있으면 족하고, 그 기간 내에 기수에까지 이르러야 되는 것은 아니다(대판 2006.4.7, 2005도9858). 09. 사시, 12. 법원행시, 16. 국가직 7급

2. 특정범죄 가중처벌 등에 관한 법률 제5조의4 제6항에 따라 그 죄에 정한 형의 단기의 2배까지 가중한 후에 다시 형법 제35조의 누범가중한 형기의 범위 내에서 처단형을 정하여야 한다(대판 2006.12.8, 2006도6886).

3. 형법 제35조가 누범에 해당하는 전과사실과 새로이 범한 범죄 사이에 일정한 상관관계가 있다고 인정되는 경우에 한하여 적용되는 것으로 제한하여 해석해서는 아니 된다(대판 2008.12.24, 2006도1427). 16. 국가직 7급

판례비교 누범가중의 인정 여부

O 누범가중 인정	X 누범가중 부정
① 양자의 요건이 경합하는 경우 병과가 가능하므로 **상습범에도 누범가중이 가능하다**(대판 1982.5.25, 82도600). 07. 법원직	① **가석방기간 중의 재범에 대해서는 그 가석방된 전과사실 때문에 누범가중처벌되지 아니한다**(대판 1976.9.14, 76도2071). 11. 경찰간부
② **복권이 있었다고 하더라도 그 전과사실은 누범가중사유에 해당한다**(대판 1981.4.14, 81도543). 17. 법원직	② 가석방기간 중이거나 형집행정지기간 중일 때에는 아직 형집행의 종료라고 볼 수 없으므로 가석방기간 중의 범행은 본조에서 말하는 형집행 종료 후의 죄를 범한 경우에 해당한다고 볼 수 없어 누범가중을 할 수 없다(대판 1976.9.14, 76도2071).
③ 실형을 선고받아 복역하다가 **특별사면으로 출소한 후 3년 이내에 다시 범죄를 저지른 자에 대한 누범가중은 정당하다**(대판 1986.11.11, 86도2004). 11. 사시	③ 형법 제35조 제1항에 규정된 '금고 이상에 해당하는 죄'라 함은 유기금고형이나 유기징역형으로 처단할 경우에 해당하는 죄를 의미하는 것으로서 법정형 중 **벌금형을 선택한 경우에는 누범가중을 할 수 없다**(대판 1982.9.14, 82도1702). 03. 법원행시, 11. 경찰승진, 16. 국가직 7급
④ 상습범 중 일부 행위가 누범기간 내에 이루어진 이상, **나머지 소위가 누범기간 경과 후에 행하여졌더라도 그 행위 전부는 누범관계에 있다**(대판 1982.5.25, 82도600). 08. 사시, 09. 경찰승진, 11. 법원행시	④ 금고 이상의 형을 받고 그 형의 **집행유예기간 중에 금고 이상에 해당하는 죄를 범하였다 하더라도 이는 누범가중의 요건을 충족시킨 것이라 할 수 없다**(대판 1983.8.23, 83도1600). 09. 경찰승진, 18. 법원직
⑤ 금고 이상의 형의 선고를 받은 전범이 형법전에 속하는 범죄는 물론 **형사특별법에 규정된 범죄라도 무방하고**(대판 1991.5.28, 91도741), 통상법원의 판결뿐만 아니라 군법회의의 판결에 의하여 금고 이상의 형을 선고받은 경우에도 누범이 될 수 있다(대판 1957.10.11, 57도268).	⑤ **일반사면을 받은 경우에는 형선고가 실효되므로 누범가중사유에 해당하지 않는다**(고법 1965.12.7, 65노329). 11. 경찰간부, 17. 법원직

❸ 누범의 효과

1. 누범의 가중처벌

(1) 누범의 형은 그 죄에 정한 형의 장기의 2배까지 가중한다(제35조 제2항). 다만, 장기는 50년을 초과할 수 없으며(제42조 단서), 형의 단기까지 가중되는 것은 아니다. 누범으로 인하여 가중되는 형은 법정형을 의미한다.

(2) 누범에 대하여 법률상·재판상 감경이 가능함은 물론, 누범이 경합범인 경우에는 각 죄에 대하여 먼저 누범가중을 한 후에 경합범으로 처벌하여야 하며, 상상적 경합일 경우에는 먼저 각 죄에 대하여 누범을 가중한 후에 가장 중한 형으로 처단하여야 한다.

2. 소송법적 효과

(1) 누범가중의 사유가 되는 전과는 엄격한 증명일 것을 요한다.

(2) 누범가중에 있어서는 누범의 시기를 유죄판결에 명시하여야 한다.

3. 판결선고 후의 누범발각

> 제36조【판결선고 후의 누범발각】판결선고 후 누범인 것이 발각된 때에는 그 선고한 형을 통산하여 다시 형을 정할 수 있다. 단, 선고한 형의 집행을 종료하거나 그 집행이 면제된 후에는 예외로 한다.

(1) 제36조의 본문은 재판의 부당한 지연을 막기 위하여 재판확정 후에 누범인 것이 발각되면 이미 선고한 형을 가중할 수 있도록 하였다. '다시 형을 정한다.'고 함은 다시 재판을 하는 것이 아니라 집행 중인 형에 누범으로 인하여 가중되는 형만을 추가한다는 의미이다.

(2) 제36조의 단서는 형집행을 종료하거나 면제받은 후에 이미 자유를 회복하고 사회로 복귀한 범죄인의 현 상태를 존중하는 데에 그 취지가 있다.

제4절 선고유예 · 집행유예 · 가석방

❶ 선고유예

> 제59조【선고유예의 요건】① 1년 이하의 징역이나 금고, 자격정지 또는 벌금의 형을 선고
> 할 경우에 제51조의 사항을 고려하여 뉘우치는 정상이 뚜렷할 때에는 그 형의 선고를 유예
> 할 수 있다. 다만, 자격정지 이상의 형을 받은 전과가 있는 사람에 대해서는 예외로 한다.
> ② 형을 병과할 경우에도 형의 전부 또는 일부에 대하여 선고를 유예할 수 있다.

1. 의의 및 성질

(1) 의의

선고유예란 범정(犯情)이 경미한 범죄에 대하여 일정한 기간 동안 형의 선고를 유예하
고 그 유예기간을 경과한 때에는 면소된 것으로 간주하는 제도이다.

(2) 취지

장차 피고인의 사회복귀를 용이하게 하여 특별예방의 목적을 달성하기 위함이다.

(3) 성질

선고유예는 유죄판결이지만 형을 선고하지 않고 일정기간 유예한다는 점에서 형법상
가벼운 제재라고 할 수 있다.

2. 요건

(1) 1년 이하의 징역이나 금고, 자격정지 또는 벌금의 형을 선고할 경우일 것

① 형의 선고를 유예할 수 있는 경우: 선고할 형이 1년 이하의 징역이나 금고, 자격정
지 또는 벌금의 형인 경우에 한하고 주형과 부가형을 포함한 처단형 전부에 대하여
선고유예를 할 수 있다. 다만, 구류·과료형에 대하여는 선고를 유예할 수 없다(판례).

> **판례**
>
> 1. 형의 선고를 유예할 수 있는 경우에는 선고할 형이 1년 이하의 징역이나 금고, 자격정지 또는
>   벌금의 형인 경우에 한하고 구류형에 대하여는 선고를 유예할 수 없다(대판 1993.6.22, 93오1).
> 2. 필요적 몰수의 경우라도 주형을 선고유예하는 경우에는 몰수 또는 몰수에 갈음하는 추징
>   도 선고유예를 할 수 있다(대판 1978.4.25, 76도2262). 18. 법원직
> 3. 형법 제59조에 의하더라도 몰수는 선고유예의 대상으로 규정되어 있지 아니하고 다만 몰
>   수 또는 이에 갈음하는 추징은 부가형적 성질을 띠고 있어 그 주형에 대하여 선고를 유예
>   하는 경우에는 그 부가할 몰수 추징에 대하여도 선고를 유예할 수 있으나, 그 주형에 대하
>   여 선고를 유예하지 아니하면서 이에 부가할 몰수 추징에 대하여서만 선고를 유예할 수는
>   없다(대판 1988.6.21, 88도551). 03. 법원직, 03·08. 법원행시, 05. 법무사, 09·18. 경찰승진, 11·12. 사시

② 일부에 대한 선고유예 : 형을 병과하는 경우에는 그 일부에 대하여도 선고를 유예할 수 있다. 예컨대, 징역형과 벌금형을 병과하면서 징역형에 대해서는 집행유예를 하고 벌금형에 대해서는 선고유예를 할 수 있다.

> **판례**
>
> 징역형과 벌금형을 병과하면서 어느 한 쪽에 대하여서만 선고유예를 할 수 있고, 징역형은 집행유예를 하고 벌금형은 선고유예를 할 수도 있다(대판 1976.6.8, 75도1266).
>
> 04. 법원행시, 09. 국가직 7급

(2) 개전(改悛)의 정이 현저할 것

행위자에게 형을 선고하지 않아도 재범의 위험이 없다고 인정되는 경우를 말한다. 그 판단의 기초는 제51조[4]에 규정된 양형의 조건이며 판단의 기준시기는 판결시이다.

> **판례**
>
> 선고유예의 요건 중 '개전의 정상이 현저한 때'라고 함은, 반성의 정도를 포함하여 널리 형법 제51조가 규정하는 양형의 조건을 종합적으로 참작하여 볼 때 형을 선고하지 않더라고 피고인이 다시 범행을 저지르지 않으리라는 사정이 현저하게 기대되는 경우를 가리킨다고 해석할 것이고, 이와 달리 여기서의 '개전의 정상이 현저한 때'가 반드시 피고인이 죄를 깊이 뉘우치는 경우만을 뜻하는 것으로 제한하여 해석하거나, 피고인이 범죄사실을 자백하지 않고 부인할 경우에는 언제나 선고유예를 할 수 없다고 해석할 것은 아니다(대판 2003.2.20, 2001도6138). 08. 법원행시, 16. 국가직 9급

(3) 자격정지 이상의 형을 받은 전과가 없을 것

① 선고유예는 초범에 대해서만 가능하다.

② 자격정지 이상의 전과는 형을 선고받은 사실이 있다는 범죄경력 자체를 의미하는 것이지, 그 형의 효력이 상실되었는지는 묻지 않는다. 따라서 형의 집행유예기간이 경과하여 형의 선고가 실효되었더라도 그 후에는 선고유예를 할 수 없게 된다. 다만, 선고유예기간이 경과하면 면소로 간주되므로 그 후에 선고유예를 할 수 있다.

> **판례**
>
> 1. 형의 집행유예를 선고받은 자는 형법 제65조에 의하여 그 선고가 실효 또는 취소됨이 없이 정해진 유예기간을 무사히 경과하여 형의 선고가 효력을 잃게 되었다고 하더라도 형의 선고의 법률적 효과가 없어진다는 것일 뿐, 형의 선고가 있었다는 기왕의 사실 자체까지 없어지는 것은 아니므로, **형법 제59조 제1항 단행에서 정한 선고유예 결격사유인 '자격정지 이상의 형을 받은 전과가 있는 자'에 해당한다고 보아야 한다**(대판 2003.12.26, 2003도3768).
>
> 08. 법원행시, 11. 사시, 12. 경찰·경찰승진

---

4) 형법 제51조 형을 정함에 있어서는 다음 사항을 참작하여야 한다.
   1. 범인의 연령, 성행, 지능과 환경
   2. 피해자에 대한 관계
   3. 범행의 동기, 수단과 결과
   4. 범행 후의 정황

2. 형법 제37조 후단 경합범 중 판결을 받지 아니한 죄에 대하여 형을 하는 경우에 형법 제37조 후단에 규정된 '금고 이상의 형에 처한 판결이 확정된 죄'의 형도 형법 제59조 제1항 단서에서 정한 유예의 예외사유인 '자격정지 이상의 형을 받은 전과'에 포함되므로, 피고인에게 이 사건범행 이후에 금고 이상의 형을 받아 판결이 확정된 전과가 있음에 피고인에 대한 형의 선고를 유예하는 것은 위법하다(대판 2010.7.8, 2010도931). 12. 법원행시, 17. 경찰승진

3. 효과

> 제60조【선고유예의 효과】형의 선고유예를 받은 날로부터 2년을 경과한 때에는 면소된 것으로 간주한다.

(1) 선고유예의 판결을 할 것인가는 법원의 재량에 속하나, 선고유예의 판결을 하는 경우에는 범죄사실과 선고할 형을 결정하여야 한다.

(2) 형의 선고유예를 받은 날로부터 2년을 경과한 때에는 면소된 것으로 간주한다(제60조). 즉, 유예기간은 언제나 2년이다.

> **판례**
> 1. 선고유예를 하는 경우, 선고가 유예된 형에 대한 판단을 하여야 하는 것이므로 선고유예판결의 그 판결이유에서는 선고할 형의 종류와 양, 즉 선고형을 정하여 놓아야 하고 그 선고를 유예하는 형이 벌금형일 경우에는 그 벌금액뿐만 아니라 환형유치처분까지 해 두어야 한다(대판 1988.1.9, 86도2654). 16. 국가직 9급, 17. 법원직
> 2. 형법 59조에 의한 선고유예 판결을 할 경우에는 선고할 형의 종류와 양 즉 선고형을 정하여 놓아야 하고 선고가 유예된 형에 벌금형을 선택하면서 그 액을 정하지 아니한 채 선고유예 판결을 하면 위법이다(대판 1975.4.8, 74도618).

4. 선고유예와 보호관찰

> 제59조의2【보호관찰】① 형의 선고를 유예하는 경우에 재범방지를 위하여 지도 및 원호가 필요한 때에는 보호관찰을 받을 것을 명할 수 있다.
> ② 제1항의 규정에 의한 보호관찰의 기간은 1년으로 한다.

😊 집행유예에서는 사회봉사명령이나 수강명령을 인정하지만, 선고유예에서는 이를 인정하지 않는다.

5. 선고유예의 실효

> 제61조【선고유예의 실효】① 형의 선고유예를 받은 자가 유예기간 중 자격정지 이상의 형에 처한 판결이 확정되거나 자격정지 이상의 형에 처한 전과가 발견된 때에는 유예한 형을 선고한다.
> ② 제59조의2의 규정에 의하여 보호관찰을 명한 선고유예를 받은 자가 보호관찰기간 중에 준수사항을 위반하고 그 정도가 무거운 때에는 유예한 형을 선고할 수 있다.

(1) 필요적 실효

형의 선고유예를 받은 자가 유예기간 중 자격정지이상의 형에 처한 판결이 확정되거나 자격정지이상의 형에 처한 전과가 발견된 때에는 유예한 형을 선고한다(제61조 제1항). 유예한 형의 선고는 검사의 청구에 의하여 그 범죄사실에 대한 최종판결을 한 법원이 한다(형소법 제336조).

판례

1. 형법 제61조 제1항에서 말하는 '**형의 선고유예를 받은 자가 자격정지 이상의 형에 처한 전과가 발견된 때**'란 형의 선고유예의 판결이 확정된 후에 비로소 위와 같은 전과가 발견된 경우를 말하고 그 판결확정 전에 이러한 전과가 발견된 경우에는 이를 취소할 수 없으며, 이때 판결확정 전에 발견되었다고 함은 검사가 명확하게 그 결격사유를 안 경우만을 말하는 것이 아니라 당연히 그 결격사유를 알 수 있는 객관적 상황이 존재함에도 부주의로 알지 못한 경우도 포함된다(대결 2008.2.14, 2007모845). 16. 국가직 9급, 17. 국가직 7급

2. 형의 선고유예를 받은 자가 유예기간 중 자격정지 이상의 형에 처한 판결이 확정되더라도 검사의 청구에 의한 선고유예 실효의 결정에 의하여 비로소 선고유예가 실효되는 것이고, 또한 형의 선고유예의 판결이 확정된 후 2년을 경과한 때에는 형법 제60조가 정하는 바에 따라 면소된 것으로 간주되고, 그와 같이 **유예기간이 경과함으로써 면소된 것으로 간주된 후에는 실효시킬 선고유예의 판결이 존재하지 아니하므로 선고유예 실효의 결정(선고유예된 형을 선고하는 결정)을 할 수 없으며**, 이는 원결정에 대한 집행정지의 효력이 있는 즉시항고 또는 재항고로 인하여 아직 그 선고유예 실효 결정의 효력이 발생하기 전 상태에서 상소심에서 절차 진행 중에 그 유예기간이 그대로 경과한 경우에도 마찬가지이다(대결 2007.6.28, 2007모348).

(2) 임의적 실효

제59조의2의 규정에 의하여 보호관찰을 명한 선고유예를 받은 자가 보호관찰기간 중에 준수사항을 위반하고 그 정도가 무거운 때에는 유예한 형을 선고할 수 있다(제61조 제2항).

❷ 집행유예

> 제62조【집행유예의 요건】① 3년 이하의 징역이나 금고 또는 500만원 이하의 벌금의 형을 선고할 경우에 제51조의 사항을 참작하여 그 정상에 참작할 만한 사유가 있는 때에는 1년 이상 5년 이하의 기간 형의 집행을 유예할 수 있다. 다만, 금고 이상의 형을 선고한 판결이 확정된 때부터 그 집행을 종료하거나 면제된 후 3년까지의 기간에 범한 죄에 대하여 형을 선고하는 경우에는 그러하지 아니하다.
> ② 형을 병과할 경우에는 그 형의 일부에 대하여 집행을 유예할 수 있다.

1. 의의 및 성질

(1) 의의

집행유예란 형을 선고함에 있어서 일정한 기간 동안 형의 집행을 유예하고 그 유예기간을 경과한 때에는 형의 선고의 효력을 잃게 하는 제도를 말한다.

(2) 취지

단기 자유형의 피해방지와 범죄인의 조속한 사회복귀를 위한 특별예방의 관점에서 인정되는 제도이다.

(3) 성질

집행유예는 행위자에게 자유형이 선고되고 그 집행만 유예되는 것에 지나지 않으며 일종의 양형에 불과하다(다수설).

2. 요건

(1) 3년 이하의 징역이나 금고 또는 500만원 이하의 벌금의 형을 선고할 경우일 것

① 징역 또는 금고의 형을 선고할 때에만 집행유예를 할 수 있다. 500만원 이하의 벌금형을 선고할 때에는 집행유예를 할 수 있다. 따라서 자격정지·구류·과료를 선고할 경우 집행유예는 인정되지 않는다.

② 여기의 형은 선고형을 의미하며 하나의 형 일부에 대해서만 집행유예를 할 수 없으나, 형을 병과하는 경우에는 그 형의 일부에 대하여 집행을 유예할 수 있다(제62조 제2항). 따라서 징역형과 벌금형을 병과하면서 징역형은 집행유예를 하고 벌금형은 선고유예를 할 수도 있다.

(2) 정상에 참작할 만한 사유가 있을 것

정상에 참작할 만한 사유란 형의 선고만으로도 유예기간뿐만 아니라 장래에 재범을 하지 않을 것으로 인정되는 경우를 말하며, 이를 판단함에 있어서는 제51조의 양형(범인의 연령·성행·지능과 환경, 피해자에 대한 관계, 범행의 동기·수단과 결과, 범행 후의 정황)에 관한 조건을 종합하여 참작하여야 한다. 판단의 기준시기는 판결시이다.

(3) **금고 이상의 형을 선고한 판결이 확정된 때로부터 그 집행을 종료하거나 면제된 후 3년까지의 기간에 범한 죄가 아닐 것**

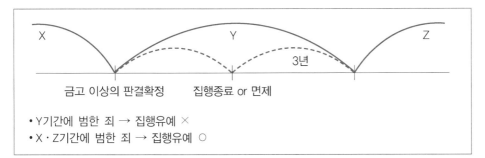

• Y기간에 범한 죄 → 집행유예 ×
• X · Z기간에 범한 죄 → 집행유예 ○

① **금고 이상의 형을 선고한 판결**: '금고 이상의 형'이 실형만을 의미하는지 아니면 집행유예도 포함하는지와 관련하여, 집행유예기간 중에 범한 죄에 대하여 다시 집행유예를 선고할 수 있는지가 문제된다. 이에 대하여 '금고 이상의 형'은 실형만을 의미하고 집행유예는 포함되지 않으므로 형의 집행유예기간 중에 범한 죄에 대해서 다시 집행유예를 선고할 수 있다는 적극설이 다수설의 견해이다. 판례도 적극설의 지지하는 것으로 보인다.

> **판례**
>
> 집행유예기간 중에 범한 죄에 대하여 형을 선고할 때에 집행유예의 결격사유를 정하는 형법 제62조 제1항 단서 소정의 요건에 해당하는 경우란 이미 집행유예가 실효 또는 취소된 경우와 그 선고시점에 미처 유예기간이 경과하지 아니하여 형선고의 효력이 실효되지 아니한 채로 남아 있는 경우로 국한되므로 **집행유예기간 중에 범한 범죄라고 할지라도 집행유예가 실효 또는 취소됨이 없이 그 유예기간이 경과한 경우에는 이에 대하여 다시 집행유예의 선고가 가능하다**(대판 2007.2.8, 2006도6196). 12. 법원행시, 14. 국가직 9급, 17. 국가직 7급

② **죄를 범한 시기**: 집행유예 결격기간의 기산점은 금고 이상의 형을 선고한 판결이 확정된 때이며, 형의 집행이 종료되거나 면제된 때가 아니다. 따라서 금고 이상의 판결이 확정되기 이전에 범한 죄에 대하여서는 집행유예를 할 수 있다.

> **판례**
>
> 집행유예를 함에 있어서 그 **집행유예기간의 시기는 집행유예를 선고한 판결확정일로 하여야 하고** 법원이 판결확정일 이후의 시점을 임의로 선택할 수는 없다. 형법 제37조 후단의 경합범 관계에 있는 죄에 대하여 두 개의 징역형을 선고하면서 하나의 징역형에 대하여만 집행유예를 선고하고 그 집행유예기간의 시기를 다른 하나의 징역형의 집행종료일로 한 것은 위법하다 (대판 2002.2.26, 2000도4637). 11. 법원행시, 16. 법원직

CASE

Q. 피고인 甲, 乙, 丙에게는 〈보기〉와 같은 전과가 있다. 아래 범죄에 대하여 2001. 8. 1. 유죄판결이 선고되는 경우 대법원판결에 비추어 어떠한 경우에도 집행유예가 선고될 수 없는 것은?

〈보기〉

甲 : 1992. 10. 1. 폭력행위등처벌에관한법률위반죄로 징역 3년의 실형을 선고받고 같은 달 9일 그 판결이 확정되어 1995. 5. 1. 위 형의 집행을 종료하였다.

乙 : 2000. 7. 1. 무고죄로 징역 1년, 집행유예 2년을 선고받고 그 판결이 같은 달 10일 확정되었다.

丙 : 2001. 5. 1. 상습도박죄로 벌금 500만원을 선고받고 그 판결이 같은 달 9일 확정되었다.

상해죄 : 7년 이하의 징역, 10년 이하의 자격정지 또는 1천만원 이하의 벌금
절도죄 : 6년 이하의 징역 또는 1천만원 이하의 벌금
사기죄 : 10년 이하의 징역 또는 2천만원 이하의 벌금

〈지문〉

① 甲이 2000. 1. 30. 사기죄를 범한 경우
② 乙이 2000. 7. 5. 절도죄를 범한 경우
③ 丙이 2000. 3. 30. 상해죄를 범한 경우
④ 乙이 2001. 6. 1. 상습도박죄를 범한 경우
⑤ 丙이 2001. 6. 1. 상습성의 발로로 다시 상습도박죄를 범한 경우

A. 어떠한 경우에도 집행유예를 선고할 수 없는 것은 ④ 지문이다.

④ 무고죄에 대한 집행유예의 선고는 2000. 7. 10.에 확정되었고 그 집행유예는 2002. 7. 9.에 종료되었는데, 상습도박죄는 집행유예기간 중인 2001. 6. 1.에 범하였으므로 제62조 제1항 단서에 해당되어 집행유예를 선고할 수 없다.

① 사기죄는 폭력행위등처벌에관한법률위반죄에 대한 징역 3년의 판결이 확정된 1992. 10. 9.부터 그 집행을 종료한 1995. 5. 1. 후 3년이 되는 1994. 4. 30. 이전에 범한 죄가 아니라 그 이후인 2001. 1. 30.에 범한 죄이므로 집행유예의 결격사유에 해당하지 않으므로 집행유예를 선고할 수 있다.

② 집행유예를 선고하려는 절도죄는 무고죄에 대한 집행유예판결 '확정시'인 2000. 7. 10. 이전에 범한 죄이므로 집행유예결격사유에 해당되지 않는다. 따라서 집행유예를 선고할 수 있다.

③ 丙의 상습도박의 전과는 2001.5.9에 확정 되었으므로 집행유예 결격사유 기간에 해당하지 않음은 물론이고, 상습도박죄에 대한 처단형은 벌금형이었으므로, 제62조 제1항의 단서인 '금고이상의 형'에 해당하지 않기 때문에 상해죄에 대한 집행유예는 선고할 수 있다.

⑤ 상습도박죄에 대한 처단형은 벌금이었으므로 집행유예를 다시 선고할 수 있다.

3. 집행유예의 선고 및 효과

⑴ 집행유예의 선고

① 집행유예 기간 : 집행유예의 요건이 갖추어지면 1년 이상 5년 이하의 범위 내에서 집행유예를 선고할 수 있다. 이 기간의 범위 내에서 법원의 재량에 의하여 정해진다.

② 형의 일부에 대한 선고 : 형을 병과하는 경우에는 일부의 형에 대해서만 집행을 유예할 수도 있다. 그러나 하나의 형의 일부에 대한 집행유예는 허용되지 않는다.

> **판례**
>
> 징역형과 벌금형을 병과하면서 그 징역형에 대하여 집행을 유예하고 그 벌금형에 대하여 선고를 유예하였음은 정당하다(대판 1976.6.8, 74도1266).

> **판례**
>
> 집행유예의 요건에 관한 형법 제62조 제1항이 '형'의 집행을 유예할 수 있다고만 규정하고 있다고 하더라도, 이는 같은 조 제2항이 그 형의 '일부'에 대하여 집행을 유예할 수 있는 때를 형을 '병과'할 경우로 한정하고 있는 점에 비추어 보면, 조문의 체계적 해석상 하나의 형의 전부에 대한 집행유예에 관한 규정이라 할 것이고, 또한 하나의 자유형에 대한 일부집행유예에 관하여는 그 요건, 효력 및 일부 실형에 대한 집행의 시기와 절차, 방법 등을 입법에 의해 명확하게 할 필요가 있어, 그 인정을 위해서는 별도의 근거 규정이 필요하므로 **하나의 자유형 중 일부에 대해서는 실형을, 나머지에 대해서는 집행유예를 선고하는 것은 허용되지 않는다** (대판 2007.2.22, 2006도8555). 08. 사시 · 경찰승진, 12 · 16. 법원직, 14. 국가직 9급, 15. 경찰

> **판례**
>
> 형법 제37조 후단의 경합범관계에 있는 죄에 대하여 형법 제39조 제1항에 의하여 따로 형을 선고하여야 하기 때문에 하나의 판결로 두 개의 자유형을 선고하는 경우, 그 두 개의 자유형은 각각 별개의 형이므로 형법 제62조 제1항에 정한 집행유예의 요건에 해당하면 그 각 자유형에 대하여 각각 집행유예를 선고할 수 있는 것이고, 또 그 두 개의 자유형 중 하나의 자유형에 대하여 실형을 선고하면서 다른 자유형에 대하여 집행유예를 선고하는 것도 우리 형법상 이러한 조치를 금하는 명문의 규정이 없는 이상, 허용되는 것으로 보아야 한다(대판 2002.2.26, 2000도4637). 11. 사시, 12. 법원직, 14. 국가직 9급

⑵ 집행유예의 효과

> 제65조 【집행유예의 효과】 집행유예의 선고를 받은 후 그 선고의 실효 또는 취소됨이 없이 유예기간을 경과한 때에는 형의 선고는 효력을 잃는다.

① 형선고의 효력상실 : 형의 선고가 효력을 잃게 되므로 형의 집행이 면제될 뿐만 아니라 처음부터 형의 선고가 없었던 상태로 돌아가게 된다. 즉, 전과자가 되지 않는다.[5]

---

5) 전과(前科)는 범죄를 범하여 재판에 의하여 확정된 형벌의 전력이다.

② 장래에 대한 효과 : 형의 선고가 있었다는 사실상의 범죄경력은 없어지지 않는다. 형의 선고가 효력을 잃는다는 것은 형의 선고의 법률적 효과가 없어진다는 의미이므로, 형선고가 있었다는 기왕의 사실까지 없어지는 것은 아니다. 따라서 형선고로 인하여 이미 발생한 법률효과에는 영향을 미치지 않는다.

> **판례**
>
> 형법 제62조 제1항 단서에서 규정한 '금고 이상의 형을 선고한 판결이 확정된 때'는 실형뿐 아니라 형의 집행유예를 선고한 판결이 확정된 경우도 포함된다고 해석되며, 형의 집행유예를 선고받은 자가 형법 제65조에 의하여 그 선고가 실효 또는 취소됨이 없이 정해진 유예기간을 무사히 경과하여 형의 선고가 효력을 잃게 되었다고 하더라도, 형의 선고의 법률적 효과가 없어진다는 것일 뿐, 형의 선고가 있었다는 기왕의 사실 자체까지 없어지는 것은 아니라 할 것이고, 더구나 집행유예 기간 중에 죄를 범하였다는 역사적 사실마저 소급적으로 소멸되는 것은 아니다(대판 2007.2.8, 2006도6196).

4. 집행유예와 보호관찰, 사회봉사명령 및 수강명령

> 제62조의2 【보호관찰, 사회봉사·수강명령】 ① 형의 집행을 유예하는 경우에는 보호관찰을 받을 것을 명하거나 사회봉사 또는 수강을 명할 수 있다.
> ② 제1항의 규정에 의한 보호관찰의 기간은 집행을 유예한 기간으로 한다. 다만, 법원은 유예기간의 범위 내에서 보호관찰기간을 정할 수 있다.
> ③ 사회봉사명령 또는 수강명령은 집행유예기간 내에 이를 집행한다.

(1) 보호관찰

보호관찰이란 범죄인을 교정시설에 수용하지 않고 사회생활을 허용하면서 보호관찰기관의 지도·원호로 건전한 사회인으로 교화·선도하여 사회복귀를 도모하는 제도이다. 보호관찰의 부과여부는 법원의 재량이다(제62조의2 제1항). 보호관찰기간은 집행유예기간이 됨이 원칙이나, 법원은 그 범위 내에서 별도의 기간을 정할 수 있기 때문에 결국 보호관찰기간의 단축이 가능하다(제62조의2 제2항).

> **판례**
>
> 원판결 및 제1심판결이 성폭력범죄를 범한 피고인에게 **형의 집행을 유예하면서 보호관찰을 받을 것을 명하지 않은 채 위치추적 전자장치 부착을 명한 것은 법령 위반**으로서 피부착명령청구자에게 불이익한 때에 해당한다는 이유로, 형사소송법 제446조 제1호 단서에 의하여 원판결 및 제1심판결 중 부착명령사건 부분을 파기하고 검사의 부착명령 청구를 기각한 사례(대판 2011.2.24, 2010오1, 2010전오1). 즉, **특정범죄를 범한 자에 대하여 형의 집행을 유예하면서 보호관찰을 받을 것을 명하는 때에만 위치추적 전자장치 부착을 명할 수 있다.**

판례

[1] 현역 군인 등 군법 적용 대상자에 대한 특례를 규정한 '보호관찰 등에 관한 법률' 제56조, 제64조 제1항의 해석상 군법 적용 대상자에게 보호관찰, 사회봉사, 수강명령을 명할 수 없다.

[2] '특정범죄자에 대한 위치추적 전자장치 부착 등에 관한 법률'상 특정범죄를 범한 자에 대하여 형의 집행을 유예하는 경우에는 보호관찰을 명하는 때에만 위치추적 전자장치 부착을 명할 수 있다.

[3] 현역 군인인 성폭력범죄 피고인에게 집행유예를 선고하는 경우 보호관찰 등에 관한 법률 제56조가 정한 군법 적용 대상자에 대한 특례 규정상 보호관찰을 받을 것을 명할 수 없어 보호관찰의 부과를 전제로 한 위치추적 전자장치의 부착명령 역시 명할 수 없는데도, 원심이 피고인에 대하여 전자장치의 부착을 명한 것은 위법하다(대판 2012.2.23, 2011도8124, 2011전도141). 14. 경찰간부

(2) 사회봉사명령과 수강명령

① 사회봉사명령 또는 수강명령은 집행유예기간 내에 집행한다(제62조의2 제3항). 사회봉사명령은 유죄가 인정된 범죄자를 500시간 내에서 지정된 시간 동안 무보수로 근로에 종사하게 하고, 수강명령은 200시간 동안 지정된 장소에 출석하여 강의·훈련 또는 상담 등을 받도록 하는 제도이다.

② 사회봉사명령과 수강명령은 반드시 보호관찰과 결합하지 않고 독립적으로 법관이 부과한다.

③ 형법 제62조에 의하여 집행유예를 선고할 경우에 같은 법 제62조의 2 제1항에 규정된 보호관찰과 사회봉사명령 또는 수강을 동시에 명할 수 있다(대판 1998.4.28, 98도98).

판례

[1] 형법과 보호관찰 등에 관한 법률의 관계 규정을 종합하면, 사회봉사는 형의 집행을 유예하면서 부가적으로 명하는 것이고 집행유예 되는 형은 자유형에 한정되고 있는 점 등에 비추어, 법원이 형의 집행을 유예하는 경우 명할 수 있는 **사회봉사는 자유형의 집행을 대체하기 위한 것으로서 500시간 내에서 시간 단위로 부과될 수 있는 일 또는 근로활동을 의미하는 것으로 해석되므로**, 법원이 형법 제62조의2의 규정에 의한 **사회봉사명령으로 피고인에게 일정한 금원을 출연하거나 이와 동일시할 수 있는 행위를 명하는 것은 허용될 수 없다.**

[2] 법원이 피고인에게 유죄로 인정된 범죄행위를 뉘우치거나 그 범죄행위를 공개하는 취지의 말이나 글을 발표하도록 하는 내용의 사회봉사를 명하고 이를 위반할 경우 형법 제64조 제2항에 의하여 집행유예의 선고를 취소할 수 있도록 함으로써 그 이행을 강제하는 것은, 헌법이 보호하는 피고인의 양심의 자유, 명예 및 인격에 대한 심각하고 중대한 침해에 **해당하므로 허용될 수 없으므로, 이러한 사회봉사명령은 위법하다.**

[3] 재벌그룹 회장의 횡령행위 등에 대하여 집행유예를 선고하면서 **사회봉사명령으로서 일정 액의 금전출연을 주된 내용으로 하는 사회공헌계획의 성실한 이행을 명하는 것은 시간 단위로 부과될 수 있는 일 또는 근로활동이 아닌 것을 명하는 것이어서 허용될 수 없고**, 준법경영을 주제로 하는 강연과 기고를 명하는 것은 헌법상 양심의 자유 등에 대한 심각하고 중대한 침해가능성, 사회봉사명령의 의미나 내용에 대한 다툼의 여지 등의 문제가 있어 허용될 수 없다(대판 2008.4.11, 2007도8373). 11. 사시, 12. 경찰, 12·17. 경찰승진, 17. 국가직 7급

5. 집행유예의 실효와 취소

(1) 집행유예의 실효

> 제63조【집행유예의 실효】집행유예의 선고를 받은 자가 유예기간 중 고의로 범한 죄로 금고 이상의 실형을 선고받아 그 판결이 확정된 때에는 집행유예의 선고는 효력을 잃는다.

① 의의 : 집행유예선고의 실효사유가 되는 범죄를 '집행유예기간 중에 고의로 범한 죄로 금고 이상의 실형을 선고받아 그 판결이 확정된 경우'로 제한함으로써 판결 이후의 재범방지라는 집행유예제도의 목적에 부합하도록 하였다.

② 실효의 요건
   ㉠ 고의범일 것 : 집행유예기간 중에 범한 죄는 고의범이어야 한다. 따라서 과실범을 범한 경우에는 집행유예선고는 실효되지 않는다.
   ㉡ 집행유예기간 중에 범한 죄일 것 : 집행유예의 실효사유가 되는 고의범은 집행유예기간 중에 죄를 범하여 금고 이상의 실형이 확정되어야 한다. 따라서 집행유예기간 이전에 죄를 범한 경우에는 그에 대하여 집행유예기간 중에 금고 이상의 실형이 확정되더라도 집행유예선고는 실효되지 않는다.
   ㉢ 실형의 선고일 것 : 금고 이상의 형은 실형의 선고로 제한된다. 따라서 집행유예기간 중에 집행유예선고를 받은 경우 먼저 선고된 집행유예는 실효되지 않는다.

③ 실효의 효과 : 집행유예는 효력을 잃으므로 선고된 형이 집행된다.

(2) 집행유예의 취소

> 제64조【집행유예의 취소】① 집행유예의 선고를 받은 후 제62조 단행의 사유가 발각된 때에는 집행유예의 선고를 취소한다.
> ② 제62조의2의 규정에 의하여 보호관찰이나 사회봉사 또는 수강을 명한 집행유예를 받은 자가 준수사항이나 명령을 위반하고 그 정도가 무거운 때에는 집행유예의 선고를 취소할 수 있다.

① 필요적 취소(제64조 제1항) : 집행유예를 선고를 받은 후 유예기간경과 전에 '금고 이상의 형을 선고한 판결이 확정된 때부터 그 집행을 종료하거나 면제된 후 3년까지의 기간에 범한 죄'에 대하여 집행유예를 선고한 사실이 발각된 때에는 집행유예의 선고를 취소한다. 이때의 취소는 필요적이다.

② 임의적 취소(제64조 제2항) : 제62조의2의 규정에 의하여 보호관찰이나 사회봉사 또는 수강을 명한 집행유예를 받은 자가 준수사항이나 명령을 위반하고 그 정도가 무거운 때에는 집행유예의 선고를 취소할 수 있다(제64조 제2항). 이는 법원의 재량에 의한 임의적 취소이다.

③ 취소의 효과 : 집행유예가 취소되면 유예된 형을 집행한다.

> **판례**
>
> 보호관찰명령 없이 사회봉사 · 수강명령만 선고한 경우
>
> [1] 사회봉사명령 · 수강명령은 특정시간 동안의 적극적인 작위의무를 부과하는 데 그 특징이 있다는 점 등에 비추어 보면, 사회봉사 · 수강명령대상자에 대한 특별준수사항은 보호관찰대상자에 대한 것과 같을 수 없고, 따라서 보호관찰대상자에 대한 특별준수사항을 사회봉사 · 수강명령대상자에게 그대로 적용하는 것은 적합하지 않다.
>
> [2] 형법 제64조 제2항이 준수사항이나 명령의 위반 정도가 무거운 때에 집행유예의 선고를 취소할 수 있도록 규정하고 있고, 집행유예의 취소는 자유형의 선고와 마찬가지로 자유를 박탈하는 결과를 가져올 뿐만 아니라 사회봉사 · 수강명령의 실패와 다름아니기 때문에 사회봉사 · 수강명령의 목적을 도저히 달성할 수 없을 정도에 이르렀다고 판단될 때 하여야 하는 것이 바람직하다는 사정을 보태어 보면, 법원이 보호관찰대상자에게 특별히 부과할 수 있는 '재범의 기회나 충동을 줄 수 있는 장소에 출입하지 아니할 것'이라는 사항을 만연히 사회봉사 · 수강명령대상자에게 부과하고 사회봉사 · 수강명령대상자가 재범한 것을 집행유예 취소사유로 삼는 것은 신중하여야 한다(대결 2009.3.30, 2008모1116).

> **판례**
>
> 집행유예 기간을 경과 후 제62조 제1항 단서의 사유가 발각된 경우(= 취소불가)
>
> 집행유예의 선고를 받은 후 그 선고의 실효 또는 취소됨이 없이 유예기간을 경과한 때에는 형법 제65조가 정하는 바에 따라 형의 선고는 효력을 잃는 것이고, 그와 같이 **유예기간이 경과함으로써 형의 선고가 효력을 잃은 후에는 형법 제62조 단행의 사유가 발각되었다고 하더라도 그와 같은 이유로 집행유예를 취소할 수 없고 그대로 유예기간경과의 효과가 발생한다**(대결 1999.1.12, 98모151).

> **판례**
>
> 집행유예를 선고받은 후에 형법 제62조 단행의 사유, 즉 금고 이상의 형의 선고를 받아 집행을 종료한 후 또는 집행이 면제된 후로부터 5년을 경과하지 아니한 자인 것이 발각된 때라 함은 집행유예선고의 판결이 확정된 후에 비로소 위와 같은 사유가 발각된 경우를 말하고 그 **판결확정 전에 결격사유가 발각된 경우에는 이를 취소할 수 없다.** 이때 판결확정 전에 발각되었다고 함은 검사가 명확하게 그 결격사유를 안 경우만을 말하는 것이 아니라 당연히 그 결격사유를 알 수 있는 객관적 상황이 존재함에도 부주의로 알지 못한 경우도 포함된다(대결 2001.6.27, 2001모135). 18. 경찰승진

> **판례**
>
> 형법 제62조의2의 규정에 의하여 보호관찰이나 사회봉사 또는 수강을 명한 집행유예를 받은 자가 준수사항이나 명령을 위반한 경우에 법원이 보호관찰 등에 관한 법률에 의한 검사의 청구에 의하여 형법 제64조 제2항에 규정된 집행유예취소의 요건에 해당하는가를 심리하여 준수사항이나 명령 위반사실이 인정되고 위반의 정도가 무거운 때에는 집행유예를 취소할 수 있다(대결 1999.3.10, 99모33). 15. 법원직

❸ 가석방

> 제72조【가석방의 요건】① 징역이나 금고의 집행 중에 있는 사람이 행상(行狀)이 양호하여 뉘우침이 뚜렷한 때에는 무기형은 20년, 유기형은 형기의 3분의 1이 지난 후 행정처분으로 가석방을 할 수 있다.
> ② 제1항의 경우에 벌금이나 과료가 병과되어 있는 때에는 그 금액을 완납하여야 한다.
> 제73조【판결선고 전 구금과 가석방】① 형기에 산입된 판결선고 전 구금일수는 가석방을 하는 경우 집행한 기간에 산입한다.
> ② 제72조제2항의 경우에 벌금이나 과료에 관한 노역장 유치기간에 산입된 판결선고 전 구금일수는 그에 해당하는 금액이 납입된 것으로 본다.

1. 의의 및 성질

(1) 의의

가석방이란 자유형을 집행받고 있는 자가 개전의 정이 현저하다고 인정되는 때에 형기만료 전에 조건부로 수형자를 석방하고, 일정한 기간을 경과한 때에는 형의 집행을 종료한 것으로 간주하는 제도를 말한다.

(2) 취지 및 성질

가석방은 수형자의 사회복귀 추진이라는 특별예방사상과 정기형제도의 보완에 그 취지가 있고, 행정처분으로 형집행의 일부를 포기하는 형집행작용이다.

2. 요건

(1) 징역 또는 금고의 집행이 일정기간을 경과할 것

① 징역 또는 금고의 집행 중에 있는 자가 무기는 20년, 유기는 형기의 3분의 1을 경과하여야 한다. 여기서 형기는 선고형을 의미하며, 사면 등에 의하여 감형된 경우에는 감형된 형이 그 기준이 된다.

② 형기에 산입된 판결선고 전 구금일수는 집행을 경과한 기간에 산입한다(제73조 제1항).

(2) 행상이 양호하여 개전의 정이 현저할 것

수형자가 규율을 준수하고 회오하고 있음을 인정할 만한 정상이 있음을 말하며, 이에 대한 판단은 순수하게 특별예방적 관점을 기준으로 하여야 한다.

(3) 벌금 또는 과료의 병과가 있는 때에는 그 금액을 완납할 것

벌금 또는 과료에 관한 유치기간에 산입된 판결선고 전 구금일수는 그에 해당하는 금액이 납입된 것으로 간주한다(제73조 제2항).

3. 가석방의 기간과 보호관찰

> 제73조의2 【가석방의 기간 및 보호관찰】 ① 가석방의 기간은 무기형에 있어서는 10년으로 하고, 유기형에 있어서는 남은 형기로 하되, 그 기간은 10년을 초과할 수 없다.
> ② 가석방된 자는 가석방기간 중 보호관찰을 받는다. 다만, 가석방을 허가한 행정관청이 필요가 없다고 인정한 때에는 그러하지 아니하다.

4. 효과

> 제76조 【가석방의 효과】 ① 가석방의 처분을 받은 후 그 처분이 실효 또는 취소되지 아니하고 가석방기간을 경과한 때에는 형의 집행을 종료한 것으로 본다.

(1) 집행유예와 같이 형의 선고가 효력이 없어지는 것은 아니다.

(2) 가석방기간은 형의 집행이 종료된 것이 아니므로 이 기간 중에 다시 죄를 범하여도 누범이 되지 않는다(판례).

5. 실효와 취소

(1) 실효

> 제74조 【가석방의 실효】 가석방 기간 중 고의로 지은 죄로 금고 이상의 형을 선고받아 그 판결이 확정된 경우에 가석방 처분은 효력을 잃는다.

(2) 취소

> 제75조 【가석방의 취소】 가석방의 처분을 받은 자가 감시에 관한 규칙을 위배하거나, 보호관찰의 준수사항을 위반하고 그 정도가 무거운 때에는 가석방처분을 취소할 수 있다.

(3) 실효와 취소의 효과

> 제76조 【가석방의 효과】 ② 전 2조의 경우에는 가석방 중의 일수는 형기에 산입하지 아니한다.

가석방이 실효되거나 취소되면 가석방 당시의 잔형기의 형을 집행한다.

SUMMARY 선고유예 · 집행유예 · 가석방의 비교

구분	선고유예	집행유예	가석방
관련 조문	제59조~제61조	제62조~제65조	제72조~제76조
법적 성질	형법의 독립된 제도	형법의 독립된 제도	형집행작용
요건	• 1년 이하의 징역이나 금고, 자격정지 또는 벌금의 형을 선고할 경우일 것 • 뉘우치는 정상이 뚜렷할 것 • 자격정지 이상의 전과 없을 것	• 3년 이하의 징역 · 금고나 500만원 이하의 형을 선고할 경우 • 정상에 참작할 만한 사유가 있을 것 • 금고 이상의 형의 확정된 때로부터 집행종료나 면제 후 3년 경과하였을 것	• 징역, 금고의 집행 중에 있는 자가 무기는 20년, 유기는 1/3 경과 후 • 행상양호 · 뉘우침이 뚜렷할 것 • 벌금 · 과료 완납할 것
기간	2년	1년 이상 5년 이하	무기형은 10년, 유기형은 잔형기(10년 초과 불가)
결정	법원의 재량	법원의 재량	행정처분
효과	• 면소된 것으로 간주 • 전과가 남지 않음	• 형선고의 효력상실 • 전과가 남지 않음	• 형집행이 종료된 것으로 간주 • 유죄판결 자체에 영향없음
보안 처분	• 보호관찰(임의적) • 기간 : 1년	• 보호관찰, 사회봉사명령, 수강명령(임의적) • 기간 – 보호관찰 – 집행유예한 기간 – 사회봉사명령 – 500시간 범위내 – 수강명령 – 200시간 범위내	• 보호관찰(필요적) • 기간 : 가석방 기간중 (다만, 가석방을 허가한 행정관청이 필요가 없다고 인정한 때에는 제외)
실효	• 유예기간 중 자격정지이상의 형에 처한 판결이 확정 또는 자격정지 이상의 형의 전과가 발견시 ⇨ 필요적 실효 • 보호관찰기간중에 준수사항 위반시 ⇨ 임의적 실효	유예기간 중 고의로 죄를 범하고 금고 이상의 실형이 확정된 때	가석방 중 금고 이상의 형의 선고를 받아 그 판결이 확정된 때(단, 과실범은 제외)
취소	선고유예의 취소는 없음	• 집행유예 선고 후 제62조 단서 사유가 발각시 ⇨ 필요적 취소 • 보호관찰이나 사회봉사 또는 수강명령받은 자가 준수사항이나 명령을 위반하고 그 정도가 무거운 때 ⇨ 임의적 취소	• 가석방 감시규칙 위배시 ⇨ 임의적 취소 • 보호관찰 준수사항 위반시 ⇨ 임의적 취소

제5절 형의 시효 · 소멸 · 기간

❶ 형의 시효

1. 의의

형의 선고를 받은 자가 재판이 확정된 후에 그 형의 집행을 받지 않고 일정한 기간이 경과한 때에 집행이 면제되는 것을 말한다.

2. 시효의 기간

> 제78조【형의 시효의 기간】 시효는 형을 선고하는 재판이 확정된 후 그 집행을 받지 아니하고 다음 각 호의 구분에 따른 기간이 지나면 완성된다.
> 1. 사형 : 30년 <삭제>
> 2. 무기의 징역 또는 금고 : 20년
> 3. 10년 이상의 징역 또는 금고 : 15년
> 4. 3년 이상의 징역이나 금고 또는 10년 이상의 자격정지 : 10년
> 5. 3년 미만의 징역이나 금고 또는 5년 이상의 자격정지 : 7년
> 6. 5년 미만의 자격정지, 벌금, 몰수 또는 추징 : 5년
> 7. 구류 또는 과료 : 1년

3. 시효의 효과

> 제77조【시효의 효과】 형(사형은 제외한다)을 선고받은 자에 대해서는 시효가 완성되면 그 집행이 면제된다.

형의 선고를 받은 자는 시효의 완성으로 인하여 당연히 형의 집행이 면제된다. 그러나 형의 선고 자체가 실효되는 것은 아니다.

4. 시효의 정지와 중단

(1) 시효의 정지

> 제79조【시효의 정지】 ① 시효는 형의 집행의 유예나 정지 또는 가석방 기타 집행할 수 없는 기간은 진행되지 아니한다.
> ② 시효는 형이 확정된 후 그 형의 집행을 받지 아니한 사람이 형의 집행을 면할 목적으로 국외에 있는 기간 동안은 진행되지 아니한다.

시효의 정지는 정지사유가 소멸하면 잔여 시효기간이 진행된다.

기출 OX

시효는 형이 확정된 후 그 형의 집행을 받지 아니한 자가 형의 집행을 면할 목적으로 국외에 있는 기간 동안은 진행되지 아니한다. 17. 경찰

(○)

(2) 시효의 중단

> 제80조【시효의 중단】시효는 징역, 금고 및 구류의 경우에는 수형자를 체포한 때, 벌금, 과료, 몰수 및 추징의 경우에는 강제처분을 개시한 때에 중단된다.

시효가 중단된 때에는 다시 시효의 전 기간이 경과되어야 시효가 완성된다.

> **판례**
>
> 수형자가 벌금의 일부를 납부한 경우에는 이로써 집행행위가 개시된 것으로 보아 그 벌금형의 시효가 중단된다고 봄이 상당하고, 이 경우 벌금의 일부 납부란 수형자 본인이 스스로 벌금을 일부 납부한 경우, 즉 벌금의 일부를 수형자 본인 또는 그 대리인이나 사자가 수형자 본인의 의사에 따라 이를 납부한 경우를 말하는 것이고, 수형자 본인의 의사와는 무관하게 제3자가 이를 납부한 경우는 포함되지 아니한다(대결 2001.8.23, 2001모91).

❷ 형의 소멸과 실효, 복권과 사면

1. 형의 소멸

(1) 의의

유죄판결의 확정에 의하여 발생한 형의 집행권을 소멸시키는 제도를 말한다.

(2) 형의 소멸사유

① 형의 집행 종료

② 가석방기간의 만료

③ 형의 집행면제

④ 형의 시효완성

⑤ 범인의 사망

2. 형의 실효

(1) 재판상의 실효

> 제81조【형의 실효】징역 또는 금고의 집행을 종료하거나 집행이 면제된 자가 피해자의 손해를 보상하고 자격정지 이상의 형을 받음이 없이 7년을 경과한 때에는 본인 또는 검사의 신청에 의하여 그 재판의 실효를 선고할 수 있다.

① 실효의 대상은 징역과 금고형에 한하며, 기간의 경과로 자동적으로 실효되는 것이 아니라 재판에 의해서만 실효될 수 있다.

② 재판이 확정되면 형선고의 법적 효과는 장래에 향하여 소멸한다.

(2) 당연실효(형의 실효 등에 관한 법률)

① 수형인이 자격정지 이상의 형을 받음이 없이 형의 집행을 종료하거나 그 집행이 면제된 날부터 3년을 초과하는 징역·금고는 10년, 3년 이하의 징역·금고는 5년, 벌금은 2년의 기간이 경과한 때에, 구류·과료는 형의 집행이 종료되거나 면제된 때에 실효된다(형의 실효 등에 관한 법률 제7조 제1항).

📖 형의 실효기간

구분	실효기간
3년을 초과하는 징역·금고	10년 경과
3년 이하의 징역·금고	5년 경과
벌금	2년 경과

② 형의 실효의 범위를 벌금·구류·과료로 확대하고 일정기간이 경과하면 자동적으로 실효되도록 하였다.

③ 하나의 판결로 여러 개의 형이 선고된 경우에는 각 형의 집행을 종료하거나 그 집행이 면제된 날로부터 가장 무거운 형에 대한 ①의 기간이 경과한 때에 형의 선고는 효력을 잃는다. 다만, 3년을 초과하는 징역·금고는 10년, 3년 이하의 징역·금고는 5년의 기간을 적용할 때에는 징역과 금고는 같은 종류의 형으로 보고 각 형기를 합산한다(형의 실효 등에 관한 법률 제7조 제2항).

3. 복권

> 제82조 【복권】 자격정지의 선고를 받은 자가 피해자의 손해를 보상하고 자격정지 이상의 형을 받음이 없이 정지기간의 2분의 1을 경과한 때에는 본인 또는 검사의 신청에 의하여 자격의 회복을 선고할 수 있다.

복권이 되어도 형선고의 효력은 소멸되지 않으므로 그 전과사실은 누범가중사유에 해당한다.

4. 사면

(1) 의의

사면이란 국가원수의 특권에 의하여 형사소추 및 확정판결에 의한 처벌을 포기하게 하는 제도이다.

(2) 종류

① 일반사면
  ㉠ 죄를 범한 자에 대하여 미리 죄 또는 형의 종류를 정하여 대통령령으로 행하는 사면을 말한다(사면법 제3조, 제8조).

ⓒ 형선고를 받은 자에 대해서는 형선고의 효력이 상실되고, 형선고를 받지 아니한 자에 대해서는 공소권이 상실된다(사면법 제5조 제1항 제1호).

> **판례**
>
> **일반사면의 효과**
>
> [1] 사면법 제5조 제1항 제1호 소정의 '일반사면은 형의 언도의 효력이 상실된다.'는 의미는 형법 제65조 소정의 '형의 선고는 효력을 잃는다.'는 의미와 마찬가지로 단지 **형의 선고의 법률적 효과가 없어진다는 것일 뿐** 형의 선고가 있었다는 기왕의 사실 자체의 모든 **효과까지 소멸한다는 뜻은 아니다.**
>
> [2] 확정판결의 죄에 대하여 일반사면이 있다 하더라도 일사부재리의 효력 등은 여전히 계속 존속하는 것이고, 확정판결이 있었던 사실에 의하여 그 전의 죄와 후의 죄 등이 형법 제37조 후단의 경합범관계에 있었다고 하는 효과도 **일반사면에 의하여 좌우되는 것은 아니다**(대판 1995.12.22, 95도2446).

② 특별사면

　　ⓐ 형선고를 받은 특정인에 대하여 대통령이 행하는 사면을 말한다(사면법 제3조, 제9조).

　　ⓑ 원칙적으로 형의 집행이 면제되나, 특별한 사정이 있는 경우에는 형선고의 효력을 상실하게 할 수 있다(사면법 제5조 제1항 제2호).

> **판례**
>
> 형법 제48조, 제49조, 사면법 제5조 제1항 제2호, 제7조 등의 규정 내용 및 취지에 비추어 보면, 추징은 부가형이지만 징역형의 집행유예와 추징의 선고를 받은 사람에 대하여 징역형의 선고의 효력을 상실케 하는 동시에 복권하는 특별사면이 있은 경우에 추징에 대하여도 형 선고의 효력이 상실된다고 볼 수는 없다.

❸ 형의 기간

> 제83조 【기간의 계산】 연(年) 또는 월(月)로 정한 기간은 연 또는 월 단위로 계산한다.
>
> 제84조 【형기의 기산】 ① 형기는 판결이 확정된 날로부터 기산한다.
> 　② 징역·금고·구류와 유치에 있어서는 구속되지 아니한 일수는 형기에 산입하지 아니한다.
>
> 제85조 【형의 집행과 시효기간의 초일】 형의 집행과 시효기간의 초일은 시간을 계산함이 없이 1일로 산정한다.
>
> 제86조 【석방일】 석방은 형기 종료일에 하여야 한다.

보안처분

❶ 서설

1. 의의

보안처분이란 행위 속에 객관화된 행위자 장래의 위험성 때문에 행위자의 치료·교육·재사회화 등의 개선과 그에 대한 보안이라는 사회방위를 목적으로 과해지는 형벌이외의 형사제재이다.

2. 형벌과의 구별

형벌	보안처분
행위책임을 전제로 책임주의의 범위 내에서 형벌부과(책임주의)	행위자의 사회적 위험성을 전제로 특별예방의 관점에서 부과(비례성의 원칙)
과거의 침해행위를 대상으로 사회윤리적 비난으로서의 형사제재	장래의 범죄에 대한 예방적 성격을 가지는 형사제재
책임의 정도에 따라 제한	비례성의 원칙에 따라 제한

❷ 형벌과 보안처분의 관계

1. 이원주의

형벌과 보안처분은 동시에 선고되고 중복적으로 집행되는 주의를 말한다.

2. 일원주의

형벌 또는 보안처분의 어느 하나만을 적용하는 주의를 말한다.

3. 대체주의

형벌은 책임의 정도에 따라 언제나 선고되나, 그 집행단계에서 보안처분의 집행에 의하여 대체되거나 보안처분의 집행이 끝난 후에 집행되는 주의를 말한다.

❸ 보안처분의 종류

1. 대인적 보안처분

(1) 자유박탈처분

교정, 보호감호, 치료감호, 사회치료, 노동시설수용처분 등을 말한다.

(2) 자유제한처분

보호관찰, 국외추방, 거주제한, 주점출입금지, 면허바탈 등을 말한다.

2. 대물적 보안처분

몰수, 영업소 폐쇄, 법인 해산 등을 말한다.

❹ 현행법상 보안처분

1. 서설

형법은 총칙에 보안처분에 관한 일반적 규정을 두고 있지 않으며, 다만 1995년 개정형법을 통하여 보호관찰·사회봉사명령·수강명령이라는 보안처분을 형의 유예제도 및 가석방제도에 결부시키고 있다. 또한 보안처분은 형법이외에 특별법에서도 많은 규정을 두고 있다. 이하에서 형법상 보안처분과 특별법상 보안처분을 나누어 살펴본다.

2. 형법상 보안처분

보호관찰, 사회봉사명령, 수강명령이 있다.

3. 특별법상의 보안처분

(1) 치료감호 등에 관한 법률상 보안처분

① 치료감호
  ㉠ 대상 : 치료감호법상 "치료감호대상자"는 다음의 어느 하나에 해당하는 자로서 치료감호시설에서 치료를 받을 필요가 있고 재범의 위험성이 있는 자를 말한다 (개정 2014.12.30).
    ⓐ 심신장애인에 대한 치료감호 : 형법 제10조 제1항에 따라 벌할 수 없거나 같은 조 제2항에 따라 형이 감경되는 심신장애인으로서 금고 이상의 형에 해당하는 죄를 지은 자
    ⓑ 중독자에 대한 치료감호 : 마약·향정신성의약품·대마, 그 밖에 남용되거나 해독을 끼칠 우려가 있는 물질이나 알코올을 식음섭취·흡입·흡연 또는 주입받는 습벽이 있거나 그에 중독된 자로서 금고 이상의 형에 해당하는 죄를 지은 자

ⓒ 소아성기호증(小兒性嗜好症), 성적가학증(性的加虐症) 등 성적 성벽(性癖)이 있는 정신성적 장애인으로서 금고 이상의 형에 해당하는 성폭력범죄를 지은 자

ⓛ 치료감호청구 : 검사는 관할 법원에 치료감호를 청구할 수 있으며, 이 경우 정신과 등의 전문의의 진단 또는 감정을 참고하여야 한다(제4조 제2항). 그리고 법원은 검사에게 치료감호청구를 요구할 수 있다(제4조 제7항).

ⓒ 치료감호 판결 : 법원은 치료감호사건을 심리하여 그 청구가 이유 있다고 인정하는 때에는 판결로써 치료감호를 선고하여야 하고, 그 이유 없다고 인정하는 때 또는 피고사건에 대하여 심신상실 외의 사유로 무죄를 선고하거나 사형을 선고할 때에는 판결로써 청구기각을 선고하여야 한다(제12조).

ⓐ 치료감호의 집행 : 치료감호의 선고를 받은 자에 대하여는 치료감호시설에 수용하여 치료를 위한 조치를 한다. 이 경우 치료감호시설에의 수용은 15년을 초과할 수 없다. 다만, 제2조 제1항 제2호(약물중독범을 치료감호시설에 수용하는 때)에 따라 피치료감호자를 치료감호시설에 수용하는 때에는 2년을 초과할 수 없다(제16조 제2항). 다만, 「특정 범죄자에 대한 보호관찰 및 전자장치 부착 등에 관한 법률」 제2조 제3호의2에 따른 살인범죄를 저질러 치료감호를 선고받은 피치료감호자가 살인범죄를 다시 범할 위험성이 있고 계속 치료가 필요하다고 인정되는 경우에는 법원은 치료감호시설의 장의 신청에 따른 검사의 청구로 3회까지 매회 2년의 범위에서 제2항 각 호의 기간을 연장하는 결정을 할 수 있다.

ⓜ 치료감호의 종료 : 치료감호심의위원회의 종료결정에 의해서만 종료된다(제22조).

ⓗ 집행순서 : 치료감호와 형이 병과된 경우에는 치료감호를 먼저 집행한다. 이 경우 치료감호의 집행기간은 형기에 산입한다(제18조).

② 보호관찰(제32조)

ⓐ 개념 : 보호관찰이란 치료감호가 가종료되거나 치료위탁된 피치료감호자를 감호시설 외에서 지도·감독하는 것을 내용으로 하는 보안처분을 말한다.

ⓛ 보호관찰의 개시원인 : 보호관찰은 ⓐ 피치료감호자에 대한 치료감호가 가종료된 때, ⓑ 피치료감호자가 치료감호시설 외에서의 치료를 위하여 법정대리인 등에게 위탁된 때에 개시된다.

ⓒ 보호관찰의 기간과 종료 : 보호관찰의 기간은 3년으로 하며, ⓐ 보호관찰기간이 만료된 때, ⓑ 치료감호심의위원회의 치료감호의 종료결정이 있는 때, ⓒ 다시 치료감호의 집행을 받게 되어 재수용되거나 새로운 범죄로 금고 이상의 형의 집행을 받게 된 때에는 보호관찰이 종료한다.

(2) 기타

① 소년법상의 보호처분(제32조 1호~10호 처분)

> 1호 보호자 위탁
> 2호 수강명령(100시간 초과 불가)
> 3호 사회봉사명령(14세 이상 소년만 대상이고, 200시간 초과 불가)
> 4호 보호관찰관의 단기보호관찰(보호관찰기간은 1년)
> 5호 보호관찰관의 장기보호관찰(보호관찰기간은 2년이나, 다만 소년부 판사는 1년 범위
>   에서 한번 연장이 가능)
> 6호 아동복지시설 또는 소년보호시설에 감호위탁
> 7호 병원, 요양소 등 소년의료보호시설에 위탁
> 8호 1개월 이내의 소년원송치
> 9호 단기 소년원송치(6개월 초과 불가)
> 10호 장기 소년원송치(2년 초과 불가)

② 보안관찰법상의 보안관찰처분

③ 마약류 관리에 관한 법률(약칭 : 마약류관리법)상의 마약류 중독자의 치료보호

④ 성매매알선 등 행위의 처벌에 관한 법률(약칭 : 성매매처벌법)상의 보호처분

⑤ 아동·청소년의 성보호에 관한 법률(약칭 : 청소년성보호법)상의 보호처분, 보호관찰명령, 수강명령 또는 성폭력 치료프로그램의 이수명령, 신상정보의 공개명령과 고지명령 등

⑥ 성폭력범죄의 처벌 등에 관한 특례법(약칭 : 성폭력처벌법)상의 보호관찰명령, 수강명령 또는 성폭력 치료프로그램의 이수명령, 신상정보의 공개명령, 신상정보의 고지명령 등

⑦ 가정폭력범죄의 처벌 등에 관한 특례법(약칭 : 가정폭력처벌법)상의 임시조치, 보호처분, 피해자 보호명령, 피해자 임시보호명령 등

⑧ 아동학대범죄의 처벌 등에 관한 특례법(약칭 : 아동학대처벌법)상의 임시조치와 보호처분 및 피해아동 보호명령, 피해아동 임시보호명령 등

⑨ 특정 범죄자에 대한 보호관찰 및 전자장치 부착 등에 관한 법률(약칭 : 전자장치부착법)상의 보호관찰명령과 전자장치부착명령

⑩ 성폭력범죄자의 성충동 약물치료에 관한 법률상의 성충동 약물치료 명령

최정훈

주요 약력

고려대학교 대학원(석사)
現) 박문각경찰/박문각공무원 형법·형사소송법 전임교수
　　경찰공제회 형법·형사소송법 전임
前) 해커스 공무원 형법 전임강사
　　에듀윌 형법 전임강사
　　백석대학교 경찰행정학과 강사

주요 약력

2025 박문각 공무원 최정훈 형사소송법 기본 이론서
2025 박문각 공무원 최정훈 형법총론 기본 이론서
2025 박문각 공무원 최정훈 형법각론 기본 이론서
박문각 공무원 최정훈 퍼펙트 형법총론 핵심노트
박문각 공무원 최정훈 퍼펙트 형법각론 핵심노트

최정훈 형법총론 ◇✦ 기본 이론서

초판 발행 | 2021. 11. 15.　　**개정 2판 발행** | 2024. 1. 5.

개정 3판 인쇄 | 2025. 1. 15.　　**개정 3판 발행** | 2025. 1. 20.　　**편저자** | 최정훈

발행인 | 박 용　　**발행처** | (주)박문각출판　　**등록** | 2015년 4월 29일 제2019-000137호

주소 | 06654 서울시 서초구 효령로 283 서경 B/D 4층　　**팩스** | (02)584-2927

전화 | 교재 문의 (02)6466-7202

저자와의
협의하에
인지생략

이 책의 무단 전재 또는 복제 행위를 금합니다.

정가 31,000원
ISBN 979-11-7262-515-3
　　　979-11-7262-517-7(세트)